NATIONAL
GEOGRAPHIC

W0094313

# GROSS-
# BRITANNIEN

# GROSS-BRITANNIEN

# INHALT

# GROSS-BRITANNIEN

Seite 2/3: Milton Abbas, ein zauberhaftes Dorf, typisch für Dorset

❮ Der Dudelsack der Highlands geht auf das 15. Jahrhundert oder sogar noch weiter zurück.

# INHALT

# 8 RÜCKSICHTSVOLL REISEN

Umsichtige Urlauber brechen voller Neugierde auf und kehren reich an Erfahrungen nach Hause zurück. Wer dabei rücksichtsvoll reist, kann seinen Teil zum Schutz der Tierwelt, zur Bewahrung historischer Stätten und zur Bereicherung der Kultur vor Ort beitragen. Und er wird selbst reich beschenkt mit unvergesslichen Erlebnissen.

Möchten nicht auch Sie verantwortungsbewusst und rücksichtsvoll reisen? Dann sollten Sie folgende Hinweise beachten:

- Vergessen Sie nie, dass Ihre Anwesenheit einen Einfluss auf die Orte ausübt, die Sie besuchen.
- Verwenden Sie Ihre Zeit und Ihr Geld nur auf eine Weise, die dazu beiträgt, den ursprünglichen Charakter eines Ortes zu bewahren.
- Entwickeln Sie ein Gespür für die ganz besondere Natur und das kulturelle Erbe Ihres Urlaubslandes.
- Respektieren Sie die heimischen Bräuche und Traditionen.
- Zeigen Sie den Einheimischen ruhig, wie sehr Sie das, was den besonderen Reiz ihres Landes ausmacht, zu schätzen wissen: die Natur und die Landschaft, Musik, typische Gerichte, historische Dörfer oder Bauwerke.
- Scheuen Sie sich nicht, mit Ihrem Geldbeutel Einfluss zu nehmen: Unterstützen Sie möglichst solche Einrichtungen oder Personen, die sich um die Bewahrung des Typischen und Althergebrachten bemühen. Entscheiden Sie sich für Läden, Restaurants, Gaststätten oder Reiseanbieter, denen offensichtlich an der Bewahrung ihrer Heimat gelegen ist. Und meiden Sie Geschäfte, die den Charakter eines Ortes stören.
- Wer auf diese Weise reist, hat mehr von seinem Urlaub, und er kann sicher sein, dass er seinen Teil zum Erhalt und zur Verbesserung eines Ortes oder einer Landschaft beigetragen hat.

Diese Art des Reisens gilt als zeitgemäße Form eines sanften, auf Nachhaltigkeit bedachten Tourismus. National Geographic verwendet dafür auch den Begriff des »Geo-Tourismus«. Gemeint ist damit ein Tourismus, der den Charakter eines Ortes – seine Umwelt, seine Kultur, seine natürliche Schönheit und das Wohlergehen seiner Bewohner – nicht aus den Augen verliert. Weitere Informationen zum Thema gibt es im National Geographic's Center for Sustainable Destinations unter www.national-geographic.com/travel/sustainable.

# ÜBER DEN AUTOREN UND DIE FOTOGRAFIN

**Christopher Somerville** verbrachte seine Kindheit in einem abgeschiedenen Dorf in Gloucestershire, wo er mit Begeisterung durch Wald und Wiesen und an den Flussufern entlangstreifte. Diese frühen Jahre weckten seine lebenslange Begeisterung für das Wandern und die ruhigeren ländlichen Gegenden Großbritanniens.

Somerville arbeitete 15 Jahre lang als Lehrer. In dieser Zeit schrieb er mehrere Bücher zum Thema Wandern und Natur. Ein glücklicher Zufall ermöglichte es ihm, den strengen Schulalltag gegen die Freuden und Unwägbarkeiten des Reisejournalismus einzutauschen. Mittlerweile hat er etwa 40 Bücher verfasst, darunter Reise- und Wanderführer sowie persönliche Reiseberichte. In *The Times* (hier betreut er die Rubrik Wandern) und anderen Publikationen veröffentlicht Somerville regelmäßig Beiträge über seine Reisen auf Schusters Rappen zu den verborgenen Schönheiten Großbritanniens und anderer europäischer Länder.

Besonders fasziniert ist er von den keltisch geprägten Inseln Schottlands und Irlands und dem Leben ihrer Bewohner.

**Alison Wright** ist eine Dokumentarfotografin aus New York, die sich besonders um die Darstellung von Menschen bemüht. Für ihre Projekte hat sie alle Winkel der Erde bereist und dort bedrohte Völker fotografiert. Ihre Werke gehören zum Archiv der National Geographic Society und wurden in zahlreichen Büchern und anderen Publikationen von National Geographic veröffentlicht.

Wright hat den Dorothea Lange Award für Dokumentarfotografie und gleich zweimal den Lowell Thomas Travel Journalism Award erhalten. Am 2. Januar 2000 wäre sie bei einem Busunglück in Laos beinahe ums Leben gekommen. In ihren Memoiren schreibt sie über die lange Zeit ihrer Genesung und ihren festen Willen, wieder als Fotojournalistin die Welt bereisen zu können.

# TIPPS DER NATIONAL-GEOGRAPHIC- REISEEXPERTEN

## ZEHN SPOTS, DIE SIE NICHT VERPASSEN DÜRFEN

### 'Obby 'Osses in Padstow, Cornwall

Bei den ältesten Maifeierlichkeiten Englands tanzen die beiden 'Obby 'Osses (*Hobby Horses*, siehe S. 167) durch das mit Blumen und Bändern geschmückte Padstow. Die verkleideten pferdeköpfigen Tänzer ziehen als Old 'Obby 'Oss und Blue Ribbon 'Obby 'Oss mit ihrem jeweiligen Gefolge aus Musikern und Sängern durch die Straßen und treffen sich schließlich am Maibaum.

### Stonehenge zur Sommersonnenwende, Wiltshire

Druiden, Heiden und Hippies zelebrieren in Stonehenge (siehe S. 34 f., 153, 156 f.) zu Tausenden den Sonnenaufgang zur Sommersonnenwende. Die Tage der Sonnenwende und der Tagundnachtgleiche sind eine der seltenen Möglichkeiten, den berühmten prähistorischen Steinkreis aus nächster Nähe zu erleben. Die Anlage scheint nach dem Sonnenlauf ausgerichtet zu sein.

Die 'Obby 'Osses symbolisieren das Ende des Winters und das Herannahen des Frühlings.

Die Sonne geht am Tag der Sonnenwende hinter dem sogenannten Fersenstein auf – ein unvergessliches Erlebnis.

Blick von der Stadtmauer auf York Minster, die größte mittelalterliche Kathedrale Englands

Die gusseiserne Bogenbrücke wurde nach ihrer Eröffnung 1781 zum Vorbild für die Konstruktion von Brücken weltweit.

## Spaziergang auf der Stadtmauer von York, Yorkshire

Die mittelalterliche Stadtmauer in York gehört zu den am besten erhaltenen in Europa (siehe S. 300 f.). Besonders schön ist der Abschnitt zwischen den Toren Monk Bar und Bootham Bar. Wissenswert, um sich in den verwinkelten Gassen nicht zu verlaufen: Die Tore (*gates*) heißen in York *bar* und mit *gates* werden die Straßen bezeichnet.

## Ironbridge, Shropshire

Die erste Gusseisenbrücke der Welt wurde 1779 aus 378 Tonnen Stahl gegossen. Sie überspannt in einem 30 m weiten Bogen den Fluss Severn und ist zum Wahrzeichen für die industrielle Revolution geworden (siehe S. 264 f.). Eine großartige Werbung für die britische Ingenieurskunst! Insgesamt zehn Museen widmen sich in Coalbrookdale der ersten industriellen Revolution.

## Blick auf London vom London Eye

Vom höchsten Riesenrad Europas bietet sich in 135 m Höhe ein wundervoller Blick über die Stadt. Die 25 Gondeln bewegen sich gemächlich mit knapp einem Kilometer pro Stunde, eine Umdrehung dauert 30 Minuten (siehe S. 102). Heute ist das »Millenium Wheel«, das eigentlich nur für 5 Jahre betrieben wer-

Blick vom London Eye auf die Houses of Parliament mit dem Glockenturm des Big Ben und Westminster Abbey (rechts)

den sollte, eines der markanten Wahrzeichen Londons.

Auch bei den Highland Games wird getanzt. Der Schwerttanz lässt sich auf das Jahr 1054 zurückführen.

Die größte Silvesterfeier des Landes findet in Edinburgh statt – mit Fackelumzug, Feuerwerk, Musik und Tanz.

## Ein schottisches *ceilidh*

Wenn Sie in den Inneren und Äußeren Hebriden zu einem *ceilidh* eingeladen werden, nehmen Sie an! Ursprünglich wurden gesellschaftliche Zusammenkünfte so bezeichnet, heute sind vor allem Tanzveranstaltungen gemeint (siehe S. 368). Auch wenn Sie nicht tanzen können, genießen Sie die Atmosphäre, Essen und Trinken – und vielleicht doch den einen oder anderen Tanz.

## Hogmanay in Edinburgh

Silvester bzw. Hogmanay ist für die Schotten eine Art Nationalfeiertag, den man mit dem irischen St. Patrick's Day oder dem amerikanischen Thanksgiving vergleichen kann (siehe S. 339). In Edinburg dauert das Fest drei Tage, hier ist Durchhaltevermögen gefragt! Wichtigste Vorbereitung: Robert Burns' *Auld Lang Syne* zum Mitsingen nach Mitternacht einüben.

## Settle & Carlisle Railway

Die landschaftlich schönste Eisenbahnstrecke Großbritanniens führt durch die nördlichen Pennines und Yorkshire Dales (siehe S. 288). In einer ungeheuren Ingenieurleistung wurde das unwirtliche Gelände in den 1870er-Jahren für die 117 km lange Strecke mit 14 Tunneln und 22 Viadukten bezwungen. Über 6000 Arbeiter (»Navvies«)

Der Zug quert das 400 m lange und 32 m hohe Ribblehead-Viadukt vor dem 2,4 km langen Blea-Moor-Tunnel.

trotzten Frost, Schnee und Überschwemmungen.

Die Burgruine bewacht die strategisch wichtige Wasserstraße Menai Strait zwischen Nordwales und der Insel Angelsey.

Ein Stück Filmgeschichte: Am Baum im Sycamore Gap spielt eine Szene des Robin-Hood-Films mit Kevin Costner.

**9**

## Caernarfon Castle, Wales

Die unter Edward I. von England zwischen 1283 und 1330 erbaute Burganlage ist nahezu unverändert erhalten und gehört damit zu den herausragenden Militärbauten des 13./14. Jahrhunderts in Europa (siehe S. 192 f.). Die 160 m lange Festung ist Teil des sog. Eisernen Rings aus insgesamt acht Burgen, dem Symbol der Herrschaft Englands über die Waliser.

**10**

## Hadrian's Wall

Der beeindruckende Grenzwall war für 300 Jahre die nördliche Grenze des Römischen Reiches und quert die Britische Insel über 118 km von Küste zu Küste (siehe S. 34, 291, 319 f.). Wer eine Woche Zeit hat, kann auf dem National Trail Hadrian's Wall Path von Bowness-on-Solway im Westen nach Wallsend im Osten wandern und die Kastelle, Wachtürme und Museen besichtigen.

Grossbritannien

London

**TOP 5
FOTO-TIPPS**

Die National Geographic **Your** Shot Community, 2006 gegründet, hat mehr als eine halbe Million Mitglieder aus 196 Ländern. Sie steht allen Interessierten offen, ob Hobbyfotograf oder Profi. Dieser Traveler präsentiert Ihnen die fünf schönsten Fotos zum Thema Grossbritannien – als Inspiration oder zum Nachfotografieren.

**1**

### Sonnenaufgang auf der Isle of Wight

Helminadia Ranford war mit ihrer Familie und der kleinen Tochter vor allem wegen der Dinosaurierspuren auf der Isle of Wight. Bekannt ist die Insel auch für die atemberaubende Küstenlandschaft, wie hier die Kalkklippen der Freshwater Bay in den Strahlen der aufgehenden Dezembersonne.

Brennweite: 31 mm – Belichtungszeit: 1/5 s – Blende: f/16 – ISO: 320

**2**

### Die Kelpies bei Nacht

Christian Wilkinson fotografierte an einem kalten Dezemberabend die 30 m hohen Pferdeköpfe am Forth and Clyde Canal in Falkirk, Schottland. Die Stahlskulpturen erinnern an die Pferde, die einst die Kähne am Kanal zogen sowie an die mythischen Kelpies.

Brennweite: 28 mm – Belichtungszeit: 1/25 s – Blende: f/8 – ISO: 250

**3**

### Auf dem Weg nach Hogwarts

Die auch aus Harry-Potter-Filmen bekannte Eisenbahnstrecke in den schottischen Highlands ist eine der schönsten der Welt. Von Mücken attackiert hat Natascha Czech gewartet, bis der »Jacobite Steam Train« das bis zu 30 m hohe Glenfinnan-Viadukt überquert.

Brennweite: 31 mm – Belichtungszeit: 1/250 s – Blende: f/4,5 – ISO: 100

④

### Das kleinste Haus Großbritanniens

Nach der Besichtigung von Conwy Castle in Wales lief Zachary Baty
zufällig am sogenannten Quay House vorbei. Mit einer Fläche von
3,05 mal 1,8 m ist es insgesamt nur 3,1 m hoch. Im Jahr 1900 musste
der letzte Bewohner ausziehen, das Haus wurde als unbewohnbar
eingestuft und ist heute ein Museum.

Brennweite: 6,6 mm – Belichtungszeit: 1/1000 s – Blende: f/2,8 – ISO: 125

**5**

### Die Zukunft erhebt sich

Das Shoppingcenter in Birmingham ließ Mladen Bozickovic beim ersten Anblick an ein Raumschiff denken. Er wählte einen ungewöhnlichen Ausschnitt: In der Mittagssonne wölbt sich die schuppige, organisch gewellte Außenhaut dem Januarhimmel entgegen.

Brennweite: 14,3 mm – Belichtungszeit: 1/1000 s – Blende: f/10 – ISO: 160

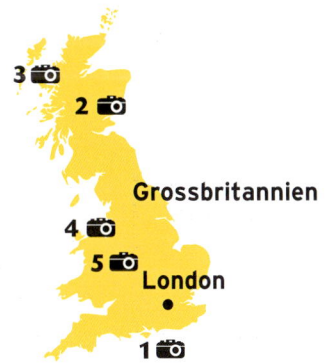

Sie wollen mit Ihren Fotos Teil der Your Shot Community werden? Nähere Infos finden Sie unter yourshot.nationalgeographic.com.

»Dies Kleinod, in die Silbersee gefasst ... Der segensvolle Fleck, dies Reich, dies England.« Dieses Bild seiner Heimat zeichnet Shakespeare in *Richard II*, und so wirkt sie tatsächlich: die britische Hauptinsel mit ihren vielen vorgelagerten Inseln — grün, schmuck und zeitlos mit einer großen Vielfalt an Landschaften, Kulturen, Geschichte und Traditionen.

## UNTERWEGS IN GROSSBRITANNIEN

Vor Ort ein Auto zu mieten kann teuer sein, besser ist es, schon vor Ihrer Anreise zu reservieren. Zugreisen sind eine schnelle Alternative, Fliegen lohnt für größere Entfernungen. Außerdem gibt es viele Busgesellschaften, sowohl für Kurz- als auch für Langstrecken. Fast alle bewohnten Inseln vor der Küste sind mit Fähren erreichbar. In den Reiseinformationen finden Sie genaueres zu den Fortbewegungsmitteln (S. 376–378).

### GROSSBRITANNIEN IN EINER WOCHE

Die Route umfasst etwa 800 bis 960 km und beginnt in London. Am 1. Tag bummeln Sie morgens durch Westminster, Soho oder den Thames Path entlang durch das historische London. Eine Runde im London Eye, gegenüber von Big Ben und den Houses of Parliament, bietet einen guten Rundumblick. Abends fahren Sie 24 km auf der M4 Richtung Westen zum Windsor Castle und übernachten dort. Am 2. Tag starten Sie in die Downs der Salisbury Plain und nach Stonehenge (ungefähr 145 km westlich von London), zum eindrucksvollsten prähistorischen Monument Europas. Dann geht es auf der M4 Richtung Westen, wo Sie jenseits der Severn Bridge einen Eindruck von der Grenzregion in Wales bekommen. Abends kehren Sie nach England zurück und machen Halt in Bath. Am Morgen des 3. Tages erkunden Sie Bath und fahren dann über die 113 km nordöstlich gelegenen Cotswold Hills, um zur Teestunde in Oxford einzutreffen. Genießen Sie einen Abendspaziergang und ein Glas Bier in einem alten Pub – vielleicht im Eagle and Child in St. Giles. Am Morgen des 4. Tages sind Sie in einer Stunde in Stratford-upon-Avon inmitten der Fachwerkhäuser, in denen William Shakespeare lebte. Gegen Mittag fahren Sie weiter und sind dann am Nachmittag im schönen Peak District von Derbyshire. Sehen Sie sich den Landsitz des Herzogs von Devonshire, Chatsworth House, an oder wandern Sie ins enge Dovedale hinauf.

Im Elizabeth Tower, dem berühmten Glockenturm der Houses of Parliament, schlägt jede Stunde die große Glocke Big Ben.

## BESUCHERINFORMATION

England, Schottland und Wales haben jeweils ihren eigenen Tourismusverband. **Visit Britain** *(Tel. 020/88 46 90 00, visitbritain.com)* ist für ganz Großbritannien zuständig. **Visit England** *(visitengland.com)* bewirbt England. In Wales ist **Visit Wales** *(Tel. 0333/006 30 01, visitwales.com* die Anlaufstelle. Schottlands Tourismusverband heißt **Visit Scotland** *(Tel. 0845/859 10 06, visitscotland. com)*. In den Reiseinformationen (S. 382 f.) finden Sie weitere Hinweise.

Fahren Sie am **5. Tag** Richtung Norden durch Haworth und die Heidelandschaft, die die Brontë-Schwestern inspiriert hat. Noch weiter Richtung Norden führt Sie Ihr Weg durch die hügeligen Yorkshire Dales, in denen Wharfedale den Höhepunkt bildet. Etwa eine Stunde von hier in nordwestlicher Richtung warten die *fells* (kleine Berge), Seen und Täler des Lake District National Park auf Besucher. Übernachten Sie in dieser Hügelwelt und erwandern Sie am **6. Tag** den 978 m hohen Scafell Pike; besuchen Sie William Wordsworths Dove Cottage in Grasmere oder wandern Sie durch die Bergwelt von Borrowdale. Am Abend fahren Sie wunderschöne 160 km durch die wilde Hügellandschaft des schottischen Grenzlandes bis nach Edinburgh. Am **7. Tag** besichtigen Sie Edinburgh Castle, die historische Old und New Town. In 1¼ Stunden fliegen Sie zurück nach London.

## MEHR ZEIT ZUR VERFÜGUNG?

**London & die Home Counties:** Sie können gut mehrere Tage in London verbringen und dort Museen, Theater, Märkte und Geschäfte aufsuchen. In den Home Counties sollten Sie sich Zeit nehmen für **Hever Castle** und **Penshurst Place** sowie für eine Wanderung durch die **Chiltern Hills**.

**Der Südosten & Südwesten:** In einer (Zug-)Stunde sind Sie im Seebad **Brighton**. Richtung Westen, entlang der Küste, erreichen Sie nach 64 km

## REISEZEIT

Großbritannien hat ein gemäßigtes Klima mit milden Frühlings- und Herbstmonaten, warmen Sommern und kalten Wintern. Im Frühling sprießen überall Wildblumen; im Sommer locken Meer und Strand und Open-Air-Festivals; im Herbst gibt es leckeres Obst und farbenfrohes Laub; im Winter wärmt man sich an knackig kalten Tagen im Pub auf oder genießt, besonders in den schottischen Highlands, den Schnee.

## TIPPS FÜR DEN BESUCH VON HERRENHÄUSERN & KIRCHEN

- Werden Sie Mitglied in Denkmalschutzvereinigungen, um ermäßigte Eintrittspreise zu den entsprechenden Häusern zu erhalten: **National Trust** (England und Wales; *nationaltrust.org.uk*), **National Trust for Scotland** (*nts.org.uk*), **English Heritage** (*english-heritage.org.uk*), **CADW** (*cadw.wales. gov.uk*) und **Historic Scotland** (*historic-scotland.gov.uk*).
- Packen Sie Simon Jenkins' Buch *England's Thousand Best Churches and England's Thousand Best Houses* (Allen Lane/Penguin) ein.
- Entdecken Sie säkularisierte Kirchen: **Churches Conservation Trust** (*visitchurches.org.uk*) und **Scottish Redundant Churches Trust** (*srct.org.uk*).

**Portsmouth** mit seinem Historic Dockyard und dem Schiff *Victory* von Admiral Nelson und fahren dann an der Küste von **Dorset** und **Devon** entlang, dessen vielfarbige Klippen Unmengen von Fossilien bergen. Am südwestlichen Zipfel liegt **Cornwall**, mit *Cream Teas*, Sandstränden und der Künstlerstadt **St. Ives**.

**East Anglia:** Die Region nördlich und östlich von London ist flach; schön sind die mittelalterlichen Textilstädte Thaxted, Saffron Walden, Kersey und Lavenham. In **Norfolk**, ca. 128 km nordöstlich von London, finden Sie die schönsten alten Kirchen Großbritanniens, Zeugnisse des Glaubens und mittelalterlichen Reichtums. Architektonische Meisterwerke bietet die **Cambridge University**, weiter nördlich liegen die windgepeitschten Strände von **Lincolnshire**. **Essex** grenzt im Süden an East Anglia. Die Gegend im Norden ist leicht hügelig und am Themseufer stimmungsvoll düster.

**Die Midlands:** Etwa 128 km nordwestlich von London liegen die Midlands, verpassen Sie nicht die »Miniaturberge« **Malvern Hills**, eingerahmt von den Kathedralen von **Gloucester**, **Worcester** und **Hereford**.

## NICHT VERGESSEN

In Großbritannien können Sie zu jeder Jahreszeit mit Regen, Sonne, Wind, Wolken und Nebel rechnen. Daher sollten Sie immer leichte Regenbekleidung, ein festes Paar Schuhe sowie im Winter eine warme Jacke, Handschuhe, Schal und Mütze im Gepäck haben. Ein Taschenschirm und Laufschuhe (für die Städtetouren), ein Fernglas (für Architekturdetails und zur Vogelbeobachtung), ein Notfall-Set, Fotoapparat und die Wanderausrüstung (für etwaige Wanderungen in den Bergen und Hügeln) sind empfehlenswert.

Edinburgh Castle thront hoch über der Stadt auf dem Castle Rock, einem erloschenen Vulkan.

16 km nordöstlich von Stratford-upon-Avon bietet **Warwick Castle** alles, was Sie von einer mittelalterlichen Festung erwarten. Es macht Spaß, die Kanäle und Curry Houses im multikulturellen **Birmingham** zu erkunden.

**Wales:** Westlich der Midlands verlaufen die Hügel der **Welsh Borders**, die dann in wundervolle Küstenstreifen und einsames Hochland übergehen. Das **Big Pit Mining Museum** nördlich von Cardiff zeigt, wie sehr der Reichtum der Welt auf den walisischen Kohlevorkommen beruhte. An der gegenüberliegenden Seite des Landes laden **Mount Snowdon** – neben den schottischen Highlands der höchste Punkt der britischen Inseln – und die umliegenden spektakulären Berge zum Klettern ein.

**Der Norden: Derbyshire**s White Peak (Kalkstein) und Dark Peak (Granitfelsen und Heide) sowie die **Yorkshire Dales** mit ihren grünen Tälern, Heidelandschaften und Steinmauern sind Wanderparadiese. Die **North York Moors** ziehen sich nach Osten, dazwischen liegen die schöne Stadt York (320 km nördlich von London) mit Münster und mittelalterlicher Stadtmauer und eine Stunde weiter nördlich das faszinierende **Durham** und seine normannische Kathedrale. Nach kurzer Fahrt in den Norden trifft man auf das größte römische Baudenmal der Britischen Inseln — **Hadrian's Wall**.

**Schottland:** Schottland ist mehr als nur **Edinburgh**! Das Abenteuer wartet: der **Bass Rock** vor der Ostküste mit 100 000 Tölpeln; Wanderungen durch wilde Landschaften wie **Glen Coe** (128 km nördlich von Glasgow) oder auf die Höhen der **Highland Munros**; das Kayaken auf den Lochs der Westküste. Golffreunde sollten nach **St. Andrews** auf das heilige Fairway fahren (48 km nordöstlich von Edinburgh), Whisky-Kenner zu den Highland-Destillerien am Whisky Trail von **Speyside**. ■

‹ Fachwerkhäuser aus der Tudorzeit säumen die Straßen von Cambridge.

Großbritannien – ein Archipel, bestehend aus England, Schottland und Wales – ist mit ca. 1 440 km Länge nicht sonderlich »groß«. Dennoch hat das kleine Inselreich im Nordwesten des europäischen Kontinents im geschichtlichen Rückblick die Kultur der übrigen Welt beeinflusst.

Immer mehr Menschen reisen nach Großbritannien – und das nicht nur wegen der viel gerühmten Schönheit der üppigen Landschaft und der alten Städte und Dörfer oder um zu sehen, wo William Shakespeare geboren wurde, wo die Queen lebt oder wo die Karriere der Beatles begann. Dass sich so viele Besucher mit den Inseln und ihren Bewohnern verbunden fühlen, hängt vielleicht damit zusammen, dass sich die britische Kultur in vielen anderen Kulturen widerspiegelt.

Heute stehen die Briten – eine bunte Mischung von Menschen angelsächsischer, karibischer, keltischer, normannischer, indischer, chinesischer, afrikanischer, dänischer und anderer Abstammung – selbst an einem kulturellen Scheideweg. Einerseits sind sie zu Recht stolz auf ihre Geschichte, auf die bedeutenden Dichter und Denker, Staatsmänner, Wissenschaftler und Sozialreformer, die diese kleinen Inseln hervorbrachten. Sie

Das London Eye ist seit seiner Eröffnung im Jahre 2000 zu einem Wahrzeichen geworden.

pflegen die prächtige Theaterkultur, ein Erbe ihrer Geschichte. Zutiefst befriedigt lassen sie den Blick über den Flickenteppich der Äcker und Weiden schweifen, über mittelalterliche Fachwerkhäuser und die fernen Gebirge. Sie sind stolz auf ihren Lokalchauvinismus, die ausgeprägten Dialekte und die feinen Nuancen zwischen den Grafschaften – beim Bier wie beim Humor.

**Die Briten haben akzeptiert, dass ihnen das gottgegebene Recht auf die führende Rolle in der Weltpolitik nicht mehr zwangsläufig zufällt.**

Zugleich sehen sich die Briten heute als nur kleines Rädchen in einer Welt konkurrierender Interessen. Sie haben akzeptiert, dass Großbritannien das gottgegebene Recht auf die führende Rolle in der Weltpolitik nicht mehr zwangsläufig zufällt. Das einstige Gefühl von Sicherheit und Überlegenheit ist längst verschwunden. Die politische Union zwischen Schottland, England und Wales – und vielleicht auch Nordirland – scheint sich zu lockern, was nicht von Nachteil sein muss.

Das allgemeine Bestreben, den historischen Status als unabhängiges Inselvolk zu wahren und gleichzeitig den Kontakt nach außen zu pflegen,

spiegelt sich auch in der zwiespältigen Haltung gegenüber einer engeren Bindung an das europäische Festland wider, die rein rechtlich zwar schon seit 1973 besteht, in politischer, gesellschaftlicher, wirtschaftlicher und emotionaler Hinsicht jedoch bis heute nicht auszumachen ist.

Der Rest der Welt schätzt an den Briten nach wie vor Eigenheiten, die sie sich selbst mit typischem *understatement* kaum zuschreiben würden: den Sinn für Humor und Fairness, ihre Höflichkeit und Rücksichtnahme gegenüber anderen – entstanden aus der Notwendigkeit, in einer multikulturellen Gesellschaft auf einer überbevölkerten Insel zu leben –, ihre trockenen, mit reichlich Ironie durchsetzten Späße und ihren entspannten Umgang untereinander und mit Fremden.

Doch wer genau zählt eigentlich zu den Briten? Diese Frage drängte sich in den vergangenen Jahren zunehmend ins nationale Bewusstsein. Von 2013 bis 2014 belief sich die Netto-Zuwanderung (mehr Einwanderer als Auswanderer) auf 260 000, was einen 20-jährigen Trend fortsetzte. Das

**Der Morgen des 24. Juni 2016 erschütterte Europa – die Bürger des Vereinigten Königreiches hatten am Tag zuvor mehrheitlich für den sogenannten »Brexit« votiert.**

Unbehagen über diese Zuwanderung und über die Mitgliedschaft in der EU führten zum Aufstieg der rechtsgerichteten United Kingdom Independence Party (UKIP). In dieser Entwicklung drückte sich eine wachsende Unzufriedenheit vieler Briten mit den drei politischen Parteien des Landes aus – vor allem durch den rasch wachsenden Einfluss der Scottish National Party (SNP) im Norden. Am 18. September 2014 hatte sich im Referendum über die Unabhängigkeit Schottlands noch eine Mehrheit von 55 Prozent für den Verbleib im Vereinigten Königreich ausgesprochen, doch die Leidenschaftlichkeit der schottischen Unabhängigkeitskampagne schreckte die Politiker in Westminster auf.

Ein knapperes Abstimmungsergebnis gab es dann am 23. Juni 2016 beim »United Kingdom European Union Membership Referendum«: 51,9 Prozent der Briten sprachen sich dafür aus, die EU zu verlassen. Dabei stimmten Schottland, Nordirland und Gibraltar mehrheitlich für den Verbleib (»Remain«), Wales und England mehrheitlich für den sogenannten »Brexit« (zusammengesetzt aus *British* und *exit*). Das Referendum ist rechtlich nicht bindend, erst wenn die britische Regierung im Frühjahr 2017 dem EU-Parlament den Austritt mitteilt, beginnt die zweijährige Verhandlungsfrist.

## DIE BRITEN ENTDECKEN IHR LAND NEU

Ein bemerkenswerter Aspekt dieser neuen und fortdauernden Selbstentdeckung ist die Beschäftigung der Briten mit ihrer eigenen Landschaft. Die Briten haben genug von langen Urlaubsflügen mit Sonne und billigem Wein und genießen nun eher das, was unmittelbar vor ihrer Haustür liegt. Die BBC sendet unzählige Beiträge über die Schönheit und Vielfalt der britischen Landschaft mit all ihren Möglichkeiten zum Wandern und Schwimmen.

Bücher mit dem Wörtchen »wild« im Titel gingen weg wie warme Semmeln; das schönste davon ist Robert Macfarlanes *Wild Places*. Die Briten begannen, sich intensiv für Outdoor-Aktivitäten zu interessieren. Wandern – mit Karte oder GPS – auf wunderbar ausgebauten Wegen gehört heute zur Lieblingsbeschäftigung einer ganzen Nation. Davon können auch Großbritannienreisende profitieren: Überall gibt es Informationen zu den großartigen Outdoor-Möglichkeiten des Landes. ∎

# MITTEN IM MULTIKULTURELLEN GROSSBRITANNIEN

**Besucher aus aller Welt bemerken immer sofort, dass Großbritannien ein Land mit Menschen aus vielen verschiedenen Nationalitäten ist. Als Seefahrernation war Großbritannien seit Langem Ziel vieler Einwanderer. Daher ist es nicht verwunderlich, dass man hier eine bunte Mischung aus Religionen und Lebensstilen findet.**

Natürlich gab es gelegentlich auch Konflikte zwischen den Bevölkerungsgruppen, aber insgesamt wurde das Land durch das multikulturelle Zusammenleben eher bereichert, so beispielsweise im Bereich der Musik, des Tanzes, beim Essen, beim Humor und besonders beim Feiern.

Der Straßenkarneval und andere öffentliche Festivitäten der verschiedenen ethnischen Gruppen sind einer der wahren Schätze des modernen Landes. Der karibisch angehauchte **Notting Hill Carnival** *(thenottinghillcarnival.com)* im Herzen des Londoner Westens ist vermutlich am bekanntesten. Hier wird in farbenfrohen Kostümen und Kopfbedeckungen getanzt und musiziert; es gibt karibisches Essen, Kleinkunst, Straßenstände, ohrenbetäubende Musik und Tausende Zuschauer.

Viele der ehemaligen Industriestädte verfügen über starke afrokaribische Gemeinden, die eigene Karnevalsveranstaltungen abhalten: Leeds (Textilindustrie) beispielsweise hat Ende August seinen **West Indian Carnival** *(leedscarnival.co.uk)* und Luton (Automobilindustrie) seinen **Caribbean Carnival** *(carnivalarts.org.uk)* Ende Mai.

Die Stadt Bristol im West Country ist Heimat verschiedener karibischer Musikstile, am ersten Samstag im Juli ist man beim tollen **St. Paul's Carnival** *(stpauls carnival.co.uk)* mittendrin im bunten Treiben.

Die recht große indische Bevölkerungsgruppe feiert Ende Oktober **Diwali**, das hinduistische Fest des Lichtes mit prächtigen Feuerwerken, Tanz und Straßenveranstaltungen im ganzen Land, darunter am Trafalgar Square in London *(london.gov.uk/diwali)*, am George Square in Glasgow, in Birmingham *(birmingham.gov.uk/diwali)* und Leicester.

**Das chinesische Neujahrsfest** Ende Januar/Anfang Februar wird ausgelassen gefeiert: mit Feuerwerk, tanzenden Drachen, lauter Musik und chinesischem Essen in den Chinatown-Vierteln der größeren Städte. In Newcastle, Sheffield, Manchester (siehe S. 279), Liverpool, Birmingham, Cardiff, Belfast, Southampton, Brighton und Plymouth finden große Veranstaltungen statt, in denen die lokalen chinesischen Gemeinschaften auf den Straßen feiern, z. B. am Londoner Trafalgar Square und um den Leicester Square in Chinatown *(chinatownlondon.org)*.

Die Tänzer und Tänzerinnen bringen mit ihren bunten Kostümen Farbe in den Notting Hill Carnival.

Briten sind stolz auf ihre Gebirgszüge und Gipfel, Heidelandschaften, die Ebenen und Sümpfe, Plateaus und Kieselstrände, die einer Fülle von Tieren und Pflanzen Lebensraum bieten.

## DIE GESCHICHTE DER LANDSCHAFT

Die Hauptinsel Großbritanniens birgt eine erstaunliche Vielfalt an Landschaften. Die erdgeschichtliche Chronologie Großbritanniens beginnt im Westen mit dem vulkanischen Gestein der schottischen Highlands und Inseln, den höchsten Gipfeln des Lake District in Cumbria und im walisischen Snowdonia sowie mit dem Granitgrund von Dartmoor und Cornwall im Südwesten Englands. Manche dieser harten Gesteinsarten – Granit, Basalt, Gabbro und Dolerit – bildeten sich aus erkalteter Lava und wandelten sich durch gewaltige Hitze- und Druckeinwirkung zu Quarzit, Gneis und Schiefer.

Vor ca. 400 Millionen Jahren brachten Auffaltungen in ganz Zentral- und Südschottland sowie in den walisischen Bergen den felsigen Grund an die Oberfläche. Sie schufen mächtige Gebirgszüge, die im Laufe der Jahrhunderte allmählich zu bizarren Schiefer- und Sandsteinformationen verwitterten.

Auf einer geologischen Karte Großbritanniens lassen sich riesige gewundene Bänder aus Kalkstein, Kies und rotem Sandstein erkennen. Letzte-

Basaltsäulen zeugen vom vulkanischen Ursprung der schottischen Isle of Skye.

rer bildet die Grundlage für das felsige Küstenland im Südwesten Schottlands, im Nordwesten Englands und an Teilen der walisischen Küste, in North Devon und in Exmoor; er besteht aus dem komprimierten Sand einer Wüste, die vor 400 Millionen Jahren das Zentrum Britanniens ausfüllte. Der Kies unter den Mooren des südlichen Yorkshire und Lancashire ist eine Mischung aus Sand und Steinpartikeln, die in vorgeschichtlicher Zeit an den Flussmündungen angeschwemmt wurde.

**Der Karbonkalk der Pennines mit ihren weiten, blumenreichen Weiden besteht aus den Schalen unzähliger Meerestiere.**

Der Karbonkalk der Pennines mit ihren blumenreichen Wiesen besteht aus den Schalen unzähliger Meerestiere. In Teilen des County Durham, von Lancashire, Yorkshire, Nottinghamshire und South Wales ist er von Schichten einstiger Vegetation durchzogen, die sich zu Kohleflözen verdichtet und verhärtet haben.

Aus Oolithkalk besteht ein etwa 480 km langer Gürtel, der sich von der Küste von North Yorkshire über die Lincolnshire Wolds, die Hügelregion der Eastern Midlands und der Cotswold Hills über Bath und Somerset bis nach Dorset und weiter an die Küste von Devon zieht. Er entstand vor etwa 200 Millionen Jahren aus in Kalziumkarbonat eingebetteten Sandkörnern und wird manchmal – wegen der Ähnlichkeit mit Fischeiern – auch »Rogenstein« genannt. Oolithkalk variiert in der Farbe von hellgrau bis zu einem tiefen Orangebraun.

Kreide bildet die Grundlage großer Teile Südenglands; sie entstand ebenfalls aus den Schalen von Meerestieren, hier aus bestimmten Mikroorganismen, Foraminiferen genannt, die in den seichten Gewässern des Kreidemeeres lebten, das vor ca. 100 Millionen Jahren weite Teile Nordeuropas bedeckte. Unvorstellbare Mengen sammelten sich auf dem Meeresgrund an. Sie bildeten eine Schicht, die am Walbury Hill in Hampshire vom ca. 300 m hohen Gipfel bis auf Meereshöhe reicht und sich unter dem Wasser noch weitere 195 m hinzieht. Als die Meere zurückwichen, bedeckte die Kreideschicht einen Großteil Britanniens. Anschließende Verwitterung und gleichzeitig eintretende Verwerfungen aufgrund unterirdischer Hebungen brachten sie jedoch weithin zum Verschwinden. Beeindruckende Überreste finden sich heute in den Höhenzügen der Downs sowie den hohen Kreidefelsen an der Südküste.

Bis zum Ausbruch der vier großen Eiszeiten transportierten Flüsse große Mengen Lehm, Sand und Kies nach Südosten an die Nordseeküsten Englands. Die Eiszeiten selbst (ca. 600 000 v. Chr.–12 000 v. Chr.) vollendeten die Formung Großbritanniens; ihre Gletscher schnitten Täler in den harten Fels der Gebirge und schliffen die weicheren Gesteine im Süden glatt. Schmelzwässer zwischen den Eiszeiten brachten weitere Schlick- und Kiesmassen und überzogen ganz East Anglia und die Südostecke Englands mit einer dicken Humus- und Lehmschicht.

**Beeindruckende Überreste der Kreideschicht finden sich heute noch in den Höhenzügen der Downs und in den hohen Kreidefelsen an der Südküste.**

## KLIMA

Die Britischen Inseln profitieren von der Wärme der nordatlantischen Strömung. Die Wärme des Ozeans verbunden mit der kalten, feuchten Luft und einer etwa 32 000 km langen Küstenlinie sichert ein gemäßigtes Klima – milde, feuchte Frühlingsmonate, warme Sommer, einen milden Herbst mit einigen Stürmen und Winter, die zwar Schnee mit sich bringen, aber dennoch nicht zu eisig sind.

### DER BESONDERE TIPP

Fast alle Besucher der britischen Inseln möchten unbedingt den Big Ben, Shakespeares Geburtsort, Edinburgh Castle und weitere Highlights besichtigen. Doch es gibt auch noch ein anderes Großbritannien, das die wenigsten kennen. Um es zu entdecken, müssen Sie sich Zeit nehmen, sich auf Gespräche einlassen und in die entlegenen Winkel des Landes vordringen. Hier finden Sie einige Vorschläge für anregende Extratouren, die Ihnen das andere Großbritannien näherbringen:

**Der Südosten**: Romney Marsh und Dungeness im Südosten von Kent

**Der Südwesten**: Lizard Peninsula und Bodmin Moor in Cornwall

**Wales**: Die Täler nördlich von Cardiff; das Wye Valley; die urwüchsige Lleyn Peninsula

**East Anglia**: Das Mündungsgebiet des Deben und die düstere, unvergessliche Landzunge Orford Ness in Suffolk

**Der Nordwesten**: Die Moore und ehemaligen Textilstädte im Bowland Forest; die menschenleere Küste westlich des Lake District

**Der Nordosten**: Die Halbinsel Spurn Head an der Küste Yorkshires

**Schottland**: Der unberührte Südwesten Galloways; die Küste des Moray Firth; die Inseln

## FLORA & FAUNA

Diese verschiedenen Faktoren – die Vielfalt an Gesteins- und Landschaftsformationen, die vielen Erdsorten und die damit verbundenen Pflanzen sowie das gemäßigte Klima – sorgen für eine sichere Nahrungsgrundlage und genügend Schutz für Pflanzen und Tiere.

**Bedrohtes Paradies:** Die Tier- und Pflanzenwelt Großbritanniens hat in der zweiten Hälfte des 20. Jahrhunderts durch die intensive Landwirtschaft der Nachkriegszeit katastrophale Einbußen erlitten. Mehr als 80 Prozent aller Hecken, Wildblumenwiesen und Feuchtgebiete sind verschwunden. Insekten-, Pflanzenschutz- sowie Düngemittel kamen in großem Umfang zum Einsatz. Gleichzeitig vernichtete der Bau von Straßen und Häusern wertvolles Ackerland, Wiesen und Wälder. Doch die EU-Schutzgesetze und der unermüdliche Einsatz von Naturschützern zeigen langsam Wirkung. Immer noch finden sich im Frühling Böschungen mit Schlüsselblumen und Wälder voller Blauglöckchen; Lichtnelken, wilder Knoblauch, Wiesen-Storchschnabel und Süßdolde säumen im Sommer die Wege und Hecken schützen die Nester von Goldammer, Heckenbraunellen und Buchfinken. In den nördlichen Moorgebieten ertönt der perlende Ruf des Brachvogels, und in den schottischen Bergen haben Steinadler, Schneehasen und seltene nacheiszeitliche Blumen ihre Nischen gefunden. Kurz vor seinem Aussterben ist der Rote Milan nach Wales zurückgekehrt und vermehrt sich wieder, auch die auf hohen Beinen daherstolzierenden Säbelschnäbler brüten wieder auf den sumpfigen Inselchen vor der Küste von Suffolk. ■

Rothirsche, die größten Säugetiere Britanniens, leben im Moor, den Hügeln und Wäldern.

Eine britische Eigenheit ist die Vorliebe für regionale Bräuche, Feste und andere, teils exzentrische Zeremonien. Einige haben ihren Ursprung in Tradition und Religion, andere basieren eher auf frei erfundenem Hokuspokus. Doch alle sind einen Abstecher wert!

## JANUAR

*1.:* Neujahr
*25.:* Burns Supper – Schottland feiert seinen Nationaldichter Robert Burns
*Letzter Dienstag*: Up Helly Aa – auf den Shetlandinseln feiert man ausgelassen die Wintersonnenwende (siehe S. 372)

## FEBRUAR

*Ende Januar/Anfang Februar*: Chinesisches Neujahr in London, Glasgow, Manchester und anderen Großstädten
*Mitte Februar*: Wikingerfest – rituelles Verbrennen von Booten und Schaukämpfe in York feiern die Gründung der Wikingerstadt Jorvik

## MÄRZ

*17.:* St. Patrick's Day: Irische Gemeinden feiern ihren Schutzheiligen
*Faschingsdienstag*: Pancake Day mit Wettrennen und Straßenfußball bei Corfe, Dorset

## APRIL

*23.:* St. George's Day: Feierlichkeiten in englischen Städten und Dörfern
*Ostermontag*: Hare Pie Scramble und Bottle Kicking in Hallaton, Leicestershire (siehe S. 222)

Als Höhepunkt des Up Helly Aa wird ein Wikinger-Langschiff angezündet.

## MAI

*1.: Maifeiertag* – 'Obby 'Osses in Padstow, Cornwall (siehe S. 10, 167)
*8.:* Flora Day/Furry Dance – Blumentänze in Helston, Cornwall
*Christi Himmelfahrt:* Tissington und andere Dörfer in Derbyshire schmücken die Wände mit Bildern aus Blumen
*Letzter Montag im Mai:* Käseradrollen und Wettrennen von Cooper's Hill bei Brockworth, Gloucestershire

## JUNI

*Mitte Juni:* Pferdemarkt in Appleby, Cumbria – Fahrende treffen sich
*20./21.:* Druiden treffen sich bereits am Vorabend zur Feier der Sommersonnenwende in Stonehenge

## JULI

*Zweiter Samstag*: Durham Miners' Gala – Fahnen und Grubennostalgie
*Dritte Woche*: Swan Upping (siehe S. 102, 116) auf der Themse

## AUGUST

*Erste Woche*: Royal National Eisteddfod – walisische Kunst und Musik an wechselnden Orten

## SEPTEMBER

*Erster Samstag*: Braemar Gathering – Baumstammwerfen und andere traditionelle Spiele in Anwesenheit der Königsfamilie in Braemar, Schottland

## OKTOBER

*Erster Donnerstag, Freitag und Samstag*: Nottingham Goose Fair – der außergewöhnlichste Markt Großbritanniens
*31.:* Halloween – die Kinder höhlen Kürbisse aus und verkleiden sich

## NOVEMBER

*Anfang November*: Bridgwater Guy Fawkes Carnival, Somerset – Nachtvolksfest in Bridgwater, dann zehn Tage in verschiedenen Städten Somersets
*5.:* Bonfire Night/Guy Fawkes Night – Feuer und Feuerwerk, besonders eindrucksvoll bei Lewes, East Sussex, erinnern an den Gunpowder Plot von 1605

## DEZEMBER

*31.:* Allendale Tar Barrelers, Northumberland – Umzug von Männern mit verrückten Kopfbedeckungen
*31.:* Hogmanay – schottisches Silvester (siehe S. 339)

Am Ende der ersten großen Eiszeit gab es die ersten Menschen in Britannien. Einige hatten sich wohl schon während der Warmzeiten zwischen den früheren Kaltzeiten über den Kanal oder die Nordsee-Landbrücken gewagt, doch erschienen Jäger und Sammler in größeren Zahlen nicht vor Ablauf der Würmeiszeit um 10 000 v. Chr.

Sie folgten der sich im Zuge der Klimaerwärmung nordwärts ausbreitenden Tundra. Nach dem Eintreffen von Hirten und Pflanzern aus dem Mittelmeerraum um 3700 v. Chr. wurde das Land parzelliert und erhielt sein typisches »Patchwork-Muster«. Damals machte der steigende Meeresspiegel Britannien zum Inselreich. Die Neuankömmlinge besaßen Erfahrung mit Vieh- und Landwirtschaft, säten Weizen und Gerste und rodeten den Urwald, vor allem im Gebiet der Kreidekalkböden Südenglands.

Um 2000 v. Chr. hielten die »Glockenbecherleute« Einzug, benannt nach der feinen Keramik, die sie ihren Toten ins Grab legten. Die Zuwanderer von der Iberischen Halbinsel und dem europäischen Flachland brachten die wertvolle Kenntnis der Bronzebearbeitung mit.

Um 600 v. Chr. kamen aus Frankreich die dunkelhaarigen Kelten herüber, ihnen war die Herstellung von Gerätschaften aus Eisen und tauglicher Pflüge geläufig. Zudem waren sie erfahrene Krieger, errichteten Hügelfestungen, verehrten ihre Druiden, schmiedeten Waffen, liebten Gesang und Dichtung.

## DIE RÖMISCHE EROBERUNG

Der erste römische Vorstoß nach Britannien war zögerlich – Cäsar erschien 54 v. Chr., traf auf Widerstand und zog wieder ab. 43 n. Chr. landeten auf Befehl von Kaiser Claudius vier Legionen mit der Maßgabe, das Unternehmen zu Ende zu bringen. 50 n. Chr. setzten sie den Catuvellaunen-Chef Caractacus gefangen, und 61 n. Chr. überstanden sie die heftige Revolte der Icener unter ihrer Königin Boudicca. 84 n. Chr. hatte Feldherr Julius Agricola mit seinen Elitetruppen schließlich die Eroberung Britanniens und der ihm wichtigen Teile Schottlands und Wales' abgeschlossen.

**Während der folgenden 250 Jahre beherrschten die Römer das Land – auf die ihnen eigene, wohlorganisierte Art.**

Von 122–128 n. Chr. wurde zwischen dem Solway Firth und der Tyne-Mündung der 117 km lange Hadrianswall errichtet, die 4,5 m hohe, mit 17 Kastellen bestückte Grenzmauer.

Die frühgeschichtliche Stätte Stonehenge aus der Bronzezeit

## SCHÄTZE FÜR DIE EWIGKEIT

Die Römer hinterließen nach dem Ende ihrer 400-jährigen Herrschaft in Britannien ihr überall im Land verstreutes kulturelles Erbe.

Zu den eindrucksvollsten Architekturzeugnissen gehören der 117 km lange Hadrianswall (siehe S. 319 f.) in Northumberland, die Thermenanlage von Bath (siehe S. 174), die Stadt Verulamium (siehe S. 126 f.) bei St. Albans, der Palast von Fishbourne (siehe S. 145) in Sussex, die Chedworth-Villa (siehe S. 206) in Gloucestershire und die Fundamente von Colchester Castle (siehe S. 239) in Essex. Regionalmuseen landauf, landab präsentieren heute römische Statuen, Skulpturen, Schmuck und Glas – überragend dabei der »Schatz von Mildenhall« aus Suffolk, ein herrliches Silbergeschirr, das heute im Britischen Museum (Saal 49) zu bewundern ist (siehe S. 86 f.).

Während der folgenden 250 Jahre beherrschten die Römer das Land – auf die ihnen eigene, wohlorganisierte Art. So legten sie etwa gut ausgebaute Verbindungsstraßen an, wie die Ermine Street von London nach York und die Watling Street nach Chester. Mit einem Netz von Nebenwegen erschlossen sie das waldreiche Hinterland. Sie bauten großflächig Getreide an und schufen Weideland. Sümpfe und Moore legten sie trocken, schürften nach Kohle, Silber, Blei und Gold. Städte wie Verulamium (St. Albans), Glevum (Gloucester), Camolodunum (Colchester) und Eboracum (York) entstanden. Auf ihren Besitzungen bauten sie prächtige Villen mit herrlichen Marmorfußböden, raffiniertem Goldzierrat, Marmorstatuen und feinsten Glaswaren. Doch als die Römer ihr eigenes, unbeherrschbar gewordenes Weltreich nicht aufrechterhalten konnten, wurde um 400 n. Chr. die letzte Legion aus Britannien abgezogen.

## DIE SEELENHIRTEN & DIE NORDSEEWÖLFE

Nach einem Machtvakuum von 40 Jahren, während dessen die Errungenschaften der Römer allmählich wieder in Wald und Sümpfe zurücksanken, erschienen die blauäugigen, blonden Sachsen auf dem Schauplatz. Ihre Einwanderung aus Nordwestdeutschland geschah in Schüben über 200 Jahre. Der sagenhafte König Artus mag in Wahrheit ein römisch-britannischer Fürst gewesen sein, dessen Kämpfe gegen die Invasoren in die Legende eingingen.

**Das Land urbar machen:** Die Angelsachsen siedelten in der Nähe von Flüssen, die sie als Wasserreservoir und Transportwege nutzten. Ihre Gesetze wurden in Ratsversammlungen beschlossen. Sie schlugen breite Schneisen in Britanniens Wälder, rodeten Flächen für den Ackerbau und pflügten mit gemeinschaftlichen Ochsengespannen. Ihre Siedlungen erkennt man noch heute an den Namensendungen: »-ton« lag an einem Fluss, »-ley« war eine Lichtung, »-ham« flaches Weideland, und »-wick« bezeichnete einen Gutshof. Relikte aus ihrer Zeit sind über das ganze Land verstreut und reichen von König Offas großem Erdwall entlang der walisischen Grenze bis zu den Gold- und Granatschätzen aus dem Schiff von Sutton Hoo in Suffolk, heute im Britischen Museum zu besichtigen. Unterstützt durch eine Politik des Vasallentums, spalteten die kämpferischen Sachsen einen Teil Englands in Einzelkönigtümer auf – dabei führend waren Wessex (Südwesten) und Kent (Südosten), Mercia (Midlands), East Anglia (Osten) und Northumbria (Nordosten). Die Dänen als kriegerische Seefahrer (auch als Wikinger bekannt) verfolgten andere Zielsetzungen, als sie gegen Ende des 8. Jahrhunderts die Nordsee überquerten und ihre rund drei Jahrhunderte während aggressive Überfalls- und Siedlungspolitik aufnahmen.

Die Mönchsgemeinschaften an der Ostküste wurden die ersten Opfer der Dänen. Deren zunächst vereinzelte Überfälle verwandelten sich in eine unaufhaltsame Einwanderungswelle. Zu Verständigung und Allianzbildungen kam es, nachdem Alfred der Große, König von Wessex (reg. 871–899), im Jahr 878 die Dänen besiegt hatte. Etliche der »Nordmänner« ließen sich im Norden des Landes nieder, ihre Ortsnamen bezeichnen die Topografie: »-beck« lag an einem Wasserlauf, »-by« war ein Bauernhof, »thwaite« eine Rodung. Nun hatten sie selbst unter Angriffen ihrer einstigen Landsleute zu leiden. Erst unter den nächsten – und letzten – Eroberern Britanniens verging den Nordseewölfen das Beißen.

Mit dem Sieg Wilhelms des Eroberers 1066 in der Schlacht von Hastings kamen die Normannen.

## NORDMÄNNER AUS FRANKREICH

Mit ihren trutzigen Burgen bekundeten die Normannen ihre Stärke und ihren Willen, das Land zu beherrschen, nachdem sie die Angelsachsen am 14. Oktober 1066 in der Schlacht bei Hastings besiegt hatten. Diese »französischen Nordmänner« waren glänzende Organisatoren, tüchtig und überaus machtbewusst. Das »Domesday-Book« (Buch des Jüngsten Gerichts), ein Grundbuch von 1085/86, zeigte König William im Detail, was er selbst und jeder seiner Untertanen besaß und was dieser Besitz wert war – eine typisch normannische Errungenschaft! Die Normannen veränderten Britannien in seiner Substanz. An die Stelle der Grundbesitzer traten nun Barone und Bischöfe, deren Macht in kürzester Zeit für den König bedrohlich wurde. Französisch und Kirchenlatein avancierten zu den Amtssprachen der nächsten 150 Jahre. Über ihre Verbindungen auf dem Festland zogen die Normannen Mönchsorden nach Britannien, deren Klöster zu Stätten der Kultur wurden.

**Nach dem Zeitalter der Bürgerkriege, aus denen Adel und Kirche gestärkt hervorgingen, begründete Henry II. 1154 das Haus der Anjou-Plantagenet.**

Nach dem Zeitalter der Bürgerkriege, aus denen Adel und Kirche gestärkt hervorgingen, begründete Henry II. 1154 das Haus der Anjou-Plantagenet. Diese Dynastie erlebte und überdauerte die Kreuzzüge ins Heilige Land und die Aufstände der Barone 1215–17 und 1263–67. Kriege, Rückschläge und verschiedene Thronstreitigkeiten zwangen die Normannen-Nachfolger Ende des 14. Jahrhunderts zur Heimkehr nach Frankreich.

## DAS MITTELALTER

Im Mittelalter war die »Woll-Region« East Anglia Britanniens bevölkerungsreichstes und blühendstes Gebiet. Das Feudalsystem hatte sich durchgesetzt, die Bauern bewirtschafteten ihre eigenen Felder wie auch die ihrer Grundherren, denen sie per Eid zu Untertanentreue und Gefolgschaft verpflichtet waren. Die Mönche legten weite Sumpfgebiete trocken und errichteten Deiche zum Schutz des neu gewonnenen Ackerlandes. Als die Macht der Barone abnahm, wuchsen rasch Städte heran, vor allem rund um die Burgen, und die Handwerker organisierten sich in einflussreichen Gilden. Die Unterzeichnung der Magna Carta 1215 schuf die Grundlage einer unabhängigen Justiz. Jedermann hatte nun das Recht, seinen Fall in Schwurgerichtsverfahren von Menschen seines Standes verhandeln zu lassen.

## NORMANNENKASTELLE

Die ersten Burgen entstanden kurz nach der normannischen Eroberung und
waren aus Holz: Bollwerke auf Erdhügeln mit umfriedeten Außenhöfen für
die Garnison; keines davon hat überdauert.
Unter Henry II. (reg. 1154–89) benötigten die nach Unabhängigkeit stre-
benden Barone eine königliche Erlaubnis zum Bau ihrer Kastelle. Damals
stiegen sie von Holz auf Stein um und verbesserten ihre Verteidigungsanla-
gen durch Fallgruben und -gatter, Gräben und Geheimgänge. Ab dem
13. Jahrhundert wurden die Außenhöfe durch Zwischenwände unterteilt,
Torhäuser und befestigte Innenhöfe errichtet. Die Burgen waren Zentren
der Kriegsführung, bis die Feuerwaffen aufkamen. Dann verloren die Barone ihre Macht und versanken allmählich in der Bedeutungslosigkeit.

Edward I. (reg. 1272–1307) trug zwar den Beinamen »Hammer of the
Scots«, konnte Schottland jedoch nur für kurze Zeit bezwingen. 1284 gelang es ihm hingegen, Wales zu erobern. 1295 führte er ein Modell-Parla-
ment ein, das sich aus Vertretern der reichen Stadt- und Landbevölkerung
zusammensetzte. 1348–50 wütete in Europa die Pest und im entvölker-
ten England entstand bei den Arbeitskräften ein neues Wertgefühl. Als
1381 zur Finanzierung des Hundertjährigen Krieges mit Frankreich eine
Kopfsteuer erhoben wurde, revoltierten die Bauern und liefen – ange-
führt von Wat Tyler und John Ball – Sturm auf London, mit blutigem Ausgang: Über 1500 von ihnen wurden gehenkt.
Elf Jahre vor dem Ausbruch der Pest hatte König Edward III. (reg. 1327–77)
durch seinen Anspruch auf die französische Krone nach dem Aussterben
der Kapetinger den Hundertjährigen Krieg mit Frankreich (1337–1453)
initiiert. Militärexpeditionen der Engländer gipfelten in Schlachten wie
Crécy (1346), Poitiers (1356) und Agincourt (1415). Die Feindseligkeiten
endeten für England mit dem Verlust seines gesamten Festlandbesitzes
außer dem Hafen von Calais, der erst 1558 an Frankreich zurückfiel.

**Tiefe Kluften:** Der Zeitraum war auch innenpolitisch nicht ereignislos
geblieben: So hatte der Sturz König Richards II. (reg. 1377–99) die direk-
te Linie der Plantagenets unterbrochen. Sein Cousin und Widersacher
Henry Bolingbroke regierte als Henry IV. und etablierte das Haus Lancaster. Aus diesem Stoff sind William Shakespeares *Henry IV* Teil 1 und 2
sowie *Henry V* entstanden, seine Familiensagas voller Intrigen, mit blutigem Ausgang – nicht nur für den rebellischen Earl of Northumberland
und seinen Sohn Henry »Heißsporn« Percy.

1455, nur zwei Jahre nach Beendigung des verlustreichen Krieges mit Frankreich, kam es in England zwischen den Häusern Lancaster (rote Rose als Symbol) und York (weiße Rose) zu Thronstreitigkeiten, die aufgrund der Wappenfarbe der Beteiligten auch als »Rosenkriege« bezeichnet werden. 30 Jahre währte das Blutvergießen, bis Henry Tudor in der Schlacht von Bosworth 1485 die endgültige Entscheidung zugunsten der Lancasters erzwang. Der Sieger selbst ehelichte eine Prinzessin aus dem Hause York und läutete die Tudorzeit ein.

## KIRCHENBAU IM MITTELALTER

Es gibt etliche Gründe für die außergewöhnliche Vielzahl an Kirchen und Klöstern, doch haben die meisten dieser Bauten ihre Entstehung dem florierenden Wollhandel des Inselreiches zu verdanken. Und die Kirchen wurden nicht nur aus Frömmigkeit errichtet, vielmehr waren sie weithin sichtbare Zeichen des Ranges ihrer Stifter.

Besonders die Bischöfe wägten zwischen ihrem geistlichen und weltlichen Stand ab, etliche waren nicht minder mächtig als die Barone. Wo Letztere Festungen errichteten, bauten Erstere Kathedralen und fuhren noch lange fort damit, auch als die Trutzburgen längst überflüssig geworden waren. Erpicht auf einen Platz im Himmelreich, stifteten Bischöfe wie Aristokraten in oder an den Kathedralen Votivkapellen, wo Seelenmessen für sie gelesen oder gesungen werden sollten. Reliquien waren besonders geeignet, Pilger in großen Scharen anzulocken, und alle steuerten sie ihr Scherflein zum Kirchenbau bei. Mönchsorden wie die gebildeten, weltgewandten Benediktiner, die in Abgeschiedenheit hart arbeitenden Zisterzienser oder die enthaltsamen Augustiner besaßen ausgedehnte Ländereien und weitgespannte Geschäftsinteressen – manche Abteien entfalteten nicht weniger Pracht als die größten Kathedralen.

**Stilentwicklungen:** Etliche der großen Kathedralen befanden sich über Jahrhunderte hinweg im Bau, was sich in der Gestaltung an den mitunter abrupt wechselnden Architekturstilen ablesen lässt. Die normannische Romanik (um 1050–1150) zeigt Rundbögen, oft mit Hundszahnleisten oder Zickzackkanneluren geschmückt, massive quadratische Türme und schwere, wuchtige Pfeiler – eine in sich ruhende, bodenständige Architektur wie in Norwich und Durham.

Charakteristisch für die englische Frühgotik (um 1150–1280) sind Spitzbögen und schmale Spitzbogenfenster. Strebebögen und Rippengewölbe leiten einen Teil des Gewichts der Dachkonstruktion auf die Wände ab. Dadurch konnte man die Pfeiler schlanker halten, und die Räume wurden insgesamt lichter, wie etwa in Salisbury. Das Erscheinungsbild

Kathedralen, wie die in Exeter, sind Zeugnis der mittelalterlichen Begeisterung für Kirchenbau.

des sogenannten Decorated Style (1280–1380) ist bestimmt von üppigem Dekor: Die Fenster sind größer und mit Maßwerk gefüllt, Decken- und Gewölbebuckel, Kragsteine und Pfeilerkapitelle sind mit plastisch herausgearbeitetem Zierrat versehen. Die Spätgotik (etwa 1350–1530) kehrte sich vom Überladenen ab und fand zu glatten Fenster- und Portallaibungen sowie zu schmucklosen Linien zurück. Nur die Fächergewölbe wurden noch komplizierter und filigraner Spitze ähnlich, wie beispielsweise in der Kathedrale von Gloucester und der Kapelle des King's College in Cambridge.

Der Beginn der Reformation (um 1540) setzte als Gegenbewegung zu Kirchenwillkür und moralischem Verfall weiterer Stilentwicklungen in den nächsten 100 Jahren praktisch ein Ende.

## DIE ARCHITEKTUR DER TUDORZEIT

Man sieht sie überall, in den Holzdecken von Kirchen, in Glasfenstern, auf stuckverzierten Wänden und in Hecken geschnitten: die Tudor-Rose, das stolze Symbol der bekanntesten Herrscherdynastie des Landes. Der Tudor-Baustil kam solide und selbstbewusst daher, verdeutlicht durch das robuste Fachwerk der Kaufmannshäuser und gediegene Eichenvertäfelungen, durch prächtige Zunfthäuser, z. B. in Lavenham in Suffolk (siehe S. 238); das Gleiche gilt für die herrlichen elisabethanischen Landsitze (Hampton Court Palace, siehe S. 99; Burghley House, siehe S. 247; Hardwick Hall, siehe S. 260 f.), die nach 500 Jahren so würdevoll und abgeklärt wirken.

## DIE ENGLISCHE RENAISSANCE

Die Tudor-Dynastie umfasste eine kompakte Erbfolge innerhalb einer Familie, beginnend mit Henry VII. (reg. 1485–1509), seinem Sohn, Henry VIII. (reg. 1509–47), und drei Enkeln, Edward VI. (reg. 1547–53), Mary I. (reg. 1553–58) und Elizabeth I. (reg. 1558–1603). Die beiden Regenten, die diese kurzlebige Dynastie begannen und beendeten, der alte Mann und seine Enkelin, waren aus demselben Holz geschnitzt: kühle Technokraten, kühn, aber schlau, risikofreudig, zugleich aber auch umsichtig. Insgesamt waren die Tudors nur knapp über ein Jahrhundert an der Macht. Aber was für ein Jahrhundert!

1531 erklärte sich Henry VIII. zum Oberhaupt der anglikanischen Kirche.

Ihre Ära brachte dem gebeutelten Land Frieden. Henry VIII. begründete eine neue christliche Konfession, Abenteurer segelten um den Erdball, gründeten Kolonien in der Neuen Welt, brachen die Macht Spaniens und sicherten die britische Herrschaft über Indien. Shakespeare wurde geboren und als Dichter berühmt. Es war die Zeit der englischen Renaissance.

**Katholiken & Protestanten:** Henry VIII. erlangte traurige Berühmtheit wegen seiner sechs Frauen: Catherine of Aragon (geschieden), Anne Boleyn (geköpft), Jane Seymour (gestorben), Anne of Cleves (geschieden), Catherine Howard (geköpft) und Catherine Parr, die ihn überlebte. Da er mit seiner ersten Gattin Catherine of Aragon keinen männlichen Erben zeugen konnte und der Papst eine Scheidung ablehnte, brach er mit Rom, begründete die Church of England (1533/34), erklärte sich zum Oberhaupt und ordnete die Aufhebung und Zerstörung der Klöster an. Sein Sohn Edward – von seiner dritten Frau Jane Seymour – folgte ihm 1547 neunjährig auf den Thron, starb aber bereits 1553. Es folgten fünf Jahre Chaos: Mary I. (»Bloody Mary«) wollte den Katholizismus wieder einführen und ließ Protestanten als Ketzer verbrennen.

Als Elizabeth I. im Jahr 1558 den Thron bestieg, herrschte Bürgerkrieg im Land. Sie setzte sich mit eiserner Härte durch, stützte sich aber auch auf gute Ratgeber. Das nationale Selbstbewusstsein kehrte Schritt für Schritt wieder, und Seefahrer wie Francis Drake (1540–95), Walter Raleigh (1552–1618), John Hawkins (1532–95) sowie Martin Frobisher (1535–94) besiegten die spanische Seemacht. Raleigh gründete den Staat Virginia, und die East India Company organisierte den Handel mit Indien. Als Elizabeth I. 1603 starb, stand England gut da.

**Die verheerende Rückkehr der Pest im Jahr 1665, gefolgt vom Großen Feuer in London 1666, erschütterte die Zuversicht der Briten.**

Anschließend ging der Thron an die schottischen Stuarts. James I. (reg. 1603–25), bis dahin König von Schottland, vereinigte die beiden Königreiche, überlebte einen katholischen Aufstand – den sogenannten Gunpowder Plot von 1605 – sowie schwere Auseinandersetzungen mit seiner Regierung. Seine religiöse Intoleranz trieb eine Gruppe frommer Nonkonformisten, die Pilgerväter, zur Auswanderung nach Amerika. James' Sohn Charles I. (reg. 1625–49) schaffte 1629 das Parlament ab und versuchte autokratisch zu regieren, bis er das Gremium 1640 zur Bewilligung von Steuern wieder einberufen musste. Zwischen royalistischen »Cavaliers« und parlamentarisch gesinnten »Roundheads« entspann sich daraufhin 1642 ein weiterer Bürgerkrieg. Sieben Jahre später wurde Charles hingerichtet. Der Führer der Roundheads, der fanatische Puritaner Oliver Cromwell (1599–1658), regierte zehn Jahre lang (1649–58) ohne Monarchie mit diktatorischen Vollmachten. Es begann die karge Zeit der »Englischen Republik«. Dieses Intermezzo endete mit Cromwells Tod. 1660 kehrte der politisch wenig zuverlässige »Merry Monarch« Charles II. aus dem Exil zurück und stellte die Monarchie wieder her. Doch die Zeiten unter den späten Stuarts waren keineswegs rosig. Die verheerende Rückkehr der Pest im Jahr 1665, ein Jahr später gefolgt vom Großen Feuer in London (1666), erschütterte die Zuversicht der Briten. Charles II. (reg. 1660–85) billigte Gesetze, die Katholiken von allen öffentlichen Ämtern ausschlossen. Sein Nachfolger James II. von England (reg. 1685–88) ließ das religiöse Pendel wieder in Richtung Katholizismus zurückschwingen. 1688 wurde James in der sogenannten Glorious Revolution abgesetzt, und abgesehen von einem kurzen Comeback 1690 in Irland verschwanden die Stuarts vorerst von der politischen Bühne. Ihre Wiederkehr 1715 (mit dem Aufstand des »Old Pretender«, des Sohnes von James II.) und 1745 (mit dessen Sohn, Bonnie Prince Charlie) bestätigte nur ihre Unfähigkeit.

## BEI DEN HIGHLAND GAMES

Bei den sehenswerten Highland Games kann man die Kraft und den Sportsgeist der Schotten erleben. Die Games galten in der georgianischen Zeit als ein Ausdruck nationaler Identität, nachdem die Clans beim Battle of Culloden (siehe S. 361 f.) durch die Streitkräfte der Krone niedergerungen worden waren und damit das Ende des traditionellen Lebensstils der Highlander eingeläutet war. Die schottische Oberschicht, die sich selbst als Jakobiten (Anhänger der schottischen Exilmonarchie der Stuarts) bezeichnete, verlor sich im Nebel nostalgischer Sehnsucht. Die Games gaben den Schotten etwas, auf das sie stolz sein konnten – eine Einstellung, die man auch heute noch spürt. Neben Gesang, Tanz, Musik, Tierausstellungen und Wettkämpfen liegt der Schwerpunkt noch immer auf den »harten« Veranstaltungen. Das Ansehen der Sieger in den entsprechenden Disziplinen kann gar nicht hoch genug veranschlagt werden. Zu den Wettkämpfen gehören:

- Baumstammwerfen – der Stamm ist bis zu 9 m lang
- Steinweitwurf – der Stein wiegt bis zu 12 kg
- Hammerwerfen (ein etwa 10 kg schwerer Ball an einem langen Griff)
- Werfen eines 25 kg schweren Gewichts; entweder gilt die Weite oder die Höhe des Wurfs (über eine Stange)
- Werfen einer Getreidegarbe mit einer Heugabel

Die Highland Games finden zwischen Mai und September in ganz Schottland statt. Die bekanntesten Austragungsorte sind Blair Atholl, Forres, Inverness, Aberdeen, Aberlour, Edinburgh, Perth, Pitlochry und Braemar (in Braemar nimmt auch die königliche Familie teil). Auf *scotlandwelcomesyou.com/scottish-highland-games* findet sich eine komplette Liste der Highland Games.

William of Orange (reg. 1689–1702), bis dahin Statthalter in den Niederlanden, und seine englische Gattin Mary (die Tochter von James II.) regierten bis zu Marys Tod 1694 gemeinsam. Sie waren überzeugte Protestanten, doch es gab immer wieder katholische Unruhen in den keltischen Randgebieten – bekannt sind das Massaker der Macdonalds bei Glencoe im Jahr 1692 sowie zahlreiche blutig niedergeschlagene Aufstände in Irland. Unter Marys jüngerer Schwester Königin Anne (reg. 1702–14) konsolidierte sich jedoch das gebeutelte Königreich, und der Act of Union des Jahres 1707 zwischen dem englischen und dem schottischen Parlament schuf das Vereinigte Königreich.

**Das Georgianische Zeitalter:** Nach dem Tod Königin Annes, deren Nachkommen im Kindesalter starben, ging die Krone auf den Kurfürsten von Hannover über. Damit begann die Regierungszeit der vier Georges, die dem

Land relativen Frieden und Wohlstand brachte. Im 18. Jahrhundert vollzog sich entlang der Flüsse in den Midlands und im Norden die industrielle Revolution, und Großbritannien avancierte zum weltweit bedeutendsten industriellen Produktionsland. James Watt (1736–1819), der schottische Ingenieur und Erfinder, entwarf 1781 die Dampfmaschine, und Sir Richard Arkwright (1732–92), ein englischer Industrieller, machte sie für die Webereien nutzbar. Ein großes Kanalsystem wurde geschaffen, das – unterstützt durch die Eisenbahn – die Welt näher zusammenrücken ließ. Während der 60-jährigen Regierungszeit Georges III. (1760–1820) blühten die Künste auf, und auch die Industrie boomte. Althergebrachte ländliche Strukturen brachen zusammen, und ein Bürgertum kam auf. Das enteignete ländliche Proletariat strömte scharenweise in die Hölle der Fabriken.

## GEORGIANISCHE ARCHITEKTUR

Die Rokoko-Baukunst unter den Stuarts und den vier Georges galt stets als äußerst stilvoll. Die »Grand Tour« auf den Kontinent begeisterte damals viele wohlhabende junge Leute für die Ideale des italienischen Architekten Andrea Palladio (1508–80) – die symmetrische und harmonische Anordnung der klassischen Architekturdetails wie Kolonnaden, Portiken, Giebeln und Balustraden etc.

**Der Palladio-Stil:** Die Perfektion in der Schlichtheit, gepaart mit dem Bestreben, im Gegensatz zur Backsteinarchitektur der Tudorzeit aus dem Stein das Maximum an Eleganz herauszuholen, inspirierte Inigo Jones (1573–1652) zu seinen Meisterwerken, darunter das Banqueting House in London und die Umgestaltung von Wilton House bei Salisbury. John Wood der Ältere (1705–54) und der Jüngere (1728–81), die einen Großteil von Bath errichteten, sowie Robert Adam (1728–94), dessen Hauptwerk die Errichtung der New Town von Edinburgh ist, entwickelten diesen reinen Palladio-Stil weiter.

**Barock:** Parallel dazu blühte der üppige Barock von der Mitte des 17. bis zur Mitte des 18. Jahrhunderts. Auch hier herrschten Symmetrie und Ausgewogenheit, wurden aber von reicher Dekoration wie Draperien und Putten begleitet. In seinen schönsten Bauwerken, etwa den Londoner Kirchen von Sir Christopher Wren (1632–1723), oder in den Einzel- und Gemeinschaftsarbeiten von Nicholas Hawksmoor und Sir John Vanbrugh, z.B. in Blenheim Palace, erreichte der Barockstil großartige Höhepunkte.

**Der Regency-Stil:** Dieser Stil ist benannt nach der Prinzregentschaft Georges IV. unter der Herrschaft seines zeitweise für geisteskrank erklärten

Ein früher »Englischer Garten«: der Mitte des 18. Jahrhunderts gestaltete Landschaftsgarten von Stourhead

Vaters, George III. Die schönsten Werke finden sich in Badeorten wie Brighton und Cheltenham sowie in eleganten Vorstädten wie Clifton.
Die Gärten solcher Anwesen hatten sich mittlerweile vom formalen, geometrischen Stil des 17. Jahrhunderts zu naturnaheren Anlagen gewandelt, wie es sich in den Landschaftsparks von Capability Brown (1716–83) und Humphrey Repton (1752–1818) aufs Schönste widerspiegelt.

## INDUSTRIELLE ARCHITEKTUR

Im ganzen Land finden sich Beispiele spezifischer Bautypen, die der industriellen Revolution entsprangen. Die Chronologie der Bauten ist in Calderdale und Rossendale nachzuvollziehen, wo West Yorkshire und das östliche Lancashire zusammentreffen: An den Hängen kleben die Cottages der Weber mit ihren großen Fenstern im oberen Stock, die möglichst viel Licht hereinlassen sollten. An den Flussufern stehen wassergetriebene Mühlen, auf dem Talgrund, wo Straßen und Bahngleise verliefen, erheben sich die mehrstöckigen Textilfabriken.
Ironbridge Gorge, südlich von Telford im östlichen Shropshire, gilt als Wiege der industriellen Revolution. Abraham Darby (1678–1717) führte hier 1709 die günstige Eisengewinnung mit Koks ein. 70 Jahre später überspannte sein Enkel, Abraham Darby (1750–91), die Severn-Schlucht mit der ersten Gusseisenbrücke (1779) der Welt.

**Monumente des Frühkapitalismus:** In den Industriestädten Nordenglands wie Leeds, Manchester, Sheffield und Bradford sieht man riesige Fabriken, Werks- und Lagerhallen: Kathedralen der Ökonomie, manche verschwenderisch dekoriert mit Kacheln, Terrakotta-Reliefs und kunstvollen

Tür- und Fensterrahmen – Prunk, der die Macht und Bedeutung ihrer Inhaber widerspiegeln sollte. Daneben liegen die schnurgeraden Reihenhaussiedlungen der Arbeiter aus schiefergedeckten Backsteinhäusern.

Auch die neue Infrastruktur hat in der Landschaft architektonische Spuren hinterlassen: Schleusentore, Kais, Warenhäuser sowie verzierte viktorianische Bahnhöfe und Viadukte auf hohen Bögen entlang der Eisenbahnlinien. In den Tälern von Südwales und den Kohlerevieren des Nordostens entsteht heute eine postindustrielle Landschaft. Alte Abraumhalden werden zu grünen Hügeln, Wasserreservoirs zu fischreichen Seen und ehemalige Gleisanlagen zu grünen Wanderwegen.

## DIE BLÜTEZEIT DES VIKTORIANISMUS

Die viktorianische Epoche ist im nationalen Bewusstsein als eine Art Goldenes Zeitalter verankert, bevor der Niedergang des 20. Jahrhunderts einsetzte. Die Viktorianer selbst formten dieses Bild durch einen Mythos, der sich um das Idealbild einer königlichen Familie rankte, die Güte, Stabilität und Fortschritt verkörpert. Die Weltausstellung von 1851 – eine Idee Prinz Alberts, um Großbritannien als Welt- und Wirtschaftsmacht zu präsentieren, steht als Symbol für die viktorianische Ära.

**Tiefgreifende Umwälzungen:** Dennoch vollzog sich im 19. Jahrhundert, das zum Großteil durch die Herrschaft Königin Victorias (reg. 1837–1901) geprägt war, eine soziale, wirtschaftliche und geistige Verarmung in ländlichen wie industriellen Regionen. In seinen Romanen schilderte Charles Dickens (1812–70) die Freuden, Hoffnungen und Leiden kleiner Leute im viktorianischen Zeitalter. Der soziale Wandel nahm ein gewaltiges Ausmaß an: Um 1800 arbeiteten etwa 70 Prozent der Bevölkerung in der Landwirtschaft, um 1900 waren es noch etwa 10 Prozent.

**Aufstände:** Erst durch den Factory Act (1833) wurde geregelt, dass Kinder nicht länger als 48 Stunden pro Woche arbeiten durften. Korruption im Parlament und das fehlende Wahlrecht für Arbeiter führten zu den Chartisten-Aufständen, die 1838/39 Zehntausende auf die Straße trieben. Dabei wurden in Newport, South Wales, im August 1839 zwei Dutzend Menschen getötet. Land- und Industriearbeiter, die wegen der Mechanisierung ihre Arbeit verloren, randalierten als »Maschinenstürmer«.

**Neue Grenzen:** Aber auch Positives gibt es zu entdecken. Die erste Bahnstrecke für den Personenverkehr weltweit (1830) leitet die geographische und soziale Mobilität der Menschen ein. 1833 wurde im Empire die Sklaverei abgeschafft, zugleich erfüllte die Oxfordbewegung in der anglikanischen Kirche die christlichen Werte mit neuem Leben. Im Jahr 1846 wurden mit der Anästhesie Tausende von Jahren voller Qualen bei Operationen beendet. Das von Charles Darwin 1859 publizierte *On the Origin of Species* eröffnete völlig neue Gedankenwelten. 1870 wurde die allgemeine Schulpflicht bis zum Alter von elf Jahren eingeführt, in den 1880er-Jahren sorgte die Elektrizität für Licht und Heizung in den Häusern, der Dampf wurde als Energiequelle verdrängt. Zu dieser Zeit tauschte auch die Londoner U-Bahn (von 1863, übrigens die erste der Welt) die kohlebetriebenen Waggons gegen elektrische Wagen aus.

## DAS 20. JAHRHUNDERT

Die Jahrhundertwende brachte weitere Umwälzungen. Das edwardianische Zeitalter war ein guter Auftakt, doch dann kam der Erste Weltkrieg (1914–18) mit seinen Millionen Toten und traumatisierten Überlebenden. In fast jedem Dorf steht ein Kriegerdenkmal, auf dem die Namen der Toten eingraviert sind.

Kein Staat konnte nach einer Katastrophe diesen Ausmaßes dem gesellschaftlichen Wandel entgehen. 1918 wurde Männern über 21 und Frauen über 30 Jahren das Wahlrecht gewährt (1929: Wahlrecht für Frauen ab 21 Jahren), die Grundschulbildung wurde gebührenfrei. Die Gewerkschaften

### MIT DER U-BAHN BIS ZUR ENDSTATION

Die Londoner U-Bahn — »Tube« genannt — wurde abschnittsweise ab 1863 eröffnet und war die erste U-Bahn der Welt. Viele Touristen, aber auch Einheimische kennen meist nur die wichtigsten Stationen wie Sloane Square, Oxford Circus, Piccadilly Circus, Knightsbridge oder Covent Garden. Aber wie steht es mit Cockfosters oder Epping? Nutzen Sie einmal einen halben Tag für eine Entdeckungsreise: Fahren Sie bis zur Endstation einer U-Bahnlinie. Hier einige Highlights:

**Piccadilly Line** nach Hounslow West (Naturschutzgebiet Hounslow Heath) oder nach Cockfosters (Monken Hadley Common, offene Grünflächen)

**Central Line** nach Perivale (Horsenden Hill, Wald, Grünflächen), nach West Ruislip (Mad Bess Wood, Ruislip Lido, Stausee) oder bis Epping (Epping Forest)

**Metropolitan Line** nach Chalfont & Latimer (Chess Valley, Chenies House) oder Amersham (bezaubernde Marktstadt)

**Northern Line** nach High Barnet (London LOOP = London Outer Orbital Path, markierter Rundwanderweg durch die Außenbezirke Londons)

**District Line** nach Upminster Bridge (Hornchurch Country Park, Ingrebourne Marshes), zum Wimbledon Park (Wimbledon Common, Wald und Grünflächen) oder nach Richmond (Themseweg)

gewannen an Macht, was 1926, von den Forderungen der Grubenarbeiter ausgehend, zum Generalstreik führte. Die große Depression der 1930er-Jahre schuf ein Arbeitslosenheer, und aus dem gebeutelten Nordosten zog 1936 ein Protestmarsch, der »Jarrow March«, 480 km weit nach London. Edward VIII. (reg. 1936) folgte auf seinen Vater George V. (reg. 1910–36), musste aber im selben Jahr wegen seiner Heirat mit der geschiedenen Amerikanerin Wallis Simpson abdanken.

**Die Elisabethaner:** Sechs Millionen Briten dienten und 275 000 fielen als Soldaten im Zweiten Weltkrieg (1939–45). Weitere 58 000 starben bei Bombenangriffen im Land. Der Stolz auf den Sieg im Kampf wich bald dem Gefühl,

Elizabeth II. ist die am längsten regierende Monarchin Großbritanniens.

den »Frieden verspielt« zu haben, da die Rationierung des Wohnraums und der Mangel an Konsumgütern bis weit in die 1950er-Jahre anhielten. Durch den Kalten Krieg – Großbritannien war Verbündeter der USA – wirkte die Weltlage angespannt und düster. 1952 folgte Elizabeth II. ihrem Vater George VI. (reg. 1936–52) auf den Thron. Seither hat sich der politische Wandel weiter beschleunigt. Einwanderer aus den Kolonien begründeten im Mutterland eine multikulturelle Gesellschaft. Die britische Popmusik eroberte die ganze Welt. Die königliche Familie wurde in der Öffentlichkeit mehr von ihrer menschlichen Seite wahrgenommen.

**Einen Mittelweg finden:** Die 1970er-Jahre waren gezeichnet von einer Unruhewelle in Nordirland, Arbeitskämpfen, sozialen Konflikten und den sogenannten »Wintern der Unzufriedenheit«. 1973 schloss sich Großbritannien der EWG (jetzt EU) an, eine wackelige Entscheidung, die 2016 bei einem Abstimmungssieg der »Brexit«-Befürworter widerrufen wurde. In den Jahrzehnten um das Millenium schienen Konsum, Gier und Selbstsucht zu herrschen. Die Briten erkannten mit Schrecken die Bedrohung ihrer Umwelt, die wachsende Zersiedlung und eine Demontage ihres viel geschmähten, aber geschätzten »Welfare State«. ∎

Großbritannien war in der Vergangenheit für seine schlechte Küche bekannt – fade, matschige Pampe für kalte Tage, ideenlos gekocht und häufig widerwillig serviert. Das hat sich heute dank der Reiselust der Briten und unter dem Einfluss der Immigranten und Fernsehköche deutlich geändert.

## DAS ENGLISCHE FRÜHSTÜCK

Das Frühstück, wie es im Hotel oder Bed and Breakfast angeboten wird, ist üblicherweise eine Variante des Great British Breakfast, des großen »englischen Frühstücks« – eine Mischung aus Gegrilltem oder Gebratenem wie Eier, Speck, Würstchen, Tomaten, Pilze, Presssack oder Blutwurst mit geröstetem Brot, gefolgt von Toast mit Marmelade. Dazu wird Tee serviert.

**In den letzten 20 Jahren ist die britische Küche abwechslungsreicher geworden. Auch die traditionellen Gerichte sind wieder im Kommen.**

## BRITISCHE PUBS

Dienten die Pubs früher als Bars, so bieten heute fast alle mittags etwas zu essen an. Oft bekommen Sie hier auch im Schankraum oder in einem separaten Restaurantbereich ein Abendessen.

In den letzten 20 Jahren ist die britische Küche viel abwechslungsreicher geworden. Auch die traditionellen Gerichte sind wieder im Kommen.

Klassiker sind Roastbeef, *Yorkshire pudding* (gebackener Eierteig) zum Rinderbraten und natürlich *fish and chips.* Die Süßspeisen sind einfach, aber immer gehaltvoll: *spotted dick* (im Wasserbad gedämpfter Pudding mit Rosinen).

Die Pubs auf dem Land bieten Bier aus örtlichen Brauereien an, das manchmal per Hand direkt vom Fass gezapft wird und stets nur knapp unter der Raumtemperatur ausgeschenkt wird. Die Menschen schätzen diese Sorten wegen ihrer Mischung aus süßem, süffigem Malz und bitterem Hopfen, die je nach Zusammensetzung überall wieder anders schmeckt.

Großbritannien hat eine lange Tradition der Käseherstellung.

Ein gemütliches britisches Pub – ideal zum Plaudern und Entspannen

## SPEZIALITÄTEN AUS SCHOTTLAND & WALES

Probieren Sie in Schottland Wildbret, Moorhuhn und Lachs, Räucherheringe, *Arbroath smokies* (geräucherten Schellfisch) und schottischen Eintopf. Außerdem zu empfehlen: das ultimative Nationalgericht *haggis*, ein würziges Allerlei, im Schafsmagen gekocht.

Die walisischen Köstlichkeiten sind *cawl* (Gemüsesuppe), Lamm, fangfrischer Fisch, der krümelige, weiße *Caerphilly*-Käse und Leckeres aus Lauch, dem Nationalgemüse.

Bestellen Sie beim Nachmittagstee in Wales *laverbread* (aus Seetang und Hafermehl) oder ein Früchtebrot namens *bara brith* und in Schottland *shortbread* (Mürbteigkekse), *scones* (Rosinenbrötchen) und die leckeren *oatcakes* (Haferkekse).

### CORNISH CREAM TEA

Der *Cream Tea* ist ein absolutes Muss auf Ihrer Entdeckungsreise durch die britische Küche. Natürlich kann man ihn in einem guten Tea Shop im Südwesten, seiner eigentlichen Heimat, bekommen, aber man kann ihn auch leicht selbst herstellen. Man braucht dazu eine Tüte *scones* (kleine, feste Rosinenbrötchen), ein Töpfchen *clotted cream* (Streichrahm) und ein Glas Erdbeermarmelade. Schmieren Sie viel Rahm und Marmelade auf Ihr Brötchen und genießen Sie es an einem sonnigen Rasenplätzchen mit einer Tasse Tee. Das ist schon alles! Es ist fett, klebrig, krümelig, cholesterinhaltig ... und einfach himmlisch.

Die literarischen Traditionen Großbritanniens haben für Kunst und Kultur des Landes einen größeren Beitrag geleistet als die anderen Künste wie Musik, Theater und Film.

## LITERATUR

Großbritanniens Beitrag zur Weltliteratur – von Geoffrey Chaucers Zeit bis heute – ist enorm. Giraldus Cambrensis, der normannisch-walisische Chronist und Geistliche, ging Chaucer (etwa 1345–1400) sogar noch um 200 Jahre voran. In seinem Werk *Itinerarium* berichtet er in heiteren, geschwätzigen Anekdoten von seiner Walesreise im Jahre 1188. Die walisischen, englischen und schottischen Barden und Dichter schufen mehrere Hundert Jahre vor dem Mittelalter eine mündliche Tradition von Lyrik, Liedern und Geschichten, bevor Mönche von ihren Reisen die Kunst des Lesens und Schreibens mitbrachten. Bildungsmöglichkeiten für den Laienstand waren schließlich die Grundlage für die große literarische Tradition Großbritanniens.

Chaucers *Canterbury Tales*, etwa zwischen 1378 und 1400 entstanden, waren ein höchst ehrgeiziges Projekt, das jedoch unvollendet blieb. Erst hundert Jahre später hatte William Caxton den Buchdruck so weit entwickelt, dass er 1485 eine Ausgabe von Thomas Malorys *Le Morte d'Arthur* herstellen konnte, dem Bericht vom Leben und Sterben des mythischen »einzigen und ewigen Königs«, den Malory 15 Jahre zuvor verfasst hatte. Und erst ein weiteres Jahrhundert später begann William Shakespeare, die Theaterstücke und Sonette zu schreiben, die ihn schließlich als einen der größten Dichter der Welt in die Geschichte eingehen ließen.

**17. Jahrhundert:** Die Spannungen zwischen orthodoxen und nonkonformistischen Religionsauffassungen bildeten den Hintergrund für John Miltons (1608–74) Versepos *Paradise Lost* (1667, Das verlorene Paradies) und John Bunyans (1628–88) spirituellen Reisebericht *The Pilgrim's Progress* (Des Pilgers Reise) von 1678. Ein Klassiker ist das gewitzte Tagebuch, das Samuel Pepys (1633–1703) ab Januar 1660 über zehn Jahre hinweg führte und das einen Einblick in Alltag und Ideenwelt des 17. Jahrhunderts gewährt.

**18. Jahrhundert:** In der folgenden Zeit fand der Roman zu seiner Form. Vorreiter war 1719 Daniel Defoe (1660–1731) mit *Robinson Crusoe*, basierend auf dem Seemannsgarn, das ihm der überlebende Schiffbrüchige

Alexander Selkirk in einer Kneipe in Bristol gesponnen hatte. 1749 schuf Henry Fielding sein reifes Werk *Tom Jones* und trat damit die Lawine los. Später veröffentlichte Defoe den brillant beobachteten Reiseroman *A Tour Through the Whole Island of Great Britain* (1724–26).

**19. Jahrhundert:** Im 19. Jahrhundert erlebte die britische Literatur einen immensen Aufschwung. Die reiche Schöpferkraft Charles Dickens' (1812–70) legte die Schwachstellen der industriellen Revolution bloß, ersann aber zugleich unvergessliche Figuren wie Oliver Twist, Nicholas Nickleby, Little Dorrit, Ebenezer Scrooge, David Copperfield, Pip und Uriah Heep. In den 1820er-Jahren schrieb die Pfarrerstochter Jane Austen (1775–1817) *Sense and Sensibility* (Vernunft und Gefühl, 1811), *Pride and Prejudice* (Stolz und Vorurteil, 1813), *Mansfield Park* (1814), *Emma* (1816), *Northanger Abbey* (Die Abtei von Northanger, 1817) und *Persuasion* (Überredungskunst, 1817). Sir Walter Scott schuf eine Fülle von historischen Romanen. Zur gleichen Zeit hatte William Wordsworth (1770–1850) seine produktivste Phase, und auch sein Dichterfreund und Bewunderer John Keats (1795–1821) konnte vor seinem frühen Tod noch sein Talent beweisen.

Holzschnitt in einem Druck aus dem 15. Jahrhundert von Chaucers *Canterbury Tales*

Das schriftstellerische Können der Brontë-Schwestern trat in den 1840er-Jahren zutage. Nach Jugendwerken über die Fantasiewelten Gondal und Angria verfasste jede der drei Schwestern einen hervorragenden Roman: Anne schrieb *Agnes Grey*, Charlotte das Meisterwerk *Jane Eyre* und Emily das dämonische *Wuthering Heights* (Sturmhöhe). Später kamen Annes *The Tenant of Wildfell Hall* (Die Herrin von Wildfell Hall, 1848) sowie Charlottes *Shirley* (1849) und *Vilette* (1853) hinzu. 1849 bzw. 1848 waren Anne und Emily tot, Charlotte starb 1855.

Auch Elizabeth Gaskell (1810–65) prägte das Jahrhundert mit *Cranford* (1853) und *North and South* (1855) sowie ihrer bedeutenden Biografie Charlotte Brontës (1857). Mary Ann Evans (1819–80) verfasste unter dem Pseudonym George Eliot die Klassiker *Adam Bede* (1859), *The Mill on the Floss* (Die Mühle am Floss, 1860), *Silas Marner* (1861) und *Middlemarch* (1871/72). Dann kamen die Romanzen, Erzählungen und Gedichte von Robert Louis Stevenson (1850–1930), dem kränklichen Schotten mit der wilden Fantasie: *Treasure Island* (Die Schatzinsel, 1883), *A Child's Garden of Verses* (Mein Königreich, 1885), *The Strange Case of Dr Jekyll and Mr Hyde* (Der seltsame Fall des Dr. Jekyll und Mr. Hyde, 1886) und *Kidnapped* (Verschleppt, 1886). Sir Arthur Conan Doyle (1859–1930), ebenfalls aus Edinburgh, führte in *A Study in Scarlet* (Späte Rache, 1887)

## AUF DU UND DU MIT SCHRIFTSTELLERN BEIM HAY FESTIVAL

Literaturfestivals sind in Großbritannien besonders beliebt. Direkt hinter der Grenze zu Wales bei Powy liegt das kleine Marktstädtchen Hay-on-Wye, das schon lange bevor es das **Hay Festival** *(Kartenvorverkauf Tel. 01497/82 26 29, hayfestival.com)* gab, berühmt war für seine vielen Antiquariate und Secondhand-Bücherläden. Das Festival findet Ende Mai/Anfang Juni statt. Hay ist unter den Literaturfestivals das, was Glastonbury unter den Musikfestivals ist – jeder will dorthin, denn dort lockt eine entspannte Atmosphäre in einer wunderschönen ländlichen Umgebung. Viele Veranstaltungen sind kostenlos (Anmeldung erforderlich), während andere bis zu 20 £ kosten. An jeder Straßenecke kann man auf international bekannte Schriftsteller treffen, vor allem aber auf britische Talente.

Wer es nicht nach Hay schafft, kann sich ein anderes Literaturfestival aussuchen *(literaryfestivals.co.uk)*. Besonders lohnend sind das größte Dichterfestival in Ledbury an der walisischen Grenze (im Juli), das Edinburgh International Book Festival im August und das renommierte Cheltenham Literature Festival im Oktober.

seinen Helden, den Detektiv Sherlock Holmes, ein, ließ ihn in *The Final Problem* (Das letzte Problem, 1893) sterben und erweckte ihn zehn Jahre später in *The Adventure of the Empty House* (Das leere Haus, 1903) auf extremen Druck der Leser wieder zum Leben. Zwischen 1874 und der Jahrhundertwende schuf der Schriftsteller Thomas Hardy (1840–1928) aus Dorset seine Wessex-Romane – darunter zum Beispiel *Far from the Madding Crowd* (Am grünen Rand der Welt), *The Mayor of Casterbridge* (Der Bürgermeister von Casterbridge), *Tess of the d'Urbervilles* (Tess von den d'Urbervilles). Die wohl größte

Die Brontë-Schwestern Anne, Emily (Branwell übermalt) und Charlotte (von links nach rechts), von Patrick Branwell Brontë, ca. 1834

Wirkung jedoch hatte das 1859 von einem Geologen und Biologen mittleren Alters veröffentlichte Buch mit dem reißerischen Titel *On the Origin of Species by Means of Natural Selection, or The Preservation of Favoured Races in the Struggle for Life* (Über die Entstehung der Arten durch natürliche Auslese, oder Das Erhaltenbleiben der begünstigten Rassen im Ringen um die Existenz) von Charles Darwin (1809–82).

**20. Jahrhundert:** In den 1920er-Jahren erlangten Virginia Woolf (1882–1941) und D. H. Lawrence (1885–1930) Berühmtheit. Zwischen den Kriegen schrieb Eric Arthur Blair (1903–50) unter dem Pseudonym George Orwell Romane wie *The Road to Wigan Pier* (Der Weg nach Wigan Pier), *Down and Out in Paris and London* (Erledigt in Paris und London), *Animal Farm* (Die Farm der Tiere) sowie gleich nach dem Zweiten Weltkrieg *1984*. Eine andere Schlüsselfigur war der Romancier Graham Greene (1904–91), der in so zurückhaltenden Meisterwerken wie *Stamboul Train* (Orient-Express, 1932), *Brighton Rock* (Am Abgrund des Lebens, 1938), *The Power and the Glory* (Die Kraft und die Herrlichkeit, 1940), *The Heart of the Matter* (Das Herz aller Dinge, 1948), *The End of the Affair* (Das Ende einer Affäre, 1951) und *The Comedians* (Die Stunde der Komödianten, 1966) gedrückte Stimmungen und Figuren im moralischen Zwiespalt zwischen Gut und Böse gnadenlos eindringlich beschrieb.

Unter den Nachkriegsautoren findet man Namen wie Kingsley Amis mit *Lucky Jim* (Glück für Jim), Alan Sillitoe mit *Saturday Night and Sunday*

*Morning* (Samstagnacht und Sonntagmorgen), John Osborne mit *Look Back in Anger* (Blick zurück im Zorn) und John Braine mit *Room at the Top* (Der Weg nach oben). Berühmtheit erlangten auch Iris Murdoch mit *The Sea, the Sea* (Das Meer, das Meer), Anita Brookner mit *Hotel du Lac* und John Fowles mit *The French Lieutenant's Woman* (Die Geliebte des französischen Leutnants). William Golding bekam 1983 den Literaturnobelpreis: Sein *Lord of the Flies* (Herr der Fliegen, 1954) offenbarte die dunkle Seite des Menschen, auf der keine zivilisatorischen Regeln mehr gelten. Irvine Welsh stieß mit seinen brutalen Romanen im schottischen Dialekt, die schonungslos die Drogenszene Edinburghs darstellen, besonders mit *Trainspotting*, auf Entrüstung. In der neuen Generation der Frauenliteratur des 21. Jahrhunderts finden sich beispielsweise Zadie Smith mit ihrem preisgekrönten *White Teeth* (Zähne zeigen, 2000) und Monica Ali, deren *Brick Lane* (2003) Leben und Enttäuschungen der Menschen aus Bangladesch in London beschreibt. J. K. Rowling machte den Zauberjungen *Harry Potter* (erster Band von 1997) zum Weltstar. Der größte Erfolg des 20. Jahrhunderts? J. R. R. Tolkiens epische Roman-Trilogie *The Lord of the Rings* (Der Herr der Ringe, 1954/55).

Die Lyrik generell entwickelte sich prächtig. Aus den Schützengräben von Flandern ging der romantische Wilfred Owen (1893–1918) als gestählter und bester Kriegslyriker hervor. In der Folgezeit wirkten in England W. H. Auden (1907–73), Ted Hughes (1930–98) und Sir John Betjeman (1906–84), Schottland entdeckte mit Hugh McDiarmid (1892–1978), Norman MacCaig (1910–96) und Carol Ann Duffy (geb. 1955) Nationaldichter, die sich an Robert Burns messen können, und Wales brachte die großen Dichter Dylan Thomas (1914–53) und R. S. Thomas (1913–2000) hervor.

## »WHAT'S ON«-VERANSTALTUNGSKALENDER

Viele Städte veröffentlichen »What's On«-Kalender mit knappen Informationen zu regionalen Kunstevents, Musikveranstaltungen, Essengehen, Unterhaltung und vieles mehr.

**London:** *visitlondon.com, londononline.co.uk; **Time Out** (timeout.com/London)*
**Birmingham:** *visitbirmingham.com, birminghamonline.co.uk, livebrum.co.uk*
**Bristol:** *visitbristol.org.uk, headfirstbristol.co.uk*
**Edinburgh:** *visitscotland.com (Suche »Edinburgh«), viewedinburgh.co.uk; **The Skinny** (www.theskinny.co.uk)*
**Glasgow:** *visitscotland.com (Suche »Glasgow«); **The Skinny** (www.theskinny.co.uk)*
**Cardiff:** *visitcardiff.com; **Buzz** (buzzmag.co.uk)*

Banksys Straßenkunst zieht mit Respektlosigkeit Zuschauer in ihren Bann.

## BILDENDE KUNST

In Landes- und Stadtmuseen im ganzen Land, in Privatsammlungen wie der Burrell Collection in Glasgow oder dem Sir John Soane's Museum und der Wallace Collection in London und in etlichen Landhäusern lässt sich die frühe Kunst Großbritanniens bestaunen. Den prächtigen Schatz aus der angelsächsischen Schiffsbestattung bei Sutton Ho im 7. Jahrhundert kann man im British Museum in London sehen. In der British Library sind die verschlungenen Muster und leuchtend bunten Buchmalereien des Lindisfarne-Evangeliums ausgestellt.

In den Kirchen und Kathedralen finden sich viele Zeugnisse des Mittelalters: bunte Glasfenster, hölzerne Lettner, Skulpturen, Fresken und Kostbarkeiten wie die Mappa Mundi im New Library Building neben der Hereford Cathedral oder der bemalte Sarg des heiligen Cuthbert in Durham.

Nach der Renaissance gab es ein vielfältiges künstlerisches Schaffen, das beispielsweise die elisabethanische Porträtmalerei Nicholas Hilliards (1537–1619), die Barockschnitzereien des Niederländers Grinling Gibbons (1648–1721) für die Kirchen und Landhäuser des späten 17. Jahrhunderts und die Genrebilder William Hogarths (1697–1764) umfasste. Mit beißender Kritik kommentierte er in seinen Stichfolgen *A Rake's Progress* und *The Election* sowie in dem mahnenden *Gin Lane* Gesellschaft und Moral.

Die georgianische Ära war das Goldene Zeitalter der britischen Kunst und des Kunsthandwerks. Thomas Gainsborough (1727–88) und Richard Wilson (1714–82) schufen ihre lichterfüllten Landschaftsbilder, und Joshua Reynolds (1723–92), George Romney (1732–1804), Sir Henry Raeburn (1756–1823) sowie Gainsborough selbst verhalfen der Kunst der Porträtmalerei zu neuen Ehren. Zur gleichen Zeit setzte der Dichter William Blake seine Endzeitvisionen in Bilder um.

Thomas Sheraton (1751–1806), George Hepplewhite (gest. 1786) und Thomas Chippendale (1718–79) fertigten zierliche, geschnitzte Polster-möbel für den Landadel an, dessen Anwesen der Landschaftsgärtner Capability Brown (1716–83) gestaltete. Josiah Wedgwood (1730–95), Thomas Minton (1765–1836) und Josiah Spode (1754–1827) entwarfen in den Töpferwerkstätten Staffordshires wunderbare Keramikwaren. Und die gefeierten Karikaturisten Thomas Rowlandson (1756–1827) und James Gillray (1757–1815) kümmerten sich um die entsprechenden satirischen und geistreichen Kommentare.

Zu dieser Zeit lernten auch John Constable (1776–1837) und J. M. W. Turner (1775–1851) ihr Handwerk, dessen Früchte sie in den ersten Jahrzehnten des 19. Jahrhunderts ernten sollten – Constable mit seinen Landschaftsdarstellungen East Anglias und Turner mit impressionisti-schen Landschaftsbildern. In der Mitte der viktorianischen Epoche ver-suchten sich die Maler der präraffaelitischen Bruderschaft auf den lyri-schen und pastoralen Stil des frühen Mittelalters zurückzubesinnen.

William Morris (1834–96) wurde zum bedeutendsten Entwurfskünstler des späten 19. Jahrhunderts. Seine Bewegung Arts and Crafts Movement, die sich auf kunsthandwerkliche Traditionen stützte, beeinflusste um die Jahrhundertwende das Jugendstildesign des Glasgowers Charles Rennie Mackintosh (1868–1928). Die Grenzen zwischen Kunst und Kunsthand-werk sind im Lauf des 20. Jahrhunderts durchlässig geworden. Die über-füllten religiösen Gemälde Sir Stanley Spencers (1891–1959) und die be-drohlich wirkenden Landschaften Paul Nashs (1889–1946) sind ex-pressiveren Stilen gewichen wie den leichten Interieurs David Hock-neys (geb. 1937) oder den düsteren Porträts Francis Bacons (1909–92) oder Lucian Freuds (geb. 1922). In jüngster Zeit kam mit Damien Hirst (geb. 1965) und seiner »halben Kuh in Formaldehyd«, der anony-me Straßenkünstler Banksy und

> **Die Grenzen zwischen Kunst und Kunsthandwerk sind – wie die zwischen Kunst und vielen anderen Bereichen auch – im Lauf des 20. Jahrhunderts durchlässig geworden.**

Tracey Emin (geb. 1963) mit dem »ungemachten Bett« oder mit noch ex-travaganteren Anwärtern auf den jährlichen Turner-Preis wieder einmal die Frage auf: »Was ist eigentlich Kunst?«

Mit Jacob Epstein (1880–1959), Barbara Hepworth (1903–75) und Hen-ry Moore (1898–1986) wurde die Plastik abstrakt. Die Karikatur ist nach wie vor eine britische Bastion; Künstler der ironischen Entstellung sind Gerald Scarfe (geb. 1936) und Ralph Steadman (geb. 1936).

Die Rolling Stones rockten den Hyde Park in den Sechzigern (1969) und heute (2013).

## MUSIK

Die traditionelle Musik und der Tanz haben sich in Großbritannien über die Jahrhunderte besonders in den keltisch geprägten Regionen wie Wales, Schottland und Irland erhalten. Hier sind ausgelassene Tanzmusik und Gesang in Pubs, Gemeindesälen, Scheunen und Küchen allgegenwärtig und wichtiger Teil des sozialen Lebens. Der englische Folk diente mit Liedern über das Landleben und die Arbeit und den energischen und »galoppierenden« Melodien dazu, die Volkstänze zu begleiten und hat auch heute noch seine Nische in Folk-Clubs oder dem Tonträgermarkt.

Die religiöse und die klassische Musik Großbritanniens entstanden aus den Chorwerken der Komponisten der Tudorzeit wie William Byrd (1542–1623) und Thomas Tallis (1503–85). Über Henry Purcell (1659–95) und Georg Friedrich Händel (1685–1759) entwickelte sie sich bis zu den Musikern des 19. und 20. Jahrhunderts: Sir Edward Elgar (1857–1934), Frederick Delius (1862–1934), Ralph Vaughan-Williams (1872–1958) und Gustav Holst (1874–1934). Keiner dieser Tondichter gewann die Gunst der Briten so wie die grandiosen viktorianischen Operettenkomponisten William Schwenck Gilbert (1836–1911) und Arthur Sullivan (1842–1900). Im 20. Jahrhundert zeigten unter anderen Michael Tippett, William Walton (1902–83) und Benjamin Britten (1913–76) ihr Können. Mit Festivals wird die klassische Musik gefeiert, beispielsweise in Aldeburgh, Suffolk (Britten), in Glyndebourne, Sussex (Oper) oder in der Londoner Royal Albert Hall (Promenade Concerts).

Die frühen 1960er-Jahre brachten in der Pop- und Rockmusik bedeutende Komponisten und Musiker hervor. Die Beatles schlugen 1963 ein mit ihrem magischen Mix aus R&B, Rock 'n' Roll, Balladen, Schnulzen und Soul. Sir Elton John (geb. 1946) wurde zum Weltstar und die Rolling

Stones haben seit 1962 nicht aufgehört zu rocken und rollen. In den 1970er-Jahren erschütterte Punkrock von London aus die Musikwelt. Auch das musikalische Erbe Asiens, der Karibik und Afrikas hat in dieser multiethnischen Gesellschaft ihren Platz.

## THEATER

Was die Beatles für die Popmusik, das ist William Shakespeare für das Theater Großbritanniens. Mehr als 400 Jahre nach ihrer Entstehung sind seine Stücke noch immer ein Garant für volle Häuser.

Nach der Rückkehr Charles' II. auf den englischen Thron im Jahre 1660 brachten Restaurationskomödien wie William Congreves *The Way of the World* (Der Lauf der Welt) und George Farquhars *The Beaux' Stratagem* (Galante Listen) das Publikum zum Lachen. In der georgianischen Ära fand man Gefallen an *The School for Scandal* (Die Lästerschule) des Iren Richard Sheridan, und die Viktorianer amüsierten sich über den gepfefferten Wortwitz des irischen Schriftstellers Oscar Wilde in Stücken wie *Lady Windermere's Fan* (Lady Windermeres Fächer, 1892), *An Ideal Husband* (Ein idealer Gatte, 1895) oder *The Importance of Being Earnest* (Bunbury oder Ernst muss man sein, 1895).

Zur Creme der moderneren Bühnenautoren zählen Tom Stoppard und Harold Pinter, während Sir Andrew Lloyd Webber (*Cats, Evita, Jesus Christ Superstar, Phantom of the Opera*) nach wie vor die Musicalszene dominiert. Zu den provozierenderen Bühnenautoren gehört Sarah Kane (1971–99). Unter den Bühnenstars des 20. Jahrhunderts finden sich Namen wie Dame Peggy Ashcroft, Sir Laurence Olivier, Richard Burton, Dame Judi Dench, Sir Anthony Hopkins und Sir Ian McKellen. Das Royal National Theatre in London inszeniert moderne Stücke, Shakespeare-Fans hingegen pilgern zum Theater der Royal Shakespeare Company nach Stratford-upon-Avon oder zum Londoner Globe Theatre in Southwark.

### BEIM GLASGOW INTERNATIONAL COMEDY FESTIVAL

Wenn Sie Witze im Allgemeinen und den britischen Humor im Speziellen mögen, sind Sie genau richtig beim **Glasgow International Comedy Festival** *(Kartenvorverkauf Tel. 08448/73 73 53, glasgowcomedyfestival.com, verschiedene Preiskategorien),* das von Mitte März bis Mitte April an verschiedenen Orten der Stadt stattfindet. Hier werden pausenlos Witze erzählt, allerdings oft im Glasgower Dialekt. Wenn nicht, wird es Zeit, dass Sie den »Glesca«-Dialekt verstehen und den Humor der lustigsten und frivolsten Stadt Schottlands schätzen lernen.

## FILM & FERNSEHEN

Viele Schauspieler und Autoren wechselten von der Bühne zum Film. Britische Schauspieler, die vor allem dem Film ihren heutigen Ruhm verdanken, sind etwa Sir Ian McKellen (*Scandal, X-Men, Der Da Vinci Code, Der Herr der Ringe*), Dame Judi Dench (*Zimmer mit Aussicht, Stolz und Vorurteil, Shakespeare in Love, James Bond 007: Skyfall, Philomena*) und die junge Generation mit Benedict Cumberbatch *(Sherlock, The Imitation Game – Ein streng geheimes Leben)*, Keira Knightley *(Fluch der Karibik, The Imitation Game)* und Orlando Bloom (*Fluch der Karibik, Der Herr der Ringe*). Schräg-sarkastische Erfolgsfilme wie *Four Weddings and a Funeral* (Vier Hochzeiten und ein Todesfall), *The Full Monty* (Ganz oder gar nicht) und *Notting Hill* landeten in den 1990er-Jahren Volltreffer, und der Computeranimateur Nick Park und sein Aardman Studio produzierte die Filme mit den Knetgummifiguren *Wallace & Gromit* und *Shaun das Schaf*.

Auch im Fernsehen waren Kostümdramen wie *Downton Abbey*, Jane Austens *Sense and Sensibility* (Vernunft und Gefühl) und *Pride and Prejudice* (Stolz und Vorurteil), Charlotte Brontës *Jane Eyre*, Comedyserien wie *Monty Python's Flying Circus*, *Fawlty Towers* von John Cleese und Ricky Gervais' *The Office* (Das Büro) sowie *Wolf Hall* (Wölfe) um die Machenschaften am Hof der Tudors wegweisend. Gleiches gilt für David Attenboroughs Naturfilme wie *Life on Earth*.

**Drehorte:** Das populäre Kostümdrama *Downton Abbey* wird in Highclere Castle gefilmt, einem Landsitz im neojakobäischen Stil bei Newbury, ca. 64 km westlich von London gelegen (siehe S. 128 f.). In den südlichen Midlands, in Gloucester Cathedral, wurden Szenen aus *Harry Potter and the Philosopher's Stone*, *Harry Potter and the Chamber of Secrets* und *Harry Potter and the Half-Blood Prince* gedreht. In den nördlichen Midlands, in Sudbury Hall westlich von Derby, filmte man Innenaufnahmen von *Pride & Predjudice*; die Außenaufnahmen fanden in Lyme Park, südlich von Stockport in Cheshire, statt. Schottlands Burgen, Seen und Täler sind in vielen Filmen verewigt. Castle Tioram bei Loch Moidart ist in *Highlander* (1986) zu sehen; Glen Nevis, südlich von Fort William, in *Braveheart* (1995); Blackness Castle am Firth of Forth, westlich von Edinburgh, sowie Dunnottar Castle, südlich von Stonehaven, sind in Franco Zeffirellis *Hamlet* (1990) zu sehen. Die Rosslyn Chapel bei Edinburgh spielt eine wichtige Rolle in *The Da Vinci Code* (2006). Unzählige Schauplätze in Cornwall, Devon und Dorset sind in den Rosemunde-Pilcher-Verfilmungen zu entdecken und die beliebte Krimiserie *Broadchurch* wird seit 2013 an der Jurassic Coast in Dorset gedreht. ■

‹ Königliches Wappen am Tor zum Buckingham Palace

**London ist eine der großen Städte der Welt. Hier befinden sich in Westminster der Regierungssitz, die königliche Residenz Buckingham Palace sowie die besten Kunstgalerien, Museen, Theater und Kultureinrichtungen des Landes – und sieben Prozent aller Briten leben hier, ebenso wie viele Zuwanderer aus Übersee.**

Einst ein befestigter römischer Handelsposten, dann frühe Festung und prächtige mittelalterliche Stadt, erhob sich London nach dem großen Brand von 1666, einem barocken Phönix gleich, aus der Asche. War London in der georgianischen Zeit noch ein Muster an Eleganz und vereinte im Viktorianismus als Getriebe des Empires Reichtum und Armut, so verlor es zwischen den Kriegen an imperialem Einfluss. Aus dem Swinging London der 1960er-Jahre entwickelte sich schließlich die heutige Weltstadt – beständig wachsend und finanzstark. 2012 fand in London eines der größten Sportereignisse der Welt statt: die Olympischen Sommerspiele.

Unverkennbares Wahrzeichen Londons – die Houses of Parliament an der Themse

All diesen Spuren begegnet man in der Hauptstadt Großbritanniens. Zum einen erregen die großen Touristenattraktionen berechtigte Aufmerksamkeit: darunter Westminster Abbey, St. Paul's Cathedral, der Tower of London, Buckingham Palace, das British Museum, die National Gallery und der Trafalgar Square. Zum anderen locken verborgene Vergnügen wie das Sir John Soane's Museum in Lincoln's Inn Fields, ein Spaziergang am Themseufer in den Docklands mit ihren architektonischen Auswüchsen, der Chelsea Physic Garden oder die chinesischen Garküchen, die am Dragon Arch in Soho gebratene Ente verkaufen.

## ZU FUSS UNTERWEGS

Auf den nächsten Seiten stellen wir Ihnen vier Stadtrundgänge vor: durch die City of London zur St. Paul's Cathedral, von Westminster und dem St. James's Park zum Buckingham Palace und über den Trafalgar Square zurück durch das etwas schäbige, aber heute wieder hippe Viertel Soho und den belebten Covent Garden, von den edlen Geschäften in Knightsbridge über die berühmten Museen Kensingtons zum Hyde Park. Natürlich gibt es viele weitere Möglichkeiten der Stadterkundung, die Sie selbst ausarbeiten können. In jedem Buchladen oder Touristenbüro finden Sie dazu geeignete Materialien. Selbst aus dem Internet können Sie sich Rundgänge herunterladen. Dazu gehören auch die drei längeren Wege wie der Uferweg Thames Path an der Themse entlang, der Capital Ring durch die Grünflächen und der London Loop, der durch die Landschaft vor den Toren der Stadt führt.

Benutzen Sie für Ihre Entdeckungen das hervorragende U-Bahnnetz, besser bekannt als »the Tube«. ■

### NEUE AUSSICHTSPUNKTE

Seit dem Millennium sind in London einige Bauten entstanden, die bemerkenswerte Ausblicke auf die Stadt bieten. Im Queen Elizabeth Olympic Park (S. 110) können Sie mit dem Aufzug auf die obere Plattform des **ArcelorMittal Orbit** (arcelormittalorbit.com) fahren, Anish Kapoors überraschende »verdrehte Türme«, und über 455 Stufen mit einem 32 km reichenden Blick über Londons Osten wieder nach unten gehen oder mit der Rutsche herunterfahren. Ein fantastisches Panorama bietet sich auch vom **London Eye** (S. 102), vom 69. Stockwerk des **The Shard** (S. 103 f.) mit einer bis zu 128 km weiten Fernsicht oder Sie genießen die Vogelperspektive über die Docks und Greenwich in den Gondeln der **Emirates Air Line** (S. 104), einer Seilbahn über die Themse.

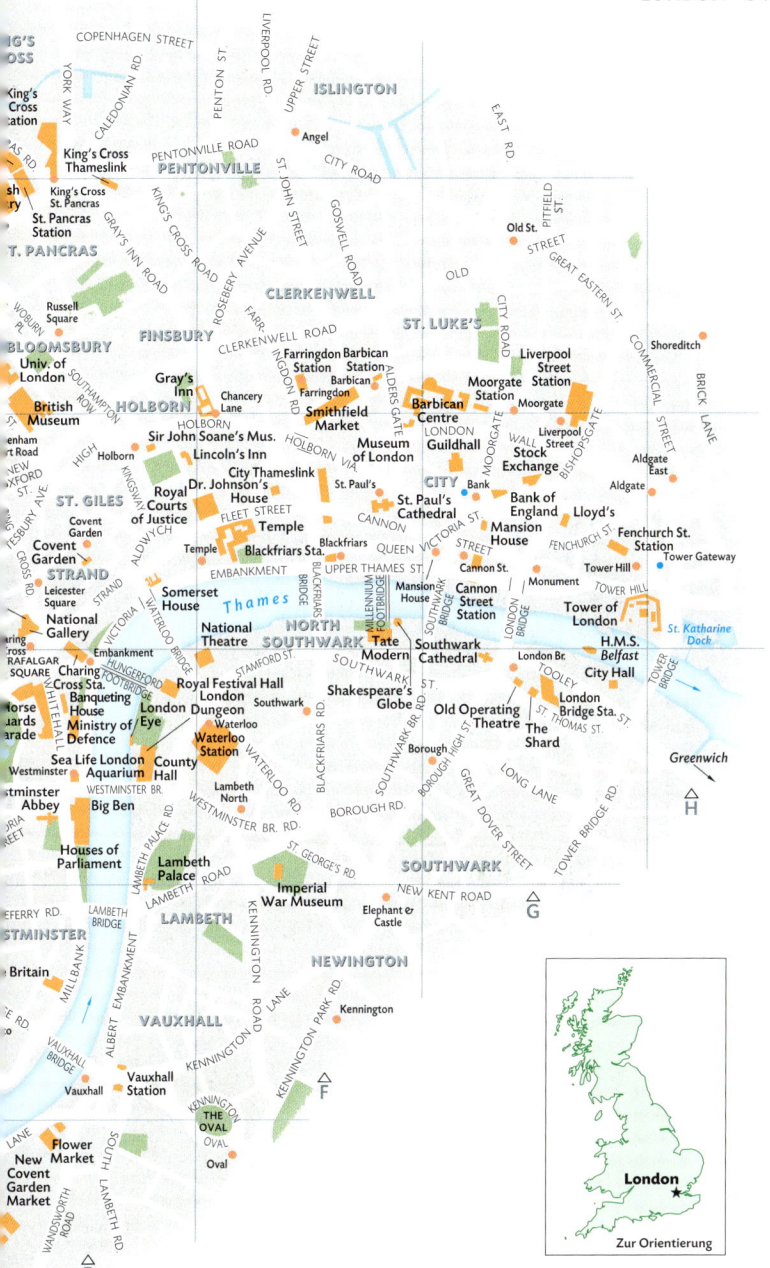

COPENHAGEN STREET
YORK WAY
CALEDONIAN RD.
King's Cross Station
IG'S OSS
ISLINGTON
LIVERPOOL RD.
UPPER STREET
PENTON ST.
King's Cross Thameslink
PENTONVILLE ROAD
Angel
CITY ROAD
PENTONVILLE
sh ry
King's Cross St. Pancras
St. Pancras Station
ST. JOHN STREET
KING'S CROSS ROAD
GRAY'S INN ROAD
GOSWELL ROAD
Old St.
PITFIELD ST.
EAST RD.
STREET
T. PANCRAS
Russell Square
WOBURN
FINSBURY
CLERKENWELL
OLD
GREAT EASTERN ST.
CITY ROAD
Shoreditch
COMMERCIAL STREET
BLOOMSBURY
Univ. of London
SOUTHAMPTON ROW
ROSEBERY AVENUE
FARR.
CLERKENWELL ROAD
INGDON
ST. LUKE'S
Liverpool Street Station
BRICK LANE
Gray's Inn
Chancery Lane
CHANCERY
Farringdon Station
Barbican Station
Barbican Station
Farringdon
ALDERS GATE
Moorgate Station
Barbican Centre
Moorgate
LONDON WALL
Liverpool Street Station
BISHOPSGATE
Aldgate East
HOLBORN
British Museum
enham rt Road
HIGH
HOLBORN
Holborn
KINGSWAY
Sir John Soane's Mus.
Lincoln's Inn
HOLBORN VIA.
Smithfield Market
Museum of London
Guildhall
MOORGATE
Stock Exchange
Aldgate
NEW XFORD ST.
ST. GILES
Covent Garden
TTESBURY AVE.
City Thameslink
Dr. Johnson's House
Royal Courts of Justice
FLEET STREET
ALDWYCH
St. Paul's
St. Paul's Cathedral
Bank
Bank of England
Lloyd's
Fenchurch St. Station
Tower Gateway
Covent Garden
Leicester Square
National Gallery
aring ross
RAFALGAR SQUARE
Charing Cross Sta.
Temple
CANNON
Temple
Blackfriars Sta.
Blackfriars
QUEEN VICTORIA STREET
Mansion House
Cannon St.
FENCHURCH ST.
Tower Hill
Monument
TOWER HILL
H.M.S. Belfast
STRAND
Somerset House
EMBANKMENT
UPPER THAMES ST.
Mansion House
SOUTHWARK BR.
Cannon Street Station
LONDON BRIDGE
Tower of London
St. Katharine Dock
Horse uards arade
National Theatre
Thames
MILLENNIUM FOOTBRIDGE
Tate Modern
Southwark Cathedral
London Br.
City Hall
TOWER BRIDGE
WATERLOO BRIDGE
VICTORIA EMBANKMENT
HUNGERFORD FOOTBRIDGE
Royal Festival Hall
STAMFORD ST.
SOUTHWARK
Southwark
TOOLEY
London Bridge Sta.
The Shard
Greenwich
Banqueting House
Ministry of Defence
London Eye
London Dungeon
Shakespeare's Globe
Old Operating Theatre
ST. THOMAS ST.
Sea Life London Aquarium
Waterloo Station
Waterloo
BLACKFRIARS RD.
Borough
BOROUGH HIGH ST.
Westminster Abbey
County Hall
WATERLOO RD.
SOUTHWARK BR. RD.
stminster
Big Ben
WESTMINSTER BR.
Lambeth North
LONG LANE
Houses of Parliament
WESTMINSTER BR. RD.
BOROUGH RD.
GREAT DOVER STREET
TOWER BRIDGE RD.
H
LAMBETH PALACE RD.
Lambeth Palace
ST. GEORGE'S RD.
SOUTHWARK
EFERRY RD.
LAMBETH BRIDGE
Britain
STMINSTER
LAMBETH ROAD
Imperial War Museum
NEW KENT ROAD
Elephant & Castle
G
TE RD. o
MILLBANK
LAMBETH
NEWINGTON
ALBERT EMBANKMENT
VAUXHALL
KENNINGTON ROAD
KENNINGTON PARK RD.
Kennington
Kennington
VAUXHALL BRIDGE
Vauxhall
Vauxhall Station
KENNINGTON LANE
KENNINGTON
F
LANE
Flower Market
SOUTH
THE OVAL
OVAL
New Covent Garden Market
WANDSWORTH ROAD
LAMBETH RD.
Oval
E

London
Zur Orientierung

**Die »Square Mile« wird fast ausschließlich vom Handel beherrscht und kombiniert georgianisch-viktorianische Architektur mit modernen Spiegelglasbauten. Die City bietet Gelegenheit für interessante Rundgänge und – mit ihren vielen schönen Kirchen aus dem 17. Jahrhundert – einige herrliche Oasen der Ruhe.**

Die Square Mile befindet sich etwa dort, wo einst die Festung Londinium lag, die die Römer 43 v. Chr. an der Themse gründeten: so weit landeinwärts, dass Schiffe sie bei Flut noch erreichten, und gerade so weit von der Mündung entfernt, dass man eine Brücke bauen konnte.

Von der Plünderung durch den aufständischen Icener-Stamm unter der kriegerischen Königin Boudicca 60 v. Chr. erholte sich Londinium rasch und wurde zum wichtigsten Hafen und Knotenpunkt des römischen Handels. Die damaligen Stadtmauern bestanden noch lange nach der normannischen Eroberung, bis sie allmählich nach Westen hin erweitert wurden.

St. Paul's war einst Symbol für den Widerstand im Krieg.

Nach der Wiedereinsetzung Charles' II. als englischer König wurde London von zwei Katastrophen erschüttert. Die Pestepidemie von 1665 raffte ein Viertel der Einwohner dahin, und der Großbrand im folgenden Jahr zerstörte vier von fünf Häusern. Doch die Tragödie hatte auch etwas Gutes: Sie bot die Gelegenheit, die Stadt in moderner Ziegelbauweise neu zu errichten. Dabei spielte der Barockstil eine große Rolle. Das Glanzstück der auferstandenen City of London ist St. Paul's Cathedral.

## ST. PAUL'S CATHEDRAL

Von allen Fotografien aus dem Zweiten Weltkrieg dokumentiert eines ganz besonders den Überlebenswillen Londons beim deutschen Luftangriff von 1940: Unversehrt ragt die Kuppel der St. Paul's Cathedral aus den Feuer- und Rauchschwaden. Dieses Bild entbehrt jedoch nicht der Ironie, da die mittelalterliche Kathedrale erst durch den Großbrand von 1666 zerstört werden musste, bevor Sir Christopher Wren (1632–1723) die neue Kirche errichten konnte. Wren war tonangebend beim Wiederaufbau Londons nach dem Brand – von seinen 52 Kirchen ist der barocke Prachtbau der St. Paul's Cathedral (1675–1710) sein Meisterwerk.

## DIE KUPPEL

Beim Bau der Kuppel konnte Christopher Wren seine innovativen Ideen im großen Rahmen umsetzen. Mit 109 m Höhe ist sie nach dem Petersdom in Rom die zweitgrößte Kirchenkuppel der Welt: Ihr Durchmesser beträgt auf Höhe der berühmten Flüstergalerie knapp 47 m, der Aufbau aus Stein und Blei wiegt Tausende von Tonnen (771 t allein die Laterne).

Eine Holztreppe und ein paar Steinstufen führen hinauf zur Flüstergalerie in der ausgemalten Kuppel, die einen Blick in das Hauptschiff ermöglicht.

Über eine weitere Wendeltreppe gelangt man in die Stone Gallery außerhalb der Kuppel und dann über eine Eisenleiter in die schwindelerregende Höhe der kleinen Golden Gallery auf 105 m über dem Kirchhof. Hier bietet sich ein grandioser Ausblick über London.

Der riesige, prächtig verzierte Kuppelbau wirkt in dem begrünten Kirchhof fast etwas deplatziert. Im nördlichen der beiden 1707 errichteten Türme an der Westfassade hängt die größte Glocke Englands, der 15,4 t schwere »Great Paul«. Die Scheinkuppeln des Mittelschiffs lenken den Blick nach vorne zur großen Vierung unter der Hauptkuppel (siehe Kasten).

Bevor Sie die 528 Stufen zur obersten Aussichtsgalerie hinaufsteigen, sehen Sie sich in aller Ruhe den Kirchenraum an. Die schmiedeeisernen Chorgitter fertigte Jean Tijou an, einer der hugenottischen Emigranten, die Kultur und Kunst in Großbritannien so nachhaltig belebten. Ein anderer Emigrant, der Rotterdamer Schnitzmeister Grinling Gibbons (1648–1721), verzierte das Chorgestühl und die Orgel nach Wrens Entwürfen.

**Grabdenkmäler:** Wrens ausdrücklicher Wunsch, dass sein Meisterwerk nicht mit Grabdenkmälern vollgestellt werde, blieb wegen der Symbolträchtigkeit der Kirche unerfüllt. Wellingtons riesigen Marmorsarg in der Krypta flankieren Steinlöwen. Ein Stück weiter ist Florence Nightingale (1820–1910) bei der Pflege eines Soldaten dargestellt und Lord Nelson (1758–1805), der Held von Trafalgar, liegt in einem gewaltigen schwarzen Sarkophag. Der Sarg war im 16. Jahrhundert ursprünglich für Kardinal Wolsey angefertigt und dann von Henry VIII. konfisziert worden. ■

### ST. PAUL'S CATHEDRAL

⬛ S. 67 F4
✉ St. Paul's, EC4
☎ 020/72 46 83 50

🕐 So außer für Gottesdienste geschl.
€ ££££
🚇 U-Bahn: St. Paul's
stpauls.co.uk

**Von dem Monument für das Große Feuer aus führt der Rundgang ins Londoner Finanzviertel, zur Bank of England und zur Börse, vorbei an drei Kirchen und der St. Paul's Cathedral in die Fleet Street und zu den Inns of Court.**

Beginnen Sie am 61 m hohen **Monument** ❶ *(Monument St., EC3, Tel. 020/ 76 26 27 17, U-Bahn: Monument),* einer Säule mit goldenem Flammenkranz. Sie steht genau 61 m von der Bäckerstube in der Pudding Lane entfernt, wo am 2. September 1666 das Feuer ausbrach. Das Feuer wütete vier Tage lang und zerstörte 13 200 Häuser und 89 Kirchen.

Durch die Fish Street gelangen Sie in die Eastcheap, diese entlang nach rechts geht links die Philpot Lane (später Lime Street) ab und wieder links die Beehive Passage. **Leadenhall Market** zu Ihrer Linken ist ein Labyrinth mit edlen Läden, Pubs und feinen Restaurants. Werfen Sie vom Leadenhall Place aus einen Blick auf das **Lloyd's Building** ❷. Gehen Sie links am Leadenhall Place entlang bis zur Gracechurch Street, dort rechts über die Cornhill und biegen Sie links in die Threadneedle Street ein. Hier, im Finanzzentrum Londons, sehen Sie rechts die moderne Börse, dahinter das Portal der 1694 gegründeten **Bank of London** ❸, die das **Bank of England Museum** *(Bartholomew Ln., EC2,*

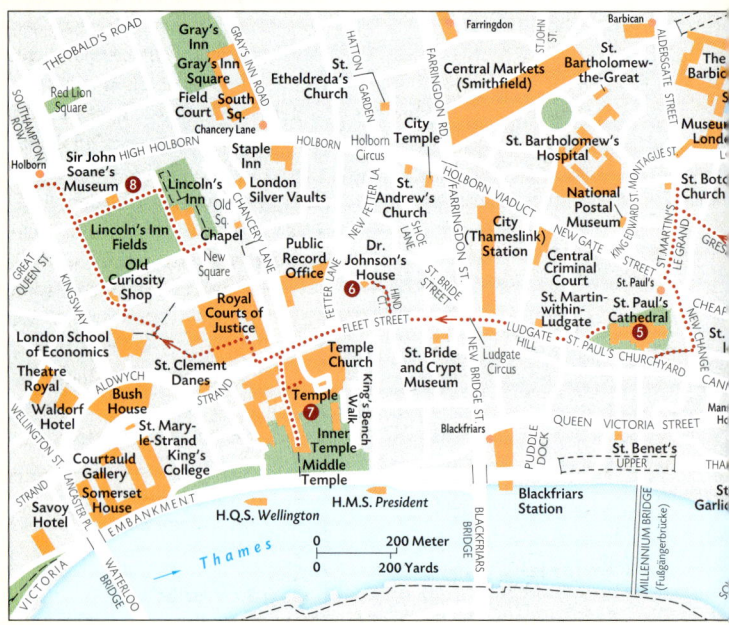

Tel. 020/76 01 55 45, Sa–So geschl., U-Bahn: Bank) beherbergt. Ein Stück weiter verläuft die Lombard Street, seit normannischer Zeit eine Bankenstraße. Folgen Sie der Walbrook Street bis zu Wrens Kirche **St. Stephen Walbrook** (1672–79) mit einem Altar des Bildhauers Henry Moore (1898–1986). Durch Bucklersbury und dann links Poultry kommen Sie zur King Street. Biegen Sie rechts ein und gehen Sie bis zur Gresham Street, wo die Kirche **St. Lawrence Jewry** steht. Die Great Hall der **Guildhall** ❹ (Gresham St., EC2, Tel. 020/73 32 13 13, Okt.–April So geschl., U-Bahn: Bank, St. Paul's) versammelt die Denkmäler von William Pitt und Sir Winston Churchill. Die Gresham Street Richtung Westen geht es zur Aldersgate Street. Rechter Hand steht die georgianische **St. Botolph Church**. Nach Süden erreichen Sie über St. Martin's-le-Grand und New Change die **St. Paul's Cathedral** ❺ (siehe S. 68 f.).

Ludgate Hill geht westlich in die Fleet Street über. Rechts ab führt Hind Court zum Gough Square. Im **Dr. Johnson's House** ❻ (17 Gough Sq., EC4, Tel. 020/73 53 37 45, So geschl., U-Bahn: Temple, Blackfriars) stellte Samuel Johnson (1709–84) sein Dictionary of the English Language (1755) zusammen. Von der Fleet Street links ab kommen Sie hinter der Cock Tavern zum Torbogen beim **Temple Bar** ❼ (Middle Temple Hall, Middle Temple Ln., EC4, Tel. 020/74 27 48 00, Mo–Fr 10–24 Uhr geöffnet, U-Bahn: Temple).

Auf der gegenüberliegenden Seite der Fleet Street kommen Sie an den **Royal Courts of Justice** entlang und rechts über die St. Clement's Lane hinter der Portugal Street in die Portsmouth Street zum **Old Curiosity Shop** (der Dickens' Phantasie inspiriert haben soll). An der Nordseite des Platzes liegt das **Sir John Soane's Museum** ❽ (siehe S. 110 f.). An der Ostseite liegt **Lincoln's Inn** (Chancery Ln., Tel. 020/74 05 13 93, Sa–So geschl., U-Bahn: Chancery Lane), das älteste der vier Inns. Von hier aus nach Nordwesten erreichen Sie die U-Bahnhaltestelle Holborn.

🅜 Siehe auch Karte S. 66 f.
▶ U-Bahn Monument
🕐 ½ Tag
↔ 6 km
▶ U-Bahn Holborn

Westminster ist zweifellos ein touristisches Highlight. In diesem Stadtteil am westlichen Themseufer befinden sich das Parlament mit Big Ben, Westminster Abbey und der Buckingham Palace, der Trafalgar Square und die National Gallery – immer einen Besuch wert. Westminster als Regierungssitz, politisches Zentrum und königliche Residenz ist Schauplatz aller staatlichen Zeremonien.

Westminster ist die Stadtresidenz des Monarchen, wo über Tausende von Jahren Könige und Königinnen gekrönt, vermählt und beigesetzt wurden. Hier wohnt der Premierminister, hier beschließt das Parlament Gesetze und vom Big Ben ertönt das nationale Zeitzeichen.

Der Blick vom gegenüberliegenden Ufer auf die Zinnentürme des Parlamentsgebäudes und den Glockenturm des Big Ben ist das meistfotografierte Motiv ganz Großbritanniens und die am häufigsten mit London assoziierte Stadtansicht.

Der Spaziergang (siehe S. 78 f.) durch das Zentrum Londons führt zu den bedeutenden Sehenswürdigkeiten Westminsters, stellt aber auch weniger Bekanntes vor, wie die schöne, oft übersehene Kirche St. Margaret, die Cabinet War Rooms, in denen Churchill mit seinem Mitarbeiterstab die Kriegseinsätze plante, und die ergreifend schwülstigen Deckengemälde des Banqueting House, die Charles I. zur Verherrlichung der Stuart-Dynastie anfertigen ließ.

Westminster Abbey birgt wertvolle mittelalterliche Kunstschätze.

# WESTMINSTER ABBEY

Westminster Abbey, die schönste gotische Kirche in London, nimmt das Südende des Parliament Square ein und steht so für das Zusammentreffen von religiösem, politischem und monarchischem Leben in Großbritannien. Seit der Krönung von William the Conqueror am Weihnachtstag 1066 wurden hier 38 Monarchen gekrönt, also alle außer Edward V., der 1483 ermordet wurde, und Edward VIII., der 1936 auf die Krone verzichtete.

Der Bau der heutigen Kirche wurde 1245 unter Henry III. begonnen und mit mittelalterlicher Muße fertiggestellt: So stammt das Mittelschiff erst aus dem 14. Jahrhundert, die Lady Chapel am Ostende der Abbey aus der Tudorzeit, und die von Wren geplanten Westtürme sind ein Werk seines Schülers Nicholas Hawksmoor (1661–1736) aus dem 18. Jahrhundert.

Einen Eindruck von der Größe der Kirche erhalten Sie vom großen viktorianischen Nordeingang aus. Im Inneren beeindrucken die enorme Höhe und Enge (das Mittelschiff misst bis zum Dach über 30 m).

## BEI EINER PARLAMENTSDEBATTE

Nichts ist interessanter, als an einer Parlamentsdebatte im Mutterland des Parlamentarismus (seit dem 13. Jahrhundert) und dazu noch in den prachtvollen Houses of Parliament teilzunehmen. Im **House of Lords**, dem Oberhaus, herrscht das Zeremonielle und alles geht viel langsamer und höflicher zu als bei dem rauen Durcheinander im **House of Commons**, dem Unterhaus. Deshalb zieht es die meisten Besucher auch eher ins Unterhaus ... Vielleicht haben Sie ja Glück und Sie sehen in einer Debatte die Fetzen fliegen.

Um die Anfeindungen der Opposition gegen den Premierminister mitzuerleben, müssen Sie zur **Prime Minister's Question Time** (in der Regel um 15 Uhr) kommen; die Tickets hierfür sind kostenlos, können aber nur von britischen Bürgern bei ihrem Parlamentsabgeordneten reserviert werden, sodass man als Nichtbrite nur mit etwas Glück noch einen freien Platz ergattert.

Die Teilnahme an einer **Parlamentsdebatte** (Mo–Do, manchmal Fr) ist da schon leichter zu organisieren — stellen Sie sich einfach am Cromwell-Green-Besuchereingang an der St. Margaret Street an. Egal, über was gerade debattiert wird, allein der neogotische Raum des House of Commons ist einen Besuch wert. Weitere Informationen finden Sie unter *parliament.uk/ visiting/attend*.

## WESTMINSTER ABBEY

- ▲ S. 67 E3
- ✉ Parliament Sq., SW1
- ☎ 020/72 22 51 52
- € Besucher des Gottesdienstes frei (zum Westtor gehen); Besucher ££££
- 🚇 U-Bahn: Westminster, St. James's Park

**westminster-abbey.org**

**Der Innenraum:** Eine der Hauptattraktionen ist die einmalige Fülle von Grabdenkmälern berühmter Persönlichkeiten. Hinter der Kasse am Nordportal können Sie sich den Statesmen's Aisle im nördlichen Querschiff ansehen, hier stehen die schönsten Skulpturen der Kirche: Benjamin Disraeli (1804–81), William Gladstone (1809–98) und Sir Robert Peel (1788–1850). William Pitt (1759–1806) wurde ein fast 8 m hohes Denkmal gesetzt. Das nördliche Seitenschiff ist auf Höhe des Chors Musikern und Komponisten wie Henry Purcell, Sir Edward Elgar und Benjamin Britten gewidmet.

**Die Königskapellen:** Sehen Sie sich im Chorumgang am östlichen Ende die Kapellen mit den Königsgräbern an, darunter den verzierten Steinsarg von Edward the Confessor (reg. 1042–66) sowie daneben die Grabstätten mittelalterlicher Könige. Am Eingang zur Henry VII Chapel steht der eichene Krönungsstuhl (1301), der für jede Krönung benutzt wurde. Die Henry VII Chapel mit ihrem schönen Fächergewölbe birgt erhabene wie auch komische Miserikordien unter den Sitzen des Chorgestühls und eine vergoldete Bronzefigur in Gestalt Henrys (reg. 1485–1509). In der Gruft befinden sich das Grab von James I. und – prunkvoller – das seines Ratgebers, des Duke of Buckingham (1592–1628). Im nördlichen Seitenschiff der Henry VII Chapel ruht majestätisch Elizabeth I. in Marmor, während die Schottenkönigin Mary vom Seitenschiff gegenüber fromm zum vergoldeten Blumenbaldachin über ihr aufblickt.

**Poet's Corner & Chapter House:** Im südlichen Querhaus finden sich Grabmäler für Geoffrey Chaucer, John Dryden, Rudyard Kipling und Charles Dickens. Gedenktafeln erinnern an Dichter, die hier nicht begraben sind wie William Shakespeare, Jane Austen, John Keats, P. B. Shelley, Robert Burns, die Brontë-Schwestern, Lord Byron oder Sir Walter Scott. Im Kapitelsaal aus dem 13. Jahrhundert sind außergewöhnliche Steinreliefs und ein ocker- und cremefarbener Mosaikboden zu sehen. Fantastische Fresken aus dem 14. Jahrhundert zeigen den selig lächelnden St. Johannes in einem Bottich siedenden Öls sowie ehrwürdige Heilige und fabelhafte Tier- und Jagdszenen.

**Das Mittelschiff:** Richtung Westportal erinnern Bodenplatten an Staatsmänner wie Stanley Baldwin (1867–1947), Clement Attlee (1883–1967) und David Lloyd George (1863–1945), an Sir Winston Churchill (1874–1965) sowie an den symbolischen Unbekannten Soldaten – ein scharfer Kontrast zum Monument des Capt. Richard le Neve an Bord der *Edgar*, der 1673 »im erbitterten Kampf gegen die Holländer« starb.

# BUCKINGHAM PALACE

Der Königsfamilie liegt nicht viel am Buckingham Palace, heißt es: Wenn sie auf den Schlössern Windsor, Sandringham oder Balmoral sind, wirken sie glücklicher. Das frühere Buckingham House wurde 1703 für den Duke of Buckingham in einer damals ländlichen Umgebung erbaut, seitdem jedoch stark verändert.

Sein heutiges Aussehen erhielt der Palast zwischen 1925 und 1930. Er ist die offizielle Stadtresidenz der Königin, deren Anwesenheit die gehisste königliche Standarte anzeigt. 1762 erwarb George III. Buckingham House. In den frühen 1820er-Jahren begann John Nash für George IV. einen Umbau, wurde jedoch »verabschiedet«, als sich die Pläne zu kostspielig zeigten. 1837, gleich nach Königin Victorias Thronbesteigung, löste er den St. James's Palace als königliche Residenz ab.

Von den 661 Räumen sind im Sommer 19 zu besichtigen. Mit den Einnahmen wurden nach dem Brand in Windsor Castle (siehe S. 118 ff.) die Reparaturen bezahlt, doch nach der 1997 abgeschlossenen Restaurierung hielt man an dieser Einrichtung fest. Zu sehen sind die rotgoldene Grand Hall mit Nashs ge-

Vormittags versammeln sich Schaulustige vor dem Buckingham Palace, um sich die Wachablösung anzusehen.

schwungener Treppe und der Glaskuppel, die nüchterne Sammlung alter Meister in der Gewölbegalerie, der Thronsaal mit goldener Decke, der State Dining Room und andere Prunksäle.

Weitere Sehenswürdigkeiten sind die ausgefallenen Kutschen und Staatskarossen in den **Royal Mews**, den Stallungen *(Tel. 020/77 66 73 02, Ende*

## BUCKINGHAM PALACE

- ⓐ S. 66 D3
- ✉ Buckingham Palace Rd., SW1
- ☎ 020/77 66 73 00
- 🕐 Okt.–Anfang Aug. geschl.
- 💶 ££££, vorher reservieren
- 🚇 U-Bahn: St. James's Park, Green Park

**royalcollection.org.uk**

*Sept.–Juli Sa–So geschl.*) sowie die **Queen's Gallery** *(Tel. 020/77 66 73 01)*, in der wechselnde Werke aus der Sammlung der Königin gezeigt werden. Nach wie vor reizvoll und eine beliebte Touristenattraktion: **Changing of the Guard** *(April–Anfang Juli tägl. 11.30 Uhr, sonst zu verschiedenen Zeiten)*, bei dem die rot uniformierten Wachen in riesigen Bärenfellmützen vor dem Palast aufmarschieren.

## NATIONAL GALLERY

Mit ihrem mächtigen Portikus am Trafalgar Square und einer außergewöhnlichen Sammlung westeuropäischer Malerei ist die National Gallery die bedeutendste Gemäldegalerie Londons. In vier Gebäudeflügeln ist sie überschaubar und besucherfreundlich angelegt: Werken aus der Zeit von 1290 bis 1510 widmet sich der Sainsbury Wing, 1510 bis 1600 der West Wing, 1600 bis 1700 der North Wing und 1700 bis 1900 der East Wing.

**Der Sainsbury Wing:** In **Saal 53** hängt das Wilton Diptychon, auf dem eine Engelsschar mit Möwenflügeln Maria mit dem Kinde umsteht, in **Saal 56** Jan van Eycks *Hochzeit der Arnolfini*.
Außerdem: Sandro Botticellis *Venus und Mars* **(Saal 58)** und die *Taufe Christi* von Piero della Francesca (ca. 1420–92) in **Saal 66**, auf der ein glorreicher, schläfrig blickender Engelschor einer lieblichen, mandeläugigen Madonna Hymnen vorsingt.

Die kunstvoll arrangierte Ausstellung in der National Gallery lädt die Besucher zum Verweilen ein.

**Der West Wing:** In **Saal 2** befindet sich Leonardo da Vincis berühmtes Bild *Jungfrau und Kind* mit der heiligen Anna und Johannes dem Täufer. In **Saal 8** hängen Michelangelos unvollendete *Grablegung Christi* sowie Raphaels wundervolle *Madonna mit der Nelke*. In **Saal 9** befindet sich *Der Raub der Europa* von Veronese und ein wunderbarer Tintoretto, ein Porträt des alten Senators Vincenzo Morosini. Man findet hier auch mehrere Tizians, darunter den *Tod des Aktäon*, eine dramatische Komposition in Tizians spätem, verwischtem Stil, der mit seinem schwindenden Sehvermögen zusammenhing).

**Der North Wing:** In **Saal 14** ist eine *Anbetung* von Pieter Bruegel dem Älteren mit drei unfrisierten und von der Reise erschöpften Königen zu sehen, außerdem zwei hässliche *Steuereintreiber* von Marius Van Reymerswaele. Jan Vermeer ist in den **Sälen 25** und **27** zu finden, Frans Hals in **Saal 24**. Ebenfalls dort sowie in **Saal 23**: mehrere Rembrandts, beispielsweise ein Porträt seiner Frau Saskia mit 24 Jahren und in der vollen Blüte ihrer Jugend (1635) so-

## INSIDERTIPP

**Freitagabend ist der perfekte Besuchstag für »the National«: Sie ist bis 21 Uhr geöffnet und bietet viele Attraktionen, darunter Vorträge, Führungen, Live-Musik und eine Bar.**

NEIL SHEA, AUTOR FÜR DAS NATIONAL GEOGRAPHIC MAGAZIN

wie die liebevolle Darstellung der jungen Hendrickje Stoffels, nach Saskias Tod das Kindermädchen für Rembrandts Sohn und später die Geliebte des Künstlers. **Saal 29** präsentiert *Samson und Delilah* von Rubens, auf dem Samson benommen auf Delilahs kostbares rotes Kleid darniedersinkt. *Venus mit Spiegel* von Diego Velázquez (1599–1660), auch als *Venus von Rokeby* bekannt, rühmt den warmen Teint und die Kurven der Göttin **(Saal 30)**.

**Der East Wing:** **Saal 34** ist eine Schatzkammer: Unter den Werken J. M. W. Turners (1775–1851) finden sich sein ergreifendes *The 'Fighting Tèmèraire'* und das leidenschaftliche *Rain, Steam and Speed*. Außerdem zu sehen: die Landschaften John Constables (1776–1837) mit dem berühmten *The Haywain*. **Saal 38** enthält Darstellungen Venedigs von Canaletto und **Saal 39** einige düstere Goya-Porträts. In **Saal 43** hängen Impressionisten – Manet,

*Fortsetzung S. 80*

## NATIONAL GALLERY

- ◪ S. 67 E4
- ✉ Trafalgar Sq., WC2
- ☎ 020/77 47 28 85
- ◷ Freitags Abendöffnung

- € Eintritt für Sonderausstellungen
- Ⓜ U-Bahn: Charing Cross, Leicester Square
- **nationalgallery.org.uk**

Von den Houses of Parliament aus führt Sie dieser Rundgang zur Westminster Abbey und dann weiter durch den St. James's Park zum Buckingham Palace. Über die Mall und den Trafalgar Square geht es zum Banqueting House.

Die 12,7 t schwere Glocke **Big Ben** im (umgangssprachlich ebenso benannten) Glockenturm beim U-Bahnhof Westminster gibt den Briten seit 1859 die Zeit an. Links um die Ecke kommen Sie auf den **Parliament Square** mit den Denkmälern für Nationalhelden.

Zur Linken erheben sich die unverwechselbaren **Houses of Parliament**, treffender als **Palace of Westminster** ❶ bezeichnet *(£££, nur mit Führung, online reservieren oder Tel. 020/72 19 41 14, Öffnungszeiten: parliament.uk)*. Dieses neogotische Wunderwerk wurde 1837–60 von Sir Charles Barry (1812–52) und Augustus Pugin (1795–1860) für das Ober- und das Unterhaus des Parlaments errichtet. Den ursprünglichen Palast hatte Edward the Confessor im 11. Jahrhundert gebaut. Die Kapelle, in der nach der Reformation die Commons untergebracht waren, wurde 1834 bei einem Brand zerstört, und Pugin und Barry kamen zum Zuge. Heute steht der Speaker's Chair des Parlamentsvorsitzenden an der Stelle des ehemaligen Altars. Die **Westminster Hall** hinter dem House of Commons wurde für William II. angefertigt. Hier machte man 1605 Guy Fawkes und am Ende des Bürgerkrieges Charles I. wegen Hochverrats den Prozess. 1661 ließ dann Charles II. den Kopf Oliver Cromwells auf dem Dach aufspießen, um sich für die Enthauptung seines Vaters zu rächen. Nebenan steht die vom House of Commons seit 1614 genutzte **St. Margaret's Church** mit bemerkenswerten Buntglasfenstern: Am Westende sieht man den erblindeten Dichter John Milton, von Episoden des Sündenfalls umgeben, sein *Paradise Lost* diktieren, am Ostende eine flämische Kreuzigungsszene aus dem 16. Jahrhundert.

Sehen Sie sich **Westminster Abbey** ❷ an und gehen Sie dann am Parliament Square entlang in die Great George Street. An der Ecke des St. James's Park biegen Sie rechts zu den **Cabinet War Rooms** ab ❸ *(Clive Steps, King Charles St., SW1, Tel. 020/79 66 01 41)*. In diesem unterirdischen Labyrinth plante Churchill den Einsatz im Zweiten Weltkrieg. Ursprünglich 1939 als Bunker eingerichtet, umfasste er 1945 insgesamt 70 Räume auf mehr als 12 ha, u. a. Churchills Arbeitszimmer sowie das Schlafzimmer. Zurück auf der Straße, befinden Sie sich am **St. James's Park** ❹ (siehe S. 93), dem ältesten Park Londons, den Sie in westlicher Richtung durchqueren, um **Buckingham Palace** ❺ (siehe S. 75 f.) zu erreichen. 1,6 km vom Palast entfernt gelangen Sie durch die Mall zum Trafalgar Square. Am Weg können Sie einen Abstecher zum Stable Yard machen: **St. James's Palace**, ein Ziegelbau aus der Tudorzeit, war bis zur Fertigstellung des Buckingham Palace die königliche Residenz. Der **Trafalgar Square** ist mit seiner **Nelson's Column** in der Mitte ein touristischer Dauerbrenner. Auf der Gedenksäule von 1842 thront Admiral Horatio Nelson in einer Höhe von 56 m. Die Brunnen entwarf Sir Edwin Lutyens (1869–1944), die vier berühmten Löwen Sir Edwin Landseer (1802–73). Am Platz liegen die **National Gallery** ❻ (siehe S. 76 ff.) und die **National Portrait Gallery** ❼ (siehe S. 80) sowie die frühgeorgianische Kirche **St. Martin-in-the-Fields**, bekannt für kostenlose Mittagskonzerte dreimal wöchentlich. Über die Whitehall Richtung Süden kommen Sie zum **Banqueting House** ❽ *(Whitehall, SW1, Tel. 020/44 82 77 77, So & bei Staatsakten geschl., U-Bahn: Westminster, Charing Cross),* einem Überbleibsel des 1698 abgebrannten Royal Palace of Whitehall. Oben, in der Great Hall, rühmt ein Fresko von Rubens die Herrschaft des Schottenkönigs James VI., der 1603 zum englischen König James I. gekrönt wurde.

Am Eingang vorbei kommen Sie nun zur **Downing Street**, die dauerhaft gesperrt ist, um die Residenz des Premierministers in Haus Nummer 10 zu schützen. Vorbei am **Cenotaph**, dem britischen Kriegerdenkmal von Sir Edwin Lutyens, gelangen Sie zurück zur U-Bahn.

| | |
|---|---|
| ◩ | Siehe auch Karte S. 66 f. |
| ► | U-Bahn Westminster |
| 🕑 | ½ Tag |
| ↔ | 3 km |
| ► | U-Bahn Westminster |

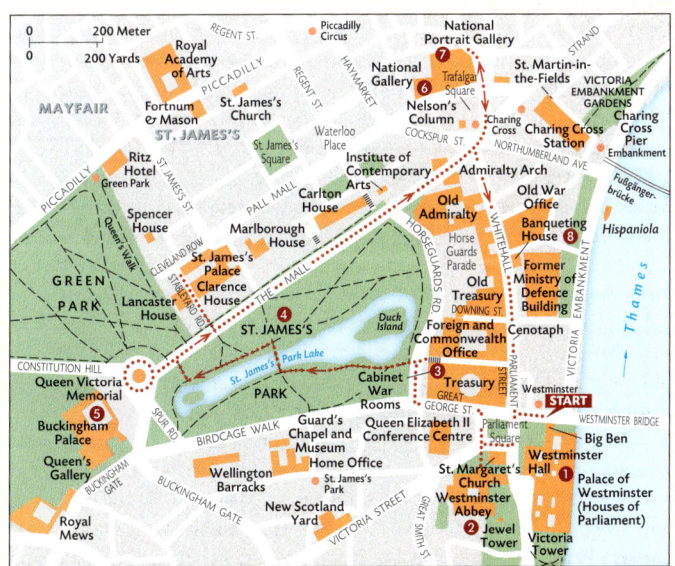

Monet, Morisot, Renoirs *Nymphe an einem Bach* und Sisleys *Die Seine bei Port-Marly*. In **Saal 44** sind die Studien zu Georges Seurats (1859–91) *La Grande Jatte* ausgestellt sowie einige wunderschön ruhige Szenen von Pissarro. **Saal 45** zeigt sonnige Landschaften von Cézanne und seine blauen *Badenden*, daneben einige wilde van Goghs: *Kornfeld mit Zypressen*, in der Nervenklinik St-Rémy gemalt, und eines seiner vier Sonnenblumen-Bilder.

**Ebene 0: Saal C** zeigt El Grecos düster-leidenschaftliches Bild *Todesangst im Garten Gethsemane* und **Saal E** Hieronymus Boschs *Dornenkrönung Christi*.

## NATIONAL PORTRAIT GALLERY

Diese Kunstsammlung umfasst rund 9 000 Porträts, Zeichnungen, Fotografien und Skulpturen aus mehr als 500 Jahren. Der alte Wordsworth ist in romantischer Grübelei dargestellt, Charles II. als Satyr und der ehemalige Innenminister Lord Whitelaw leicht irritiert. Der Dichter Coventry Patmore posiert als Dandy. In jugendlicher Blüte sieht man die 17-jährige Schauspielerin Ellen Terry, Nelsons Geliebte Emma Hamilton mit 20 Jahren, den Dichter Rupert Brooke und Christine Keeler, das in den 1960er-Jahren in einen Regierungsskandal verwickelte Callgirl – nackt und rittlings auf einem Designerstuhl von Arne Jacobsen.

## TATE BRITAIN & TATE MODERN

Die Tate Britain am Themseufer bei Millbank war ein Geschenk des Fabrikanten Sir Henry Tate (1819–99) an das britische Volk. Sie zeigt Meisterwerke der britischen Malerei von der Tudorzeit bis zum 20. Jahrhundert. Flussabwärts in Southwark liegt am Ufer gegenüber die Tate Modern mit einer Sammlung internationaler moderner Malerei und Bildhauerei.

In der **Tate Britain** befinden sich die meisten Werke im Erdgeschoss in chronologischer Reihenfolge vom 16. Jahrhundert bis zur Gegenwart. Die Ausstellung umfasst farbenprächtige Porträts des 17. Jahrhunderts,

### KARTEN FÜR ERMÄSSIGUNGEN

Manche Karten sind ihr Geld wirklich wert – man kann einiges sparen:
**Oystercard:** Reduzierte Fahrpreise in Bussen, U-Bahn, Docklands Light Railway, Straßenbahnen und einigen Hauptlinien der Eisenbahn. *oystercard.com*
**London Pass:** Freier Eintritt zu vielen Sehenswürdigkeiten in der Stadt, gesonderter Zugang ohne Warteschlangen und andere Vorteile; ebenso reduzierte Fahrpreise. *londonpass.com*
**Tastecard:** 50 Prozent Preisnachlass in fast 4000 Restaurants. *tastecard.co.uk*

Ein moderner Raum in der National Portrait Gallery präsentiert Werke des 20. Jahrhunderts.

Landschaften und Gesellschaftsstudien des 18. und 19. Jahrhunderts sowie eine umfassende Sammlung von Präraffaeliten, Impressionisten und Künstlern des 20. Jahrhunderts wie Pablo Picasso, Auguste Rodin und David Hockney. Die Tate Britain besitzt die bedeutendste Sammlung der Werke J. M. W. Turners. Neben den berühmten Ölgemälden sind auch Briefe, Skizzen und die Arbeitstagebücher des Künstlers zu sehen.

Die **Tate Modern**, eine der größten Sammlungen zeitgenössischer Kunst, ist in der Victoria Bankside Power Station, einem umgebauten Kraftwerk, sowie in einem turmartigen Neubau von Herzog & de Meuron untergebracht und zeigt Werke internationaler Künstler des 20. Jahrhunderts, darunter Matisse, Picasso, Pollock und Warhol. Die jährlich wechselnden Kunstinstallationen in der Turbinenhalle – darunter von Anish Kapoor, Rachel Whiteread, Miroslav Balka – stellen Höhepunkte zeitgenössischer Kunst dar. Die jährliche Verleihung des Turner-Preises führt immer wieder zu Diskussionen über das Wesen von Kunst, denn von den Anwärtern auf den Preis wurden schon flackernde Glühbirnen und ein ungemachtes Bett gezeigt. ∎

## NATIONAL PORTRAIT GALLERY

- S. 67 E4
- St. Martin's Pl., WC2
- 020/73 06 00 55; Ansage vom Band: 020/73 12 24 63
- Abendöffnung Do & Fr
- Eintritt für Sonderausstellungen
- U-Bahn: Charing Cross, Leicester Square

**npg.org.uk**

## TATE BRITAIN

- S. 67 E2
- Millbank, SW1
- 020/78 87 88 88
- Eintritt für Sonderausstellungen
- U-Bahn: Pimlico

**tate.org.uk**

## TATE MODERN

- S. 67 F4
- Bankside, SE1
- 020/78 87 88 88
- Eintritt für Sonderausstellungen
- U-Bahn: Southwark, Blackfriars, London Bridge

**tate.org.uk**

Diese Tour bringt Ihnen innerhalb eines halben Tages gleich zwei der le-
bendigsten Gegenden der Stadtmitte näher: Soho und Covent Garden.

Wenn Sie aus der U-Bahnhaltestelle Piccadilly Circus kommen, sehen Sie die
Statue des **Eros** in der Mitte des Piccadilly Circus. Die geflügelte Figur stellt
den Engel der Barmherzigkeit dar und wurde 1893 zur Erinnerung an den
7. Earl of Shaftesbury aufgestellt, einen Philanthropen, der gegen die Kinder-
arbeit in viktorianischen Fabriken kämpfte. Steuern Sie **Ripley's Believe It or
Not!** ❶ *(Tel. 020/32 38 00 22, U-Bahn: Piccadilly Circus)* im London Pavilion,
No. 1, Piccadilly Circus an. In diesem Warenhaus stehen ein Standbild der
Beatles aus Kaugummi und die Tower Bridge aus 264 345 Streichhölzern.
Über die Shaftesbury Avenue und dann links die Great Windmill Street
kommen Sie nach **Soho**. Hier war bei der Westerweiterung Londons nach
dem Feuer von 1666 ein elegantes Wohnviertel entstanden. In seiner vik-
torianischen Phase wurde es zu einem anrüchigen Anziehungspunkt für
Theater- und Music-Hall-Gäste. In den 1950er-Jahren verkam Soho zum
Rotlichtdistrikt, doch hat nun eine Flut von Restaurants und Bistros den
Schmuddel-Touch weitgehend verdrängt.

## ÖSTLICH VON SOHO

Richtung Norden kommen Sie am **Hix Oyster and Chop House** *(Tel.
020/72 92 35 18)*, einem guten Restaurant, vorbei. Die Buden des **Berwick
Street Market** *(So geschl.)* bieten eine Fülle von Obst, Oliven und Käse an.
Südöstlich, um die Gerrard und die Lisle Street, liegt **Chinatown** ❷
*(U-Bahn: Piccadilly Circus, Leicester Sq.)*, durch zweisprachige Straßenschil-
der und traditionelle Torbogen gekennzeichnet.
Nördlich von Chinatown, in der Dean Street 26, erinnert eine Plakette
daran, dass Karl Marx zwischen 1851 und 1856 hier wohnte und an sei-
nem *Kapital* arbeitete. An der Greek Street Ecke Romilly Street kann man
im Pub **Coach and Horses** (ca. 1855) Karikaturen und Drucke sehen.
Gehen Sie über den Cambridge Circus und die Earlham Street bis **Seven
Dials**, wo die Replik einer dorischen Sonnenuhr-Säule aus dem 17. Jahrhundert steht. Durch Short Gardens und dann links gelangen Sie zum
**Neal's Yard** ❸, einem winzigen Hof mit Läden für Esoterik und Lokalen.

## RUND UM COVENT GARDEN

Von Short Gardens geht es rechts in die Neal Street, an Kunsthandwerk-
läden, Schuhmachern und vegetarischen Cafés vorbei. Wenn Sie Long
Acre am Jugendstilbahnhof Covent Garden überqueren, stehen Sie auf
dem großen Platz, wo früher der Obst- und Gemüsemarkt abgehalten
wurde. Das **Royal Opera House** (siehe S. 449) zu Ihrer Linken ist Bühne

für das Ensemble des Royal Ballet und das der Royal Opera. Das **London Transport Museum** *(39 Wellington St., Tel. 020/73 79 63 44, ltmuseum. co.uk, U-Bahn: Covent Garden)* an der Ostseite des Platzes in der ehemaligen viktorianischen Blumenmarkthalle zeigt frühe öffentliche Verkehrsmittel. Südlich davon finden Sie zwei nebeneinanderliegende Theater – das **Vaudeville Theatre** in Nr. 404 Strand *(Tel. 084/54 34 92 90)* und das **Adelphi Theatre** in Nr. 410 *(Tel. 020/78 36 11 66).*

**Der alte Marktplatz:** Den Mittelpunkt des Platzes bildet der **Covent Garden Market** *(U-Bahn: Covent Garden)*, eine Markthalle aus Eisen und Glas von 1833. Covent Garden war das Soho des 17. und 18. Jahrhunderts, eine verruchte Ansammlung von Bordellen und Spielhöllen um den Marktplatz – bis die Viktorianer einschritten. Covent Garden Market blieb der zentrale Obst- und Gemüsemarkt Londons, bis er 1974 an das andere Themseufer verlegt wurde. Heute sorgen Straßenmusiker vor den Restaurants, Cafés und Geschäften in den alten Hallen für Unterhaltung. Einen Abstecher lohnt die **St. Paul's Church** *(Bedford St., Tel. 020/78 36 52 21, actorschurch.org, U-Bahn: Covent Garden)* an der Westseite des Platzes mit den Grabdenkmälern von Bühnenstars wie Boris Karloff, Vivien Leigh und Charlie Chaplin. Links neben der Tür ist ein Blumenkranz aus Lindenholz von Grinling Gibbons zu sehen – sein Grabmal.

Von Long Acre aus nach links liegt der Leicester Square.

| | |
|---|---|
| ⊠ | Siehe auch Karte S. 66 f. |
| ▶ | U-Bahn Piccadilly Circus |
| 🕓 | 4 Stunden |
| ⟷ | 2,5 km |
| ▶ | U-Bahn Leicester Square |

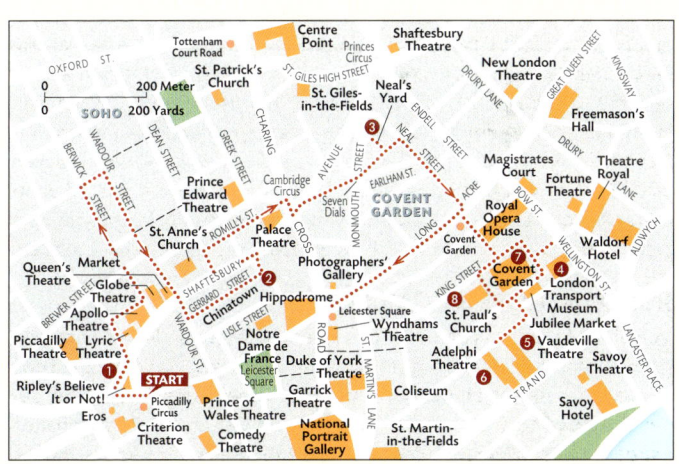

Bloomsbury liegt oberhalb der New Oxford Street, nordöstlich von Soho. Im Zentrum des Viertels befindet sich das sehenswerte British Museum, umgeben von hübschen, begrünten Plätzen, die entstanden, als sich London im 17. und 18. Jahrhundert flächenmäßig in Richtung Westen ausdehnte. ·

Direkt mit der Bloomsbury Group verknüpft ist das Haus Nr. 46 am Gordon Square, wo die Begründer der Gruppe (siehe Kasten), die Familie Stephens, wohnte, außerdem bekannt: Russell Square 24, wo der Dichter T.S. Eliot (1888–1965) lange als Lektor für Faber & Faber arbeitete, Brunswick Square 28, nördlich der Guildford Street, wo Virginia Stephen (1882–1941) 1911 mit Leonard Woolf lebte, ihrem späteren Gatten. Der Schriftsteller E. M. Forster bewohnte von 1929 bis 1939 das Haus nebenan. Von 1907 bis 1911 hatten Virginia und Adrian Stephen am Fitzroy Square 29 gewohnt, wo sie auch die Freitagabend-Lesungen mit Freunden aus Cambridge ins Leben riefen. Der irische Dramatiker George Bernard Shaw schrieb 1894 im Haus Nr. 39, wo er elf Jahre lang lebte, *Arms and the Man* (Helden) und *Candida*. Auch Charles Dickens steht im Zusammenhang mit Bloomsbury. Er arbeitete zwischen 1837 und 1839 in der Doughty Street 48 am Ostende – heute das hervorragende **Dickens House Museum** – an *Oliver Twist* und *Nicholas Nickleby*. Von 1851 bis 1860 an war Tavistock House am Tavistock Square sein Zuhause; hier entstanden u. a. *Bleak House*, *Hard Times*, *Little Dorrit*, *A Tale of Two Cities* und der Anfang von *Great Expectations*.

Das Dach des Great Court im British Museum besteht aus 3312 dreieckigen Glasplatten.

## DIE BLOOMSBURY GROUP

Dieses Viertel wird immer mit der Bloomsbury Group verbunden sein, einem unabhängigen und eigenwillig-intellektuellen Zirkel avantgardistischer Schriftsteller und Künstler, der hier und auf dem Lande in den Jahren vor und kurz nach dem Zweiten Weltkrieg einen unkonventionellen Lebensstil pflegte. Im Haus am Gordon Square 46 versammelten sich um die Geschwister Stephen – Thoby, Adrian, Vanessa (später Bell) und Virginia (später verheiratet mit dem Herausgeber Woolf) – der pazifistische, sozialistische Maler und Kritiker Roger Fry, die Schriftstellerin Vita Sackville-West, der bedeutende Ökonom John Maynard Keynes und der Biograf Lytton Strachey.

## BRITISH MUSEUM

Das British Museum hat Weltklasse. Gegründet wurde es 1753 mit dem Entschluss der Regierung, 20 000 £ bereitzustellen, um die Privatsammlung des königlichen Leibarztes Sir Hans Sloane (1660–1753) zu sichern. Seitdem wurde das Museum ständig erweitert; derzeit besitzt es sieben Millionen Exponate aus aller Welt. 1997 zog die British Library (siehe Kasten S. 87) aus den Museumsgebäuden in einen Neubau beim Bahnhof St. Pancras; der berühmte runde Lesesaal wurde zum Walter and Leonore Annenberg Centre; den darum liegenden 8000 m² großen Great Court überdachte man mit einer spektakulären Glaskuppel.

**Highlights:** In Saal 18 sind die einzigartigen Relieffriese vom Parthenon-Tempel der Athene (5. Jh. v. Chr.) zu sehen, die von Lord Elgin, dem damaligen britischen Gesandten in Konstantinopel, 1801 nach London gebracht worden waren. 1816 zahlte ihm die britische Regierung dafür 35 000 £. Dargestellt ist eine lebhafte Prozession von Pferden und Menschen sowie Opferkälbern. Der Hellenismus zieht sich weiter in den **Sälen 11–23**.
Das gigantische assyrische Fries *Belagerung von Lachish* (7. Jh. v. Chr.) in den **Sälen 7–10** zeigt einen Trupp Bogenschützen, Speerkämpfer und Steinschleuderer sowie zwei Gefangene, die lebendig gehäutet werden.

### DICKENS HOUSE MUSEUM
- ✉ 48 Doughty St., WC1
- ☎ 020/74 05 21 27
- € ££
- Ⓜ U-Bahn: Russell Square

**dickensmuseum.com**

### BRITISH MUSEUM
- ▲ S. 67 E4–E5
- ✉ Great Russell St., WC1
- ☎ 020/73 23 80 00
- € Spende. Eintritt für Sonderausstellungen
- Ⓜ U-Bahn: Holborn, Tottenham Court Road, Russell Square

**britishmuseum.org**

# BRITISH MUSEUM

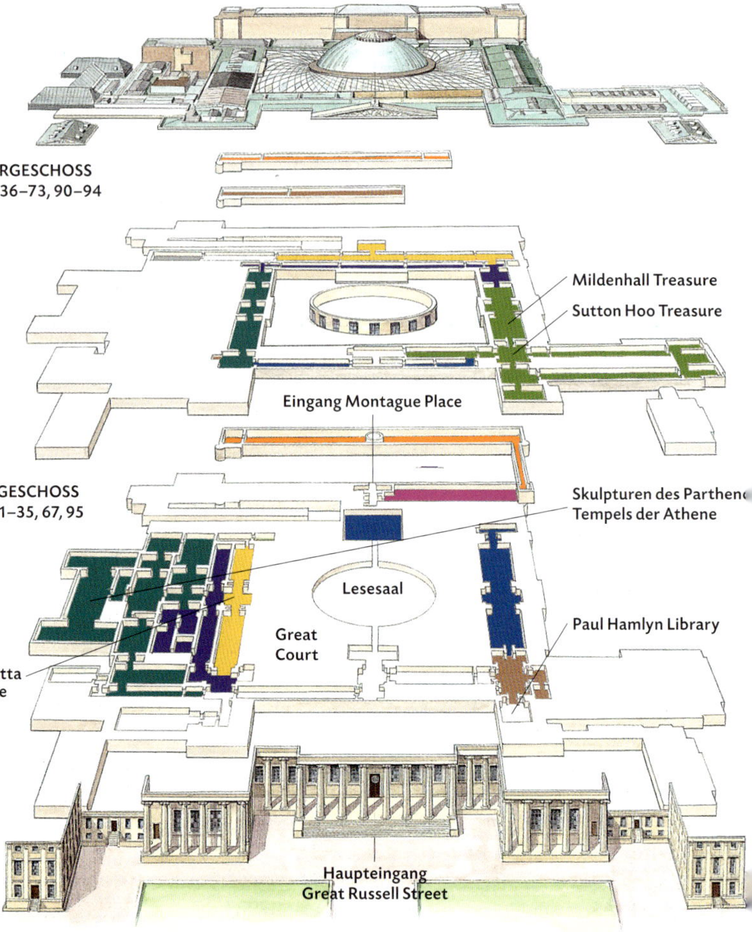

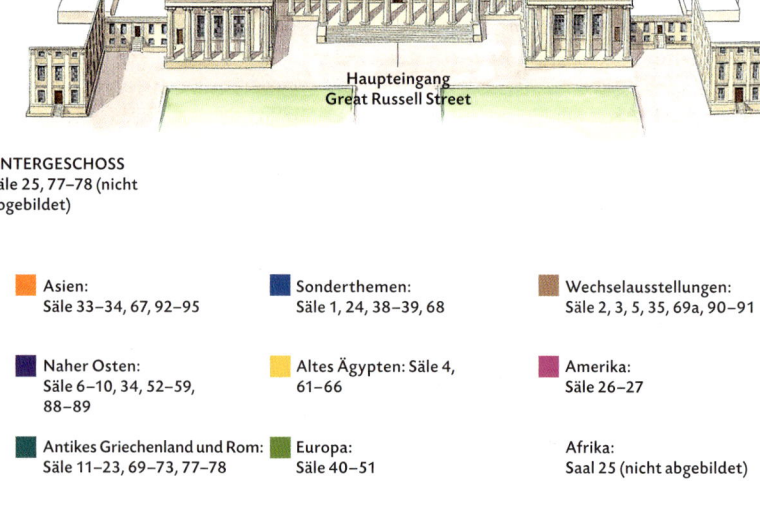

**OBERGESCHOSS**
Säle 36–73, 90–94

Mildenhall Treasure

Sutton Hoo Treasure

Eingang Montague Place

**ERDGESCHOSS**
Säle 1–35, 67, 95

Skulpturen des Parthenon
Tempels der Athene

Lesesaal

Great
Court

Paul Hamlyn Library

Rosetta
Stone

Haupteingang
**Great Russell Street**

**UNTERGESCHOSS**
Säle 25, 77–78 (nicht
abgebildet)

Asien:
Säle 33–34, 67, 92–95

Naher Osten:
Säle 6–10, 34, 52–59,
88–89

Antikes Griechenland und Rom:
Säle 11–23, 69–73, 77–78

Sonderthemen:
Säle 1, 24, 38–39, 68

Altes Ägypten: Säle 4,
61–66

Europa:
Säle 40–51

Wechselausstellungen:
Säle 2, 3, 5, 35, 69a, 90–91

Amerika:
Säle 26–27

Afrika:
Saal 25 (nicht abgebildet)

## DIE BRITISH LIBRARY

Ein Glanzpunkt der Sammlung *(96 Euston Rd., St. Pancras, Tel. 020/ 74 12 73 32;
bl.uk, U-Bahn: King's Cross, St. Pancras, Euston)* sind die Lindisfarne Gospels. Diese
Evangelien aus dem späten 7. Jahrhundert wurden von Mönchen zur Zeit St.
Cuthberts auf der Insel Lindisfarne (siehe S. 317) koloriert und mit Vögeln und
Blättern verziert. Andere wertvolle Exponate sind zwei der vier erhaltenen Ab-
schriften der Magna Carta, der Urkunde über die freiheitlichen und politischen
Rechte, die König John 1215 bei Runnymede unterzeichnete (siehe S. 117).

Noch erstaunlicher: Löwenjagd, bei der geifernde Löwen mit Pfeilen und
Speeren vom königlichen Streitwagen aus abgewehrt werden.
Auf dem Stein von Rosetta (**Saal 4**) geben alle drei eingemeißelten
Schriften – Hieroglyphen, altägyptische Volksschrift und Griechisch –
denselben Erlass einer Priesterversammlung von 196 v. Chr. wieder. Dadurch konnten die Hieroglyphen entziffert werden.
Unter den vielen orientalischen Kunstgegenständen in **Saal 33** finden
sich tibetische, chinesische und indische Arbeiten.
Die Mexican Gallery (**Saal 27**) zeigt herrlich farbenprächtige, stilisierte,
lebendige Mosaiken und Skulpturen der Azteken und Maya.
**Saal 68** birgt Münzen aus der mehr als 2000-jährigen Geschichte Großbritanniens, darunter Goldmünzen aus vorrömischer Zeit. Der spektakuläre Sutton Hoo Treasure (**Saal 41**), ein Fund von 1939 aus einem sächsischen Schiffsbegräbnis bei Suffolk, besteht aus der Klinge eines
Eisenschwertes, mit Gold und Granaten verzierten Schwertscheiden, einem Helm mit Gesichtschutz, gestalteten Schildbeschlägen aus Gold-
bronze, einer Lyra, einem riesigen Bronzekessel, einem Zepter mit Bron-
zehirsch sowie einer Börse aus Gold und Cloisonné. Dann geht es weiter
zu **Saal 40** mit den Lewis Chessmen (12. Jh.), Schachfiguren aus Walross-
Elfenbein mit glubschäugigen Kriegern, Bischöfen, Königen und Königinnen von der Isle of Lewis (siehe S. 370). **Saal 49** zeigt den Mildenhall
Treasure (4. Jh.): ornamentierte römische Silberschüsseln und -schalen.
Die **Säle 62 und 63** füllen ägyptische Mumien in kunstvoll bemalten Sar-
kophagen. Die benachbarten Säle zeigen ägyptischen Schmuck und
Kunstschätze der Kopten.
Die Portland-Vase (1. Jh. n. Chr.) in **Saal 70** ist ein Meisterwerk römischer
Glasbläserkunst in Kobaltblau mit weißem Relief, das wohl die Vermäh-
lung von Peleus und Thetis sowie ihren Sohn Achilles darstellt. Sie wurde
wiederhergestellt, nachdem 1845 ein Besucher die Vase in 200 Teile zer-
trümmert hatte. ∎

Knightsbridge und Kensington südlich des Hyde Park sind Schmuck-
stücke und gehören zu den schicksten Einkaufsvierteln Londons. Auf
der Brompton Road oder Sloane Street halten Limousinen, die wohlhabende Shopper in Geschäfte wie Harrods oder Harvey Nichols oder
in eine der vielen Top-Boutiquen bringen.

Die noble Reputation erhielten die Viertel in den 1820er-Jahren, als Thomas Cubitt (1788–1855) aus Buxton in Belgravia seine prächtigen Häuser erbaute. Nach der Weltausstellung von 1851 im Hyde Park galt es
plötzlich als modern, in South Kensington westlich von Knightsbridge zu
wohnen, und das Prestige der Viertel stieg weiter.

## VICTORIA & ALBERT MUSEUM

Auf einem Rundgang durch dieses Museumslabyrinth findet man jede
erdenkliche Art von Kunst und Kunstgewerbe. Für die Weltausstellung
von 1851 hatte Prince Albert die Vision, dass Meisterwerke aus der ganzen Welt der einfachen Arbeiterschaft als Anregung und Beispiel dienen
könnten, sofern man ihnen ein Zusammentreffen ermöglicht. Diese Haltung führte zur Gründung des V&A, einer der vielfältigsten eklektischen
Sammlungen der Welt.

Das Museum unterteilt die Sammlungen in die Themenkomplexe Kunst
und Design (Etagen A, Lower A, B und C) sowie Material und Technik
(Etagen C und D); den Henry Cole Wing mit sechs Etagen voller Gemälde, Zeichnungen, Fotografien und Drucken sowie die Frank Lloyd Wright
Gallery.

Der Sunken Garden ist ein Highlight in den 111 ha großen Kensington Gardens.

Die British Galleries wurden komplett umgestaltet. Zudem wurde eine schöne Ausstellung von Porzellan, mittelalterlichen Kunstgegenständen, Gemälden und Skulpturen sowie die Jameel Gallery für islamische Kunst eröffnet. Die Kostümsammlung ist ein weiteres Muss.

**Level A:** Unter dem Tonnendach der Galerie in **Saal 48a** hängen die monumentalen Kartons Raffaels, Vorlagen für Tapisserien. Papst Leo X. hatte die über 6 m langen Wandteppiche 1515 für die Sixtinische Kapelle in Auftrag gegeben. Besonders reizvoll ist *Der wunderbare Fischzug*: Eine Schar hungriger Kraniche beobachtet, wie Männer an einem vollen Netz zerren, während Petrus mit wilder Mähne vor Jesus in einem Boot kniet, das bis zum Rand mit Fischen gefüllt ist. Im selben Saal befindet sich ein spanischer Altaraufsatz (1410) mit dem Martyrium des hl. Georg.

Die Nehru Gallery of Indian Art (**Saal 41**) zeigt Schmuck, Schlachtengemälde in Gouache (16. Jh.), den goldenen Thron des Maharadscha Ranjit Singh und den berühmten *Tippoo's Tiger*, einen fast lebensgroßen Holztiger, der gerade einen Beamten der East India Company in roter Uniform verschlingt. **Saal 42** schmücken islamische Kacheln mit Motiven aus dem Reich des Wassers und der Pflanzen.

**Saal 43** birgt den Medieval Treasure, darunter der Becket Casket aus Kupfer und Email (um 1180), der vermutlich die Reliquien des Heiligen enthielt. Außerdem: der Gloucester Candlestick aus der englischen Romanik, mit einem Wirrwarr aus Männern, Affen, Evangelisten und Drachen verziert, und das Eltenberg Reliquiar (12. Jh.) aus lackiertem Kupfer, Elfenbein und vergoldeter Bronze, das einem Kuppelbau nachgebildet ist. Die Japanese Gallery in **Saal 45** zeigt miniaturverzierte Keramik und Schatullen, 700 Jahre alte Samurai-Schwerter und winzige japanische Knopffiguren.

## INSIDERTIPP

**Am V&A zur Exhibition Road hin, etwa 180 m von der Cromwell Road entfernt, sieht man noch die Spuren eines Bombeneinschlags aus dem Zweiten Weltkrieg, die zum Gedenken belassen wurden.**

LARRY PORGES, NATIONAL GEOGRAPHIC, REDAKTEUR REISEBÄNDE

## VICTORIA & ALBERT MUSEUM

- ⬛ S. 66 B2–C2
- ✉ Cromwell Rd., South Kensington, SW7
- ☎ 020/79 42 20 00
- € Frei (Eintritt für einige Sonderausstellungen)
- 🚇 U-Bahn: South Kensington
  **vam.ac.uk**

In den Cast Courts (**Säle 46A/46B**) sind Gipsabgüsse mittelalterlicher Plastik zu sehen: Michelangelos heroischer David aus Florenz sowie *Sterbender Sklave* und *Rebellischer Sklave*, der Sockel der Trajansäule aus Rom und der gesamte Pórtico de la Gloria der Kathedrale von Santiago de Compostela (1188). Die **Gamble, Morris** und **Poynter Rooms** sind im Kunstgewerbestil ornamentiert und besitzen noch ihre Minton-Kacheln, Buntglasfenster und die präraffaelitische Vertäfelung.

**Level Lower B:** Die L-förmig angelegten **Säle 52–58** stellen Großbritannien der Jahre 1500 bis 1750 vor: ein georgianisches Musikzimmer, Tafelsilber aus dem späten 17. Jahrhundert, die Lindenholz-Figur *Die Steinigung des Heiligen Stephan* von Grinling Gibbons, Intarsienmöbel und das groteske, 3 m große Bett Great Bed of Ware (1590) von Jonas Fosbrook (der darin spuken soll).

**Der Henry Cole Wing:** Dieser Flügel beherbergt die großartige Sammlung von Zeichnungen, Drucken und Gemälden, darunter viele der weniger bekannten Werke von J. M. W. Turner, John Constable und anderen. Hier finden sich die Studierzimmer, wie beispielsweise der **Prints and Drawings Study Room**, häufig sind auch Sonderausstellungen untergebracht.

## SCIENCE MUSEUM

Von den vierzig Themenbereichen auf sieben Stockwerken stellen wir Ihnen die spannendsten vor.

**Erdgeschoss:** In der **Energy Hall** faszinieren das schiere Gewicht und die Kraft früherer Maschinen, seien es Newcomens Dampfpumpe von 1791

### DIE CHELSEA FLOWER SHOW

Wer zufällig Ende Mai in London ist, sollte sich, selbst wenn er nur wenig für Blumen, Gärten, Pflanzen oder glanzvollen Rummel übrig hat, ein Ticket für die **Royal Horticultural Society Chelsea Flower Show** (*rhs.org.uk/Shows-Events/RHS-Chelsea-Flower-Show, £££££*) besorgen, die alljährlich auf dem Gelände des Royal Hospital, Chelsea, südlich von Kensington stattfindet. Hier gibt es traditionelle, absonderliche, exotische und ökologisch vorbildliche Gartenanlagen. Einige der seltensten Pflanzen der Welt werden hier ausgestellt, aber auch einige der größten, hellsten, kleinsten, giftigsten, am schönsten duftenden ... Zudem erhält man von renommierten Garten- und Pflanzenexperten eine Fülle an Ideen für die eigene Gartengestaltung. Es ist einfach die größte Blumenschau der Welt!

oder die riesigen Mühlenmotoren der Burnley-Eisenwerke (1903), die bis in die 1970er-Jahre benutzt wurden.

Erst geht es weiter in die **Exploration of Space Gallery**, dann in die Ausstellung **Making the Modern World**, in der 150 epochale Objekte präsentiert werden, von George Stephensons Dampflokomotive *Rocket* und dem Kommandomodul der *Apollo 10* bis zu so profanen Objekten wie einem elektrischen Bügeleisen.

Technik zum Anfassen im Science Museum

**Level 3:** Die **Flight Gallery** zeigt frühe Flugobjekte, darunter Erfindungen wie den *Weiss Glider* (1905) in Form eines Albatrosses oder den *Frost Ornithopter* mit gefiederten Flügeln und Motorradmotor-Antrieb. Von der Decke hängen die Kampfflieger *Spitfire* und *Hurricane* aus dem Zweiten Weltkrieg, *Vickers Vimy*, der 1919 die erste Atlantiküberquerung schaffte, und das erste Düsenflugzeug Großbritanniens, der *Gloster Whittle E28/39*.

**Level 4:** Die **Glimpses of Medical History** sind eine gelungene Einführung in die Geschichte des medizinischen Fortschritts. An dreidimensionalen Modellen bekommt man Einblicke in medizinische Prozeduren wie Gehirnoperationen in der Steinzeit oder Leichensezierungen im Mittelalter.

## NATURAL HISTORY MUSEUM

Das Museum ist in vier Farbzonen eingeteilt – die orangefarbene, rote, grüne und blaue Zone. Das **Darwin Centre** in der Orange Zone ist ein unbedingtes Muss. Die **Cocoon Tour** ist dabei die beste Möglichkeit, die Naturgeschichte wirklich zu verstehen – besonders was Pflanzen und Insekten angeht. Auf diesem (rollstuhlgerechten) Rundgang im Darwin Centre kann man in großen gläsernen Schautischen und -kästen beleuch-

*(Fortsetzung S. 94)*

### SCIENCE MUSEUM
- S. 66 B3
- Exhibition Rd., South Kensington, SW7
- 087/08 70 48 68
- U-Bahn: South Kensington

**sciencemuseum.org.uk**

### NATURAL HISTORY MUSEUM
- S. 66 B2
- Cromwell Rd., South Kensington, SW7
- 020/79 42 50 00
- U-Bahn: South Kensington

**nhm.ac.uk**

Ein Teil der Grünflächen geht auf das 17. Jahrhundert zurück, als die Stuarts Teile der königlichen Jagdgründe der Bevölkerung zugänglich machten. Andere Gärten und Parks sind Überreste von Gemeindeland oder ehemals schützende Freiflächen um Brunnen und Quellen herum, andere sind das Ergebnis philanthropischer Stiftungen aus der georgianischen oder viktorianischen Epoche.

Die größten zentralen Grünflächen am nördlichen Themseufer sind der **Hyde Park** *(Karte S. 66 C3, U-Bahn: Hyde Park Corner, siehe S. 97)* und die **Kensington Gardens** *(Karte S. 66 B3, U-Bahn: Lancaster Gate, siehe S. 97)*, oberhalb des schicken Knightsbridge. Weiter westlich, über der Kensington High Street, liegt der hügelige, baumreiche **Holland Park** *(U-Bahn: Holland Park).* Er wurde 1952 auf dem Grund des Holland House eröffnet, das einem Bombenangriff zum Opfer gefallen war. Im Park gibt es eine Freilichtbühne und ein Café. Eine Oase der Ruhe ist der 1991 eröffnete japanische Kyoto Garden.

Im exklusiven Mayfair an der Ostseite des Hyde Park stehen auf dem **Berkeley Square** *(U-Bahn: Green Park)* Skulpturen und 200 Jahre alte Platanen:

> *... there was magic abroad in the air;*
> *There were angels dining at the Ritz,*
> *And a nightingale sang in Berkeley Square.*
> Eric Maschwitz, *A Nightingale Sang In Berkeley Square* (1940)

Nur ein Kreisverkehr trennt den Hyde Park vom **Green Park** *(Karte S. 66 D3, U-Bahn: Green Park).* Hier steht das Bomber Command Memorial zu Ehren der 55 573 im Zweiten Weltkrieg gestorbenen Piloten und ihrer Kameraden, die überlebt haben.

Malerischer Blick von der Blue Bridge im St. James's Park auf Whitehall

## SPEAKERS' CORNER

Unter den vielen Speakers' Corners in Großbritannien ist die in der nordöstlichen Ecke des Hyde Parks die einzig wahre. Hier kann sich jeder hinstellen und das sagen, was er auf dem Herzen hat. Keiner weiß eigentlich so recht, woher diese Tradition kommt – einige meinen, sie stamme aus den Zeiten der Hinrichtungen, bei denen der Verurteilte vor seinem Tode noch einen letzten Wunsch frei hatte. In den politisch unruhigen Zeiten der 1850er- und 1860er-Jahre gab es im Hyde Park Aufstände für die Rechte der Arbeiter. Der Park war die zum Parlamentsgebäude am nächsten liegende freie Grünfläche – die Tradition mag also auch hier herrühren. Laut einer gesetzlichen Regelung aus dem Jahr 1999 darf ein Sprecher »belästigen, provozieren, exzentrisch, häretisch und unangenehm sein«. Zwischenrufer haben jedoch ebenfalls Rechte.

Der älteste Park Londons, der **St. James's Park** *(Karte S. 66 D3, U-Bahn: St. James's Park)* an der Mall, war ein Wildgehege. Um 1828 gestaltete ihn der Landschaftsarchitekt John Nash (1752–1835), der zur gleichen Zeit auch den Buckingham Palace umbaute und dabei das Vermögen von George IV. erheblich dezimierte (siehe S. 75).

Nördlich des Hyde Park befindet sich der fast kreisrunde **Regent's Park** *(Karte S. 66 C5, U-Bahn: Regent's Park)*, ebenfalls von Nash im frühen 19. Jahrhundert als Ort der Erholung entworfen, den der Prinzregent von seiner Residenz in St. James's über einen malerischen Weg erreichen konnte. Die Häuserreihen um den Park zählen zu den schönsten der Stadt. Am See gibt es einen Bootsverleih und eine Open-Air-Bühne. Im Nordteil des Parks liegt der **London Zoo** *(Tel. 020/77 22 33 33, U-Bahn: Camden Town)*, der sich heute vor allem auf den Erhalt von Tierarten und wissenschaftliche Forschung konzentriert.

Nördlich der Prince Albert Road bietet **Primrose Hill** *(Karte S. 66 C6, U-Bahn: St. John's Wood)* eine spektakuläre Aussicht über London.

In **Coram's Fields** *(Brunswick Sq., U-Bahn: Russell Square)* südöstlich des Regent's Park gibt es auf einem ruhigen Kinderspielplatz auch eine »Hundeecke«. Erwachsenen ist der Zutritt nur in Begleitung von Kindern oder Jugendlichen unter 16 Jahren gestattet. Diese wundervollen Gärten waren einst Felder, die das 1745 von Kapitän Thomas Coram gestiftete Kinderheim umgaben.

Im Süden liegt östlich der Albert Bridge am Swan Walk der **Chelsea Physic Garden** *(66 Royal Hospital Rd., SW3, Tel. 020/73 52 56 46, Öffnungszeiten chelseaphysicgarden.co.uk, U-Bahn: Sloane Square)*, der 1673 von der Society of Apothecaries gegründet wurde, mit alten Baum- und Pflanzenarten.

tete Stücke mit interaktiven Angeboten für Kinder betrachten. Im Erdgeschoss liegt das **Attenborough Studio** mit Veranstaltungen, Shows, Filmen und der interaktiven **Climate Change Wall,** deren Animationen die Einwirkungen des Menschen auf seine Umwelt und umgekehrt darstellen.

In der Red Zone befindet sich die Ausstellung **Power Within**. Hier gibt es einen Erdbeben-Simulator und im **Earth Treasury** viele Vulkane, Gesteine und Mineralien. In der zentralen **Hintze Hall** der Green Zone hängt seit Sommer 2017 das Originalskelett eines Blauwals. Der vorher 35 Jahre ausgestellte, geliebte *Dippy,* der Abguss eines *Diplodocus*-Skeletts, geht von 2018–2020 auf Abschiedstour durch Großbritannien. Beliebt sind in der Blue Zone die Meeressäuger und der ewige Publikumsmagnet, die Dinosaurier. Die **Treasures Cadogan Gallery** lohnt sich wegen der vielen verblüffenden Kuriositäten.

## KENSINGTON PALACE

In der ganzen Welt ist bekannt, dass Charles und Diana, Prince und Princess of Wales, Kensington Palace bewohnten, bis ihre Ehe 1991 in die Brüche ging und nur noch Diana hier lebte. Seit dem Tod der Prinzessin 1997 ist der Palast eine Art Wallfahrtsort, an dessen Toren oft Blumen gelegt werden. Der ehemalige Landsitz wurde von Sir Christopher Wren zum Palast umgebaut (1689–96) und hat 300 Jahre königlicher Geschichte erlebt. Bis 1760 George III. in den Buckingham Palace umzog (siehe S. 75 f.) diente der Palast dem Königshaus als Londoner Hauptresidenz. Im 18. Jahrhundert kamen die Prunksäle hinzu, ausgestattet mit wunderbaren Wand- und Deckengemälden von William Kent, einer einzigartigen Sammlung von Königsporträts und antiken Möbeln. Die Räume können im Rahmen einer Führung besichtigt werden. Außerdem zu sehen: eine Sammlung von höfischer Kleidung, Staatsgewändern und Uniformen ab 1760.

Am 20. Juni 1837 weckte man die 18-jährige Prinzessin Victoria in aller Frühe auf, um ihr den Tod ihres Onkels, William IV., mitzuteilen und dass sie nun die Herrscherin sei. Vor dem Palast steht, zum Round Pond hin gewandt, eine rührende Statue der pausbäckigen, kindlichen Königin.

Sie können durch einen Teil des Gartens schlendern und eine Tasse Tee in der Orangerie trinken. Sie wurde von Wrens Schüler Nicholas Hawksmoor entworfen und vom Holzschnitzer Grinling Gibbons ausgeschmückt.

## EIN WAHRES EINKAUFSPARADIES

Andere Stadtteile Londons sind mal mehr, mal weniger gefragt, doch Knightsbridge ist für einen Einkaufsbummel immer die richtige Adresse. Von der U-Bahnstation Knightsbridge führt die Sloane Street nach Süden, rechts und links finden Sie klassische Designergeschäfte wie Cartier, Armani, Chanel, Katharine Hamnett und Christian Lacroix. Nahe der Kreuzung mit der Brompton Road ist das Scotch House – ein Tartan-Paradies für alle, in deren Adern keltisches Blut fließt. An der Brompton Road liegt der Beauchamp (sprich: Biedschäm) Place, ebenfalls voller kleiner, eleganter Modegeschäfte.

**Harrods:** Doch all der Glanz verblasst gegenüber dem gigantischen Harrods, zweifellos Weltspitze, was Stil, Eleganz, Luxus und verkäuferische Kompetenz angeht. Charles Henry Harrods eröffnete hier 1849 seinen kleinen Gemüse- und Teeladen, einen Familienbetrieb, und von da an ging es aufwärts.

Harrods ist wegen seines bombastischen Gebäudes und seiner Luxusartikel weltbekannt.

Im Untergeschoss befinden sich die Marmorhallen der Harrods Bank Ltd, Harrods' eigener Bank. Vielleicht wollen Sie den Room of Luxury im Erdgeschoss nach einer Krokohandtasche von Dior (für 3400 Euro) oder einem Louis-Vuitton-Kofferset (für 11 000 Euro) durchstöbern oder eine Perpetuum-mobile-Armbanduhr kaufen, wie sie für den Pascha von Marrakesch angefertigt wurde (für nur 14 000 Euro). Die meisten schlendern durch die unwiderstehlichen Food Halls mit ihren luxuriösen, bunten Decken, Kachelwänden und Säulen im Jugendstil.

*Fortsetzung S. 98*

**KENSINGTON PALACE STATE APARTMENTS**
- 🅰 S. 66 B3
- ✉ Kensington Gardens
- ☎ 084/44 82 77 77
- 💶 £££££
- 🚇 U-Bahn: High St. Kensington, Queensway

**hrp.org.uk**

**HARRODS**
- 🅰 S. 66 C3
- ✉ 87–135 Brompton Rd., SW1
- ☎ 020/77 30 12 34
- 🚇 U-Bahn: Knightsbridge

# RUNDGANG DURCH KNIGHTSBRIDGE & KENSINGTON

Diese Tour führt Sie an drei großen Museen vorbei, den Auslagen von Harrods, am Hyde Park, den Kensington Gardens und der königlichen Residenz Kensington Palace. Am besten nehmen Sie sich einen Tag Zeit, sehen sich nur eines der drei Museen an und heben sich die beiden anderen für einen weiteren Tag auf.

Cast Court, Victoria & Albert Museum

Von der U-Bahnstation Knightsbridge nach rechts liegt in der Brompton Road das Kaufhaus **Harvey Nichols** ❶ (siehe S. 98). Die Straße links hinunter gelangen Sie nach knapp 300 m zu **Harrods** ❷ (siehe S. 95, 98). Verlassen Sie das Geschäft durch den Haupteingang und bummeln Sie die Straße entlang bis zum **Brompton Oratory** ❸ *(Tel. 020/78 08 09 00, U-Bahn: South Kensington)*, dessen Kuppel und Säulenportal sich rechts erheben. Im Inneren ruhen Engel in kunstvollem Faltenwurf und – weit weg von ihrem Ursprungsort, dem Dom von Siena – zwölf Marmorapostel (17. Jh.). Die 1880–84 erbaute katholische Kirche wurde in den 1890er-Jahren mit Kuppel und Fassade ergänzt.

Am Thurloe Place entlang kommen Sie zum Eingang des **Victoria & Albert Museum** ❹ (siehe S. 88 ff.) an der Cromwell Road. Sobald dieses Wunderwerk Sie wieder loslässt, überqueren Sie beim Ausgang die Exhibition Road und gehen zu den Earth Galleries des **Natural History Museum** ❺ (siehe S. 91, 94). Knapp 200 m weiter nördlich wartet das **Science Museum** ❻ (siehe S. 90 f.).

Wenn Sie in eines oder zwei dieser Museen hineingeschnuppert haben, folgen Sie der Exhibition Road, bis links die Prince Consort Road abgeht und Sie am Imperial College vorbei zum **Royal College of Music** ❼ führt. Das **Museum of Instruments** *(Prince Consort Rd., SW7, Tel. 020/75 89 36 43, rcm.ac.uk, während des Semesters Di–Fr geöffnet, U-Bahn: South Kensington)* birgt eine Pariser Drehorgel mit Intarsien, eine Ophikleide (Saxofon), Fiedeln, Lauten, Lyren und Gitarren.

Steigen Sie auf der anderen Straßenseite zum **Great Exhibition Memorial** hinauf. Es erinnert an die von Prince Albert initiierte Weltausstellung von

1851 im riesigen Crystal Palace. Vorbei an dem prachtvollen Ziegelrundbau der **Royal Albert Hall** (1871) kommen Sie über die Kensington Gore zum **Albert Memorial** (1861). Folgen Sie dem Flower Walk dahinter nach links – die Blumenrabatten sind zu jeder Jahreszeit malerisch. Der **Hyde Park** ❽ war früher in Besitz von Westminster Abbey. Henry VIII. eignete ihn

## INSIDERTIPP

**Besonders spannend ist der Speakers' Corner am Sonntagmorgen, denn dann äußern hier besonders viele Leute ihre Meinung.**

JANE SUNDERLAND, NATIONAL GEOGRAPHIC-MITARBEITERIN

sich während der Reformation an. Auf dem Serpentine Lake, der den Park von den Kensington Gardens im Westen trennt, kann man Boot fahren. Auf seiner Südseite befindet sich ein ovales Wasserspiel, das 2004 zu Ehren von Prinzessin Diana enthüllt wurde. Ein Abstecher in die nordöstliche Ecke des Parks bringt Sie zur **Speakers' Corner** (siehe S. 93), wo Redner ihre Meinung zu beliebigen Themen äußern können.

Vom Hyde Park aus geht es in die **Kensington Gardens** mit der berühmten Peter-Pan-Statue. Am Westende führt der Broad Walk rechts Richtung Round Pond und schließlich zum **Kensington Palace** ❾ (siehe S. 94).

Vom Palast aus geht es links auf der Palace Avenue aus dem Park heraus und auf der Kensington High Street nach rechts Richtung Westen zur U-Bahnstation High Street Kensington.

| | |
|---|---|
| ⊠ | Siehe auch Karte S. 66 f. |
| ▶ | U-Bahn Knightsbridge |
| 🕐 | 1 Tag (mit Museumsbesuchen) |
| ↔ | 4 km |
| ▶ | U-Bahn High Street Kensington |

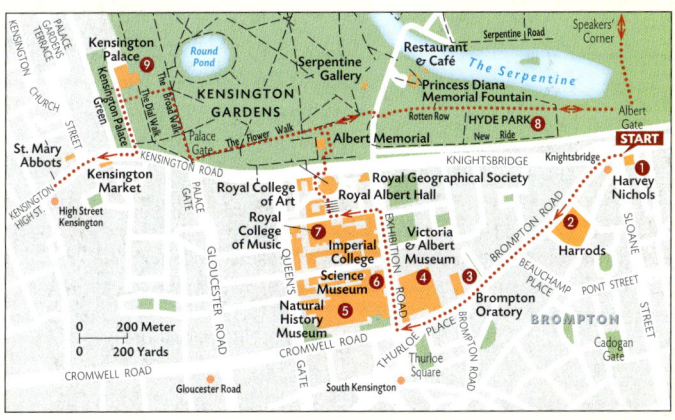

## INSIDERTIPP

**Passend zum Ursprung des Kaufhauses als Teehandlung gibt es in Harrods' Georgian Restaurant einen klassischen _Afternoon Tea_. Der Tee wird in den Gärten des Kaufhauses angebaut.**

LARRY PORGES, NATIONAL GEOGRAPHIC, REDAKTEUR REISEBÄNDE

Über der _charcuterie_ fliegen Schweine und Pfauen, in der Kuppel tummeln sich Jäger und Schäfer, über dem Eis der Fischtheke niedliche kleine Nixen und die Austernbar ziert ein Aquarium.

Selbst die Toiletten sind unglaublich edel: bei den Herren Marmorbecken und schweigendes Personal, bei den Damen Kacheln, Holz und Marmor aus georgianischer Zeit und kostenlose Düfte und Cremes. Den ganzen Tag könnte man die mit Sphingen und Akanthussäulen verzierte Rolltreppe auf- und abfahren – in die Möbelabteilung, wo eine Schatulle mit Marmordeckel für nur 27 000 Euro wartet, oder in den Rasiersalon, der mit roten Lederstühlen und schwarz-weißen Wänden ausgestattet ist.

**Harvey Nichols:** Wo die Sloane Street an ihrem oberen Ende auf die Knightsbridge trifft, liegt das Kaufhaus Harvey Nichols, Londons bekanntestes Modegeschäft.

Im Erdgeschoss sind alle großen und namhaften Kosmetik- und Accessoires-Hersteller vertreten, darunter etablierte Firmen wie Yves Saint-Laurent, Chanel, Versace, Lancôme und Jean-Paul Gaultier und vielversprechende Branchenneulinge wie Trish McEvoy. Die erste Etage ist für Damenmode reserviert: von Graeme Black, Couture Couture und Alaïa bis zu Dries Van Notens wertvollen Seiden- und Brokatkleidern sowie Donna Karans kleinen Schwarzen.

Besonders beliebte Designerkollektionen (zweite Etage) sind Alexander McQueens superchic geschneiderte Outfits, Alexander Wangs eng anliegende Korsettkleider und hübsche Girlie-Röcke von Alice Temperley. Mehr Schuhe gibt es im dritten Stock wie z. B. die enorm beliebten, knallbunten Modelle für Kinder von Buckle-My-Shoe.

Im fünften Stock können Sie im freundlichen, gepflegten Café verschnaufen und den Köchen bei der Arbeit zuschauen. Nebenan ist die exklusive Feinkostabteilung von Harvey Nichols, die alle Wünsche erfüllt. ∎

## HARVEY NICHOLS

⬛ S. 97
✉ 109–125 Knightsbridge, SW1
☎ 020/72 35 50 00
🚇 U-Bahn: Knightsbridge

Die Themse ist zwar nicht der längste Fluss Großbritanniens, aber der bekannteste, da er durch London fließt und zum Panorama der Hauptstadt maßgeblich beiträgt. Seit der Eröffnung des Thames Path National Trail 1996 kann man am Ufer entlangwandern. Bootsrundfahrten, die bei allen Sehenswürdigkeiten anlegen, sind seit jeher bei Londonern und Touristen gleichermaßen beliebt.

## VON HAMPTON COURT FLUSSABWÄRTS

Zwischen der Schleuse Sunbury Lock und dem Zentrum macht die Themse eine große Biegung nach Süden und dann nach Norden. Der **Hampton Court Palace** *(East Molesey, Tel. 084/44 82 77 77, hrp.org.uk, Palast & Gartenanlage 25./26. Dez. geschl.)* am linken Ufer ist das schönste und größte Tudorbauwerk Großbritanniens. Der außergewöhnliche Palast wurde von Kardinal Thomas Wolsey errichtet, der ihn im Jahr 1528 König Henry VIII. schenkte – in der vergeblichen Hoffnung, die königliche Gunst zurückzugewinnen. Der König ließ in der Great Hall ein Hammerbalkengewölbe einziehen und vollendete die Chapel Royal. Zu besichtigen ist auch ein Ballspielhaus, in dem Jeu-de-Paume, ein Vorläufer des Tennis, gespielt wurde. Nach 1690, als sich der holländische König William III. und Mary II. auf dem englischen Thron sicher fühlten, verschönerten und erweiterten sie Hampton Court. Es entstand eine meisterhafte Mischung aus dem vorhandenen Tudorbau und dem Barockstil. Die King's und Queen's Apartments und anderen Prunkräume datieren aus dieser Epoche, ebenso der hübsch angelegte Garten mit Wasserspielen und Labyrinth.

Die Themse gehört seit Jahrhunderten zum Leben eines Londoners; Tower Bridge eröffnete 1894.

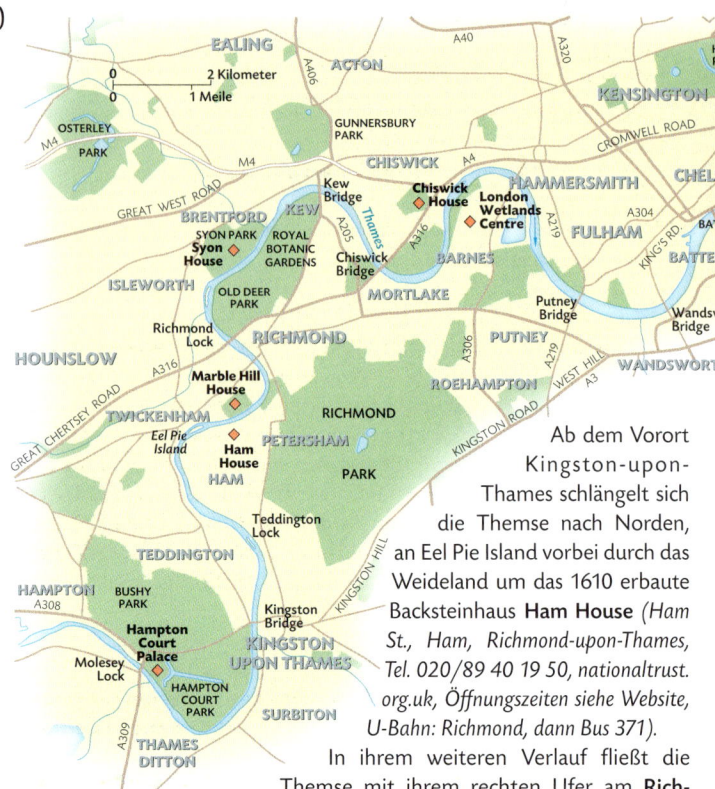

Ab dem Vorort Kingston-upon-Thames schlängelt sich die Themse nach Norden, an Eel Pie Island vorbei durch das Weideland um das 1610 erbaute Backsteinhaus **Ham House** *(Ham St., Ham, Richmond-upon-Thames, Tel. 020/89 40 19 50, nationaltrust.org.uk, Öffnungszeiten siehe Website, U-Bahn: Richmond, dann Bus 371).*

In ihrem weiteren Verlauf fließt die Themse mit ihrem rechten Ufer am **Richmond Park** entlang – vom markanten Richmond Hill aus hat man einen guten Blick. Der Park war eines der Jagdreviere von Charles I. und noch heute äst unter den alten Eichen Damwild. Am linken Ufer liegt das **Marble Hill House** *(Richmond Rd., Twickenham, Tel. 020/88 92 51 15, english-heritage.org.uk, Öffnungszeiten auf der Website, U-Bahn: Richmond, dann per Bus).* Henrietta Howard, die Countess of Suffolk, baute die palladianische Villa (1724–29) für damals 12 000 £, einer Aufmerksamkeit ihres jungen Liebhabers, des späteren George II.

Danach beginnt rechts das Gelände der 1759 auf gut dreieinhalb ha Fläche angelegten **Royal Botanic Gardens at Kew** *(Kew Rd., Richmond, Tel. 020/83 32 56 55 mit Tonbandansage, U-Bahn: Kew Gardens),* die maßgebend für alle botanischen Gärten weltweit wurden. Die Orangerie und die Pagode stammen noch aus der Entstehungszeit. Schlendern Sie über das Gelände (heute 121 ha) und bewundern Sie die zwei gigantischen viktorianischen Gewächshäuser (Pflanzen des Regenwaldes im Palm House und der gemäßigten Zonen im Temperate House) sowie das neue Princess of Wales Conservatory (Anpassung von Pflanzen an verschiedene Klimazonen).

Ein Stück weiter steht links das **Syon House**, die Residenz des Duke of Nor-thumberland, seit das Gebäude in der Tudorzeit auf dem Gelände eines Klosters erbaut wurde. Robert Adam gestaltete in den 1760er-Jahren das Innere im palladianischen Stil. In dem von Capability Brown angelegten Garten befinden sich ein Schmetterlingshaus und eine Oldtimer-Sammlung.

**Chiswick House**, ebenfalls am linken Themseufer, wurde 1725–29 vom 3. Earl of Burlington nach dem Vorbild der Villa Rotonda im neopalladianischen Stil zur Präsentation seiner Kunstsammlung erbaut. Lord Burlington plante gemeinsam mit William Kent die Gartenanlagen – die Geburtsstunde des englischen Landschaftsgartens.

## STADTEINWÄRTS

Richtung Innenstadt säumen immer mehr Häuser die Themse: Zunächst die hübschen Cottages von Chiswick, die Teiche des **London Wetlands**

### BOOTSFAHRTEN AUF DER THEMSE

Wer seine Füße lieber hochlegen möchte, sollte die klassische Schiffstour durch das Herz der Hauptstadt mitmachen. Man kann an verschiedenen Stellen an Bord gehen – Kew, Richmond und Hampton Court im Westen; am Tower of London, in Greenwich und an der Thames Flood Barrier im Osten oder in Westminster im Zentrum der Stadt – und einfach nur die spektakuläre Aussicht auf die vorbeiziehenden Gebäude genießen. Die klassische Route führt von Westminster nach Greenwich. Es gibt aber noch viele weitere Fahrten für jeden Geschmack und Geldbeutel. Wie wär's mit einem Unterhaltungsschiff mit Live-Kabarett, Jazz oder Disko? Oder mit einem echten englischen *Afternoon Tea* (sogar mit Champagner) oder einem Weihnachtsessen auf dem Fluss? Oder schlagen Sie alle Vorsicht in den Wind und machen eine Fahrt mit dem Hochgeschwindigkeitsboot bei 80 km pro Stunde.

Zu den vielen Schifffahrtsgesellschaften gehören die **River Thames Cruises** *(Tel. 020/72 37 31 08, riverthamescruises.co.uk)*, **City Cruises** *(Tel. 020/77 40 04 00, citycruises.com)* und die **Thames River Services** *(Tel. 020/79 30 40 97, thames riverservices.co.uk)*. Die Preise variieren je nach Art und Länge der Fahrt.

Seit dem 12. Jahrhundert gehören alle Schwäne der Krone; sie werden einmal im Jahr gezählt.

Centre in Barnes *(Queen Elizabeth Walk, Tel. 020/84 09 44 00, wwt.org. uk/london, U-Bahn: Hammersmith, Zug: Barnes)* und dann die Werften, Fabriken und Reservoirs um die Putney Bridge (die Strecke der jährlichen Ruderregatta der Universitäten von Oxford und Cambridge).

Die Themse fließt an Wandsworth, am Erholungsgebiet Battersea Park und den weithin sichtbaren Schornsteinen des Battersea-Kraftwerks vorbei und wendet sich dann nach Norden.

Am Nordufer zieht die **Tate Britain** vorbei (siehe S. 80 f.), gefolgt von den **Houses of Parliament**, **Big Ben** (siehe S. 78), **Cleopatra's Needle**, einem 3500 Jahre alten Obelisken aus Heliopolis, und dem langen Uferstück Victoria Embankment, das südlich des wundervollen **Somerset House** *(Strand, WC2, Tel. 020/78 45 46 00, somersethouse.org.uk, U-Bahn: Temple, Covent Garden, Holborn)* Richtung Osten führt. Dieses ehemalige Hauptquartier der Royal Academy of Arts beherbergt heute die Courtauld Gallery. Die bedeutende Sammlung der **Courtauld Gallery** *(Tel. 020/78 48 25 26)* reicht von den Meistern der italienischen Renaissance bis zu britischen Künstlern der Gegenwart – besonders beachtenswert: die Werke französischer Impressionisten wie Renoir, Cézanne, Manet und Degas. Nahe der Blackfriars Bridge ist hier am Nordufer schon die Kuppel der **St. Paul's Cathedral** (siehe S. 68 f.) zu sehen.

## VON WESTMINSTER AUS FLUSSABWÄRTS

Hinter Westminster führt die Themse an der klassizistischen County Hall vorbei, die heute eine der größten Unterwasserausstellungen Europas, das **Sea Life London Aquarium**, beherbergt. Es folgen das **London Eye** *(County Hall, Reservierung: Tel. 087/17 81 30 00 oder londoneye.com, U-Bahn: Waterloo, Westminster),* dann die Betonklötze des **South Bank Centre** *(Tel. 020/79 60 42 00)* mit der Hayward Gallery, Royal Festival Hall, Queen Elizabeth Hall, dem Purcell Room und dem **National Theatre** (siehe S. 449).

Dann kommt Southwark, noch vor kurzem ein Rotlichtviertel. Das war es auch, als Shakespeare Miteigentümer des Globe Theatre war. Damals stand das Theater zwischen Bordellen und Bärenhatz-Arenen. Das heutige

## DER UFERWEG AN DER THEMSE

Der Londoner Teil des Thames Path National Trail verläuft gut ausgeschildert von Hampton Court bis zur Thames Barrier – das sind am Nordufer 61 km, am Südufer 58 km, aus denen Sie sich natürlich auch einzelne Etappen aussuchen können. Informieren Sie sich bei einer Touristeninformation (siehe S. 382), dort bekommen Sie auch einen Gratisprospekt zum Thames Path.

rekonstruierte **Shakespeare's Globe Theatre** zeigt auf einer Bühne im Innenhof elisabethanische Stücke *(Mai–Sept., Tageskasse Tel. 020/74 01 99 19)*. Daneben steht die neueste Erweiterung des Globe, das überdachte Theater **Sam Wanamaker Playhouse**.

Ebenfalls sehenswert: die riesige **Bankside Power Station**, in der im Jahr 2000 die **Tate Modern** (siehe S. 80 f.) eröffnet wurde, die **Millennium Footbridge**, das **Clink Prison Museum** *(1 Clink St., SE1, Tel. 020/74 03 09 00, clink.co.uk, U-Bahn: London Bridge)*, das Gefängnisleben und Sittlichkeitsdelikte früherer Zeiten dokumentiert, und die **Southwark Cathedral** mit einem Grabdenkmal für William Shakespeare.

## RICHTUNG MEER

Heute steht die »Scherbe« **The Shard** (siehe Kasten S. 104) auf der Südseite der Themse, gegenüber des Tower of London (siehe S. 105 ff.) und nahe der **Tower Bridge** *(SE1, Tel. 020/74 03 37 61, U-Bahn: Tower Hill)*. 1894 öffnete man die neugotische Zugbrücke zum ersten Mal für große Boote.

### CHISWICK HOUSE

- ✉ Burlington Ln., W4
- ☎ 020/89 95 05 08
- 🕐 Öffnungszeiten auf der Website
- 💶 ££
- 🚇 U-Bahn: Turnham Green, dann Bus E3; Hammersmith, dann Bus 190

**english-heritage.org.uk**

### SYON HOUSE

- ✉ Isleworth
- ☎ 020/85 60 08 82
- 🕐 Öffnungszeiten auf der Website
- 💶 £££
- 🚇 U-Bahn: Gunnersbury, dann Bus 237 oder 267

**syonpark.co.uk**

### SEA LIFE LONDON AQUARIUM

- 🗺 S. 67 E3
- ✉ County Hall, Westminster Bridge Rd., SE1
- ☎ 087/16 63 16 78
- 💶 ££££
- 🚇 U-Bahn: Waterloo, Westminster

**visitsealife.com/London**

### SHAKESPEARE'S GLOBE THEATRE

- 🗺 S. 67 F4
- ✉ New Globe Walk, Bankside, SE1
- ☎ 020/79 02 14 00
- 🚇 U-Bahn: London Bridge, Mansion House

**shakespearesglobe.org**

## BLICK VOM SHARD

Mit dem schnellen Lift geht es auf die Aussichtsplattform von The Shard, der 309 m hohen Glaspyramide *(Tel. 084/44 99 71 11; theviewfromtheshard. com, tägl. geöffnet)*. Der Blick reicht an schönen Tagen bis zu 128 km weit, von Southend-on-Sea im Osten zu den Berkshire Downs im Westen und über Londons Wahrzeichen wie St. Paul's, London Eye und Tower Bridge.

Dahinter fließt die Themse um die Bauten der Docklands auf der **Isle of Dogs** und vorbei an **Greenwich**. Hier sieht man die hohen Masten des schnellsten viktorianischen Tee-Klippers *Cutty Sark (King William Walk, Tel. 020/88 58 44 22, DLR: Cutty Sark)*.

Nahebei stehen um den Grand Square die Gebäude des **Royal Naval College** *(King William Walk, Tel. 020/82 69 47 47, DLR: Cutty Sark)*, das von König William und Königin Mary gegründet, von John Webb entworfen und von Sir Christopher Wren, Nicholas Hawksmoor und Sir John Vanbrugh fertiggestellt wurde. Im **National Maritime Museum** dahinter ist die Geschichte der Schifffahrt dokumentiert. Das palladianische **Queen's House** von 1616 gegenüber stammt von Inigo Jones.

Hinter dem Haus erstreckt sich der **Greenwich Park** mit dem 1675 gegründeten **Royal Observatory Greenwich**, wo die Position des absoluten Längengrades bestimmt werden sollte. Jeden Tag um 13 Uhr fällt die Kugel der Greenwich Normalzeit-Uhr an ihrer Stange hinab und gibt so die exakte Zeit an.

Flussabwärts erreicht die Themse die futuristische **O2 Arena**, die über den Fluss gespannte Seilbahn von **Emirates Air Line** und schließlich die Stahlhauben der **Thames Barrier** *(Unity Way, SE18, Tel. 020/83 05 41 88)*, die 1984 zum Schutz vor Überschwemmungen gebaut wurde. ∎

### SOUTHWARK CATHEDRAL
- ⊠ Montague Close, SE1
- ☎ 020/73 67 67 00
- 🕐 Während der Gottesdienste keine Führungen
- Ⓜ U-Bahn: London Bridge

cathedral.southwark.anglican.org

### NATIONAL MARITIME MUSEUM
- ⊠ Romney Rd., SE10
- ☎ 020/88 58 44 22
- Ⓜ DLR: Cutty Sark

rmg.co.uk

### ROYAL OBSERVATORY GREENWICH
- ⊠ Blackheath Ave., SE10
- ☎ Informationen vom Band: 020/ 83 12 65 65
- Ⓜ DLR: Cutty Sark

rmg.co.uk

### EMIRATES AIR LINE
- ⊠ Edmund Halley Way, SE10
- ☎ 080/01 12 34 56
- Ⓜ U-Bahn: North Greenwich

emiratesairline.co.uk

Für fast 30 Generationen von Briten symbolisierte der Tower das grausame Werkzeug eines unerbittlichen Gerichts sowie Haft, Folter und Hinrichtung. Doch gerade diese Schrecken machen den Tower heute zu einer Hauptattraktion. Hat man die uniformierten Beefeaters, die legendären Raben und den Reichtum der Kronjuwelen gesehen, wird klar, warum der Tower so beliebt ist.

Sobald sich William der Eroberer auf dem englischen Thron etabliert hatte, errichtete er hier am Nordufer die erste hölzerne Festung zur Kontrolle des Seezugangs der Stadt. Der Tower of London wurde nach dem ersten und größten Gebäude, dem 27 m hohen **White Tower**, benannt, der 1097 aus Stein errichtet und 1241 weiß getüncht wurde. In vielen 100 Jahren Bauzeit entstand eine sechseckige Festung mit Burggraben und einem besonders massiven und hohen äußeren Mauerring mit sechs Türmen und einem schmalen Korridor, dem Outer Ward. Innerhalb dieser Mauer gibt es einen zweiten Befestigungsring, der den Inner Ward, einen großen Innenhof, umschließt. Nach und nach kamen Soldatenquartiere, Häuser und Kapellen hinzu. In ihrer Mitte erhebt sich eindrucksvoll der White Tower, dessen Türme alles überragen.

## VORZEITIGE TODESFÄLLE

Um den Tower of London mit seiner 900-jährigen Geschichte ranken sich unzählige Legenden. An der südlichen Fassade der Outer Wall befindet sich der quadratische **St. Thomas's Tower**, dessen Bogendurchgang,

Die vier Türme des White Tower bilden das Zentrum des Tower of London.

## TOWER OF LONDON

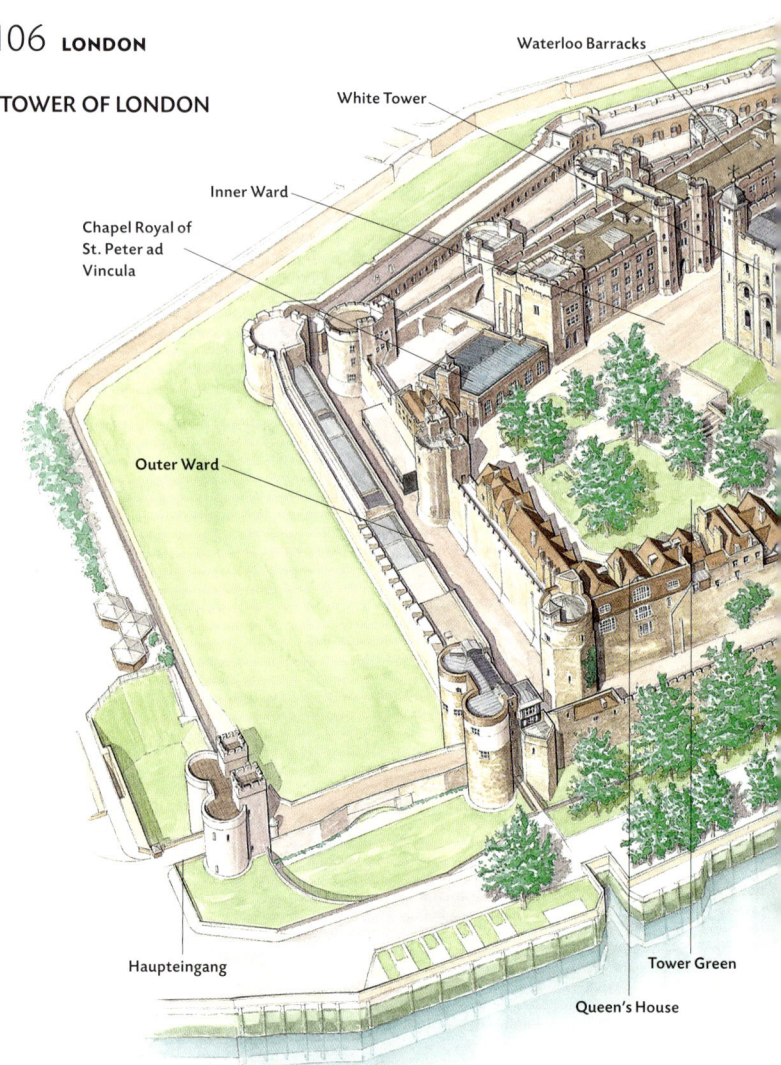

Waterloo Barracks

White Tower

Inner Ward

Chapel Royal of
St. Peter ad
Vincula

Outer Ward

Haupteingang

Tower Green

Queen's House

das **Traitors' Gate**, auf die Themse hinausführt. Wurde in Westminster jemand wegen Hochverrats verurteilt, brachte man ihn mit dem Boot durch das »Verrätertor« in den Tower. Hinter dem Tor, am inneren Mauerring, steht der **Bloody Tower**. Hierhin ließ Richard, Duke of Gloucester, 1483, gleich nach dem Tod ihres Vaters Edwards IV., seine Neffen, den Thronerben Prince Edward und dessen jüngeren Bruder Prince Richard verschleppen – seitdem wurden die Jungen nie mehr außerhalb des Tur-

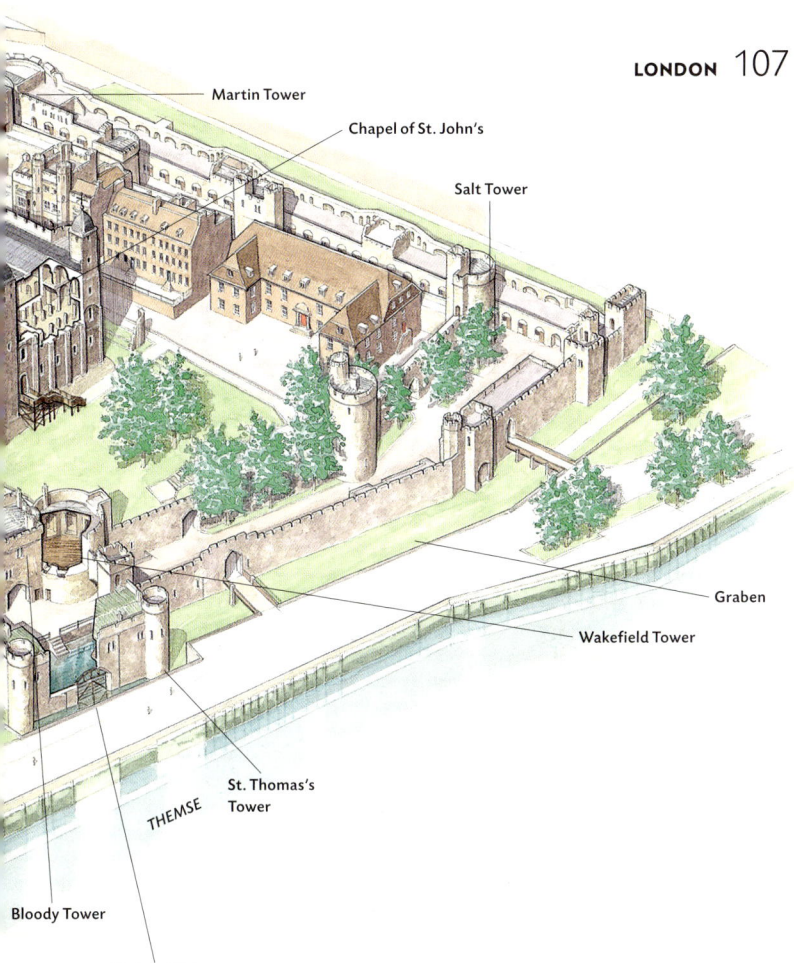

Martin Tower

Chapel of St. John's

Salt Tower

Graben

Wakefield Tower

St. Thomas's
Tower

THEMSE

Bloody Tower

Traitors' Gate

mes gesehen. Noch im selben Jahr krönte man den »buckligen Dick« zu König Richard III. 1674 wurden im White Tower zwei Knabenskelette gefunden, was den Verdacht schürte, der machtgierige Herzog habe seine Neffen ermorden lassen. Im **Wakefield Tower**, neben dem Bloody Tower, starb ein Vorgänger von Henry VI. auf ungeklärte Weise.

Verräter wurden außerhalb der Festung auf dem Tower Hill exekutiert. Einigen »Privilegierten« gestattete man jedoch die Enthauptung auf dem

**Tower Green** vor dem White Tower, der vor den Blicken Schaulustiger geschützt war: Von den Gattinnen Henrys VIII. wurde hier Anne Boleyn, Ehefrau Nummer zwei und Mutter Elizabeths I., von einem eigens aus Frankreich geholten Schwertkämpfer der Kopf abgeschlagen; Catherine Howard, Ehefrau Nummer fünf, starb wie die meisten anderen Verräter den Tod durch die Axt.

## DIE WACHEN

Die 36 sogenannten Beefeaters, eigentlich Yeoman Warders, kümmern sich um den Tower und die 2,5 Mio. Besucher pro Jahr. Sie geben in ihren

Die Beefeaters bewachen den Tower. Wenn die Raben den Tower verlassen, so die Legende, wird das Königreich fallen.

rot-blauen Tudoruniformen ein großartiges Fotomotiv ab. In einem allabendlichen, feierlichen Ritual, der Ceremony of the Keys, schlie-ßen sie den Tower ab *(tägl. 21.35–22.05 Uhr; frühzeitige Anmeldung empfohlen, nur online)*. Neben ihnen wird der Tower von den Raben be-wohnt, deren ununterbrochene An-wesenheit der Legende nach den Bestand der Monarchie garantiert.

Um die in den **Waterloo Barracks** ausgestellten Kronjuwelen ansehen zu können, müssen Sie sich anstel-len, doch das Warten lohnt sich. Der funkelnde und glitzernde Schatz be-steht aus Ringen, Reichsäpfeln, Schwertern und Zeptern, der Krone Elizabeths II. mit dem legendären Diamanten Koh-i-Noor und der zur Krönung Königin Victorias 1838 an-gefertigten Imperial State Crown mit dem Diamanten Star of Africa und einem Rubin aus dem Erbe von Edward dem Bekenner. ∎

## TOWER OF LONDON

🅰 S. 67 G4–H4
✉ Tower Hill, EC3
☎ Informationen vom Band und Re-
servierungen: 084/44 82 77 77

€ £££
🚇 U-Bahn: Tower Hill
hrp.org.uk

## CHELSEA

Das Nobelviertel Chelsea *(Karte S. 66 B2)* nahe Westminster zog mit seinem unkonventionellen Flair schon immer Künstler, Schriftsteller, Maler und Pub-Philosophen an. J. M. W. Turner, Henry James, T. S. Eliot, Dante Gabriel Rossetti, George Eliot, Mick Jagger, Laurie Lee, Oscar Wilde und viele andere haben hier gewohnt, woran die blauen Plaketten an den Häusern entlang des Cheyne Walks am Fluss erinnern.

## HAMPSTEAD

Im Norden Londons liegt das grüne **Hampstead Heath**. Besuchen Sie das gemütliche alte Pub Jack Straw's Castle und das herrliche **Kenwood House** *(Hampstead Ln., NW3, Tel. 020/83 48 12 86, U-Bahn: Archway, Hampstead, Golders Green)* mit den Gemälden von Rembrandt, Reynolds, Van Dyck, Vermeer und Gainsborough.

## MARYLEBONE

Zwei bekannte Touristenattraktionen liegen an der südwestlichen Ecke des Regent's Park im Viertel Marylebone *(Karte S. 52 C5, U-Bahn: Baker Street)*. »Persönliche« Gegenstände, Möbel und Erinnerungsstücke des berühmtesten Detektivs der Literatur sind im **Sherlock Holmes Museum** *(221b Baker St., Tel. 020/72 24 36 88)* zu bewundern. Ganz in der Nähe liegt **Madame Tussauds** weltberühmtes Wachsfigurenkabinett *(Marylebone Rd., Tel. 087/04 00 30 00)*, wo man sich mit der »königlichen Familie« fotografieren lassen kann.

## THE DESIGN MUSEUM

Seit November 2016 ist das weltweit erste **Design Museum** in seinen neuen Räumlichkeiten in Kensington zu besichtigen *(224–238 Kensington High St., Tel. 020/38 62 59 00, U-Bahn: High Street Kensington)*.

## MUSEUM OF LONDON

Die Dauerausstellungen führen den Besucher in die Zeit der Römer und der angelsächsischen Besiedlung, ins Mittelalter, in die Tudor- und Stuartzeit, ins georgianische und viktorianische London bis zur Gegenwart. Weiter östlich befindet sich das **Museum of London Docklands** *(No. 1 Warehouse, West India Quay, Hertsmere Road E14, Tel. 020/70 01 98 44, U-Bahn: Canary Wharf; DLR: West India Quay)*, eine Außenstelle des Museum of London. Dokumentiert wird die Geschichte der Docks und ihre Wiederbelebung im späten 20. Jahrhundert als Geschäfts- und Wohnviertel.

🄰 S. 67 F4 ✉ London Wall, EC2Y 5HN ☎ 020/70 01 98 44 🄴 ££
🚇 U-Bahn: Barbican, St. Paul's

## DER OLYMPIAPARK

Großbritannien war im Sommer 2012 das Gastgeberland der Olympischen und Paralympischen Spiele. Der Austragungsort Queen Elizabeth Olympic Park *(queenelizabetholympicpark.co.uk; U-Bahn: Stratford)* wurde auf einer Industriebrache in Stratford, East London, errichtet und mit teils kühner Architektur bebaut: die verdrehten Türme des ArcelorMittal Orbit von Anish Kapoor, das geschwungene Dach des London Aquatics Centre von Zaha Hadid, die Copperbox, das riesige »verformte Rad« des Velodroms und das große Rund des Olympiastadions.

Nachhaltigkeit spielte schon bei der Planung eine maßgebliche Rolle, heute wird das Olympic Stadium vom Fußballclub West Ham United genutzt; Mountainbiker, Bahnradrennen und BMX-Fahrten finden im Lee Valley Velopark Cycling Center statt. Im London Aquatics Centre wird weiterhin geschwommen, in der Copper Box Basketball und Badminton gespielt. Im ehemaligen internationalen Viertel sind Geschäfts- und Wohnhäuser entstanden. Im Park werden Konzerte gespielt, es gibt Cafés, Bars, Restaurants und Läden. Neue Habitate für Flora und Fauna wurden angelegt, die vielen Fuß- und Radwege verbinden den Park mit den umliegenden Vierteln und den Hackney Marshes im Nordwesten.

## EAST LONDON

Was mal ein heruntergekommenes Arbeiterviertel war, hat sich zu einer der trendigsten Gegenden Londons entwickelt. Gehen Sie auf Entdeckungsreise in den Cafés, Bars und Galerien in **Shoreditch**, **Hoxton** und **Whitechapel**.

## SIR JOHN SOANE'S MUSEUM

Sir John Soane wurde 1753 als Maurersohn geboren, war Architekt (u. a. der Bank of England) und heiratete die Nichte eines Baumagnaten. Im Museum sind Tausende von Objekten ausgestellt, die er im Laufe seines Lebens gesammelt hat.

Im **Speisesaal** und in der **Bibliothek** finden Sie ein Porträt Soanes von Sir Thomas Lawrence (1828), der Inbegriff sinnender Empfindsamkeit, sowie Sir Joshua Reynolds *Love and Beauty* und die Cawdor-Vase (spätes 4. Jh. v. Chr.). Fein verzierte römische Marmorfiguren sieht man in **Ankleideraum** und **Arbeitszimmer** und im **Monument Court**, einem Lichthof im Gebäudeinneren. Dort sind auch William Hogarths *Oratorio* und eine Straßenansicht von Canaletto ausgestellt. Im **Picture Room**, einer wahren Schatzkammer, hängen auf klappbaren Vertäfelungen Hogarths Bilderfolge *A Rake's Progress* und *The Election*, Piranesis dorischer Tempel

Zaha Hadid (1950–2016) hat die Schwimmhalle für die Olympischen Spiele 2012 entworfen.

(18. Jh.) und Turners *Aquarell Kirkstall Abbey*. Die Sepulchral Chamber in der **Krypta** beherbergt den riesigen Alabaster-Sarkophag des Pharao Seti I. (gest. 1279 v. Chr.). Unter den drei Wasserlandschaften Canalettos im **New Picture Room** ist auch *View toward Santa Maria della Salute, Venice*, die zu seinen besten zählt. Die Porträts im **Drawing Room** (1. Stock) zeigen Soane und seine Söhne.

📍 S. 67 E4 ✉ 13 Lincoln's Inn Fields, WC2 ☎ 020/74 05 21 07 🕐 So–Mo & Feiertage geschl. 💶 Führungen: ££ 🚇 U-Bahn: Holborn

## WALLACE COLLECTION

Die größte Privatsammlung Londons ist in den 29 Räumen einer Villa südlich des Regent's Parks ausgestellt. Die Wallace Collection wurde im späten 18. und 19. Jahrhundert von vier Generationen der Familie Seymour-Conway, den Marquesses of Hertford, zusammengetragen und der Nation geschenkt – unter der Bedingung, dass die Sammlung zusammen bleibt. Besonders bemerkenswert sind die französische Malerei, Möbel und Bildhauerei des 18. Jahrhunderts, gesammelt vom 4. Marquis und seinem Sohn Sir Richard Wallace (1818–90).

📍 S. 66 C4 ✉ Hertford House, Manchester Sq., W1 ☎ 020/75 63 95 00 🚇 U-Bahn: Bond Street

### INSIDERTIPP

**Gehen Sie in die Brick Lane im East End und probieren Sie echtes indisches Essen. Restaurantbetreiber stehen vor der Tür und erläutern Ihnen die Speisekarte.**

MARY JO COURCHESNE, NATIONAL GEO-GRAPHIC-MITARBEITERIN

# DIE HOME COUNTIES

‹ Statue von Königin Victoria vor Windsor Castle

Als Home Counties werden die Grafschaften bezeichnet, die um London angesiedelt sind. Neben Kent (streng genommen Teil der Kreidebarriere Südenglands) und Essex (in seiner Anmutung eher an East Anglia erinnernd) gibt es folgende Home Counties: Surrey südlich von London, Berkshire und Buckinghamshire im Westen sowie Bedfordshire und Hertfordshire im Norden.

Die Soldaten in Windsor Castle sind aus den »Foot Guard«-Regimentern abkommandiert.

In diesen Grafschaften finden sich feudale Landhäuser, zauberhafte Dörfer, große Wälder und malerische Flusslandschaften entlang der Themse in Berkshire und des Wey in Surrey mit einem Netz von Wanderwegen, das diese Idylle erschließt.

## SURREY & BERKSHIRE

Die Kreidebarriere der North Downs liegt großteils in Surrey; durch sie führt ein alter Saumpfad, der Pilgrim's Way, der herrliche Ausblicke bietet. Zahlreiche pittoreske Dörfer und im Westen weites Heideland prägen die ländliche Atmosphäre des County Surrey.

Wunderschöne saftig grüne Wiesen säumen die Themse in Royal Berkshire zwischen **Windsor** und Henley-on-Thames. Das berühmteste Wahrzeichen der Grafschaft ist Windsor Castle, die Hauptresidenz des Königshauses.

## VON »BUCKS« NACH »BEDS«

In Buckinghamshire (auch *Leavy Bucks*, »blättriges Bucks« genannt) erstrecken sich die mit Buchenwald bedeckten Chiltern Hills, ein Mekka der Londoner, sowie ein mächtiger Kalksteinabbruch, der im Norden und Westen die Ebenen Richtung Oxfordshire und Bedfordshire überragt. Hier liegen einige der schönsten und geschichtsträchtigsten Dörfer der Home Counties: das denkmalgeschützte Hambleden bei Henley, Chalfont St. Giles, wo Milton sein *Paradise Lost* vollendete, und West Wycombe, Heimat des Hellfire Club im 18. Jahrhundert.

Hertfortshire präsentiert mit dem Hatfield House das größte jakobäische Herrenhaus Großbritanniens und bietet schöne Wanderrouten sowie viele bezaubernde Orte, wie das malerische Albury im Westen, das faszinierende Ayot St. Lawrence mit dem Wohnhaus von G. B. Shaw sowie Perry Green im Osten, das durch Henry Moores eindrucksvolle Skulpturen Berühmtheit erlangte. ■

London

Zur Orientierung

CAMBRIDGESHIRE
S. 227

NORTHAMPTONSHIRE
S. 201

4 ▷   Olney

A428   Bedford   Sandy

A6

M1   Newport
Pagnell   Biggleswade   Royston

Milton Keynes   BEDFORDSHIRE

Stowe   Ampthill

Woburn   Letchworth   A505
Buckingham   Bletchley   Abbey
Pegsdon   Baldock

Leighton   A5   Hitchin   A1(M)   Buntingford
Buzzard

3 ▷   BUCKINGHAMSHIRE   Dunstable   Luton   Stevenage   A10
                              HERTFORDSHIRE   Bishop's
                                              Stortford
Ivinghoe   Ayot   Much Hadham
Aylesbury   A41   St. Lawrence   Welwyn   Perry
Tring   Aldbury   Garden City   Green
                   M1   Hertford
Princes   Berkhamsted   St. Albans   Hatfield
Risborough   Chiltern s   House   Hoddesdon
           Chesham   Hemel
Amersham   Hempstead   M25   ESSEX
                                 S. 227

West Wycombe   Chalfont   Watford   Barnet   Enfield
               St. Giles
               M40   High   Beaconsfield   Rickmansworth   M11   Chigwell
OXFORDSHIRE   Hambleden   Wycombe   Harrow                    M25
S. 201        Cookham   Uxbridge   GREATER
2 ▷   Henley-on-   Marlow               LONDON   Barking
      Thames   Cliveden   Thames
Lambourn   Goring   Maidenhead   Slough   M4   LONDON
          Pangbourne   Eton            Thames
Mapledurham   Reading   Windsor   Windsor   Richmond   Greenwich
BERKSHIRE   Great   Runnymede   Kingston   Bromley
            M4   Park   Staines   upon Thames
Hungerford   Newbury   Bracknell   Ascot   Sutton   Croydon
            Highclere Castle   M3   M25   Epsom
            Sandhurst   Chobham
1 ▷   HAMPSHIRE   Camberley   Woking   Leatherhead
      S. 134                   Box   KENT
      A   Farnham   SURREY   Hill   Reigate   M25   S. 135
              A31   Abinger   Dorking   Redhill   Oxted   D
      Guildford   Hammer            M23
      B   Godalming   Shere   Friday Street   Leith Hill
                              Cranleigh   Tower
      Haslemere                WEST SUSSEX   EAST
                              C   S. 135   SUSSEX
                                          S. 135

WILTSHIRE
S. 134

OXFORDSHIRE
S. 201

0   20 Kilometer
0   10 Meilen

Von der Tiefebene Oxfordshires fließt die Themse über Pangbourne und Mapledurham durch die Außenbezirke von Reading, bevor sie sich gen Norden wendet und Henley-on-Thames erreicht, wo die Henley Royal Regatta stattfindet.

Die »Henley Week« *(Tel. 01491/57 21 53)* ist ein gesellschaftlicher Höhepunkt im Kalender. Die Ruderrennen begannen 1829 als Wettkampf zwischen den Universitäten von Oxford und Cambridge und werden seit 1839 jährlich ausgetragen. Als Prinz Albert 1851 die Schirmherrschaft übernahm, erhielt die Henley Regatta ihr königliches Prädikat.

## VON MARLOW NACH COOKHAM

In **Hambleden**, an der A4155, begeistern rosenumrankte Ziegelhäuschen die Fotofreunde. St. Mary's mit ihrem kreuzförmigen Grundriss beherbergt kunstvolle Schnitzarbeiten und ein verziertes Taufbecken vermutlich aus der Zeit vor der normannischen Eroberung. Hinter dem Dorf macht die Themse einen Bogen nach Osten, an Wehr, Schleuse und dem Schleusenwärterhaus von **Marlow** vorbei. Bald spannt sich eine Hängebrücke von 1836 über den Fluss. Im Compleat Angler Hotel (1653) erinnert ein Fisch-Glasfenster an Izaak Walton (1593–1683), einen Londoner Petrijünger, der die Anglerbibel *The Compleat Angler* schrieb. Hinter den Wiesen bei Bourne End erreicht die Themse **Cookham**, wo beim traditionellen »Swan Upping« der königliche Aufseher jeden Juli die Schwäne zählt. In der High Street warten der Old Bel (Glockenturm) und das Dragon Inn sowie die **Stanley Spencer Gallery** *(High St., Tel. 01628/47 18 85, Nov.–Ostern Mo–Do, Heiligabend geschl.)*, in der die energischen und individuellen Gemälde von Sir Stanley Spencer (1891–1959) ausgestellt sind. Am charakteristischsten ist das monumentale, unvollendete Gemälde *Christus, betend bei der Cookham Regatta.*

In Henley-on-Thames finden im Jahr vier Ruderregatten statt; die fünftägige Henley Royal Regatta ist die bekannteste.

## UFERWEG

Ein 10 km langer Fußweg führt von der Henley Bridge flussabwärts am Ostufer der Themse entlang, vorbei an Temple Island mit dem exzentrischen James-Wyatt-Bau (18. Jh.), dem Startpunkt der 2,1 km langen Regattastrecke zur Henley Bridge, bis zur Schleuse Hambleden Lock, wo man über einen Steg die malerische Hambleden-Mühle erreicht. Von der Schleuse führt ein Fußweg südlich nach Aston zum wunderbaren Flower Pot Hotel (mit urigen Bars und schattige Gärten), südwestlich geht es dann durch die Remenham Woods zurück nach Henley.

## FLUSSABWÄRTS NACH WINDSOR

Unterhalb von Cookham fließt die Themse durch die Buchenwälder von Cliveden Reach nahe am **Cliveden House** vorbei (heute ein Hotel und dem interessierten Wanderer wohlgesonnen), wo sich in den 1920/30er-Jahren die Hautevolee und Politiker im *Cliveden Set* versammelten, um mit Lord und Lady Astor zu plaudern.

Es folgen Boulter's Lock und die Brücken von Maidenhead; dann Bray und Monkey Island mit seinem »Affen-Hotel«. Die Themse gleitet an Eton und Windsor (siehe S. 118 ff.) vorbei und erreicht **Runnymede**; bekannt durch das Luftwaffen-Denkmal von 1953 für 20 000 vermisste Flieger des Zweiten Weltkriegs sowie das John F. Kennedy Memorial. Ein 1957 von der amerikanischen Anwaltskammer gestifteter neoklassizistischer Tempel erinnert an die Unterzeichnung der Magna Carta in Runnymede im Juni 1215 durch König John. ∎

## INSIDERTIPP

**Im großen und lichterfüllten River & Rowing Museum in Henley erfahren Sie alles Wissenswerte, wenn Sie sich vor der Henley Royal Regatta informieren möchten.**

ERIN MONRONEY, NATIONAL GEOGRAPHIC-MITARBEITERIN

## HENLEY-ON-THAMES

◪ S. 115 B2
Besucherinformation
✉ King's Arms Barn, King's Rd.
☎ 01491/57 80 34

## MARLOW

◪ S. 115 B2
Besucherinformation

✉ 31 High St.
☎ 01628/48 35 97

## RIVER & ROWING MUSEUM

✉ Mill Meadows, Henley-on-Thames
☎ 01491/41 56 00
€ ££
**rrm.co.uk**

Jeder kennt Windsor Castle als Residenz des britischen Königshauses. Doch auch Windsor hat einiges zu bieten. Das Zunfthaus (Guildhall) in der High Street wurde 1689 von Sir Christopher Wren entworfen. Daneben stehen das schiefe Market Cross House und in der Church Street das Burford House sowie die Old King's Head Tavern (mit dem »Hinrichtungsbefehl für König Charles I.«).

**INSIDERTIPP**

**Werfen Sie bei Ihrem Rundgang durch Windsor Castle auch einen Blick auf Queen Marys Puppenhaus.**

ALISON WRIGHT, NATIONAL GEOGRAPHIC-FOTOGRAFIN

## WINDSOR CASTLE

Die unverkennbare Form des Schlosses ist für die Briten zum Wahrzeichen geworden; insbesondere der große Rundturm, von dem die königliche Fahne weht, wenn die Königin »im Hause« ist.

Das erste Schloss wurde kurz nach der normannischen Eroberung auf einer Anhöhe über der Themse aus Holz erbaut, nur einen Tagesmarsch entfernt von der Hauptresidenz Williams I. im Tower of London. Um 1165 ließ Henry II. das Schloss in Stein neu errichten und machte es als Erster auch zu seinem Wohnsitz. Der **Round Tower** entstand im mittleren der drei durch Mauern getrennten Schlossareale ebenfalls neu. 1828 fügte George I. die oberen

In St. George's Chapel fanden viele britische Monarchen ihre letzte Ruhe.

## ROYAL ASCOT

Die viertägigen Pferderennen von Ascot im Juni, 1711 von der Pferdelieb-haberin Königin Anne ins Leben gerufen, sind ein Muss für alle Briten, die sich gesellschaftlich profilieren möchten. Extravagante Hüte sind für die Damen unerlässlich; die Herren präsentieren sich in Frack und Zylinder. Das exklusive Gepräge erhält der Anlass durch die Anwesenheit der »Royals« beim Rennen um den Gold Cup, das auf der Rennbahn Ascot (Tel. 08443/46 30 00, ascot. co.uk) südlich des Windsor Great Park ausgetragen wird.

Teile des Turmes hinzu. Heute beherbergt dieser die **Royal Archives and Photographic Collection**.

**Der obere Schlossbereich:** Dieser Trakt aus dem 13. Jahrhundert beher-bergt die **Waterloo Chamber**, einen Prunksaal, der 1832 zur Feier des Sieges bei Waterloo gebaut wurde, sowie die **St. George's Hall**, errichtet 1362–65. Bei dem Brand im Jahr 1992 wurde sie schwer beschädigt, in-zwischen jedoch restauriert. Die **State Apartments** sind reich an Kunst-schätzen: Deckenfresken von Antonio Verrio, Kamine von Robert Adam, Schnitzarbeiten von Grinling Gibbons, Gemälde von Canaletto, Van Dyck, Holbein, Rembrandt, Rubens, Hogarth, Gainsborough und Cons-table. Ein Kuriosum: Königin Marys Puppenhaus, 1923 von Sir Edwin Lutyens im Maßstab 1 : 12 gebaut, enthält Miniaturbücher, Bilder, elekt-risches Licht und fließendes Wasser.

**Der untere Schlossbereich:** Das beeindruckendste Gebäude des Schlosses ist die spätgotische **St. George's Chapel** (1475–1528) aus der Tudorzeit mit ihren Steinmetzarbeiten und dem Fächergewölbe. Über dem hohen Chorgestühl für die 26 Mitglieder des 1348 von Edward III. gegründeten Hosenbandordens hängen die jeweiligen Banner und Wappen. In der Ka-pelle sind zehn Könige bestattet, unter ihnen Henry VIII. und seine dritte Frau, Jane Seymour, der enthauptete Charles I., George V. und George VI.

## WINDSOR

⬛ S. 115 C2
Besucherinformation
✉ The Old Booking Hall, Windsor Royal Shopping, Thames St.
☎ 01753/74 39 00

## WINDSOR CASTLE

✉ Windsor

☎ 08443/46 30 00
🕐 Während Staatsbesuchen geschl. (bitte vorher anrufen). Kapellen So außer für Gottes-dienste geschl.
💶 *£££££*
royalcollection.org.uk

Etwa 980 Schilde mit den königlichen Wappen des Hosenbandordens schmücken die Decke der St. George's Hall.

Im Schloss liegt auch die **Albert Memorial Chapel** aus dem 13. Jahrhundert, die 1861 von Königin Victoria in Gedenken an ihren geliebten Prinzgemahl umgebaut wurde. Außerdem finden sich hier eine Anzahl von »Günstlingswohnungen« und der Curfew Tower.

## GREAT PARK & ETON

Der knapp 2000 ha große **Windsor Great Park** verfügt über ein

Albert Memorial Chapel

St. George's Chapel

Curfew Tower

Netz von Spazierwegen. Südöstlich des Parks schließt sich der gut 14 ha große **Savill Garden** *(Tel. 01753/86 02 22)* an.

Nördlich der Stadt führt ein Fußweg über die Themse nach Eton. Das **Eton College** *(High St., Tel. 01753/67 10 00, nur Gruppenführungen Nov.–März, in den Ferien tägl. geöffnet)* ist Großbritanniens exklusivste Schule, die 1440 gegründet wurde und bis heute 18 Premierminister hervorgebracht hat. ∎

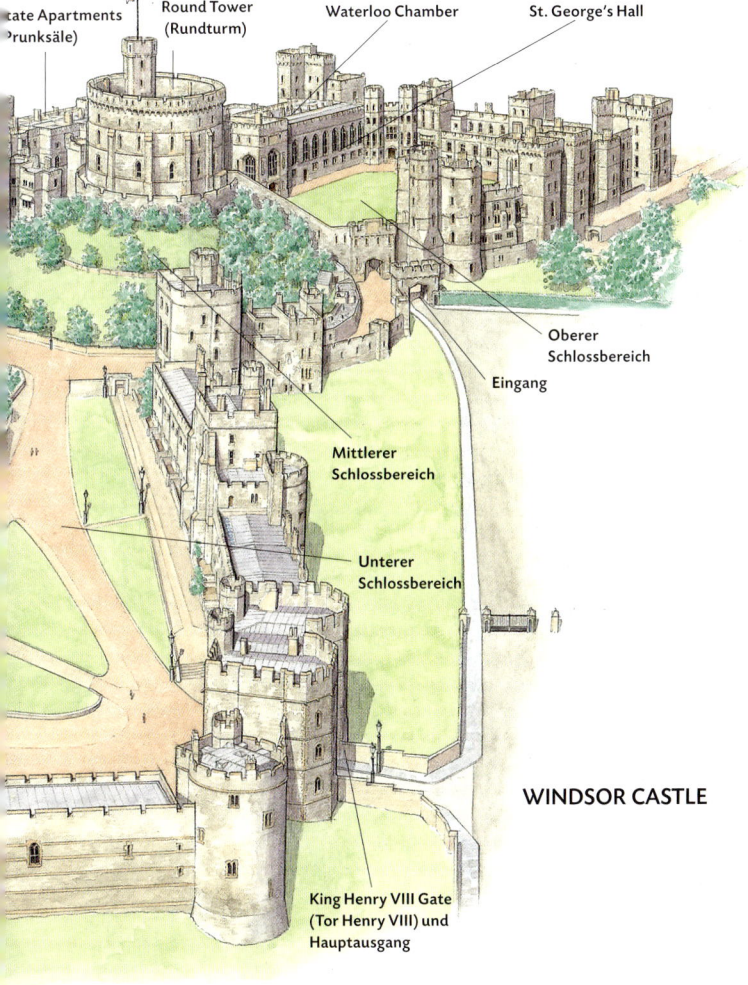

ate Apartments
runksäle)

Round Tower (Rundturm)

Waterloo Chamber

St. George's Hall

Oberer Schlossbereich

Eingang

Mittlerer Schlossbereich

Unterer Schlossbereich

**WINDSOR CASTLE**

King Henry VIII Gate (Tor Henry VIII) und Hauptausgang

Die Abtei von Woburn liegt südwestlich von Milton Keynes in einer 1215 ha großen Parkanlage mit schattigen Spazierwegen. 142 ha des Areals bilden den Woburn Safari Park, der eine Vielzahl exotischer Tierarten beherbergt. Woburns bekanntestes Arterhaltungsprojekt gilt den chinesischen Hirscharten. Der Wildpark wurde 1900 vom 11. Duke of Bedford angelegt.

Die rekonstruierte »Folly« von Humphrey Repton im Park von Woburn Abbey

Woburn Abbey wurde um 1750 für die Familie Russell, die Dukes of Bedford, erbaut. Seit 1145 war hier ein Zisterzienserkloster, das durch Henry VIII. aufgelöst und den Russells übergeben wurde. Es dauerte ein weiteres Jahrhundert, bis die Familie von ihrem Landhaus Chenies im Süden von Buckinghamshire nach Woburn zog: Die Umbauarbeiten begannen 1747, sie wurden um 1788 vollendet. Die Prunksäle sind mit vergoldeten Decken und Gemälden, darunter von Reynolds, Gainsborough und Canaletto verziert. In der langen Galerie hängen Porträts der Tudors.

## HINTER DEM PARK

Das Dorf **Woburn** wurde zur gleichen Zeit wie das Herrenhaus restauriert. An Wänden und Giebeln entdeckt man »B«-Monogramme mit Kronen. Einige Häuser haben vorne keine Eingangstüren: Das war von einem früheren Duke of Bedford so angeordnet worden, dem es missfiel, wenn seine Pächter in der Tür standen und schwätzten.

Östlich von Woburn steigt die Ebene von Bedfordshire zu den Kreidehügeln von Hertfordshire an. Hier verläuft der 6000 Jahre alte **Icknield Way**, heute ein Fernwanderweg. Ein schöner Abschnitt dieses Pfades kreuzt die B655 östlich von Pegsdon. Man kann ihn südwestlich über den Telegraph Hill entlangwandern, dort hat sich eine Signalstation (18. Jh.) erhalten. ∎

**WOBURN ABBEY**
🅰 S. 115 C3
✉ Woburn
☎ 01525/29 03 33
🕐 Nov.–März geschl.
€ ££££
**woburnabbey.co.uk**

**WOBURN SAFARI PARK**
✉ Woburn Park
☎ 01525/29 04 07
🕐 Nov.–Mitte Feb. Mo–Fr geschl.
€ £££££ (günstiger nach 15 Uhr)

# MEISTERWERKE ENGLISCHER LANDSCHAFTSARCHITEKTUR

**In einer Zeit, da Geld und auch Geltungssucht den Aufschwung der englischen Landsitze beflügelten, wurden im wörtlichen Sinne Berge versetzt. Aus großen – teils kolonialen – Vermögen, gepaart mit dem allzu menschlichen Wunsch, besser als die Nachbarn zu sein, entstanden im ganzen Land architektonisch interessante Herrensitze mit ihren formvollendeten Gärten.**

Seit dem 18. Jahrhundert wurden Abkömmlinge der Wohlhabenden auf ihrer »Grand Tour« durch Europa von der klassizistischen Architektur sowie von den romantischen und pastoralen Vorstellungen der Landschaftsgestaltung inspiriert und brachten diese Ideen in die von Bergbau und Industrie verunstaltete englische Landschaft ein. Fortan galt es als schick, sein eigenes Paradies zu formen. Zu den Landschaftsarchitekten gehörten im 18. und 19. Jahrhundert William Kent (1685–1748), Humphry Repton (1752–1818) und Lancelot »Capability« Brown (1716–83), der bedeutendste von allen.

Die Landschaft sollte umso wilder aussehen, je weiter sie vom Haus entfernt lag. Direkt ums Haus herum gruppierten sich die gepflegten Gartenteile, mit Rasen und Büschen umsäumt; weiter weg schloss sich eine Parklandschaft an, auf der Rinder, Kühe und Schafe grasten; dahinter folgten Hügel mit Tempelchen oder vorgetäuschten Burgen als Grenze zu den echten Wäldern jenseits des Parks. So sollte die Herrschaft des Menschen über die Natur zum Ausdruck kommen; gleichzeitig bot die wilde Natur ein Korrektiv gegenüber der Illusion menschlicher Allmacht.

Diejenigen, die diese Landschaften erschufen, waren sich bewusst, dass sie selbst die Früchte ihrer Arbeit nicht mehr ernten würden. Jahrzehnte, nachdem Brown, Repton oder Kent ihr Werk vollendet hatten, waren die Wälder noch niedrig, die angelegten Hügel nur spärlich bewachsen und die Teiche noch immer trüb und kahl.

Die Landschaften, die vor zwei Jahrhunderten künstlich angelegt wurden, sind heute gereift und verkörpern die Visionen ihrer Schöpfer. Viele sind öffentlich zugänglich. In diesen Anlagen umherzuwandern, gleicht dem Eindringen in ein Gemälde. Besuchen Sie eines der Meisterwerke berühmter Landschaftsarchitekten:

**Rousham House** wurde von William Kent entworfen. Die neoklassizistische Gartenanlage versinnbildlicht den ersten Entwurf künstlicher Landschaftsgestaltung. Bei Bicester, Oxfordshire, Tel. 01869/34 71 10, *rousham.org*, £.

**Blenheim Palace:** Capability Brown kombinierte Wasser, Wälder, architektonische *follies*, Hügel und Täler und vollendet so das prächtige Herrenhaus. Woodstock (13 km nordwestlich von Oxford an der A44 Evesham Rd.), Tel. 01993/81 05 30, *blenheimpalace.com*, Palast, Park & Gärten £££££; nur Park & Gärten £££.

**Sheringham Park:** Der wunderschöne bewaldete Garten und Park wurde von Humphry Repton und seinem Sohn John geschaffen; er war Reptons Lieblingswerk. Wood Farm, Upper Sheringham, Norfolk, Tel. 01263/82 05 50, *nationaltrust.org.uk*, Parkplatz £.

**Die Chiltern Hills sind Highlights für die Naturliebhaber aus London und den Home Counties. Diese Erhebung aus Kreide und Flint mit ihren Buchenwäldern erstreckt sich über 48 km an der Westgrenze Londons. Die Chilterns krümmen sich im Bogen nach Nordosten, von der Themse ab bis dorthin, wo Buckinghamshire, Bedfordshire und Hertfordshire aneinandergrenzen.**

Wycombe und viele andere Orte in den Chiltern Hills sind zu Schlafstädten für London geworden.

Am äußeren Rand der Hügelkette, oberhalb eines Kreidesteilhangs, genießt man eine gute Aussicht. In den Buchenwäldern und an den Hängen blühen Wildblumen wie Orchideen, Chiltern-Enzian, Sonnenröschen und Bitterling. Schmetterlinge, Singvögel und Habichte tummeln sich hier in einem der schönsten Wandergebiete um London. Und überall an den Wegen kann man in Dorf-Pubs einkehren.

## RUND UM WYCOMBE

Zwischen dem M40 von London nach Oxford und dem M1 liegt eine der schönsten Gegenden der Chilterns, dazu weit weniger überlaufen als die weiter südlich um Henley-on-Thames und Hambleden (siehe S. 116). **West Wycombe**, nordwestlich von High Wycombe, ist ein denkmalgeschütztes Fachwerkdorf. Hier liegen die **Hellfire Caves** (*Tel. 01494/53 37 39, hellfire caves.co.uk, Nov.–März Mo–Fr geschl.*), in denen in georgianischer Zeit der Gutsherr Sir Francis Dashwood Pflastersteine aus dem Fels schlagen ließ. Er verhalf den Höhlen zu zweifelhafter Berühmtheit, weil er dort auch die Orgien seines Hellfire Clubs abhielt, einer Gruppe wilder Spaßvögel. Auf dem Hügel oberhalb des Dorfes steht die **St. Lawrence's Church** (*So & an manchen Sa geschl.*), auf deren Turm sich eine hohle Goldkugel befindet. Sie diente als bizarrer Treffpunkt für die Zechgelage der Clubmitglieder. Daneben stehen die Mauerreste eines sechseckigen Mausoleums, gebaut, um ihre Herzen zur Ruhe zu betten.

## DIE HÄNGE IM NORDEN

Weiter östlich an der A413 erstreckt sich das Flusstal des Misbourne zwischen dem Städtchen Amersham und dem Dorf **Chalfont St. Giles**. Hier steht das Häuschen – heute das Museum **Milton's Cottage** –, in dem der blinde Dichter John Milton 1665/66 *Paradise Lost* (Das verlorene Paradies) vollendete. In der **St. Giles's Church** zeigen Wandmalereien des 14. Jahrhunderts u. a. die Schöpfung und die Kreuzigung.

16 km nördlich, auf der anderen Seite der A41 und des Grand Union Canal, erstrecken sich über einen Höhenzug von Nord nach Süd die 1600 ha der unter Schutz stehenden Wälder des Landguts Ashridge. An seine Westflanke schmiegt sich **Aldbury** mit Ententeich, Dorfanger und Herrenhaus. Die Pendley Chapel in der St. John's Church beherbergt die Grabdenkmäler (15. Jh.) von Sir Robert und Lady Wittingham.

Ein Fußweg führt östlich bis zur 30 m hohen Säule des **Bridgewater Monument**. Es wurde 1832 zu Ehren des dritten Earl of Bridgewater errichtet, dessen bahnbrechende Kanalbauten im 18. Jh. wegbereitend für die industrielle Revolution waren. Eine Wendeltreppe führt auf das Denkmal mit einem spektakulären Ausblick. Folgt man dem Pfad 3 km nach Norden bis zum alten **Ridgeway** (s. Kasten), bietet sich von der 236 m hohen Kuppe des Ivinghoe Beacon ein noch schöneres, bis zu 48 km weites Panorama. ∎

## ESSEN IM PUB & WANDERN AUF DEM RIDGEWAY

Buckinghamshire ist die Wald- und Hügellandschaft der Chilterns, und der 139 km lange **Ridgeway National Trail** verläuft durch diese malerische Gegend. Der **Plough** (*Cadsden Rd., Princes Risborough, Tel. 01844/34 33 02, ploughatcadsden.com*) aus dem 16. Jahrhundert liegt an diesem Weg und ist eine beliebte Einkehr. Genießen Sie entweder vor oder nach der Wanderung auf dem Ridgeway ein Pub-Essen – vielleicht ein Glas Bier mit einem »Ploughman's Lunch« aus Brot, Käse und eingelegten Zwiebeln. Wer noch weiter wandern will, folgt den mit einer weißen Eichel markierten Schildern nördlich und östlich des Pubs, kommt dann nach 6 km an dem elisabethanischen Herrenhaus Chequers vorbei, dem offiziellen Landsitz der britischen Premierminister, um dann **Coombe Hill** mit seiner schönen Aussicht zu erreichen. Man kann auch vom Marktstädtchen **Wendover** in etwa einer halben Stunde den Coombe Hill erwandern.

## THE CHILTERNS

▲ S. 115 B2–B3
Besucherinformation
✉ High Wycombe Library, 5 Eden Pl., High Wycombe
☎ 01494/42 18 92
🕐 So geschl.
**visitchilterns.uk**

## MILTON'S COTTAGE

✉ Dean Way, Chalfont St. Giles
☎ 01494/87 23 13
🕐 Nov.–Feb. & März–Okt. Mo geschl.
**miltonscottage.org**

## BRIDGEWATER MONUMENT

☎ 01442/85 12 27
🕐 Nov.–März & April–Okt. Mo–Fr (außer nach Voranmeldung) geschl.
**nationaltrust.org.uk**

Ohne den Restaurationseifer von Lord Grimthorpe wäre dieses Gotteshaus heute nur eine Ruine aus der Zeit der Reformation. Denn die normannische Klosterkirche war seit der Auflösung der Klöster verfallen, doch die Stadtbewohner hatten sie zur Nutzung als Pfarrkirche erworben und damit gerettet.

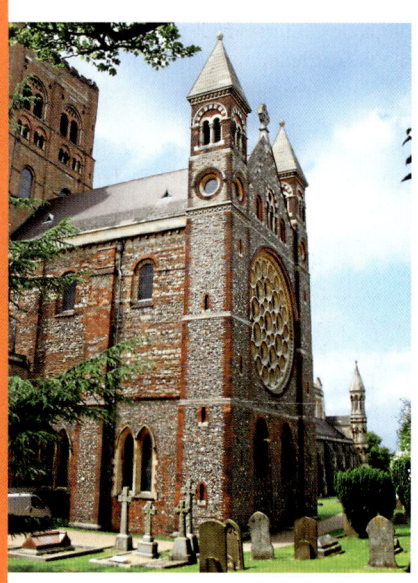

St. Albans Cathedral ist nach dem christlichen Märtyrer benannt.

Ob die viktorianische Restaurierung ästhetisch erfolgreich war, wurde vielfach diskutiert. Das Äußere des Kirchenbaus, seit 1877 Kathedrale, hat etwas Gedrungenes und Unförmiges an sich. Das gewaltige Westfenster erdrückt die Seitentürmchen, und der Turm wirkt gedrungen und schlicht. Doch im Inneren finden sich an den Pfeilern einige schöne Fresken aus dem 13. und 14. Jahrhundert, darunter eine Kreuzigung, und herrliche blau und rot leuchtende Glasfenster aus dem Mittelalter.

## DER SCHUTZHEILIGE

Hier befindet sich auch der Marmorschrein (14. Jh.) des Schutzpatrons St. Alban, verziert mit Szenen seines Martyriums. Alban war ein römischer Soldat, der 109 n. Chr. als erster christlicher Märtyrer Großbritanniens enthauptet wurde, weil er dem Priester Amphibalus, der ihn bekehrt hatte, Schutz gewährte. Er wurde 429 n. Chr. heiliggesprochen, als das geschwächte Römische Reich infolge des Ansturms der Barbaren zu bröckeln begann. Der mercische König Offa, der an der walisischen Grenze einen mächtigen Wall errichten ließ (siehe S. 197), gründete 793 n. Chr. die Abtei St. Albans am mutmaßlichen Ort des Martyriums. Als die Normannen kamen, errichteten sie hier eine Kirche, wobei sie viele der Ziegel verwendeten, die die Römer 1000 Jahre zuvor zum Bau ihrer Stadt Verulamium gebrannt hatten.

## FRÜHE SIEDLUNGEN

Die Römer waren nicht die ersten Siedler im Flusstal des Ver. In **Prae Wood**, westlich von St. Alban, weist eine Schanzanlage auf eine Hochburg des Belgenstammes der Briten hin. Verulamium war eine der wichtigsten Städte in Großbritannien und Zentrum für alle römischen Besitzungen in den Chilterns. An der Kreuzung der beiden wichtigen römischen Straßen Watling und Akerman Street gelegen, wurde Verulamium durch eine Legion geschützt.

In St. Albans' **Verulamium Museum** sind verschiedene Ausgrabungsfunde der römischen Stadt ausgestellt. Erhalten sind auch die Überreste eines riesigen Theaters (140 n. Chr.) für 6000 Zuschauer.

## DIE STADT

St. Albans mit seiner strategisch guten Hügellage war seit römischer Zeit Handelszentrum und Postkutschenstation. Der Uhrenturm (15. Jh.) in der High Street *(Tel. 01727/75 18 10, Mo–Fr & Mitte Sept.–Ostern geschl.)* bietet einen schönen Blick auf die Stadt. Im normannischen Mittelschiff der **Church of St. Michael** ist der Staatsmann, Philosoph und Schriftsteller Sir Francis Bacon (1561–1626) begraben, der im nahen Gorhambury lebte.

In St. Albans gibt es viele alte Pubs, darunter das **Ye Olde Fighting Cocks** in der Abbey Mill Lane, das im Ort als ältestes Pub Großbritanniens gilt. Teile des Gebäudes (einst der Taubenschlag des Klosters St. Albans) stammen wahrscheinlich noch aus normannischer Zeit; beeindruckend sind seine achteckige Form, das Pyramidendach und die schiefen Kamine. Ein anderes sehenswertes Gebäude ist die restaurierte **Kingsbury Water Mill** aus dem 16. Jahrhundert am Fluss Ver. ■

### DAS »MAKING OF« DER HARRY-POTTER-FILME

In den Warner Bros Studios in Leavesden wurden über 10 Jahre lang die Harry-Potter-Filme produziert. Besucher können im Rahmen einer Tour einen Blick hinter die Kulissen werfen. Auf 13950 m² wird eine Fülle an Filmsets, Kostümen, Animatronik, Spezialeffekten und Requisiten aus allen acht Harry-Potter-Filmen ausgestellt *(Studio Tour Drive, Watford, Hertfordshire WD25 7LR, wbstudiotour.co.uk)*.

**ST. ALBANS**
S. 115 C3
Besucherinformation
✉ Town Hall, Market Pl.
☎ 01727/86 45 11

**ST. ALBANS CATHEDRAL**
✉ Sumpter Yard
☎ 01727/86 07 80
€ Spende
**stalbanscathedral.org**

**VERULAMIUM MUSEUM**
✉ St. Michael's St.
☎ 01727/75 18 10
€ ££
**stalbansmuseums.org.uk**

Das heutige Highclere Castle ist größtenteils das Werk des 3. und 4. Earl of Carnarvon. Die beiden wandelten 1838–80 das aus dem 18. Jahrhundert stammende Landhaus in ein Neorenaissance-Schloss um. Eine Besuchertour führt durch prächtige Prunksäle, Schlafgemächer und Bedienstetentrakte, aber auch durch kunstvoll angelegte Parkanlagen – und das alles weckt bei Kennern von *Downton Abbey* Erinnerungen an die TV-Serie.

Highclere Castle liegt etwa 60 km westlich von London bei Newbury. Am besten bucht man den Besuch online im Voraus, aber es sind auch Tickets für Spontanbesucher reserviert. Die Führung zeigt den gotischen Salon, das Herzstück von Highclere. Porträts von Vorfahren der Carnavons hängen im Speisesaal, und in der Bibliothek, im Musiksaal, Salon und Zigarrenzimmer erzählen die Tourguides Anekdoten über die Bewohner. Vor 100 Jahren war *downstairs* eine andere Welt: Bedienstoten-Essräume, Keller, Aufenthaltsräume und Küchen, wo die Dienerschaft lebte und arbeitete. Heute steigen die Besucher eine Steintreppe vom Salon in die Ägyptische Ausstellung hinunter. Im Park wählen Sie aus den drei öffentlichen Spazierwegen oder den fünf Sommerwegen, die nur zu den Öffnungszeiten begehbar sind. Auf der Website kann man Karten und Wegbeschreibungen herunterladen.

## DER FLUCH DER MUMIE

George Herbert of Highclere Castle, der 5. Earl of Carnarvon, war ein leidenschaftlicher Ägyptologe und finanzierte vor und nach dem Ersten Welt-

Imposant erhebt sich Highclere Castle in der Landschaft der Home Counties; das Schloss hat einen festen Platz in den Wohnzimmern und den Herzen von *Downton-Abbey*-Fans.

krieg mit Hilfe des Archäologen Howard Carter eine Grabung im Tal der Könige. Im November 1922 fand Carter das Grab des Pharaos Tutanchamun, der vermutlich 1325 v. Chr. starb. Es war eine spektakuläre Entdeckung, der Fund umfasste Tausende kostbarer Artefakte. Am 17. Februar 1923 öffneten Carter und Carnarvon den goldenen Sarkophag mit der Mumie des Tutenchamun. Die Entdeckung erregte weltweit Aufsehen, und die Debatte, ob es erlaubt sei, die Totenruhe der Mumien zu stören, dauert bis heute an. Und schon bald schlug der Triumph zur Tragödie um, denn sechs Wochen nach der Öffnung des Sarkophags starb Lord Carnarvon – vermutlich eine Blutvergiftung beim Rasieren durch einen infizierten Moskitostich. Bald verbreitete sich die Legende vom »Fluch der Mumie« – und manche glauben bis heute daran. ∎

## INSIDERTIPP

**Bewunderer ägyptischer Kunst sollten den Ägyptischen Saal mit kostbarem Schmuck, Figuren, Gefäßen und einem Sarkophag besuchen, die Lord Carnarvon aus dem Tal der Könige zurückbrachte.**

JUSTIN KAVANAGH, NATIONAL GEOGRAPHIC-REDAKTEUR REISEFÜHRER

## DOWNTON ABBEY

Downton Abbey, die Film-Version von Highclere Castle, ist Sitz der Familie Crawley, Earls of Grantham – aristokratisch, standesbewusst und zu Beginn der Familiensaga noch die unangefochtenen Herren ihres Besitzes. Ihre Lebens-, Liebes- und Leidensgeschichten haben sich als spektakulärer Erfolg beim Fernsehpublikum beiderseits des Atlantiks erwiesen. Die Zuschauer verfolgen die zahlreichen Geburten, Todesfälle, Hochzeiten, Affären und Intrigen innerhalb der Familie, ihrer Freunde und eines Bedienstetenheeres in den Jahren 1912 bis 1925 vor dem Hintergrund historischer Ereignisse. Während des Ersten Weltkrieges wandelt Cora Downton Abbey in ein Lazarett für Soldaten um. Und als Echo im realen Leben steckte Almina, die Gräfin von Carnarvon, während des Krieges viel Geld und Energie in die Umwandlung von Highclere Castle in ein Krankenhaus und eignete sich im Zuge dessen pflegerische Fähigkeiten an.

## HIGHCLERE CASTLE

🗺 S. 115 A2

✉ Highclere Park, Newbury RG20 9RN

☎ 01635/25 32 10 (Büro), 01635/ 25 32 04 (24-Std.-Information)

🕐 Ostern, Schulferien und Mai-Feiertage geöffnet (siehe Website)

💷 £££

highclerecastle.co.uk

## AYOT ST. LAWRENCE

16 km nördlich von St. Albans liegt das Dorf Ayot St. Lawrence mit dem Pub **The Brocket Arms** *(von der Hill Farm Lane abzweigen)* und der neo-klassizistischen **Church of St. Lawrence**, die um 1770 von dem Tabak-händler Sir Lionel Lyde im palladianischen Stil erbaut wurde. Sein Grab und das seiner Frau liegen in Pavillons beiderseits der Kirche, eine Maß-nahme, die eine Trennung wenigstens im Tode gewährleisten sollte, da die Kirche sie schon gezwungen habe, zu Lebzeiten zusammenzubleiben. Weiter unten an der Straße liegt **Shaw's Corner** *(Ayot St. Lawrence, Tel. 01438/82 03 07, nationaltrust.org.uk, Nov.–März & April–Okt. Mo–Di ge-schl.)* aus dem Jahre 1902, wo George Bernard Shaw, der irischstämmige Dramatiker, von 1906 bis zu seinem Tod 1950 lebte. In Shaw's Corner schrieb er *Androcles and the Lion*, *Saint Joan* und *Pygmalion*. Im Jahr 1925 erhielt er den Nobelpreis für Literatur.

🅰 **S. 115 C3 Besucherinformation** ✉ **Town Hall, Market Pl., St. Albans** ☎ **01727/86 45 11**

## HATFIELD HOUSE

Robert Cecil, 1. Earl of Salisbury und Berater von Königin Elizabeth I., war vermutlich der einflussreichste Mann im Königreich, als er 1607 mit dem Bau von Hatfield House begann. Der E-förmige Ziegelbau mit weißen

Robert Cecil ließ einen Teil seines Old Palace abreißen, um Platz für das neue Haus zu schaffen.

Ziersteinen ist einer der größten und prächtigsten jakobäischen Herrenhäuser Englands. Der Architekt, Robert Lyminge, erbaute 1619–27 auch Blickling Hall bei Norwich (siehe S. 245). Zu besichtigen sind u. a. ein Stammbaum Queen Elizabeths I. sowie zwei Porträts der Königin (Isaac Oliver, Nicholas Hilliard). Die jakobäischen Gartenanlagen wurden unter anderem von John Tradescant dem Älteren und Salomon de Caus gestaltet. Sie gehören zu den wenigen erhaltenen Beispielen für die in strenger Geometrie angelegten Gärten des 17. Jahrhunderts *(East Garden nur einen Tag pro Woche geöffnet, Okt.–Ostern geschl., hatfield-house.co.uk, £££; nur Park £)*. In der Nähe hat sich noch ein Flügel des alten Hauses (Old Palace) aus der Tudorzeit erhalten, in dem Elizabeth Tudor einen Großteil ihrer einsamen Kindheit verbracht hat und in dem sie 1558 erfuhr, dass sie die neue Königin sei.

◪S. 115 C3 ✉Hatfield ☎01707/28 70 10

## MUCH HADHAM

Westlich von Bishop's Stortford im Osten Hertfordshires birgt die Church of St. Andrew in Much Hadham schöne mittelalterliche Schnitzarbeiten. An der Westtür befinden sich zwei moderne Büsten des Bildhauers Henry Moore (1898–1986), dessen Haus und Atelier in **Perry Green** von seinen mächtigen Figuren gesäumt werden *(Karte S. 115 D3, Tel. 01279/84 33 33, henry-moore.org, nur nach Vereinbarung, Mitte Okt.–März geschl.).*

◪S. 115 D3 Besucherinformation ✉Town Hall, Market Pl., St. Albans ☎01727/86 45 11

## STOWE

Haus Stowe (heute eine Schule) im Nordwesten von Buckinghamshire gehörte den Dukes of Buckingham and Chandos. Sehenswert sind die **Stowe Landscape Gardens** *(Karte S. 115 B4, 4 km nordwestlich von Buckingham, Tel. 01280/82 28 50, nationaltrust.org.uk, Mai–Okt. Mo–Di geschl., Nov.–April Öffnungszeiten telefonisch erfragen, ££)*. Alle bedeutenden Landschaftsgärtner des 18. und frühen 19. Jahrhunderts waren hier am Werk: Sir John Vanbrugh, James Gibbs, William Kent und Charles Bridgeman. Capability Brown arbeitete hier zehn Jahre als Obergärtner, bevor er sich selbstständig machte. Diese Gärten dokumentieren die Übergangzeit zwischen der Strenge des 17. und der pastoralen Idylle des 18. Jahrhunderts. Überall finden sich Spuren antiker Ideale: griechische Tempel, römische Säulen, eine schöne palladianische Brücke über den See, ein von Capability Brown entworfenes »griechisches Tal« (sein »Erstlingswerk«), heroische Denkmäler für britische Persönlichkeiten und für die Göttinnen der Eintracht und des Sieges.

‹ Glasfenster in Winchester Hall

»The South Country« – ein Begriff, den der Dichter und Schriftsteller Edward Thomas (1878–1917) mit seiner Landschaftsbeschreibung des Südostens von England prägte – ist kein Name wie »West Country«, »East Anglia« oder »Highlands«. Was die Grafschaften dieser Region jedoch verbindet, ist die grüne Hügellandschaft, die über 320 km von Kent Richtung Westen bis nach Dorset verläuft.

Durch den gesamten Südosten Englands zieht sich Kalkstein – im Hügelland unter Feldern und Weiden, zwischen Kent und Sussex dagegen als Steilküste, die in Hampshire zu flachen Sandstränden ausläuft, hinter Bournemouth wieder ansteigt und schließlich bei der Halbinsel Purbeck in Dorset einen prächtigen Abschluss findet.

Kent, nicht weit von London entfernt und vom Festland aus gut zu erreichen, wartet mit einer Fülle an beeindruckenden, historisch bedeutsamen Herrenhäusern und Schlössern sowie der großartigen Kathedrale in

Canterbury auf. In den Gegenden weiter nördlich spielen einige der berühmtesten Romane von Charles Dickens.

In Sussex liegen die Ebenen der South Downs mit reizvollen Dörfern und das pompöse Seebad Brighton. Hampshire eignet sich zum Forellenfischen und zum Lesen von Jane Austens Romanen: Ihr Haus bei Chawton ist zu besichtigen und ein Stück weiter, in der Winchester Cathedral, steht ihr Denkmal.

Die Grafschaft Wiltshire ist für zwei Bauwerke berühmt: die Kathedrale von Salisbury (13. Jh.) mit ihrem Turm, dem größten ganz Englands, und das etwa 3000 Jahre ältere Stonehenge, das rätselhafte Steinmonument aus der Bronzezeit. Das Hügelland Wiltshires ist übersät mit prähistorischen Fundstätten, vor allem in der Nähe des Steinkreises von Avebury.

Dorset ist eng mit Thomas Hardy verbunden, denn hier spielen viele seiner Wessex-Romane. Zwischen den Hügeln liegen reizvolle Täler, und die Küstenlandschaft ist großartig. ■

Östlich von Greater London liegt Kent mit einigen prachtvollen Landsitzen, die man besichtigen kann. Außerdem findet man hier Canterbury, eine Stadt, deren Wurzeln ins Mittelalter zurückreichen, daneben Städte und Schauplätze, die Charles Dickens inspirierten, sowie bezaubernde Seebäder am Ärmelkanal.

## HERRENHÄUSER IN KENT

Angesichts der Nähe zu London verwundert es kaum, dass sich hier so viele wohlhabende und einflussreiche Menschen niederließen. So gibt es in Kent wohl mehr Herrenhäuser als in anderen Grafschaften des Landes.

**Penshurst Place:** Penshurst Place im Westen Kents, 1341 für den reichen Londoner Kaufmann Sir John de Pulteney erbaut, ist einer der ältesten Landsitze Englands. In der Baroners' Hall (19 m lang und beinahe ebenso hoch) sind sowohl die Dachbalken aus Kastanienholz als auch die Musikerempore, die Wohnräume, die Speisekammer und der Anrichteraum noch des 14. Jahrhunderts erhalten.

Sir Philip Sidney, der Vorzeige-Gentleman der Renaissance, der ebenso gut kämpfen und singen wie dichten konnte, wurde 1554 hier geboren – zwei Jahre, nachdem das Anwesen in den Familienbesitz gelangt war. Nach seinem frühen Tod 1586 in der Schlacht von Zutphen ging das Haus an Sidneys jüngeren Bruder Robert. Viele Besucher rühmten die Gärten, auch der Bühnenschriftsteller Ben Jonson (1572–1637) mit seinem 1616 veröffentlichten Gedicht *To Penshurst*:

> *... Then hath thy orchard fruit, thy garden flowers,*
> *Fresh as the air, and new as are the hours.*
> *The early cherry with the later plum,*
> *Fig, grape and quince, each in his turn doth come;*
> *The blushing apricot and woolly peach*
> *Hang on thy walls, that every child may reach ...*

Heute stehen die Gartenanlagen von Penshurst Place allen Besuchern offen.

**Ightham Mote:** 16 km nördlich von Penshurst überzieht der nördliche Kentish Weald die Hügel mit Eichen, Buchen und Esskastanien. Der damalige *weald* (altenglisch für Wald) ist noch in großen Teilen erhalten. Zwischen den Bäumen steht Ightham Mote, ein mittelalterliches Herrenhaus mit Wassergraben. Ightham ist zwar um einiges kleiner als Penshurst Place, doch reicht seine Geschichte mindestens ebenso weit zurück. In dem Tudorbau aus Ziegel, Fachwerk und Kieselsandstein verbergen sich eine Empfangshalle und eine Kapelle des 14. Jahrhunderts.

## DER GARTEN VON ENGLAND

Kent wird oft auch als »Garten von England« bezeichnet, da hier lange Zeit Obst angebaut wurde. Zur Blütezeit ist es in den Obstgärten von Kent besonders schön. In den großen, konisch geformten Hopfendarren, die hier sehr verbreitet sind, und auf den Hopfenfeldern selbst fühlt man sich eng mit der klebrigen und duftenden Pflanze, die dem Bier seine Würze gibt, verbunden.

»Eines Nachmittags mit dem Hopfentrockner in der Darre, als ich lediglich bei einem Haufen Hopfen gesessen und den Duft eingesogen hatte«, schwärmte der viktorianische Schriftsteller Richard Jefferies, »fand ich mich in einem Zustand wunderbarster Erregung ... Mir war nach Musik und Lachen. Wie das sagenhafte Haschisch war der goldene Hopfen in mein Nervensystem gedrungen – ein Rausch ohne Wein, ohne schmerzliche Nachwirkungen, wie ein Traum – Wein für meine Nerven.« Also: Vorsicht beim Hopfen aus Kent!

**Hever Castle:** Hever Castle im Hügelland westlich von Penshurst spielt in der Ehesaga von Henry VIII. und seinen sechs Frauen eine wichtige Rolle. Hier wuchs Anne Boleyn, die unglückliche zweite Gemahlin, auf und empfing später, als bezaubernde junge Frau, den König. Als dieser sich knapp ein Jahr nach der Hochzeit wieder von ihr scheiden ließ, erhielt Anne of Cleves, Henrys vierte Frau, Hever Castle. Burggraben und Torhaus stammen aus dem Jahr 1270. Innerhalb der Mauern baute man für die Familie Boleyn ein Herrenhaus im Tudorstil. Im frühen 20. Jahrhundert schließlich fand William Waldorf Astor (1848–1919), der Besitzer der amerikanischen Zeitung *The Times*, Gefallen an Hever Castle, kaufte es, ließ die edwardianischen Holzarbeiten im Gebäude restaurieren und baute hinter dem Schloss ein komplettes Dorf im Tudorstil nach. Ein Porträt von Hans Holbein zeigt in der Inner Hall Henry VIII. als fettleibigen, grausamen Mann.

### PENSHURST PLACE
- ⬛ S. 135 F3
- ✉ Penshurst
- ☎ 01892/87 03 07
- 🕐 Nov.–Feb. & März Mo–Fr geschl.
- € ££–£££
- penshurstplace.com

### IGHTHAM MOTE
- ⬛ S. 135 F3
- ✉ Mote Rd., Ivy Hatch
- ☎ 01732/81 03 78
- 🕐 Öffnungszeiten auf der Website
- € ££
- nationaltrust.org.uk

### HEVER CASTLE
- ⬛ S. 135 F3
- ✉ Hever
- ☎ 01732/86 52 24
- 🕐 Dez.– Ende Feb. geschl.
- € Burg & Garten ££££, Garten allein £££
- hevercastle.co.uk

## INSIDERTIPP

**Bei Ihrem Besuch in Leeds Castle sollten Sie sich auch das Dog Collar Museum im Torhaus ansehen.**

PAULA KELLY, NATIONAL GEOGRAPHIC-AUTORIN

**Chartwell:** Das viktorianische Herrenhaus Chartwell, 8 km nördlich von Hever, war von 1924 bis zu seinem Tod 1965 Sir Winston Churchills Landsitz. Neben Erinnerungsstücken sind einzelne Zimmer zu besichtigen, die nicht verändert wurden, seit Sir Winston und Lady Churchill hier lebten. Im Gartenatelier finden sich Staffelei und Malutensilien des kunstbegeisterten Churchill sowie einige seiner Bilder.

**Leeds Castle:** 6 km östlich von Maidstone erhebt sich, inmitten bewaldeter Hügel und vom Fluss Len umflossen, malerisch das normannische Leeds Castle, oft als das schönste Schloss Englands bezeichnet. Es ging 1278 an Edward I. über. Henry VIII. hielt sich oft in Leeds Castle, einem seiner Lieblingsschlösser, auf und schickte auch seine erste Frau, Catherine of Aragon, nach der Trennung hierher.

1552 schenkte Henry VIII. das Schloss seinem langgedienten Statthalter in Irland, Anthony St. Leger. Heute bietet das Haus Raum für Veranstaltungen, die meist unter der eichenen Tudordecke des Bankettsaals stattfinden. Die Highlights des 202 ha großen, von Capability Brown angelegten Parks sind das Labyrinth, das Vogelhaus, die Kräutergärten und der Golfplatz.

Auf zwei Inseln, vom Fluss Len umspült, liegt wunderschön Leeds Castle.

**Sissinghurst Castle Garden:** 16 km südlich von Maidstone liegt der Sissinghurst Castle Garden. Vita Sackville-West und ihr Mann, Sir Harold Nicholson, Mitglieder der Bloomsbury Group (siehe S. 85), schufen die Anlage in den 1930er-Jahren auf dem Grund eines verfallenen elisabethanischen Anwesens. Im Arbeitszimmer der Schriftstellerin steht die Druckerpresse, mit der Virginia und Leonard Woolf die ersten Bände der von ihnen gegründeten Hogarth Press herstellten.

## CANTERBURY

Canterbury ist an drei Seiten von mittelalterlichen Stadtmauern umgeben, die Straßen säumen schiefe Fachwerkhäuser. Fyndon Gateway (frühes 14. Jh.) in der Monastery Street, ein Beispiel für die Steinbauweise der Mönche, steht am Eingang zur St. Augustine's Abbey, wo der Wegbereiter des Christentums begraben ist. Von den alten Stadttoren ist nur noch das frühere Stadtgefängnis West Gate (1387) erhalten, heute ein Museum.

**The Canterbury Tales** *(St. Margaret's St., Tel. 01227/47 92 27)* in der ehemaligen St. Margaret's Church zeigt Tableaus nach Chaucers Erzählungen. In dem für die Thomas-Becket-Pilger gegründeten **Eastbridge Hospital** *(High St., Tel. 01227/47 16 88, So geschl.)* stellen Fresken die Herrlichkeit Christi dar. Das **Museum of Canterbury** *(Stour St., Tel. 01227/47 52 02, Nov.–Mai So geschl.)* zeigt die 2000-jährige Geschichte der Stadt.

**Die Kathedrale:** Der bedeutendste Kunstschatz Canterburys ist die Kathedrale, Mutterkirche der anglikanischen Kirche und Sitz des Primas der Erzbischöfe. Das reich geschmückte, bunt bemalte Torhaus Christ Church Gate, von dem eine Christusfigur herabblickt, ist der Haupteingang zur Domfreiheit. Die beiden Türme der Westfassade und der 71 m hohe Glockenturm Bell Harry über der Vierung sind üppig mit Fialen verziert.

### CHARTWELL
- 🅰 S. 135 F3
- ✉ Maple Rd., Westerham
- ☎ 01732/86 63 68
- 🕐 Nov.–März & April–Okt. Mo–Di geschl. (geöffnet Juli & Aug. Di)
- € Haus, Garten & Studio £££, Garten & Studio allein ££

nationaltrust.org.uk

### LEEDS CASTLE
- 🅰 S. 135 G3
- ✉ 6 km östlich von Maidstone
- ☎ 01622/76 54 00
- € ££££

leeds-castle.com

### SISSINGHURST CASTLE GARDEN
- 🅰 S. 135 G3
- ✉ Biddenden Rd., bei Cranbrook (16 km südl. von Maidstone)
- ☎ 01580/71 07 00
- 🕐 Nov.–Ende März & Ende März–Okt. Mi geschl. Begrenzter Einlass; daher am besten am Anfang oder Ende der Saison
- € £££

nationaltrust.org.uk

Dank des hl. Augustinus, der auf Geheiß des Papstes die Briten missionierte, war Canterbury bereits eine Pilgerstätte, als im Dezember 1170 Thomas Becket in der Kathedrale ermordet wurde.

**The Martyrdom** im Querschiff ist die Stelle, wo Becket, erst Freund, dann Kritiker Henrys II., nach seiner Rückkehr aus dem Exil von vier Rittern getötet wurde – der König hatte launisch ausgerufen: »Kann

mir nicht irgendjemand diesen aufrührerischen Priester vom Leibe schaffen?« Eine Gedenkplatte (15. Jh.) zeigt, wie Becket von seinen Mördern hinterrücks erschlagen wird. Der Mord wurde zum Martyrium erklärt und Becket drei Jahre später heiliggesprochen. Bald entwickelte sich sein goldener Schrein zu einer der beliebtesten Pilgerstätten des Mittelalters. Der reuige Henry II. war einer der ersten Pilger, bekannter jedoch sind die von Geoffrey Chaucer erfundenen Reisenden – der Müller, die Frau aus Bath, der Nonnenpriester und andere –, deren Geschichten er zwischen 1387 und seinem Tod 1400 in den Canterbury Tales aufzeichnete.

Becket wurde posthum als Hochverräter verurteilt und der Schrein 1538 bei der Reformation auf Befehl Henrys VIII. zerstört. Heute steht hier, in der **Trinity Chapel** am Ostende der Kathedrale, der »Altar der Schwertspitze«. Leben und Tod des Heiligen sind in einem frühmittelalterlichen Glasfenster dargestellt. Ebenfalls im östlichen Teil der Kathedrale befindet sich das Bronzegrabmal des Black Prince (gest. 1376), darüber eine Nachbildung seiner Rüstung und der Alabastersarg von Henry IV. und seiner

## CANTERBURY CATHEDRAL – BLICK HINTER DIE KULISSEN

Wer etwas Außergewöhnliches erleben will, sollte sich der extrem beliebten Führung »Behind the Scenes« *(£££)* anschließen. Eine große Kathedrale ist wie eine Stadt im Kleinen oder wie ein Ozeandampfer, an dem Hunderte von Spezialisten arbeiten, um ihn am Laufen zu halten. Sie bekommen die Chance, bei Musikproben zuzuhören, die Restaurierung der seltenen Bücher der Bibliothek anzuschauen oder den Restauratoren der Schnitzereien, Gewänder und Glasfenster zuzusehen. Plaudern Sie mit diesen Künstlern und Handwerkern und erfahren Sie alle Geheimnisse der Kathedrale. Reservieren Sie möglichst frühzeitig *(E-Mail: visits@canterbury-cathedral.org).*

Das Mittelschiff der Kathedrale von Canterbury aus dem 13. Jahrhundert ist ein wunderbares Beispiel für die englische Perpendicular-Gotik.

Gemahlin. In den Glasfenstern sind biblische Szenen dargestellt. In der Krypta steht ein Wald von romanischen Gewölben und Säulen, deren Kapitelle mit Pflanzen und Gesichtern verziert sind; der Kapitelsaal hat ein Fächergewölbe (14. Jh.) und der Chor einen schönen Steinlettner (15. Jh.).

## CHARLES DICKENS & DER NORDEN KENTS

Charles Dickens wählte das nördliche Kent als Schauplatz vieler seiner Romane, beispielsweise für *The Pickwick Papers* (Die Pickwickier, 1836/37), *The Uncommercial Traveller* (1860) und das unvollendete Werk *The Mystery of Edwin Drood* (Das Geheimnis des Edwin Drood, 1870). Er hatte mehrere Jahre seiner Kindheit in Chatham verbracht, und von 1856 bis zu seinem Tod lebte er auf **Gad's Hill Place** bei Rochester. Hier verfasste er auch *Great Expectations* (Große Erwartungen, 1860/61).

**Rochester:** Die Stadt Rochester ist Schauplatz vieler Szenen aus *Great Expectations*. Gegenüber dem **Eastgate House** an der High Street steht das spitzgieblige Fachwerkhaus, das als Vorlage für das Getreidegeschäft

### CANTERBURY
🄰 S. 135 G3
Besucherinformation
✉ 12–13 Sun St., Buttermarket
☎ 01227/37 81 00
🕐 Jan.–März So geschl.

### CANTERBURY CATHEDRAL
✉ Buttermarket
☎ 01227/76 28 62
💶 £££
**canterbury-cathedral.org**

### GAD'S HILL PLACE
✉ Südl. von Higham
☎ Führungen können gebucht werden: 01474/33 76 00
🕐 Geöffnet am 1. So jedes Monats nachmittags & an Feiertagen
💶 ££

---

**DIE KREIDEKLIPPEN VON DOVER**
Warum lieben die Briten die weißen Klippen von Dover so sehr? Ein großer
Teil dieser Zuneigung rührt aus den Zeiten des Zweiten Weltkriegs. Die
Klippen ähnelten starken Zähnen, die dem Feind entgegenfletschten; sie
markierten die Grenze der Heimat; ihre tiefen Tunnel boten Flüchtlingen
Schutz vor den deutschen Bombenangriffen. In Friedenszeiten konnte sich
jeder Engländer vom Meer her beim Anblick der immer näher heranrücken-
den weißen Wand sicher sein, dass er sein Heimatland wiedererlangt hatte.
Und zu guter Letzt schrieb William Shakespeare in seinem *King Lear* eine
Lobeshymne auf die Klippen: »There is a cliff whose high and bending
head / Looks fearfully in the confined deep.«

---

des eingebildeten Uncle Pumblechook diente. Im Bull Hotel (heute **Royal
Victoria & Bull Hotel**) traf Pip auf Bentley Drummle. Das Restoration
House in der Maidstone Road wurde bei Dickens zum Haus der unheim-
lichen Miss Havisham. Außerdem zu sehen: eine normannische Kathedrale und ein Schloss mit dem höchsten Bergfried Englands (38 m).

**Das Land der »Großen Erwartungen«:** Der Roman ist eng mit dem
Marschland nördlich von Rochester verknüpft. Das weiße, geschindelte
Cottage an der Straße im Dörfchen **Chalk** an der A226 war die Schmiede
von Joe Gargery und Pips neues Heim nach der Adoption.
1,6 km nördlich von Higham steht einsam die **St. Mary's Church**, auf deren
Friedhof der Sträfling Magwitch Pip überfiel und kopfüber schüttelte, bis
Pip den Kirchturm an seinen Füßen vorbeifliegen sah. 1,6 km zu Fuß Richtung Norden liegt an einer breiten Stelle der Themse die gewaltige Ruine
des **Cliffe Fort**, wohin Pip an einem nebligen Weihnachtsmorgen »Fressali-
en« und eine Feile für Magwitch brachte. Und im **Friedhof von Cooling**,
etwas weiter östlich, sind die rautenförmigen Platten von 13 Kindergräbern
zu sehen, bei Dickens die Gräber von Pips Brüdern.

## DIE KÜSTE KENTS

Kent ist an drei Seiten vom Meer umgeben. Die Küste verläuft – im Uhrzeigersinn gesehen – von der Bucht bei der Mündung des Medway im
Norden bis zum Marschland Romney Marsh im Süden, im 18. Jahrhundert ein Schlupfwinkel für Schmuggler.
**Chatham** an der Medway-Mündung besitzt ein außergewöhnliches mariti-
mes Museum, die **Chatham Historic Dockyard and World Naval Base** in
der Dock Road. Unter **Fort Amherst** *(Tel. 01634/84 77 47)* befindet sich ein

etwa 180 km langes Tunnelsystem, das von Gefangenen der napoleonischen Kriege gegraben wurde.

Die **Isle of Sheppey** am östlichen Ende der Mündung ist ein Paradies für Vogelbeobachter. Nahe dem Ferry House Inn steht die winzige normannische Kirche St. Thomas.

Weiter östlich verläuft die Küstenlinie Nordkents um die Isle of Thanet mit drei dicht beieinanderliegenden Badeorten, dem billigen, betriebsamen **Margate**, dem etwas ansprechenderen **Broadstairs**, wo

Die steilen kopfsteingepflasterten Gässchen sind typisch für Rye.

Charles Dickens seine Werke *David Copperfield* (1849/50) und *Bleak House* (1852/53) schrieb und heute das **Dickens House Museum** steht *(Tel. 01843/86 12 32, thanet.gov.uk)* und dem einst eleganten **Ramsgate**. Etwas weiter südlich liegen die historischen Hafenorte **Sandwich** und **Deal**.

Um die südliche Landspitze herum, zwischen den weißen Kreidefelsen (siehe oben), liegen **Dover** mit seinem Fährhafen und der riesigen Festung sowie der viktorianische Badeort **Folkstone**. Hier beginnt der 1994 fertiggestellte Kanaltunnel nach Frankreich. Hinter Folkstone erstrecken sich auf 270 km² die völlig ebenen grünen Felder und schnurgeraden Wasserläufe des reizvollen **Romney Marsh**.

Am westlichen Ende thront auf einem Hügel die alte, sehenswerte Stadt **Rye**. Malerisch sind die rot gedeckten Häuser und verwinkelten steilen Gassen, das mittelalterliche Land Gate, das Mermaid Inn, früher ein Schlupfwinkel für Schmuggler, und das **Lamb House** *(West St., Tel. 01580/76 23 34, nationaltrust.org.uk, geöffnet Mitte März–Okt. Fr–Sa)*, in dem der amerikanische Schriftsteller Henry James (1843–1916) von 1898 bis zu seinem Tod lebte. ∎

## ROCHESTER
🄰 S. 135 F3
Besucherinformation
✉ 95 High St.
☎ 01634/338 14

## CHATHAM
🄰 S. 135 F3

## CHATHAM HISTORIC DOCKYARD AND WORLD NAVAL BASE
✉ Dock Rd., Chatham
☎ 01634/82 38 00
🕐 Nov.–Mitte März geschl.
💶 £££
thedockyard.co.uk

## RYE
🄰 S. 135 G2
Besucherinformation
✉ 4–5 Lion St.
☎ 01797/22 90 49

Das Seebad Brighton glänzt mit der Architektur der Regency-Zeit, darunter der Royal Pavilion. In Chichester herrscht die georgianische Bauweise vor, doch bietet der Roman Palace im nahen Fishbourne auch einen Blick in die römische Zeit.

Der Brighton Pier zählt zu den zahlreichen »Pleasure Piers« Großbritanniens.

## BRIGHTON

Brighton ist eine Stadt der Gegensätze, ein attraktives Kongresszentrum ebenso wie ein Seebad für Tagesausflügler, wo elegante Prachtbauten und billiger Glamour zusammentreffen.

Im späten 18. Jahrhundert entwickelte sich das winzige Fischerdorf Brighthelmstone zu einem Seebad. **The Lanes**, die engen Gassen hinter den Häusern der Promenade, stammen noch aus dieser Zeit. Vom Meer weg erstrecken sich die Häuserzeilen und Plätze im Regency-Stil, der unter dem späteren George IV. Anfang des 19. Jahrhunderts seine Blütezeit hatte. Der Prinzregent ließ sich 1815 mitten in der Stadt einen Palast bauen, den üppig dekorierten **Royal Pavilion** mit riesigen Zwiebeltürmen, Minaretten, einer Drachendecke und baumähnlichen Lüstern.

An der Strandpromenade liegen der **Brighton Pier** (1899) und das **Sea Life Centre** (Marine Parade, Tel. 01273/60 42 34), ein Unterwasseraquarium mit dem längsten Tunnel der Welt, von dem aus Meerestiere zu beobachten sind. In einem der winzigen Waggons der **Volks Electric Railway** können Sie zur Marina-Station fahren (Tel. 01273/29 27 18, Okt.–Ostern geschl.) oder den Hügel zum eleganten **Kemp Town** hinaufsteigen. Thomas Read Kemp gestaltete das Viertel, starb jedoch vor der Fertigstellung 1850. Sein Werk ist eines der schönsten Beispiele für den Regency-Stil.

## CHICHESTER

Die Hauptstadt der Grafschaft West Sussex ist die alte Domstadt Chichester, 48 km westlich von Brighton. Vom filigranen polygonalen Marktkreuz der Tudorzeit führen Römerstraßen nach Norden, Süden, Westen und Osten, die Gebäude stammen vorwiegend aus der georgianischen Zeit. Die **Kathedrale von Chichester** (Tel. 01243/78 25 95) erhebt sich in silbrigem Kalkstein über die rotgedeckten Häuser des Dekanats. Der 83 m hohe Glockenturm ist weithin zu sehen. Bemerkenswert sind Steinreliefs des frühen 12. Jahrhunderts und das Glasfenster von Marc Chagall (1978).

Das **Chichester Festival Theatre** *(Tel. 01243/78 13 12)* ist zur Hauptsaison zwischen Mai und Oktober fast immer ausgebucht. **The Novium Museum** *(Tower St., Tel. 01243/77 58 88)* bietet einen faszinierenden Einblick in die Stadtgeschichte und **Pallant House Gallery** *(9 North Pallant, Tel. 01243/77 45 57)* zeigt hervorragende und innovative Ausstellungen.

## DER RÖMISCHE PALAST IN FISHBOURNE

Der Fishbourne Roman Palace ist die größte römische Villa, die je in Großbritannien ausgegraben wurde. 1960 stieß man beim Deichbau auf diesen 75 n. Chr. – kurz nach der Ankunft der Römer – errichteten, weitläufigen Palastkomplex und legte über hundert Räume um einen Garten frei, von denen schöne Mosaiken und Hypokausten erhalten sind. ■

### »PLEASURE PIERS« UND STRANDPROMENADEN

»Pleasure Piers« und Strandpromenaden sind ein fester Bestandteil englischer Seebäder. Die beiden nebeneinanderliegenden Seebrücken in Brighton zeugen vom Glanz, aber auch von der Verletzlichkeit solcher Bauwerke: Der **West Pier** ist eine vom Wetter gezeichnete Ruine, doch der benachbarte **Brighton Pier,** früher als Palace Pier bekannt, produziert immer neue Touristenattraktionen – von Tingeltangelshows und Karussells über Pferderennen und halsbrecherische Stuntfahrten in den Arkaden bis zu atemberaubenden Vergnügungsfahrten.

Die Strandpromenade von Brighton ist ideal zum Bummeln, gusseiserne Laternen und schmucke Unterstände vervollständigen ihr Bild.

In diesen Städten gibt es ebenfalls großartige »Pleasure Piers« *(piers.org.uk):* Blackpool, Lancashire (insgesamt drei); Southend-on-Sea, Essex (mit 2,2 km der längste Pier der Welt); Weston-Super-Mare, Somerset (hervorragend herausgeputzt); Cromer, Norfolk (rund um die Uhr offen, mit traditionellen Theateraufführungen).

### BRIGHTON

🅰 S. 135 E2
Besucherinformation
✉ 4–5 Pavilion Buildings, Royal Pavilion
☎ 01273/29 03 37

#### ROYAL PAVILION

✉ Pavilion Parade, Brighton
☎ 01273/29 03 37
€ £££

### CHICHESTER

🅰 S. 134 D2
Besucherinformation
✉ Novium Museum, Tower St.
☎ 01243/77 58 88

### FISHBOURNE ROMAN PALACE

🅰 S. 134 D2
✉ Salthill Rd., Fishbourne
☎ 01243/78 58 59
🕐 Mitte Dez.–Anf. Feb. Mo–Fr geschl.
€ ££

Die ländliche Idylle lädt Naturliebhaber zum Wandern, Angeln und Strandspaziergang ein, während Winchester, einst Sitz der Könige und wichtigste Siedlung der Region, eine geheimnisvolle Atmosphäre und eine erstaunliche mittelalterliche Kirche besitzt. Die Ruhe des Landes ist überaus anziehend.

## WINCHESTER

Winchester hat eine bedeutsame Geschichte: vor tausend Jahren die wichtigste Stadt Englands, im alten Königreich Wessex Hauptstadt, von Alfred dem Großen bis zur normannischen Eroberung Sitz der angelsächsischen Könige, Grabstätte von 20 Königen. Um König Artus und die Ritter seiner Tafelrunde rankt sich eine Fülle von Legenden.

**Die Kathedrale:** Die mächtige Winchester Cathedral *(The Close, Tel. 01962/ 85 72 00)* ist mit 167 m das längste mittelalterliche Bauwerk der Welt. Die Bauzeit dauerte mehr als drei Jahrhunderte (1079–1404). Sächsische Könige, die starben, bevor die heutige Kirche begonnen wurde, sind im Chor beigesetzt, unter ihnen der Sohn des Normannenkönigs William II. (Rufus), den auf der Jagd im New Forest ein – vermutlich – verirrter Pfeil tötete (siehe S. 148 f.). Das Chorgestühl (1308) zieren die ältesten Miserikordien Großbritanniens. Am Ostende der Kathedrale steht der Schrein von St. Swithun, der Bischof von Winchester (852–862) und Lehrer von Alfred dem Großen war. Im Mittelalter war das Grab ein Pilgerort, ein Aberglaube besagt, dass es 40 Tage ununterbrochen regnet, wenn am Tag des hl. Swithun (15. Juli) Regen fällt.

Die schwarze Marmorfassade (12. Jh.) zeigt Szenen aus dem Leben des hl. Nicholas, des Schutzpatrons der Seeleute. Drei der Grabdenkmäler sind besonders bemerkenswert: Im nördlichen Seitenschiff befindet sich das für Jane Austen, die 1817 im Haus Nr. 8 in der College Street starb *(nicht zugänglich)*.

Die Tafelrunde von König Artus in der Great Hall ist ein genialer Schwindel aus dem Mittelalter.

Im südlichen Querschiff ehrt ein Gedächtnisfenster Izaak Walton (1593–1683), Autor von *The Complete Angler* (1653), der in der Cathedral Close Nr. 7 starb. Am Ostende der Kathedrale steht ein Denkmal des Tauchers William Walker. Von 1906–11 brachte er im kalten Wasser unter der Ostwand der Kirche unzählige Ziegelsteine und säckeweise Zement ein, um das vom Versinken bedrohte mittelalterliche Mauerwerk abzustützen.

Die **Pilgrim's Hall** im Hof wurde für die Pilger des hl. Swithun errichtet, das Hammerbalkengewölbe (1290) ist das älteste des Landes. In der **Great Hall** *(Castle Ave., Tel. 01962/84 64 76)* von 1235 hängt der **Round Table**, König Artus' legendäre Tafelrunde (5,5 m Durchmesser); ganz oben sitzt Artus mit Lockenbart. Fachleute datierten die Tischplatte in das 13. Jahrhundert, doch der britischen Legende nach zauberte Merlin sie für Artus' Hof.

## EIN SPAZIERGANG STADTAUSWÄRTS

Ein Fußweg durch die Wiesen entlang des Flusses Itchen führt vorbei an der ältesten Schule Großbritanniens, dem 1382 errichteten **Winchester College** *(Kingsgate St., Tel. 01962/62 11 00, Führungen telefonisch erfragen)*, den Ruinen des normannischen **Wolvesey Castle** *(College St., Tel. 03703/33 11 81, Nov.–März geschl.)* und der nahe gelegenen Bischofsresidenz aus der Stuartzeit zum **Hospital of St Cross** *(St Cross Rd., Tel. 01962/85 13 75, So geschl.)*. Das Hospiz wurde 1136 gegründet, beherbergte 13 Bedürftige und speiste weitere hundert. Auch heute noch können Reisende an der Durchreiche bei der Pforte des Beaufort Tower anklopfen und um ein »Reisealmosen« – ein Trinkhorn voll Bier und einen Kanten Brot – bitten.

### JANE AUSTENS HAUS

Von 1809 bis 1817 lebte die Schriftstellerin Jane Austen (1775–1817) mit ihrer Mutter und der Schwester in einem einfachen Ziegelhaus in Chawton, einem kleinen Dorf in Hampshire. Hier schrieb sie *Mansfield Park* (1814), *Emma* (1816), *Northanger Abbey* (Die Abtei von Northanger) und *Persuasion* (Überredungskunst; die letzten beiden wurden 1817 posthum veröffentlicht). Im Haus sind Erinnerungsstücke wie Erstausgaben, Manuskripte, ihr Kamm und ihr Porträt zu sehen.

### WINCHESTER

▣ S. 134 D2
Besucherinformation
✉ Guildhall, Broadway
☎ 01962/84 05 00
🕐 Okt.–Mai So geschl.

### JANE AUSTEN'S HOUSE

▣ S. 134 D3
✉ Chawton, Alton
☎ 01420/832 62
🕐 Jan./Febr. Mo–Fr geschl.
**jane-austens-house-museum.org.uk**

## FLÜSSE & KÜSTEN HAMPSHIRES

Von munteren Bächlein und Wegen durchzogene Flusswiesen, Täler und Weiden und steile, buchenbestandene Hügel – die liebliche Landschaft Hampshires macht den Charme von Englands Südosten aus.

In den Hügeln nördlich des Test zwischen Overton und Whitechurch spielt Richard Adams Kinderbuchklassiker *Watership Down* (Unten am Fluss, 1972).

Der Spinnaker Tower in Portsmouth, der zur Feier der Jahrtausendwende erbaut wurde, erinnert an ein Vorsegel.

**Portsmouth** an der Südküste war der Heimathafen der königlichen Flotte, als Großbritannien noch die Weltmeere beherrschte. Diese Verbindung wird durch den am Wasser gelegenen **Spinnaker Tower** *(Tel. 02392/85 75 20)* mit seinen 90 m hohen Aussichtsplattformen deutlich. Am **Portsmouth Historic Dockyard** sind die *Mary Rose*, das Flaggschiff Henrys VIII., zu besichtigen, das 1545 sank und 1982 geborgen wurde, sowie die H.M.S. *Warrior*, ein viktorianisches Kriegsschiff. Auf dem Flaggschiff H.M.S. *Victory* starb Lord Horatio Nelson am 21. Oktober 1805 in der Schlacht von Trafalgar.

Außerdem sehenswert: das **D-Day Museum** *(Clarence Esplanade, Tel. 02392/82 67 22)* in Southsea mit dem 82 m langen Wandteppich *Overlord Embroidery*, der die Landung der Alliierten in der Normandie am 6. Juni 1944 darstellt, sowie das **Charles Dickens Birthplace Museum** *(Old Commercial Rd., Tel. 02392/82 72 61, Okt.–April geschl.).*

## NEW FOREST NATIONAL PARK

Östlich von Bournemouth, einem Küstenort in Dorset, gleich hinter der Grenze zu Hampshire, liegt der 390 km² große New Forest, bunt zusammengewürfelt aus Waldungen, Äckern, Gemeindeland und kleinen Weilern. Anders als der Name vermuten lässt, wurde der New Forest lange vor der normannischen Eroberung gepflanzt und ist das älteste der königlichen Jagdreviere. William Rufus, der zweite Normannenkönig in

---

## DIE ISLE OF WIGHT

Die diamantförmige Isle of Wight, vom Festland durch den Solent Channel getrennt, ist eine Welt für sich. Hauptsehenswürdigkeiten: **Osborne House** (*Tel. 01983/20 00 22, Nov.–März außer nach Vereinbarung geschl.*), das einstige Feriendomizil von Queen Victoria; **Carisbrooke Castle** (*Tel. 01983/52 21 07*), wo Charles I. nach dem Bürgerkrieg 1647/48 festgehalten wurde; im Westen die bunten Felsen der **Alum Bay** und die hohen Kalkklippen **The Needles**.

---

England, wurde hier am 2. August 1100 vom Pfeil seines Begleiters Walter Tyrell durchbohrt – ein Jagdunfall?

**Alte Bräuche:** Viele Bräuche und Gemeinrechte des New Forest haben bis heute Bestand. Im Mittelalter waren die Gesetze hart: Wer das königliche Wild aufschreckte, verlor sein Augenlicht, wer auf ein Tier schoss, beide Hände, wer eines erlegte, sein Leben. Obwohl dem König in die Quere zu kommen schwer bestraft wurde, drangen die *commoners*, die Bewohner des Waldes, beständig auf das Recht, Holz sammeln und ihre Tiere weiden lassen zu dürfen. Noch heute gibt es ein königliches Forstgericht und die grün uniformierten Waldhüter, die *agisters*, patrouillieren hoch zu Ross. Und die Bürger üben immer noch ihr Recht des Torfstechens und Reisigsammelns aus und dürfen ihre Schweine bei der Herbstmast nach Eicheln und Bucheckern wühlen lassen.

**Fauna:** Der New Forest ist ein Rückzugsgebiet für Rotwild, Füchse, Vögel, Amphibien, Schmetterlinge und die zotteligen New Forest Ponies, wohl die Nachkommen von Pferden der 1588 hier gestrandeten Schiffe der spanischen Armada. ■

### PORTSMOUTH
🅐 S. 134 D2
Besucherinformation
✉ The Hard
☎ 02392/82 67 22

### PORTSMOUTH HISTORIC DOCKYARD
✉ Victory Gate, College Rd.
☎ 02392/98 86 05
€ Frei; ££–£££ für jedes Schiff oder ££££ Kombinationsticket für alle 3 Schiffe
historicdockyard.co.uk

### NEW FOREST NATIONAL PARK MUSEUM & VISITOR CENTRE
🅐 S. 134 C2
✉ High St., Lyndhurst
☎ 01590/64 66 00 (Besucherzentrum)
€ £
npa.gov.uk

### ISLE OF WIGHT
🅐 S. 134 C1–D1
☎ 01983/81 38 13
visitisleofwight.co.uk

Wiltshire beansprucht wegen des Steinkreises von Stonehenge und der großartigen Kathedrale von Salisbury eine gewisse Berühmtheit. Wie und warum der prähistorische Steinkreis erbaut wurde, bleibt ein Geheimnis. Die Kathedrale von Salisbury ist dagegen – ganz ohne Geheimnis – eine der atemberaubendsten gotischen Kathedralen Englands und liegt in einem bezaubernden mittelalterlichen Marktflecken.

## SALISBURY

Starten Sie Ihren Stadtbummel am **Poultry Cross** in der Silver Street. Sehen Sie sich in **Watsons** Porzellangeschäft (Queen Street) die Holzarbeiten (14. Jh.) an. Besuchen Sie die **St. Thomas Church** (High Street) mit ihren geschnitzten Engeln an den Dachbalken (1450) und den Fresken aus dem Mittelalter. Werfen Sie im alten Pub **Haunch of Venison** (Minster Street) einen Blick in die vergitterte Nische, in der die Hand eines Spielers aufbewahrt ist – mit den Karten von damals (18. Jh.).

**Salisbury Cathedral:** Der Turm der Salisbury Cathedral, mit 120 m der höchste Großbritanniens, dominiert die mittelalterliche Stadt. Die Galerie ist ein grandioser Aussichtspunkt. Die Kathedrale ist ein erstaunlich einheitliches Bauwerk der reinen englischen Frühgotik. Im Unterschied zu anderen großen Kathedralen, die über längere Zeiträume hinweg entstanden und Merkmale verschiedener Stilepochen aufnahmen, wurde die Salisbury Cathedral in weniger als 40 Jahren 1258 vollendet. Richard Poore, Bischof von Salisbury, gründete sie in den Flusswiesen des Avon, als die normanni-

Die Kathedrale von Salisbury hat über Jahrhunderte zu spiritueller Kontemplation angeregt.

sche Siedlung und Kathedrale oben auf dem Old Sarum (siehe S. 152 f.) 1220 verlassen werden musste. Der Kalkstein aus den Steinbrüchen des nahe gelegenen Chilmark verleiht der Kirche bei Sonnenschein einen silbernen Schimmer, bei bedecktem Himmel einen gespenstisch fahlen Glanz. Der hohe Turm scheint stabil, ist aber nicht auf sicherem Grund gebaut, denn das Kirchenfundament reicht nur 1,2 m weit in den Boden. Die Turmspitze ist sogar um 75 cm geneigt. Die **Westfassade** der Kathedrale zieren Heiligenskulpturen. Im Inneren erinnert das in rosa-grünes Dämmerlicht getauchte **Kirchenschiff** an einen umgekehrten Schiffsrumpf. Die schlanken, dunklen Säulen aus Purbeck-Marmor scheinen ihre Last kaum tragen zu können. Blickt man von der Vierung aus nach oben, sieht man, wie sich die Säulen unter dem Gewicht von 5805 t biegen.

Im **nördlichen Seitenschiff** drehen sich die Zahnräder des ältesten funktionierenden Uhrwerks Großbritanniens (1386). In der **Votivkapelle des Bischofs Edmund Audley** (16. Jh.), einer ornamentierten Steinkammer, ist ein Fächergewölbe zu sehen. Ein Fenster im **südlichen Querschiff** stellt den **Stammbaum Christi** dar (um 1240).

Durch den **Kreuzgang** (1263–66) gelangen Sie zum achteckigen **Kapitelsaal** (13. Jh.) mit einem Schirmgewölbe, das von der mittigen schlanken Säule ausgeht, sowie einem Wandfries, der Szenen aus der Genesis und dem Exodus zeigt. Hier wird auch eine der vier Ausfertigungen der Magna Carta von 1215 aufbewahrt, sie gilt als die am besten erhaltene.

**An der Domfreiheit:** Der Ziegelbau des Matron's College, 1682 für die Witwen Geistlicher gegründet, und das **Mompesson House** von 1701 mit einer geschnitzten Eichentreppe, einer Glassammlung und einem immergrünen Garten lassen das 18. Jahrhundert lebendig werden. Die schiefen Wardrobe Houses, Gewandhäuser aus Ziegel und Schiefer (13. Jh.), beherbergen das **Rifles (Berkshire and Wiltshire) Museum**.

## SALISBURY
🗺 S. 134 C2
Besucherinformation
✉ Fish Row
☎ 01722/34 28 60

## SALISBURY CATHEDRAL
✉ The Close
☎ 01722/55 51 20
€ ££

## MOMPESSON HOUSE
✉ The Close, Salisbury
☎ 01722/42 09 80
🕐 Mitte März–Okt. Do–Fr & Nov.–Mitte März geschl.
€ ££
nationaltrust.org.uk

## RIFLES (BERKSHIRE AND WILTSHIRE) MUSEUM
✉ 58 The Close, Salisbury
☎ 01722/41 94 19
🕐 Anfang Dez.–Anfang Feb., Feb. & Nov. So–Mo und März & Okt. So geschl.
€ £
thewardrobe.org.uk

**AUSFLUG IN DIE SALISBURY PLAIN**

Die riesigen freien Flächen der Salisbury Plain sind schon seit viktorianischer Zeit militärisches Sperrgebiet mit nur wenig Publikumsverkehr und kontinuierlichen Manövern. Nur etwa 50 Tage im Jahr werden die sonst für die Öffentlichkeit gesperrten Wege vom Verteidigungsministerium freigegeben *(Informationen vom Band unter 01980/67 47 63)*, sodass man die bemerkenswerte Landschaft mit all ihren geschichtsträchtigen Monumenten, ihrem unberührten Grünland und der wundervollen Flora und Fauna erleben kann. Unter diesen verborgenen Schätzen ist das Dorf **Imber** am beliebtesten. Es wurde 1943 evakuiert und nie wieder besiedelt. Sein leeres Herrenhaus und der Pub sowie die wunderschön renovierte Kirche St. Giles sind in der Einsamkeit der großen Ebene ein ergreifender Anblick.

Außerdem: das **Malmesbury House** (13. Jh.) mit Queen-Anne-Fassade und der **Bishop's Palace** (heute Domschule), der gleichzeitig mit der Kathedrale entstand.

## DIE UMGEBUNG VON SALISBURY

In diese wellige Landschaft eingebettet sind hübsche Anwesen, malerische Dörfer und etliche Monumente aus prähistorischer Zeit.

**Old Sarum:** 3,2 km nördlich von Salisbury erhebt sich Old Sarum auf einem mit Ringwällen befestigten Hügelplateau. Von oben hat man einen schönen Blick auf Salisbury und die Kathedrale, die am Fluss errichtet wurden, als man 1220 die Hügelsiedlung aufgab. Old Sarum überragt das Umland und war seit jeher ein wichtiger Aussichtspunkt. Stammesführer hatten das Lager in der Eisenzeit gegründet, später befestigten die Römer die Wälle Sorviodunums und führten eine Handelsstraße von Silchester (64 km nordöstlich) hierher. Die Angelsachsen nannten die

**OLD SARUM**
- ▲ S. 134 C2
- ☎ 01722/33 53 98
- € £

**WILTON HOUSE**
- ▲ S. 134 C2
- ✉ Wilton
- ☎ 01722/74 67 14
- 🕐 Fr–Sa & Sept.–Ostern geschl.
- € ££££
- wiltonhouse.co.uk

**LACOCK ABBEY & FOX TALBOT MUSEUM**
- ▲ S. 134 B3
- ✉ Lacock
- ☎ 01249/73 04 59
- 🕐 Öffnungszeiten siehe Website
- € £££
- nationaltrust.org.uk

Siedlung *Searoburgh*, trockene Stadt, denn hier oben gab es kaum Wasser. Die 1092 von den Normannen eingeweihte Kathedrale entstand auf engstem Raum.

**Wilton House:** Das von Inigo Jones in palladianischem Stil umgebaute Herrenhaus aus der Tudorzeit westlich von Salisbury war aus einem Kloster entstanden. Das Herzstück des Hauses sind der Single Cube Room (9 m hoch, breit und lang) und der Double Cube Room (gleich hoch und breit, aber 18 m lang) mit Stuckdecken und Stilmöbeln von Chippendale und William Kent.

**Lacock:** Im Nordwesten Wiltshires scheint in Lacock mit seinen grauen Steinhäusern die Zeit des 18. Jahrhunderts stehen geblieben zu sein. Vom Erkerfenster in der **Lacock Abbey** aus fertigte William Henry Fox Talbot 1835 die weltweit erste Fotografie an. Die mittelalterliche Scheune neben der Abtei beherbergt das **Fox Talbot Museum**.

## STONEHENGE

Noch immer ist die Bedeutung des besterhaltenen vorzeitlichen Denkmals Europas ungeklärt. Aus Gründen der Sicherheit und wegen der Besuchermassen ist die Besichtigung heute nur noch etwas entfernt hinter einem Zaun möglich (freier Eintritt und direkter Zugang zur Sommer-/
*(Fortsetzung S. 156)*

### PRÄHISTORISCHE STÄTTEN IN WILTSHIRE

Wiltshire ist von zwei alten Handelswegen durchzogen. Der gut markierte **Ridgeway** (siehe S. 125) beginnt bei Overton Hill, rund 1,6 km östlich von Avebury, und stößt 136 km weiter nordöstlich beim Ivinghoe Beacon auf den Icknield Way (siehe S. 122). Der **Harroway** (vielleicht über 6000 Jahre alt) führt an Stonehenge vorbei.

**Avebury**, im Norden der Ebene von Salisbury gelegen, ist von einer beachtlichen Gruppe von Monumenten umgeben. Von dem Kreis aus etwa hundert Sarsensteinen der frühen Bronzezeit führt eine Allee aus Steinsäulen nach Coverton Hill.

Ein Stück südlich des Dorfes befinden sich das Hügelgrab **West Kennet Long Barrow**, die größte Grabkammer Englands (um 3250 v. Chr.), und der abgeflachte **Silbury Hill** (um 2600 v. Chr.) mit einer Höhe von 39 m und einem Durchmesser von 180 m, dessen Funktion jedoch ungeklärt ist. Was man bis heute weiß, ist im **Alexander Keiller Museum** *(Tel. 03703/33 11 81, english-heritage.org.uk)* in Avebury hervorragend dokumentiert.

In Dorset hat Thomas Hardy (1840–1928) tiefe Spuren hinterlassen. Was Sir Walter Scott für die schottischen Lowlands ist und William Wordsworth für den Lake District, ist Hardy für Dorset. Mit seinen »Wessex-Romanen« verlieh er großen Teilen des Südwestens Unsterblichkeit – das Herz dieses Gebiets, von Hardy als »South Wessex« bezeichnet, ist Dorset, wo er zur Welt kam.

## IM WORT VEREWIGT

Geboren wurde Hardy am 2. Juni 1840 in einem reetgedeckten Cottage, dem heutigen **Hardy's Cottage** *(Tel. 01305/26 23 66, nationaltrust.org.uk, Öffnungszeiten siehe Website)* bei Higher Bockhampton, einem Dorf in der Nähe des Städtchens Dorchester. In seinem Geburtsort schrieb Hardy *Under the Greenwood Tree* (1872) und *Far from the Madding Crowd* (Am grünen Rand der Welt, 1874), hier diente das Haus als Tranter Dewys Heim, Higher und Lower Bockhampton sowie Stinsford wurden zu »Mellstock« verschmolzen.

Auf dem Friedhof von Stinsford ist Hardys Herz im Grab seiner ersten Frau, Emma Gifford (gest. 1912), begraben, deren Tod er zu Lebzeiten umso bitterlicher beklagte, als die beiden einander in der Ehe immer fremder geworden waren. Über die örtliche Kirche mit dem Gedenkfenster für Hardy schrieb der Dichter:

> On afternoons of drowsy calm
> We stood in the panelled pew
> Singing one-voiced a Tate-and-Brady psalm
> To the tune of »Cambridge New«.
> We watched the elms, we watched the rooks,
> The clouds upon the breeze,
> Between the whiles of glancing at our books,
> And swaying like the trees.

Das südlicher gelegene Heideland wird in Hardys *The Return of the Native* (Die Rückkehr, 1878) zur düsteren »Egdon Heath«. In Puddletown, 5 km auf der A35 nach Osten, spielte Hardys Großvater im Kirchenorchester und bei Dorffesten Kontrabass – in *Far from the Madding Crowd* wurde daraus »Weathersbury«. Für Bathsheba Everdenes »Weatherbury Farm«, wo Gabriel Oak den Anblick seiner geliebten Bathsheba mit ihrem Mann Sergeant Troy ertragen musste, diente vielleicht das hübsche Waterstone Manor aus der Tudorzeit (westlich von Puddletown an der B3142) als Vorlage. Bere Regis, 10 km Richtung Osten, ist »Kingbere-sub-Greenhill« in *Tess of the d'Urbervilles* (Tess von den d'Urbervilles, 1891). In der angelsächsischen Kirche sieht man die Gräber der Turbervilles und in einem der Fenster (15. Jh.) ihr Wappen mit dem aufsteigenden Löwen.

Weiter südlich fließt der Frome durch ein liebliches Tal ostwärts – für Tess das »Tal der Großen Gänseblümchen«. Woodbridge Manor im Dorf Wool an der A352 verwandelte Hardy in »Wellbridge Manorhouse«, wo Tess und Angel Clare ihre seltsame und einsame Hochzeitsnacht verbrachten.

Cranborne Chase, der Wald, in dem der Schurke Alec d'Urberville über Tess herfiel, liegt 24 km nördlich von Puddletown an der A354.

Sehen Sie sich **Max Gate** *(Arlington Av., Tel. 01305/26 25 38, nationaltrust. org.uk, Öffnungszeiten siehe Website)* in **Dorchester** an *(Information, Antelope Walk, Tel. 01305/26 79 92)*, wo Hardy von 1885 bis zu seinem Tod lebte und sein dichterisches Spätwerk schuf.

Durch die Hügel, bewaldeten Täler und dramatischen Küstenlandschaften Dorsets kann man herrliche Spaziergänge machen, vor allem östlich des georgianischen Seebads **Weymouth** *(Information, King's Statue, The Esplanade, Tel. 01305/616 43)*, wo man vom Küstenwanderweg auf Lulworth Cove und den berühmten Felsbogen Durdle Door sieht.

Weitere Sehenswürdigkeiten: **Lyme Regis** *(Information, Church St., Tel. 01297/44 21 38)* mit der Fossilienküste und der riesigen Mole »The Cobb« sowie dem Naturschutzgebiet Undercliff zwischen Axmouth und Lyme Regis. Die mittelalterliche **Swannery** *(New Barn Rd., Tel. 01305/87 11 30, Ende Okt.–Mitte März geschl.)* und die **Sub Tropical Gardens** *(Bullers Way, Tel. 01305/87 13 87)* bei **Abbotsbury** sowie **Swanage** *(Information, Shore Rd., Tel. 01929/42 28 85)*, das der hier geborene Steinmetz George Burt mit architektonischen Raritäten vollstellte, die bei der viktorianischen Umgestaltung Londons übrig geblieben waren.

Thomas Hardys Geburtshaus, ein Cottage bei Higher Bockhampton

## INSIDERTIPP

**Nehmen Sie von Bath aus an einem organisierten Ausflug teil, der sowohl Stonehenge als auch die Cotswolds einschließt – eine ideale Kombination, wenn Sie kein eigenes Auto zur Verfügung haben.**

AMY KOLCZAK, NATIONAL GEOGRAPHIC, CHEF-REDAKTEURIN INTERNATIONALE AUSGABEN

Wintersonnenwende). Die viel befahrenen, störend lauten Straßen in der Nähe sollen bald in einem Tunnel verschwinden. Im neuen **Besucherzentrum** wird die Geschichte der Steine erläutert, hier fährt auch der Shuttlebus los.

Die Wirkung dieser unglaublichen Steine muss auch den kritischsten Betrachter beeindrucken. Die riesigen Trilithen von Stonehenge, deren torähnlichen Silhouetten sich gegen den Himmel abzeichnen, regen dazu an, über das Wann, Wie und Wozu nachzugrübeln. Das »Wann« wurde bereits relativ genau bestimmt: Um 2950 v. Chr. war ein Ringwall errichtet worden, etwa 400 Jahre später innerhalb dieses Walls ein Doppelkreis aus 80 »Blausteinen«, bis zu 3 m hohe Doleriten, die man von den Presili Hills im Südwesten von Wales hierherbrachte. In der Folgezeit wurden die Steine umgeordnet und durch Sarsensteine (von »sarazenisch« = fremd) aus dem Hügelland von Marlborough ersetzt, die größtenteils die heute sichtbaren Dreisteine bilden. Dabei sind zwei

## FERIEN AUF DEM BAUERNHOF

In England gibt es auf dem Lande viele Bauernhöfe, deren Existenz durch EU-Richtlinien und Billigimporte mittlerweile gefährdet ist. Seit die Menschen jedoch ihre Ferien vermehrt auf dem Lande verbringen wollen, bieten zahlreiche Höfe preiswerte Unterkünfte in Form von Bed and Breakfast an. Wer sich dem Landleben verbunden fühlt, findet hier die idealen Urlaubsbedingungen: köstlicher Schinken und frische Eier direkt vom Erzeuger und Einblicke in die Arbeitsabläufe des Landwirts – manchmal darf man sogar mithelfen.

Allerdings betreibt nicht jede Farm, die solche Übernachtungsmöglichkeiten anbietet, noch aktiv Landwirtschaft. Wer also mit dem Blöken von Schafen einschlafen oder mit dem Muhen der Kühe erwachen möchte, sollte sich vorher erkundigen, ob er hier wirklich Landwirtschaft und Tierhaltung vorfindet. In Dorset gibt es noch viele intakte Höfe, die man unter *ruraldorset.co.uk* oder *farmstay.co.uk/PlacesToVisit/Westcountry/Dorset* findet. Informationen zu Ferien auf dem Bauernhof in anderen Regionen Großbritanniens auf *farmstay.co.uk*.

Die mächtigen, aber auch rätselhaften Steine von Stonehenge stammen aus der Bronzezeit.

senkrechte, 4 m hohe Blöcke durch einen dritten wie ein Türsturz verbunden und durch eine Verzapfung befestigt. 25 solcher Tore umschlossen kreisförmig fünf weitere Dreisteine, die in Hufeisenform aufgestellt waren. Später wurden manche der Blausteine zwischen den beiden Trilithenkreisen wieder aufgerichtet, der größte – heute als »Altarstein« bezeichnet – im Zentrum des Hufeisens. Seit 1600 n. Chr. wurden keine Änderungen vorgenommen.

Die riesigen Steine – vor allem die aus fast 350 km Entfernung herbeigeholten Blausteine – in der Bronzezeit zu transportieren, zu bearbeiten und aufzustellen, erforderte eine gute Organisation und viele Arbeitskräfte. Die Autorität der damaligen Herrscher scheint jedoch groß genug gewesen zu sein, und die für Flöße, Rollwagen und Kräne erforderliche Technologie war weit genug entwickelt, um die wohl über Jahrzehnte geplanten Arbeiten auszuführen.

Als Frage bleibt das »Warum?«. Lässt man alles Esoterische beiseite, bleibt die sichere Erkenntnis, dass die Sonne zur Sonnenwende (21. Juni) vom Altarstein im Mittelpunkt der Anlage gesehen direkt über dem Fersenstein aufgeht, der fast 77 m entfernt am Ende der einstigen Allee steht, über die man das Baumaterial brachte. Vielleicht war Stonehenge eine Art Sternwarte, wo zu verschiedenen Jahreszeiten die Zeit gemessen wurde. Doch ob dies die einzige Funktion war, ist ungewiss. ∎

## STONEHENGE

🗺 S. 134 C3

✉ 16 km nördlich von Salisbury,

3 km westlich von Amesbury

☎ 0870/333 11 81

💷 ££

**english-heritage.org.uk**

# DER SÜDWESTEN

‹ Weiß getünchtes Cottage in Clovelly, Devon

Die lang gestreckte Halbinsel, die den Südwesten Englands bildet, ist geprägt von Weiden, Mooren, Wäldern und Hügeln. Je weiter Sie in den Südwesten vordringen, desto rauer werden die Küsten der Grafschaften Somerset, Devon und Cornwall. In England gibt es wohl keine wilder zerklüfteten und stärker vom Sturm umtosten Klippen und Steilküsten als die im äußersten Winkel Cornwalls.

Englands Südwesten ist ein Urlaubsparadies, gesäumt von herrlichen, sauberen Sandstränden und einem Schmuckstück nach dem anderen – von den malerischen, reetgedeckten Cottages Devons bis zu den verwitterten Fischerhütten in den kleinen Buchten Cornwalls.

## VON DEVON NACH CORNWALL

Von Thomas Hardys Wessex kommend, fallen im Umland der grafschaftlichen Hauptstadt Exeter mit der Kathedrale die für den Südosten Devons typische rote Erde und die grünen Hügel ins Auge. Die Küste verläuft längs den Feldern und Waldungen der South Hams nach Plymouth, wo die Pilgerväter 1620 zu ihrer Reise in die Neue Welt aufbrachen. Danach überqueren Sie den Tamar – für jeden vernünftigen Kornen die Grenze zur unzivilisierten Welt! Der Süden Cornwalls besteht aus Landzungen, Steilküsten und Stränden und schließt im Westen, hinter der Lizard Peninsula, mit den Felsen von Land's End ab.

Nach der Umrundung der äußersten Spitze Englands lockern im Norden Cornwalls hübsche Orte wie St. Ives, Padstow und Boscastle den 160 km langen, wesentlich raueren Küstenabschnitt aus Granitklippen und sandigen Felsbuchten auf. Über die stürmischen Hochebenen im dünn besiedelten Hinterland sind alte Steindenkmäler und die Schächte und Pumpenhäuser stillgelegter Zinnminen verstreut.

## SOMERSET & AVON

Im Herzen des Südwestens gibt es drei große Moorgebiete: das Bodmin Moor, das Dartmoor und das Exmoor. Das Exmoor grenzt an die Grafschaft Somerset, die für ihren *cider* (Apfelwein) und die Milchwirtschaft bekannt ist. Weit im Norden liegen die große Hafenstadt Bristol und der einst römische Badeort Bath mit seinen zahlreichen eleganten, cremefarbenen Bauwerken aus der georgianischen Zeit. ■

**Die Grafschaft Devon liegt zwischen zwei Gewässern, der Lyme Bay und dem Bristol Channel. Sie ermöglicht Aufenthalte am Meer und in den wilden Moorgebieten des Hinterlandes. Exeter ist die Hauptstadt der Grafschaft, bekannt ist auch die Hafenstadt Plymouth.**

## EXETER & UMGEBUNG

Neben der Kathedrale warten in Exeter auch einige Überraschungen, beispielsweise ein gruseliger Rundgang durch den mittelalterlichen unterirdischen Aquädukt. Die Kathedrale, einer der bedeutendsten Kirchenbauten Großbritanniens, beherrscht den Domplatz.

In Exeter erinnert der Aufmarsch dieser Soldaten an den 70. Jahrestag des »Battle of Britain«.

**Exeter Cathedral:** Die Kathedrale wird statt von einem mittigen Vierungsturm von zwei mächtigen normannischen Türmen gerahmt. Die Strebebögen führen wie dünne Beine seitlich zu Boden. Zwischen 1112 und 1206 begannen die Normannen den Bau der Kathedrale, der Großteil wurde zwischen 1270 und 1370 errichtet. Aus dieser Zeit stammen die sitzenden Figuren, die zu Hunderten die Westfassade zieren: Monarchen und Prälaten, Heilige und Gelehrte, in ihrer Mitte Christus mit den Aposteln.

Im Inneren lenken die Säulen aus Marmor den Blick nach oben: Das gotische Gewölbe zieht sich durch das Hauptschiff bis in den Chor und ist mit über 90 m wohl das längste der Welt. Eine große astronomische Uhr (15. Jh.) im nördlichen Querhaus zeigt Sonne und Mond auf ihrer Umlaufbahn. Ein mächtiger Lettner (1325) schirmt den Chor ab, wo Miserikordien aus dem frühen Mittelalter und ein 18 m hoher, mit Schnitzereien verzierter Bischofsthron aus Eichenholz (1312) zu sehen sind. Das Fresko bei der Marienkapelle mit der Krönung Mariens wurde in der frühen Tudorzeit, etwa 40 Jahre vor der Reformation, geschaffen.

**Die Stadt:** Die Benediktinerabtei **St. Nicholas Priory** in der Mint besitzt eine Krypta und Küchen aus normannischer Zeit, eine Great Hall mit schöner Holzdecke (um 1400) sowie Stuckdecken.
Die **Tuckers Hall** (*Fore St., Tel. 01392/41 23 48, Öffnungszeiten tel. erfragen*) wurde im 15. Jahrhundert für die neue Zunft der Weber, Walker und

Tuchscherer errichtet und mit den Erträgen des Wollhandels finanziert. Teils noch älter ist die **Guildhall** *(High St., Tel. 01392/66 55 00, Öffnungszeiten tel. erfragen)*: Das Obergeschoss des Rathauses aus der Tudorzeit steht auf Granitsäulen. Die ältesten Bauteile stammen von 1330, die Kammer, in der die Sitzungen stattfinden, ist über 600 Jahre alt. Einen Einblick in die frühe Geschichte Exeters geben die Reste der römischen Stadtmauer (3. Jh.) im westlichen Southernhay, in Northernhay und Rougemont Gardens. In den Lagerhäusern und Fabrikgebäuden aus dem 17. und 19. Jahrhundert am Kai befinden sich heute Antiquitätengeschäfte, Werkstätten, Büros, Pubs und Restaurants.

**Die Umgebung: Honiton**, 27 km auf der A30 nach Osten, ist für seine Spitzenklöppelei berühmt. Im **Allhallows Museum** *(Tel. 01404/449 66, So & Ende Okt.–März geschl.)* in der High Street wird das Klöppeln vorgeführt, der Museumsladen verkauft Honiton-Spitze und auch Sets zum Selbermachen. Eine weitere Sehenswürdigkeit ist das 16-seitige Haus **A La Ronde**, das die Cousinen Jane und Mary Parminter 1796 bauen ließen. Ausgeschmückt ist es ist mit Muscheln, Federn und Seegras. An der Südküste liegt **Sidmouth**, ein Badeort im Regency-Stil und Schauplatz des International Festival of Folk Arts (Anfang August).

## DIE DOMFREIHEIT

**Unter den Häusern um die Domfreiheit fällt besonders Mol's Coffee House aus der späten Tudorzeit auf; das Wappen Elizabeths I. mit Löwe und Drache datiert das Fachwerkhaus auf 1596.**

### EXETER
🅰 S. 161 F3
Besucherinformation
✉ Dix Field
☎ 01392/26 57 00
🕐 Im Winter So geschl.

### EXETER CATHEDRAL
✉ The Close
☎ 01392/28 59 83
€ Spende

### ST. NICHOLAS PRIORY
✉ The Mint, Nähe Fore St., Exeter
☎ 01392/665858
🕐 Nov.–Feb. So & in der Schulzeit
So–Fr geschl.

### A LA RONDE
🅰 S. 161 F3
✉ Summer Ln., Exmouth
☎ 01395/26 55 14
🕐 Öffnungszeiten siehe Website
**nationaltrust.org.uk**

### SIDMOUTH
🅰 S. 161 F3
Besucherinformation
✉ Ham Ln.
☎ 01395/51 64 41
🕐 Nov.–Feb. So geschl.

## WASSERSPORT IM SÜDWESTEN

Der Südwesten Englands ist ein Mekka für alle Wassersportler. Segler suchen die geschützte Südküste von Devon auf, besonders Poole Harbour und das Salcombe Estuary weiter westlich; die raue Nordküste Devons zieht eher die Extremsportler an. Erfahrene Surfer lieben Croyde Bay oder Woolacombe; Anfänger sollten es in Saunton Sands südlich von Croyde probieren. Der Strand und die Küste bei Westward Ho! eignen sich hervorragend zum Seekajaken, Kitesurfen — Stunden gibt **North Devon Kitesurfing** (Tel. 07772/ 91 07 62, northdevonkitesurfing.co.uk) —, Wakeboarden und Kitebuggyfahren. Schwimmbegeisterte strömen gerne zu den sicheren, aber dennoch aufregenden Stränden Tunnels Beach, Ilfracombe, Woolacombe Sands, Putsborough sowie Combe Martin und Woody Bay am Bristol Channel.

# DIE NORDKÜSTE DEVONS

Die weich geschwungenen Klippen der Nordküste Devons ragen in den breiter werdenden Bristol Channel.

**Dunster** und **Porlock**, ein Stück von der Küste entfernt, liegen in Somerset, doch ihrem Flair nach gehören die beiden Dörfer zu Devon. Auf der normannischen Burg in Dunster wohnte von 1376 bis Ende der 1990er-Jahre die Familie Luttrell. Im überdachten, achteckigen **Yarn Market** (1609) an der Hauptstraße wurden früher Tuche verkauft. Die reetgedeckten Häuser Porlocks schmiegen sich an steile Hügel. Serpentinenstraßen führen nach **Lynton**, das auf einem Felsplateau in 150 m Höhe über **Lynmouth** liegt. Verbunden sind die Orte durch eine Zahnradbahn von 1890, die mit dem Gewicht von Wasser betrieben wird. Besuchen Sie in Lynton das **Lyn and Exmoor Museum** (Market St., Tel. 01598/75 22 25, Sa geschl.) und das **Exmoor National Park Visitor Centre** (Esplanade, Tel. 01598/75 25 09, Nov.–März geschl.), in dem der Überlandeinsatz eines Rettungsbootes dokumentiert ist. Ein 3 km langer Fußweg führt von Lynton entlang der Klippen durch das Valley of Rocks.

**Westlich von Lynton:** An einer Sandbucht weiter westlich liegt das viktorianische Seebad **Ilfracombe** (Besucherinformation, The Promenade, Tel. 01271/ 86 30 01). Dahinter führt die Küstenlinie steil nach Süden, über die Sandstrände bei **Woolacombe**, die Surfbucht bei **Croyde** und die Dünen im Naturreservat von **Braunton Burrows** bis zum Mündungsgebiet der Flüsse Taw und Torridge. Hier befinden sich **Barnstaple** und **Bideford** mit alten Brücken und engen Seitenstraßen. Dahinter liegt das autofreie **Clovelly** an einer steilen, gepflasterten Gasse, die sich zur kleinen Bucht hinunterzieht.

Der Smeaton's Tower vom Eddystone Felsen steht heute am Plymouth Hoe.

## PLYMOUTH & UMGEBUNG

Die Geschichte der britischen Seefahrt ist eng mit dieser Hafenstadt verwoben. Von Plymouth aus schiffte sich Kapitän James Cook 1772 zu seiner Entdeckungsreise in die Südsee ein.

Am 31. Juli 1588 stachen die Kapitäne Drake, Frobisher und Hawkins von Plymouth aus in See und griffen die Flotte der spanischen Armada an. Am **Plymouth Hoe** sehen Sie das Standbild Drakes und das Armada-Denkmal.

Den Hafen schützt die 1666–70 unter Charles II. erbaute **Royal Citadel** *(Plymouth Tourist Information Centre, Tel. 01752/26 60 30),* östlich schließt sich das **National Marine Aquarium** an *(Rope Walk, Coxside, Tel. 01752/60 03 01, tägl. geöffnet).*

Gegenüber sehen Sie die **Mayflower Steps**. Am 5. August 1620 brachen die puritanischen Abenteurer von Southampton aus auf, doch das schlechte Wetter zwang sie nach Plymouth, wo sie die vom Sturm beschädigte *Speedwell* zurückließen. Sie pferchten alle 102 Seelen auf die kleine *Mayflower* und setzten die Segel für ihre Reise in die Neue Welt.

**Weitere Sehenswürdigkeiten:** Das Industriemuseum bei **Morwellham Quay** *(Tel. 01822/83 27 66),* **Buckland Abbey**, wo Drake von 1581 bis 1596 lebte, die Häfen und Gassen von **Dartmouth** *(Information, Mayors Ave., Tel. 01803/83 42 24),* und auf der Insel vor Bigbury-on-Sea das **Burgh Island Hotel** *(Tel. 01548/81 05 14).* ■

### PORLOCK
🄰 S. 161 F4
Besucherinformation
✉ West End, High St.
☎ 01643/86 31 50

### LYNTON
🄰 S. 161 E4
Besucherinformation
✉ Town Hall, Lee Rd.
☎ 01598/75 22 25

### BARNSTAPLE
🄰 S. 161 E4
Besucherinformation
✉ Museum of North Devon, The Square
☎ 01271/37 50 00

### BIDEFORD
🄰 S. 161 E4
Besucherinformation
✉ The Quay
☎ 01237/47 76 76

### PLYMOUTH
🄰 S. 161 E2
Besucherinformation
✉ 3–5 The Barbican
☎ 01752/30 63 30

### BUCKLAND ABBEY
🄰 S. 161 E2
✉ 400 m südl. von Yelverton
☎ 01822/85 36 07
🕐 Öffnungszeiten siehe Website
💶 Abtei & Gärten ££; Gärten £

**Die eigenständigen Kelten Cornwalls am westlichsten Ende der Halbinsel konnten durch ihre lange geographische Isolation sowohl ihre eigene Sprache als auch den traditionellen Erzabbau (zumindest bis 1998) und die Fischerei zur Sicherung ihres Lebensunterhalts bis heute bewahren.**

48 km westlich von Plymouth liegt **Polperro**, ein reizendes Fischerdorf. Vom Hafen führt ein Klippenpfad in 120 m Höhe nach Westen zu einsamen Stränden. Vom hübschen **Fowey** *(5 South St., Tel. 01726/83 36 16)* aus grauem Stein setzt Sie die Fußgängerfähre für eine Klippenwanderung nach Bodinnick über, von Polruan aus fahren Schiffe zurück.

St. Austell, weiter im Westen, ist umgeben von den »Cornish Alps«, weißen Hügeln aus Kaolin, einem Rückstand der Porzellanherstellung. An der B3272

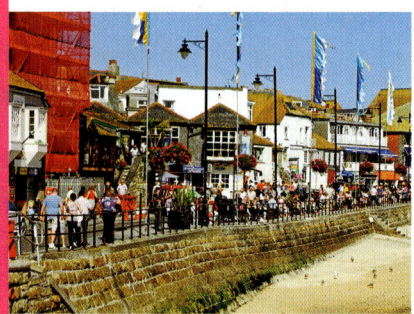

St. Ives ist seit dem späten 19. Jahrhundert ein beliebtes Urlaubsziel der Briten.

zwischen St. Austell und Mevagissey weisen Schilder auf die **Lost Gardens of Heligan** *(Pentewan, Tel. 01726/84 51 00)* hin. Die Parkanlage wurde 300 Jahre lang von der Familie Tremayne gestaltet. 1991 begann man damit, die Anlage in ihrer einstigen Pracht wiederherzustellen. Ungewöhnlich ist das **Eden Project** *(Bodelva, Tel. 01726/81 19 11)*. Dort werden in einem alten Steinbruch exotische Klimazonen mit ihrer Vegetation in riesigen »Biomen« präsentiert.

## RICHTUNG LAND'S END

Südlich der kornischen Hauptstadt **Truro** *(Information, Boscawen St., Tel. 01872/27 45 55)* führt die A3078 nach **St. Just-in-Roseland** an der Fal-Mündung. Nehmen Sie die King-Harry-Fähre nach Feock zum sehenswerten **Trelissick Garden**. Die Festungen von Pendennis und St. Mawes zu beiden Seiten des Mündungsgebietes ließ Henry VIII. zum Schutz vor einer französischen Invasion bauen.

Auf der **Halbinsel Lizard** zieht man in **Helston** Anfang Mai mit dem »Furry Dance« durch die Straßen *(Information, 79 Meneage St., Tel. 01326/56 54 31, So geschl.)*. In **Lizard Village** können Sie polierten roten, grünen oder weißen Serpentin kaufen, auf einem Spaziergang zu den zauberhaften Inseln und Klippen von **Kynance Cove** sehen Sie ihn in natura.

Auf der Felseninsel **St. Michael's Mount** thronen eine normannische Abtei, eine Festung und ein Herrenhaus. Bei **Land's End** wandern Sie die malerischen Klippen entlang.

## DIE NORDKÜSTE

Die Nordküste Cornwalls ist rau, das Moor voller Altertümer: die **Chysauster Ancient Village**, die Grabkammer aus der Bronzezeit, **Lanyon Quoit** und die Megalithen **Mên-an-Tol** bei Morvah. Im Künstlerort **St. Ives** *(Information im Rathaus, Street-an-Pol, Tel. 09052/52 22 50)* gibt es Galerien und Museen: Die Bildhauerin Dame Barbara Hepworth (1903–75) wohnte am Barnoon Hill; ihr Haus ist heute das **Barbara Hepworth Museum and Sculpture Garden**. In Higher Stennack ist Bernard Leachs (1887–1979) Töpferwerkstatt *(So geschl.)*, und an der Porthmeor Beach eine Dependance der **Tate Gallery** *(Tel. 01736/79 62 26, Nov.–März Mo geschl.)*. **Padstow** ist wegen seines 'Obby 'Oss Festivals berühmt. Die Burg in **Tintagel** *(Information, Bossiney Rd., Tintagel, Tel. 01840/77 90 84)* soll König Artus' Geburtsort gewesen sein. In einem engen Tal 8 km Richtung Norden liegt das bezaubernde Dorf **Boscastle**. ∎

### MIT DEN 'OBBY 'OSSES FEIERN

Selten werden Feste so kräftig gefeiert wie beim **'Obby 'Oss Festival** *(padstowlive.com/events/padstow-may-day)* in Padstow. Mischen Sie sich am frühen Morgen des Maifeiertages (1. Mai) unter die Menschenmengen und sehen Sie den 'Osses, den Tänzern und Musikern, bei ihrem Treiben zu. Die 'Osses *(hobby horses, Steckenpferde)* sind Tänzer, die als pferdeköpfige Ungeheuer verkleidet eher wie Kreaturen aus einem Alptraum wirken. Sie symbolisieren das Ende des Winters und das Herannahen des Frühlings. Alle fallen in den Kehrvers des Maienliedes ein: »Unite and unite and let us all unite, / For summer is acome unto day, / And whither we are going we will all unite / In the merry morning of May«.

### TRELISSICK GARDEN
- 🅰 S. 160 C2
- ✉ Feock
- ☎ 01872/86 20 90
- 💶 ££

### ST. MICHAEL'S MOUNT
- 🅰 S. 160 C2
- ✉ Marazion
- ☎ 01736/71 05 07
- 🕐 Sa & Nov.–Ende März geschl. (an manchen Wintertagen Führungen; Details siehe Website)
- 💶 ££
- stmichaelsmount.co.uk

### CHYSAUSTER ANCIENT VILLAGE
- 🅰 S. 160 C2
- ✉ 4 km nordwestl. von Gulval, an der B3311
- ☎ 01831/75 79 34
- 🕐 Nov.–März geschl.
- 💶 £

### BARBARA HEPWORTH MUSEUM AND SCULPTURE GARDEN
- ✉ Barnoon Hill, St. Ives
- ☎ 01736/79 62 26
- 🕐 Sept.–Mai Mo geschl.
- 💶 ££

### PADSTOW
- 🅰 S. 160 D3
- Besucherinformation
- ✉ North Quay
- ☎ 01841/53 34 49

Mitten im Herzen des Südwestens liegen drei ausgedehnte Moorge-
biete. Das Bodmin Moor in Cornwall ist kaum bekannt. Im Norden
Devons liegen die roten Sandsteinhügel des Exmoor, im Süden die
Granitfelsen des finsteren Dartmoor, das durch Dauernebel und
Schauergeschichten Berühmtheit erlangte.

## DAS BODMIN MOOR

Das Bodmin Moor *(Karte S. 160 D3, Information, Shire House, Mount Folly
Sq., Tel. 01208/766 16)*, ein Gebiet von 24 km Durchmesser, ist das am
wenigsten bekannte der drei Moore. Dame Daphne du Maurier wurde
durch Geschichten, die sie während ihres Aufenthaltes im Moor in dem
Gasthof Jamaica Inn hörte, zu ihrer Schmugglerromanze *Jamaica Inn*
(Gasthaus Jamaica, 1936) inspiriert. Über der A30 gelegen, ist das Inn
heute keinesfalls mehr einsam, aber das schiefergedeckte Haus hat den-
noch etwas von seinem Reiz bewahrt. Ein Weg Richtung Süden führt zum
Dozmary Pool, angeblich ein See ohne Grund, in den Sir Bedevere das
Schwert Excalibur schleuderte, das er dem tödlich verwundeten König
Artus abgenommen hatte. 8 km weiter stehen die drei Steinkreise »The
Hurlers« (2200–1400 v. Chr.), der Legende nach gottlose Leute, die zu
Stein wurden, weil sie am heiligen Sonntag Hurling spielten. In der Nähe
befindet sich der Cheesewring, ein von Wind und Regen unterhöhlter 9
m hoher *tor* (Turm) aus Granitplatten; 3 km weiter südlich Trethevy Quo-
it, eine Grabkammer, deren Deckstein auf Steinplatten ruht. Nördlich von
Camelford, am Nordende des Moors, weist ein Schild an der A39 den

Im Dartmoor gibt es viele mit Steinmauern eingefasste, aus dem Moor gewonnene Felder.

## DIE ROTHIRSCHE IM EXMOOR

In den drei Moorgebieten des Südwestens findet man in der Regel die gleichen Tierarten: Bussarde, Ottern und halbwilde Ponys. Aber eine Art gibt es nur im Exmoor: den Rothirsch. Er ist das größte und auffälligste einheimische Tier Großbritanniens, besonders in der Brunft- und Paarungszeit im Oktober/November, wenn die Hirsche mit ihren riesigen Geweihen in die tiefer gelegenen Wälder und Felder ziehen, um einen Harem von Weibchen zu sammeln und zu verteidigen. Im Exmoor leben etwa 5000 Tiere, doch sind sie mit ihrem rötlichen Fell in der rotbraunen Heidelandschaft nur schwer auszumachen. Im Exmoor National Park *(siehe Besucherinformation auf dieser Seite)* bieten erfahrene Ranger Beobachtungstouren zu den Hirschen *(£–££)* an.

Weg zum Hügel Brown Willy (413 m), dem höchsten Punkt des Moores und Cornwalls. Ein Fußweg (1,6 km) führt zum Gipfel des Rough Tor (393 m).

## DAS DARTMOOR

Nordöstlich von Plymouth bildet der **Dartmoor National Park** *(Karte S. 161 E3, High Moorland Visitor Centre, Princetown, Yelverton, Tel. 01822/89 04 14)* ein über 1014 km² großes Oval aus Granithügeln, heidebewachsenen Tälern und Sümpfen. Von Postbridge an der A3212 aus können Sie am Ufer des East Dart nach Norden bis zu den Steinkreisen Grey Weathers wandern. Weiter östlich, bei Manaton, lädt das Flusstal des Bovey zum Spaziergang ein, am westlichen Rand des Moores windet sich ein Fußweg in die Schlucht Lydford Gorge hinab.

## DAS EXMOOR

Der **Exmoor National Park** *(Karte S. 161 E4, 7–9 Fore St., Dulverton, Somerset, Tel. 01398/32 38 41, exmoor-nationapark.gov.uk)* hat nichts von der beklemmenden Düsternis des Dartmoor. Der Sandstein unter dem Moor scheint mit seiner Wärme die Oberfläche zu durchdringen. Es gibt zahlreiche, exzellent markierte Fußwege. Im Westen locken ein Spaziergang durch den Park von **Arlington Court** *(11 km nordöstlich von Barnstaple, Tel. 01271/85 02 96, nationaltrust.org.uk, Öffnungszeiten siehe Website)*, im Norden der Dunkery Hill, mit 511 m die höchste Erhebung im Moor, und nordöstlich von Dulverton die Tarr Steps, eine mittelalterliche *clapper bridge* (Steinplattenbrücke). Zwischen Watersmeet und Dunkery spielt die Liebesgeschichte *Lorna Doone* von R. D. Blackmoore (1825–1900). Hier trifft man auf das Doone Valley (Lank Combe bei Badgworthy Water) und die Kirche St. Mary's bei Oare, wo der eifersüchtige Carver Doone Lorna erschoss.

Typisch für Somerset sind Moorgebiete und eine Landwirtschaft, die auf Milchviehhaltung setzt. Bemerkenswert ist die kleine Stadt Wells mit ihrer grandiosen Kathedrale. An der Nordgrenze der Grafschaft liegen mit Bristol und dem Kurort Bath gleich zwei sehenswerte, wenn auch grundverschiedene Städte.

## GLASTONBURY & DIE SOMERSET LEVELS

Die Somerset Levels, 1690 km$^2$ Flachland zwischen den Quantock und den Mendip Hills, waren einst Marschland, bis im Mittelalter Mönche Deiche bauten und das Land dem Meer abrangen. Statt Hecken begrenzen *rhynes* genannte Kanäle die Felder, und in der Torflandschaft erheben sich flache Hügelkuppen.

Historisch bedeutend ist der **Glastonbury Tor** bei Glastonbury, ein Hügel mit einem Kirchturm (14. Jh.): Hier sollen König Artus und seine Ritter begraben worden sein; andere behaupten, der »once and future king« und seine unglückliche Gattin Guinevere ruhten unter der Ruine der **Glastonbury Abbey** (*Magdalene St., Tel. 01458/83 22 67*). Hier, an der frühesten Stätte des Christentums in England, wurden die Sachsenkönige – zwei Edmunds und ein Edgar – beigesetzt. Wo einst die normannische, angeblich von Joseph von Arimathäa gebaute und 1184 ausgebrannte Kirche stand, ist eine Marienkapelle zu sehen. In der Nähe befinden sich die **Abbot's Kitchen** mit einem achteckigen Dach und das **Somerset Rural Life Museum** in der ehemaligen Scheune Abbey Barn (beide 14. Jh.).

Über Glastonbury Tor gibt es viele Legenden; er wird sogar mit König Artus in Verbindung gebracht.

## IN EINER MOSTEREI AUF DEM LANDE

Neben dem süßen, klaren, moussierenden Apfelwein aus dem Handel gibt es den herben, trüben und wesentlich stärkeren *scrumpy*, das Nationalgetränk Somersets. Erkundigen Sie sich in Pubs oder auf Höfen nach örtlichen Erzeugern, die in alten Spindelpressen aus einem »Kuchen« aus Stroh und Trester frischen Apfelsaft gewinnen. Verwirrt? Keine Sorge – genießen Sie das vergorene Endprodukt und huldigen Sie dann den restlichen Tag dem Gott des Apfelweins.

In den Somerset Levels mit den vielen Obstgärten wird überall *cider* gekeltert. Dabei ist Roger Wilkins führend. In seiner altmodischen Cider-Scheune in den Hügeln am Moor in Mudgley füllt der Landwirt den Nektar aus traditionellen Fässern ab – ein Tröpfchen von dem süßen, ein Tröpfchen von dem herben, bis schließlich die Mischung perfekt mundet. Hier kann man auch leckeren Käse aus der Region kaufen. Es ist hier ruhig, duftet süß und man vergisst die Zeit. Kein Wunder also, dass sich diese Mosterei **Land's End** nennt *(Land's End Farm, Mudgley, Wedmore, Somerset, Tel. 01934/71 23 85, wilkinscider.com).*

## WELLS

Am Fuße der Mendip Hills liegt Wells, die kleinste Stadt Englands. Eine gotische Kathedrale beherrscht die mittelalterlichen Straßen. Die Kalksteinhügel westlich der Stadt bieten Sehenswertes wie z. B. die **Höhlen bei Wookey Hole** und **Cheddar** und den West Mendip Way über die Hügelkämme. Durch die Penniless Porch oder das als »Dean's Eye« bekannte mittelalterliche Tor in der Sadler Street gelangen Sie zur **Wells Cathedral** *(Tel. 01749/67 44 83),* deren Westfassade für viele die schönste aller europäischen Kathedralen ist. Zwischen den beiden stumpfen Türmen sind sechs Skulpturenbänder mit insgesamt 300 Figuren (13. Jh.) angebracht.

### GLASTONBURY
🅰 S. 161 G4
Besucherinformation
✉ The Tribunal, 9 High St.
☎ 01458/83 29 54

### SOMERSET RURAL LIFE MUSEUM
✉ Chilkwell St., Glastonbury
☎ 01823/27 88 05
🕐 Mo, Nov.–Ostern auch So geschl.

### WELLS
🅰 S. 161 G4
Besucherinformation
✉ Town Hall, Market Pl.
☎ 01749/67 17 70

### WOOKEY HOLE CAVES
🅰 S. 161 G4
✉ Wookey Hole, 3 km nordwestlich von Wells
☎ 01749/67 22 43
€ £££

### CHEDDAR CAVES & GORGE
🅰 S. 161 G4
✉ Cheddar, 13 km nordwestlich von Wells
☎ 01934/74 23 43
€ £££

Im Inneren verblüffen sofort die durchbrochenen Scherenbögen, die zwischen 1338 und 1348 zur Abstützung des (ursprünglich nicht geplanten) Vierungsturms errichtet wurden. Die 1180 begonnene Kathedrale birgt reiche Schätze mittelalterlicher Schnitzkunst und Architektur. Beachtenswert ist die astronomische Uhr von 1392 mit beweglichen Figuren im nördlichen Querhaus: Jede Stunde werfen sich Ritter mit ihren Lanzen aus dem Sattel. Am oberen Ende eines breiten Treppenaufgangs geht es in das Kapitelhaus aus dem frühen 14. Jahrhundert. Aus der schlanken Mittelsäule aus Purbeck-Marmor fächern sich in unvergleichlicher Grazie die 32 Rippen des Gewölbes auf.

Nicht weit von der Kathedrale befinden sich der befestigte **Bishop's Palace** *(Tel. 01749/67 86 91, Nov.–März geschl.)*, die **Vicar's Close** (die älteste komplett mittelalterliche Gasse Europas) und das sehenswerte **Wells Museum** *(8 Cathedral Close, Tel. 01749/67 34 77)*.

## BRISTOL

Bristol hat einen Seehafen, der aber nicht am Meer liegt, sondern durch die 6 km lange Avon-Schlucht mit dem Bristol Channel verbunden ist. Die Nähe zum Atlantik und der Wein-, Tabak- und Sklavenhandel mit Amerika und der Karibik verhalfen Bristol zu Wohlstand. Hier setzte 1497 der Genueser John Cabot die Segel und »entdeckte« Neufundland und das amerikanische Festland – am Narrow Quay steht sein Denkmal. Die meisten Geschäfte und Cafés liegen am Narrow Quay im Zentrum. Ebenfalls hier: ein Wissenschaftserlebniszentrum und das Blue Reef Aquarium im **At Bristol**, die atmosphärische King Street mit dem **Theatre Royal** (1766) und dem Fachwerk-Pub **Llandoger Trow** (17. Jh.) und darüber die Kirche **St. Mary Redcliffe** mit ihrem hohen Turm und dem üppig ornamentierten Nordportal.

Gelbe Wassertaxis düsen an der **M Shed** vorbei, deren Ausstellungsräume Bristols Geschichte ergründen, und weiter zum historischen Dampf-

### BRISTOL
⬛ S. 161 G5
Besucherinformation
✉ 1 Canons Rd., Harbourside
☎ 03333/21 01 01

### AT BRISTOL
✉ Harbourside, Bristol
☎ 0845/345 12 35
**at-bristol.org.uk**

### M SHED
✉ Princes Wharf, Wapping Rd.
☎ 01173/52 66 00
🕐 Mo geschl.
€ Kostenlos
**bristolmuseums.org.uk/m-shed**

### S.S. GREAT BRITAIN
✉ Great Western Doc, Gas Ferry Rd., Bristol
☎ 01179/26 06 80
**ssgreatbritain.org**

## ISAMBARD KINGDOM BRUNEL (1806–59)

Dieser Mann mit dem großen Namen verkörperte wie kein Zweiter den Dünkel, das Selbstbewusstsein und die Erfindungsgabe eines viktorianischen Ingenieurs. Er entwickelte Dampfschiffe, baute Brücken und Docks und träumte von einer mit Druckluft betriebenen Eisenbahn. In Bristol sind viele seiner brillantesten Werke zu sehen: die Bristol Old Railway Station von 1840 (heute: Temple Meads Station), der älteste Kopfbahnhof der Welt, die S.S. *Great Britain* (Stapellauf 1843), der weltweit erste hochseetaugliche Schraubendampfer, und die Clifton Suspension Bridge (1836–64) über die Avon-Schlucht, das Wahrzeichen Bristols.

schiff S.S. *Great Britain* (siehe Kasten). In der Gas Ferry Road hat Aardman Animations (*aardman.com*) seinen Sitz, die Macher von *Wallace & Gromit*, *Shaun das Schaf* und anderen Filmen. Die Studios sind nicht zugänglich, aber manchmal steht etwas Spannendes im Fester.

Durch die georgianischen *terraces* und *crescents* im nordwestlichen eleganten Stadtteil **Clifton** gelangen Sie auf einer Hängebrücke (siehe Kasten) über die Schlucht in die Leigh Woods.

## BATH

Englands Paradestück harmonischer georgianischer Architektur ist ein Muss für jeden Reisenden. Trotz vieler Besucher sind die Stadtrundgänge (siehe S. 174 f.) einfach toll.

Die Geschichte des bedeutendsten britischen Kurortes begann um 850 v. Chr., als der leprakranke König Bladud – so die Legende – ausgestoßen wurde und fortan Schweine hütete. Er sah, wie sich die Tiere, denen das Fell juckte, in den warmen Quellen der Kalksteinhügel suhlten, tat es ihnen gleich und war geheilt. Als um 44 v. Chr. die Römer kamen, wurden die Quellen bereits von den Einheimischen genutzt. Neben Bädern und anderen Prachtbauten errichteten die Römer einen Sulis-Minerva-Tempel, der römisch-keltischen Göttin der Heilkunst geweiht. Erst in den 1880er-Jahren legte man einen Großteil dieser Gebäude frei. Nach dem Rückzug *(Fortsetzung S. 176)*

## INSIDERTIPP

**Vor Ihrem Besuch in den Roman Baths können Sie die Engel zählen, die an der Fassade der Abbey Church die Himmelsleiter hochklettern.**

PAULA KELLY, NATIONAL GEOGRAPHIC-MITARBEITERIN

Dieser Rundgang führt Sie zu den Höhepunkten in Bath – von den Roman Baths zu den Parks und *terraces*, zu prachtvollen Plätzen und der Royal Crescent, einem Glanzstück georgianischer Eleganz.

Relief einer römischen Göttin, das man 1790 beim Bau des Pump Room fand.

Bei der Besucherinformation am Abbey Churchyard geht es los; hier bekommen Sie einen Plan, mit dem Sie in vielen Museen ermäßigten Eintritt erhalten.

Die **Roman Baths** ❶ *(Stall St., Tel. 01225/47 77 85)* gegenüber (um 65–75 v. Chr.) werden vom konstant 46,5 °C heißen Wasser der Quelle nebenan gespeist. Das Bäder-Museum zeigt ein Modell des gesamten Bad-/Tempel-Komplexes und fantastische Funde. Beeindruckend: eine Bronzebüste der Sulis Minerva und ein riesiger Götterkopf aus Stein mit wildem Haupt- und Barthaar. Im eleganten **Pump Room** (18. Jh.), können Sie Tee trinken oder ein Glas des Heilwassers kosten.

Gegenüber steht die **Abbey Church** ❷ (Tel. 01225/42 24 62), die ab 1499 von Bischof Oliver King erbaut wurde. An ihrer Westfassade turnt eine Engelsschar an Leitern, das Innere beeindruckt durch feine Fächergewölbe. Lassen Sie den **Kirchhof** hinter sich, und gehen Sie zwischen den Säulen hindurch über die Bath Street zum vornehmen **Cross Bath** ❸. Hier errichtete die Gattin von James II. ein Votivkreuz, als sie nach einem Bad in der Quelle ihre – lang erwartete – Schwangerschaft feststellte. **Thermae** *(Tel. 01255/33 12 34)*, eine moderne Therme, ist ein beliebtes Wellnessbad.

Nach rechts kommen Sie über die Saw Close (später Barton Street) zum noblen **Theatre Royal** ❹ *(Saw Close, Tel. 01225/44 88 44, vereinzelt Führungen, telefonisch anfragen)*. Die Barton Street führt zum Queen Square, um den sich Bauten John Woods d. Ä. gruppieren.

Von der gegenüberliegenden Ecke des Platzes aus gelangen Sie zum **Royal Victoria Park**, dessen Eingangstor von einem Steinlöwen bewacht wird. Der Kiesweg rechts führt im Bogen zum Halbrund des **Royal Crescent**. Diese harmonische Häuserfront wurde in den 1760/70er-Jahren von John Wood d. J. erbaut, worauf die Spekulanten mit den Häusern hinter der *crescent* astronomische Summen erzielten. Im Haus **Nr. 1 Royal Crescent** ❺ *(Tel. 01225/42 81 26, Dez.–Jan. & Feb.–Nov. Mo geschl.)* suggerieren eine Sänfte in der Eingangshalle und eine große Küche die Atmosphäre der georgianischen Zeit. Durch die Brock Street geht es zum **Circus** ⑥, einem Meisterwerk John Woods d. Ä. mit einem umlaufenden Fries aus Masken, Ranken, magischen Symbolen, Musikinstrumenten und Tieren. Durch die Bennett Street gelangen Sie zu den **Assembly Rooms** ⑦ *(Tel. 01225/47 77 89)* von 1772: ein von Lüstern (18. Jh.) erhellter Ballsaal, ein achteckiges Spielzimmer mit Musikantengalerie und ein Teesalon. Hier versammelte sich zu Jane Austens Zeit die feine Gesellschaft von Bath. Das **Fashion Museum** *(Tel. 01225/47 77 85)* stellt Mode aus. Bartlett Street und Broad Street führen zur **Pulteney Bridge** ⑧ (1769–74). Die Grand Parade, das Halbrund der Orange Grove und der Terrace Walk bringen Sie in die Nähe des Ausgangspunktes. In **Sally Lunn's House** können Sie sich bei einer Tasse Tee und den zu Recht gerühmten riesigen *buns* erholen.

| | |
|---|---|
| 🗺 | Siehe auch Karte S. 160 f. |
| ▶ | Besucherinformation |
| ⏱ | ½ Tag |
| ↔ | 2,5 km |
| ▶ | North Parade Passage |

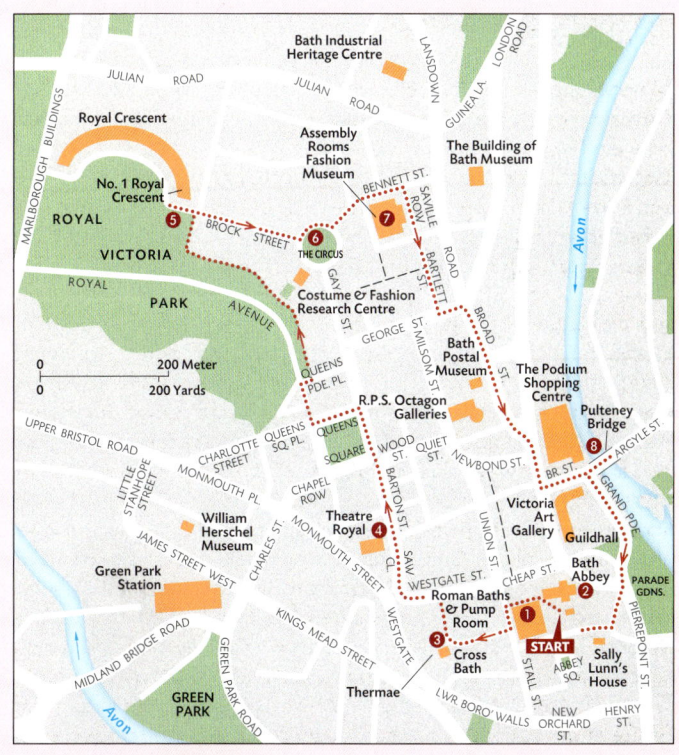

der Römer wurde das Heilwasser weiter zur Behandlung genutzt, der Ort war aber im Mittelalter eher als Markt bekannt.

Ab 1704, mit der Ernennung von Richard »Beau« Nash (1674–1762) zum Zeremonienmeister, dem Richter in allen Geschmacks- und Stilfragen, wurde die Stadt berühmt. Man organisierte Bälle, Empfänge, Wettspiele und Reisen, und von allen Städten Englands war Bath der beliebteste Ort, um sich zu verlieben, zu verloben und zu heiraten.

Ralph Allen eröffnete südlich des kleinen Kurortes, in Combe Down, einen Steinbruch, und die beiden John Woods, Vater und Sohn, gestalteten mit dem goldenen Stein die heute sichtbaren eleganten Plätze und Fassaden von Bath.

**Die Umgebung von Bath:** Nördlich der A431, gut 6 km westlich der Stadt liegt das Dorf North Stoke, wo der reizvolle (aber oft auch sehr matschige) Weg zu den Buchen auf dem Kelston Round Hill beginnt. Bei guter Sicht können Sie von oben mehr als 80 km weit über Somerset und Gloucestershire bis zur Severn-Mündung und den walisischen Hügeln sehen.

13 km nördlich von Bath, an der A46, liegt das barocke Herrenhaus **Dyrham Park**, im Landschaftsgarten weiden Damhirsche. Südlich von Bath bietet die Hügelkette bei Beechen Cliff eine schöne Aussicht über die Stadt.

Im Wasser des Roman Great Bath, einst überdacht, spiegelt sich der wechselhafte britische Himmel.

## BRADFORD-ON-AVON

Östlich von Bath an der Grenze zu Wiltshire liegt das Weberstädtchen Bradford-on-Avon *(Karte S. 161 G4, Besucherinformation, The Greenhouse, 50 St. Margaret's St., Tel. 01225/86 57 97)* mit seinen bezaubernden Steinhäusern der alten Wollhändler, aber auch mit einigen anderen architektonisch interessanten Bauwerken. Dazu zählt die seltene vornormannische Kirche, die jahrhundertelang unbeachtet blieb; sie ist eines der besterhaltenen sächsischen Bauwerke überhaupt. Am Fußweg beim Fluss findet sich ein weiterer Schatz aus dem Mittelalter, nämlich eine große Zehntscheune *(tithe barn)* aus dem 14. Jahrhundert. Das seltsamste Gebäude in Bradford ist vermutlich das kleine finstere Brückengefängnis aus dem 18. Jahrhundert, in dem Trunkenbolde und andere Unruhestifter über Nacht festgehalten wurden.

Gut 3 km nach Südwesten stößt man auf **Prior Park** *(Tel. 01225/83 34 22, nationaltrust.org.uk, Öffnungszeiten siehe Website),* das Haupthaus baute (1735–50) John Wood d. Ä. für Ralph Allen. Das Haus selbst ist nicht zu besichtigen, aber Sie können im Park flanieren und eine der schönsten palladianischen Brücken bewundern.

Das **American Museum in Britain** im nahe gelegenen Claverton Manor dokumentiert das amerikanische Alltagsleben – von der Zeit der ersten Siedler bis zum Ende des 19. Jahrhunderts. Die Schlichtheit der frühen Kolonialzeit, die Eleganz des 18. und die Üppigkeit des 19. Jahrhunderts werden durch Quilt- und Teppichknüpfarbeiten, Navajokunst und schlichte Shaker-Möbel abgerundet.

Weiter südlich sind verborgene Täler mit malerischen Dörfern wie **Englishcombe**, **Wellow** und **Priston** zu entdecken.

## BATH
🄰 S. 161 G4
Besucherinformation
✉ Abbey Chambers, Abbey Church Yard
☎ 01225/32 24 40

## DYRHAM PARK
🄰 S. 161 G5
☎ 01179/37 25 01
🕐 Öffnungszeiten siehe Website
€ £££
**nationaltrust.org.uk**

## AMERICAN MUSEUM IN BRITAIN
🄰 S. 161 G4
✉ 4 km südöstlich von Bath
☎ 01225/46 05 03
🕐 Nov.–März (in der Adventszeit Ende Nov.–Mitte Dez. geöffnet) & April–Okt. Mo geschl.
€ ££
**americanmuseum.org**

## GROSSE LANDSITZE

Die Baukunst des südlichen Somerset ist geprägt vom goldgelben Stein aus Ham Hill. Hier weicht der kühle Kreidefels des Südostens dem warmen Kalk- und Sandstein des Südwestens.

**Montacute House:** Montacute (*Tel. 01935/82 32 89, nationaltrust.org.uk, Nov.–März & April–Okt. Di geschl., Garten ganzjährig geöffnet, £££, nur Garten ££*) liegt 6 km westlich von Yeovil im Süden Somersets. Das Herrenhaus aus Ham-Hill-Stein, ein Meisterwerk elisabethanischer Baukust, wurde 1588 für Sir Edward Phelips, *speaker* (Vorsitzender) im Unterhaus, begonnen. Die Nischenskulpturen blicken auf geometrisch angelegte, terrassierte Gärten mit labyrinthartig gepflanzten Eiben-Bosketten und Tudor-Rosen. Im Haus sind Möbel der Erbauungszeit und über 100 Porträts der Tudor- und Stuartzeit (16. und 17. Jh.) zu sehen.

**Longleat House:** Hinter der Nordostgrenze von Somerset nach Wiltshire steht zwischen Frome und Warminster das elisabethanische Longleat House (1559–80). Sir John Thynne hatte 1541, nach der Auflösung der Klöster, die alte Priorei und 900 ha zum Schleuderpreis von nur 53 £ übernommen. Im Haus sind die große Eingangshalle mit Hammerbalkengewölbe, eine Sammlung alter Meister und fast 50 000 Bücher zu sehen. 1948 machte der 6. Marquess of Bath Longleat der Öffentlichkeit zugänglich. Heute gehören ein Safaripark, Heckenlabyrinthe, Abenteuerspielplätze, eine Schmalspureisenbahn und eine Abenteuerburg zum Anwesen.

**Stourhead:** Die palladianische Villa (1721–24) des Bankiers Henry Hoare enthält Chippendale-Möbel und Landschaftsgemälde von Poussin und Lorrain. Bei der Planung von Stourhead und seiner Gärten ließen sich Hoare und sein Sohn »Henry the Magnificent« von den französischen Künstlern beeinflussen. Am See stehen Grotten, Rotunden und Tempel. Im weitläufigen Park steht 3 km entfernt Hoares 48 m hoher **King Alfred's Tower** (*Tel. 01747/84 11 52, Nov.–März geschl., £*), der nach 206 Stufen einen 80 km weiten Ausblick bietet. ∎

### LONGLEAT HOUSE

- ⬛ S. 161 G4
- ✉ An der A 362 zwischen Frome & Warminster
- ☎ 01985/84 44 00
- 🕐 Öffnungszeiten siehe Website
- 💷 Haus & Anlage £££, Safari- & Abenteuerpark £££££

**longleat.co.uk**

### STOURHEAD

- ⬛ S. 161 G4
- ✉ Stourton
- ☎ 01747/84 11 52
- 🕐 Öffnungszeiten siehe Website
- 💷 Haus & Garten ££££, nur Haus oder Garten ££

**nationaltrust.org.uk**

## ISLES OF SCILLY

Etwa 45 km südwestlich vor der Küste Cornwalls liegen im Meer verstreut etwa 150 Inseln, die Isles of Scilly, die bei klarer Sicht von Land's End aus zu erkennen sind. Eine Fülle an jung- und bronzezeitlichen Denkmälern haben sich dort erhalten. **St. Mary's** ist die größte der fünf bewohnten Inseln. Die anderen Inseln sind autofrei und wundervoll zum Wandern.

Ein Steinlabyrinth auf Bryher, der kleinsten unter den Isles of Scilly

Auf dem subtropischen **Tresco** gedeihen exotische Pflanzen, das winzige **Bryher** ist rauer, das lang gezogene **St. Martin's** hat wunderschöne Sandstrände und der südlichsten Insel **St. Agnes** sind die Western Rocks vorgelagert. Etwa 800 gesunkene Schiffe zeugen von den gefährlichen Felsen und sind heute beliebt bei Wracktauchern (islesofscilly-travel.co.uk).

🅰 S. 160 A1–B1 Besucherinformation ✉ Porthcressa Bank, St. Mary's, Isles of Scilly ☎ 01720/42 40 31 ⊠ Isles of Scilly Travel ☎ 01736/33 42 20

## LUNDY

Vor der nordwestlichsten Ecke Devons, 18 km von der Küste entfernt, ragt Lundy in den breiter werdenden Bristol Channel. Die Hügel der einsam liegenden und reizvollen Insel mit nur 5 km Länge und 800 m Breite säumt eine spektakuläre Steilküste. Nur etwa 20 Menschen leben hier. Sie betreiben die Marisco Tavern, in der (auf dem Festland gebrautes) Lundy-Bier ausschenkt wird, einen Laden und im Auftrag des Landmark Trust, dem die Insel gehört, einige Cottages für Gäste.

🅰 S. 160 D4 ⛴ Von Bideford, Ilfracombe und Clovelly ☎ 01271/86 36 36

## STEEP HOLM & FLAT HOLM

Weiter nördlich lohnt ein Ausflug zu zwei Vogelschutzinseln, dem buckligen Steep Holm und dem flachen runden Flat Holm, beide mit bemerkenswerter Flora und Fauna und schon seit prähistorischer Zeit besiedelt. **Steep Holm** 🅰 S. 161 F4 ⛴ Tel. 01934/52 21 25; **Flat Holm** 🅰 S. 161 F4 ⛴ Tel. 02920/87 79 12

‹ Die walisische Nationalflagge – *Y Ddraig Goch* (der rote Drache) – auf Conwy Castle

Wales bietet erstaunlich viel: schroffe Gebirge im Norden, Fischer-orte, lange Steilküsten und Sandstrände am Meer, sanfte Hügel und Täler voller Burgen im Landesinneren. Hier ist man stolz auf das reiche künstlerische Erbe aus Legenden, Liedern und Dichtung und die Beteiligung walisischer Politiker, Denker, Redner und Aktivisten am Gesellschaftsleben Großbritanniens.

Der Llangollen Canal ist ein beliebtes Gewässer.

1997 stimmten die Waliser in einem Referendum für ihr eigenes Parlament, eine Entscheidung, die das Nationalbewusstsein widerspiegelt. Doch das war nicht immer so. Wie Schotten und Iren hatten auch die Waliser gegenüber den Engländern meist das Nachsehen. Im 8. Jahrhundert errichtete Offa, der König von Mercia, einen 128 km langen Grenzwall mit Graben. Nach der normannischen Eroberung regierten die als *Lords Marcher* (Grenzherren) bezeichneten Barone wie Könige von ihren Burgen aus das Land. Vor allem unter Prince Llewelyn the Great (1173–1240) und seinem Enkel Llewelyn the Last (gest. 1282) kam es zu Aufständen, doch Edward I. machte die walisische Autonomie durch zwei entscheidende Feldzüge 1277 und 1282–84 zunichte. Eine letzte Schlacht fand um 1400 unter Prinz Owain Glyndwyr im Grenzland statt. Nach seiner Niederlage war die englische Vorherrschaft gesichert.

Zwischen 1536 und 1543 wurden England und Wales unter Henry VIII. vereinigt, doch in ganz Wales finden sich heute noch Zeugnisse aus 400 Jahren Besatzung und Widerstand: Burgen, Herrenhäuser, Verteidigungswälle und festungsähnliche Kirchen. In den letzten Jahren war eine Wiederbelebung der eigenen Sprache und Kultur spürbar. Walisische Stars wie z. B. die Schauspielerin Catherine Zeta-Jones, die Rockbands Manic Street Preachers und Stereophonics, der Sänger Tom Jones und die Sängerinnen Duffy oder Charlotte Church sind zunehmend in den Vordergrund gerückt. ∎

Zur Orientierung

★ London

Carmel Head
Amlwch
Great Ormes Head
Holyhead
ISLE OF ANGLESEY
Llandudno
Colwyn Bay
Prestatyn
MERSEYSIDE S. 275
5 ▷
Holy Island
Beaumaris Conwy
Rhyl
Flint
Llangefni
Bangor
Penrhyn Castle
Denbigh
Mold
FLINTSHIRE
Menai Strait
Caernarfon
CONWY
CHESHIRE S. 253
Caernarfon Bay
Llanberis
1085m
Capel Curig
Betws-y-Coed
Ruthin
DENBIGH-SHIRE
Wrexham
Snowdon
Llechwedd
Slate Caverns
Llangollen
WREXHAM
Nefyn
Beddgelert
Blaenau Ffestiniog
Ffestiniog Railway
Chirk
Dee
4 ▷
Porthmadog
Portmeirion
Bala
Berwyn
Criccieth
GWYNEDD
Pistyll Rhaeadr
Aberdaron
Pwllheli
Harlech
SNOWDONIA
Llyn Vyrnwy
Bardsey I.
Porth Neigwl
Abersoch
NATIONAL
Barmouth
Dolgellau
892m PARK
Mallwyd
Welshpool
Vyrnwy
A458
SHROPSHIRE S. 253
Cader Idris
Powis Castle
Offa's Dyke
Tywyn
Machynlleth
Montgomery
Aberdyfi
752m
Plynlimon
Severn
Newtown
Cardigan Bay
Borth
3 ▷
Aberystwyth
A44
Llangurig
POWYS
Knighton
Vale of Rheidol
Steam Railway
Devil's Bridge
Rhayader
Radnor Forest
HEREFORDSHIRE S. 201
Aberaeron
Tregaron
Llandrindod Wells
Old Radnor
Beulah
Builth Wells
CEREDIGION
Cardigan
Aberporth
Lampeter
Dinas Head
Strumble Head
Newcastle Emlyn
Hay-on-Wye
PEMBROKESHIRE COAST NATIONAL PARK
St. David's Head
Fishguard
Llandovery
Talgarth
Michaelchurch Escley
PEMBROKESHIRE
Ramsey
CARMARTHENSHIRE
BRECON BEACONS
Brecon
Llanthony Priory
St. David's
St. Brides Bay
Carmarthen
Llandeilo
802m
Carmarthen Van
886m
Black Mountains
MONMOUTH-SHIRE
Monmouth
Shomer
PEMBROKESHIRE COAST NATIONAL PARK
Haverfordwest
A40
St. Clears
Ammanford
NATIONAL PARK
Abergavenny
Forest of Dean
Narberth
Laugharne
A48
Ebbw Vale
Big Pit Mining Museum
Llandogo
Skokholm
Kidwelly
MERTHYR TYDFIL
Pembroke
A477
Tenby
Llanelli
NEATH PORT TALBOT
Abertillery
Tintern Abbey
Bosherston
Carmarthen Bay
SWANSEA
Neath
Rhondda Heritage Park
CAERPHILLY
Chepstow
Caldey
St. Govan's Head
Rhossili
Gower
Oxwich
Swansea
Pontypridd
Caerphilly
Newport
Worms Head
M4
Bridgend
M4
CARDIFF
NEWPORT
GLOUCS. S. 201
BRIDGEND
VALE OF GLAMORGAN
CARDIFF
BRISTOL S. 163
Barry
SOMERSET S. 161
Bristol Channel

1. RHONDDA CYNONTAFF
2. MERTHYR TYDFIL
3. BLAENAU GWENT
4. TORFAEN

0          50 Kilometer
0          25 Meilen

**Fährt man von Bristol aus auf der Brücke über die Severn-Mündung, gelangt man in dieses bewaldete, tief eingeschnittene Tal – auf der westlichen Seite liegt Wales, auf der östlichen England.**

Auf dem alten Wall **Offa's Dyke** (siehe S. 197) am englischen Ufer des Wye können Sie 29 km weit wandern: von **Chepstow** am versandeten Mündungsgebiet bis nach Monmouth am Talende. Zwischen Buchen- und Haselwäldern hindurch sieht man den sich weit unten dahinschlängelnden Fluss. Die Alternativroute führt auf der kurvigen A466 die Talsohle entlang.

Wordsworth verewigte Tintern Abbey in einem Gedicht.

**Chepstow Castle,** die älteste normannische Steinburg Großbritanniens, sitzt auf einem Felsvorsprung über dem steilen Kalksteinufer des Wye. Von hier aus windet sich das Tal durch St. Arvan's nordwärts bis nach Tintern, wo am flachen Flussufer die Ruine der **Tintern Abbey** aufragt, deren grauer, feingliedriger Stein sie besonders filigran wirken lässt. Drei Spitzbogenfenster sind unversehrt erhalten.

Ein Stück weiter können Sie den Wye überqueren und im gemütlichen **Brockweir Inn** *(Tel. 01291/68 95 48)* einkehren. Hier wurden früher Waren aus Bristol in Boote mit flachem Bug umgeladen und durch die Wehre des Wye nach Monmouth gezogen.

Nördlich von Brockweir führt die Talstraße an den am Hang errichteten Häusern von Llandogo vorbei, über den Fluss und am englischen Ufer bis nach **Monmouth** *(Information, Shire Hall, Agincourt Sq., Tel. 01600/77 52 57)* – die steilen Kalksteinufer am Fluss sind mittlerweile Hügeln aus rotem Sandstein gewichen. Monmouth mit seinem gepflasterten Platz und dem Brückenhaus (13. Jh.) ist eine typische Marktstadt des walisischen Grenzlandes: unaufdringlich und behäbig. ■

## WYE VALLEY
⬛ S. 183 D2
**Besucherinformation**
✉ Chepstow Castle Car Park,
   Bridge St., Chepstow
☎ 01291/62 37 72

## CHEPSTOW CASTLE
✉ Bridge St., Chepstow
☎ 01291/62 40 65
€ £

## TINTERN ABBEY
✉ 8 km nördlich von Chepstow
☎ 01291/68 92 51
€ ££

Die walisische Hauptstadt Cardiff war ein eher unbedeutender Küstenort – bis der Marquess of Bute zu Beginn der Eisenbahn-Ära der 1830er-Jahre die Docks ausbauen ließ. Binnen eines Jahrhunderts wurde Cardiff zum weltweit betriebsamsten Verladehafen der immensen Fördermengen aus den Minen im Norden.

Heute sind die Minen stillgelegt, aber die Bucht von Cardiff erfuhr einen Aufschwung mit hippen Bars, Restaurants und Geschäften.

Das extravagante Märchenschloss **Cardiff Castle** wurde vom 3. Marquess of Bute von 1867–75 um den normannischen Bergfried angelegt: Bestaunen Sie den Summer Smoking Room und den prunkvollen Maurensaal. Außerdem sehenswert: die prächtige, 60 m hohe Kuppel der **City Hall** im Cathays Park und das **National Museum and Gallery** mit einer hervorragend präsentierten prähistorischen Sammlung sowie Werken des Impressionismus. Bei St. Fagans liegt das **Museum of Welsh Life** *(Tel. 03001/ 11 23 33)*, das sich auf altes Brauchtum spezialisiert hat.

In den Tälern nördlich von Cardiff wurden bis in die 1980er-Jahre Kohle und Eisenerz gefördert. Einen Eindruck vom Leben der Bergarbeiter vermittelt das **Big Pit Mining Museum** (43 km nördlich, siehe Kasten).

Der **Bike Park Wales** *(Tel. 07902/58 99 55, cognation.co.uk)* in Merthyr Tydfil bietet Trails für alle Biker, vom Anfänger bis zum Könner. ■

## MIT EINEM BERGARBEITER UNTER TAGE

Als Blaenafon's Big Pit 1980 geschlossen wurde, machten die Bergleute und Ingenieure aus der Not eine Tugend und verwandelten ihr Bergwerk in eine Touristenattraktion, das **Big Pit Mining Museum** *(Blaenafon, Torfaen, Tel. 029/20 57 36 50, museum.wales/bigpit)*. Nach dem Besuch der Ausstellung über Leben und Arbeit der Bergleute fährt man mit Helm und Grubenlampe ausgestattet in den Stollen ein, begleitet von einem ehemaligen Bergarbeiter. In 30 m Tiefe läuft man gebückt einen vergitterten Gang entlang, hier mussten bis in die 1840er-Jahre 8-jährige Kinder schuften. Während der Führung sehen Sie behauene Kohleflöze und hören von den halbblinden Grubenponys, die einmal im Jahr für eine Woche ans Tageslicht kamen.

**CARDIFF**
▲ S. 183 C1
Besucherinformation
✉ The Old Library, The Hayes
☎ 029/20 87 35 73

**CARDIFF CASTLE**
✉ Castle St.
☎ 029/20 87 81 00
€ ££

**NATIONAL MUSEUM AND GALLERY**
✉ Cathays Park
☎ 029/20 39 79 51
🕐 Mo geschl.

Der Nationalpark von Pembrokeshire umfasst den wilden Küstenabschnitt im Südwesten. Weit draußen am westlichsten Ende der rauen, zerklüfteten Halbinsel liegt St. David's, die kleinste Stadt Großbritanniens und zugleich eine der reizvollsten. Ihr ganzer Stolz ist die große Kathedrale, die ab 1180 auf der Stätte eines Klosters errichtet wurde, das der hl. David um 550 n. Chr. gegründet hatte.

### ST. DAVID'S CATHEDRAL

Die Kathedrale besitzt einen 38 m hohen Vierungsturm, im Westen eine Fensterrose, im Osten einen Lettner aus dem 14. Jahrhundert und eine Eichenholzdecke im Mittelschiff (16. Jh.). In der Vierung steht der Schrein des Heiligen, eine Nachbildung (1275) des gestohlenen, vornormannischen Originals. Ein Platz im Chorgestühl ist immer dem britischen Monarchen vorbehalten.

Neben der Kathedrale stehen die mächtige Ruine des **Bishop's Palace** mit einer Fensterrose in der Great Hall und die Privatkapelle der Bischöfe von St. David's.

**INSIDERTIPP**

**Mein Lieblingsort auf Gower ist Rhossili Bay. Am Südende liegt die kleine Insel Worms Head, die man nur bei Ebbe erreichen kann.**

ALED GREVILLE, NATIONAL GEOGRAPHIC, BÜCHERLEITER DER ENTWICKLUNGSABTEILUNG

Eine schöne Küstenwanderung im **Pembrokeshire Coast National Park** ist der 6,5 km lange Rundweg von der Whitesands Bay um **St. David's Head**. An Zeugnissen aus der Eisen- und Steinzeit geht es vorbei an den Strand, von dem St. Patrick im frühen 5. Jh. auszog, um die Iren zu missionieren.

An der Küste von Pembrokeshire bei Bosherston ist die Green Bridge zu bestaunen.

Ein 6 km langer Weg führt von **Bosherston** aus (32 km südöstlich von St. David's) um **St. Govan's Head** an den Seerosenteichen des Dorfes und der winzigen Eremitenkapelle St. Govan vorbei.

Der 2012 eröffnete **Wales Coast Path** führt auf großartigen Wanderwegen die Küste entlang vom Fluss Severn zum Dee *(walescoastpath.gov.uk)*. Vor der Küste liegen die Inseln **Ramsey, Skokholm** und **Skomer**, Oasen der Schönheit und Rückzugsgebiete für Vögel und Wildtiere. Eine Übernachtung dort ist unvergesslich, muss aber frühzeitig reserviert werden. Näheres erfahren Sie im Besucherzentrum von St. David's.

Im Osten von Südwales liegt die **Gower Peninsula**, 8 km breit und 29 km lang. Ihre Küsten und Strände zählen zu den schönsten Großbritanniens. ■

## DYLAN THOMAS

Dylan Thomas (1914–53), der walisische Nationaldichter, war ein Sprachkünstler. Durch die Rezitation seiner Gedichte oder seiner kraftvollen, stilistisch dichten Prosa wie *A Child's Christmas in Wales* im Sender BBC wurde seine gewinnende Stimme berühmt. Am bekanntesten ist das 1954 posthum veröffentlichte Hörspiel *Under Milk Wood*. Die letzten Jahre verbrachte Thomas in einem »seashaken house / On a breakneck of rocks / Tangled with chirrup and fruit« – im **Dylan Thomas Boathouse** *(Dylan's Walk, Tel. 01994/42 74 20)* neben dem holprigen Weg an der Taf-Mündung bei Laugharne, 16 km südwestlich von Carmarthen. Hier ist das Wohnzimmer der Familie Thomas zu besichtigen, ebenso der Arbeitsplatz in seiner Hütte.

Der Dichter, dessen Trunksucht schließlich unberechenbar geworden war, starb im November 1953 auf einer Lesereise durch die USA . Er wurde in Laugharne beigesetzt. Einen Überblick über Leben und Werk gibt das **Dylan Thomas Centre** in Swansea *(Somerset Pl., Tel. 01792/46 39 80, dylanthomas.com)*.

### ST. DAVID'S
- S. 183 A2
Besucherinformation und Shop
- ✉ Captain's House, High St.
- ☎ 01437/72 03 85

### ST. DAVID'S CATHEDRAL
- ✉ The Close
- ☎ 01437/72 02 02
- € Spende. Führungen ££

### ST. DAVID'S BISHOP'S PALACE
- ✉ The Close
- ☎ 01437/72 05 17
- € £

### PEMBROKESHIRE COAST NATIONAL PARK
- S. 183 A2
- ✉ Llannion Park Pembroke Dock
- ☎ 01646/62 48 00

### GOWER PENINSULA
- S. 183 B1–B2
Besucherinformation
- ✉ Plymouth St., Swansea
- ☎ 01792/46 83 21

Das wilde, einsame Bergland von Mittelwales ist das höchste Gebirge Großbritanniens südlich von Snowdonia und eignet sich hervorragend für Wanderungen. Die wenigen Städte und Dörfer sind beschauliche alte Siedlungen.

Kleiner Wasserfall in den Brecon Beacons

Die Brecon Beacons in der Mitte des **Brecon Beacons National Park** sind von Pony- und Wanderwegen durchzogen. Sie führen auf und um die Gipfel Pen-y-Fan (872 m) und den nahen Corn Du (859 m). Storey Arms an der A470 von Merthyr Tydfil nach Brecon ist ein günstiger Ausgangspunkt, die Wege sind gut markiert.

Nordöstlich der Brecon Beacons erheben sich über tiefen Tälern die Bergrücken der **Black Mountains**, vier parallele, von Nordwesten nach Südosten verlaufende Sandsteinmassive. Planen Sie für Ihren Ausflug mindestens einen Tag ein. Auf kurvigen Gebirgssträßchen geht es zur **Llanthony Priory** im Vale of Ewyas, einer Ruine mit eleganten Spitzbogenfenstern. Ebenfalls sehenswert: die makabren mittelalterlichen Fresken in den Kirchen von Michaelchurch Escley und Partrishow sowie die zahlreichen Secondhand-Buchläden in **Hay-on-Wye** nördlich des Gebirges.

Weiter im Norden liegt **Powis Castle**, 1,6 km südlich von Welshpool an der A483, eines der schönsten Herrenhäuser des Landes, das unter den Tudors und Stuarts um eine Festung (13. Jh.) erbaut wurde. Die Long Gallery und die Schlafgemächer sind prunkvoll ausgeschmückt, und die Gärten im italienischen Stil (1688–1722) gelten als einzigartig in Großbritannien.

## ABERYSTWYTH

Aberystwyth, das an der A487 in der Mitte der langgestreckten Cardigan Bay liegt, ist Sitz der University of Wales, der National Library of Wales und der Welsh Language Society – und damit eindeutig walisisch geprägt. In den Geschäften und Pubs wird mehr Walisisch als Englisch gesprochen, die prowalisische Stimmung ist überall zu spüren.

Einen schönen Blick auf die Stadt bietet die **Great Aberystwyth Camera Obscura** (Tel. 01970/61 76 42, Nov.–März geschl.) auf dem Constitution Hill. Die Holzwaggons der **Aberystwyth Electric Cliff Railway** (Tel. 01970/61 76 42, Nov.–März geschl.) zuckeln auf den Felsrücken mit 114 m hinauf. Oben beginnt ein steiler, 10 km langer Fußweg nach Borth im Norden, von wo Sie der Zug nach Aberystwyth zurückbringt.

19 km landeinwärts – auf der A4120 oder mit der Schmalspurbahn **Vale of Rheidol Steam Railway** – gelangen Sie zur spektakulären dreibogigen **Devil's Bridge**, hier donnert Afon Mynach (Monk's River) aus fast 500 m in die Tiefe. Nördlich von Aberystwyth liegt das Mündungsgebiet des Dyfi (Dovey), ein Stück weiter ragt der Cader Idris auf (878 m), der eine lohnende Bergtour verspricht. Der Weg beginnt 5 km südwestlich von Dolgellau und ist bis zum Gipfel gut markiert. Nach einer Nacht dort oben erwachen Sie – so die Legende – entweder als Dichter oder als Wahnsinniger. ∎

## INSIDERTIPP

**Wandern Sie auf dem Fernwanderweg Glyndwr's Way in Mittelwales, der durch karges Heideland, sanfte Hügel und Wälder führt.**

ERIN MONRONEY, NATIONAL GEOGRAPHIC-MITARBEITER

## RUND UMS ESSEN IN SOUTH WALES

»Discover Places, Faces, Plates, and Spaces« – Mark und Carol Adams laden mit Ihren **Food Adventure Tours** (Tel. 07542/68 96 08, foodadventure.co.uk) dazu ein, in South Wales mal hinter die Kulissen zu schauen und sich mit Köchen und Erzeugern zu unterhalten. Das wird mit Kochkursen und viel Möglichkeiten zum Probieren verbunden, hier steht Überraschendes und Spaßiges auf dem Programm.

### BRECON BEACONS NATIONAL PARK
🅰 S. 183 C2
✉ Plas y Ffynnon, Cambrian Way, Brecon
☎ 01874/62 33 66
**breconbeacons.org**

### HAY-ON-WYE
🅰 S. 183 D2
Besucherinformation
✉ Chapel Cottage Oxford Rd.
☎ 01497/82 01 44

### POWIS CASTLE
🅰 S. 183 C3
✉ 1,6 km südlich von Welshpool, an der A483
☎ 01938/55 19 44
🕐 Öffnungszeiten siehe Website

€ Haus & Garten £££, Garten ££
**nationaltrust.org.uk**

### ABERYSTWYTH
🅰 S. 183 B3
Besucherinformation
✉ Terrace Rd.
☎ 01970/61 21 25
🕐 So geschl.

### VALE OF RHEIDOL STEAM RAILWAY
🅰 S. 183 C3
✉ Park Ave., Aberystwyth
☎ 01970/62 58 19
**rheidolrailway.co.uk**

### GLYNDWR'S WAY
**nationaltrail.co.uk/glyndwrs-way**

**Der Nordwesten des Landes ist das Zentrum der Nationalsprache Walisisch. Auf dem Weg nach Westen bieten sich von den Hügeln, in denen früher Schiefer und Gold abgebaut wurden, schöne Ausblicke. Die sandige Flussmündung bei Barmouth überspannt eine lange, auf 114 dünnen Stützen stehende Eisenbahnbrücke.**

Von **Dolgellau** *(Information, Ty Meirion, Eldon Sq., Tel. 01341/42 28 88)* kommen Sie nach 16 km auf der A496 zum **Harlech Castle** ❶ *(Castle Sq., Tel. 01766/78 05 52)*, einer der Festungen des Iron Ring Edwards I. (siehe S. 192 f.). Bei Maentwrog quert die A496 die Dwyryd-Mündung. Fahren Sie auf die A487, vorbei an den Dampfloks und Bahnhöfen der **Ffestiniog Railway** ❷ *(Blaenau Ffestiniog, Tel. 01766/516 00, festrail.co.uk)*. Die Strecke wurde einst für den Schiefertransport von den Hügeln bei Blaenau Ffestiniog zum 22 km entfernten Hafen von **Porthmadog** eingerichtet *(Information, High St., Tel. 01766/51 29 81)*. 1946 wurde sie stillgelegt, aber von Liebhabern wieder in Betrieb genommen. Die Dampflokomotiven der malerischen **Welsh Highland Railway** *(Tel. 01766/51 34 02)* verkehren heute auf der 40 km langen Strecke zwischen Caernarfon und Porthmadog; dort besteht Anschluss an die Ffestiniog Railway.

Biegen Sie bei Porthmadog rechts ab auf die A498, die über den steilen Aberglaslyn-Pass nach **Beddgelert** ❸ mit Gelert's Grave (siehe S. 193) führt. Die A4085 schlängelt sich weiter nach **Caernarfon** ❹, zur gewaltigsten Festung in Wales (siehe S. 192 f.). Wieder zurück auf der A487 fahren Sie an der Menai Strait entlang, einem Meereskanal zwischen dem Festland und der **Isle of Anglesey**. Wollen Sie die Insel erkunden, planen Sie auch einen Besuch des **Beaumaris Castle** ❺ *(Castle St., Tel. 01248/81 03 61)* ein. Bei der westlichen Menai-Brücke liegt **Llanfairpwllgwyngyllgogerychwyrndrobwllllantysiliogogogoch** *(Information, Holyhead Rd., Tel. 01248/71 31 77)* oder »St. Mary in der Senke bei den weißen Haselsträuchern neben der Stromschnelle und der Kirche St. Tysilio bei der roten Höhle«, meist Llanfair PG abgekürzt. Wieder auf dem Festland, führt die Küstenstraße A55 Richtung Osten an Bangor vorbei zum **Penrhyn Castle** ❻ *(Llandegai, 1,6 km östlich von Bangor, Tel. 01248/35 30 84, nationaltrust.org.uk, Öffnungszeiten siehe Website)*, einem Schloss (19. Jh.), das der Schiefermagnat George Dawkins-Pennant um eine normannische Burg errichten ließ.

Auf der A55 kommen Sie in das Städtchen **Conwy** ❼ *(Information, Muriau Buildings, Rose Hill St., Tel. 01492/57 75 66)*, besichtigen Sie auch die **Burg** *(Castle St., Tel. 01492/59 23 58)* daneben, die ebenfalls zum »Eisernen Ring« gehört.

| | |
|---|---|
| ▲ | Siehe auch Karte S. 183 |
| ▶ | Dolgellau |
| 🕐 | 2½ Stunden |
| ↔ | 136 km |
| ▶ | Conwy |

LLANDUDNO

ISLE OF ANGLESEY

Beaumaris Castle

**⑤ Beaumaris**

**MENAI BRIDGE**

**BANGOR**
Penrhyn Castle

**CONWY ⑦**

**LLANFAIRFECHAN**

**Llanfair PG**

⑥

A545

A5

Menai Strait

**CAERNARFON** ④

A487

A4085

**Salem**

1062m

1085m
Snowdon

**Rhyd-Ddu**

Welsh Highland Railway

782m

③

**Beddgelert**

Snowdonia Forest Park

A5

Blaenau Ffestiniog

A498

Glaslyn

Ffestiniog Railway

**Prenteg**

②

**Tremadog**

**PORTHMADOG**

A487

Traeth Bach

**Maentwrog**

A496

**S N O W D O N I A**

**N A T I O N A L**

**P A R K**

**Tremadog Bay**

**Talsarnau**

Llyn Trawsfynydd

**Harlech**

Harlech Castle
①

**Llanbedr**

589m

**Llanddwywe**

A496

**Llanelltyd**

**START**

0 ———— 8 Kilometer
0 ———— 4 Meilen

**Barmouth**

Mawddach

**Dolgellau**

**Barmouth Bay**

892m
Cader Idris ▲

Edward I. baute Caernarfon Castle, »um die Wilden in den Bergen zu bändigen und zu unterwerfen« – so Daniel Defoes Resümee der Gründe für den Bau dieser Festung an der Menai Strait. Sie ist die berühmteste und eindrucksvollste Burg in Wales. Streng erhebt sie sich über dem Wasser und strahlt noch heute die Macht aus, die Edward I. einst auch die Waliser spüren lassen wollte.

1283 begann man mit dem Bau dieser mächtigsten Burg des »Eisernen Rings«, einer Kette aus acht Burgen in der nördlichen Hälfte von Wales. Flint, Rhuddlan, Conwy, Beaumaris, Caernarfon und Harlech, die je einen Tagesmarsch voneinander entfernt liegen, bildeten einen Verteidigungsring um die Berge von Snowdonia; im Süden standen Aberystwyth und Builth Welsh.

Der Versuch des charismatischen Llewelyn ap Gruffydd, des letzten wirklich walisischen Prince of Wales, verlorene Ländereien zurückzuerlangen, provozierte Edward I. von England zu seinem vernichtenden Schlag gegen die Waliser. Nach seinem Sieg im Jahr 1284 demonstrierte Edward I. seine Autorität über die rebellischen Waliser durch die uneinnehmbar wirkenden Burgen.

Von James of St. George d'Espéranche, Meistersteinmetz und wichtigster Militärarchitekt des späten 13. Jahrhunderts, geschaffen, sollte Caernarfon Castle Verteidigungsanlage und komfortables Quartier in einem sein.

Caernarfon Castle mit seinen wuchtigen und zinnenbewehrten Mauern

Für die hohen Burgmauern wurden schichtweise dunkler Sandstein und heller Kalkstein verwendet. Diese Streifen verleihen der Burg ein fast exotisches Aussehen. Das Gleiche gilt für den achteckigen Grundriss der Türme, auf denen wiederum schlanke, zinnenbewehrte Türme sitzen. Das **King's Gate** ist ein beeindruckendes Burgtor: Fünf separate Durchgänge, sechs Fallgatter, Schießscharten für Bogenschützen und Pechnasen für siedendes Öl erschwerten Angriffe. Sehenswerte Türme sind der **Eagle Tower** am Westende mit seinen verwitterten Adlerfiguren und der **Queen's Tower** im Süden mit einem Infanteriemuseum.

## GESCHICHTE

1282 besiegte Edward I. die Waliser und ließ Llewelyn the Last enthaupten. Um die innere Sicherheit zu wahren, musste er einen englischen Prince of Wales einsetzen. Der Legende nach ließ er verbreiten, dass der Erwählte in Wales geboren und der englischen Sprache nicht mächtig sei. Arglos nahmen die Waliser die Entscheidung des Königs an, denn sie gingen davon aus, dass einer der ihren zum Anführer bestimmt worden sei. Erst als sie den neuen Prince of Wales zu Gesicht bekamen, trat die List des Königs zutage: Es war sein eigener Sohn Edward, der eben auf Caernarfon Castle zur Welt gekommen war.

Im frühen 15. Jahrhundert versuchte der Revolutionsführer Owain Glyndwr zweimal erfolglos, die Burg einzunehmen. 28 Männer konnten die Angriffe abwehren, was von der Stärke des Bauwerks zeugt. Im Bürgerkrieg in den 1640er-Jahren wechselte die Burg dreimal den Besitzer, bevor sie vom Parlament übernommen wurde. Im 20. Jahrhundert wurden auf Caernarfon Castle, der offiziellen walisischen Residenz des Monarchen, zwei Männer zum Prince of Wales ernannt: 1911 Prince Edward (der spätere Edward III.) und 1969 Prince Charles. ■

### GELERTS GRAB

Llewelyn der Große ließ seinen Hund Gelert beim Sohn zurück. Bei der Rückkehr fand er die Wiege umgestürzt und Gelert blutüberströmt. Er glaubte, der Hund habe das Baby getötet und erschlug ihn. Erst als er das Baby unversehrt neben dem Körper eines toten Wolfes liegen sah, begriff er, dass Gelert dem Kind das Leben gerettet hatte. Gelert wurde in Beddgelert begraben (siehe S. 190).

**CAERNARFON CASTLE**
S. 183 B4
Castle Ditch

☎ 01286/67 76 17
€ ££
**caernarfon.com**

**Der Snowdonia National Park im Nordwesten erstreckt sich über fast 2200 km². Seine Bergmassive und Moore zählen zu den eindrucksvollsten Großbritanniens – ein Paradies für Wanderer, Kletterer und Naturfreunde. Die Gebirgslandschaft gipfelt im Snowdon, dem höchsten Berg in Wales.**

Ein Flecken, das »Hole in the Park«, gehört nicht zum Nationalpark: das Städtchen **Blaenau Ffestiniog**, in dem Schiefer abgebaut wird. Hier können Sie die **Llechwedd Slate Caverns** *(Tel. 01766/83 03 06, llechwedd-slate-caverns.co.uk)* besichtigen, wo Sie das Schieferspalten beobachten und ausprobieren können. Auch das weltgrößte unterirdische Trampolin *(bounce-below.net)* und eine 11 km lange Hochseilbahn *(zipworld.co.uk)* können Sie ausprobieren.

18 km weiter nördlich liegt das Dorf **Betws-y-Coed**, hier starten viele Wanderwege in die Berge. **Capel Curig**, 8 km nach Westen liegt ein weiterer Wander- und Kletter-Treffpunkt: Im Norden und Westen liegen die wild zerklüfteten Bergketten Glyders und Carneddau, im Süden, Richtung Snowdon, liegt das **Nant Gwryd Valley**, in dem man sich bei der Snowdonia National Park Authority informieren kann.

In Llanberis fährt die Zahnradbahn auf den Mount Snowdon.

Das Juwel des Nationalparks ist der **Snowdon** (1068 m), auf Walisisch Yr Wyddfa (= Grab): Hier liegt der Legende nach das Grab des Riesen Rhita Gawr, der einen Mantel, gewebt aus dem Barthaar der von ihm ermordeten Könige trug. Das Ungeheuer wurde von König Artur getötet.

Für eine Snowdon-Tour starten Sie bei der Jugendherberge in Pen-y-Pass *(Tel. 08453/71 95 34)*, die an der A4086 zwischen Capel Curig und Llanberis liegt. Der 13 km lange Rundweg ist stellenweise sehr steil und dauert ca. 5–6 Stunden. Sie können auch in Llanberis die **Snowdon Mountain Railway** *(Tel. 01286/87 02 23, Nov.–Mitte März & bei schlechtem Wetter geschl.)* als Aufstiegshilfe nutzen; die einzige Zahnradbahn Großbritanniens überwindet seit 1896 die 1000 Höhenmeter mit einer Steigung von 16,7 Prozent in 7,6 km. Bei klarem Wetter haben Sie vom Gipfel einen 400 km weiten Panoramablick über Wales, England, Schottland und Irland. ∎

## INSIDERTIPP

**In Snowdonia liegen zwei der besten Golfplätze von Wales: Royal St. David's und Nefyn.**

ALED GREVILLE, NATIONAL GEOGRAPHIC BOOKS, LEITER DER ENTWICKLUNGSABTEILUNG

## GEFÜHRTE BERGWANDERUNG

Sowohl der Snowdonia National Park als auch die Snowdonia Society *(snowdonia-society.org.uk, von Nichtmitgliedern Spende erbeten)* bieten geführte Wanderungen in die Berge Snowdonias an – ein einfaches Terrain für erfahrene Bergwanderer, aber für Ungeübte schon eine echte Herausforderung. Daher sollten Sie sich als Anfänger unbedingt einem erfahrenen Bergführer anvertrauen.

### SNOWDONIA NATIONAL PARK
🅰 S. 183 C4
Besucherinformation
✉ Royal Oak Stables, Betws-y-Coed
☎ 01690/71 04 26
**eryri-npa.gov.uk**

### BLAENAU FFESTINIOG
🅰 S. 183 C4
Besucherinformation
✉ Antur Stiniog, High St.
☎ 01766/83 22 14
🕐 Okt.–März geschl.

### BETWS-Y-COED
🅰 S. 183 C4
Besucherinformation
✉ Royal Oak Stables
☎ 01690/71 04 26

### ROYAL ST. DAVID'S GOLF CLUB
✉ Harlech
**royalstdavids.co.uk**

### NEFYN AND DISTRICT GOLF CLUB
✉ Bei Pwllheli
**nefyn-golf-club.co.uk**

Portmeirion, das »Dorf der Fantasie«, liegt auf einer privaten Halbinsel südöstlich von Porthmadog. Die Einzelteile dieses skurril zusammengewürfelten, theatralischen und reichlich schwülstigen Ortes im italienischen Stil trug der walisische Architekt Sir Clough Williams-Ellis (1883–1978) zusammen.

In Portmeirion stehen Bauwerke aus verschiedenen Ländern und Epochen Seite an Seite.

War irgendwo ein Gebäude vom Abriss bedroht, schnappte sich Williams-Ellis ein Bauteil: Götterstatuen aus Hindu-Tempeln, eine pseudo-antike Kolonnade aus Bristol, einen italienischen Kampanile. Durch den Triumphbogen gelangen Sie zum Dorfplatz. An den Hängen ringsum und an der Küste finden sich ein Schloss, ein Leuchtturm, eine indische Hotelbar und ein Rathaus. Dazwischen verstreut liegen kleine, bunt getünchte Cottages. In den Parks wachsen Eukalyptus und Zypressen. Ein Laden mit schnörkeliger Fassade verkauft die bekannten, mit Blumen und Schmetterlingen verzierten Töpferwaren. Besucher können im luxuriösen Portmeirion Hotel oder in einem der Cottages übernachten.

## DIE HALBINSEL LLEYN

Bei Portmeirion beginnt die Lleyn Peninsula, eine spitz zulaufende, 48 km lange Landzunge, die sich von Snowdonia nach Südwesten erstreckt. Sie ist von Felsklippen flankiert und von Sandbuchten gesäumt. An ihrer Südküste liegen die Badeorte Criccieth, Pwllheli und Abersoch. Die ruhigere Nordküste bietet sich für Rad- und Wandertouren an. In der berüchtigten, 5 km langen Bucht **Hell's Mouth** (Porth Neigwl) südlich der Landspitze gab es etliche Schiffbrüche. Ein Stück weiter liegt das Fischerdorf **Aberdaron** und vor Lleyn einsam der Inselhöcker von **Bardsey Island**. Von Pwllheli oder Aberdaron aus können Sie übersetzen, um dort zu übernachten (Näheres beim Bardsey Island Trust, *Tel. 08458/11 22 33*). ∎

**PORTMEIRION**
🗺 S. 183 B4
✉ 3 km südöstlich von Porthmadog

☎ 01766/77 00 00
€ ££

**LLEYN PENINSULA**
🗺 S. 183 B4

Der 128 Kilometer lange Erdwall Offa's Dyke verbindet die einzelnen Regionen. Auch wenn die politische Grenze zu England ein Stück entfernt liegt, markiert der zwischen 778 und 796 von Offa, dem König von Mercia, errichtete Verteidigungswall die alte Grenze. Der Fernwanderweg am Offa's Dyke führt auf etwa doppelter Länge (269 km) von Chepstow im Süden nach Prestatyn im Norden.

Ausgehend von der nordwalisischen Küste breitet sich im Grenzland das **Vale of Clwyd** nach Süden aus. Der Wall verläuft hier zwischen dem Tal und der Hügelkette Clwydian Range mit schönen Wandermöglichkeiten. Denbigh hat eine Schlossruine, und in **Ruthin** (*Information, Ruthin Craft Centre, Park Rd., Tel. 01824/70 47 74*) sind der mittelalterliche St. Peter's Square und die Stiftskirche St. Peter mit einer Tudorholzdecke zu sehen.

An den südlichen Ausläufern der Hügel liegt an der A5 das schmucke Städtchen **Llangollen** (*Information im Rathaus, Castle St., Tel. 01978/86 08 28*). Mit Booten können Sie das nahe Pontcysyllte-Aquädukt überqueren, das höchste und längste Aquädukt Großbritanniens und Weltkulturerbe. Besuchen Sie **Plas Newydd**, einst die Wohnstatt der »Ladies of Llangollen«, der exzentrischen Feministinnen Eleanor Butler und Sarah Ponsonby, mit einer prächtigen neogotischen Einrichtung.

Der Horseshoe Pass bei Llangollen

Für leichte Wanderungen eignen sich die **Berwyn Mountains** südwestlich von Llangollen, wo bei Tan-y-Pistyll (6 km nordwestlich von Llanrhaeadr-ym-Mochnant) der gewaltige Wasserfall **Pistyll Rhaeadr** (der höchste in England und Wales) aus 72 m in die Tiefe stürzt.

Lassen Sie sich den **Forest of Dean** nicht entgehen, ein fast 9700 ha großes Waldgebiet auf der englischen Seite des Wye Valley im Süden. Die »Waldbewohner« sind ein Volk für sich. Vom **Speech House Hotel** im Herzen des Waldes an der B4226 bieten sich viele Wanderungen an. ∎

## OFFA'S DYKE
⬛ S. 183 D3–D4
Offa's Dyke Association
✉ West St., Knighton
☎ 01547/52 87 53
🕐 Nov.–Ostern Sa–So geschl.

## PLAS NEWYDD
✉ Hill St., Llangollen
☎ 01978/86 28 34
🕐 Nov.–März geschl.
€ £–££

## FOREST OF DEAN
⬛ S. 183 D2

‹ Das Queen's Hotel in Cheltenham wurde um 1840 für Kurgäste erbaut.

Diese flache Region im Herzen Englands liegt zwischen dem, was im Norden als »sanfter Süden« gilt, und dem, was die Südengländer als »rauen Norden« bezeichnen. Ihr Charakter vereint beides: die Töne des Oolithkalks und des roten Sandsteins in den Feldern und Wäldern sowie die Schönheit der Städte, die einer Zukunft ohne die traditionellen Fertigungsindustrien entgegensehen.

Die Ursprünge Oxfords reichen bis in die Zeit der Sachsen zurück.

Meist denkt man bei den South Midlands an die großen Ballungsräume – besonders an Birmingham. Der Großteil der Region ist aber ländlich geprägt, die Domstädte und idyllischen Marktstädte und Dörfer sind durchweg schön.

## DIE DREI DOMSTÄDTE

Die Grafschaften Gloucester, Worcester und Hereford mit ihren berühmten »Drei Kathedralen« und den alten Malvern Hills in ihrer Mitte stoßen im Westen an das walisische Grenzland. Weiter östlich ziehen sich von Gloucestershire bis nach Oxfordshire hinein die Cotswolds, eine typisch englische Landschaft in ihrer ganzen Schönheit: Hübsche Dörfer aus silbrigem oder cremefarbenen Kalkstein, prächtige mittelalterliche Kirchen und sanfte Hügel locken Hunderttausende von Besuchern in die Region.

## DIE STÄDTE DER MIDLANDS

Noch beliebter ist Stratford-upon-Avon, die Geburtsstadt von William Shakespeare und die Hauptattraktion der Grafschaft Warwickshire – das riesige Warwick Castle kommt gleich an zweiter Stelle. Richtung Norden liegen drei große Städte: Coventry mit einer Nachkriegskathedrale voll moderner Kunst, das stark asiatisch geprägte Leicester und Birmingham, sicher keine Schönheit, doch auf jeden Fall eine offene, lebendige Stadt von großer kultureller Vielfalt.

# OXFORD & HERRENHÄUSER

Im Südosten liegt Oxford, eine ganz eigene, höchstens mit Cambridge vergleichbare Welt, wo Sie zwischen den herrlichen, mittelalterlichen Colleges mit ihren Kirchen, Sälen und Höfen umherschlendern können. Ein Stück weiter nördlich entfaltet Blenheim Palace seine barocke Pracht, und bei Althorp House, weit im Osten, ruht auf einer Insel im See Diana, die Princess of Wales. ■

London ★

Zur Orientierung

NOTTINGHAMSHIRE
S. 253

DERBYSHIRE
S. 253

Castle
Donington • Kegworth

4 ▷

LINCOLNSHIRE S. 227

Loughborough

STAFFORDSHIRE
S. 253

Coalville

Melton Mowbray

LEICESTER-
SHIRE

RUTLAND

M42

Oakham

Rutland
Water

WOLVERHAMPTON • Walsall

M6

WEST
MIDLANDS

Nuneaton

LEICESTER

Uppingham •

CAMBS. S. 227

SHROPSHIRE
S. 253

BIRMINGHAM

Hinckley

Hallaton •

Corby

M6

M69

M1

Market
Harborough

Oundle

Kidderminster

Solihull

COVENTRY

Kettering •

Thrapston

Bromsgrove

M42

Rugby

NORTHAMPTON-
SHIRE

Stourport-
on-Severn

Tenbury
Wells

Redditch •

M40

Warwick • • Leamington Spa

M45

Wellingborough •

Althorp House

Droitwich •

WARWICKSHIRE

Daentrry

Northampton

Leominster •

A44

A422 Wilmcote

Worcester • •

Shottery

Stratford-
upon-Avon

Towcester •

M1

Stoke Bruerne

BEDFORDSHIRE
S. 115

Weobley • Bromyard

HEREFORDSHIRE

A438 A4103

Great
Malvern

Evesham

Avon

Chipping
Camden

Banbury

A43 • Silverstone

Hereford •

Ledbury •

M5

Broadway •

Shipston-
on-Stour

Brackley •

Abbey
Dore •

Kilpeck •

M50

Tewkesbury

Stow-on-
the-Wold

Chipping
Norton

Ross-on-
Wye

A40

Winchcombe

Cheltenham

Bourton-on-the-Water

M40

Bicester •

Cinderford

Gloucester

Birdlip

Blenheim Palace

Woodstock

BUCKINGHAMSHIRE S. 115

Coleford •

Forest
of
Dean

Painswick •

Chedworth

Burford

Witney •

Oxford

Thame

GLOUCESTERSHIRE

Bibury

A40

OXFORDSHIRE

Lydney •

Stroud •

Cirencester •

Lechlade •

A420

Abingdon

M40

Wotton-under-Edge

Tetbury

Shrivenham

Sutton
Courtenay

Ewelme •

Thornbury •

Westonbirt
Arboretum

White Horse

Wantage •

Wallingford

Henley-on-
Thames

M5

Chipping Sodbury

Goring •

Mapledurham

WILTSHIRE S. 134

Lambourn •

Pangbourne •

Reading

BRISTOL
S. 161

BERKS.

M4

A

SOMERSET
S. 161

B

C

BERKSHIRE
S. 115

D

3 ▷

2 ▷

1 ▷

0        40 Kilometer
0        20 Meilen

Gloucester, Hereford und Worcester, die drei Domstädte und grafschaftlichen Hauptstädte, bilden im Südwesten der South Midlands
ein Dreieck um die unverwechselbare gezackte Silhouette der Malvern Hills. Weidewirtschaft und Obstanbau prägen die Region. Apfel-
plantagen liefern die Früchte für den *cider*.

Die ältesten noch erhaltenen Fächergewölbe Englands befinden sich im Kreuzgang
der Kathedrale von Gloucester.

## GLOUCESTER

Gloucester, die südlichste der drei
Städte, besitzt mit der **Gloucester
Cathedral** eine der prächtigsten
Kirchen Großbritanniens. Mit ihrem Wahrzeichen, dem 68 m hohen Turm, steht sie in einer grünen
Domfreiheit. Die Hundszahn-Or-
namentik der Rundbögen im Mittelschiff zeugt noch von den frühnormannischen Ursprüngen der
1089 bis 1100 erbauten Kirche.
1226 wurde Henry III. hier gekrönt.
Mit der Ermordung von Edward II.
im Berkeley Castle und seiner Bei-
setzung in der Kathedrale 1327 pilgerten Untertanen zu seinem Alabastersarg. Aus dieser Zeit stammt das Ostfenster (1352), das die Krönung
Mariens und die Wappen der Adeligen zeigt, die 1346 in der Schlacht von
Crécy die Franzosen besiegten. Das Glasfenster misst 24 mal 11 m. Das
Great Cloister wurde zwischen 1370 und 1410 mit einem Fächergewölbe
ausgeschmückt – eine perfekte Kulisse für die Harry-Potter-Filme!
Draußen im College Court steht das schiefe Häuschen, das in *The Tailor of
Gloucester* (Der Schneider von Gloucester) von Beatrix Potter (1866–1943)
auftaucht (heute ein Museum). Im Llanthony Warehouse in den Docks befindet sich das **National Waterways Museum** *(Tel. 03030/40 40 40)*. 13 km
entfernt an der B4213, ist in **Deerhurst** eine sächsische Kirche zu sehen,
3 km weiter, in **Tewkesbury** *(Information, Tewkesbury Museum, 64 Berton St.,
Tel. 01684/85 50 40)*, eine der schönsten Abteien Großbritanniens sowie
zahlreiche mittelalterliche Häuser mit schönen Schnitzarbeiten.

## HEREFORD

Die **Hereford Cathedral** ist ein romanisches Bauwerk. Im Inneren stehen
verzierte Grabdenkmäler wie das von Sir Peter de Grandisons (1358),
das ihn in voller Rüstung zeigt, oder das des St. Thomas of Hereford
(1320) mit einer Ehrenwache aus trauernden Tempelrittern.

Im **New Library Building** (1996), einem Anbau des Southwest Cloister (15. Jh.), ist die Mappa Mundi ausgestellt, eine 1289 von Richard of Haldingham angefertigte Weltkarte, auf der alle Kenntnisse des Mittelalters festgehalten sind. Sie geben ein Bild von der Ideenwelt des mittelalterlichen Bildungsstandes. In der **Chained Library** im selben Gebäude sind 1500 Bücher an ihre Pressen (17. Jh.) gekettet. Im Mittelalter statteten Mönche sie mit Malereien aus.

Die eindrucksvolle Kathedrale von Hereford stammt aus dem 12. Jahrhundert.

## WORCESTER

Das Ostfenster der **Worcester Cathedral** überblickt den Kricketplatz (siehe Kasten). Hier wurde der englische König John 1216 auf eigenen Wunsch zwischen den beiden Heiligen Wilstan und Oswald beigesetzt. Zudem zu sehen: eine normannische Krypta (1084) unter der Kathedrale, ein zehneckiger Kapitelsaal (um 1120) und ein 61 m hoher Turm (14. Jh.). Auf die viktorianische Restaurierung der Kathedrale unter George Gilbert Scott (1811–78) verweisen der Marmorboden des Mittel-

---

### KRICKET IN WORCESTER

Obwohl Fußball mittlerweile als Nationalsport der Briten gilt (siehe S. 281), ist doch keine Sportart so tief im Wesen der Engländer verankert wie Kricket. Die modernen Varianten des Spiels (mit einem genauem Zeitlimit und viel Action und Rummel) bieten mehr Spannung als die des County Championship, aber diese längeren Wettbewerbe, die bis zu vier Tage dauern, sind doch die eigentlichen Attraktionen.

Viele Kricket-Plätze liegen in schöner Umgebung, aber der wohl schönste ist der **Worcestershire County Cricket Club** *(New Rd., Worcester, Tickets Tel. 01905/74 80 05, wccc.co.uk, ££££–£££££)* in der Schleife eines Flusses, von Bäumen umsäumt und mit Blick auf die anmutige Kathedrale von Worcester. Lassen Sie sich dort an einem schönen Sommertag mit einer Tasse Tee oder einem Bier nieder und lauschen Sie den entfernten Rufen der Spieler und dem Klacken eines Lederballes auf einen Schläger aus Weidenholz. Egal, ob Sie die Regeln nun verstehen oder nicht: So etwas gehört in England einfach zur zauberhaften Atmosphäre eines lauen Sommertages.

---

## DER CHELTENHAM GOLD CUP

Überall im Lande finden das ganze Jahr über berühmte Pferderennen statt. Die drei bekanntesten sind das Grand National in Aintree, Liverpool, Anfang April, das Derby in Epsom Anfang Juni und das Royal Ascot (berühmt für die exzentrische Hutmode), ebenfalls im Juni. Doch das viertägige **Cheltenham Festival** *(Prestbury Park, Cheltenham, Kartenverkauf Tel. 01242/51 30 14, cheltenhamfestival.net, £££££)* im März, dessen Höhepunkt die Verleihung des Cheltenham Gold Cup ist, gilt vielen als das angesehenste Pferderennen der Welt.

Die überschwängliche Atmosphäre dieses Festivals hat auch mit dem starken irischen Einschlag zu tun. Das Fest fällt meist auf das Wochenende vor oder nach dem irischen St. Patrick's Day (17. März). Daher tauchen viele Iren in Cheltenham auf, um sich dort bei Wein, Weib und Gesang (und Pferdewetten) zu amüsieren.

---

schiffes und die Glasfenster. Die **Royal Worcester Porcelain Company** *(Severn St., Tel. 01905/746 00)* stellt seit 1751 Porzellan her. Das **Worcester Porcelain Museum** *(Tel. 01905/212 47, museumofroyalworcester.org)* kann besichtigt werden. Ein Stück südwestlich von Worcester läuft ein Höhenweg über die Grate und Gipfel der 14 km langen **Malvern Hills** *(Information, 21 Church St., Malvern, Tel. 01684/89 22 89)*. Der Gipfel des Worcester Beacon (418 m) bietet einen traumhaften Panoramablick über sieben Grafschaften und drei Kathedralen. ■

### GLOUCESTER
🅐 S. 201 B2
Besucherinformation
✉ 28 Southgate St.
☎ 01452/39 65 72

### GLOUCESTER CATHEDRAL
✉ College Green
☎ 01452/52 80 95

### HEREFORD
🅐 S. 201 A2
Besucherinformation
✉ 1 King St.
☎ 01432/26 84 30
🕐 Okt.–Ostern So geschl.

### HEREFORD CATHEDRAL
✉ Cathedral Close
☎ 01432/37 42 00
🕐 Mappa Mundi & Chained Library Okt.–Ostern So geschl.
€ Kathedrale: Spende, Ausstellung: ££

### WORCESTER
🅐 S. 201 B3
Besucherinformation
✉ Guildhall, High St.
☎ 01905/72 63 11

### WORCESTER CATHEDRAL
✉ College Green
☎ 01905/73 29 00
🕐 Turm: Öffnungszeiten tel. erfragen
€ Spende

Die Cotswolds mit ihren Weiden, den Wäldern aus Hängebuchen und Eichen, geheimnisvollen kleinen Tälern und vor allem den Städtchen, Dörfern, Kirchen und den mit silbrigem Kalkstein ummauerten Feldern sind typisch für das ländliche England. Die beiden Touren führen jeweils von Cheltenham aus zu den Attraktionen dieser Region.

**Cheltenham** *(Information im The Wilson, siehe unten)*, seit dem frühen 18. Jahrhundert ein Kurort, hat einige der schönsten Regency-Bauten Großbritanniens zu bieten. Von der Rotunde geht es durch **Montpellier** ins Zentrum zur Promenade, die von Blumenrabatten, Bäumen, einem Neptunbrunnen und exklusiven Geschäften gesäumt ist.

Im überkuppelten **Pittville Pump Room** (1825–30) im Pittville Park können Sie das mineralhaltige Heilwasser kostenlos probieren *(Tel. 01242/22 79 79)*. **The Wilson** in der Clarence Street *(Tel. 01242/23 74 31, cheltenham museum.org.uk)* ist eine wundervolle Kunstgalerie und Museum. Im März findet im Prestbury Park der Cheltenham Gold Cup, ein bedeutendes Pferderennen statt (siehe Kasten S. 204). Üblicherweise ist auch eine ausgelassene Truppe irischer Feiernder dabei.

## IM SÜDEN DER COTSWOLDS

Nehmen Sie die A46 von **Cheltenham** ❶ nach **Painswick** ❷ *(Information, Town Hall, Victoria Sq., Tel. 07303/51 69 24)*, einem hübschen, auf einer Anhöhe gelegenen Dorf, auf dessen berühmten Friedhof 99 Eiben und verzierte Barockgräber zu sehen sind.

Bei **Stroud** *(Information, Subscription Rooms, George St., Tel. 01453/76 09 60)* stehen riesige alte Tuchfabriken im bewaldeten Golden Valley. Die A46 verläuft weiter Richtung Süden über die Hügel der Cotwolds mit weiten Ausblicken ins Land. 6 km südlich von Nailsworth geht es nach links zum **Westonbirt Arboretum** ❸ *(5 km südlich von Tetbury, Tel. 01666/88 02 20)*, mit einer Fläche von 24 ha eine der weltgrößten Sammlungen seltener Bäume und besonders schön im Herbst, wenn sich das Laub der Bäume verfärbt.

Fahren Sie von hier aus nach links zurück auf die Hauptstraße, dort nach rechts und durch Shipton Moyne nach **Malmesbury** ❹ *(Information, Town Hall, Market Ln., Tel. 01666/82 37 48)*, das hoch über dem Avon am Hang liegt. Die normannische Abtei hat ein prächtiges Südportal, ein Glasfenster zeigt den Mönch Elmer, der 1005 vom Turm seine Flugversuche machte (und sich dabei beide Beine brach).

Die B4014 führt weiter Richtung Nordwesten nach **Tetbury** *(Information, 33 Church St., Tel. 01666/50 35 52)*, einer reizenden Kleinstadt mit georgianischer Kirche.

Bruchsteinmauern sind typisch für die Cotswolds.

Nach etwa 16 km auf der A433 Richtung Nordosten gelangen Sie nach **Cirencester** ❺ *(Information, Corinium Museum, siehe unten),* der »Hauptstadt« der südlichen Cotswolds. Die spätmittelalterliche Pfarrkirche St. John the Baptist aus goldfarbenem Stein besitzt ein Südportal mit Fächergewölbe. Das **Corinium Museum** *(Park St., Tel. 01285/65 56 11)* zeigt römische Mosaike aus den Fundstätten der Region.

Auf der B4425 fahren Sie weiter nach **Bibury** ❻ zu den Weber-Cottages in der Arlington Row (17. Jh.). Durch das Coln Valley erreichen Sie nun die hervorragend erhaltene **Chedworth Roman Villa** ❼ *(Yanworth, Tel. 01242/89 02 56, national trust.org.uk, Öffnungszeiten siehe Website).* Fahren Sie durch Withington; hinter Dowdeswell biegen Sie auf die A40 zurück nach Cheltenham.

## IM NORDEN DER COTSWOLDS

Von **Cheltenham** ❶ geht es auf der A40 nach **Burford** ❷ *(Information, 33a High St., Tel. 01993/82 35 58),* einer Stadt mit georgianischem Flair. Biegen Sie nach 10 km auf der A424 nach Stow-on-Wold links ab Richtung **Bourton-on-the-Water** ❸ *(Information, Victoria St., Tel. 01451/82 02 11),* dem »Venedig der Cotswolds« mit Fußgängerbrücken über den Windrush.

Die A429 führt weiter Richtung Norden, hinauf ins windumtoste **Stow-on-the-Wold** ❹, wo noch heute ein großer Schafmarkt stattfindet. Nach 13 km auf der A424 Richtung Broadway fahren Sie links auf die B4081 nach **Chipping Campden** ❺ *(Information, The Old Police Station, High St., Tel. 01386/84 12 06),* der besterhaltenen Stadt der Cotswolds. In der Church of St. James (15. Jh.) ist ein Jüngstes Gericht zu sehen, in der Woolstapler's Hall wurde im Mittelalter die Qualität der Schur geschätzt. Südlich des eleganten **Broadway** ❻ *(Information, 14 Russell Sq., High St., Tel. 01386/85 29 37, Jan. & Anf. März–Okt. Mo geschl.)* liegen Stanton und Stanway, zwei Dörfer im Tudor- und jakobäischen Stil.

In **Winchcombe** *(Information, Town Hall, High St., Tel. 01242/60 29 25, Nov.– März Mo–Fr geschl.)* schmücken groteske Wasserspeier (15. Jh.) die Kirche, die sächsischen Steinmetzarbeiten der Benediktinerabtei sind noch erhalten. Von hier aus führt der **Cotswold Way** (1,6 km) zum **Sudeley Castle** ❼ *(Tel. 01242/60 23 08, Öffnungszeiten telefonisch erfragen)* mit einem geometrisch angelegten elisabethanischen Garten und dann zur **Belas Knap**, einer 5000 Jahre alten neolithischen Grabkammer.

| | |
|---|---|
| ◪ | Siehe auch Karte S. 201 |
| ▶ | Beide Touren beginnen und enden in Cheltenham |
| 🕐 | Süden: 2½ Std.; Norden: 2 Std. |
| ↔ | Süden: 120 km; Norden: 104 km |

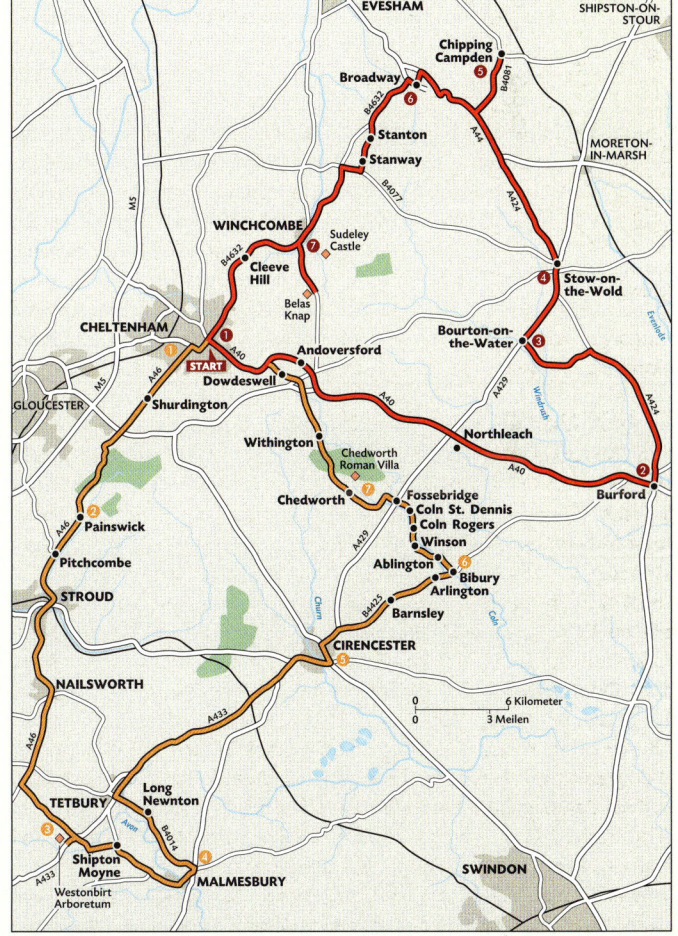

**Die Stadt am Avon ist neben London das beliebteste Ziel England-reisender – dank des Dichters William Shakespeare, der 1564 hier geboren wurde. Warwick Castle, ein prächtiger Herrensitz, liegt nur etwa 11 km nordöstlich.**

## STRATFORD-UPON-AVON

Konzentrieren Sie sich auf einige Sehenswürdigkeiten und bringen Sie genug Zeit mit. Zum Glück ist die Stadtmitte, wo die meisten Sehens-würdigkeiten zu finden sind, überschaubar und gut zu Fuß zu erkunden. Im **Shakespeare's Birthplace** in der Henley Street, einem Fachwerkhaus aus der Tudorzeit, kam Shakespeare (siehe S. 212 f.) zur Welt. Das Haus war unterteilt und beherbergte auch ein Pub, bis es 1847 für die Öffent-lichkeit erworben, umgebaut und eingerichtet wurde. Die ursprüngliche Raumaufteilung ist unbekannt: Erst 1769 bestimmte der Schauspieler Da-vid Garrick eines der Zimmer zum »Geburtszimmer« Shakespeares. In die Fensterscheiben sind Namen zahlreicher berühmter Literaten eingraviert. Biegen Sie am Ende der Stenley Street nach links in die High Street. An der Ecke steht **Judith Shakespeare's House** (einst das Stadtgefängnis), das Wohnhaus der Tochter und heute ein Geschäft mit Tearoom.
Garrick, der das öffentliche Interesse am englischen Nationaldichter neu entfachte, stiftete 1769 das Shakespeare-Denkmal vor dem Rathaus.

Fachwerkhäuser der Tudorzeit prägen das historische Stadtbild von Stratford-upon-Avon.

Ebenfalls in der High Street: **Harvard House** *(Tel. 01789/33 85 34, stratford-upon-avon.co.uk/soaharv.htm)*, ein Fachwerkgebäude von 1596 mit niedrigen Balkendecken und steilen Treppen, in dem John Harvards Mutter geboren wurde. Harvard emigrierte früh nach Amerika und vererbte seinen Besitz 1638 der späteren Harvard University. 1909 übertrug die Schriftstellerin Marie Corelli das Haus an die Universität.

Bei **Nash's House** *(Tel. 01789/29 23 25)* wird die High Street zur Chapel Street. Das Museum zur Stadtgeschichte ist auch Zugang zu Garten und Fundamenten des ehemaligen **New Place**, wohin Shakespeare sich 1610 zurückzog und bis zu seinem Tod lebte. 1759 wurde das Haus von seinem Besitzer, dem Reverend Francis Gatrell, zerstört: Die Shakespeare-Anhänger, die, von Garricks Begeisterung angesteckt, bei ihm anklopften, waren ihm zu viel geworden.

**Andere Wahrzeichen:** Wo die Chapel Street in die Church Street übergeht, steht die **King Edward VI Grammar School**, ein Raum über dem Rathaus. Dort hat Shakespeare möglicherweise als Schüler gebüffelt. Die düstere Weltgerichts-Szene im Altarraum der **Guild Chapel** nebenan (13.–15. Jh.) wurde kurz vor Shakespeares Geburt übermalt.

Biegen Sie nun aus der Church Street links ab in die Old Town zur **Hall's Croft** *(Tel. 01789/33 85 33)*. Hier lebte Shakespeares Tochter Susanna mit ihrem Mann, dem Arzt John Hall; heute erläutert ein Museum die Behandlungsmethoden der damaligen Zeit.

Die **Holy Trinity Church** am Ende der Straße *(Trinity St., Tel. 01789/26 63 16)* birgt im Altargitter die sterblichen Überreste Shakespeares, seiner Frau, der Tochter und des Schwiegersohnes. Hier können Sie einen Blick auf das Glasfenster aus dem 19. Jahrhundert werfen, das die sieben Lebensalter des Menschen aus *As You Like It* (Wie es Euch gefällt) darstellt. Bei der Kirche beginnt ein Fußweg am Ufer entlang zum 1932 eröffneten **Royal Shakespeare Theatre**, wo die Royal Shakespeare Company die Stücke des großen Meisters aufführt.

### STRATFORD-UPON-AVON

▲ S. 201 C3
Besucherinformation
✉ Bridgefoot
☎ 01789/26 42 93

### SHAKESPEARE'S BIRTHPLACE

✉ Henley St.
☎ 01789/20 40 16
€ £££
shakespeare.org.uk

## WARWICK CASTLE

11 km nordöstlich von Stratford-upon-Avon, dort, wo die nördlichen Cotswolds ins fruchtbare Vale of Evesham und die Ebenen im Herzen der Midlands übergehen, liegt Warwick. Dies ist eine der natürlichen Grenzen zwischen Nord- und Südengland. Die Normannen begannen 1068 mit dem Bau einer Burg, deren Überreste heute im Park auf dem kleinen Hügel »Mound« zu sehen sind.

Das strenge Äußere von Warwick Castle verbirgt ein luxuriöses Inneres.

Während des Aufstands der Barone gegen Henry III. im Jahr 1264 eroberte ihr Anführer Simon de Montfort die normannische Burg und zerstörte sie. Zwischen 1350 und 1501 wurde sie in der heutigen Form wiederhergestellt. Die Türmchen und die durch Gräben gesicherten Außenmauern des Warwick Castle erheben sich über einer Biegung des Flusses Avon und spiegeln die Macht der früheren Earls of Warwick wider.

**Eigentum der Krone:** Nach den Rosenkriegen fiel die Burg an die Krone, in deren Besitz sie über ein Jahrhundert blieb. 1604 machte der neue König James I. die Anlage seinem Gefolgsmann Sir Fulke Greville zum Geschenk. Dieser, ein enger Freund Sir Philip Sidneys, fand 1628 ein tragisches Ende: Ein Diener, der glaubte, im Testament seines Herrn nicht bedacht zu werden, ermordete ihn.

Da der militärische Einfluss des Adels allmählich schwand, widmeten sich die Earls of Warwick in den folgenden 200 Jahren der Umgestaltung der Burg zu einem ihrem Rang angemessenen Wohnsitz. Die Great Hall wurde umgebaut, die Prunksäle verkleidet und mit Gemälden alter Meister ausgestattet. Auch das Außengelände wurde 1750 landschaftlich gestaltet – vom Meister Capability Brown persönlich. Nach dem Brand von 1871 musste ein Großteil davon erneuert werden.

## WARWICK ALS »KÖNIGSMACHER«

Der einflussreichste aller Barone von Warwick war der »Königsmacher« Richard Neville, dessen Intrigen in den Rosenkriegen 1461 zur Entthronung Henrys VI. durch Edward IV. beitrugen.

Nachdem sich Neville mit dem neuen König zerstritten hatte, wechselte er die Seiten und erlebte 1470 die kurze, zum Scheitern verurteilte Restauration Henrys mit, bevor er 1471 in der Schlacht von Barnet, mit der Edward sein Comeback inszenierte, ums Leben kam.

**Heutige Attraktionen:** Das düstere Aussehen der mittelalterlichen Festung macht sie zu einer der beliebtesten Sehenswürdigkeiten Großbritanniens und einem der schönsten Herrenhäuser des Landes. 1978 wurde sie von der Tussaud Group übernommen, die einige erstklassige Wachsfiguren-Tableaus installierte. Im mächtigen **Torhaus** (1350) sind noch die Fallgatter und verborgenen Pechnasen zu sehen.

Die **Waffenkammer** ist mit historischen Rüstungen ausgestattet, darunter der schlichte Spitzhelm Oliver Cromwells mit Wangenklappen und Nackenschutz. Weitere Rüstungen und Waffen sowie ein Boden aus rotweißen Marmorfliesen sind in der **Great Hall** zu sehen.

Der Grund um die Burg ist in verschiedene Gärten unterteilt, darunter der berühmte und wundervolle **Victorian Rose Garden**. Etwas dramatischer ist vielleicht die Nachbildung des gut 18 m hohen mittelalterlichen Katapults, das täglich benutzt wird und mit dem ein Weltrekord aufgestellt wurde: Es konnte einen 13 kg schweren Ball mit 256 km/h 245 m weit schleudern. An manchen Sommerwochenenden werden Ritterturniere veranstaltet, die bei den Besuchern sehr beliebt sind. ∎

## INSIDERTIPP

**Wer sich gerne gruselt, sollte in den Warwick Castle Dungeon gehen. Die Wachsfiguren und die Live-Aktionen sind wahrlich schaurig.**

JANE SUNDERLAND, NATIONAL GEOGRAPHIC-MITARBEITERIN

## ROYAL SHAKESPEARE THEATRE

⊠ Waterside, Stratford-upon-Avon
☎ 01789/40 34 93
**rsc.org.uk**

## WARWICK CASTLE

🄰 S. 201 C3
⊠ Castle Hill, Warwick
☎ 01926/49 54 21
€ ££££, Castle Dungeon extra
**warwick-castle.co.uk**

Die Familie, in der eines der brillantesten Sprachgenies der Geschichte geboren wurde, war in keiner Hinsicht außergewöhnlich. William Shakespeares Vater, John Shakespeare, der über seinem Stand heiratete, war der Sohn eines Freisassen aus dem Dorf Snitterfield in der Nähe von Stratford-upon-Avon. Die Mutter des Dichters, Mary Arden, war die Tochter eines wohlhabenden Gutsbesitzers.

## INSIDERTIPP

**Kaufen Sie den Great British Heritage Pass, damit kommen Sie umsonst in über 400 der beliebtesten Sehenswürdigkeiten des British Heritage. Man spart viel Geld und zudem Wartezeit an den Eingängen.**

ALISON WRIGHT, NATIONAL GEOGRAPHIC-FOTOGRAFIN

Als der Vater 1556 starb, hinterließ er Mary ein stattliches Haus und Grund. Ein Jahr später hatte John Shakespeare sie zur Frau genommen und fand sein Auskommen als Handschuhmacher und Tuchhändler – ein sozialer Aufstieg in den Mittelstand, der ihm den Posten eines Ratsherrn und das Bürgermeisteramt eintrug. William war das dritte von acht Kindern von John und Mary Shakespeare. Sein Geburtsdatum ist unbekannt, doch da er am 26. April 1564 (als Gulielmus Shakespeare) getauft wurde, hat sich eingebürgert, den 23. April, den Feiertag des englischen Schutzpatrons St. George, als seinen Geburtstag anzunehmen – zugleich auch sein Sterbedatum im Jahr 1616. Über Williams Kindheit weiß man wenig, geht aber davon aus, dass er die Lateinschule in der Church Street besuchte und seine Leidenschaft für das Theater durch die Aufführungen fahrender Schauspieltruppen entdeckte. 1582 heiratete Shakespeare im Alter von 18 Jahren Anne Hathaway, die

Shakespeare und seine Frau Anne lebten fünf Jahre lang in seinem Geburtshaus.

Tochter eines Grundbesitzers aus Shottery, 1,6 km von Stratford entfernt. Die beiden hatten einen Sohn und zwei Töchter.

Irgendwann zwischen 1585 und 1592 verließ Shakespeare Stratford und setzte sich in London als Schauspieler, Regisseur, Theaterdirektor und Dramatiker durch. 1597 war er Teilhaber des Globe Theatre im Southwark-Viertel, einer verrufenen Gegend am südlichen Themseufer. Sechs Jahre später wurde er selbst Schirmherr der königlichen Theatertruppe, der King's Men.

John Taylor malte 1610 das Porträt von William Shakespeare.

Die Stücke – insgesamt 38 – flossen ihm nur so aus der Feder: von *Love's Labour's Lost* (Verlorene Liebesmüh, um 1590) bis *Henry VIII* (König Heinrich der Achte, um 1611); ebenso die Gedichte – von Sonettzyklen bis zu einer Handvoll klassisch historisierender Verserzählungen für seinen Gönner. 1610 verkaufte er seinen Anteil am Globe Theatre und zog zurück nach Stratford, wo er sechs Jahre später starb. Seine gesammelten Stücke wurden erst 1623 in einem Folioband herausgegeben. Das Interesse an Shakespeare hielt sich in Grenzen, bis Mitte des 18. Jahrhunderts der Schauspieler David Garrick die Begeisterung für den besten Dramatiker der Welt neu entfachte.

## WEITERE SCHAUPLÄTZE

In **Mary Arden's House** *(Tel. 01789/29 34 55)* in Wilmcote, einem Fachwerkhof 6 km nördlich von Stratford, wurde Shakespeares Mutter geboren. Das Shakespeare Country Museum zeigt ländliches Handwerk und Berufe.

**Anne Hathaway's Cottage** *(Tel. 01789/29 21 00)* im Weiler Shottery am Rand der Stadt ist ein reetgedeckter Fachwerkhof, dessen Räume mit Tudormöbeln eingerichtet sind. Im Garten sind alle Baumarten zu finden, die in Shakespeares Werken erwähnt sind.

**Charlecote Park** *(Tel. 01789/47 02 77, nationaltrust.org.uk, Öffnungszeiten siehe Website)* ist ein elisabethanisches Herrenhaus 6 km östlich von Stratford, in dessen Park Sir Thomas Lucy den jungen Shakespeare beim Wildern ertappt haben soll. Shakespeare rächte sich mit Knittelversen über Sir Thomas, worauf er vor dessen Zorn nach London fliehen musste – dass es bei Charlecote damals gar keinen Wildpark gab, hat der Beliebtheit dieser Legende keinen Abbruch getan.

Wenn Sie einen Briten nach den Sehenswürdigkeiten der drei benachbarten Städte Birmingham, Coventry und Leicester fragen, wird er Sie wohl nur verdutzt ansehen. Noch immer gelten die einstigen Motoren der Industrie in den Midlands als hässlich und langweilig.

## BIRMINGHAM

Am zentralen **Centenary Square** werden Kanalbrücken aus georgianischer Zeit und Kanalboote im **Gas Street Basin** von Wolkenkratzern überragt. Auch die neue goldene **Library of Birmingham** steht hier. Das Industriemuseum **Thinktank** in der Curzon Street *(Tel. 01213/48 80 00)* feiert das industrielle Erbe und das erstklassige **Birmingham Museum and Art Gallery** am Chamberlain Square *(Tel. 01213/48 80 00)* zeigt präraffaelitische Kunst.

## COVENTRY

Coventry wurde 1940 schwer zerbombt. Neben den Ruinen der ausgebrannten mittelalterlichen Kathedrale steht die moderne **Coventry Cathedral** *(Tel. 02476/52 12 00)*, ein bemerkenswerter Nachkriegsbau von Sir Basil Spence mit Jacob Epsteins Skulptur *St. Michael Subduing the Devil* und einer riesigen, mit Engeln gravierten Westwand aus Glas. Zur Weihe am 30. Mai 1962 komponierte Benjamin Britten sein *War Requiem*.

## LEICESTER

Besuchen Sie im asiatisch geprägten Leicester den Sikh-Tempel und das **Guru Nanak Sikh Museum** *(Tel. 01162/62 86 06, geöffnet Do Nachmittag)* im Viertel Holy Bones sowie den **Jain Temple** *(Oxford St.).* ∎

---

### ESSEN IN EINEM CURRY HOUSE IM »BALTI-TRIANGEL«

Im »Balti-Triangel«, den Wohnvierteln Balsall Heath, Sparkbrook und Sparkhill in Birmingham, gibt es mehr als 50 *curry houses*. Dies ist die Hochburg des *balti*, eines scharfen, schmackhaften indischen Currys, das in einer gusseisernen Schale gekocht und serviert wird *(balti-birmingham.co.uk)*.

---

**BIRMINGHAM**
🅰 S. 201 B3
Besucherinformation
✉ Library of Birmingham, Centenary Square
☎ 01212/42 42 42

**COVENTRY**
🅰 S. 201 C3
Besucherinformation
✉ Bei Bayley Lane
☎ 02476/22 56 16

**LEICESTER**
🅰 S. 201 C3
Besucherinformation
✉ 51 Gallowtree Gate, Leicester
☎ 01162/99 44 44

In Oxford ist die Atmosphäre das Entscheidende: Bauwerke aus dem Mittelalter, die Innenhöfe um die Rasenflächen und Parks der alten Schulen, überragt von Kirchtürmen. Mittlerweile umgeben Matthew Arnolds »liebliche Stadt der verträumten Kirchturmspitzen« zwar ganz gewöhnliche Autobahnen und Wohnsiedlungen, doch im Herzen Oxfords ist dieses Flair noch immer spürbar.

Ein Großteil der Oxford University besteht aus Colleges, die um rechteckige Innenhöfe gruppiert sind.

Berühmt wurde die *sweet city* durch die **Oxford University**. Als sich 1167 von der Pariser Universität verwiesene Studierende unter dem Protektorat Henrys II. hier ansiedelten, gab es möglicherweise bereits Klosterschulen. Später gründeten Religionsgemeinschaften die ersten Colleges nach einem klösterlichen Grundriss: Kapelle und Refektorium sind ein Teil des Hofes, im Umgang liegen die Zimmer der Studenten.

Mönchische Enthaltsamkeit fand man bei den Studenten des Mittelalters nicht: Es gab Saufgelage und Zusammenstöße mit den Ortsansässigen. Bemerkenswert waren jedoch Zusammenhalt und Einfluss der Graduierten aus Oxford (und Cambridge), die ihnen – bis heute – hohe Positionen in der Kirche, in London, der Finanzwelt, der Politik, bei Gericht und in intellektuellen Kreisen sicherten.

*(Fortsetzung S. 219)*

**OXFORD**
🅰 S. 201 C2
Besucherinformation

✉ 15–16 Broad St.
☎ 01865/25 22 00
🕐 Im Winter So geschl.

Nirgendwo in Europa gibt es mehr klösterlich-akademische Bauwerke als in Oxford. In gemütlichem Tempo brauchen Sie dafür etwa einen Tag, aber wenn Sie sich lieber mehr Zeit nehmen, können Sie die Tour in eine Strecke südlich und eine nördlich der High Street unterteilen.

Der bunte und lebendige Oxford Covered Market zwischen der Turl- und Cornmarket Street

## SÜDLICH DER HIGH

Am Carfax im Zentrum treffen die vier Hauptstraßen zusammen. Der **Carfax Tower** ❶ *(Tel. 01865/79 26 53)*, ein Überbleibsel der Church of St. Martin (14. Jh.), bietet ein tolles Panorama über das Universitätsgelände und die Innenstadt.

Die St. Aldgate's führt am viktorianischen **Rathaus** mit dem **Museum of Oxford** *(Tel. 01865/25 27 61)* vorbei, das Einblicke in die Stadtgeschichte vermittelt. Das **Christ Church College** ❷ *(Tel. 01865/27 61 50)* wurde 1525 von Cardinal Wolsey gegründet. Die Kapelle des College, gleichzeitig die Kathedrale der Stadt, ist eine Gründung der Sachsen mit normannischem Mittelschiff und Chor sowie einem Sternengewölbe des 15. Jahrhunderts. Der Haupthof **Tom Quad** ist von Arkaden umgeben. Von der Glocke Great Tom in Sir Christopher Wrens Tom Tower, hört man um 21.05 Uhr das Abendläuten für die unteren Semester, das heutzutage von den Studenten jedoch ignoriert wird. Der Broad Walk führt links über die Christ Church Meadow zum Fluss Cherwell. Links die Rose Lane hinauf und dann rechts geht es zum 1621 gegründeten **University Botanic Garden** ❸ *(Tel. 01865/28 66 90)*, dem ersten Garten Großbritanniens, der dem wissenschaftlichen Studium von Pflanzen diente.

## MAGDALEN & MERTON

Bei der **Magdalen Bridge** ❹ können Sie *punts* (Kähne) leihen. Das 1458 gegründete **Magdalen College** *(Tel. 01865/27 60 00)* ist mit Wasserspeiern verziert. Auf seinem Turm werden am 1. Mai ein Choral und ein Madrigal gesungen. Die High Street entlang und hinter der Rose Street nach links kommen Sie durch die Merton Street zum **Merton College** *(Tel. 01865/27 63 10)*, das der englische Lordkanzler 1264 einrichtete. Der **Mob Quad** (14. Jh.) birgt die älteste noch benutzte Bibliothek Englands. Rechts geht es zum Oriel Square, dann links am Oriel College vorbei durch die Bear Lane. Die erste Straße rechts führt auf die High.

## NÖRDLICH DER HIGH

Wollen Sie den Rundgang fortsetzen, biegen Sie rechts in die High, wo Sie an der **Church of St. Mary the Virgin** vorbeikommen. Percy Bysshe Shelley (1792–1822) wurde 1811 vom **University College ❺** *(Tel. 01865/ 27 66 02)* verwiesen, weil er subversive Flugschriften verteilt hatte. Nun geht es links durch die Queen's Lane, wo Sie ausgefallene Wasserspeier sehen. Links steht das **Queen's College ❻** *(Tel. 01865/27 91 20)*, groß-teils das Werk von Nicholas Hawksmoor, auch wenn Sir Christopher Wren die Kapelle entwarf. Das **New College** *(New College Ln., Tel. 01865/ 27 95 00)* wurde 1379 vom Bischof von Winchester gegründet. Das College hat einen schönen Hof und Park sowie eine Kapelle mit der *Geburt Christi* von Sir Joshua Reynolds, dem *Hl. Johannes* von El Greco und Jacob Epsteins *Lazarus*.

Unter der **Bridge of Sighs**, einer Nachbildung der venezianischen Seufzer-brücke hindurch gelangen Sie zur Cattle Street. Rechts abbiegen und die Park Road entlang bis zum **Oxford University Museum of Natural History**, wo das **Pitt Rivers Museum** untergebracht ist. Die bemerkens-werte Sammlung anthropologi-scher und archäologischer Stücke

| | |
|---|---|
| 🅰 | Siehe auch Karte S. 201 |
| ► | Carfax |
| 🕐 | 6 Stunden |
| ↔ | 4 km |
| ► | Carfax |

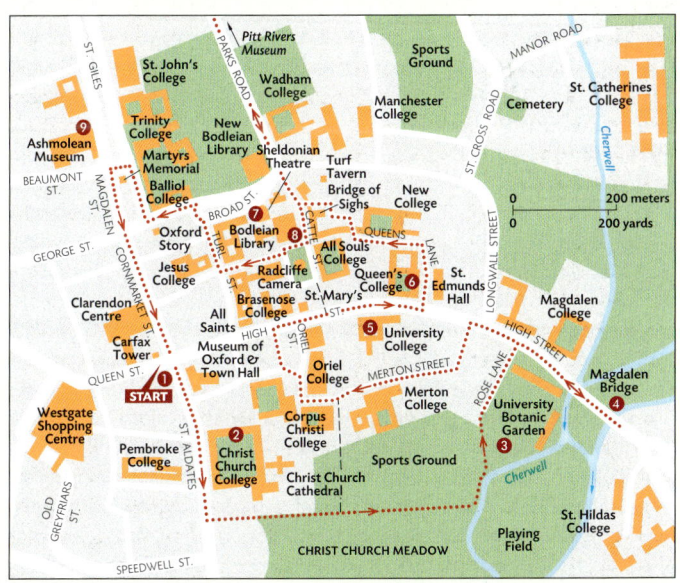

reicht von Federumhängen der pazifischen Inseln über afrikanische Masken zu Eskimoschuhen und einer Hexe aus Sussex, die in einer Flasche gefangen ist.

Wieder zurück auf der Catte Street liegt rechter Hand das **Sheldonian Theatre** **7** *(Tel. 01865/27 72 99, So geschl.).* Der mit Balustraden verzierte Bau von 1699, Wrens Entwurf, wird für universitäre Ereignisse genutzt. Das Deckengemälde zeigt den Sieg von Kunst und Wissenschaft über Unkenntnis und Neid. Im **All Souls College** *(Tel. 01865/ 27 93 79)* in der Cattle Street, 1438 von Henry VI. zum Gedenken an die Schlacht von Agincourt gegründet, gibt es nur *fellows* (Dozenten). Die **Bodleian Library** **8** *(Tel. 01865/27 71 62, Führungen und Öffnungszeiten unter bodleian.ox.ac.uk)* gegenüber erhält von jedem in Großbritannien gedruckten Buch ein Exemplar. In der Divinity School, dem ältesten Hörsaal (15. Jh.), ist eine Auswahl aus den acht Millionen Büchern und Handschriften ausgestellt. Die kreisrunde **Radcliffe Camera** *(mit Führung zu besichtigen)* wurde zwischen 1737 und 1749 im italienischen Stil erbaut.

## VOM TRINITY ZUM ASHMOLEAN

Bleiben Sie auf der Brasenose Lane bis zur Turl Street, in die Sie rechts abbiegen. An der Kreuzung mit der Broad Street sehen Sie das 1555 gegründete **Trinity College** *(Tel. 01865/27 99 00).* Die Kapelle ist mit Schnitzereien von Grinling Gibbons geschmückt.

Dann geht es links die Broad Street entlang und rechts in die Magdalen Street mit dem **Balliol College** *(Tel. 01865/27 77 77).* Der Schotte John Balliol musste es im 13. Jahrhundert gründen, um eine gegen den Bischof von Durham ausgesprochene Beleidigung wiedergutzumachen.

Nun folgt das **Martyrs' Memorial** (1843) von Sir Gilbert Scott, zur Erinnerung an das Martyrium der protestantischen Bischöfe Latimer, Ridley und Cranmer in der Reformationszeit.

Dahinter liegt das 1683 gegründete **Ashmolean Museum** **9** *(Beaumont St., Tel. 01865/278 00, Mo geschl.),* das älteste Museum und die älteste Kunstgalerie in Großbritannien mit der eklektischen Sammlung des Forschers John Tradescant (1570–um 1638) – Michelangelos *Kreuzigung,* dem Schmuck König Alfreds (9. Jh.), ägyptischen Mumien, Landschaftsgemälden von Turner, der Laterne des Verschwörers Guy Fawkes und der Totenmaske Oliver Cromwells.

## UMGEBUNG VON OXFORD

In der Umgebung von Oxford gibt es einige schöne Spazierwege entlang der Themse. Besonders malerisch ist die Strecke stromaufwärts vom alten Trout Inn, einem urigen Gasthof an der Godstow Bridge am Westrand der Stadt, über die Godstow Nunnery, einer Ruine aus hellem Stein, zur ehemaligen Mautbrücke bei Swinford und weiter zum Ferryman Inn bei Bablockhythe.

Flussabwärts von Oxford Richtung Süden sind einige interessante kleine Ortschaften zu erkunden. **Sutton Courtenay** liegt an einem Dorfanger, auf dem Friedhof ruht der Schriftsteller Eric Arthur Blair (Pseudonym: George Orwell, 1903–50).

**Ewelme** ist ein reizendes Dorf, dessen Ensemble aus Kirche, Schule und Armenhäusern aus dem 15. Jahrhundert ein schönes Fotomotiv abgibt. Hier wurde Jerome K. Jerome (1859–1927) beigesetzt, der Verfasser von *Three Men in a Boat* (Drei Mann in einem Boot, 1889).

Das idyllische Dorf Ewelme in den Chiltern Hills

Das prächtige elisabethanische Herrenhaus **Mapledurham House** wurde für die Familie Blount erbaut. Die Schleuse, die Mühle und das Wehr im gleichnamigen Dorf inspirierten Ernest Shepherd, als er Kenneth Grahames Kinderbuchklassiker *The Wind in the Willows* (Der Wind in den Weiden, 1908) illustrierte. Grahame selbst, 1859 geboren, lebte von 1924 bis zu seinem Tod 1932 flussaufwärts im nahen **Pangbourne**.

**Die Berkshire Downs:** 32 km südwestlich von Oxford liegt **Lambourn**, das berühmte Trainingszentrum für Rennpferde. Auf der B4000 oder der B4001 kreuzen Sie in Ashbury bzw. Childrey den alten **Ridgeway**, der auf den Hügelrücken durch die Berkshire Downs verläuft.

Zwischen diesen beiden Orten findet sich auch das berühmte **Uffington White Horse** aus der Bronzezeit, das älteste Scharrbild Großbritanniens, dessen Umrisse aus dem Kalkstein herausgearbeitet wurden. Nahebei ist die riesige neolithische Grabkammer **Wayland's Smithy** zu besichtigen.

### MAPLEDURHAM HOUSE

🄰 S. 201 C1
✉ An der A4074, 8 km nordwestlich von Reading
☎ 01189/72 33 50

🕐 Okt.–Ostern & Ostern–Sept. Mo–Fr geschl.
💶 Haus & Mühle ££, nur Haus ££, nur Mühle £
**mapledurham.co.uk**

Blenheim Palace ist der prächtigste Barockpalast Großbritanniens.

## BLENHEIM PALACE

Am Rande des Dorfes Woodstock, 13 km nördlich von Oxford steht ein barockes Juwel: Blenheim Palace, Sitz des Herzogs von Marlborough. Anfang des 18. Jahrhunderts wurde das Royal Manor of Woodstock samt dem Park John Churchill, dem 1. Duke of Marlborough, übereignet. Vom alten königlichen Jagdsitz, wo Königin Eleanor ihren Henry II. und seine Mätresse »Fair Rosamund« Clifford beim Tändeln erwischte, war schon damals kaum noch etwas übrig. Der Besitz bei Woodstock war ein Geschenk Königin Annes, deren Armee Churchill 1704 im Battle of Blenheim (Blindheim, Zweite Schlacht von Höchstädt) gegen die Franzosen zum Sieg geführt hatte. Das Parlament bewilligte dem Helden eine immense Geldsumme für den Bau eines palastartigen Wohnsitzes, der die Dankbarkeit der Nation widerspiegeln sollte. Im Laufe der fast 20 Jahre währenden Bauzeit von 1705–24 wurde das Vorhaben immer kostspieliger. Als der Duke of Marlborough 1722 starb, musste seine Frau Sarah den Bau fertigstellen.

**Große Pläne:** Dieser Palast ist der einzige nicht königliche Palast des Landes. Die Gestaltung geht auf Sir John Vanbrugh (1664–1726) zurück,

## DIE PARKANLAGEN VON BLENHEIM PALACE

In der Nähe des Hauses sind herrliche Rosenbeete, ein italienischer Garten und ein terrassierter Wassergarten mit asymmetrischen Teichen, Springbrunnen und Statuen zu besichtigen.

Im 850 ha großen Park, den Capability Brown zwischen 1764–74 gestaltete, finden sich u. a. ein hübscher Dianatempel, eine nach dem Tod des Dukes errichtete Siegessäule, auf der der Held als römischer General thront, und die Grand Bridge mit 30 m Spannweite. Die Bäume, die Brown pflanzte, sind heute zu stattlicher Größe herangewachsen. Er ließ den Fluss Glyme stauen, um einen künstlichen See zu bilden, auf dem die heutigen Besucher eine gemütliche Bootsfahrt unternehmen können.

---

den Dramatiker und autodidaktischen Architekten, der, unterstützt von Sir Christopher Wrens Schüler Nicholas Hawksmoor, Pläne im großen Stil entwarf. In dem Palast mit dem eindrucksvollen Säulenportal soll es über 200 Räume geben. Die Flügel des Hauptbaus umgeben einen Innenhof, den Great Court.

Von den vielen prunkvollen Räumen ist die 55 m lange **Long Library** mit den üppigen Stuckdecken und der Gemäldesammlung besonders eindrucksvoll. Die Deckenfresken in der **Great Hall** zeigen den Duke of Marlborough, wie er Britannia in seine Pläne für die Schlacht von Blenheim einweiht. In anderen **Prunksälen** finden sich Wandgemälde von Louis Laguerre und Tapisserien, welche die siegreichen Feldzüge des Dukes darstellen. Sein Denkmal, 1733 von Michael Rysback geschaffen, steht in der **Kapelle** im Westflügel.

Sir Winston Churchill, der Nachfahre des 1. Duke of Marlborough, wurde am 30. November 1874 im Palast geboren; einige Säle sind einer Ausstellung über ihn gewidmet. Churchill starb am 24. Januar 1965 mit 90 Jahren und wurde auf dem St.-Martin's-Friedhof von **Bladon** beigesetzt, das am südlichen Ende des Parks liegt. ■

### BLENHEIM PALACE

- △ S. 201 C2
- ⊠ An der A44 bei Woodstock, 13 km nördlich von Oxford
- ☎ Ansage vom Band: 01993/81 05 30
- 🕐 Mitte Dez.–Mitte Febr. & Nov.–Mitte Dez. Mo–Di geschl. (Park geöffnet)

Manche Tage im Winter geöffnet
- 💷 £££, nur Park ££–£££ je Auto oder £ je Person

Besucherinformation
- ⊠ Oxfordshire Museum, Park St., Woodstock
- ☎ 01993/81 32 76
- **blenheimpalace.com**

# DAS »BOTTLE KICKING« IN HALLA-TON & ANDERE WETTKÄMPFE

Hallaton ist ein Dorf mit reetgedeckten Häusern in der Heideland-schaft von Leicestershire, etwa 24 km südöstlich von Leicester. Aber das ist noch nicht alles, was Hallaton zu bieten hat. Wer an einem Os-termontag frühmorgens ins Dorf kommt, wird Zeuge eines großen Spektakels: Er erlebt das alljährliche »Hare Pie Scramble« und das »Bottle Kicking«.

Am Morgen marschieren die Massen, teils in mittelalterlicher Kleidung, zu den To-ren der St. Michael's Church, um dort eine Hasenpastete anzuschneiden. Später wird die zerteilte Pastete an der Hare Pie Bank in die Menge geworfen. Danach wan-dern alle zum Hare Pie Hill, um gute Plätze für das folgende Ereignis zu ergattern.

Als erstes hebt der »Master of the Stowe« einen bemalten Holzzylinder oder eine Flasche in die Luft, dann stürzen sich Hunderte Männer und manchmal auch ein, zwei Frauen darauf, und die Schlacht beginnt. Ziel ist es für die Menschen aus Hallaton, die Flasche – eigentlich ein kleines, hölzernes Bierfass mit Inhalt – auf irgendeine Art und Weise (fair oder unfair) auf die andere Seite des Medbourne-Baches zu bugsieren, wohingegen auf der anderen Seite die Medbourner versu-chen, das Fass auf die Seite von Hallaton zu bringen. Das erfolgreichste unter den drei Fässern gewinnt. Das ist schon alles. Es gibt keine Teilnehmer- oder Zeitbe-grenzung und keine Regeln. Die Teilnehmer agieren als unorganisierte Masse, die sich mal hierhin, mal dorthin drängt. Jeder ist am Ende mit Matsch beschmiert und mit blauen Flecken übersät, voll mit Bier und Glückseligkeit. Ruhm und Stolz sind alles, was die Sieger ernten.

Was die Ursprünge des Festes angeht, gibt es zwei Mythen. Einige behaupten, dass zwei Frauen, die einem wilden Bullen entkommen waren, als Zeichen ihrer Dankbarkeit dem Dorf jedes Jahr eine *hare pie* und Bier spendiert hätten. Andere halten das Ereignis für einen Fruchtbarkeits- und Initiationsritus junger Männer. Sicher ist, dass sowohl Hallaton als auch Medbourne stolz auf diese Tradition sind und das Ereignis als Ausdruck wahrer britischer Exzentrik in Ehren halten.

Es gibt noch weitere eigentümliche Feste – einige alt, andere modern:

**Haxey Hood** Man zieht sich fein an, trinkt Bier und kämpft im Dreck um eine

Auf die Prozession folgt das »Bottle Kicking«.

lederne Röhre (*the Hood*). Haxey, Lin-colnshire (6. Jan.).

**Cheese Rolling** Eine halsbrecherische Verfolgungsjagd nach Käserädern, die einen steilen Hügel hinabgerollt wer-den. Cooper's Hill, Brockworth, Glou-cestershire (am Bank Holiday im Mai, *cheese-rolling.co.uk*).

**World Bog-Snorkelling Champion-ship** Man schwimmt in einem Moor-graben. Waen Rhydd Bog, Llanwrtyd Wells, Mittelwales (Bank Holiday im August, *green-events.co.u*k).

Die Grafschaft Northamptonshire liegt am östlichen Rand der South Midlands. Die Hauptstadt Northampton ist unspektakulär, vielleicht findet sie deshalb bei Englandreisenden so wenig Beachtung.

Das Herrenhaus Althorp House ist eine Besichtigung wert.

## ALTHORP HOUSE

Auf **Althorp**, dem Familiensitz der Spencers und dem berühmtesten Herrenhaus der Grafschaft, wurde Prinzessin Diana 1997 auf einer Insel im See beigesetzt. Der im 18. Jahrhundert umgebaute Tudor-Landsitz verfügt über Stilmöbel und Porträts, doch sind das Grab Dianas und die Ausstellung die Hauptattraktion.

## OUNDLE

Oundle ist eine hübsche alte Stadt mit Kalksteinbauten. Die **Church of St. Peter** (13. Jh.) ist einen Blick wert. 1880 kletterte ein Schuljunge auf den 61 m hohen Turm und bekam dafür vom Rektor eine Tracht Prügel für seinen Ungehorsam und eine Goldmünze für seinen Mut. Bei der Kirche beginnt ein schöner Rundweg (5 km) über Market Place, St. Osyths Lane, South Road und Bassett Ford Road zum Fluss Nene. Der Uferweg führt in südöstlicher Richtung an der Flussschleife entlang über Ashton Mill, bevor man wieder in die Stadt zurückkehrt. Nördlich von Oundle liegt **Fotheringhay Castle**; dort war Maria Stuart inhaftiert, dort wurde sie auch hingerichtet.

## STOKE BRUERNE

Northamptonshire wird durch den **Grand Union Canal**, der London mit Birmingham verbindet, geteilt. In Stoke Bruerne spielt sich das Leben am Kanal ab. Hier gibt es bunte Kähne, Geschäfte und das **Boat Inn** am Ufer. ■

### ALTHORP HOUSE
- 🅰 S. 201 C3
- ✉ Neben A428, 10 km nordwestl. von Northampton
- ☎ Ansage vom Band: 01604/77 01 70
- 🕐 Sonderöffnungstage s. Website
- 💶 £££–££££

**spencerofalthorp.com**

### OUNDLE
- 🅰 S. 201 D3
- **Besucherinformation**
- ✉ 14 West St.
- ☎ 01832/27 43 33

### STOKE BRUERNE
- 🅰 S. 201 D3

❮ Old Sun Inn in Saffron Walden

Das Kernland bilden Suffolk und Norfolk, die nach Norden, Westen und Süden von Lincolnshire, Cambrigdeshire und Essex umsäumt werden. Zwischen dem 13. und 15. Jahrhundert war es eines der wohlhabendsten und bevölkerungsreichsten Gebiete Großbritanniens – dank seiner guten Wollstoffe und des Geschicks der flämischen Weber, die sich als religiöse Flüchtlinge hier niederließen.

Mittlerweile hat East Anglia seine Bedeutung für Handel und die Modewelt verloren. Es ist eine Region ohne Hauptverkehrswege und mit nur einer bedeutenden Großstadt (außer Cambridge): Norwich. Wichtigster Wirtschaftsfaktor ist die Landwirtschaft. Auf fruchtbaren Lehmböden gedeihen Getreide und Gemüse.

In letzter Zeit wurde East Anglia zum Ziel für Großstadtflüchtlinge, viele Menschen zogen von London hierher, um das geruhsame Leben zu genießen.

## VERBORGENE PARADIESE

Dem County Essex wird selten Beachtung geschenkt, doch seine Küstenstriche sind ein Paradies für Vogelbeobachter. In Saffron Walden und Thaxted im Nordwesten finden sich einige der schönsten mittelalterlichen Gebäude East Anglias. Suffolk und Norfolk bergen eine Fülle architektonischer Schätze: Die reichen mittelalterlichen Wollstoffhändler leisteten sich kunstvoll beschnitzte Fachwerkhäuser und mit die schönsten Pfarrkirchen in Großbritannien; die Landbesitzer im 16. und 17. Jahrhundert hingegen errichteten sich prächtige Herrenhäuser in Backsteinbauweise.

Cambridgeshire ist vor allem für seine schöne Universitätsstadt berühmt. Nördlich von Cambridge läuft die Landschaft flach in die Sümpfe des Fenland aus – fruchtbares Ackerland, von schnurgeraden Wasserläufen durchzogen, wo Kirchtürme und Masten in den

Mit Windmühlen wie der St. Bernets Level Mill wurden die Norfolk Broads trockengelegt.

weiten Himmel aufragen. Dahinter erheben sich die Lincolnshire Wolds, eine weite Kalkstein-Hochfläche, die sich nach Norden bis zur alten Domstadt Lincoln erstreckt. ∎

Zur Orientierung

0    50 Kilometer
0    25 Meilen

Cambridge ist genauso schön wie Oxford, mancher hält es sogar für schöner, weil es sich seine Ursprünglichkeit bis heute bewahrt hat. Seine Schönheit ist unaufdringlicher, träumerischer. Oft liegt hier, am landschaftlichen Übergang zum Fenland, Nebel in der Luft, der die Türme und Zinnen weich zeichnet.

## DIE GESCHICHTE DER UNIVERSITÄT

Als um 1209 Scholaren aus Oxford hierher kamen, gab es entlang des Flusses Cam bereits klösterliche Niederlassungen und Stätten der Gelehrsamkeit. Religiöse Streitigkeiten, Ärger mit den Einwohnern Oxfords und untereinander hatten die Scholaren bewogen, hierherzuziehen und so die zweitälteste Universität Großbritanniens zu gründen.

Zunächst lebten die Studenten – die meisten noch »Teenager« – in der Stadt verteilt, und jeder wählte sich seinen eigenen Professor. 1284 wurde Peterhouse (siehe S. 232), das älteste und kleinste College von Cambridge, gegründet, um Lehrende und Studenten zusammenzuführen. In den folgenden Jahrhunderten wurden Dutzende von Colleges gestiftet – von Gelehrten, religiösen Orden, Reichen, die sich davon ihre Aufnahme in den Himmel erhofften, von Gilden oder Zünften. Die Anlage der Colleges entsprach denen Oxfords – mit Säulengängen, Speisesaal (Re-

Eines der ältesten Vergnügen für Studenten und Besucher in Cambridge ist das punting (*staken*) in einem flachen Kahn auf dem Fluss Cam.

fektorium), Kapelle und Unterkünften, die nach dem Vorbild eines Klosters um einen weiten, offenen Platz gruppiert waren.

Im Laufe der Jahre gab es die üblichen Rivalitäten zwischen der Stadt und den dünkelhaften Bewohnern der Colleges. Während der Reformation im 16. Jahrhundert war Cambridge eine Brutstätte protestantischen Gedankenguts.

## INSIDERTIPP

**Nach einem Bummel durch die Backs genehmigen Sie sich ein Bier im Anchor und beobachten Sie die Boote auf dem Cam.**

PAULA KELLY, NATIONAL GEOGRAPHIC-MITARBEITERIN

Erzbischof Cranmer (Jesus College) und die Bischöfe Latimer (Clare) und Ridley (Pembroke) studierten hier. Ein Jahrhundert später wurde Oliver Cromwell (Sidney Sussex) Parlamentsmitglied für Cambridge. Die Universität hat bis heute ihre Spitzenposition in Lehre und Forschung gehalten. Im 20. Jahrhundert entdeckten James Watson und Francis Crick die Doppelhelix-Struktur der DNA, und Ernest Rutherford entwickelte das nach ihm benannte Atommodell. ∎

## STAKEN AUF DEM CAM

Niemand scheint die Ursprünge des *punting* in Cambridge zu kennen. Es ist jedoch ziemlich sicher, dass diese langen, flachen Boote kurz vor dem Ersten Weltkrieg zu reinen Vergnügungszwecken nach Cambridge gebracht wurden, und zwar aus den sumpfigen Feuchtgebieten des Fen-Distrikts im Norden, wo sie zum Transport von Schilf, Heu, Tieren und Menschen in dem Gewirr der Flüsse und Wasserwege benutzt wurden. Diese Stechkähne sind extrem flach und werden mit langen Stangen, die man ins Wasser stakt, fortbewegt. Sie fügen sich perfekt in das Bild der Zeitlosigkeit in den Backs, den Grünflächen, die sich am Fluss hinter den Colleges entlangziehen.
**Scudamore's Punting Company** (Mill Ln., Tel. 01223/359750, scudamores. com, £££££) hat die meisten *punts* zu vermieten. Eine kurze Einführung, und schon geht es durch die Backs oder in Richtung Grantchester Meadows. Zunächst wird man beim *punting* ein wenig nass, aber das legt sich bei der richtigen Technik schnell.

## CAMBRIDGE
🅰 S. 227 B2
Besucherinformation
✉ Peas Hill
☎ 08712/26 80 06

🕐 Winter So geschl.
**visitcambridge.org**

## THE ANCHOR
✉ Silver St.
☎ 01223/35 35 54

Für diese Tour kann man einen Tag einplanen oder man teilt die Route in Nord- und Süd-Cambridge auf, um an zwei Tagen eines der schönsten Ensembles mittelalterlicher Gebäude in Europa zu erkunden. Einige Colleges erheben inzwischen Eintrittsgelder. Insbesondere während der Examen im Mai und Juni sind Räumlichkeiten geschlossen.

Vom Besucherzentrum in der Wheeler Street biegen Sie rechts zur King's Parade ein. Hier liegt die **Great St. Mary's Church** ❶ (15. Jh.) zu Ihrer Rechten. Der Turmaufstieg wird mit schönen Ausblicken über die Stadt belohnt. Weiter vorn auf der linken Seite liegt das 1348 gegründete **Gonville & Caius College**, seine Eingangstore »Bescheidenheit«, »Tugend« und »Ehre« stehen für die Stufen auf dem Weg zum akademischen Erfolg. Weiter hinten auf der Trinity Street liegt **Trinity College** ❷ *(Tel. 01223/33 84 00)*, gegründet 1546, zu Ihrer Linken. Die Statue Henrys VIII. über dem Eingangstor hält seit dem 19. Jahrhundert ein Stuhlbein. Vielleicht die Idee eines Pförtners, der es leid war, das so oft stibitzte Zepter stets aufs Neue zu ersetzen. Berühmt sind auch die beiden Höfe von Trinity – Cambridges Gegenstück zu den *quads* in Oxford: Der **Great Court** ist der Schauplatz eines Rennens, bei dem Studenten versuchen, den Hof zu umrunden, während die Glocke zwölf schlägt. Im **Nevile's Court** errechnete Isaac Newton (1642–1727) die Geschwindigkeit des Schalls.

Eine ruhige Straße nicht weit vom Trinity College

An der Kreuzung von Trinity Street (ab hier St. John's Street) und Bridge Street steht die **Round Church (Church of the Holy Sepulchre)** ❸, deren runde Form der Grabeskirche in Jerusalem nachgebildet ist, mit einem normannischen Portal. Biegen Sie links in die Bridge Street und überqueren Sie die Magdalene Bridge. Von hier sehen Sie schon die hohen Ziegelmauern und Kamine des **Magdalene College** ❹ *(Tel. 01223/33 21 00)* zur Rechten. Im zweiten Hof ist im **Pepys Building** die Bibliothek von Samuel Pepys untergebracht, zu der auch sein berühmtes Tagebuch in seiner eigenen Kurzschrift gehört. Gehen Sie nun zurück zur St. John's Street und rechts durchs Torhaus ins **St. John's**

College ⑤ *(Tel. 01223/33 86 00)* aus der Tudorzeit. Hier studierte von 1787–90 William Wordsworth. Er schrieb im Gedicht *The Prelude* über Cambridge: »Ernste oder übermütige Talarträger, Doktoren, Studenten, Straßen / Höfe, Säulengänge, Unmengen von Kirchen, Torhäusern, Türmen ...« Hinter St. John's überqueren Sie den Cam auf der Kitchen Bridge. Flussabwärts sehen Sie die **Seufzerbrücke** von 1831. Am anderen Ufer halten Sie sich links in Richtung der **Backs**, der berühmten Grünflächen am Fluss. An der Garret Hostel Lane überqueren Sie den Cam erneut,

| | |
|---|---|
| 🅰 | Siehe auch Karte S. 227 |
| ► | Visitor Information Center |
| 🕐 | 5 Stunden |
| ↔ | 3 km |
| ► | Visitor Information Center |

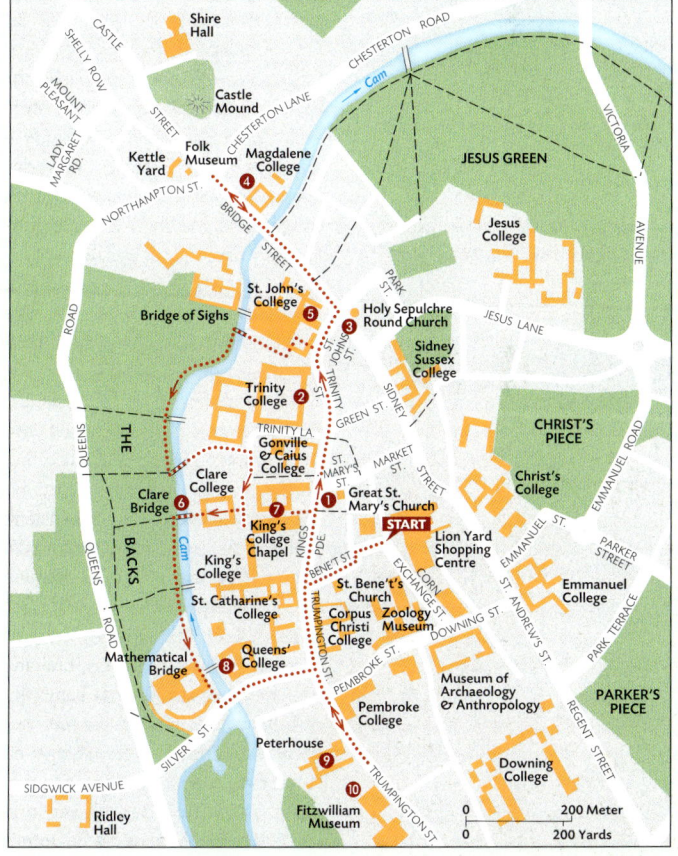

flussaufwärts sehen Sie hier die **Clare Bridge** ❻ mit ihrem schönen Geländer. Die älteste Brücke von Cambridge wurde 1639 errichtet.

Geradeaus und rechts durch die Trinity Lane stoßen Sie auf weiße Steinwände mit Strebepfeilern und Türmchen – die **King's College Chapel** ❼, aus der jedes Jahr weltweit der Weihnachtsgottesdienst übertragen wird. Zwischen 1446 und 1515 erbaut, ist die Kapelle das schönste Beispiel Großbritanniens für spätgotische Architektur mit einem riesigen Fächergewölbe, prächtigen Glasfenstern im Tudorstil, einer Barockorgel und einem Altarbild von Rubens.

**King's College** (Tel. 01223/33 11 00) geht auf die King's Parade hinaus; von dort können Sie zum Visitor's Center zurückkehren. Von der King's College Chapel gehen Sie zurück zur Trinity Lane, halten sich links durch die jakobinischen Höfe des **Clare College** (Tel. 01223/33 32 00) und überqueren den Cam auf der Clare Bridge. Folgen Sie dem Weg links durch die Backs hinter King's College. Nachdem Sie links in die Silver Street abgebogen sind, kommen Sie am **Queen's College** ❽ (Tel. 01223/33 55 11) vorbei, mit Tudorhöfen und dem Fachwerkbau der **President's Lodge**. Wenn Sie den Fluss auf der Silver Street Bridge überqueren, sehen Sie die **Mathematical Bridge**, für die James Essex d. J. 1749 nur Kutschen-Achsen verwendete.

An der Kreuzung Trumpington Street biegen Sie rechts ab zum 1284 gegründeten **Peterhouse** ❾ (Tel. 01223/33 82 00), dem ältesten und kleinsten College, in dem der Speisesaal aus dem 13. Jahrhundert erhalten ist.

Hinter Peterhouse liegt das **Fitzwilliam Museum** ❿ (Trumpington St., Tel. 01223/33 29 00, Mo geschl.), eines der besten Museen Europas. Die Untere Galerie umfasst eine Antikensammlung, Keramik und englische Töpferkunst sowie Buchmalereien aus dem Mittelalter. Die Kunstsammlung der Oberen Galerie reicht von Tizian und Frans Hals über englische Meister bis hin zu den Präraffeliten, Impressionisten und Malern des 20. Jahrhunderts.

Zurück über die Trumpington Street und vorbei am **Pembroke College** (Tel. 01223/33 81 00) liegt hinter der Silver Street das **Corpus Christi College** (Tel. 01223/33 80 00). Es wurde 1352 gegründet, um begabten Jungen aus armen Verhältnissen die Möglichkeit einer guten Ausbildung zu geben. Auf der Nordseite verbindet eine Galerie das College mit St. Bene't's Church, deren sächsischer Turm das älteste Bauwerk der Stadt ist. Über die King's Parade und die Bene't Street rechts erreichen Sie das Visitor's Center.

---

## INSIDERTIPP

**Jeden Tag um 17.30 Uhr kann man dem engelsgleichen Gesang des rotgewandeten Chores in der King's College Chapel bei der Abendandacht lauschen.**

CHRISTOPHER SOMERVILLE, NATIONAL GEOGRAPHIC-AUTOR

Nördlich und östlich von Cambridge liegen die Städte Ely und New-market. Ely besitzt eine achteckige Vierung im Turm der normannischen Kathedrale und Newmarket ist das Zentrum des britischen Rennsports und der Pferdezucht.

## ELY

24 km nördlich von Cambridge liegt am Rand der Fenland-Ebene die Stadt Ely. 1083 begann man mit dem Bau der **Ely Cathedral** *(Tel. 01353/66 77 35)*, der 1189 abgeschlossen wurde. 1322 errichtete man nach dem Einsturz des ursprünglichen normannischen Vierungsturms ein Achteck aus Holz mit einem Gewicht von 363 Tonnen. 1348 wurde eine anmutige, 19 m hohe Laterne als Abschluss hinzugefügt, die von mächtigen Eichenstämmen gehalten wird. Diese kronenartige Bauweise und der 65 m hohe Turm am Westende machen Ely Cathedral zu einem unverkennbaren, weithin sichtbaren Wahrzeichen. Beispiele für die hohe Kunst der Glasmaler, die bis auf das

Das oktogonale Sterngewölbe aus Holz in der Kathedrale von Ely ist ein einzigartiges Meisterwerk des Decorated Style.

Jahr 1240 zurückgehen, sind im **Stained Glass Museum** *(South Triforium, Tel. 01353/66 03 47)* in der Kathedrale ausgestellt.

## NEWMARKET

Mitte des 18. Jahrhunderts wurde in Newmarket der Jockey Club gegründet, um den mittlerweile verlotterten Rennsport in neue Bahnen zu lenken. Seither ist Newmarket das Zentrum des britischen Rennsports und der Pferdezucht. In dem flachen, offenen Land rund um die Stadt liegen etwa 50 Gestüte und einige Dutzend Rennställe. Hinzu kommen rund 80 km Galoppstrecken. Die kleine Stadt Newmarket liegt 21 km östlich von Cambridge an der A45. In der von georgianischen und

**ELY**
🄰 S. 227 B3
Besucherinformation

✉ Oliver Cromwell's House, 29 St. Mary's St.
☎ 01353/66 20 62

## INSIDERTIPP

**An Renntagen strömen die Menschen nach Newmarket, um sich mit Würstchen von Musk's\* einzudecken. Musk's besitzt eine königliche Lizenz.**

ANJALI RAMCHANDAN, NATIONAL GEOGRAPHIC-MITARBEITERIN

viktorianischen Gebäuden gesäumten High Street wurde auch das **National Horse Racing Museum** (Tel. 01638/66 73 33) eingerichtet.

Ganz in der Nähe befindet sich das Hauptquartier des **Jockey Clubs** (*Besichtigungen werden vom National Horse Racing Museum organisiert*), wo die Regeln des Rennsports geprüft und fehlgeleitete Jockeys und Pferdebesitzern die Leviten gelesen werden. Unterhalb des Museums liegt **Tattersalls** (*tattersalls.com, Tel. 01638/66 59 31, Auskunft über Verkaufstage*), Großbritanniens Treffpunkt für den Handel mit Zuchtpferden. Daneben befindet sich das Gestüt **National Stud** (Tel. 01638/ 66 67 89, nationalstud.co.uk, Nov.–Jan. geschl., Führung vereinbaren). ■

### EIN KÖNIGLICHER SPORT

Seit James I. seinerzeit auf der Durchreise Halt machte, um sich an einer Hasenjagd in den sandigen Heidelandschaften rund um die Stadt zu erfreuen, zieht der Ort Newmarket die Rennbegeisterten aus nah und fern an. Die ersten Aufzeichnungen über ein Pferderennen stammen bereits aus dem Jahr 1622.

Danach machte James' Enkel innerhalb von 50 Jahren Newmarket zu einem der meistbesuchten Orte des Landes.

The Merry Monarch Charles II. (der »Fröhliche«), verlegte nicht nur jeden Frühling und Sommer den gesamten Hofstaat in seinen eigens erbauten Palast in Newmarket, sondern er riskierte auch einmal Kopf und Kragen, als er am 6 km langen Newmarket-Town-Plate-Rennen erfolgreich teilnahm – und als Sieger ausgezeichnet wurde. Heutzutage steht der Sport bei abnehmendem Allgemeininteresse unter dem Einfluss reicher arabischer Pferdebesitzer. Am Ablauf hat sich jedoch wenig geändert: öffentliche Veranstaltungen im Freien während des Julirennens und eine formellere Variante auf der nahe gelegenen Rowley Mile im Frühjahr.

### NEWMARKET

⬛ S. 227 B2
Besucherinformation
✉ 63 The Guineas
☎ 01638/71 97 49

**visiteastofengland.com**
**\* HINWEIS:** In Newmarket werden Musk's-Würstchen bei **Eric Tennant Butcher** (*11 The Guineas, Fred Archer Way, Tel. 01638/66 15 30*) verkauft. Die Würste sind auch landesweit in vielen Delikatessengeschäften zu kaufen.

Saffron Walden wird oft als »schönste Kleinstadt in East Anglia« bezeichnet. In den Hauptstraßen dieser gut erhaltenen Stadt im Westen von Essex drängen sich bunt getünchte Fachwerkhäuser aneinander. Der Ortsname leitet sich vom Safrankrokus ab, der zur Herstellung gelber Färbemittel verwendet wurde und der Stadt seit der späten Tudorzeit zu ihrem Reichtum verhalf.

Im örtlichen Besucherinformationszentrum sind eine gute »Town Trail«-Broschüre sowie Zwiebeln des malvenfarbenen Safrankrokus erhältlich (wer hier seinen Namen hinterlässt, wird benachrichtigt, wann die seltenen Zwiebeln vorrätig sind; meist nur im August).

Der Krokus findet sich nicht nur in Saffron Waldens Wappen, sondern auch an den alten Hausmauern in Form von Fassadenstuck. Der ist besonders schön zu sehen an den Wänden des **Sun Inn** (heute ein Antiquitätengeschäft) aus dem 14. Jahrhundert in der Church Street, wo – verschlungen in einem Gewirr von Laubwerk und Wildtieren – seltsame Symbole versteckt sind. In der Museum Street duckt sich unter einem 58 m hohen Turm die große **Parish Church of St. Mary**. Engel stützen das mittelalterliche Dach, und die Orgel hat eine zusätzliche Reihe außergewöhnlich lauter Pfeifen.

Parallel zur Church Street verläuft die Castle Street, wo die Überreste des Walden Castle und das **Saffron Walden Museum** *(Museum St., Tel. 01799/ 51 04 44)* liegen. Gegenüber St. Mary's ist der schmale Eingang zu den

Saffron Walden mit seinen mittelalterlichen Häusern zählt zu den reizvollsten Kleinstädten in Essex.

Das jakobinische Herrenhaus Audley End hat ein kunstvolles Innendekor.

**Bridge End Gardens** *(Tel. 01799/52 40 02)* mit ihren herrlichen Rosenbeeten. Der Schlüssel zum viktorianischen Labyrinth des Gartens ist im Besucherzentrum der Stadt erhältlich. Die **Bridge Street** bietet ein Ensemble mittelalterlicher Häuser – im Westen dem offenen Land zugewandt, während am **Myddylton Place**, abseits der High Street, nahezu ein Gedränge schöner alter Gebäude herrscht. Den vielleicht schönsten Blick auf die Stadt hat man von der **Gold Street** aus, wo die Lichtgadenfenster und der Turm von St. Mary's besonders gut zur Geltung kommen.

Die East Street führt hinaus auf die weitläufige Gemeindewiese mit dem **Rasenlabyrinth** (siehe Kasten S. 237).

## AUDLEY END

1,6 km westlich von Saffron Walden steht Audley End, errichtet von Thomas Howard, 1. Earl of Suffolk und Schatzmeister unter James I., der von 1605 bis 1614 dafür 250 000 Pfund ausgab. Heute steht nur noch ein Drittel des ursprünglichen Gebäudes, der Rest wurde in den 1720er-Jahren unter der Aufsicht von Sir John Vanbrugh abgerissen, um es bewohnbarer zu machen. Im 18. Jahrhundert entwarf Robert Adam das Wohn- und Esszimmer neu und Capability Brown gestaltete die Gartenanlagen.

## INSIDERTIPP

**An Wochenenden im Juni und Juli finden in der fantastischen Kirche von Thaxted Festspiele mit klassischer Musik und Jazz statt.**

ALEX GOATMAN, NATIONAL GEOGRAPHIC-MITARBEITER

## THAXTED

An der B184, 10 km südöstlich von Saffron Walden, liegt Thaxted, eine weitere Stadt, die durch den mittelalterlichen Wollhandel zu Reichtum gelangte. Dies ermöglichte im 14. und 15. Jahrhundert den Bau der **Parish Church of St. John the Baptist** mit ihrem 54 m hohen Turm. Gustav Holst (1874–1934) komponierte hier Teile seiner *Planetensuite.* Am Marktplatz steht ein **Zunfthaus** aus dem 14. Jahrhundert *(Tel. 01371/83 08 56, Okt.–Ostern & Ostern–Sept. Mo–Sa geschl.),* dessen drei Stockwerke über die Bürgersteige hinausragen. In der Mill Lane beherbergt **John Webb's Windmill** ein Bauernmuseum *(Tel. 01371/83 02 85, Öffnungszeiten tel. erfragen).*

## COGGESHALL

In Coggeshall haben sich über 200 mittelalterliche Gebäude erhalten, darunter das **Woolpark Inn** bei der Kirche und das beschnitzte **Paycocke's House** (um 1500). Die **Coggeshall Grange Barn** *(Grange Hill, Tel. 01376/56 22 26, nationaltrust.org.uk, Öffnungszeiten siehe Website),* eine »Erntedank-Kathedrale«, stammt aus dem Jahr 1140 und ist damit eine der ältesten Scheunen Europas. ■

### IN EINEM MITTELALTERLICHEN LABYRINTH

Der Ursprung von Labyrinthen liegt im Dunkeln, doch diese Irrgärten mit ihren verschlungenen Wegen faszinieren die Menschen schon lange. Wenn Sie dem Rose & Crown Walk vom Marktplatz in Saffron Walden folgen, erreichen Sie das Common mit seinem Rasenlabyrinth, es dürfte bereits 800 Jahre oder älter sein. Der Überlieferung nach sollen die Mönche von Walden Abbey es angelegt haben, um lange Bußwege auf den Knien zurücklegen zu können. So streng muss man es aber gar nicht handhaben: Es ist bereits zu Fuß schwierig genug, den 1,6 km langen Weg durch das Labyrinth zu finden. Man ist aber dabei nie in Gefahr, sich wirklich zu verlaufen: Das Labyrinth ist einfach ein langer, gewundener Pfad auf freier Grünfläche. Mehr Infos gibt es im Besucherzentrum von Saffron Walden.

### SAFFRON WALDEN
- ◪ S. 227 B2
- Besucherinformation
- ✉ 1 Market Pl.
- ☎ 01799/52 40 02
- **visitsaffronwalden.gov.uk**

### AUDLEY END
- ◪ S. 227 B2
- ✉ 1,6 km westlich von Saffron Walden
- ☎ 03703/33 11 81
- 🕐 Öffnungszeiten siehe Website
- 💷 £££
- **english-heritage.org.uk**

### THAXTED
- ◪ S. 227 B2
- Besucherinformation
- ✉ 7 Town St.
- ☎ 01371/83 16 41
- 🕐 Di–Do & Nov.–Feb. nachmittags geschl.

### COGGESHALL
- ◪ S. 227 C2

### PAYCOCKE'S HOUSE
- ✉ 25 West St., Coggeshall
- ☎ 01376/56 13 05
- 🕐 Öffnungszeiten siehe Website
- **nationaltrust.org.uk**

In den Tälern Südsuffolks gibt es zahlreiche kleine Städte, denen man ihren Reichtum infolge des mittelalterlichen Wollhandels ansieht. Im Flusstal des Stour zwischen Suffolk und Essex zieht sich ein Band solcher »Wollstädte« hin.

Die »Zwillingsstädte« **Clare** und **Cavendish** liegen nordwestlich von Sudbury. Clare bietet Fachwerkhäuser und die Nethergate-Brauerei, Cavendish lockt mit rosafarbenem Charme rund um einen Dorfanger.
Flussabwärts findet man in **Long Melford** eine der prächtigsten Kirchen von East Anglia, Holy Trinity; dazu zwei schöne elisabethanische Herrenhäuser, **Melford Hall** *(Tel. 01787/37 92 28, nationaltrust.org.uk, Öffnungszeiten siehe Website)* und **Kentwell Hall** *(Tel. 01787/31 02 07, kentwell.co.uk, Öffnungszeiten siehe Website),* sowie eine von Fachwerkhäusern gesäumte Hauptstraße. Südlich liegt **Sudbury** mit **Gainsborough's House** *(46 Gainsborough St., Tel. 01787/37 29 58).* Das Geburtshaus des Malers ist heute ein Museum und zeigt Werke aus allen Schaffensperioden. Weiter südöstlich liegen **Nayland** im Tal und **Stoke-by-Nayland** mit seinem weithin sichtbaren Kirchturm auf dem Höhenrücken. Nördlich von Stoke liegt, halb in einer Senke versteckt, **Kersey** mit seinen mittelalterlichen Häusern.

Lavenham ist für seine schönen Fachwerkhäuser bekannt.

Weiter nördlich liegt die Wollstadt **Lavenham** mit der **Guildhall of Corpus Christi** *(Tel. 01787/24 76 46, nationaltrust.org.uk, Öffnungszeiten siehe Website),* heute ein Heimatmuseum; der **Little Hall** (15. Jh.) *(Tel. 01787/24 70 19, Nov.–Ostern geschl.),* dem Angel Hotel (14. Jh.), der Kirche (1480–1520) und dem in eigenwilligem Fachwerkstil erbauten **Swan Inn**. ■

**SUDBURY**
⬛ S. 227 C2
Besucherinformation
✉ The Library, Market Hill
☎ 01787/88 13 20

**LAVENHAM**
⬛ S. 227 C2
Besucherinformation
✉ Lady St.
☎ 01787/24 82 07
🕐 Jan.–Ostern & Nov.–Dez.
Mo–Fr geschl.

Essex hat eine »ausgefranste« Küste mit sumpfigen Bächen und Wattland. Im nördlichen Bereich liegen direkt nebeneinander drei bekannte Erholungsorte: Clacton-on-Sea (eher laut und kommerziell geprägt), Frinton-on-Sea (sauber und vornehm) und Walton-on-the-Naze (leicht schrullig und altmodisch).

Nordöstlich von London bilden die Flüsse Crouch und Blackwater die **Dengie-Halbinsel**. An ihrer Nordspitze steht **St. Peter's-at-the-Wall**, die älteste noch genutzte angelsächsische Kirche (654 n. Chr.) Großbritanniens. **Maldon** am Blackwater ist ein kleiner Hafen, wo Meersalz gewonnen wird. Am Hythe ankern alte Barkassen. In **Tollesbury**, nördlich des Blackwater, gibt es Holzspeicher zum Segeltrocknen, und im Wattland vertäut liegt ein großes rotes Feuerschiff. Auf **Mersea Island** werden frisch gefangene Austern serviert, und es gibt das **Vogelreservat der Old Hall Marshes**. Weiter nördlich liegen die roten Klippen der **Naze**, deren bröckelndes Gestein prähistorische Haizähne freigibt, und dahinter **Hamford Water** (Walton Blackwaters), ein Gezeitensee, dessen Wattinseln teils bewohnt sind.

An der Stelle, wo Essex an der Stour-Mündung an Suffolk grenzt, liegt der Hafen von **Harwich** auf einer Landspitze mit Leuchtturmmuseum, einem der ältesten Kinos der Welt, dem Wohnhaus des Kapitäns der *Mayflower* und einem Kasematten-Fort. ■

## COLCHESTER

Die Info-Broschüre von Colchester, erhältlich in der Tourist Information, stellt Großbritanniens älteste urkundlich erwähnte Stadt in einem zweistündigen Spaziergang vor. Höhepunkte sind u. a. die römische Stadtmauer, die normannische St. Botolph's Priory, der Turm der Holy Trinity Church (heute ein Museum), das römische Balkerne-Tor, Jumbo, der viktorianische Wasserturm, Weberhäuser im holländischen Viertel und das Colchester Castle Museum *(Tel. 01206/28 29 39)*.

**MALDON**
- S. 227 C1
Besucherinformation
- Coach Ln.
- 01621/85 65 03

**HARWICH**
- S. 227 C2
Besucherinformation

- Ha'penny Pier Visitor Centre, The Quay
- 01255/50 28 72
- Okt.–März So geschl.

**COLCHESTER**
- S. 227 C2
Besucherinformation
- 1 Queen St.
- 01206/28 29 24

**Folgt man dem Stour durch die saftigen Wiesen von John Constables Dedham Vale, so bietet dieser 5 km lange Spaziergang auf Schritt und Tritt Vorlagen für Constables berühmte Landschaftsmotive. Seit dem Tod des Malers vor 150 Jahren hat sich hier erstaunlich wenig verändert.**

John Constable wurde 1776 in East Bergholt geboren, 3 km nordöstlich von Dedham, wo der Spaziergang an der Brücke beginnt. Eine Zeit lang ging der junge Maler bei seinem Vater, Golding Constable, in die Lehre, einem wohlhabenden Müller, dem die Wassermühle bei **Flatford** (*Information, Bridge Cottage, siehe Kasten*) 1,6 km flussabwärts und die Mühle in Dedham gehörten. *Dedham Lock and Mill* (Schleusentor und Mühle von Dedham, 1820) zeigt die ehemalige Mühle, den Mühlteich, die Schleuse und das Schleusentor, das Lastkähnen die Zufahrt zum Flussoberlauf ermöglichte. Dedhams Kirche (15. Jh.) und die breite, baumgesäumte High Street mit ihren Fachwerkhäusern sind ein typisches Stadtbild East Anglias.

## AM FLUSS ENTLANG

Von der Dedham-Brücke führt der Spaziergang an der B1029 entlang auf das Dorf zu. An der Mühle vorbei geht es links bei einem roten Ziegelhaus auf eine schmale Straße, wo man eine kleine Furt erreicht. Nehmen Sie rechts den Zaunübertritt, und überqueren Sie das Grundstück des Herrenhauses **Dedham Hall**. Oberhalb der Zufahrt biegen Sie links auf einen Fußweg, der dann über Felder schräg bergab führt. Schließlich erreichen Sie das Südufer des Stour, wo Sie sich rechts am Ufer halten.

Willy Lotts Haus am Teich der Flatford Mill, wie es auf dem Bild *The Hay Wain* festgehalten ist.

## MITTELALTERLICHE KIRCHENFRESKEN IM DEDHAM VALE

John Constable ist vermutlich der berühmteste Maler der Grenzregion zwischen Suffolk und Essex, aber man findet daneben noch bemerkenswerte Werke seiner anonymen Vorgänger aus dem Mittelalter. Hier stechen besonders die Fresken in zwei Kirchen hervor: Die normannische Kirche **St. Mary** *(an der Straße von Nayland nach Bures, abseits der A134 Colchester–Sudbury)* in Wissington birgt rot-ockergelbe Fresken aus der Zeit um 1280; dargestellt ist u. a. ein riesiger Drache. In Belchamp Walter, einen Kilometer nordwestlich, findet man in der **St. Mary's Church** *(abseits der A131 Sudbury–Halstead)* Wandmalerein, die St. Edmund darstellen, wie er von überdimensionierten dänischen Pfeilen getroffen wird. Zusätzlich gibt es das Wandgemälde der Jungfrau Maria, die gerade den kleinen Jesus stillt. Diese Kunstwerke sind ebenso fesselnd wie die des Müllersohns aus Flatford.

## BERÜHMTE ANSICHTEN

An knorrigen alten Weiden am Fluss entlang erreicht der Weg über eine Brücke Flatford, dessen Anblick zum Vergleich mit Constables *Mühle von Flatford* (1817) einlädt. Einige Meter flussabwärts haben Sie einen malerischen Blick auf die Mühle. Um diese zu erreichen, überqueren Sie die Brücke und gehen rechts den Weg entlang, vorbei am **Bridge Cottage** aus dem 16. Jahrhundert *(Information, Tel. 01206/29 82 60, nationaltrust. org.uk/flatford, Öffnungszeiten siehe Website)*, wo es Tee, einen Bootsverleih, eine Ausstellung, einen Laden und geführte Wanderungen gibt. Danach folgt das Trockendock, das auf dem Bild *Bootsbau bei Flatford Mill* (1815) dargestellt ist und vor einigen Jahren wiederentdeckt wurde.

Am Ende des Areals steht Golding Constable's Mill, seit 1943 im Besitz des National Trust und heute ein Zentrum für Feldstudien. Auf der anderen Seite des Mühlteiches liegt Willy Lotts Haus, das auf dem wohl berühmtesten Bild Constables, *The Hay Wain* (Heuwagen, 1821) Fuhrmänner, Pferde und einen beladenen Wagen überragt.

Von Flatford Mill geht man zurück am Bridge Cottage vorbei zum oberen Ende des Parkplatzes am Hang und biegt nach links in ein schmales Sträßchen ein. Nach etwa 800 m Anstieg erreichen Sie eine Rechtskehre und gelangen nach links über einen Zaundurchgang auf einem Fußweg einen Wiesenhang hinab, von wo aus Sie den wunderbaren Blick genießen können, den Constable in *Das Stour-Tal mit Dedham in der Ferne* (1805) verewigte. Gehen Sie den Hang hinunter und biegen Sie nach links ab über eine Brücke auf den Stour zu. Am Fluss halten Sie sich rechts und folgen dem Nordufer wieder zurück zur Brücke in Dedham.

Norwich, die Hauptstadt East Anglias, ist eine schöne mittelalterliche Stadt. Flämische Siedler verhalfen ihr als Zentrum der Webkunst zu Wohlstand. Im 18. und 19. Jahrhundert verlor sie stark an Bedeutung.

Die Einkaufspassage Royal Arcade in Norwich ist von 1899.

Das beeindruckendste Gebäude der Stadt ist die normannische Kathedrale aus hellem Caen-Kalkstein (Tel. 01603/21 83 21), die im 15./16. Jahrhundert mit schönen Fächergewölben ausgestattet wurde. Einzigartig sind die über 1000, mit Figuren und biblischen Szenen verzierten farbigen Schlusssteine. Ein schlanker Turm ragt 95 m in den Himmel – höher ist lediglich der Turm von Salisbury (siehe S. 150 f.) – und zarte Pfeiler heben den Ostteil gen Himmel wie einen gewaltigen steinernen Schiffsbug. Gebäude aus der Tudorzeit, aus Steinen des abgerissenen Klosters errichtet, umgeben den Kirchplatz, den man durch das eindrucksvolle **Erpingham Gate** – 1420 von Sir Thomas Erpingham erbaut – betritt. Der Ritter am Torbogen lenkte 1415 die Bogenschützen in der Schlacht von Agincourt. Um die Kathedrale schlängelt sich der Fluss, an dessen Ufer Fußwege gen Norden und Osten führen, vorbei am **Pull's Ferry**, einst der einzige Zugang zur Kathedrale. Südwestlich der Kathedrale liegt der **Marktplatz**. Hier steht die **Church of St. Peter Mancroft** (15. Jh.). Oberhalb lädt **Norwich Castle** zu einem Besuch ein. Sein Bergfried ist heute ein Museum, das für die Landschaftsdarstellungen der Norwich-Schule aus dem frühen 19. Jahrhundert und seine Teekannensammlung bekannt ist. ∎

**NORWICH**
🅰 S. 227 C3
Besucherinformation
✉ The Forum, Millennium Plain
☎ 01603/21 39 99

🕓 So geschl.

**NORWICH CASTLE**
☎ 01603/49 36 25, Ansage vom
    Band: 01603/49 36 48

Die Norfolk Broads, etwa 50 kleine, flache Seen, breiten sich nach Norden und Osten zwischen Norwich und der Küste Norfolks aus. Das Gebiet liegt auf einer Torfschicht und ist von Flüssen durchzogen.

Dem Torf verdanken die Norfolk Broads ihre Existenz, denn sie sind nichts anderes als mit Wasser gefüllte Gruben, die im Mittelalter von Torfstechern ausgehoben wurden, um den enormen Bedarf an Brennmaterial für die schnell wachsende Stadt Norwich zu decken. Sie gruben Verbindungskanäle, schnitten von flachen Booten aus Schilf und Riedgras zum Dachdecken und fingen Wildenten und Fische.

Diese als Broadland bekannte Landschaft aus Seen, Sumpf, Schilf, Moorwald, Weideflächen und Wasserläufen ist heutzutage Ziel von Hobbyseglern, Motorbootfahrern, Fischern und Urlaubern. 1989 wurde das Gebiet unter Schutz gestellt und zum Nationalpark erklärt.

Das Broadland bildet eine faszinierende Landschaft, abseits des Touristenzentrums um Hoveton, Horning und Wroxham. Um die Norfolk Broads zu entdecken, bietet sich entweder ein Segelausflug an (siehe Kasten) oder die Wanderroute entlang der Bohlenwege in den Reservaten von Hickling und Ranworth Broad. In Ranworth, 13 km östlich von Norwich, liegt das **Broadland Conservation Centre** mit seiner reichen Tierwelt. ∎

## SEGELN IN DEN NORFOLK BROADS

Ohne sich aufs Wasser zu begeben, wird man nur einen Bruchteil der zauberhaften Landschaft der Norfolk Broads sehen. Es gibt dort die unterschiedlichsten Boote, etwa das schmale englische Kanalboot *(barge)*, Motorboote, kleine Segelboote, altehrwürdige Segelschuten und große Segeljachten.

In Wroxham und Hoveton kann man Motorboote ausleihen, aber wer ein richtiges Segelboot leihen möchte, sollte sich an einen dieser Anbieter wenden: **Martham Boats** *(Valley Works, Cess Rd., Martham, Tel. 01493/74 02 49, marthamboats.com)*, **Whispering Reeds Boats** *(Staithe Rd., Hickling, Norwich, Tel. 01692/59 83 14, whisperingreeds.net)*, **Hunter's Yard** *(Horsefen Rd., Ludham, Tel. 01692/67 82 63, huntersyard.co.uk)*. Anfänger, die das Segeln lernen möchten, starten am Barton Broad bei Wroxham im **Norfolk Broads Yacht Training Centre** *(Tel. 01603/78 28 97, trysailing.com)*.

**NORFOLK BROADS**
⚑ S. 227 D3

**BROADLAND CONSERVATION CENTRE**
⚑ S. 227 D3

✉ Ranworth, bei der B1140; 6 km südöstlich von Wroxham
☎ 01603/62 55 40
🕐 Nov.–März geschl.

In der hügeligen Landschaft des nördlichen Norfolk, dicht bewaldet und ruhig, findet sich eine Fülle von Gebäuden, die von der über tausendjährigen Geschichte zeugen. Für die mittelalterliche Kirchenarchitektur, die im ländlichen East Anglia ihren Höhepunkt erreichte, gibt es zahlreiche Beispiele.

## CASTLE RISING & CASTLE ACRE

In **Castle Rising**, im westlichsten Teil der Region, steht 6 km nordöstlich von King's Lynn eine prächtige spätnormannische **Burg** *(Tel. 01533/63 13 30, Nov.–März Mo–Di geschl.)*, die 1138 von William d'Albini hinter römischen Schutzwällen erbaut wurde.

24 km östlich liegt **Castle Acre**, wo eine malerische Dorfallee von den Mauerresten und mächtigen Schanzen der Burg zu den Überresten eines frühnormannischen, cluniazensischen **Klosters** führt, das um 1090 gegründet wurde *(Tel. 03703/33 11 81, english-heritage.co.uk, Öffnungszeiten siehe Website)*. Die Westfront mit ihren Arkaden und grotesken Figuren ist ebenso beeindruckend wie der verfallene Wohnbereich.

## BINHAM & SALLE

Eine weitere schöne normannische Abtei ist in **Binham** erhalten, an der A148, 13 km nordöstlich von Fakenham. Die Westfront mit ihrem Rundfenster gehört zu den ältesten Beispielen frühenglischer Architektur.

Die vermutlich schönste in der Reihe der vielen sehenswerten Kirchen in Nordnorfolk ist **St. Peter and St. Paul** in **Salle**, einem winzigen Weiler an der B1145, 19 km nordwestlich von Norwich. Der 33 m hohe Kirchturm überragt alles. Über der Westtür schwingen gefiederte Engel Räuchergefäße; wilde, knüppelbewehrte Männer, sog. *woodwoses* bewachen das Nordportal. Berühmt ist der erhabene, lichtdurchflutete Innenraum.

## SANDRINGHAM

Von den großartigen Herrenhäusern in Nordnorfolk ist wohl **Sandringham**, 16 km nördlich von King's Lynn gelegen, am bekanntesten, denn seit 1862 ist es Feriensitz der königlichen Familie. Das georgianische Haus beherbergt ein Jagd- und Fischereimuseum sowie eine Sammlung königlicher Oldtimer.

Der königliche Landsitz Sandringham

## HOUGHTON & HOLKHAM

Bevor Queen Victoria 1862 Sandringham für ihren Sohn und Thronfolger Edward erwarb, hatte

## DIE TOP-TEN-KIRCHEN IN NORDNORFOLK:

- St. Mary, Attleborough – herausragender Lettner
- St. Nicholas, Blakeney – zweiter (Leucht-)Turm am Chor, Panoramablick
- St. Margaret, Cley-next-the-Sea – imposante Vorhalle des 15. Jh.
- St. Margaret, King's Lynn – Zweiturmfassade, Kupfer-Epitaphien
- St. Peter Mancroft, Norwich – gotischer Turm, mittelalterliche Glasfenster
- St. Helen, Ranworth – wundervolle Chorschranken des späten 15. Jh.
- St. Clement, Terrington St. Clement – freistehender Kirchturm, prächtig bemalte Abdeckung des Taufbeckens
- St. Peter, Walpole – Bau des Decorated Style, Taufbecken mit Abdeckung
- St. Mary, West Walton – normannischer Turm, Holzschnitzarbeiten

Details zu diesen und anderen Kirchen unter *tournorfolk.co.uk/churches*

sie mit dem Gedanken gespielt, **Houghton Hall** zu erwerben, ein 11 km östlich gelegenes, prächtiges palladianisches Gebäude, das um 1730 Englands erster Premierminister Sir Robert Walpole (1676–1745) errichten ließ. Die von William Kent gestalteten Prunksäle und die Stone Hall machen Houghton zu einem der beeindruckendsten Landhäuser Englands. Dasselbe gilt für **Holkham Hall** *(Karte S. 227 C4, Tel. 01328/71 31 11, holkham. co.uk, Öffnungszeiten s. Website)*, 13 km nördlich von Fakenham und ebenfalls von Kent entworfen und mit Gartenanlagen von Capability Brown.

## BLICKLING & FELBRIGG

24 km nördlich von Norwich liegt **Blickling Hall**. Dieses schöne Ziegel-Herrenhaus im Tudorstil mit verschnörkelten, holländischen Giebeln – das Zuhause des Kindes Anne Boleyns – wurde in jakobäischer Zeit umfassend neu gestaltet (Deckenstuck und herrliche Wandteppiche).
**Felbrigg Hall**, ein 3 km südwestlich von Cromer gelegenes Herrenhaus (17. Jh.), hat eine Orangerie und einen ummauerten Garten. ∎

### SANDRINGHAM
🗺 S. 227 B3
☎ 01485/54 54 08
🕐 Öffnungszeiten siehe Website
💶 £££
sandringhamestate.co.uk

### HOUGHTON HALL
🗺 S. 227 C4
☎ 01485/52 85 69
🕐 Öffnungszeiten siehe Website
💶 ££–£££
houghtonhall.com

### BLICKLING HALL
🗺 S. 227 C4
☎ 01263/73 80 30
🕐 Öffnungszeiten siehe Website
💶 £££
nationaltrust.org.uk

### FELBRIGG HALL
🗺 S. 227 C4
☎ 01263/83 74 44
🕐 Öffnungszeiten siehe Website
💶 £££
nationaltrust.org.uk

Die Fens sind eine von Menschenhand geschaffene, 2370 km² große Platte aus Torf und Schwemmsand, die vom Hochland von Lincolnshire, von Cambridgeshire, Suffolk und Norfolk begrenzt wird. Der Großteil des Gebietes wurde im 17. Jahrhundert trockengelegt.

Kühe sind ein vertrauter Anblick auf den Weiden des Fenlands.

**Wicken Fen**, 27 km nordöstlich von Cambridge, vermittelt auf 240 ha Sumpfland noch einen Eindruck, wie das Fenland vor seiner Trockenlegung aussah.

In **Stretham**, 5 km entfernt an der A10 nach Ely, treibt eine gewaltige Dampfpumpe aus dem Jahr 1831 ein 11 m großes Rad an, um zu demonstrieren, wie einst das Wasser aus den Feldern in die Trockenkanäle gepumpt wurde.

Nach Westen verlaufen die beiden Bedford-Kanäle, die im 17. Jahrhundert angelegt wurden. Auf halber Strecke ihres schnurgeraden, 32 km langen Laufs liegt das **Welney Wetland Centre**, ein Vogelreservat des Wildfowl and Wetlands Trust *(Tel. 01353/86 07 11)*.

Von Welney führt die A1101 nach Norden zu dem hübschen Dorf **Upwell**, wo sich Häuschen mit verschnörkelten Giebeln an den Ufern des Old River Nene drängen.

8 km nördlich von Upwell teilt der (begradigte) New Nene die Stadt **Wisbech**. Die georgianischen Häuser von North und South Brinks überragen die Flussbiegung; dann fließt der Nene gen Norden, wo er sich in die weite Mündung des **Wash** ergießt. Hier befindet sich die Hafenstadt **King's Lynn**. ∎

## INSIDERTIPP

**Die tägliche Winterfütterung der Schwäne in Welney zieht Hunderte von wilden Schwänen an, die Sie dabei aus der Nähe beobachten können.**

JANE SUNDERLAND, NATIONAL GEOGRAPHIC-MITARBEITERIN

**THE FENS**
⬚ S. 227 B3

**WICKEN FEN**
✉ Lode Ln., Wicken
☎ 01353/72 02 74
€ ££
nationaltrust.org.uk

**KING'S LYNN**
⬚ S. 227 B3
Besucherinformation
✉ The Custom House, Purfleet Quay
☎ 01553/76 30 44

Im äußersten Südwesten des kaum besuchten Lincolnshire liegt Stamford, eine der schönsten georgianischen Städte Englands. Von Barn Hill aus hat man den besten Blick auf das Netz mittelalterlicher Straßen und zahlreiche Kirchtürme.

Südlich von Stamford liegt **Burghley House** *(Tel. 01780/75 24 51, burghley. co.uk, Öffnungszeiten siehe Website)*, ein elisabethanisches Herrenhaus, das zwischen 1565 und 1587 für den Günstling und Ratgeber Elizabeth I., William Cecil, 1. Lord Burghley (1520–98), errichtet und im folgenden Jahrhundert umgebaut wurde. Unter den 240 Räumen im Inneren ist die fantastische doppelte Hell Staircase (Höllentreppe), deren Deckengemälde von Antonio Verrio (1639–1707) Sünder zeigt, die vom Höllenschlund, dem riesigen Maul einer Katze, verschlungen werden.

Nordöstlich von Stamford liegt **Boston**. Von hier kamen die religiösen *dissenters*, die 1630 nach Amerika aufbrachen und dort Boston gründeten. Vom 82 m hohen Turm der schönen **Church of St. Botolph** aus dem 14. Jahrhundert hat man einen weiten Rundblick über Lincolnshire.

**Lincoln**, 56 km nordwestlich von Boston, war im Mittelalter eine der reichsten Städte Großbritanniens, deren Wohlstand aus der Tuch- und Wollfertigung stammte. So findet man hier mittelalterliche Straßen, eine normannische Burg und eine dreitürmige **normannische Kathedrale** oberhalb des Flusses Witham. Bemerkenswert sind die Fensterrosen (13. Jh.), die Chorschranke und die Miserikordien des Chorgestühls (14. Jh.), der Kapitelsaal und die Engel (1280), die das Chordach stützen – unter ihnen ein kleiner Kobold, der zum Wahrzeichen von Lincoln geworden ist. ■

## DIE LINCOLNSHIRE WOLDS

Die Lincolnshire Wolds, eine 64 km lange Hügelkette aus Kalkstein, erheben sich zwischen Lincoln und der Küste. Hübsche Orte liegen dort versteckt, so Old Bolingbroke, wo 1367 Henry IV. geboren wurde, oder Louth, ein schönes georgianisches Marktstädtchen mit einem markanten Kirchturm.

**STAMFORD**
- S. 227 A3
Besucherinformation
- ✉ Stamford Arts Centre, 29 St. Mary's St.
- ☎ 01780/75 56 11

**BOSTON**
- S. 227 B4

Besucherinformation
- ✉ Guildhall, South St.
- ☎ 01205/36 59 54

**LINCOLN**
- S. 227 A4
Besucherinformation
- ✉ 9 Castle Hill
- ☎ 01522/54 54 58

Ruinen der Benediktinerabtei in Bury St. Edmunds

### BURY ST. EDMUNDS

Hier liegt das geistliche Zentrum von Suffolk, die Abteikirche war einst ein wichtiger Wallfahrtsort, hier war der Schrein des letzten Sachsenkönigs Edmund, der 869 n. Chr. als Märtyrer starb. Durch die Abbey Gate des 14. Jahrhunderts betritt man die Gärten, in denen die Ruinen der Abteikirche zu besichtigen sind. Mittelalterliche Häuser sind in die noch erhaltene Westfassade des 11. Jahrhunderts gebaut. Erhalten ist auch der normannische Turm. Daneben steht die **Cathedral of St. James** (begonnen 1438, 2004 mit einem neuen Turm vollendet), auf der anderen Seite des Friedhofs liegt **St. Mary** (15. Jh.) mit einem schönen Hammerbalken-Gewölbe. Charles Dickens ließ in *The Pickwick Papers* Mr. Pickwick hier im **The Angel** am Angel Hill übernachten.

⧆S. 227 C2 Besucherinformation ✉6 Angel Hill ☎01284/74 87 20

### CRESSING TEMPLE

In Cressing Temple stehen zwei riesige, frühmittelalterliche Fachwerkscheunen *(Tel. 03330/13 33 38, bei Veranstaltungen geschl. oder £)*.
⧆S. 227 C2

### IPSWICH

Ipswich ist eine alte Hafenstadt am Fluss Orwell. Sehenswert sind das **Ancient House** im »Buttermarket« mit seinem schönen Fassadenstuck, die Landschaftsmalereien – unter ihnen auch einige Constables – im **Christchurch Mansion Museum and Art Gallery** *(Soane St., Tel. 01473/43*

35 54) und die Kopien des Sutton Hoo Treasure im **Ipswich Museum** (*High St., Tel. 01473/43 35 50, So–Mo geschl.*). Die reichen Grabbeigaben wurden 1939 in der Nähe von Woodbridge in einem angelsächsischen Bootsgrab des 7. Jahrhunderts gefunden. Die Originale der 16 Silberobjekte sind im British Museum in London ausgestellt.

🅰 S. 227 C2 Besucherinformation ✉ St. Stephen's Church, St. Stephen's Ln. ☎ 01473/258070

## SUFFOLKS KÜSTE

Die von Kieselstränden geprägte, einsame Küste Suffolks erstreckt sich von der Stour-Mündung gegenüber von **Harwich** (S. 239) nach Norden. Zwischen Stour und Orwell liegt die Shotley-Halbinsel mit der Pin Mill im Norden, einem tollen Seglerpub.

Weitere Sehenswürdigkeiten sind der napoleonische Martello Tower in der **Shingle Street**, der Hafen von **Orford**, Benjamin Brittens Konzerthalle in **Snape**, der ehemalige Wasser- und heutige Wohnturm »House in The Clouds« in **Thorpeness**, das **Vogelschutzgebiet** in **Minsmere** (*Tel. 01728/64 82 81*) und der Badeort **Southwold**, wo Adnams Bier braut.

### VOGELPARADIESE IN EAST ANGLIA

In East Anglia finden sich einige der schönsten Vogelparadiese Großbritanniens. Farnbewachsene Flächen, Marschland sowie Mündungs- und Wattgebiete bieten den Vögeln ganzjährig Schutz und Nahrung. Die Ost- und Nordseite sowie die lange Küste machen East Anglia zum idealen Winterquartier für Vögel aus so nördlichen Regionen wie dem Polarkreis – Kurzschnabel- und Ringelgänse, Krick- und Spießenten, Watvögel wie etwa Alpenstrandläufer und Knutt.

Die **Royal Society for the Protection of Birds** (*rspb.org.uk*) unterhält mehrere Vogelschutzgebiete, darunter die West Canvey Marshes, Canvey Island, Essex; Minsmere, Suffolk; Titchwell Marsh, Norfolk; Frampton Marsh, Lincolnshire und Nene Washes, Cambridgeshire. Am besten schließen Sie sich einer Führung durch eines der Schutzgebiete an, die von den folgenden Organisationen angeboten werden: **Norfolk Birding** (*Norfolk; norfolkbirding. com*), **Bird ID Company** (*Norfolk und Suffolk; birdtour.co.uk*), **Essex Birdwatching Society** (*essexbirdwatchsoc. co.uk*); **Frampton Marsh RSPB Centre's** bietet Touren zur Vogelbeobachtung in der Flussmündung des Wash an (*April–Okt., Lincolnshire; rspb.org.uk*).

Wer es etwas unkonventioneller mag, wendet sich an **Birdingpal** (*birdingpal.org/unitedkingdom*), der Kontakte zu einheimischen Vogelkundlern vermittelt. Diese werden Sie dann gerne führen.

‹ Die Eastgate-Uhr in Chester wurde anlässlich des 60. Thronjubiläums Queen Victorias errichtet.

Die North Midlands bilden zusammen mit den South Midlands das »Herz Englands«. Die Grafschaft Nottinghamshire im Osten mit ihrem ländlich geprägten, zum Fluss Trent hin abfallenden Osten und dem industrialisierten Westen ist typisch für die Midlands. Im Westen liegt die historisch bedeutende Stadt Nottingham, unmittelbar südlich die Überreste von Robin Hoods Sherwood Forest.

## DER PEAK DISTRICT

An Nottinghamshire grenzt Derbyshire mit dem Industriegürtel rund um den Verwaltungssitz Derby im Süden; im Norden und Westen liegt der Peak District, einer der meistbesuchten Nationalparks des Landes. Den als White Peak bezeichneten Südteil durchziehen tiefe, von Flüssen gegrabene Kalkschluchten, aus deren grauem Stein die Dörfer erbaut wurden. Nach Norden hin weicht der fahle Kalkfels glitzerndem, dunklem Grit mit Gras- und Heidemooren. Hier geht die heitere Atmosphäre des White Peak über in die düstere Stimmungslage des Dark Peak.

Derbyshire beherbergt zwei der imposantesten Landsitze Englands, Chatsworth House und Hardwick Hall. Die Geschichte der Häuser ist mit einer Dame aus elisabethanischer Zeit verwoben, der herrischen Bess of Hardwick.

## CHESHIRE & SHROPSHIRE

Der Peak District reicht noch bis in die Grafschaft Cheshire hinein, in der ansonsten weite Ebenen und sanfte Hügel dominieren. Die alte Haupt-

Am Nottingham Castle steht eine Skulptur von Robin Hood, dem Helden des Sherwood Forest.

stadt Chester, reich an historischen Gebäuden aus Mittelalter, Tudor- und Stuartzeit, liegt an der Grenze zu Wales, nahe der breiten Dee-Mündung. Auch in Staffordshire, dem südwestlichen Nachbarn von Derbyshire, finden sich noch imposante Felsausläufer des Peak District, nebst einer faszinierenden Industriegeschichte rund um Stoke-on-Trent: Hier wird seit 200 Jahren weltberühmtes Porzellan hergestellt.

Die Westflanke der North Midlands bilden die langen, runden Buckel der Hügelketten von Shropshire: Wenlock Edge, der Long Mynd und die Clee Hills – ein ideales Terrain zum Wandern. Die Perle des walisischen Grenzlandes ist das Fachwerkstädtchen Ludlow. ∎

In Nottingham erlebt der Besucher eine reizvolle Überraschung. Die Stadt liegt weitab vom industriellen Ballungsraum Birmingham-Coventry, zwischen der M1 im Westen und den Windungen des River Trent im Osten. Doch trotz moderner Bausünden der 1950er- und 1960er-Jahre ist Nottingham die geschichtsträchtigste und an Besucherattraktionen reichste Stadt der North Midlands.

Das Gasthaus Ye Olde Trip to Jerusalem aus dem 17. Jahrhundert erinnert an die Zeiten der Kreuzzüge.

**Nottingham Castle** steckt voller Geschichte. Es steht auf einem von Gängen und Höhlen durchzogenen Felsen. Die normannische Burg war während des Bürgerkrieges von 1135–54 zweimal zerstört und wieder aufgebaut worden. 1330 soll Edward III., nachdem er mit seinen Männern durch einen 90 m langen Tunnel eingedrungen war, seine Mutter Isabella und Roger Mortimer gefangen genommen haben, ihren Liebhaber, der drei Jahre zuvor den Mord an Edwards Vater, Edward II., veranlasst hatte. Die unterirdischen Gänge kann man im Rahmen der **Nottingham Castle Caves Tour** erkunden (Tel. 01158/76 14 00, Nov.–Mitte Feb. & Mo–Di geschl.).

Von Nottingham Castle zog Charles I. im August 1642 aus, um den englischen Bürgerkrieg zu eröffnen. Nach Kriegsende ließ das Parlament die Festung schleifen. Von 1674–79 wurden die imposanten Ruinen nach der Order des Herzogs von Newcastle in eine noch imposantere Residenz im italienischen Stil umgebaut, die jedoch 1831 von aufständischen Arbeitern niedergebrannt wurde. 40 Jahre später erstand die Burg erneut und beherbergt nun das **Nottingham Castle Museum and Art Gallery** (Tel. 01158/76 14 00) mit sehenswerten präraffaelitischen und modernen Gemälden sowie spätmittelalterlichen Alabasterskulpturen. Vor dem Torhaus aus dem 13. Jahrhundert steht eine **Robin-Hood-Statue** zu Ehren des legendären, einst geächteten Volkshelden. Die Welt des Robin Hood wird jedes Jahr an einem Wochenende im Oktober zum Leben erweckt. Dann gibt es Bogenschießen, Ritterspiele und Damen in mittelalterlichen Kostümen.

Sehenswert ist auch der **Lace Market**, ein Viertel hinter dem Broadmarsh Shopping Center, das seinen Namen der einst hier blühenden Klöppelfabrikation verdankt. Viktorianische Lagerhäuser säumen die schmalen Gassen rund um die St. Mary's Church aus dem 15. Jahrhundert. Hier findet man auch die **Galleries of Justice, Nottingham** *(Lace Market, Tel. 01159/52 05 55)*, eine der beliebtesten Touris-

tenattraktionen der Stadt. Die Besucher werden in die Welt der Diebe und Mörder geführt, nehmen an einem Geisteressen teil und können sich als Richter und Schurken verkleiden.

Unterhalb des Schlosses schmiegt sich das Gasthaus **Ye Olde Trip to Jerusalem** *(Brewhouse Yard, Tel. 01159/47 31 71)* an den Fels, in dem Höhlen als Kellerräume dienen. Das Gebäude aus dem 17. Jahrhundert folgte auf ein Gasthaus von 1189, in dem die Kreuzritter vor ihrer Abreise ins Heilige Land auf ihren künftigen Erfolg anstießen.

Östlich vom Stadtzentrum liegt das **Green's Mill and Science Centre** *(Tel. 01159/15 68 78)*, eine Windmühle aus dem 19. Jahrhundert mit noch funktionierenden Flügeln. Das kindgerechte Science Center ehrt George Green (1793–1841), Bäckersohn und Rechengenie.

Eine interessante Sehenswürdigkeit ist auch das 5 km vom Stadtzentrum entfernte elisabethanische Herrenhaus **Wollaton Hall** *(Wollaton Rd., Tel. 01158/76 31 00)*. Auf dem 202 ha großen Gelände gibt es außerdem ein Naturkunde- und Industriemuseum sowie ein Wildgehege.

**Sherwood Forest**, das königliche Jagdrevier, in dem Robin Hood und seine Mannen sich versteckten, bedeckte einst große Teile der East Midlands. Im 12. Jahrhundert dehnte sich der Wald fast 48 km weit nördlich von Nottingham aus.

Gut erhalten hat sich die Atmosphäre rund um das Dorf **Edwinstowe** (wo Robin Hood in der St. Mary's Church seine Marian heiratete) – von Nottingham aus 32 km auf der A6075 nach Norden – sowie in den Wäldern nördlich davon und westlich der A614. Hier liegt der Eingang zum

**NOTTINGHAM**
S. 253 D3
Besucherinformation

✉ 1–4 Smithy Row
☎ 08444/77 56 78

**Sherwood Forest Country Park** mit der berühmten, über 800 Jahre alten *Major Oak* (10 m Stammumfang).

Das Bergmannsdorf **Eastwood**, 11 km nordwestlich von Nottingham, ist der Geburtsort des Schriftstellers D. H. Lawrence (1885–1930). Lawrence kam als vierter Sohn eines Bergarbeiters in einem typischen »Two-up, two-down«-Reihenhäuschen mit vier Zimmern auf zwei Etagen in der Victoria Street 8A zur Welt, heute das **D. H. Lawrence Birthplace Museum** *(Tel. 0115/917 38 24)*. Die engen Zimmer sind anschaulich möbliert in der kargen Schlichtheit eines Bergarbeiterhauses aus der Zeit um 1885. Das **Durban House Heritage Center** *(Mansfield Rd., Tel. 01773/71 73 53)* zeigt die Ursprünge des Dorfes. ■

## KREUZFAHRTEN MITTEN IN ENGLAND

Mit seinen 272 km ist der Trent einer der längsten Flüsse Großbritanniens. Er schlängelt sich langsam durch den Peak District von Staffordshire und Derbyshire ostwärts, um dann Richtung Norden durch Nottinghamshire zur Humber-Mündung zu fließen. Eine wunderbare Art, diesen Fluss zu erkunden, ist eine Kreuzfahrt *(£££££)*. Es gibt Vergnügungsfahrten mit Kostümpartys, Kabarett, sonntäglichem Mittagessen, Disko, Jazz und vielem mehr. Man kann sich aber auch einfach zurücklehnen und entspannen. Zu den Schifffahrtsgesellschaften, die solche Kreuzfahrten anbieten, gehören **Princess River Cruises** *(Trent Ln. South, Colwick, Tel. 01159/10 04 00, princessrivercruises.co.uk)* und **Trent River Cruises** *(Trent Ln. South, Colwick, Tel. 01159/10 05 07, trentcruising.com)*, beide vor den Toren der Stadt gelegen, oder **Newark Line River Cruises** *(Cuckstool Wharf, Castle Gate, Tel. 01636/70 64 79, newarkline.co.uk)* in Newark. Wer lieber seinen eigenen schmalen Kahn *(barge)* steuern will, sollte dem Leicestershire Ring folgen, einer mindestens einwöchigen Fahrt auf den Kanälen und Flüssen Leicestershires, Derbyshires, Staffordshires und Warwickshires. Die Strecke führt durch Tunnel und Schleusen, an Pubs am Flussufer und den wunderschönen Landschaften vorbei. Versuchen Sie es bei **Hire a Canalboat** *(Sawley Marina, Tel. 01707/655649, hireacanalboat.co.uk)* direkt vor Nottingham oder gönnen Sie sich ein luxuriöses Kanalboot von **Excellence Afloat at Valley Cruises** *(Springwood Haven Marina, Mancetter Rd., Nuneaton, Tel. 02476/39 33 33, valleycruises.co.uk)* in Warwickshire.

## SHERWOOD FOREST COUNTRY PARK

🅰 S. 253 D3
✉ Edwinstowe
☎ 01623/82 32 02

🕐 Park ganzjährig geöffnet, Besucherzentrum saisonabhängig
💶 £ (Parken)

## EASTWOOD

🅰 S. 253 C3

»Bei meinem Blute«, rief James I. aus, als er Southwell Minster erblickte, »diese Kirche nimmt es mit York oder Durham oder jeder anderen Kirche der Christenheit auf!« Tatsächlich ist das Münster von Southwell von seltener Schönheit.

Die Kirche grüßt ihre Besucher mit den Zwillingstürmen der Westfassade. Das Innere ist von dämmrigem Licht durchflutet, das von dem alten, blassrosa Sandstein abstrahlt. Den **Kapitelsaal** aus dem späten 13. Jahrhundert zieren prachtvolle Steinmetzarbeiten, kunstvolles Laubwerk, Tiere, Vögel, Fabelwesen und »Grüne Männer«. Die Chorschranken aus dem 14. Jahrhundert sind mit ihren fast 300 Figuren nicht minder prächtig gearbeitet. Noch ältere Schnitzereien finden sich auf einem Türsturz.

An der Südwand prangen Fragmente eines Freskos von Cupido mit Fischen, das von einer bei der Kirche ausgegrabenen römischen Villa stammt. Im großen Ostfenster zeigen die Glasmalereien aus den Werkstätten flämischer Künstler Szenen mit lebendigen, ausdrucksstarken Gesichtern unter extravaganten mittelalterlichen Kopfbedeckungen.

Das »**Adler-Lesepult**« aus Messing wurde aus einem Teich gefischt, wo es bei Auflösung der Klöster (1536–41) versenkt worden war. ■

**SOUTHWELL MINSTER**
🗺 S. 253 D3
✉ Church St., Southwell

☎ 01636/81 26 49
€ Spende

Den mittelalterlichen Ambo in Form eines Adlers stiftete Erzdiakon Kaye dem Münster 1805.

Westlich an Nottinghamshire grenzt Derbyshire. Im Nordwesten liegt der abwechslungsreiche Peak District National Park. Hier findet man eine Landschaft mit Mooren, Wäldern und Tälern, die 1951 zu Großbritanniens erstem Nationalpark erklärt wurde. Von den hübschen Landsitzen im und außerhalb des Parks sind Chatsworth und Hardwick Hall die bekanntesten und schönsten.

## CHATSWORTH

Chatsworth liegt 56 km nordwestlich von Nottingham und ist das Haus des Herzogs und der Herzogin von Devonshire. Wer Haus und Gärten mit Muße erkunden will, sollte dafür einen ganzen Tag einplanen.

Bereits die Anfahrt ist ein Erlebnis. Chatsworth präsentiert sich als barockes Landschloss mit palladianischer Fassade, 1687–1707 für den wohlhabenden 1. Duke of Devonshire errichtet. Der Herzog konnte auf guten Fundamenten bauen: Sein Chatsworth folgte auf ein nobles Haus, das seine Ururgroßmutter Bess of Hardwick (siehe S. 260 f.) hatte errichten lassen. Hier hielt sich die schottische Königin Mary Stuart mehrfach auf Befehl von Königin Elizabeth I. auf. Sie stand unter mehr oder weniger strengem Hausarrest als »Gast« von Bess of Hardwicks viertem Gatten, dem Earl of Shrewsbury. Bess hegte bald den Verdacht, dass der Graf und die immer noch attraktive Mary sich etwas zu gut verstanden, und verließ ihn kurzerhand.

In der Eingangshalle hängt ein Gemälde der Bolton Abbey von Sir Edwin Landseer. Die Böden und Treppen sind kunstvoll in Marmor gearbeitet.

Im Peak District National Park liegen landwirtschaftlich genutzte Flächen neben wilden Mooren.

Die schöne Deckenbemalung in den **State Rooms** stammt von Verrio und Louis Laguerre. Im **Music Room** glaubt man eine echte Geige hinter einer Tür hängen zu sehen, doch es handelt sich um ein Trompe-l'Œil des Malers Jan Van der Vaart (1651–1727). Die Gemäldesammlung enthält neben Porträts von Van Dyck und Rembrandt auch ein reizendes Bildnis der Schulmädchen, die während des Zweiten Weltkrieges hier einquartiert waren. Die **Kapelle** (1693) birgt ein riesiges, kunstvolles Altarbild. Im **Great Dining Room** ist die Tafel makellos gedeckt, wie einst für den Besuch von George V. und Königin Mary im Jahr 1933. Dagegen wirkt der **Oak Room** mit seinen barocken Holzskulpturen und gedrechselten Säulen launisch und düster wie das Raucherzimmer eines Junggesellen.

Auf Sockeln in den Fluren schimmern hohe Vasen aus poliertem Flussspat (»Blue John«), einem Mineral aus den nahen Kalksteinhöhlen. Der Weg nach draußen führt über die **Sculpture Gallery** mit Tieren und menschlichen Figuren aus weißem Marmor.

Chatsworth liegt inmitten eines 405 ha großen **Parks**. Der Garten beim Haus samt Orangerie und Rosengarten wurde ab 1826 von Joseph Paxton angelegt, der später in London den Crystal Palace für die Weltausstellung von 1851 entwerfen sollte. Sein Glashaus in Chatsworth ist nicht erhalten, heute erstreckt sich nur noch die lange Glasfront des **Conservative Wall** über den Hang östlich vom Haus. Der Park wurde in den 1760er-Jahren von Capability Brown angelegt und lockt mit Grotten, Sommerhäuschen, Ausblicken über flache Täler und Spazierwegen unter Rhododendronsträuchern. Die südöstlich vom Haus gelegene barocke Kaskade von 1696 mit Kaskadenhaus wurde im 18. Jahrhundert erweitert. Vor der Südfassade liegt der lang gezogene Canal Pond mit Paxtons **Emperor Fountain**: Die »Kaiserfontäne« steigt bis zu 60 m hoch.

---

## INSIDERTIPP

**Machen Sie ein Picknick am Hunting Tower [nicht zugänglich] von Chatsworth, der auf einem Hügel über dem Anwesen thront.**

JANE SUNDERLAND, NATIONAL GEOGRAPHIC-MITARBEITERIN

---

## PEAK DISTRICT NATIONAL PARK

⬛ S. 253 C3–C4
**Besucherinformation**
✉ Old Market Hall, Bridge St., Bakewell
☎ 01629/81 65 58
**peakdistrict.gov.uk**

## CHATSWORTH

⬛ S. 253 C3
✉ 13 km nördlich von Matlock, bei der B6012
☎ 01246/56 53 00
🕐 Öffnungszeiten siehe Website
💶 £££, nur Garten ££
**chatsworth.org**

## HARDWICK HALL

Hardwick Hall steht im Osten Derbyshires, nahe dem Kohlerevier West-Nottinghamshires. Von dort kommend gelangt man über die Ausfahrt 29 der M1 aus kargen Bergbaudörfern in hügeliges Parkland. Beim ersten Blick auf Hardwick Hall fallen die monumentalen Buchstaben »ES« auf, die mehrfach in die goldfarbenen Steinbalustraden gemeißelt sind, die Initialen von Elizabeth, der Countess of Shrewsbury.

»Hardwick Hall, more glass than wall«, wurde einst in Anspielung auf den hohen Glasanteil der Stein- und Ziegelfassade gereimt. Die vergitterten Fenster sind in der Tat enorm. Darin lag die Botschaft, dass Bess of Hardwick Geld in Hülle und Fülle besaß. Allerdings bezog die listige Bess die Rohmaterialien dazu aus ihrem Steinbruch und eigener Herstellung. Aussehen und Atmosphäre des Hauses innen wie außen spiegeln den extravaganten, egozentrischen wie auch praktisch veranlagten Charakter der Erbauerin wider. Sie wurde 1527 geboren. Ihr Vater, John Hardwick, war ein bescheidener Landedelmann und Farmer. Die ehrgeizige Bess jedoch wollte höher hinaus. Sie heiratete viermal und arbeitete sich mit jeder Heirat ein Stück auf der sozialen Leiter empor. Drei Söhne und drei Töchter gingen aus diesen Ehen hervor. Porträts aus ihrer Zeit (an denen im Haus kein Mangel herrscht) zeigen sie rothaarig, mit dunklen Augen und Habichtsnase: nicht minder zielstrebig und unerbittlich als die andere Elizabeth der Tudorzeit, ihre Königin.

### AUF DEN SPUREN EINES MÖRDERS

Die Briten lieben ihre Detektive – Sherlock Holmes, Miss Marple, Inspektor Morse. Die Briten lieben es auch, sich schick zu machen und in ihren Herrenhäusern spazieren zu gehen. Beides zusammen ist die perfekte Grundlage für ein Krimiwochende! Packen Sie Ihren feinsten Hut und die Meerschaumpfeife ein und bereiten Sie sich innerlich auf Spannung, Blut und viel Horror und Spaß sowie auf ein bisschen körperliche Ertüchtigung vor.

**Hardwick Hall** (Kontakt und Infos siehe unten) bei Chesterfield in Derbyshire setzt gelegentlich geheimnisvolle Mordfälle in Szene (£££££), bei denen man sich in Originalkostüme hüllt und an einem dreigängigen Krimidinner teilnimmt. Im georgianischen Herrenhaus **Ringwood Hall Hotel** (Brimington, Tel. 01246/28 00 77, ringwoodhallhotel.com, £££££), ebenso bei Chesterfield, findet jährlich im April das »Murder Most Foul« statt. Dabei gibt es Leichen, Mörder, Schreie und unvorhergesehene Wendungen der Handlung, die selbst Hercule Poirot begeistern würden.

Eine Liste weiterer »mörderischer« Abenteuer in Großbritannien findet man online unter killinggame.co.uk.

Als sie ihren Mann, den Earl of Shrewsbury (siehe S. 258) verließ, war sie Mitte fünfzig. Sie kaufte ihrem Bruder Hardwick Old Hall ab und begann mit der Renovierung. Die umfangreichen, noch erhaltenen Ruinen der **Old Hall** (im Besitz von English Heritage) enthalten kunstvolle Stuckaturen und anderen Zierrat, den Bess in den 1580er-Jahren hatte anfügen lassen.

Nach dem Tod des Earl of Shrewsbury im Jahr 1590 setzte Bess mit seinem Geld zwischen 1591 und 1597 ihrem Stolz und ihrer gesellschaftlichen Bedeutung

Hardwick Hall mit den Initialen der Erbauerin

im Stein und Glas der nagelneuen Hardwick Hall ein Denkmal. Die Hausherrin selbst starb im Jahr 1608 mit 81 Jahren. Die Fülle ihrer Porträts zeigen, dass sich in ihr Arroganz und Verletzlichkeit zu einer noch heute faszinierenden Persönlichkeit verbanden.

Hardwick war nie wirklich als Wohnhaus konzipiert, sondern als repräsentativer Landsitz zum Empfang königlicher und adliger Gäste. Vielleicht rührt daher die unübersehbare Kälte des Hauses, die Aura leerer Größe.

Die Wände der meisten Zimmer sind mit Gobelins verhängt, die nur ein paar Stunden täglich dem Tageslicht ausgesetzt werden, um ihr Ausbleichen zu verhindern. Die empfindlichen Wandbehänge, deren ursprünglich leuchtende Farben nun düster wirken, erzeugen eine klaustrophobische Atmosphäre. Feinste Stickereien sind zu bewundern, die meisten sind von Bess und ihren Bediensteten. Eine Inventarliste des Hauses von 1601 zeigt, dass viele der ursprünglichen Möbel noch erhalten sind, etwa ein Holztisch mit Einlegearbeiten, Betten und bemalte Vorhänge.

**Rundgang:** Die Besichtigung führt von der **Main Entrance Hall** zur **Great Hall**. Eine Treppe führt hinauf zur **High Great Chamber** mit gemaltem Fries. In der **Long Gallery** hängt ein Gemälde von Mary Stuart – der vermuteten Auslöserin für den Bruch von Bess' vierter Ehe. ∎

### HARDWICK HALL

- ▲ S. 253 C3
- ✉ Doe Lea, 14 km südöstlich von Chesterfield
- ☎ 01246/85 04 30
- 🕐 Öffnungszeiten siehe Website
- € Hall & Old Hall £££; nur Park ££

**nationaltrust.org.uk**

**RUNDFAHRT DURCH DEN PEAK DISTRICT**

Die Route durch den Peak District durchquert die wilden Moore und Kalksteinhügel des Peak National Parks, führt durch die hübschen georgianischen Städtchen Buxton, Ashbourne und Matlock und besucht zwei prächtige Landsitze, Haddon Hall und Chatsworth House.

Für den Peak District typisches Steinhaus

In **Buxton** ❶ *(Information, The Crescent, Tel. 01298/251 06)* lohnen der elegante **Crescent** aus Sandstein – 1780–90 nach einem Vorbild in Bath (siehe S. 174 f.) erbaut –, das **Opernhaus** im Stil Edward VII., der **Viktorianische Pavillon** aus Eisen und Glas, die imposante Kuppel auf den Stallungen des Duke of Devonshire, jetzt das **Devonshire Royal Hospital**, sowie die **Old Baths**. Den Bädern gegenüber spendet ein öffentlicher Brunnen, St. **Ann's Well**, 28 °C warmes, mineralhaltiges Wasser.

Von Buxton folgt man 16 km der A54, hält sich dann auf einer kleinen Straße durch das Dorf Wincle links. An der Brücke unter dem Ship Inn führt der Weg in südlicher Richtung bis zum Städtchen **Leek** ❷ *(Information, 1 Market Pl., Tel. 01538/48 37 41)* mit seiner 1752 von dem Ingenieurgenie James Brindley entworfenen Mühle **Brindley Mill**. In östlicher Richtung geht es über Hochmoore durch Warslow und Alstonefield nach **Ilam**, dessen Landsitz Ilam Hall (19. Jh.) jetzt als Jugendherberge genutzt wird. Auf dem Dorffriedhof kann man zwei angelsächsische Steinkreuze bewundern. Das georgianische Städtchen **Ashbourne** ❸ *(Information, 13 Market Pl., Tel. 01335/34 36 66, Okt.–Feb. So geschl.)* südlich von Ilam ist eine ideale Ausgangsbasis für Ausflüge in den **White Peak.** Hier beginnt der 21 km lange **Tissington Trail**, der auf einer teils stillgelegten Eisenbahntrasse

---

### BAKEWELL PUDDING

Himbeermarmelade, Eier und Zucker, viel geschmolzene Butter und Unmengen gemahlene Mandeln ... das alles kommt in einen Bakewell Pudding, die kulinarische Attraktion von Derbyshire. Man erzählt sich, dass ein ungeschickter Küchenjunge in Bakewell per Zufall dieses Rezept erfunden hat, als er Eier und Zucker in eine Pfanne statt in den Teig gab.

Den besten Pudding bekommt man im **Old Original Bakewell Pudding Shop** *(The Square, Tel. 01629/81 21 93, bakewellpuddingshop.co.uk)* in Bakewell.

nach Norden verläuft und bei Parsley Hay auf den **High Peak Trail** stößt, auf einer weiteren Eisenbahntrasse von 27 km Länge.

Ein Abstecher von 32 km führt in einem beschilderten Rundweg über die A52 Richtung Stoke-on-Trent und ab Mayfield linker Hand über die B5032 nach **Alton Towers** ❹ *(Alton, Tel. 0871/22 23 300, Nov.–Mai geschl.)*, einem schrillen, quirligen Vergnügungspark.

Von Ashbourne führt die B5035 durch Kniveton und weiter nach Wirksworth und Matlock Bath. **Matlock Bath** ❺ *(Information, Crown Sq., Tel. 01335/34 36 66)* an der A6 ist ein spätgeorgianischer Badeort. Die B5057 und die B5056 führen in westlicher und nördlicher Richtung durch Hügelland über Winster zur A6 zurück, vorbei an **Haddon Hall** ❻ *(Tel. 01629/81 28 55, haddonhall.co.uk, Öffnungszeiten siehe Website, £££)*, einem befestigten Herrenhaus mit einer *long gallery* der Tudorzeit. Auf der A6 geht es rechts weiter nach Rowsley, dann links auf der B6012 nach **Chatsworth** ❼ *(siehe S. 258f.).* Von dort weiter nach **Bakewell** *(Information, Old Market Hall, Tel. 01629/81 32 27)* und über die A6 in 19 km nach Buxton zurück.

| | |
|---|---|
| ⛰ | Siehe auch Karte S. 253 |
| ► | Buxton |
| 🕐 | 2½ Stunden |
| ↔ | 128 km |
| ► | Buxton |

1986 wurde Ironbridge in Shropshire zum UNESCO-Weltkulturerbe erklärt. Im 18. Jahrhundert war die Ironbridge-Schlucht die Keimzelle der industriellen Revolution: Das mineralreiche Severn-Tal bot die Rohstoffe, die viele industrielle Verfahren auf eine völlig neue Grundlage stellten. Zehn Ironbridge-Gorge-Museen in Coalbrookdale dokumentieren heute anschaulich die industrielle Revolution.

## DER BESUCH DER MUSEEEN

Eintrittskarten (£) können Sie am Hauptparkplatz und im Visitor Center erwerben (*Museum of the Gorge, Coach Road, Coalbrookdale; Tel. 01952/43 34 24; ironbridge.org.uk*). Der Museumspass ist ein Jahr für alle zehn Museen gültig (*£££££*). Ein Umgebungsplan zeigt den Rundgang zu den einzelnen Museen. Sie können auf Wegen zu Fuß gehen (Dauer ein Tag), den Shuttle-Bus nehmen (*Wochenenden & Feiertage April–Okt.; tägl. Mitte–Ende Aug.*) oder mit dem Auto fahren (*Parkplätze bei allen Museen, £*).

## MUSEUM OF THE GORGE

Dieses Museum dokumentiert die Geschichte der Severn-Schlucht. Zu besichtigen ist ein schönes Modell von Ironbridge um 1800, mit Segelschiffen auf dem Fluss, Planwagen und Karawanen mit Packpferden auf den schmalen Bergpfaden, Pferdewagen in einem riesigen Steinbruch und nachgestellten Szenen an Schmelzöfen und in Eisenschmieden.

## EISENMUSEUM IN COALBROOKDALE

Das Museum zeigt die Geschichte der Eisengewinnung in Coalbrookdale sowie den Aufstieg der Industriepioniere Abraham Darby und seiner Söhne. Zu besichtigen sind hochkomplexe Gusseisenmodelle und Maschinen für die Weltausstellung 1851; Alltagsgegenstände von Kochherden über Parkbänke bis Lokomotivmotoren sowie die mächtigen Hochöfen, in denen Darby 1709 das Eisen schmolz.

## BOGENBRÜCKE & ZOLLHAUS

Die Eisenbrücke, die Abraham Darby III. 1777 baute, bildet einen perfekten Halbkreis und spiegelt sich im Severn wider. Die weltweit erste Gusseisenbrücke ist ein mächtiges Symbol der Ingenieurskunst sowie der Ziele und Errungenschaften der industriellen Revolution.

## DARBY HOUSES

Im Familienanwesen der Darbys können Sie Möbel, Porzellan, Dokumente und persönlichen Gegenstände dieser Familie von Industriepionieren besichtigen.

## TAR TUNNEL

Setzen Sie einen Schutzhelm auf und kriechen Sie den backsteinbefestigten Kanaltunnel entlang, den William Reynolds 1786 als Verbindung zwischen den Kohleminen am Blists Hill und dem Severn anlegte. Die Arbeiter stießen auf ein Bitumen-Vorkommen, was Reynolds eine Menge Geld einbrachte.

## DIE VIKTORIANISCHE STADT BLISTS HILL

Darsteller in historischen Kostümen führen Sie durch dieses Freilichtmuseum einer viktorianischen Stadt. Sie können Kutsche fahren, beim Apotheker und Lebensmittelhändler reinschauen, Cottages besichtigen und Fish & Chips wie anno dazumal probieren.

Die großartige Gusseisenbrücke über den Severn steht sinnbildlich für die Genialität und den Unternehmergeist Großbritanniens in viktorianischer Zeit.

## PORZELLANMUSEUM VON COALPORT

Hier können Sie bei der Herstellung und Bemalung der erlesenen Keramikwaren zusehen, die alten Brennöfen und Porzellanmanufakturen besichtigen und Ausstellungsstücke in der Sammlung von Caughley- und Coalport-Porzellan bewundern.

## JACKFIELD TILE MUSEUM

Kneipen, Kirchen, Kinderzimmer, Badezimmer – es gab kaum etwas, das die Viktorianer nicht mit Kacheln verschönerten und hier sehen Sie die kunstvollen Entwürfe.

## ENGINUITY – TECHNIK ZUM ANFASSEN

Hier können Sie eigenhändig technische Experimente durchführen – einen riesigen Röntgenapparat bedienen, von Hand eine Dampflokomotive ziehen oder Ihre eigene Rakete herstellen.

## BROSELEY PIPEWORKS

Besteigen Sie wie in einer Zeitmaschine eine Fabrik, die 1960 zwar nach 80 Jahren Herstellung von tönernen Tabakpfeifen aufgegeben, doch in der alles wie einstmals belassen wurde.

Südwestlich von Stoke-on-Trent überquert die A53 die Grenze zu Shropshire und führt vom industriellen Staffordshire in eine der lieblichsten Grafschaften Englands. Shropshires Westen birgt sanfte Hügelkuppen und Täler. Weiter im Süden sowie im Osten werden die Hügel schroffer, vor allem die Clee Hills, auf deren südwestlichen Ausläufern Ludlow liegt.

Ludlow liegt auf einem Höhenkamm zwischen den Flüssen Corve und Teme. Die Mauern von **Ludlow Castle** am westlichen Ende des Kamms umschließen normannische Befestigungsanlagen, in denen Edward und Richard, die Söhne Edwards IV. bis 1483 festgehalten wurden (siehe S. 106 f.). Am Castle Square ist mehrmals wöchentlich Markt *(Mo, Fr–Sa & Mi Ostern–Sept.)*. Die **St. Laurence's Church** wurde im 14. und 15. Jahrhundert von wohlhabenden Wollhändlern aus Ludlow errichtet, ihre Misericordien zählen zu den schönsten ihrer Art in ganz Mittelengland. Auf dem Friedhof ruht A. E. Housman (1859–1936), dessen Gedichtbüchlein *A Shropshire Lad* in den Buchhandlungen der Stadt erhältlich ist. Seine Gedichte offenbaren die Sehnsucht nach Shropshire.
In Ludlow haben sich viele Fachwerkhäuser mit kunstvollen Schnitzereien erhalten, das auffallendste ist das **Feathers Hotel** (17. Jh.), auf dessen Fassade sich Gesichter und Blätter auf Karo- und Schachbrettmuster tummeln.
Das historische Städtchen **Bridgnorth** *(Information, The Library, Listley St., Tel. 01746/76 66 25, Okt.–Feb. So geschl.)* an der B4364, 32 km nordöstlich über die Clee Hills, liegt am Fluss Severn. Alte Häuser und Pubs, die normannische Burg und eine Standseilbahn von 1891 sind zu entdecken. ∎

## BEI DEN MORRIS-TÄNZEN

Pure Lebenslust strahlen die Morris- oder Morisken-Tanztruppen aus. Alle sind in Weiß gekleidet, tragen mit Blumen geschmückte Hüte und Stöcke in den Händen, an den Beinen sind Glöckchen befestigt und alle tanzen zum Klang eines Akkordeons. Tanztruppen aus Shropshire sind die Shrewsbury Bull und Pump Morris Men oder Shrewsbury Clog. Halten Sie Ausschau nach Morris-Tänzen in Pubs. Morris-Truppen tanzen zu allen Festen und Gelegenheiten, informieren Sie sich in Besucherzentren oder unter *themorrisring.org*.

## LUDLOW
🅰 S. 253 A1
Besucherinformation
✉ Ludlow Assembly Rooms, 1 Mill St.
☎ 01584/87 50 53
🕐 Okt.–Feb. So geschl.
**ludlow.org.uk**

## LUDLOW CASTLE
✉ Castle Sq.
☎ 01584/87 44 65
🕐 Jan. Mo–Fr geschl.
💶 ££
**ludlowcastle.com**

Der Altstadtkern von Shrewsbury, dem Verwaltungssitz der Grafschaft Shropshire, liegt auf einer Halbinsel in einer Flussschleife des Severn.

## SHREWSBURY

Blutige Schlachten gehören untrennbar zur Geschichte Shrewsburys, das an einem wichtigen Flusseinschnitt im Grenzverlauf zwischen England und Wales liegt. In den drei Jahrhunderten der Kleinkriege zwischen den beiden Ländern wurde es mehrfach erobert und wieder verloren. Prinz Dafydd, der Bruder von Llewelyn the Last, wurde am Shrewsbury High Cross 1283 gehängt und geviertelt. Harry »Hotspur« Percy starb in der Schlacht von Shrewsbury 1403, nachdem er sich auf die Seite des walisischen Rebellenführers Owain Glyndwr gegen Henry IV. geschlagen hatte. Das frühnormannische **Shrewsbury Castle** wurde im Lauf der Jahrhunderte mehrfach erweitert. Der Großteil der heutigen Anlage (mit dem **Shropshire Regimental Museum**, *Tel. 01743/35 85 16*) stammt aus den wilden Jahren der großen Offensiven Edwards I. Die Sammlung des Schlosses ist im **Shrewsbury Museum and Art Gallery** *(The Square, Tel. 01743/25 88 85, shrewsburymuseum.org.uk)* ausgestellt. In der St. Mary's

**SHREWSBURY**
- S. 253 A2
- Besucherinformation
- Rowley's House, Barker St.
- 01743/28 12 00
- Okt.–April geschl.

**SHREWSBURY CASTLE**
- Castle St.
- 01743/36 11 96
- Winter-Öffnungszeiten telefonisch erfragen
- **shrewsburymuseum.org.uk**

Shrewsbury liegt an der Kreuzung zweier Handelswege: dem Severn und der Watling Street.

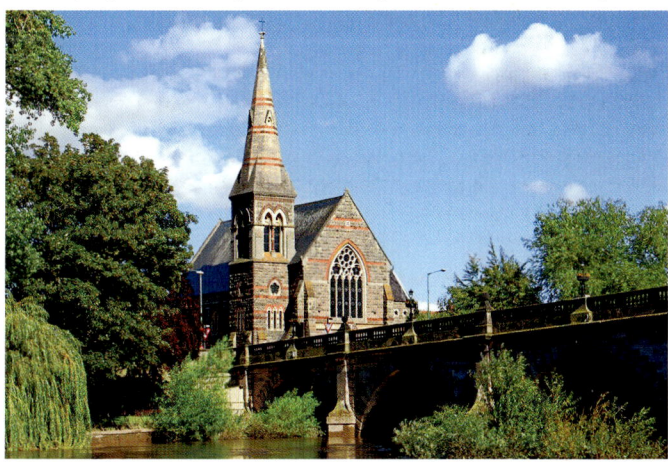

Street steht die schöne mittelalterliche **Church of St. Mary** *(Tel. 0845/303 27 60, an manchen So geschl., visitchurches.org.uk).* Ihre mittelalterlichen Glasfenster sind einzigartig für das Grenzland. Besonders erwähnenswert sind das Ostfenster mit seiner lebendigen Darstellung der Wurzel Jesse (14. Jh.) und eine anrührende Kreuzigungsszene im Südflügel. Lohnend in der Altstadt sind der Alkmond Square und die umliegenden, von mittelalterlichen Häusern gesäumten Gassen. **Ireland's Mansion** (1575) und **Owen's Mansion** (1592) sind zwei herrliche Fachwerkhäuser der Tudorzeit.

## SÜDLICH VON SHREWSBURY

Im Hügelland südlich von Shrewsbury, das von der A49 nach Ludlow (siehe S. 266) durchschnitten wird, finden sich einige lohnende Ecken und Winkel. Im Osten erhebt sich über 26 km Länge der doppelte Kamm von Wenlock Edge, eine grüne, bewaldete Barriere, zwischen deren zwei Graten das verborgene Tal Hopedale liegt. Hier steht das vermeintliche »Spukhaus« Wilderhope Manor, heute eine Jugendherberge.

Westlich der A49 thront der runde, lange Buckel des **Long Mynd,** eines grasbewachsenen Kalkhügels, dessen Flanken steile Bachtäler zerfurchen; südlich und östlich des Höhenzugs heißen sie *batches,* im Norden und Westen *beaches.* An der A49 am Fuße des Long Mynd liegt **Church Stretton,** ein herausgeputztes Städtchen. Wege zum Gipfel führen über das schöne **Cardingmill Valley** und das sich anschließende Flusstal Lightspout Hollow.

Von Church Stretton schlängelt sich eine schmale Straße westlich über den Long Mynd, vorbei an Ratlinghope, bis zu den Quarzfelsen von **Stiperstones,** die sich in eigenwilligen Formationen gegen den Himmel abzeichnen und – ihrem dämonischen Ruf gemäß – gar einen Teufelsthron, den Devil's Chair, bieten. Die fünf größten Felsen verbindet ein Fußpfad.

11 km nördlich von Ludlow liegt **Stokesay Castle,** eines der ältesten befestigten Landsitze Englands, das in den 1280er-Jahren von dem reichen Wollhändler Laurence of Ludlow erbaut wurde. 1296 wurde es auf Geheiß Edwards I. zum Schutz vor den Walisern mit einem mächtigen Burggraben versehen. Jenseits des Torhauses (17. Jh.) steht die Great Hall mit offenem Dachstuhl und Türme des 13. Jahrhunderts. ■

### CHURCH STRETTON

- S. 253 A2
- Besucherinformation
- ✉ Church St.
- ☎ 01694/72 31 33
- ⏱ Okt.–Feb. & So geschl.

### STOKESAY CASTLE

- S. 253 A1
- ✉ 1,6 km südlich von Craven Arms, ab der A49
- ☎ 03703/33 11 81
- ⏱ Winter-Öffnungszeiten telefonisch erfragen
- € ££
- **english-heritage.org.uk**

Chester ist die Hauptstadt der Grafschaft Cheshir. Die Römer kamen 79 n. Chr. hierher und bauten am Fluss Dee eine Festung – Castle Deva. Im 19. Jahrhundert wurde eine neue Burg errichtet.

Ein Rundgang über 3 km auf den Stadtmauern aus rotem Sandstein – der vollständigsten mittelalterlichen Stadtmauer Großbritanniens – führt zur Burg und zum teilweise ausgegrabenen **römischen Amphitheater**, dem größten seiner Art auf der Insel. Vom **King Charles Tower** in der Nordwestecke der Stadtmauer beobachtete Charles I., wie sich seine Truppen nach der Niederlage bei Rowton Moor im September 1645 in die Stadt zurückschleppten. Dies läutete die endgültige Niederlage der Royalisten im englischen Bürgerkrieg ein. Die vier Hauptstraßen der Stadt treffen sich am **High Cross** (15. Jh.), gesäumt sind die Straßen von den berühmten **Rows**, überdachten Ladengalerien im ersten Stock (13./14. Jh.). Im Umkreis finden sich Stuart-, Tudor- und noch ältere Bauten, etwa das **Bishop Lloyd's House** oder der Tudorpalast **Stanley Palace** in der Watergate Street. Jenseits des Eastgate, mit prächtigem Torbogen und einer Uhr zu Ehren Queen Victorias, sind weitere viktorianische Gebäude zu entdecken. Die **Chester Cathedral** *(Tel. 01244/32 47 56)* in der St. Werburgh Street birgt normannische Steinmetzkunst und schöne Schnitzereien (14. Jh.). ■

**CHESTER**
🅰 S. 253 A3
Besucherinformation
✉ Town Hall, Northgate St.
☎ 0845/647 78 68

**KING CHARLES TOWER**
☎ 0845/647 78 68
🕐 Nov.–März geschl.

Chester ist wegen seiner mittelalterlichen Stadtmauer und Fachwerkhäuser bekannt.

## CASTLETON

Die Attraktion des Dorfes sind die Tropfsteinhöhlen: Die 800 m lange **Peak Cavern** *(Tel. 01433/62 02 85, Nov.–März Mo–Fr geschl.)* mit 30 m breiter Öffnung liegt südwestlich der Ortschaft, alle anderen nordwestlich, unter dem »zitternden Berg« Mam Tor. Dazu zählen die **Speedwell Cavern** *(Winnats Pass, Tel. 01433/62 30 18)* mit Stalaktiten, Bootstour und tiefem Abgrund, die **Blue John Cavern** *(Buxton Rd.)* und die **Treak Cliff Cavern** *(Tel. 01433/62 05 71),* in der Flussspat abgebaut wurde (auch für Chatsworth, siehe S. 258 f.).

**Peak District National Park Information Centre** ▲S. 253 C3 ✉Old Market Hall, Bridge St., Bakewell ☎01629/ 81 32 27

## EYAM

Das Dorf Eyam in Derbyshire, nördlich der A623, ist bekannt wegen seiner Aufopferung während der großen Pest in London 1665. Die Beulenpest erreichte Eyam am 7. September 1665. Der Pfarrer William Mompesson ordnete eine freiwillige Quarantäne für das Dorf an. Eine Karte des Eyam History Trail aus der Kirche führt zu Mompesson's Well, dem Grab des Pfarrers, zu Stätten, an denen die Pest wütete, und zu den Riley-Gräbern, wo 1666 eine Mutter binnen acht Tagen drei Söhne, drei Töchter und ihren Gatten begraben musste.

▲S. 253 C3

Zur Pestzeit wurde die Kirche von Eyam geschlossen, die Gottesdienste fanden im Freien statt.

Besucher können im Wedgwood Visitor Centre in Barlaston den Töpfern bei der Arbeit zusehen.

## WEDGWOOD POTTERY

Einer der berühmtesten Keramikhersteller des Landes war **Josiah Wedgwood** (1730–95), der 1759 seine erste Fabrik gründete. Sein Markenzeichen waren die Jasperware, feines Porzellan in Blau, Grün, Lavendel, Schwarz oder Gelb, mit Design in weißem Relief, oft mit Szenen aus der Antike. Zu jener Zeit wurde in Herculaneum und Pompeji gegraben und die Qualität der dort entdeckten verzierten etruskischen Vasen Gesprächsthema. Bei der Fabriktour »**World of Wedgwood**« kann man den meisterhaften Handwerkern dabei zuzusehen, wie sie die berühmten Keramikwaren herstellen. Im angrenzenden **Wedgwood Museum** ist die weltweit bedeutendste

Wedgwoods Markenzeichen: Jasperware, weißes Relief auf farbigem Porzellan

Sammlung an Wedgwood-Stücken zu bestaunen *(wedgwoodmuseum.org.uk)*.
**Wedgwood Visitor Centre & Museum** ⬛ S. 253 B2 ✉ Barlaston, Staffordshire ☏ 01782/28 29 86

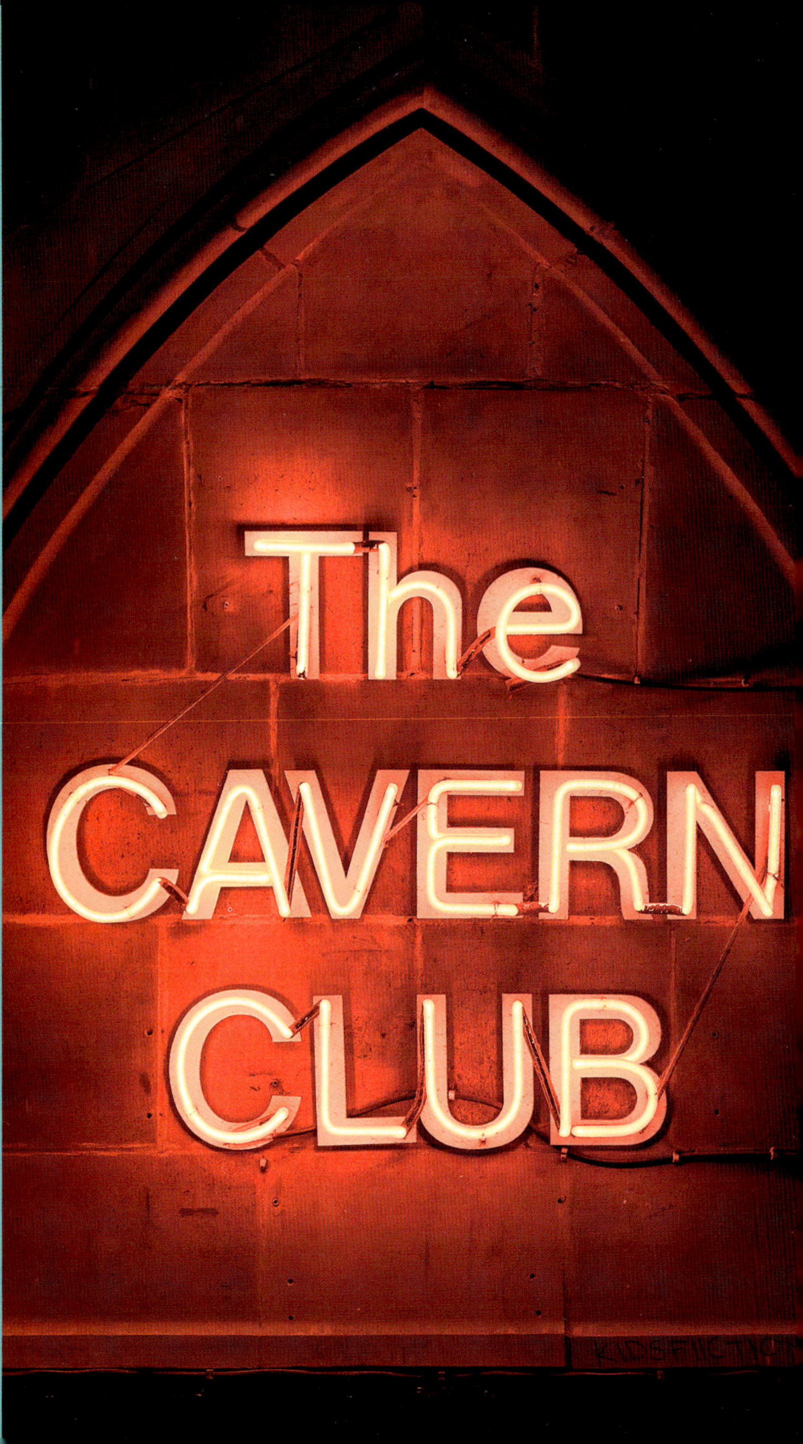
The
CAVERN
CLUB

‹ Ein viel gerühmter Nachtclub in Liverpool, einst ein Treffpunkt der Beatles

Der Nordwesten Englands birgt ein landschaftliches Juwel – den Lake District, viel gerühmt von den Dichtern, Schriftstellern und Malern der Romantik, allen voran William Wordsworth. Geprägt wird dieser Landesteil von den industriellen Ballungsgebieten im Süden, von Liverpool bis Manchester, sowie von den enormen, düsteren Höhen der Pennine Hills, die sich im Norden ausbreiten.

Dampfeisenbahn im Lake Distrikt

Die Arbeiter aus den Fabriken von Sheffield, Manchester, Bradford und den Baumwollspinnereien Lancashires suchten schon immer in den hohen, kahlen Pennine Moors beim Wandern und Radfahren Erholung. Der spektakuläre Anblick der Hügelketten und tiefen Täler wird noch verstärkt durch die geduckt am Fuß der Hänge liegenden Städtchen mit ihren dicht gedrängten Häusern, Fabriken, Kapellen und öffentlichen Gebäuden aus schwarzem Grit, einem harten kristallinen Gestein. Liverpool und Manchester erlebten einen drastischen wirtschaftlichen Niedergang; Liverpool mit seinen über 11 km langen Hafendocks, Manchester mit seiner enormen Textilindustrie. In den Straßen kann man die bombastischen Industrietempel aus viktorianischer Zeit bewundern – Lagerhallen, Spinnereien, Bürohäuser in den Docks, Fabriken –, die den einstigen Reichtum begründeten.

Auch aus den einst düsteren Industriestädten Lancashires hat sich der Rauch verzogen, seit die Textilindustrie praktisch zusammenbrach. Und auch hier spiegelt die Architektur viktorianischen Reichtum wider.

In der westlichen Ausbuchtung der Grafschaft Cumbria liegt der grandiose Lake District – immer wieder aufs Neue faszinierend mit seinen mal runden, mal scharfkantigen Höhenzügen und den glitzernden kleinen Seen, die darin eingebettet liegen. Im Jahr 1951 wurde diese Region zum Nationalpark erklärt. Und auch unabhängig von den Seen hat

Cumbria Lohnendes zu bieten: etwa eine Eisenbahnfahrt entlang der vergessenen Küste Cumbrias bis ins geschichtsträchtige Carlisle oder eine Wanderung durch eine Landschaft von herber Schönheit in den Pennines rund um Weardale und Teesdale. ■

Liverpools Aufstieg zur nach London zweitwichtigsten Hafenstadt des British Empire begann mit dem Bau des ersten Docks im Jahre 1715, als der transatlantische Handel blühte. Schon bald säumten Kais über 10 km weit das Mersey-Becken. Im 19. Jahrhundert brachten die Ozeandampfer und Auswandererschiffe Arm und Reich in die Stadt.

Am Pier Head setzen die Mersey Ferries Passagiere nach Birkenhead auf der anderen Flussseite über, die auch hervorragende thematische Rundfahrten *(Tel. 08706/08 26 08)* anbieten. Diese unterhaltsamen Bootsfahrten zeigen die drei Markenzeichen Liverpools an der Merseyside: das kuppelüberwölbte **Port of Liverpool Building**, das massige **Cunard Building** und die hoch aufstrebenden Uhrtürme des **Royal Liver Building** mit den Liver Birds.

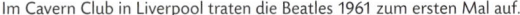

Das **Albert Dock**, nicht weit vom Pier Head, ist das moderne Aushängeschild der Stadt: Hier wurden frühviktorianische Lagerhäuser in Museen, Läden und Cafés umgewandelt. Das **Merseyside Maritime Museum** *(Tel. 0151/478 44 99)* erzählt die Geschichte Liverpools mit ihren Werften, den Ozeandampfern aber auch dem Wohlstand, der auf dem Sklavenhandel gründete (**International Slavery Museum**). Einen Besuch wert sind die Exponate der zeitgenössischen Kunst in der **Tate Gallery Liverpool**, einem Ableger der Londoner Tate Britain. Für Fab-Four-Fans wartet die **Beatles Story** in den Britannia Vaults des Albert Dock *(Tel. 0151/709 19 63)*. In der *Mathew Street 8–10* stand der **Cavern Club** *(Tel. 0151/236 19 65, cavernclub.org)*, wo die Beatles 1961/62 ihren Ruhm begründeten.

Im Cavern Club in Liverpool traten die Beatles 1961 zum ersten Mal auf.

Der Keller wurde in den 1970er-Jahren abgerissen, heute steht hier nur eine Nachbildung. Besser würdigen kann man das Phänomen »Beatles« bei einer Führung zu den Schauplätzen, zu Fuß oder per Bus, organisiert von **Cavern City Tours** *(Tel. 0151/236 90 91)*. Vorab reservierte Minibusse fahren zu den Elternhäusern von John Lennon *(Mendips, 251 Menlove Ave.)* und Paul McCartney *(20 Forthlin Rd., Tel. 08448/00 47 91, reservierte Führungen)*. Die **Walker Art Gallery** zeigt Kunst von der frühitalienischen Renaissance bis zu David Hockney, das **World Museum Liverpool** *(Tel. 0151/478 43 93)* daneben präsentiert in seinen Räumen die Kulturen der Welt, ein Planetarium und weitere abwechslungreiche Sammlungen. ■

## INSIDERTIPP

**Versäumen Sie nicht Antony Gormleys** *Another Place*, **100 gusseiserne lebensgroße Figuren, die am Crosby Beach am Merseyside stehen.**

TIM JEPSON, NATIONAL GEOGRAPHIC-AUTOR

### DAS INTERNATIONAL BEATLEWEEK FESTIVAL

Auch im Zeitalter von iTunes schwärmt die Welt noch immer von den Beatles: ihrer Musik, ihren Persönlichkeiten und ihrem unglaublichen Aufstieg von Arbeiterkindern zu Weltklassemusikern. In ihrer Heimatstadt wurden die Pilzköpfe natürlich noch mehr als an anderen Orten vergöttert. Beatles-Fans aus aller Welt huldigen ihnen an den diversen Wohn- und Wirkungsstätten – an Pauls und Johns Elternhaus, am Cavern Club, in der Penny Lane und dem Casbah Club. Höhepunkt des Trubels ist das **International Beatle Week Festival** Ende August mit Bands, Ausstellungen, Events, Vorträgen, Partys, Shows, Helden des Merseybeat — sie alle kommen für eine Woche nach Liverpool; eine Woche, die kein Beatles-Fan verpassen sollte. Es gibt Pauschalpakete (Tickets plus Übernachtung) oder Einzeltickets *(£££–£££££)* für die Veranstaltungen. Infos unter *cavernclub.org/beatleweek*.

### LIVERPOOL
🅰 S. 275 B1
Besucherinformation
✉ Albert Dock
☎ 0151/233 20 08

### TATE GALLERY LIVERPOOL
✉ The Colonnades
☎ 0151/702 74 00
🕐 Mo (außer Bank Holidays) geschl.
**tate.org.uk**

### WALKER ART GALLERY
✉ William Brown St.
☎ 0151/478 41 99

### CROSBY BEACH
✉ Waterloo, Liverpool, Merseyside. Der Strand ist in 15 Gehminuten vom Bahnhof Waterloo über die South Road erreichbar.

Noch vor einem Jahrhundert war Manchester die bedeutendste Textilstadt Großbritanniens. Richard Arkwrights Spinnmaschinen, die Dampfkraft sowie die Nähe zu den Kohlerevieren und zum Handelshafen Liverpool verhalfen der Textilindustrie zu einem enormen Boom. Georgianische »Baumwoll-Barone« und später viktorianische Händler und Kaufleute häuften hier Vermögen an.

Denkmal des Prinzgemahls am Albert Square

Billigtextilien aus den Kolonien und weltweite Rezession brachten Manchesters Wirtschaft im 20. Jahrhundert zu Fall. Heute ist in Manchester ein neues Selbstvertrauen entstanden, zu dem Manchester United und Manchester City als Fußballclubs von Weltniveau ebenso ihren Teil beitragen wie die Nachtclub-Szene.

Hinter dem Besucherzentrum ragt am Albert Square die gotische **Town Hall** mit dem 85 m hohen Uhrturm in die Höhe. Die Great Hall im ersten Stock zieren präraffaelitische Wandgemälde von Ford Madox Brown.

An der Ecke Peter Street, gegenüber dem Rundbau der Central Library und dem Theater, steht das **Midland Hotel**, in dem man stilvoll auf der Terrasse einen *English Afternoon Tea* einnehmen kann.

## KANÄLE, CLUBS & CHINATOWN

Das **Manchester Central** *(Tel. 0161/834 27 00)* ist in der Watson Street unter dem Eisen- und Glasdach des ehemaligen Hauptbahnhofs untergebracht. Die zugehörige U-Bahnstation **Manchester Central** liegt gleich dahinter. Nach dem Überqueren der Gleise folgen Sie links einer Rampe, dann einige Stufen abwärts und erreichen den Rochdale Canal. Gegenüber, im blau-rot gekachelten Haus an der Ecke der Whitworth Street West war einst der **Hacienda Club**, Ursprung der Rave-Szene.

Am Kanal entlang nach Westen gelangen Sie zum **Castlefield Urban Heritage Park** *(Liverpool Rd., Castlefield, Tel. 0161/834 40 26)*, einem Gemisch aus Kanälen und Booten, Brücken und Bauten. Das hervorragende Industrie-museum, **Museum of Science & Industry in Manchester** *(Tel. 0161/832 22 44)*, an der Liverpool Road, Castlefield, zeigt u. a. Dampfmaschinen.

An der Kreuzung Liverpool Road und Deansgate wenden Sie sich nach links. Rechts ab von Deansgate verläuft die Brazenose Street mit der Abraham-Lincoln-Statue und – nicht weit davon – **St. Mary's Church** mit einer Kuppel aus Buntglas und gedrechselten Marmorsäulen.

Deansgate folgend stoßen Sie auf St. Ann's Street und Square (rechts) mit der **St. Ann's Church** (1712). Etwas weiter in Richtung der viktoriani-schen Kathedrale passiert man das Urbis-Gebäude, das mit seiner grü-nen Glasfassade wie ein riesiges Schiff wirkt. Im Inneren befindet sich das **National Football Museum** *(Tel. 0161/605 82 00)*.

Reizvoll ist auch **Chinatown** zwischen Princess und York Street sowie das lebendige **Gay Village** rund um Princess und Sackville Street. Ein Besuch in den **City Art Galleries** *(Tel. 0161/235 88 88)* an der Mosley und Princess Street sollte nicht fehlen: Sie beherbergen frühmittelalterliche religiöse Kunst, Canalettos und Gainsboroughs, Präraffaeliten sowie L.S. Lowrys Gemälde mit den sogenannten *matchstick men*, eine Darstellung der Ein-wohner Manchesters, die, stilisiert und mit Streichholzbeinchen, gebeugt im Schatten bedrohlicher Fabrikgebäude gehen.

In Lowrys Geburtsort Salford, in der Nähe des Manchester-United-Stadi-ons **Old Trafford**, befinden sich die **Salford Quays**. Bars, Theater und Ga-lerien locken dort das Publikum an, außerdem zwei Hauptattraktionen – das **Imperial War Museum North** *(Tel. 0161/836 40 00)* und **The Lowry** *(Tel. 0843/208 60 00)* mit der weltweit umfangreichsten Sammlung von Werken des Künstlers. ∎

## CHINESISCHES NEUJAHRSFEST IN MANCHESTER

Wer Anfang Februar in England ist, sollte versuchen, das laute, lebendige und fröhliche Chinesische Neujahrsfest mitzufeiern. Dieses Fest wird in al-len chinesischen Vierteln der größeren Städte Großbritanniens begangen, allerdings ist es in der Chinatown von Manchester mit rund 20 000 Chine-sen besonders ausgelassen und bunt. Am Albert Square und im angrenzen-den Chinatown-Viertel tanzen Drachen durch die Straßen, erschallen Gong-Orchester und knallen genügend Feuerwerkskörper, um eine Million Dämonen zu vertreiben. Informationen unter *manchester.gov.uk/events*.

**MANCHESTER**
⬛ S. 275 C1
Besucherinformation

✉ 1 Piccadilly Gardens
☎ 0871/222 82 23
(Anruf 10 p/Minute)

Zwischen Manchester und dem Lake District liegen abgeschieden die Hochmoore des Forest of Rossendale und des Forest of Bowland, die mit einem hervorragenden Netz von Wanderwegen und alten Saumpfaden locken.

Kahle, wilde Moorgebiete wie hier bei Blackburn prägen Lancashire.

**Rawtenstall** hat sich herausgeputzt. Das **Weaver's Cottage** in Fall Barn Fold führt in die vorindustrielle Textilherstellung ein. Östlich der A681 zwischen Bacup und Todmorden säumen leere Fabrikgebäude und kalte Schlote – nach dem Niedergang der Textilindustrie –, Reihenhäuser und Methodisten-Kapellen die Strecke. Nördlich von Burnley kämpfen sich schmale Straßen nach Norden und Westen über das einsame Hochmoor vom **Forest of Bowland**, dem unberührtesten Landstrich Lancashires. **Slaidburn**, mittendrin an der B6487, lockt mit alten Steinhäusern, dem einladenden Hark to Bounty Inn sowie Wanderwegen in die umliegende Heidelandschaft.

Die Trough-of-Bowland-Straße führt nordwestlich durch Dunsop Bridge und Abbeystead nach **Lancaster**, einer hübschen alten Stadt mit einem Binnenhafen, mit mittelalterlichen Gassen und georgianischen Kaufmannshäusern. Eine Festungsanlage krönt die Hügelkuppe. Die wiederhergestellten Kais und Lagerhallen am tidenabhängigen Fluss Lune präsentieren bis heute georgianische Industriearchitektur. Das **Maritime Museum** *(Tel. 01524/38 22 64)* im Custom House am St. George's Quay schildert Lancasters Aufstieg zu Reichtum und Ehren infolge des Seehandels.

Weiter südlich liegt **Sunderland Point**, ein paar dicht gedrängte Häuser auf einem ausgesetzten, bei Flut abgeschnitten Fleckchen. Hier landete der erste Ballen Baumwolle aus der Neuen Welt. Gegenüber (beschildert) liegt das Grab von Sambo, einem westindischen Sklaven, der hier 1736 aus Schmerz über den Verlust seiner Heimat starb. ∎

**LANCASTER**
🅰 S. 275 B3
**Besucherinformation**

✉ Meeting House Ln.
☎ 01524/58 23 94

**Kricket mag vielleicht der offizielle Nationalsport der Briten sein, aber die wirkliche Leidenschaft der Menschen gilt heutzutage eher dem Fußball. Zu einem Besuch in Großbritannien gehört also auch ein Abstecher ins Stadion zu einem Spiel der English Premier League, wo man dieses typisch britische Ereignis hautnah miterleben kann.**

Die Insulaner betrieben diesen Sport bereits vor fast 1000 Jahren; schon damals stürzten sich Scharen von Männern und Jungen auf einen Ball. In der Tudorzeit beschränkte man sich auf den Einsatz der Füße und bald schon gab es Tore, Feldbegrenzungen und Regeln. 1863 stellte die Football Association ein verbindliches Regelwerk auf; seither gewann der Sport an Beliebtheit. Rasch gründete man Tausende von Vereinen, besonders in den Arbeiterstädten von Nordengland und Südschottland. Gerade hier, im Industriegebiet, hingen die Menschen mit Leib und Seele an ihren Vereinen; Fußball wurde für die »kleinen Leute« Trost und Lebenssinn.

Die English Premier League ist die bekannteste Liga der Welt. Hier treten die besten Fußballer an – und verdienen enorme Gehälter. Die Spiele finden vor riesigen Zuschauermassen statt. Ein Spiel der Premier League mitzuerleben ist außerordentlich spannend; Infos findet man unter *premierleague.com*.

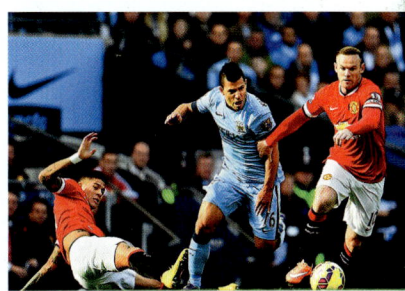

Etwas rauer, aber womöglich auch authentischer geht es weiter unten in der Rangordnung zu, nämlich in der unterhalb der Premier League angesiedelten sogenannten Football League. Die zweithöchste englische Spielklasse, also die obere Klasse dieser Football League, ist die League Championship; darunter rangieren League 1 und League 2, deren Spiele weniger spektakulär und niveauvoll sind. Dementsprechend ist es

Lokale Rivalen: Manchester United (»Red Devils«, rot) gegen Manchester City (»The Citizens«, hellblau)

dort auch einfacher, an Tickets zu kommen, und man erlebt eher das, was manche als typisch englischen »blood-and-thunder« (Blut und Donner) bezeichnen.

Zur Zeit der Drucklegung dieses Buches spielten z. B. folgende Vereine in League 1: die Industriestädte Bury, Oldham oder Rochdale in Lancashire; Bradford, Barnsley und Doncaster (Yorkshire); und neu aufgestiegen aus League 2: Bristol, Oxford und Northampton und viele mehr. Wer an einem dieser Orte ein Fußballspiel besucht, gewinnt zumindest einen realistischen Eindruck davon, was dieser Sport für die Briten bedeutet. Weitere Informationen unter *football-league.co.uk*.

Einige Dinge sollte man vor einem Besuch wissen:

• Der Umgangston im Stadion ist sehr rau.
• Fragen Sie nach Tickets im Block des Gastgebers (*home section*) und tragen Sie nicht die Farben der gegnerischen Mannschaft!
• Essen Sie eine Pastete (*pie*).

Der Lake District hat einen besonderen Platz in den Herzen der Briten, weil hier die grünen, fruchtbaren Talsohlen und die schroffen Berge ein perfektes Nebeneinander von kultivierter und unberührter Natur bilden, zwei Landschaftstypen, die von den Briten hoch geschätzt werden.

## LAKE DISTRICT NATIONAL PARK

Der 1951 gegründete, 3040 km² große Lake District National Park birgt 16 natürliche Seen und mehrere Stauseen sowie 180 Berge über 600 Höhenmeter – vier davon sind sogar über 900 m hoch. Der Scafell Pike ist mit 978 m die höchste Erhebung Englands. Die meisten Besucher halten sich an die Hauptwege, die berühmtesten Fleckchen wie Windermere, Bowness, Grasmere und Keswick, die Berge am Rand des Parks sind immer noch einsam. Sie sollten vor dem Start aber den Wetterbericht *(Tel. 017687/757 57)* abfragen. In der Südwestecke des Lake District kann man von den Bahnstationen der **Ravenglass & Eskdale Railway** *(Tel. 01229/71 71 71)* aus schöne Wanderungen unternehmen.

**Wastwater** ist der perfekte Ort für Leute, die unverschnörkelte Berg-und-Seen-Landschaft lieben. Wastwater ist der dunkelste und tiefste der Seen. Im Marktstädtchen **Cockermouth** kam im heutigen **Wordsworth House** der Dichter William am 7. April 1770 zur Welt.

## SÜDLICHER LAKE DISTRICT & KÜSTE

Nicht ganz so überlaufen sind die drei Halbinseln, die von der zerklüfteten Küste der Lakelands nach Süden in die 395 km² große Morecambe Bay vorstoßen. Diese wundervolle, weit offene Küstenlandschaft hat viel zu bieten: **Furness Abbey** und das **Cartmel Priory Gatehouse**; Seehunde, Orchideen, Kornweihen und Kreuzkröten auf der **Isle of Walney** *(Tel. 01229/47 10 66)* oder eine geführte Wattwanderung in der **Morecombe Bay** *(Grange-over-Sands Tourist Information Center, Victoria Hall, Main St., Tel. 01539/53 40 26).*

Die Schönheit von Wastwater fasziniert alle Besucher.

Die Bahnlinie entlang der Küste Cumbrias, ursprünglich erbaut, um Eisenerz zu transportieren, schlängelt sich auf Viadukten durch die Mündungsgebiete der Flüsse Kent, Leven und Duddon.

Das georgianische **Whitehaven** *(Information, Market Hall, Market Place, Tel. 01946/59 89 14, Okt.–Ostern So geschl.)* hat sich nach Jahrzehnten des Verfalls wieder herausputzt. Ein Musterbeispiel normannischer Architektur bietet **St. Bee's Priory**. Am Ende der Bahnline wartet **Carlisle** *(Information, Old Town Hall, Green Market, Tel. 01228/62 56 00, Okt.–Feb. So geschl.),* eine reizvolle Stadt mit einer massiven Burg aus Sandstein und einer normannische Kathedrale. ■

## WANDERN MIT ALFRED WAINWRIGHT

Das größte Verdienst des Reisebuchautors und Wanderers Alfred Wainwright (1907–91) war es, die Berge zu entmystifizieren. Die Karten und Aufzeichnungen in seinem Wanderführer *A Pictorial Guide to the Lakeland Fells* machen Mut. Tragen Sie die passende Kleidung und achten Sie darauf, wohin Sie Ihre Füße setzen. Der Autor: »Bergwandern ist kein Spiel mit dem Tode, sondern eine wunderschöne Erfahrung.« Nehmen Sie eines der Wanderbücher von Wainwright und die entsprechende Wanderkarte (Ordnance Survey 1:25 000) und marschieren Sie los.

*The Eastern Fells* (Bd. 1), *The Far Eastern Fells* (Bd. 2), *The Central Fells* (Bd. 3), *The Southern Fells* (Bd. 4), *The Northern Fells* (Bd. 5), *The North Western Fells* (Bd. 6), *The Western Fells* (Bd. 7) und *The Outlying Fells of Lakeland* (Bd. 8); der letzte Band beschreibt einfachere Wanderungen, etwa »für Rentner und andere, die höhere Berge nicht mehr ersteigen können«.

## LAKE DISTRICT NATIONAL PARK
🅰 S. 275 B3–B4
Besucherinformation
✉ Brockhole, Windermere
☎ 015394/466 01
🕐 Nov.–März geschl.
**lakedistrict.gov.uk**

## COCKERMOUTH
🅰 S. 275 B4
Besucherinformation
✉ Town Hall, Market St.
☎ 01900/82 26 34
🕐 Okt.–Feb. So geschl.

## WORDSWORTH HOUSE
✉ Main St., Cockermouth
☎ 01900/82 48 05
🕐 Öffnungszeiten siehe Website
€ ££
**nationaltrust.org.uk**

## FURNESS ABBEY
✉ Barrow-in-Furness
☎ 03703/33 11 81
🕐 Öffnungszeiten siehe Website
€ £££
**english-heritage.org.uk**

## CARTMEL PRIORY GATEHOUSE
✉ Cavendish St., Cartmel
☎ 01539/43 55 99
🕐 Öffnungszeiten siehe Website
€ Führung: £
**nationaltrust.org.uk**

Die Fahrt beginnt in Windermere und führt nach Norden über den Kirkstone Pass nach Keswick. Zurück geht es über Borrowdale und Newlands Valley nach Grasmere, vorbei an Buttermere und Crummock Water.

Von den beiden Touristenorten Windermere und Bowness fahren Sie auf der A592 nach Süden am **Lake Windermere** ❶ *(Information, Victoria St., Tel. 01539/44 64 99)* entlang bis Newby Bridge. Nach der Überquerung des Leven geht es am Westufer des Sees wieder Richtung Norden. Hier verkehrt die **Lakeside & Haverthwaite Steam Railway** *(Tel. 01539/ 53 15 94, Nov.–Ostern geschl.)*.

In Sawrey erreichen Sie **Hill Top** ❷ *(Tel. 01539/43 62 69, nationaltrust.org. uk, Öffnungzeiten siehe Website)*, das Farmhaus, in dem Beatrix Potter 1905–13 lebte und ihre Geschichten schrieb.

In Sawrey biegen Sie links ab auf die B5285 und fahren am Esthwaite Water entlang bis **Hawkshead** ❸ *(Information, Tel. 01539/43 69 46, Nov.– Feb. Mo–Fr geschl.)*. Hier steht die Grammar School, die Wordsworth von 1779–87 besuchte, und die **Beatrix Potter Gallery** *(Main St., Tel. 01539/43 63 55, nationaltrust.org.uk, Ende Okt.–Anf. April & Anf. April–Ende Okt. Fr & Sa geschl.)*. Die Straße führt weiter nach **Ambleside** *(Information, Central Buildings, Market Cross, Tel. 01539/43 25 82)* mit seinen Giebelhäusern aus dunklem Stein.

Sie verlassen den Ort auf der A591, der Beschilderung Grasmere und Keswick folgend, und biegen nach 400 m nach rechts gen »Kirkstone 3«. Sie biegen nach links auf die A592, die sich über den 447 m hohen Kirkstone Pass schlängelt. Der Blick ins Patterdale ist atemberaubend.

Hinter Glenridding zweigt die A5091 links ab nach Troutbeck. Gleich hinter der Kreuzung führt von der A592 ein markierter Weg links hinauf bis zum 21 m hohen Wasserfall **Aira Force** ❹. Hinter Troutbeck geht es nach links auf die A66 bis **Keswick**, durch ein Tal, vorbei an Blencathra und der Schieferkuppe des Skiddaw (916 m) im Norden.

Von Keswick aus verläuft die B5289 südlich ins dunkle, zerklüftete Tal Borrowdale, am **Derwent Water** ❺ entlang. Von der Straße aus leitet Sie ein beschilderter Weg zu den **Lodore Falls**. Die steile Straße schlängelt sich mit einer Steigung von 25 Prozent von Seatoller über den Honister Pass und fällt dann zu **Buttermere** und **Crummock Water** ab, zwei Seen umrahmt von Red Pike, High Stile und Haystacks. Direkt vor dem Bridge Hotel führt rechts ein Bergsträßchen über den **Newlands Hause** Pass und hinunter ins Newlands Valley.

Die A591 leitet Sie zurück nach Windermere über **Grasmere**. Hier steht **Dove Cottage** ❻ *(Tel. 01539/43 55 44)*, Wordsworths Zuhause von 1799 bis 1808. Das **Jerwood Collection Centre** hat mehr als 50 000 Dokumente

über den Dichter. Danach erreichen Sie **Rydal Mount** ➐ *(Tel. 01539/43 30 02, rydalmount.co.uk, Öffnungszeiten siehe Website),* wo sich Wordsworth 1813 niederließ. Sein Grab liegt auf dem Friedhof St. Oswald's.

| | |
|---|---|
| ⚑ | Siehe auch Karte S. 275 |
| ▶ | Windermere |
| ⊙ | 3 Stunden |
| ⬌ | 144 km |
| ▶ | Windermere |

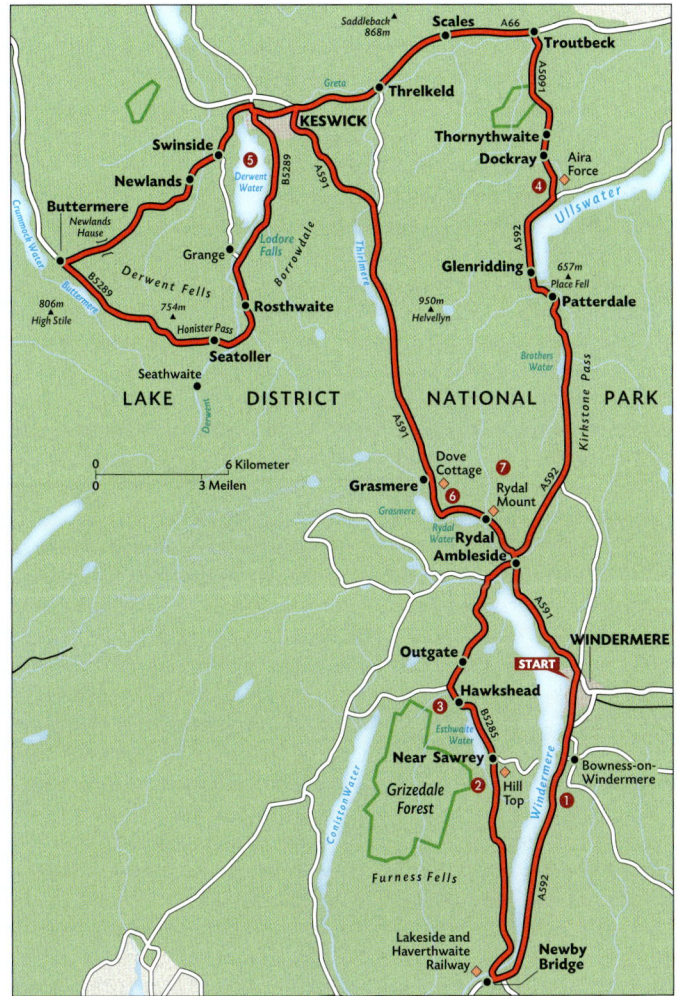

**William Wordsworth (1770–1850) ist nicht der einzige Dichter, der die dramatische Schönheit des Lake District in seinen Werken rühmte, doch er verlieh als Erster der Faszination Ausdruck, die fast jeden angesichts dieser grandiosen Berg-und-Seen-Landschaft befällt.**

Dabei pries Wordsworth nicht nur die Schönheiten, sondern beschrieb auch unheimliche Stimmungen, wie etwa in seiner Schilderung einer Kahnfahrt auf dem Esthwaite Water:

> *... I struck and struck again,*
> *And, growing still in stature, the grim Shape*
> *Towered up between me and the stars, and still,*
> *For so it seemed, with purpose of its own*
> *And measured motion, like a living Thing*
> *Strode after me. With trembling oars I turned,*
> *And through the silent water stole my way ...*
> *The Prelude*, Buch I (Z. 380–386)

Bevor Romantiker die Gegend »entdeckten«, galten die kargen Höhen der Berge als eine Scheußlichkeit. 1698 hatte Celia Fiennes auf der Durchreise nur einen kurzen, missbilligenden Blick für »diese unzugänglichen öden Felsenhöhen, die einem an manchen Stellen gar über den Kopf hängen und ganz fürchterlich erscheinen«. In den 1720er-Jahren beschrieb Daniel Defoe den Lake District als »ein Land, das sich allein darin hervortut, dass es das wildeste, ödeste und furchterregendste ist, das ich jemals durchreist habe, ... furchterregende Erscheinungen zur Rechten und zur Linken, ... dieser schreckliche Anblick der Berge ...«. Erst der Dichter Thomas Gray (1716–71) schlug in seinem *Journal* (1775) vor, die Berge zu betrachten, anstatt sich vor ihnen zu verkriechen.

Thomas Wests *Guide to the Lakes* (1778) ermutigte den Besucher in schillernder Prosa: Der Wasserfall oberhalb Ambleside »stürzt mit fürchterlichem Rauschen in einen dunklen, für das Auge unergründlichen Abgrund. ... Mit donnerndem Lärm schießt er kopfüber einen steilen, felsigen Tunnel hinunter, ... dieses Schauspiel ist höchst fürchterlich und malerisch.«

Eine Reihe von Faktoren trug dazu bei, dass der Lake District sich im frühen 19. Jahrhundert zum Besucherparadies entwickelte: Ange-

Die Familiengruft der Wordsworths auf dem Friedhof von St. Oswald's in Grasmere

sichts der Umweltzerstörungen im Zuge der industriellen Revolution wurde »unversehrte« Natur immer mehr geschätzt. Gleichzeitig war aufgrund der Französischen Revolution und der napoleonischen Kriege der Zugang zum europäischen Festland für die »Grand Tour«, die traditionelle Bildungsreise durch Europa, verwehrt.

1783 kam Thomas Gainsborough und malte die Berge und Seen, 1806 folgte ihm John Constable. Auch Turner war ein häufiger Gast. Als Wordsworth anfing, über den Lake District zu schreiben, hatte sich dieser durch den Einfluss der Romantiker bereits als »die englische Schweiz« etabliert. Die Wohnstätten Wordsworths in und um Grasmere (siehe S. 282, 284), die er mit seiner Schwester Dorothy und später mit seiner Frau Mary Hutchinson und Kindern teilte, entwickelten sich zu Besuchermagneten. Samuel Taylor Coleridge (1772–1834) kam 1800 nach Keswick, ein Jahr, nachdem William und Dorothy sich zu »einfachem Leben und hohem Denken« im Dove Cottage niedergelassen hatten. Robert Southey folgte 1802, Thomas de Quincy 1808. Sogar Wordsworth selbst wurde zur Touristenattraktion. Sein seltsam vages *A Description of the Scenery of the Lakes in the North of England*, veröffentlicht 1810, war ein Riesenerfolg. Als er 1850 starb, lag der Lake District gut erreichbar an der Bahnlinie und war zu einem beliebten Reiseziel geworden.

In den folgenden Jahrhunderten wurden eigenständige Bergtouren im Lake District die Regel. Der beste Begleiter auf den Wanderungen bleibt nach wie vor Alfred Wainwrights eigenwilliger, von Hand gezeichneter *Pictorial Guide to the Lakeland Fells* in acht Bänden (siehe S. 283). Hinter dem rauen, aber herzlichen Stil verbirgt sich ein Romantiker und echter Lakeland-Liebhaber.

## ISLE OF MAN

Wordsworth schrieb auch über die Isle of Man, die mit der Fähre (3 ½ Std.) von Heysham oder per Seacat (2 Std.) von Liverpool aus erreicht werden kann. Die Insel in der Irischen See, 48 km lang und 16 km breit, besitzt ein eigenes Parlament.

Am besten lernt man die Insel bei einer Wanderung auf dem 40 km langen Millennium Way kennen, der von Ramsey nach Castletown führt. Den schönsten Blick haben Sie vom 621 m hohen Gipfel des Snaefell aus, auf den man seit 1896 auch mit der elektrischen Bergbahn fahren kann.

Jedes Jahr richtet die Insel die berühmte Tourist Trophy (TT) aus und empfängt Biker in Lederkluft aus aller Welt.

Das Besucherzentrum befindet sich im Sea Terminal Building *(Douglas, Tel. 01624/68 67 66, Okt.–Feb. Sa–So geschl., visitisleofman.com).*

Der Mittelgebirgszug der Pennines, das Rückgrat Englands, verläuft von den North Midlands 160 km bis zum Hadrian's Wall und der schottischen Grenze. Die Derbyshire Dales umgeben die südlichen Ausläufer, die Yorkshire Dales dringen bis in die östlichen Flanken vor, und der Lake District schließt sich im Westen an. Die nördlichen Pennines haben einen eigenen Charakter.

Hier im Norden stößt man auf karges Hochland, dunkles Gritgestein im Süden und helleren Kalk- und Sandstein weiter nördlich, durchzogen von weiten Torfmooren und hohem, buschigem Grasland – ein Wanderparadies, unter einem Himmel, der innerhalb einer Stunde Regen, Hagel, Nebel oder Sonne bieten kann.

Diese Einsamkeit und Weite lässt sich auch von der 112 km langen **Settle & Carlisle Railway** aus bewundern, deren bekanntestes Teilstück das 24-bogige Ribblehead-Aquädukt ist. **Settle, Brough, Appleby** und **Penrith** an der Bahnlinie oder nicht weit davon, sind typisch nordische Provinzstädtchen: massiv aus Stein gebaut, dem Wind ausgesetzt und oft eingeschneit.

Immer wieder trifft man in den Pennines auf historische Bauwerke.

Autofahrer können der Autobahn M6 die Westflanke hinauf folgen, oder aber der weit stimmungsvolleren alten A6 in ihrem Schatten. Ruhigere Straßen, die einen Eindruck von der herben Schönheit der Pennines vermitteln, sind die A684 (Sedbergh–Hawes), die A683 (Sedbergh–Kirkby Stephen) und die A686 (Penrith–Alston).

Alfred Wainright (siehe S. 283) hat den westöstlichen **Coast-to-Coast-Walk** von der Küste Cumbrias zur Küste North Yorkshires initiiert. Der 56 km lange Abschnitt von Bampton Grange, nordöstlich von Haweswater, bis Keld am Pennine Way, bietet exzellente Wandereindrücke. Vom weitläufigen Dorf Shap an der alten A6 führt der Pfad quer

## DIE FLORA DER EISZEIT IM UPPER TEESDALE

Im April und Mai sind die Wiesen am Fluss Tees mit wunderschönen Wildblumen übersät, aber die Blumen, die man an den Talhängen weiter oben findet, sind noch interessanter: kleiner, zarter und seltener – Relikte der nordalpinen Flora. Die Arten haben seit dem Ende der letzten Eiszeit vor 10 000 Jahren überlebt – dank der kalten, feuchten Witterung. Hier gedeihen Bergstiefmütterchen, helllila blühende Blumen mit einer breiten, gelbschwarz gestreiften Unterlippe; winzige Teesdale-Veilchen; zarte, tiefrosafarbene Mehlprimeln mit einem deutlich gelben Auge im Herzen jeder Blüte sowie das Symbol von Teesdale, der trompetenförmige Frühlingsenzian in himmlischem Königsblau. Für geführte Wanderungen wenden Sie sich an die **Moor House National Nature Reserve** *(Tel. 01833/62 23 74).*

über die Berge, vorbei an alten Siedlungen und Seen voller Schilf, an vom Bergbau aufgerissenen Hängen und grünen, mit Steinmauern abgetrennten Viehweiden – wunderschön, rau und einsam.

# DIE NORDÖSTLICHEN PENNINES

Ein weniger bekannter Abschnitt der Pennines befindet sich im Gebiet um Weardale und Allendale, wo das County Durham im Nordwesten an Northumberland stößt. In den wilden Hoch- und Heidemooren von Weardale finden sich Zeichen früherer Blei- und Eisenerzminen. Die A689 folgt dem Talverlauf, hier bieten sich einige spannende Abstecher an.

Gleich hinter Stanhope führt die B6278 durch einsames Moor nach Süden bis Teesdale, wo **Barnard Castle** zu einem Halt einlädt. Charles Dickens stieg 1838 im King's Head Hotel ab, um für den Handlungsschauplatz Dotheboys Hall in *Nicholas Nickleby* zu recherchieren. Steile Gassen verlaufen unterhalb der normannischen Burgruine von Barnard Castle *(Tel. 01833/63 82 12, Nov.–März Mo–Do geschl.).*

Außerhalb der Stadt liegt das **Bowes Museum**, ein prächtiges französisches Schloss, das der ortsansässige Kunstsammler John Bowes und seine

**BARNARD CASTLE**
🅰 S. 275 C4
Besucherinformation
✉ 3 Horsemarket
☎ 03000/26 26 26

**BOWES MUSEUM**
✉ Newgate, Barnard Castle

☎ 01833/69 06 06
€ ££
**thebowesmuseum.org.uk**

**PENNINE WAY**
**nationaltrail.co.uk/PennineWay**

Frau Josephine 1869 als Kunstmuseum erbaut haben. Ausgestellt sind Gemälde von Van Dyck, Canaletto, Goya und El Greco sowie Porzellan, Silber, Wandteppiche und Kostüme.

Vom Westgate in **Weardale** aus führt eine steile Nebenstraße in Spitzkehren Richtung Norden nach **Blanchland** im Derwent Valley. Im Dorf sind die Reste einer mittelalterlichen Abtei zu besichtigen, darunter ein herrliches Torhaus aus dem 15. Jahrhundert, sowie die Abbots Lodge (Wohnhaus der Äbte), jetzt das Lord Crewe Arms Hotel mit einer Bar im Gewölbekeller, einem Priesterloch und riesigen mittelalterlichen Kaminen.

Auch die B6259 empfiehlt sich als Abstecher: Sie verlässt Weardale bei Cowshill und verläuft 16 km weit durch wilde Landschaft am Fluss East Allen entlang zur Marktstadt **Allendale**. An jedem Silvesterabend übernehmen die sogenannten *tar-barrelers* die Straßen der Stadt: Männer tragen mit brennendem Teer gefüllte Whiskyfässer auf dem Kopf. Von der

Blick auf das Malham Moor vom Pennine Way

Ortschaft aus führen Wanderwege in alle Richtungen über das Heidemoor.

## DER PENNINE WAY

Für die kompletten 414 km des **Pennine Way National Trail**, einen der längsten und anstrengendsten Fernwanderwege Großbritanniens, sollten Sie etwa drei Wochen einplanen. Von der Hauptroute zweigen auch allerlei Rundwege ab.

Wer den Weg nicht komplett wandern will, sondern nur Teilstrecken – etwa von Malham nach Hawes oder von Middleton-in-Teesdale nach Dufton –, sollte bedenken, dass im Hochsommer die Unterkünfte an der populären Strecke oft ausgebucht sind. Es kann auch

Wasserfall High Fall: Der Fluss Tees stürzt das Kalksteinplateau des Whin Sil hinunter.

im Sommer jederzeit nass, kalt, windig oder neblig werden, geeignete Wanderkleidung und -ausrüstung muss man dabei haben. Alfred Wainwrights *Pennine Way Companion* (überarbeitete Auflage) ist, obwohl vor fast 50 Jahren verfasst und manchmal exzentrisch oder etwas ungenau, immer noch der beste Wanderführer.

Der südliche Pennine Way, von Edale im Peak District, Derbyshire, bis Hebden Bridge im Calder Valley, Yorkshire, erfordert hauptsächlich schweres, bergiges Stapfen durch nassen Torf. Dann folgen die Moore der Brontës (siehe S. 305 ff.), **Malhams** spektakuläres Kalksteinplateau sowie herrliche Hügel und Täler in offener, windausgesetzter Landschaft, bis es zu den charmanten Städtchen **Hawes, Horton-in-Ribblesdale** und **Middleton-in-Teesdale** hinuntergeht.

Nördlich von Middleton liegt **Upper Teesdale** mit seiner reichen Flora (siehe Kasten S. 289). Nachdem der Pennine Way **High Force**, einen donnernden Wasserfall über den Whin Sill, passiert hat, steigt er zu offenem Hochmoor an.

Vom friedlichen Örtchen Dufton aus erklimmen Sie den 879 m hohen **Cross Fell**, den höchsten Punkt der Route, und steigen dann durch das South Tyne Valley zum Hadrian's Wall ab (siehe S. 319 f.). Zum Schluss erwarten Sie die Forstpflanzungen Northumbrias und wilde, einsame Moore bei Kirk Yetholm, gleich hinter der schottischen Grenze. ■

‹ Blick auf den Hadrian's Wall von Walltown Crags Richtung Westen

Die drei Grafschaften Yorkshire, Durham und Northumberland besitzen einige der schönsten ländlichen Gegenden Englands – düstere Hochmoore sowie eine 320 km lange Felsküste. Während Teile des Nordostens einst in Textilindustrie, Kohlebergbau, Stahlproduktion, Mineralienabbau und Schiffbau verwurzelt waren, ist industrielles Ödland heute in Grün oder in Bürogebäude verwandelt.

Die karge und windumtoste Schönheit der Yorkshire Dales

## YORKSHIRE

Drei Nationalparks liegen in Englands größtem County: die Yorkshire Dales mit ihren breiten Grit- und Kalksteintälern, die North York Moors, reich an einsamen Torfmooren und einer herrlich zerklüfteten, von Fischerdörfern gesäumten Felsküste und schließlich den Peak District, dessen nördliche Spitze nach Yorkshire hineinreicht. Der ganze Stolz der Einwohner aber ist die Stadt York selbst, die der Grafschaft den Namen gab: Einladend liegt sie, umschlossen von einer mittelalterlichen Stadtmauer, im Schatten ihres Münsters. Weiter südlich befinden sich die Industriezentren Sheffield, Leeds und Bradford, während sich westlich davon wiederbelebte frühere Textilstädtchen in die Hochmoore ducken, wo die schreibenden Brontë-Schwestern lebten und ihre Inspiration fanden.

## DURHAM & NORTHUMBERLAND

Auch im County Durham gibt es im Norden Bergbaudörfer und Industriestädtchen, die ihres ursprünglichen Daseinszwecks beraubt sind. Doch es birgt auch die wilden Hochmoore im Westen und die Kathedralen-Stadt Durham: Hier steht die Burg der mittelalterlichen Fürstbischöfe – spektakulär auf einer Halbinsel im Fluss, die sie sich mit Durhams Juwel, der schönsten normannischen Kathedrale Großbritanniens, teilt.

Als nördlichste Grafschaft Englands füllt Northumberland das Dreieck zwischen der schottischen Grenze und der wunderschönen, windumtosten Küste. In der Südostecke liegt die Hauptstadt der Grafschaft Newcastle upon Tyne. Englands rauester Nationalpark, Northumberland, mit seinen bewaldeten Hügeln und dem Heideland bedeckt das Landesinnere. Entlang der schottischen Grenze erhebt sich das bergige Wanderparadies der Cheviot Hills. ∎

Berwick-upon-Tweed
Northumberland Coast
Holy Island
◆ Lindisfarne Castle
Beal
Bamburgh ● Farne Islands
● Seahouses
Wooler
● Dunstanburgh
Castle
816m ◆ Craster
The Cheviot
Alnwick ●
Alwinton Warkworth ● Alnmouth
Rothbury Castle ◆
● Longframlington
NORTHUMBERLAND
NATIONAL PARK
Otterburn
NORTHUMBERLAND
Kielder Water
Morpeth ● ● Ashington
● Blyth
Housesteads
Fort
Birdoswald ◆ Chesters Fort
Fort ◆ Vindolanda ● Corbridge
● Newcastle upon Tyne
Bowness- Haltwhistle Hexham
on-Solway TYNE
& WEAR
Stanley ● ● Sunderland
Beamish ● Washington
Consett
Durham ● Peterlee
Stanhope ● North
Wear Sea
DURHAM ● Hartlepool
Middleton-in- Sedgefield
Teesdale
Bishop
Barnard Auckland ● Middlesbrough
Castle ● Darlington ● Staithes
Bowes Stockton- Guisborough NORTH YORK ● Whitby
on-Tees MOORS N.P.
Scotch Stokesley ● Grosmont ● Robin Hood's Bay
Keld Corner Richmond ● Ravenscar
Thwaite ● Reeth ● Ellerbeck Rosedale Abbey ● Goathland
Swaledale Northallerton Hutton- Lastingham North Yorkshire
Wensleydale ● Leyburn ● Bedale Rievaulx le-Hole Moors Railway
YORKSHIRE DALES Aysgarth Abbey ◆ ● Scarborough
NATIONAL PARK NORTH ● Thornton
693m Buckden Masham YORKSHIRE Helmsley Pickering le Dale ● Filey
Pen-y-Ghent ▲704m Thirsk Flamborough
Great Studley Easingwold ◆ Malton Head
Ingleton Arncliffe Whernside Royal ● Ripon Castle Flamborough ●
Grassington Fountains Abbey Howard ● Bridlington
Settle ● Brimham A1(M) Knaresborough ● Driffield
Malham Rocks Ripley York ● Skipsea
Skipton ● Bolton A59 ● Harrogate EAST RIDING ● Hornsea
Abbey OF YORKSHIRE
Ilkley ● Wetherby
Keighley ● Tadcaster Market
Bingley Weighton ● Beverley
Haworth ● Selby
Bradford ● LEEDS A63 ● Hull ● Hedon ● Withernsea
Hebden Bridge ● WEST Goole ● Easington
Todmorden ● Halifax YORKSHIRE ● Wakefield LINCOLNSHIRE Spurn Head
Huddersfield ●
Holmfirth GREATER Barnsley
MANCHESTER Doncaster
SOUTH
YORKSHIRE
PEAK ● Rotherham
DISTRICT
NATIONAL
PARK ● SHEFFIELD
DERBYSHIRE NOTTINGHAMSHIRE

London
Zur Orientierung

0 _____ 50 Kilometer
0 _____ 25 Meilen

Yorkshire bietet schöne Landschaften, weites Farmland und ehemalige Textilstädte. Geschichtsbegeisterte – und alle, die Wikingergeschichten lieben – werden beim Anblick der mittelalterlichen Stadt York mit ihrer Kathedrale jubeln, während Naturfreunde bei den Yorkshire Dales ins Schwärmen geraten.

## YORK

York ist die hübscheste unter den kleineren Städten Nordenglands. Der Rundgang auf den Stadtmauern Yorks (siehe S. 300 f.) ist eindrucksvoll. Das Gewirr mittelalterlicher Gassen (*gates*) im Inneren der Mauern führt den Besucher von einer überhängenden Häuserecke mit Schnitzwerk aus Holz oder Stein zur nächsten, Gillygate und Davygate hinunter, durch Fossgate und Goodramgate, Stonegate, wo ein Setzerjunge um die Hüfte angekettet über den Passanten sitzt, und zum Whip-ma-whop-magate mit seinem nie ganz geklärten Namen. Das mittelalterliche Metzgerviertel »The Shambles« ist heute voller Buch- und Nippesläden, wobei die Fleischerhaken nach wie vor über den Fenstern aus der Wand ragen.

**Museen:** Die Hauptattraktion ist das **York Minster**, doch es gibt auch erstklassige Museen zu bewundern. Das **Yorkshire Museum** an den Museum Gardens und das **York Castle Museum** *(beide Tel. 01904/68 76 87),* am Eye of York gelegen, zeigen Schätze von den Römern bis zur Gegenwart. Das **Jorvik Viking Centre** *(Tel. 01904/61 55 05, jorvik-viking-centre.co.uk, £££)* in der Coppergate lädt zu einer Zeitreise mit »authentischen«

Little Shambles war einst die Straße der Metzger; heute wird sie von Läden und Cafés gesäumt.

---

## STADTFÜHRUNG MIT EINEM »BLUE BADGE GUIDE«

Besonders interessierte Besucher lassen sich gern von einem sogenannten »Blue Badge Guide« durch die Stadt führen. Diese »Blue Badge Guides« gibt es überall in Großbritannien. Sie sind registriert, zuverlässig, professionell, freundlich, intelligent, klug und aufgeschlossen. Nur die besten bleiben nach Ausbildung und Prüfung übrig. Sie kennen die Gegend wie ihre Westentasche und lassen viele aktuelle Anekdoten mit einfließen. Man kann einen »Blue Badge Guide« über das Touristenbüro der Stadt buchen oder unter *britainsbestguides.org.*

---

Gerüchen und Geräuschen ein; Yorks Vorläufer, die Wikingerstadt Jorvik, wird mit ihren Ausgrabungen in einzigartiger Weise gezeigt. Die Wikinger hatten die Stadt von 866 bis 954 unter ihrer Herrschaft.

Der **York Dungeon** in der Clifford Street *(Tel. 01904/46 40 19, thedungeons.com)* bietet eine Gruseltour durch das pestinfizierte York des 14. Jahrhunderts. Man kann Dick Turpin zum Galgen folgen und sieht sich geisterhaften Reinkarnationen von römischen Legionären gegenüber. Das **National Railway Museum** in der Leeman Road hält einige glänzende Dampfmonster vom frühen 19. Jahrhundert bis heute bereit, darunter die *Duchess of Hamilton*, eine Jugendstillok der 1930er-Jahre.

**York Minster:** Das 1220 begonnene und 1472 vollendete gotische York Minster ist die größte mittelalterliche Kirche Nordeuropas und eine künstlerische Schatztruhe, aus der insbesondere die 128 Glasmalereifenster hervorstechen. Ihr offizieller Name lautet The Cathedral and Metropolitan Church of St. Peter in York. Das 16 m hohe **Westfenster** mit Glasscheiben aus dem 14. Jahrhundert ist mit Maßwerk in Herzform gearbeitet. Das **Hauptschiff** (1291–1360) mit seinen schlanken Säulen erhebt sich fast 30 m hoch zu einem filigranen Rippengewölbe mit vergoldeten Schlusssteinen. Einer davon zeigt die Jungfrau Maria, wie sie das Jesuskind mit einer Flasche füttert – eine viktorianische »Beschönigung« des mittelalterlichen, wohl »natürlicheren« Originals.

Das **nördliche Querschiff** birgt eine **astronomische Uhr** und das »Five-Sisters«-Fenster mit fünf Spitzbögen aus dem Jahr 1250: Es besteht

**YORK**
S. 295 C2
Besucherinformation
1 Museum St.
01904/55 00 99

**NATIONAL RAILWAY MUSEUM**
Leeman Rd.
01388/77 79 99
**nrm.org.uk**

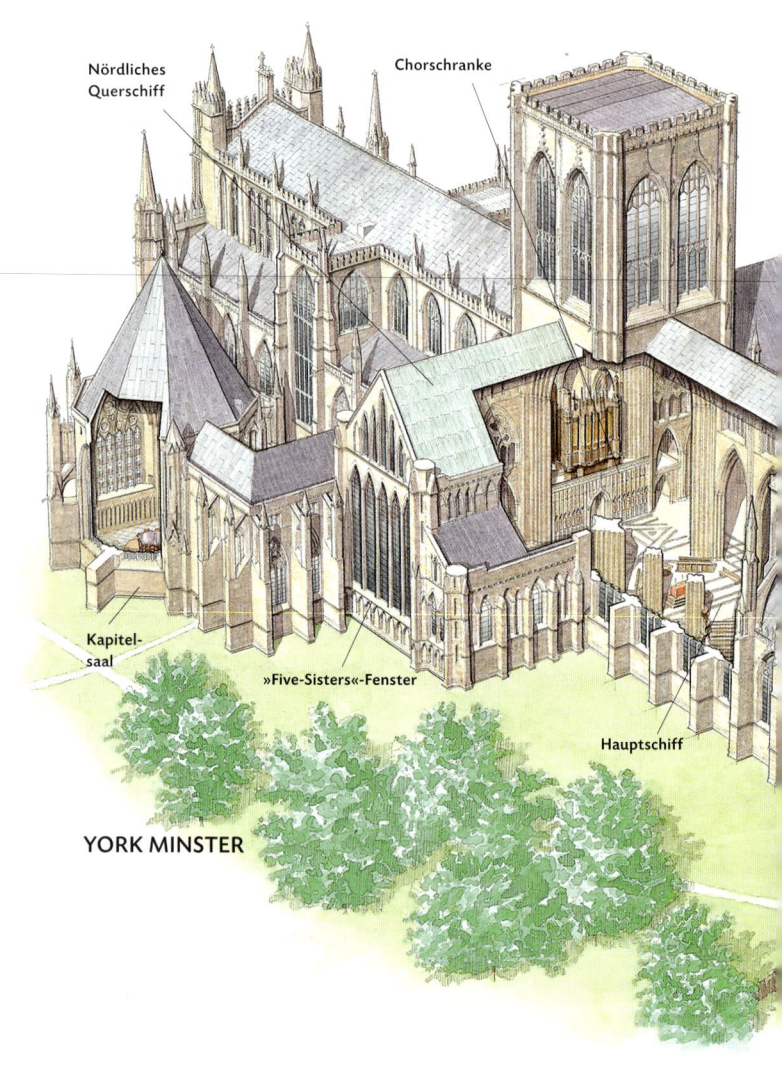

Nördliches Querschiff

Chorschranke

Kapitel-saal

»Five-Sisters«-Fenster

Hauptschiff

**YORK MINSTER**

aus mehr als 100 000 Stücken Grisaille-Glas. Vom Querschiff aus gelangen Sie an wundervollen Steinmetzarbeiten vorbei zum Kapitelsaal. Den achteckigen **Kapitelsaal** (1260–1307) schmücken Steinmetzarbeiten – darunter ein grimassenschneidender Affe, eine Katze, ein Widder sowie

Südliches Querschiff — Fensterrose

Haupt-eingang

Westfenster

## INSIDERTIPP

**Seien Sie bei Ihrem Besuch im York Minster nicht knauserig: Die Turmbesteigung ist ihr Geld wert. Sie haben einen fantastischen Blick von dort oben.**

JANE SUNDERLAND, NATIONAL GEOGRAPHIC-MITARBEITERIN

ein Falkner – und ein paar herrlich respektlose Darstellungen von Priestern und Prälaten.

Fein gemeißelte Schlusssteine finden sich im Netzrippengewölbe der Vierung und einige Könige mit wüstem Haar und Bart am **Lettner** von 1461. Im südlichen Querschiff prangt die **Fensterrose**, kaleidoskopartig mit Tudorglas gefüllt. In der **Krypta** stehen noch die Originalsäulen der normannischen Kirche.

An der Ostfassade erhebt sich das große **Ostfenster**, die weltweit größte mittelalterliche Glasmalereifläche. Die Schöpfung und das Jüngste Gericht sind die Themen der Darstellung. Um die Farben und Details richtig auskosten zu können, empfiehlt sich zur Betrachtung ein Fernglas.

*(Fortsetzung S. 302)*

## YORK MINSTER

⊠ Deangate
☎ 01904/55 72 00
🕐 So vormittags geschl.

€ Gruft £, Schatzkammer £, Kapitelsaal ££, Vierungsturm & Krypta £
**yorkminster.org**

Im Gegensatz zu anderen britischen Städten, deren Stadtmauern nur noch als Stückwerk übrig sind, verfügt York über einen kompletten 5 km langen Mauerring von fast durchgehend 6 m Höhe. Ein exzellentes Heftchen dazu, *Walking the Walls*, ist bei der Besucherinformation erhältlich (siehe S. 297).

Von der Stadtmauer bieten sich tolle Ausblicke auf die Dächer der Stadt und die Türme des York Minster, aber auch auf die Straßen und Parks, die über die Jahrhunderte außerhalb der Altstadt entstanden.

Schon die römische Stadt Eboracum war durch eine Mauer, Erdwälle und Gräben geschützt, die jedoch bereits zur Zeit der normannischen Eroberung fast verschwunden waren. Die mittelalterlichen Befestigungsanlagen bestanden aus einer Verteidigungsmauer mit Wassergraben und robusten Türmen. Die Stadttore (*bars*) waren flankiert von Toranlagen mit Doppeltürmen und befestigtem Vorhof. Am Walmgate Bar sind sie noch gut erhalten, die anderen wurden in den 1820/30er-Jahren trotz Protesten – darunter Sir Walter Scott – niedergelegt. Bemerkenswert ist auch, wie viel von den Befestigungsanlagen erhalten blieb – nach beinahe acht Jahrhunderten Angriffen, Belagerungen und Bombardierung (»Baedeker Luftangriff« von 1942) nebst den Schäden durch Vernachlässigung und die Stadtentwickler.

Yorks Straßenkünstler: moderne Minnesänger

## BRÜCKEN & TORE

Der Rundgang beginnt am Parkplatz beim Castle und führt an den Mauern von **Clifford's Tower** ❶ vorbei *(Tower St., Tel. 01904/64 69 40)*. Er wurde 1313 vollendet und ersetzte einen Holzturm, in dem sich 1190 bei einem Progrom 150 Juden das Leben nahmen, um nicht dem Mob in die Hände zu fallen. Auf der **Skeldergate Bridge** überquert man die Ouse und folgt der Mauer bis zum **Micklegate Bar**, wo im Mittelalter Köpfe von Betrügern als Abschreckung aufgespießt wurden. Hinter dem Tor biegt die Mauer nach Norden, und führt über die **Lendal Bridge** ❷ wieder zur anderen Flussseite. Beim Lendal Tower verschwindet sie. Hier durchqueren Sie nun die **Museum Gardens** ❸, vorbei an der Ruine von St. Mary's Abbey und dem romanischen Mauerwerk des **Multangular Tower** bis zum **Bootham Bar**, das die Römerstraße nach Erboracum überspannte. Jetzt ist das **York Minster** ❹ (S. 297 ff.) ganz nahe.

Das nächste Stadttor ist **Monk Bar**. Außerhalb der Mauern steht das **Ice House** ❺ der Stadt (um 1800). Das Eis wurde im Winter gesammelt und zwischen Strohballen gelagert; im Sommer diente es dann als Kühlmittel.

Sie stoßen nun auf eine Unterbrechung der Mauer, hier legte William der Eroberer einen Fischteich an. Am Fluss Foss entlang folgen Sie der Foss Island Road bis zu einem Aussichtsturm aus Tudorziegeln, dem **Red Tower**. Hier erscheint die Mauer wieder und führt zum **Walmgate Bar** ❻ mit seinem Vorwerk aus Türmen und Zinnen. Das Fallgatter hängt noch über dem Durchgang und auch die Eichentore stehen noch. Im Mauerwerk sieht man Spuren von Gewehr- und Kanonenkugeln, die aus der Belagerung Yorks von 1644 im Bürgerkrieg stammen. Nun folgt der hohe Aussichtsturm **Fishergate Postern Tower**, bevor der Rundgang am Castle endet.

| | |
|---|---|
| 🗺 | **Siehe auch Karte S. 295** |
| ➤ | **Castle** |
| ⏱ | **2 Stunden** |
| ⟷ | **5 km** |
| ➤ | **Castle** |

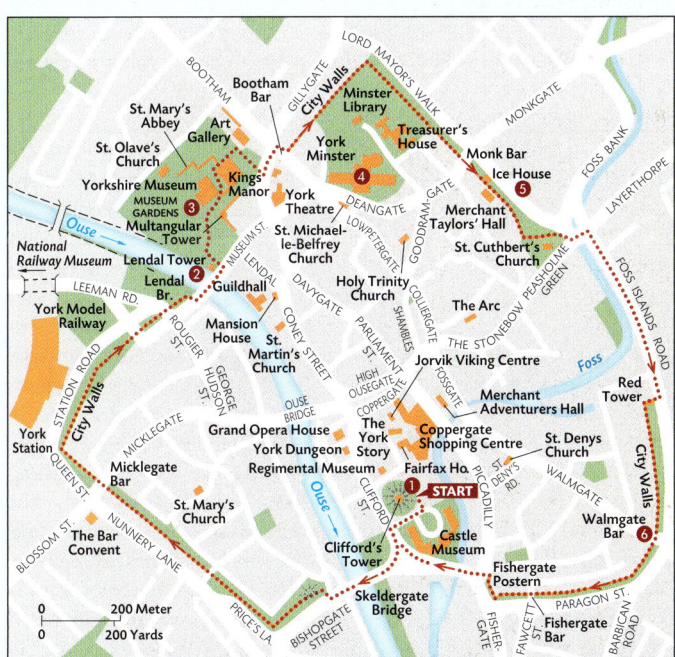

Die Häuser von Knaresborough am Hang über dem Fluss Nidd geben ein malerisches Bild ab.

## DAS UMLAND VON YORK

Auch wenn York selbst das Juwel dieser Region ist, hat das Vale of York noch Ansehnliches zu bieten, ebenso wie das ansteigende Land weiter im Westen, zu den Yorkshire Dales hin. Und auch das grüne Farmland im Osten, zu der ausgewaschenen Küste Südost-Yorkshires hin – eine als Holderness bekannte Gegend, in deren Zentrum Beverley liegt – wird von Besuchern oft zu Unrecht übersehen.

**Beverley:** Das knapp 50 km östlich von York gelegene Beverley ist berühmt für sein **Minster** aus dem 13. Jahrhundert *(Minster Yard, Tel. 01482/86 85 40)*. König Athelstan (reg. 924–939) schenkte der Kirche den sächsischen *frithstool* neben dem Altar, als Dank an St. John of Beverley, weil er seine Bitten um Hilfe im Kampf gegen die Schotten erhört hatte. Im nördlichen Seitenschiff finden sich groteske mittelalterliche Schnitzereien von Musikern wie etwa ein grinsender Lautenspieler oder pausbäckige Holzbläser.

Beverly hat ein befestigtes Stadttor, das **North Bar**, und viele mittelalterliche Straßen. In der **St. Mary's Church** laden die Deckenmalereien von Königen im Altarraum und die Schlusssteine am Gewölbe des Hauptschiffs zur Betrachtung ein. Auf einer Säule im Hauptschiff finden sich pausbäckige Tudor-Minnesänger und am Eingang zur **Chapel of St. Michael** eine karikierende Skulptur eines Kaninchens mit Pilgertasche über der Schulter, die angeblich den Illustrator Sir John Tenniel zu seiner Darstellung des weißen Kaninchens in Lewis Carrolls *Alice's Adventures in Wonderland* inspirierte.

**Castle Howard:** Nordöstlich von York liegt Castle Howard, ein palladianisches Herrenhaus. Entwürfe für ein palastartiges Haus wurden 1692 vom 3. Earl of Carlisle Charles Howard bei Sir John Vanbrugh in Auftrag gegeben. Vanbrugh, damals erst 28 und noch ohne Renommee als Architekt, war begeistert. Er brauchte sieben Jahre für die Pläne, und Nicholas Hawksmoor, Schüler von Sir Christopher Wren, leitete den Bau, der 1712 fertiggestellt wurde. Die große Kuppel thront über der imposanten Nordfassade und überspannt die 21 m hohe Great Hall. Weitere Prunksäle sind die Long Gallery mit Porträts von Van Dyck und Holbein u. a. Auch eine Auswahl historischer Kostüme ist zu sehen. Zwei Drittel des Hauses stehen den Besuchern gegenwärtig offen. In den Parkanlagen stoßen Sie auf *follies*, Türme oder Obelisken und den **Temple of the Four Winds** mit Kuppel und Portikus, John Vanbrughs letzter großer Wurf: Der Architekt starb kurz nach der Fertigstellung im Jahr 1726.

**Knaresborough:** Westlich von York liegt Knaresborough, das mit seiner Burgruine über dem River Nidd thront. Die wichtigste Sehenswürdigkeit ist **Mother Shipton's Cave** *(Prophesy House, Tel. 01423/86 46 00)*, wo man Näheres über die Seherin Ursula Sontheil erfahren kann, die 1488 in einer Höhle am Fluss geboren wurde und den Sieg über die spanische Armada oder die Erfindung von Autos und Flugzeugen vorhersagte. Im nahe gelegenen Brunnen hängen Alltagsgegenstände im Strom des kalkigen Wassers und »werden zu Stein«, indem sie sich eine dicke Kalkschicht zulegen.

**Harrogate:** Die Straße hinunter stoßen Sie auf das elegante Harrogate. Zwischen der späten viktorianischen Ära und dem Ersten Weltkrieg kamen Kranke wie Urlauber gleichermaßen, um unter der Kuppel des achteckigen **Royal Pump Room** *(Crown Pl., Tel. 01423/55 61 88)*, der heute nur noch Museum ist, das schwefelhaltige Wasser zu trinken. Die Glasmalereifenster stellen einen präraffaelitischen Engel dar, der in einer Dampfwolke von den Heilquellen der Stadt aufsteigt. Entdeckt wurden

**BEVERLEY**
- S. 295 C2
- Besucherinformation
- 34 Butcher Row
- 0113/39 16 72
- Sept.–Juni So geschl.

**CASTLE HOWARD**
- S. 295 C3
- 10 km südwestl. von Malton
- 01653/64 83 33
- Öffnungszeiten siehe Website
- ££££
- castlehoward.co.uk

**KNARESBOROUGH**
- S. 295 B2
- Besucherinformation
- 9 Castle Courtyard
- 01423/86 68 86
- Nov.–Ostern geschl.

die Quellen 1571 auf grasigem Gemeindeland südlich der Stadt, genannt Stray.

Die Valley Gardens westlich der Stadtmitte laden zu einem Spaziergang zwischen »Tempeln« über den Quellen ein. Und dann lockt ein viktorianisches »Türkisches Bad« in den **Royal Baths Assembly Rooms** *(Crescent Rd., Tel. 01423/55 67 46)*.

## YORKSHIRE DALES

Nördlich von Keighley und westlich von Harrogate erstreckt sich der **Yorkshire Dales National Park** – Hunderte von Quadratkilometern wildes Hochlandmoor, grüne Hügel mit breiten Tälern und seichten Flüssen, an deren Ufer sich die saftigsten Wiesen Großbritanniens erstrecken.

**Wharfedale:** Das Wharfedale verläuft nordwestlich vom unteren Ende der Yorkshire Dales; das Dorf Bolton Abbey liegt an der Zufahrt zum Nationalpark. **Bolton Priory** *(Tel. 01756/71 80 09)* wurde Mitte des 12. Jahrhunderts erbaut; das Kirchenschiff wird als Pfarrkirche genutzt. Etwa 3 km nördlich, bei der **Strid**, bricht sich der Fluss Wharfe an den Felsen.

Die B6160 führt durch das Wharfedale nach **Grassington** *(Yorkshire Dales National Park Information, Colvend, Hebden Rd., Tel. 01756/75 16 90, Winter Mo–Do geschl.)*, dem Hauptort des Tals, wo das **Grassington Folk Museum** *(6 The Square, Tel. 01756/75 32 87, grassingtonfolkmuseum.org)* einen Eindruck von der Regionalgeschichte gibt. 6 km nördlich zweigt eine Nebenstraße links ab durch das Littondale nach **Arncliffe**, wo man im altertümlichen **Falcon Inn** gutes Bier zapft.

*(Fortsetzung S. 308)*

### HARROGATE
🅰 S. 295 B2
Besucherinformation
✉ Royal Baths Assembly Rooms, Crescent Rd.
☎ 01423/53 73 00
🕐 Okt.–März So geschl.

### WHITE SCAR CAVE
✉ Ingleton
☎ 01524/24 12 44
🕐 Nov.–Jan. Mo–Fr geschl.

💶 £££
whitescarcave.co.uk

### YORKSHIRE DALES NATIONAL PARK
🅰 S. 295 A3–B3
Besucherinformation
✉ Station Yard, Hawes
☎ 01969/66 62 10
🕐 Ganzjährig geöffnet
yorkshiredales.org.uk

In den industriellen Südwesten von Yorkshire verirren sich wenige Touristen. Nur Industriestädte, Textilfabriken und öde Moorlandschaften – dieser Ruf hängt dem sogenannten West Riding von Yorkshire auch heute noch an. Doch mittlerweile hat sich dort – wie auch in anderen Teilen des postindustriellen Großbritannien – ein radikaler Wandel vollzogen.

In den Städten des Calder Valley ist das Textilgewerbe verschwunden, die silbrigen Steinbauten waren lange unter Schichten von Ruß und Staub verborgen. Die Demontage von Fabriken, Webereien und Reihenhaussiedlungen in den 1960/70er-Jahren ist durch das neu erwachte Interesse an der Industrie- und Sozialgeschichte erfolgreich gezügelt.

## DIE MOORGEBIETE

Den Mooren wohnt eine herbe Schönheit inne. Sie sind durchzogen von Kalksteinabbrüchen, die steil über den im Talgrund kauernden Industriestädten aufragen. Verstreut stehen methodistische und baptistische Kapellen: West Riding war eines der Zentren für die Anhänger John Wesleys und anderer Leitfiguren des religiösen Nonkonformismus. Die Moore von West Riding sind düstere, häufig von Wind und Regen gepeitschte Gegenden. Im 19. Jahrhundert lebten und schrieben die Brontë-Schwestern Charlotte, Emily und Anne in dem Dorf Haworth. Die Landschaft scheint von ihnen und besonders von dem ungebändigten Geist Emily Brontës erfüllt, deren Meisterwerk *Wuthering Heights* (Sturmhöhe) hier seinen Handlungsort hat.

## VON HAWORTH NACH HEBDEN BRIDGE

Beginnen Sie die Fahrt in **Haworth** *(Information, Tel. 01535/64 23 29).* Das **Brontë Parsonage Museum** ❶ *(Church St., Tel. 01535/64 23 23, Jan. geschl.)* liegt am Ende der Dorfstraße. In dem georgianischen Pfarrhaus aus Sandstein schrieben die berühmten drei Brontë-Schwestern ihre Romane.

Das Pfarrhaus in Haworth

Eine Rundwanderung (11 km) führt Sie von Haworth über **Haworth Moor**, vorbei an den Brontë-Wasserfällen und ein Stück weit auf dem Pennine Way (siehe S. 290) zur Ruine des **Top Withens Farmhouse** – Emilys Vorlage für Heathcliffs Haus in Wuthering

Heights. Eine Tour-Broschüre ist beim Haworth Visitor Information Centre erhältlich.

Die A629 führt von Haworth 16 km südwärts nach **Halifax** *(Information, Tel. 01422/36 87 25)*, einer typischen Textilstadt, die leider von vielen Besuchern übersehen wird. **Shibden Hall** ❷ *(Lister's Rd., Tel. 01422/35 22 46)* ist ein Fachwerkhaus aus dem 15. Jahrhundert, das heute als Volkskundemuseum ländliches Brauchtum und Handwerk präsentiert. Die **Piece Hall** ❸ von 1779 an der Blackledge ist ein mächtiges Denkmal des Wollhandels in georgianischer Zeit – sie birgt über 300 Handelskontore um einen riesigen Arkadenhof im italienischen Stil. Auch eine Besucherinformation ist hier untergebracht. Im prächtigen viktorianischen Haus eines Fabrikbesitzers zeigt das **Bankfield Museum** *(Akroyd Park, Boothtown Road, Tel. 01422/35 23 34, So–Mo geschl.)* Textilgeschichte in wechselnden Ausstellungen.

Zwei lohnende Umwege: Der eine führt nach Bradford (M26, Ausfahrt 26) zur **1853 Gallery** *(Tel. 01274/53 11 63)* in Salt's Mill, Saltaire, mit der europaweit größten Sammlung mit Werken des in Bradford geborenen David Hockney. Auf dem zweiten Weg geht es nach Wakefield (M26, Ausfahrt 29/30) zum **National Coal Mining Museum** *(Tel. 01924/84 88 06)*.

Die imposante Salt's Mill von Sir Titus Salt liegt im Zentrum der viktorianischen Industrie-Mustersiedlung Saltair und ist Teil der Europäischen Route für Industriekultur der UNESCO.

Fahren Sie auf der A58 und A646 westwärts bis **Hebden Bridge** ➍ *(Information, Tel. 01422/84 38 31),* wo Sie wundervoll sanierte Textilfabriken aus Kalkstein sehen können. Die A6033 von Hebden Bridge führt über die Wadsworth Moors zurück nach Haworth.

| | |
|---|---|
| 🅐 | Siehe auch Karte S. 295 |
| ➤ | Haworth |
| 🕐 | 1½ Stunden |
| ↔ | 54 km |
| ➤ | Haworth |

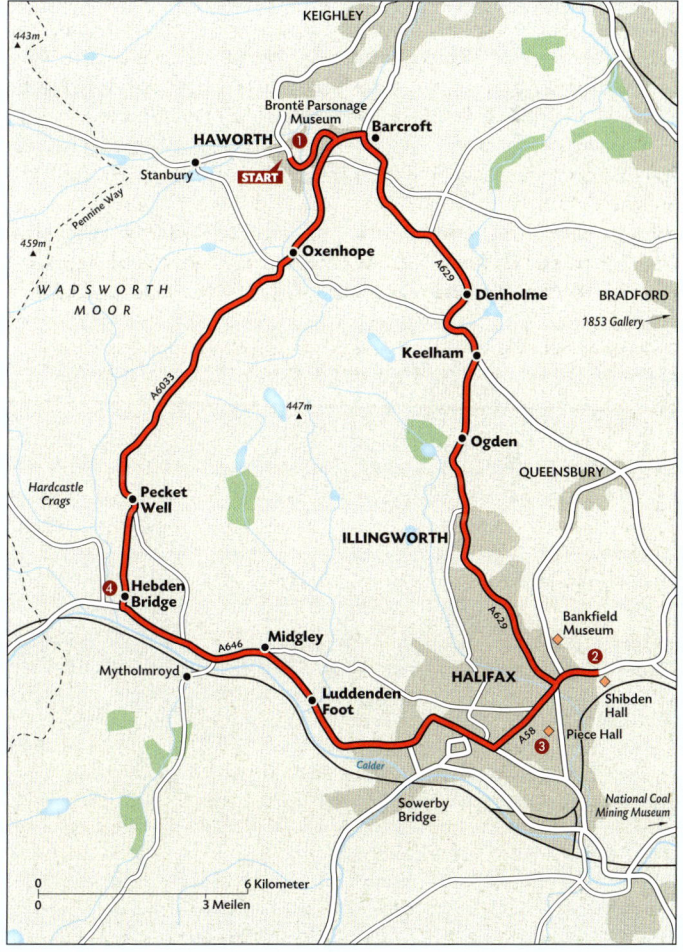

Die Ruinen der Zisterzienserabtei Fountains Abbey gehören seit 1986 zum Weltkulturerbe.

Wieder in Wharfedale geht die B6160 weiter durch das hübsche Kettlewell und Buckden nach **Hubberholme** und seinem Ensemble von George Inn, einer Bogenbrücke und einer Kirche mit tudorzeitlicher Lettnerempore.

**Nidderdale & Umgebung:** Östlich des Nationalparks liegt das Elsässerdorf **Ripley**. Es wurde ab 1820 von den Ingilbys erbaut, die seit sieben Jahrhunderten auf **Ripley Castle** leben. Das trotz seiner Stauseen herrliche **Nidderdale** verläuft nach Nordwesten.

Die B6265 verlässt die Talstraße nach rechts, vorbei an den Kalkfelsen der **Brimham Rocks**. Ein Stück weiter liegt die **Fountains Abbey** in einem bewaldeten Tal, eine Benediktinergründung (1132), die drei Jahre später

---

## BEI EINER SCHAFAUKTION IN YORKSHIRE

Die Schafbauern haben zum charakteristischen Bild der Yorkshire Dales beigetragen – Steinmauern, steinerne Scheunen und Höfe in den grünen Wiesen der Täler und den Weideflächen hoch oben in den offenen Moor- und Heidegebieten. Sehen Sie sich diese zähen, humorvollen, robusten Männer und Frauen an, wie sie auf den alljährlichen Schaf- und Viehauktionen bieten und feilschen. Drei nennenswerte Veranstaltungsorte solcher Auktionen sind **Craven Cattle Marts** *(Gargave Rd., Skipton, Tel. 01756/79 23 75, ccmauctions. com)*, **Kirkby Stephen Auction Mart** *(Faraday Rd., Kirkby Stephen, Tel. 01768/37 13 85, harrisonandhetherington.co.uk)* und **Hawes Auction Mart** *(Burtersett Rd., Hawes, Tel. 01969/66 72 07, hawesmart.co.uk).*

## DIE BRAUEREI THEAKSTON

Yorkshire ist für sein gutes Bier bekannt. In Masham, 16 km nordwestlich von Ripon, liegt die Theakston Brewery *(Red Ln., Masham, Tel. 01765/68 00 00, theakstons.co.uk)* aus dem Jahre 1827. Sie können die Brauerei besichtigen *(££)* und das kräftige Bitter und das viel gerühmte »Old Peculier Ale« probieren.

von den Zisterziensern übernommen wurde und innerhalb einer Generation durch Wolle, Blei, Steinbrüche und Landwirtschaft zur reichsten Abtei Britanniens wurde. Refektorium, Hospiz, Abtshaus, Schlaftrakt, Kapitelhaus und die Krypta sind erhalten. 1720 kaufte John Aislabie die Ruinen und das Land. Er und sein Sohn William schufen **Studley Royal**, einen 728 ha großen Landschaftsgarten.

Im 3 km östlich gelegenen **Ripon** *(Information, Minster Rd., Tel. 01765/60 46 25)* steht die spätnormannische **Cathedral of Saints Peter and Wilfrid** mit einer schönen Doppelturmfassade im Westen (13. Jh.) und einer Krypta (7. Jh.). Am Market Square bläst der Nachtwächter um 21 Uhr auf einem Krummhorn – das sächsische Original liegt im Rathaus.

**Wensleydale:** Die A6108 und A684 führen westwärts am Fluss Ure durch das für seinen Käse berühmte Wensleydale. In **Aysgarth** *(Karte S. 295 B3, Aysgarth Falls National Park Centre, Tel. 01969/66 29 10)* donnert der Fluss in zwei Kaskaden über die Kalkstufen.

**Swaledale:** Nördlich des Wensleydale liegt das Swaledale, mit dem westlich anschließenden **Arkengarthdale** das nördlichste und wildeste der Yorkshire Dales. Die Weiler Keld, Thwaite, Muker und Gunnerside liegen im Moor. Bei **Richmond** *(Information, Friary Gardens, Victoria Rd., Tel. 01748/82 87 42)* erhebt sich eine normannische Festung mit 30 m hohem Bergfried. Die Scolland's Hall von 1080 ist vielleicht das älteste Wohngebäude Großbritanniens. In der Stadt selbst münden die mittelalterlichen Gassen auf den steil abfallenden, größten gepflasterten Marktplatz des Landes. ■

### RIPLEY CASTLE

✉ Ripley
☎ 01423/77 01 52
€ £££; nur Gärten ££
**ripleycastle.co.uk**

### FOUNTAINS ABBEY & STUDLEY ROYAL

🗺 S. 295 B3
✉ Fountains, Ripon
☎ 01765/60 88 88
🕑 Nov.–Jan. Fr geschl. (Tierpark ganzjährig geöffnet)
€ £££
**nationaltrust.org.uk**

Der North York Moors National Park umfasst unberührte Moorlandschaft, einsame Berge und spektakuläre Küstenfelsen – ein Kontrast zu der Lieblichkeit der Yorkshire Dales, doch mit wildromantischen Flair.

Die North York Moors im Sonnenuntergang

Starten Sie bei **Pickering** ❶ *(Information, Tel. 01439/77 27 00)*, die Stadt am Südrand des National Park ist ein guter Ausgangspunkt. In der Pfarrkirche Sts. Peter and Paul zeigt eine der Fresken aus dem 15. Jahrhundert das Martyrium Thomas Beckets.

Die Bahnstrecke Pickering–Grosmont (29 km nach Norden) der **North York Moors Railway** *(Pickering Station, Park St., Tel. 01751/47 69 70)* bietet tolle Ausblicke. Die Bahn wurde 1965 stillgelegt, doch seit 1973 fährt eine Dampfeisenbahn. Von den Haltestellen aus gibt es gute Wandermöglichkeiten, eine von **Goathland** zum Mallyan Spout, einem 21 m hohen Wasserfall. Westlich von Goathland können Sie den **Wade's Causeway** erkunden, eine gepflasterte Straße aus der Spätzeit der römischen Besatzung; neuere Forschungen lassen vermuten, dass sie noch viel älter sein könnte.

## VON PICKERING ZUR KÜSTE

Auf der A170 fahren Sie ostwärts nach Thornton Dale, dann auf einer Seitenstraße links zum **Dalby Forest Drive** ❷, der in 14 km nach Hackness kurvt. Fahren Sie weiter nach **Scarborough** *(Information, Tel. 01723/38 36 36)*, Yorkshires beliebtem Badeort. Die A165 oder A171 führt nordwärts nach Cloughton, wo die Küstenstraße nach Staintondale und Ravenscar führt. Von Ravenscar können Sie zu Fuß auf den alten Bahntrassen oder die Küste entlang zur Robin Hood's Bay gehen. Von Ravenscar fahren Sie die A171 nach Norden und eine kurze Steilstrecke rechts ab zur B1447, die Sie zum Fischerdorf **Robin Hood's Bay** ❸ *(Information in Whitby)* bringt.

Die B1447 und die A171 führen nordwärts nach **Whitby** ❹ *(Information, Tel. 01723/38 36 36)*, das samt Ruinen seiner Abtei (13. Jh.) auf dem Felsen liegt. Über 199 Kirchentreppen thront die normannische Church of St. Mary. Bram Stoker siedelte einen Teil seines Romans *Dracula* (1897) auf dem Friedhof an.

Der Seefahrer James Cook (1728–79) wohnte als Lehrling im Grape Lane – heute das **Captain Cook Memorial Museum** *(Tel. 01947/60 19 00, Nov.–Jan. geschl.)*. Bevor Sie die Stadt verlassen, probieren Sie einen Räucherhering, die lokale Delikatesse. Von Whitby führt die A174 in das etwa 16 km entfernte **Staithes** ⑤, wo Cook als Ladengehilfe arbeitete.

## ÜBERS MOOR

Fahren Sie auf der A174 nach Easington. Nehmen Sie eine Nebenstraße nach links, von der Sie rechts auf die A171 abbiegen. Nach 1,6 km geht es links durch Danby, Castleton und Westerdale. Südlich von Westerdale passieren Sie **Ralph Cross**, wo Reisende im Mittelalter Münzen für »die weniger vom Glück Begünstigten« hinterlegten; dann links an Fat Betty oder White Cross vorbei zur Rosedale Abbey. Auf Nebenstraßen geht es weiter nach **Hutton-le-Hole** ⑥ *(Information, Pickering, The Ropery, Tel. 01751/ 47 37 91)* ins **Ryedale Folk Museum** *(Tel. 01751/41 73 67, Dez.–Jan. geschl.).* 3 km östlich liegt **Lastingham** ⑦, wo die St. Mary's Church eine normannische Krypta birgt. Biegen Sie von der A170, südlich von Hutton-le-Hole, rechts ab zum Marktflecken **Helmsley** und der **Rievaulx Abbey** ⑧ *(Rievaulx, Tel. 03703/33 11 81).* Die Zisterzienserabtei (12. Jh.) wurde wegen Platzmangels in Nord-Süd-, statt in Ost-West-Richtung erbaut. Die A170 führt zurück nach Pickering.

| | |
|---|---|
| 🅰 | Siehe auch Karte S. 295 |
| ► | Pickering |
| 🕓 | 5 Stunden bzw. ein bis zwei Übernachtungen auf der Strecke |
| ↔ | 192 km |
| ► | Pickering |

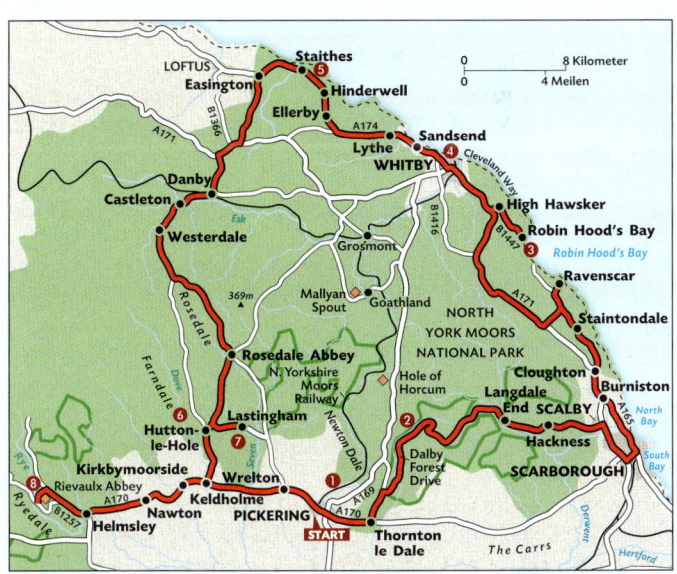

Durham hat sich seit den 1950er-Jahren, als der Kohlebergbau der Universitätsstadt ein etwas raueres Flair verlieh, stark verändert. Mittlerweile wurden die Gruben geschlossen. Das mittelalterliche Viertel ist ein geschlossenes Ensemble von etwa einem Quadratkilometer auf einer schmalen Halbinsel, die durch eine enge Schleife des Flusses Wear gebildet wird.

Ein guter Start für die Erkundung der Stadt ist der **Marktplatz** mit dem Reiterstandbild Charles William Vane Stewarts, dem 3. Marquis of Londonderry und Lord Lieutenant of Durham von 1861.
Von hier führt die Silver Street über die **Framewellgate Bridge** (14. Jh.) mit einem schönen Blick über den Fluss auf die Schlossmauern und die Türme der Kathedrale.

## AM FLUSSUFER

Am anderen Ende der Brücke führen Stufen zu einem Uferweg. Bald überquert man den Fluss auf einem Wehr zur Jesus Mill aus dem 18. Jahrhundert, die auf mittelalterlichen Fundamenten erbaut wurde. Die Erlöse der einstigen Walkmühle dienten zum Bau des Altars der Kathedrale – daher der Name. Heute ist dort das **Durham University Museum of Archaeology** untergebracht.

Normannen begannen 1072 mit dem Bau von Durham Castle, heute Teil der Universität.

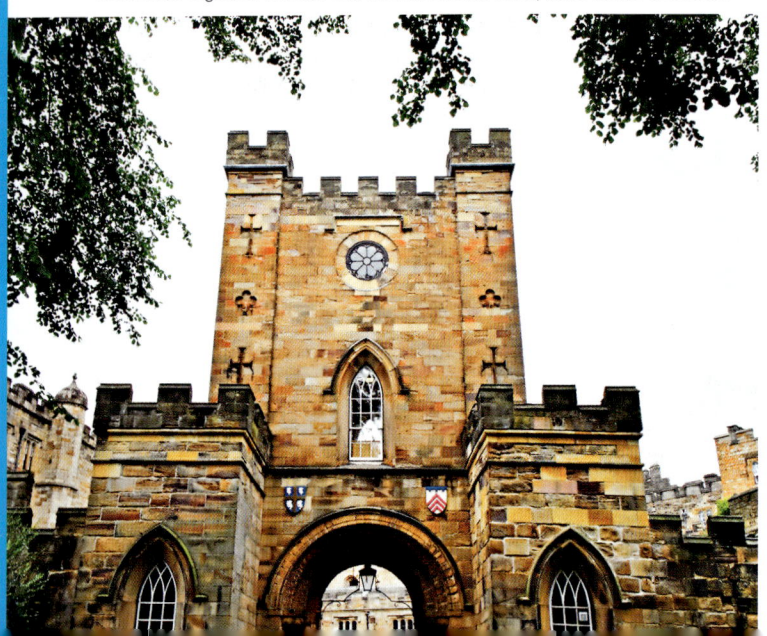

Am anderen Flussufer, jenseits der drei schlanken Bogen der Prebend's Bridge (1776 erbaut, anstelle einer von der Flut zerstörten Holzbrücke), führt der Weg nach rechts um die Halbinsel.

Ein Stück weiter finden sich Reste eines Steinbaus mit kannelierten Säulen am Eingang – Teil eines Hauses, das von einem der berühmtesten Bürger der Stadt, dem polnischen Emigranten Graf Boruwlaski, errichtet worden war. Der Graf ließ sich Anfang des 19.

## INSIDERTIPP

**Machen Sie eine Stadtführung mit einem Blue Badge Guide** *[Tel. 03000/26 26 26]* **oder laden Sie »Curious About Durham?« herunter – zum Selbstentdecken** *[Tel. 01159/50 21 51, curious about.co.uk/durham].*

CHRISTOPHER SOMERVILLE, NATIONAL GEO-GRAPHIC-AUTOR

Jahrhunderts in Durham nieder und starb hier 1837 im Alter von 97. Er wurde berühmt durch seine »Größe« von einem Meter und war als weiser und großzügiger Mann bekannt.

Der Weg unterquert die Kingsgate Bridge, am anderen Ufer liegen Vorlesungssäle und die Durham University Students' Union. Bald tauchen die Spitzbogen der **Elvet Bridge** (12. Jh.) auf – Durhams älteste Brücke. Dahinter liegt das **Brown's Boathouse**, wo man ein Boot mieten kann.

## ZUM SCHLOSS HINAUF

Vor der Brücke führen die Stufen der Drury Lane Vennel nach links, und Sie gelangen durch einen Tunnel auf den Vorberg North Bailey. Linker Hand führt das Owengate nach rechts zum Palace Green mit Gebäuden aus dem 17. Jh. und geradeaus zur **Durham Cathedral** (siehe S. 314 f.) mit dem **Schloss** (siehe S. 314).

Nach dem Besuch der Kathedrale gelangen Sie über die Schatzkammer zum South Bailey. Die Straße führt vorbei am St. John's und Chad's College und der St. Cuthbert's Society, dann unterquert sie den Watergate Arch (1778). Vor der Prebend's Bridge führt ein Weg nach rechts zum Ostufer des Flusses, an der Jesus Mill vorbei zurück zu Framewell Bridge, Silver Street und zum Marktplatz.

**DURHAM**
▲ S. 295 B4
Besucherinformation
✉ 7 Owengate
☎ 0191/334 38 05
🕐 Okt.–Feb. So geschl.

**DURHAM UNIVERSITY MUSEUM OF ARCHAEOLOGY**
✉ Palace Green Library, Palace Green
☎ 0191/334 29 32
🕐 Mo vormittags geschl.
💶 £
dur.ac.uk/archaeology.museum

## ST. CUTHBERT, EREMIT UND HEILIGER

Cuthbert lebte lieber allein mit den Robben und Seevögeln auf den sturmumtosten Farne-Islands (siehe S. 282 f.), doch seine Weisheit und Rednergabe zwangen ihn in Amt und Verantwortung.

Er starb 687 n. Chr., fand aber auch im Tod keine Ruhe. Um seinen Leichnam vor Wikingereinfällen zu bewahren, schafften ihn die Mönche 875 von der Insel fort. Sie zogen über 100 Jahre damit umher, bis ihnen 995 eine Vision befahl, Cuthbert in Dun Holme, dem heutigen Durham, zur Ruhe zu betten. Einer Legende nach befahl William I., das Grab zu öffnen, um selbst zu sehen, ob der Leichnam, wie die Mönche behauptet hatten, unverwest sei. Was auch immer der König sah, erschreckte ihn so, dass er aufs Pferd sprang und ohne Halt bis zum über 30 km entfernten Fluss Tyne galoppierte.

1104 wurde Cuthberts Leichnam hinter dem östlichsten Altar begraben. Sein Schrein, Ziel unzähliger mittelalterlicher Pilger, wurde in Reformationszeiten geöffnet und die Gebeine neu bestattet. 1827 wurde er erneut exhumiert, ein Skelett in seidenem Leichentuch mit einem juwelenbesetzten Kreuz auf der Brust.

## DURHAM CASTLE & CATHEDRAL

Die mittelalterlichen Fürstbischöfe von Durham herrschten als rechtmäßige Vertreter des Königs über Englands Nordosten. Sie waren befugt, jedes Machtmittel gegen die Bedrohung durch die Schotten und zur Aufrechterhaltung von Recht und Ordnung einzusetzen. Ihre Macht, ihr Reichtum und Einfluss erreichte ein großes Ausmaß. Sie besaßen eine eigene Armee, eine eigene Münze und die Gerichtsbarkeit. Ihr Palast in Durham war eine Festung, und die Kathedrale – Ausdruck ihres geistlichen Einflusses – teilte sich die schmale Erhebung über dem Fluss Wear mit dem Palast. Sie gilt auch heute noch als der schönste normannische Sakralbau in Großbritannien.

**Durham Castle:** Im Schloss (begonnen 1072) haben sich noch ältere Bauteile, vor allem eine tudorzeitliche Kapelle mit schönen Miserikordien und eine Küche aus dem 15. Jahrhundert erhalten. Der Großteil des Gebäudes ist allerdings ein gotischer Nachbau des 18. Jahrhunderts für die Bischöfe von Durham, die hier bis in das Jahr 1836 residierten, dann wurde das Schloss der Universität übergeben.

**Durham Cathedral:** Der beste Blick auf die Kathedrale bietet sich vom Eisenbahnviadukt, der sich über den Nordteil der Stadt spannt: Er zeigt eine Einheit von Schloss und Kathedrale als weltliche und geistliche Festung.

Vom nahen Palace Green aus betrachtet, hinterlässt die Größe der Kathedrale einen unvergesslichen Eindruck. Sie verkörpert das Streben nach Höherem; die Wirkung verstärkt sich noch durch den Türklopfer in Form eines Löwenkopfes am Nordtor, wo man in das dämmrige Innere tritt.

Durhams romanische Kathedrale wurde 1093 begonnen und 1274 beendet, doch dominiert die hochnormannische Architektur des 12. Jahrhunderts: solide, massiv, alles in großem Maßstab.

Die mächtigen zylindrischen Pfeiler sowie die Rund- und Spitzbogen im **Langhaus** tragen Hundezahn-, Zickzack- und Rautenverzierungen – ein byzantinischer oder maurischer Einfluss, bedingt durch die Kreuzzüge im 12. Jahrhundert, die den Horizont Englands erweitert hatten. Der **Chor** aus dem 11. und 12. Jahrhundert ist immens hoch, die Decken werden von Kreuzrippengewölben getragen; manche stammen aus der Zeit kurz nach der normannischen Eroberung.

Die Kathedrale von Durham gilt als die schönste normannische Kathedrale Großbritanniens.

Die **Galilee Chapel** am Westende (ca. 1170–80) setzt den maurischen Einfluss des Langschiffs fort, doch hier ist alles filigraner gebaut. Schlanke Marmorsäulen tragen das Dach des schlichten **Grabmals** von Beda Venerabilis (gest. 735). Der Mönch aus Jarrow am Tyne war Chronist der frühchristlichen Kirche Englands und Biograf des großen Heiligen Nordenglands, des hl. Cuthbert, Bischof von Lindisfarne (siehe Kasten S. 314).

Der hl. Cuthbert liegt unter einer Grabplatte mit der Aufschrift »Cuthbertus« in der **Chapel of the Nine Altars**. Die Kapelle wurde von 1242 bis 1280 errichtet, damit die vielen Mönche hier die Kommunion mehr oder weniger gleichzeitig empfangen konnten. Das Cuthbert-Kreuz und sein Holzsarg mit Schnitzreliefs der Apostel können zusammen mit anderen sakralen Kunstgegenständen in der **Schatzkammer** besichtigt werden. ∎

## DURHAM CASTLE
- ⊠ Palace Green
- ☎ 0191/334 29 32
- 🕐 Nur mit Führung; Details telefonisch erfragen
- 💷 ££

**dur.ac.uk/durham.castle**

## DURHAM CATHEDRAL
- ⊠ The College
- ☎ 0191/386 42 66
- 🕐 Turm So geschl.
- 💷 Spende für Kathedrale; Schlafsaal £, Turm £, Schatzkammer £

**durhamcathedral.co.uk**

Newcastle upon Tyne, die frühere Hauptstadt des nördlichsten englischen County, Northumberland, ist ein lebendiger Ort. Die Schiffswerften und die Schwerindustrie sind verschwunden, doch die »Geordies«, wie die Einheimischen genannt werden, haben weder ihren Akzent noch ihren Humor verloren.

Highlights der Stadt sind ihre Brücken, besonders die **Tyne Bridge**, eine Trägerbrücke von 1928, und die geniale Kippbrücke **Blinking Eye.** Am südlichen Ufer des Tyne stehen das **BALTIC, the Centre for Contemporary Art** (*Tel. 0191/478 18 10*) und das futuristisch anmutende **Sage Gateshead** (*Tel. 0191/443 46 61*). Südlich von Gateshead ragt Antony Gormleys Skulptur *Angel of the North* empor.

## DIE KÜSTE

Von Newcastle aus erstreckt sich die Küste Northumbrias 112 km nördlich bis zur schottischen Grenze. Hier gibt es herrliche Strände und Klippen – leider ist es meist zu kalt ...

An der Küste entlang nach Norden kommt man zunächst zum **Warkworth Castle** (12.–14. Jh.), Schauplatz in Shakespeares *Henry VI, Part I*. Dann folgt **Alnmouth**, eine kleine rot und grau gedeckte Küstenstadt hinter großen Sandbänken; in **Craster** können Sie geräucherten Hering probieren und 2,5 km über die Klippen zu den Ruinen von **Dunstanburgh Castle** (*Tel. 01665/57 62 31, Winter-Öffnungszeiten erfragen*) spazieren.

Hoch oben auf dem Beblowe Crag an der Südseite von Holy Island steht Lindisfarne Castle, errichtet um 1550.

Im **Alnwick Garden** *(Tel. 01665/51 13 50)*, nicht weit von **Alnwick Castle,** sind eine Wasserkaskade, ein Baumhaus, ein Giftkräutergarten und ein Bambuslabyrinth zu sehen.

**Bamburgh Castle** blickt von seinem Küstenfelsen auf die **Farne Islands.** Von **Seahouses** *(Information, Parkplatz, Seafield Rd., Tel. 01670/62 55 93, Nov.–März geschl.)* können Sie zu den Inseln übersetzen, Seehunde und Vögel beobachten und die Klosterruinen auf Inner Farne besichtigen.

Fahren Sie bei Beal über den Damm nach **Lindisfarne**, um das Holy Island zu besuchen: das Dorf, die Kirche und Abtei (635 n. Chr. gegründet) und die Burg. Hinter Beal liegt **Berwick-upon-Tweed**, eine alte Grenzstadt.

## NORTHUMBERLAND INTERNATIONAL DARK SKY PARK

Dank der Abgeschiedenheit und geringen Bevölkerungsdichte kann man hier einen eindrucksvollen Sternenhimmel bewundern – ohne die sonst übliche Lichtverschmutzung.

Der **Northumberland National Park** und große Teile des **Kielder Water & Forest Park**, 1500 km²), wurden zum **Northumberland International Dark Sky Park** *(visitnorthumberland.com/dark skies)* ernannt – das größte derartige Schutzgebiet eines Nachtsternenhimmels in Europa. Seit 2013 hat der Park den »Gold Tier Dark Sky Park Status«. Überall im Park kann man den klaren Sternenhimmel ansehen, ein Observatorium mit erstklassigen Teleskopen im **Kielder Forest Park** *(Tel. 07805/63 84 69, kielder-observatory.org)* bietet das ganze Jahr astronomische Veranstaltungen an.

### NEWCASTLE-GATESHEAD
- ◪ S. 295 B4
- Visitor Information
- ✉ 8–9 Central Arcade, Market St.
- ☎ 01912/77 80 00
- 🕐 So geschl.

### WARKWORTH CASTLE
- ✉ Warkworth
- ☎ 03703/33 11 81
- 🕐 Öffnungszeiten siehe Website
- € ££
- **english-heritage.org.uk**

### CRASTER
- ◪ S. 295 B5
- Besucherinformation
- ☎ 01665/57 60 07
- 🕐 Okt.–Feb. Mo–Fr geschl.

### BAMBURGH CASTLE
- ✉ Bamburgh
- ☎ 01668/21 45 15
- 🕐 Nov.–Ende März geschl. (sonst nach Anmeldung)
- € ££

### BERWICK-UPON-TWEED
- ◪ S. 295 B6
- Besucherinformation
- ✉ 106 Marygate
- ☎ 01670/62 21 55
- 🕐 Okt.–Feb. So geschl.

### LINDISFARNE CASTLE
- ✉ Lindisfarne
- ☎ 01289/38 92 44
- 🕐 Winter-Öffnungszeiten telefonisch erfragen
- € ££

Die bei Wanderern beliebten Simonside Hills bei Rothbury

## AUF SEITENWEGEN

Die B6342 schlängelt sich im Westen von **Rothbury** in die herrlich einsame Gegend von Upper Coquetdale, tief in den sanften Cheviot Hills. Hinter Alwinton windet sich eine Sackgassenstraße über 19 km an einsamen, auf Hügeln gelegenen Bauernhöfen vorbei. Hier können Sie zwischen verschiedenen Routen wählen: anspruchsvolle oder einfache Wanderungen über die Hügel, alte Wege wie Salter's Road und Clennell Street oder über den viel begangenen Pennine Way (siehe S. 290 f.). ■

### DIE »SMALLPIPES«

Northumberlands Folkloremusik wird am besten auf den »Northumbrian Small Pipes« dargeboten. Sie werden beispielsweise beim **Rothbury Traditional Music Festival** im Juli *(rothburymusicfestival.co.uk)*, zu dem die besten Musiker anreisen, gespielt. Etwas weniger professionell sind die Musiksessions im **Queen's Head Inn** *(Townfoot, Rothbury, Tel. 01669/62 04 70, queens headrothbury.com)*, die das ganze Jahr über stattfinden und auch ein schönes Musikerlebnis vermitteln.

Wer sich selbst daran versuchen möchte – oder auch an irgendeinem anderen Instrument der Region –, wendet sich am besten an **Folkworks** *(Tel. 0191/443 46 61, sagegateshead.com)*. Hier gibt es Workshops für alle, ob nun Anfänger oder Fortgeschrittener, Sommerschulen, Tänze und Konzerte, von denen viele im **Sage Gateshead** *(St. Mary's Sq., Gateshead Quays, sagegateshead. com)*, einem Musikzentrum in Gateshead, Newcastle upon Tyne, stattfinden.

**Der Hadrian's Wall ist das wichtigste Relikt der römischen Herrschaft. Allein seine Länge bringt es mit sich, dass eine riesige Anzahl archäologisch wertvoller Objekte in seiner Nähe entdeckt wurden. Sein Verlauf in Ost-West-Richtung, von Wallsend in Newcastle upon Tyne bis Bowness am Solway Firth, verleiht ihm eine massive Präsenz, die jene 400 Jahre Besatzungszeit vor Augen führt.**

Obgleich an manchen Stellen verfallen, beeindruckt die Wallanlage, besonders auf den Doloritklippen der Whin Sills, wo sich der Wall wie ein gigantischer Wellenkamm nach Norden hin aufbäumt. 50 Jahre nach Ankunft der Römer in Britannien war die nördlichste Grenze ihres Vordringens und des Römischen Reiches die Gegend zwischen Tyne und Solway. Nördlich davon war Barbarenland, das Land der Kaledonier. Im Jahr 120 n. Chr. ordnete Kaiser Hadrian den Bau des Walls an, zum einen als Befestigung für die Soldaten im Fall eines Barbarenangriffs, zum anderen als physischer Ausdruck der Grenze römischer Herrschaft. 122 kam Hadrian selbst, um zu sehen, wie die Arbeiten vorangingen. Als der aus Stein gebaute Hadrianswall stand, war er 2 m dick und 5 m hoch, mit zusätzlichen 2 m Befestigungsanlagen darüber. Im Abstand von je einer römischen Meile (1474 m) wurde ein Kastell errichtet, dazwischen standen zwei Signal- und Wachtürme. Alle 8 km stand ein Fort. Vor dem Wall verlief ein tiefer Graben, außer an Stellen, wo schon ein natürlicher Schutz wie Klippen vorhanden war.

Im frühen 5. Jahrhundert gaben die Römer den Wall auf. Ein Großteil der Steine wurde dann von den Einheimischen als Baumaterial verwendet. Von Newcastle upon Tyne westwärts sind ein Stück Wall zu sehen sowie die Überreste eines Wachturms bei **Low Brunton**. Im Kavallerie-Fort bei **Chesters**, im Tal der Tyne, gibt es ein Museum mit Inschriften und Skulpturen sowie ein Bad mit Dampfkammern und Abkühlräumen. Hier beginnt der beste Abschnitt des Walls – 32 km bis Greenhead.

Die bekannteste Befestigungsanlage ist das **Housesteads Fort** in beeindruckender Lage am Rand der

Der Hadrian's Wall verläuft 117 km quer durch Nordengland, ist gut erhalten und wird auch heute noch gepflegt.

## INSIDERTIPP

**Schauen Sie sich im Vindo-
landa-Museum die 2000
Jahre alten handbeschrif-
teten Schreibtafeln an.**

KENNY LING, NATIONAL GEOGRAPHIC-
MITARBEITER

Whin-Sill-Felsen mit einem grandiosen Ausblick nach Norden. Der lohnende Spaziergang von Sewing-
shields führt über 2 km nach Osten
hierher. Am Fort können Sie von
Soldaten abgetretene Torschwellen
sehen und von Wagen zerkratzte
Ecksteine am Nordtor. Man sieht
auch Latrinen, trostlose Mann-
schaftsunterkünfte und ein Lazarett.

In **Vindolanda** kann man die Überreste einer militärischen und zivilen An-
siedlung besichtigen, dazu die interessante Rekonstruktion eines Stein-
turms und Wallabschnitts sowie ein hölzernes Kastelltor. Das Museum von
Vindolanda ist ausgezeichnet. Auch bei **Cawfields** sieht man einen gut erhaltenen Wallabschnitt, bei Walltown Crags gibt es spektakuläre Ausblicke
und das **Roman Army Museum** neben Fort Magnis. Bei **Birdoswald** steht
ein weiteres, gut erhaltenes Fort und ein Brückenpfeiler in Willwowford. ∎

### DER HADRIAN'S WALL PATH

Der 134 km lange Hadrian's Wall Path National Trail verbindet Wallsend
mit Bowness-on-Solway und führt meist direkt am Wall entlang durch eine
atemberaubend schöne Landschaft, vorbei an römischen Festungen und
Museen. Eine gute Beschreibung des Wanderwegs enthält der *Hadrian's
Wall Path National Trail Guide* von Anthony Burton.

### HADRIAN'S WALL
🅰 S. 295 A4–B4

### CHESTERS FORT
✉ 2,5 km westl. von Chollerford
☎ 03703/33 11 81
€ ££

### HOUSESTEADS FORT
✉ 4,5 km nordöstl. von Bardon Mill
☎ 03703/33 11 81
€ ££
nationaltrust.org.uk

### VINDOLANDA
✉ 2 km südöstl. von Twice Brewed
☎ 01434/34 42 77
🕐 Öffnungszeiten im Winter tel.
erfragen

€ ££
vindolanda.com

### ROMAN ARMY MUSEUM
✉ Near Greenhead
☎ 01697/74 74 85
🕐 Mitte Nov.–Mitte Feb. geschl.
€ ££

### BIRDOSWALD FORT
✉ Gilsland
☎ 03703/33 11 81
🕐 Innenräume Dez.–Feb. geschl.
€ £–££

### HADRIAN'S WALL PATH
### NATIONAL TRAIL
nationaltrail.co.uk/hadrians-
wall-path

## CORBRIDGE

Corbridge ist ein hübscher Ort mit dem lohnenswerten **Corbridge Roman Fort Museum** *(Tel. 03703/33 11 81, Nov.–März Mo–Fr geschl., ££)* unweit der Stadt. Hier sieht man die Fundamente der Garnisonsstadt, ein Museum mit Keramik, Waffen und römischer Steinmetzkunst.

📍 S. 295 B4 Besucherinformation ✉ Hill St. ☎ 01434/63 28 15 🕐 Okt.–Feb. geschl.

## DURHAM HERITAGE COAST

Vor 40 Jahren zogen sich Kohleminen die Küste der Grafschaft Durham entlang. Die Felsklippen, das Meer und die Strände waren vom Abraum und Abwasser verschmutzt. Aber seit 1993 die letzten Minen geschlossen wurden, hat man mit großem Aufwand alles gereinigt. Heute führt ein Küstenwanderweg die Klippen entlang, der sich durch Sanddünen oder bewaldete Schluchten voller Wildblumen und Vögel zieht *(durham heritagecoast.org)*.

📍 S. 295 B4 ☎ 03000/26 81 31

## HULL (PARAGON STREET)

Viele Besucher übersehen den schönen alten Fischerhafen am Fluss Humber im Südosten Yorkshires – sehr zu Unrecht. Bei der Besucherinformation sind Flyer über den **Fish Trail** und den **Ale Trail** erhältlich. Sehenswert ist auch **The Deep** – ein Aquarium und Meeresmuseum *(Tel. 01482/38 10 00)*.

📍 S. 295 D2 Besucherinformation ✉ 75–76 Carr Ln., Queen Victoria Sq. ☎ 01482/30 03 00

Die Durham Heritage Coast lockt heute Spaziergänger an.

# DAS SCHOTTISCHE TIEFLAND

‹ Ein Sporran, die Felltasche zum Kilt

In Sir Walter Scotts Volksballadensammlung *The Minstrelsy of the Scottish Border* (1802/03) preisen die »Lads of Wamphray« ein Scharmützel zwischen zwei schottischen Familien des 16. Jahrhunderts: »Out through the Crichtons Willie he ran/ And dang them down baith horse and man/ O but the Johnstones were wondrous rude/ When the Biddesburn ran three days blood!« Aber auch andere Clans befehdeten sich im schottischen Hügelland.

Im Mittelalter waren die sanften Hügelketten weit im Süden Schottlands unter den dort ansässigen Familien heftig umkämpft – Viehdiebstahl, Überfälle und wahlloses Morden gehörten zum Alltag. Die englische Armee besiegte die Schotten 1299 unter Edward I. in der Schlacht bei Dunbar, 1513 unter Henry VIII. in der Schlacht bei Flodden Field. Das setzte zunächst einen Schlussstrich unter 200 Jahre Krieg und Blutvergießen zwischen den Ländern. Die Übergriffe und Gegenschläge der Schotten setzten sich noch bis zur Mitte des 17. Jahrhunderts fort. Erst 1707 beruhigte sich die Beziehung zwischen Schottland und England durch den Act of Union, auch wenn noch einige Spannungen blieben.

Unter dem Schottenkönig David I. (reg. 1124–53) wurden in den Borders, nicht weit voneinander entfernt, vier Abteien errichtet. Teils vom König selbst finanziert, sollten sie seine zukünftige Macht über die Gesetzlosen des Hügellandes um Kelso, Melrose, Dryburgh und das 16 km weiter südlich liegende Jedburgh demonstrieren.

## SIR WALTER SCOTT

Sir Walter Scott (1771–1832) ist der berühmteste und bedeutendste Schriftsteller Schottlands. Schon als Kind begeisterte er sich für die Legenden über die Jakobiten sowie für die Highlands und die Borders.

Sein Gedichtband *The Minstrelsy of the Scottish Border* (1802/03) weckte ein enormes Interesse an den blutigen Fehden des Grenzlandes, seine Waverley-Romane (darunter *Waverley, Ivanhoe, Rob Roy, The Heart of Midlothian*), die ab 1814 in jährlichem Abstand erschienen, verklärten die Geschichte und die Legenden Schottlands, vor allem die der Jakobitenaufstände (1715 und 1745).

Trotz des Ruhmes und Erfolgs litt Scott ständig unter knappen Finanzen: Er hatte Pech mit seinen Geldgeschäften und investierte zu viel in sein geliebtes Anwesen Abbotsford (siehe S. 326). Unter diesem Druck verfasste er seine großen Romane und ruinierte durch die Arbeitsüberlastung seine Gesundheit. Scott, ein Sohn der Borders, der dem schottischen Nationalstolz neuen Auftrieb gab, liegt in der Dryburgh Abbey (siehe S. 326) begraben.

Das Sagen hatten die einflussreichen Lehnsherren, die sich Burgen und Wohntürme bauen ließen: das Tantallon Castle des Douglas-Clans (15. Jh.) und den Smailholm Tower bei Kelso (16. Jh.), wo Sir Walter Scott als Kind seine Ferien verbrachte, oder weniger bekannte Festungen wie das Neidpath Castle (14. Jh.) und den Barns Tower am Tweed, in der Nähe von Peebles (15. Jh.). Landschaftlich zählt diese Region zu den schönsten Schottlands. Zwischen den Hügeln liegen Marktstädtchen – gute Ausgangspunkte für Wandertouren, Reitausflüge sowie Besichtigungen der Herrenhäuser im Grenzland, von Scotts Abbotsford und dem alten Traquair, dem Sitz der Maxwell Stuarts bis zu den Schlössern Floors und Culzan Castle. In der Gegend von Alloway lebte der schottische Nationaldichter Robert Burns. ■

Für das Grenzland sollten Sie mehrere Tage einplanen. Hier gibt es riesige Kiefernwälder und Heidemoore, die weiter nördlich, in den Tälern und um die Städtchen der schottischen Borders, einer lieblicheren, sattgrünen Landschaft weichen. Machen Sie auf jeden Fall auch einen Abstecher nach Galloway.

Im schottischen Grenzland hat man herrliche Ausblicke über die sanften Hügel.

Nördlich des Hadrian's Wall (siehe S. 319 f.) steht **Jedburgh** (1138), die erste der vier großen Abteien aus dem 12. Jahrhundert. Der Klostergarten *(garth)* der Abtei ist gut erhalten, verzierte Gräber der mittelalterlichen Bischöfe und Äbte sind zu besichtigen. Das Abteimuseum birgt frühchristliche Steinmetzarbeiten und einen Kamm aus Walrosszahn (12. Jh.) mit feinen und groben Zinken.

Nördlich von Jedburgh liegt im flachen Tal des Tweed **Dryburgh Abbey** (1150), deren Gebäude, darunter das Gewölbe im Kapitelsaal und das Refektorium mit seinem Rosenfester, in hervorragendem Zustand sind. Im nördlichen Querhaus der Kirche ruhen zwei berühmte Schotten: Feldmarschall Earl Haig und Sir Walter Scott (siehe S. 324).

Die Benediktinerabtei (1128) bei **Kelso**, östlich von Dryburgh, ist nur noch eine Ruine, doch die verzierte Fassade des nördlichen Querhauses ist einen Abstecher wert. Vor der Stadt liegt das riesige schlossartige Herrenhaus **Floors Castle** *(Tel. 01753/22 33 33, Ende Okt.–Ostern geschl.),* von William Adam Anfang der 1720er-Jahre entworfen.

**Melrose Abbey** (1136) liegt malerisch am Fuße der Eildon Hills, nördlich von Dryburgh. Hier tauchen überall Bogen als dominierendes Element auf, darunter bei den hohen Fenstern (unter dem großen Ostfenster soll das Herz von Robert the Bruce liegen), beim Kreuzgang und den Mönchszellen.

3 km westlich steht Sir Walter Scotts **Abbotsford House** *(Tel. 01896/75 20 43, Nov.–Mitte März geschl.),* 1811 bis 1822 erbaut. Im Inneren sieht man Scotts Schreibtisch, an dem er Romane schrieb, seinen Stuhl, das Sterbebett und eine Memorabiliensammlung.

Weiter westlich bei Innerleithen liegt **Traquair House**, das am längsten in ununterbrochener Folge bewohnte Haus Schottlands. Jedes Detail zeigt, dass hier eine alteingesessene Familie der Borders lebte. Im Haus, das

Priestern, Verbrechern und Helden in Zeiten der Verfolgung als Versteck diente, legen jakobitische Erinnerungsstücke und Stuart-Reliquien auf ergreifende Weise Zeugnis von dem wechselhaften Schicksal die Jahrhunderte hindurch ab.

Südwestlich liegt **Dumfries**, wo der Dichter Robert Burns (siehe S. 328 f.) 1796 starb. Besichtigen Sie das **Burns House** (Burns St., Tel. 01387/25 52 97, Okt.–März So–Mo geschl.), heute ein Museum. Auch das **Burns Mausoleum**, die **Burns Statue** und das **Robert Burns Centre** (Mill Rd., Tel. 01387/26 48 08, Okt.–März So–Mo geschl.) sind einen Besuch wert.

An der Nordküste der Solway Firth kann man gut Vögel beobachten, vor allem am **Wildfowl and Wetlands Trust Centre** (Caerlaverock, Tel. 01387/77 02 00). In der Nähe steht das Wasserschloss **Caerlaverock Castle** (Tel. 01387/77 02 44). ■

## IN DEN BORDER HILLS WANDERN

Die sanften, leicht zu erwandernden Hügel des Grenzlandes laden förmlich dazu ein, den wunderbaren **Southern Upland Way** (SUW; southernuplandway.gov.uk) zu erkunden. Dieser gut markierte Wanderweg verläuft 339 km von Portpatrick, im äußersten Südwesten von Galloway, direkt durch die wilde Grenzregion bis Cockburnspath an der Ostküste. Er durchquert einige raue Landstriche. Man kann auch kleine Abstecher vom Hauptweg einlegen; Ortskenner haben über 50 Kurzexkursionen in einem Führer zusammengefasst, den man unter www.scotborders.gov.uk/downloads/file/425/short_walks_on_the_southern_upland_way herunterladen kann.

### JEDBURGH ABBEY
- S. 325 D2
- 01835/86 39 25
- ££

### DRYBURGH ABBEY
- S. 325 D2
- 8 km südöstlich von Melrose an der B6404
- 01835/82 23 81
- £–££

### KELSO ABBEY
- S. 325 D3
- So vormittags geschl.

### MELROSE ABBEY
- S. 325 C3
- 01896/82 25 62
- Okt.–März So vormittags geschl.
- ££

### TRAQUAIR HOUSE
- S. 325 C3
- Innerleithen
- 01896/83 03 23
- Nov.–Ostern geschl.
- £££
- traquair.co.uk

### DUMFRIES
- S. 325 B2
- Besucherinformation
- 64 Whitesands
- 01387/25 38 62

Robert Burns (1759–96), der »begnadete Pflüger«, ist ein schottischer Nationalheld. Er kam in einem ärmlichen Lehmcottage zur Welt, wuchs mit nur wenig Schulbildung auf, hegte eine tiefe Abneigung gegen Autorität und Arroganz und liebte die Frauen und den Alkohol. Burns starb relativ jung.

Mit dichterischer Gewandtheit kritisierte er die Reichen und Vornehmen, verspottete Politiker, rühmte Nationalhelden und verarbeitete die Abenteuer seiner Trinkgenossen zu komischen Versepen.

Zum Burns Night Supper am 25. Januar gibt es bei allen Schotten *haggis*, Rübenbrei, Whisky und einen Dudelsackspieler im Kilt.

Burns wuchs in einfachen Verhältnissen und mit dem ländlichen Dialekt auf – eine Bodenständigkeit, die auch seine besten Gedichte prägt. Bis zum Tod des Vaters 1784 zog die Familie in der Umgebung Ayrs von Hof zu Hof. Burns' erster Gedichtband, *Poems Chiefly in the Scottish Dialect* (1786) war ein sofortiger Erfolg in Schottland – quer durch alle Schichten.

In den folgenden Jahren schuf Burns seine besten Werke: mit *Tam O'Shanter* (Tam von Shanter) entstand ein Meisterwerk der Komik, mit *A Man's a Man for a' That* eine sozialistische Polemik in Liedform. Daneben schuf er etliche Lieder wie *Auld Lang Syne, Green Grow the Rashes-O* und *Scots wha hae wi Wallace bled*, die in Schottland noch heute voller Inbrunst gesungen werden. In seinen letzten Jahren sicherte sich Burns als Steuereinnehmer seinen Lebensunterhalt, bis er mit 37 Jahren ausgebrannt in Dumfries an Gelenkrheumatismus starb.

Am engsten mit Burns' Leben und Werk verknüpft ist wohl **Alloway**, südlich von Ayr. Im Haus **Robert Burns Birthplace** an der Dorfstraße wurde Robert Burns am 25. Januar 1759 geboren.

In der Nähe finden sich das **Burns Monument** (1823) und zwei Orte, die im komischen Versepos *Tam O'Shanter* vorkommen: die Ruine der **Alloway Old Kirk** (mit dem Grab von Burns' Vater), wo der betrunkene Tam den Teufel Dudelsack spielen sah, und dahinter die mittelalterliche **Brig o'Doon**, die Brücke, über die Tams Mähre Meg ihn in Sicherheit bringt: »Da ist ihr Herr aus allen Nöten / Doch ach, ihr grauer Schwanz ging flöten.«

## INSIDERTIPP

**Dunure, 10 km südwestlich von Ayr, ist ein typisches Fischerdorf, hübsch und schlicht, mit einer Burgruine in der Nähe.**

JANE SUNDERLAND, NATIONAL GEOGRAPHIC-MITARBEITERIN

Die Brig o'Doon in Alloway bildet den Hintergrund für ein Gedicht von Burns, *Tam O'Shanter*.

Die Brücke **Auld Brig** (13. Jh.) in der Stadt ist bei Burns der »poor narrow footpath ...«. Das Innere des **Pubs Tam O'Shanter** in der High Street schmücken Burns-Zitate.

Im Dorf **Tarbolton**, 8 km nordöstlich von Ayr, steht das reetgedeckte Haus, wo Burns tanzen lernte, Freimaurer wurde und einen Junggesellen-Club gründete – heute ein Museum des National Trust for Scotland. Von 1777 bis zum Tod seines Vaters lebte er auf der **Lochlea Farm**.

Östlich, bei **Mauchline**, stehen das **Burns House Museum**, in dem der Dichter im Februar 1788 ein Zimmer für seine Geliebte Jean Armour anmietete, das **Gavin Hamilton's House** *(privat)* beim Mauchline Tower, wo er sie heiratete, und die mittlerweile neu erbaute **Mauchline Church** *(Sept–Mai & Juni–Aug. Do–Mo geschl.)*, in der Burns öffentliche Buße für seine außerehelichen Eskapaden tun musste.

In Kirkoswald, 19 km südlich von Ayr, ist im **Souter Johnnie's Cottage** *(Main Rd., Tel. 08444/93 21 47, Okt.–März geschl.)*, dem reetgedeckten Haus des Schusters John Davidson, ein Burns-Museum untergebracht. Burns ließ ihn als »ancient, trusty, droughty cronie« (alten, treuen, durstigen Kumpel) im Gedicht *Tam O'Shanter* auftreten; die Figur Tams ist nach Douglas Graham von der Shanter Farm gestaltet. ∎

## ALLOWAY
🗺 S. 325 A2

## AYR
🗺 S. 325 A2
Besucherinformation
✉ 22 Sandgate
☎ 01292/29 03 00
🕐 Nov.–Feb. So geschl

## ROBERT BURNS BIRTHPLACE
✉ Burns National Heritage Park, Murdoch's Ln., Alloway
☎ 08444/93 26 01
€ ££
**burnsmuseum.org.uk**

## BURNS HOUSE MUSEUM
✉ Castle St., Mauchline
☎ 01290/55 00 45
🕐 Nov.–Ostern & Ostern–Okt. So–Mo geschl.

Es grenzt an ein Wunder, dass es Glasgow gelang, sich von seinem alten, düsteren Image zu befreien. Die Stadt war 2014 Austragungsort der Commonwealth Games – vor dreißig Jahren machte Glasgow noch durch hohe Arbeitslosigkeit und Kriminalität von sich reden. Doch die Stadt hat ihrem industriellen Erbe auch viel zu verdanken, nicht zuletzt die einzigartigen Kunstsammlungen.

Das spätviktorianische Rathaus City Chambers am George Square

Im 18. Jahrhundert machten reiche Händler aus Glasgow eine Stadt mit eleganten Wohnhäusern, Büros und Warenhäusern. Viktorianische Bankiers und Versicherungsmakler ließen hübsche Plätze und Häuserzeilen bauen.

Im 19. Jahrhundert verzehnfachte sich die Einwohnerzahl. Werften säumten den Clyde, und Erzgießereien und Fabriken für den Schwermaschinenbau breiteten sich aus. Die Elendsviertel zählten noch lange nach dem Zweiten Weltkrieg zu den schlimmsten Europas. In der Innenstadt zeigt sich noch die einstige Bedeutung. Vornehme Bürgerhäuser beherrschen den George Square, besonders die riesigen City Chambers (1888), also das Rathaus. Die St. Vincent Street ist nach Westen hin von vollendetem viktorianischem Bombast gesäumt: Es gibt Einhörner über dem Portal des Old Post Office Building, ionische Säulen als Stütze der Old Bank of Scotland (heute ein Pub) und die gewaltigen, rosafarbenen Sandsteinbauten der Royal Chambers und der Liverpool & London & Globe Insurance. Nördlich der Sauchiehall Street, einer der Hauptverkehrsadern parallel zur St. Vincent Street, steht das **Tenement House**, ein 1892 erbauter Wohnblock.

An der Ecke Scott und Renfrew Street steht die **Glasgow School of Art**, das Meisterwerk des frühen Jugendstilarchitekten Charles Rennie Mackintosh (1868–1928). Noch heute dient sie als Kunsthochschule. Ein Rundgang führt in die revolutionären Ideen Mackintoshs ein: optische Raumvergrößerungen, schlichte, dunkle Holzvertäfelungen, die den Lichteinfall von oben betonen, geschwungene Formen, hohe Deckenträger, bearbeitetes Metall und Buntglas.

Die Hauptkirche Glasgows ist **St. Mungo's Cathedral**. Der Innenraum dieser mittelalterlichen Kathedrale *(Tel. 0141/552 68 91)* ist von Westen zum tiefer liegenden Ostende hin abgesenkt. Hier liegt die Kapelle der

Krypta mit einem Kreuzrippenge-
wölbe und dem Grab des St. Mun-
go, der im 6. Jahrhundert hier eine
Kapelle gegründet hatte.
In der Nähe, im **St. Mungo Muse-
um of Religious Life and Art** *(Castle
St., Tel. 0141/276 16 25)* wird ein
religiöses Sammelsurium gezeigt.
Gegenüber steht das älteste Haus
Glasgows, das 1471 gebaute
**Provand's Lordship** *(Tel. 0141/276
16 25).*
Um den schönen Kelvingrove Park

## INSIDERTIPP

**Besuchen Sie zur Tea Time
die Willow Rooms, die
Mackintosh 1903 entwor-
fen hat: Betrachten Sie
dort die Stühle mit hohen
Leiterrücken und seine
typischen Buntglasfenster.**

CHRISTOPHER SOMERVILLE, NATIONAL
GEOGRAPHIC-AUTOR

herum im grünen West End Glasgows, sind einige hervorragende Ge-
mäldeausstellungen und Museen zu finden: Die **Art Gallery and Museum** in einem riesigen Pseudo-Schloss aus Sandstein (1901) besitzt
Sammlungen britischer und kontinentaler Malerei, darunter Werke
schottischer Künstler (die Glencoes von McCulloch und Hamilton sind
bemerkenswert), Constable's *Hampstead Heath*, Turner's *Modern Italy*
und einige wunderschöne flämische Landschaftsbilder sowie französische Arbeiten.
Zwischen den strengen Gebäuden der Glasgow University auf der anderen Seite des Parks befindet sich die **Hunterian Art Gallery** *(82 Hillhead
St., Tel. 0141/330 42 21, So geschl.)* mit Gemälden, Zeichnungen und Drucken von Künstlern wie Pissarro, Corot, Rembrandt und Whistler sowie
einer Rekonstruktion der Einrichtung aus dem Stadthaus von Charles
Rennie Mackintosh. Die zoologischen und archäologischen Ausstellungen im **Hunterian Museum** *(University Ave., Tel. 0141/330 42 21, So geschl.)* zählen zu den ältesten in ganz Schottland (seit 1807).

**GLASGOW**
S. 325 B3
Besucherinformation
✉ 170 Buchanan St.
☎ 0845/859 10 06

**TENEMENT HOUSE**
✉ 145 Buccleuch St., Garnethill
☎ 08444/93 21 97
🕐 Nov.–Feb. geschl.
€ ££
nts.org.uk

**GLASGOW SCHOOL OF ART**
✉ 167 Renfrew St.
☎ 0141/353 45 00
🕐 Sept.–Juni So geschl.
gsa.ac.uk

**ART GALLERY AND MUSEUM**
✉ Aryle St., Kelvingrove
☎ 0141/276 95 99
glasgowlife.org.uk/museums

**WILLOW ROOMS**
✉ 217 Sauchiehall St.
☎ 0141/223 05 21

---

### AUFSTIEG AUF DEN BEN LOMOND

Ben Lomond ist mit seinen 958 m ein richtiger Berg (schottisch: *munro* = Gipfel über 3000 Fuß bzw. 914 m), der sich majestätisch am Ostufer des Loch Lomond erhebt. Der klassische Aufstieg erfolgt über einen Weg vom Parkplatz des National Trust for Scotland beim Rowardennan Hotel aus *(10 km nördlich von Balmaha)*. Dieser Aufstieg ist nur etwas für trainierte Wanderer und sollte nur bei gutem Wetter erfolgen. Durchschnittlich kann man für den Weg sechs Stunden einplanen. Vom Gipfel blickt man bis zu 160 km weit. Nehmen Sie ausreichend Proviant und heiße Getränke mit und achten Sie auf Uhrzeit und Wetter. Man kann diesen Berg aber auch über einen weniger genutzten Pfad vom Rowardennan Hotel aus bezwingen, der an der Westseite emporführt. Nehmen Sie in jedem Fall die Karte »OS Explorer 364« *(ordnancesurvey.co.uk)* mit und informieren Sie sich auf der Website zum Loch Lomond & The Trossachs National Park (siehe S. 333).

---

Der seltsam aussehende Sandsteinbau der **Queens Cross Church** weiter nördlich *(870 Garscube Rd.),* der einzigen komplett von Mackintosh entworfenen Kirche, verjüngt sich nach oben hin, im Inneren verblüfft ein Wechselspiel aus Licht und Schatten. Hier ist der Sitz der **Charles Rennie Mackintosh Society**, die Ihnen öffnet, wenn Sie sich angemeldet haben *(Tel. 0141/946 66 00, Sa geschl.).*

5 km südwestlich des Zentrums befindet sich im Pollok Country Park die schönste private Kunstsammlung der Stadt: die **Burrell Collection**. Bis 2020 ist die Sammlung wegen Umbau geschlossen, dann werden die herausragenden Exponate (u. a. Bronzeplastiken von Rodin und Epstein, Porträts von Hogarth und Rembrandt, Werke der französischen Impressionisten Millet, Sisley, Cézanne, Degas und Manet sowie die *Judith* (1530) von Lukas Cranach d. Ä.) wieder zu besichtigen sein.

Als Alternative bietet sich das nahe gelegene **Pollok House** an, ein Herrenhaus aus der Mitte des 18. Jahrhunderts .

## GLASGOWS UMGEBUNG

Das frühere Museum of Transport wurde 2011 in einem Neubau von Zaha Hadid als **Riverside Museum** am Pointhouse Quay, Yorkhill, wiedereröffnet. Hier sind riesige Dampflokomotiven, ein Segelschiff, Oldtimer und Straßenbahnen ausgestellt. Gegenüber am Clyde steht das kinderfreundliche **Glasgow Science Centre.**

An der A73 südlich von Glasgow sind die alten Baumwollspinnereien von **New Lanark** erhalten. Im 19. Jahrhundert galten sie als moderner und im Umgang mit den Arbeitern vorbildlicher Betrieb. Nehmen Sie sich Zeit

für dieses Industriedenkmal, das heute auf der UNESCO-Liste des Weltkulturerbes steht; unternehmen Sie eine Millennium-Experience-Fahrt und wandern Sie von hier aus zu den Falls of Clyde.

Zahllose Besucher werden von der Schönheit des Loch Lomond angezogen.

Im östlich von Glasgow gelegenen Falkirk formen zwei monumentale Pferdeköpfe aus Metall ein 30 m hohes Tor zum Forth and Clyde Canal. Der Bildhauer Andy Scott hat **The Kelpies** erschaffen – die größten Pferdeskulpturen der Welt – ein gewaltiger und mitreißender Anblick (Abb. S. 15).

**Loch Lomond:** Das bekannteste Erholungsgebiet nördlich von Glasgow ist Loch Lomond, dessen »bonny, bonny banks«, wunderschöne Ufer, man zu jeder Jahreszeit genießen kann. 2002 wurde die Landschaft um Loch Lomond zusammen mit den Trossach Hills zum **Loch Lomond & The Trossachs National Park** erklärt, dem ersten Nationalpark Schottlands.

Von der kurvigen A82 am Westufer des Loch haben Sie den besten Ausblick. Die Straße am Ostufer ist ruhiger, aber auch schmaler, und die Sicht wird teils von Bäumen versperrt. Beim Rowardennan Hotel, knapp 10 km hinter Balmaha, endet die Straße. Von hier aus können Sie den Ben Lomond ersteigen (siehe Kasten). Den Rest des Weges am Loch entlang können Sie auf dem West Highland Way zu Fuß fortsetzen. Oder Sie machen von Balloch am Südende des Sees aus eine Bootsfahrt durch die Inseln. ∎

### BURRELL COLLECTION
- ✉ Pollok Country Park, 2060 Pollokshaws Rd.
- ☎ 0141/287 25 50

**glasgowlife.org.uk/museums**

### POLLOCK HOUSE
- ✉ Pollok Country Park, 2060 Pollokshaws Rd.
- ☎ 0141/616 64 10

**www.nts.org.uk/Property/Pollok-House**

### RIVERSIDE MUSEUM
- ✉ Pointhouse Quay, Yorkhill
- ☎ 0141/287 27 20

**glasgowlife.org.uk/museums**

### GLASGOW SCIENCE CENTRE
- ✉ 50 Pacific Quay
- ☎ 0141/420 50 00
- € £££

**glasgowsciencecentre.org**

### NEW LANARK
- ⚑ S. 325 B3
- ✉ Südöstlich von Glasgow über die A73
- ☎ 01555/66 13 45
- € ££ (Besucherzentrum)

**newlanark.org**

### THE KELPIES
- ⚑ S. 325 B3
- ✉ The Helix Park, Falkirk
- € £

**thekelpies.co.uk**

### LOCH LOMOND & THE TROSSACHS NATIONAL PARK
- ⚑ S. 325 A3–A4

**lochlomond-trossachs.org**

Dieser Ausflug führt Sie vom Zentrum Glasgows über die Hügel der Campsie Fells zum grandiosen Schloss in Stirling. Von dort geht es durch kleine Ortschaften südlich der Ochil Hills nach St. Andrews, der Heimat des Golfsports.

Von der Autobahnausfahrt 17 der M8 in Glasgow (siehe S. 330 f.) verlassen Sie die Stadt über die A82 in Richtung Dumbarton und nehmen die A81 rechts ab Richtung Norden. 16 km nördlich von Strathblane biegen Sie rechts auf die A811, die Sie durch das breite Forth Valley nach Stirling bringt.

Die Stadt **Stirling** ❶ *(Information, Tel. 01786/40 40 40)* erstreckt sich auf dem Rücken eines Vulkanfelsens, auf seinem Gipfel (75 m) erhebt sich das Schloss.

Die Hauptattraktionen entlang der Pflasterstraßen: Die **Church of the Holy Rude** aus dem 15. Jahrhundert, wo James VI. (James I. von England), der Sohn der Schottenkönigin Mary, 1567 mit nur 13 Monaten zum Nachfolger seiner entthronten Mutter gekrönt wurde; **Argyll's Lodging** *(Führungen über Stirling Castle)*, das Stadthaus der Dukes of Argyll von 1632; die reich verzierte Fassade der **Mar's Wark**, die nie fertiggestellte Residenz des 1. Earl of Mar.

Doch Stirlings ganzer Stolz ist das **Stirling Castle** ❷ *(Tel. 01786/45 00 00)*, der Herrschersitz schottischer Könige. Die Prunksäle im Schloss sind fast alle unmöbliert, in einem können die Stirling Heads besichtigt werden, 56 Medaillons aus Eichenholz, die James V. in Auftrag gab, als er die finstere Feste in eine komfortable Residenz umwandelte. Die Chapel Royal birgt einen Fries (17. Jh.) und an der Westwand ein Trompe-

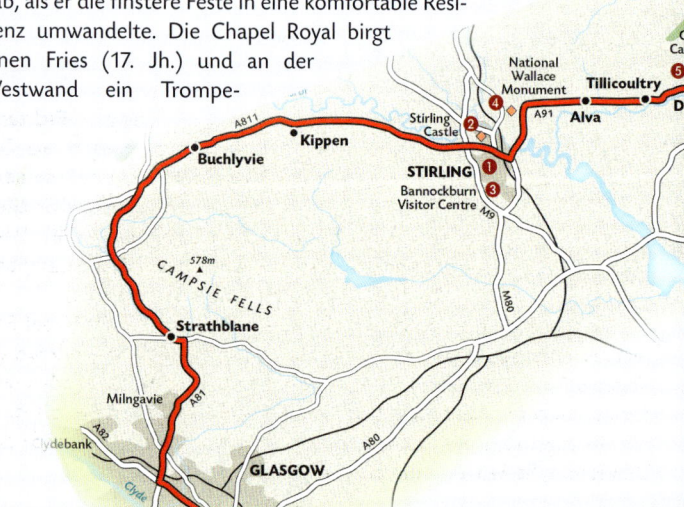

l'Œil-Fenster. Die luxuriöse Great Hall spiegelt den königlichen Stolz ihres Schöpfers, James' IV., wider.

Im Süden von Sterling steht das **Bannockburn Visitor Centre ❸** *(Glasgow Road, Whins of Milton, Tel. 01786/81 26 64, battleofbannockburn.com, £££)* auf dem Teil des Schlachtfeldes, wo im Jahr 1314 Robert the Bruce die Engländer besiegt hat. Mit 3-D-Technologie kann man an der Schlacht teilnehmen.

Das **National Wallace Monument ❹** *(Abbey Craig, Tel. 01786/47 21 40),* etwa 3 km nördlich der Stadt, gedenkt des 1305 von den Engländern hingerichteten schottischen Helden Sir William Wallace. Schönes Panorama. Von Stirling aus fahren Sie auf der A91 am Rücken der Ochil Hills ent-

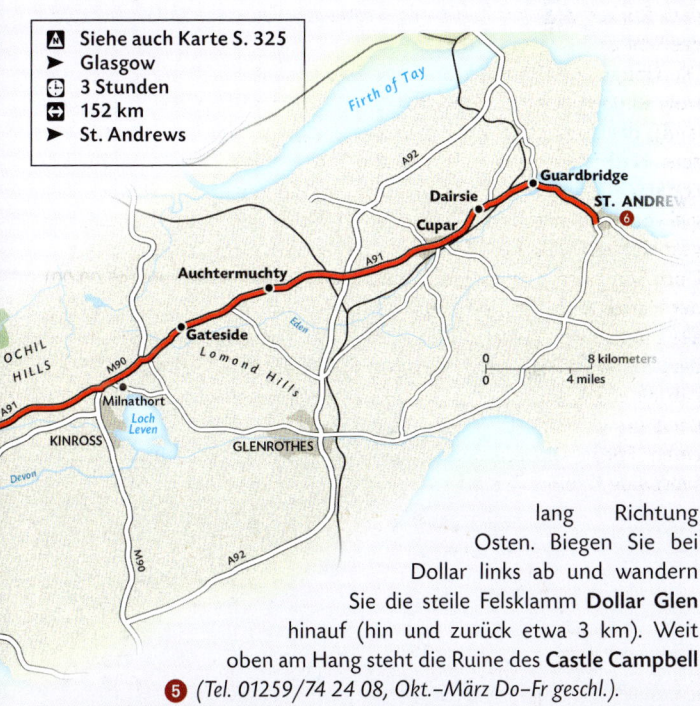

lang Richtung Osten. Biegen Sie bei Dollar links ab und wandern Sie die steile Felsklamm **Dollar Glen** hinauf (hin und zurück etwa 3 km). Weit oben am Hang steht die Ruine des **Castle Campbell** ❺ *(Tel. 01259/74 24 08, Okt.–März Do–Fr geschl.).*

Die A91 führt durch das flachere Weideland der Halbinsel Fife ins reizvolle Städtchen und Golfmekka (siehe S. 336 f.) **St. Andrews ❻** *(Information, Tel. 01334/47 20 21)* mit seinen breiten Sandstränden und felsigen Buchten. Sehenswert sind die Ruinen der Kathedrale, die Burg mit Sprengstollen des 16. Jahrhundert und die beiden Innenhöfe der Universität, St. Salvator und St. Mary's.

St. Andrews gilt als Wiege des Golfspiels, was dem Ort Weltruhm eintrug. Auf den Rasenflächen über den Dünen machten sich die Schotten schon im Mittelalter einen Sport daraus, einen Ball mit einem Stock herumzustoßen. Als 1567 die Schottenkönigin Mary zum Schläger griff, war Golf bereits bei Schotten aller Gesellschaftsschichten zur großen Leidenschaft geworden.

## MIT KÖNIGLICHER ERLAUBNIS

1754 gründete eine Gruppe von »22 Adeligen und Gentlemen der Halbinsel Fife« die Society of St. Andrews Golfers, um ein jährliches Turnier veranstalten zu können. Als William IV. 1834 das Patronat für die Vereinigung übernahm, durfte sich die Vereinigung von nun an Royal and Ancient Golf Club (R&A) nennen. 20 Jahre später baute sich die R&A ein hübsches Clubhaus aus Stein in herrlicher Lage mit Blick auf den Old Course und die West-Sands-Strände. 1873 fand hier die erste British Open Championship statt.

## GRÖSSEN DES GOLFS

Die meisten großen Namen in der Geschichte des Golfs stehen irgendwie in Verbindung mit St. Andrews. Von dem kleinen Küstenort auf der

Eifrige Spieler bei einer Runde auf dem Golfplatz des Royal and Ancient Golf Club von St. Andrews

Halbinsel Fife gehen seit Jahrhunderten auch revolutionäre Neuerungen bei der Ausrüstung, den Regeln und dem Spielverlauf aus. So wurde hier 1845 der erste Guttapercha-Ball hergestellt, der den herkömmlichen, mit Federn gestopften Ball ersetzte. Allan Robertson (1815–59), einer der ersten Profigolfer der Welt, gewann hier das Meisterschaftsturnier 1842 mit einem *feathery* und das von 1858 mit einem der neuen Hartgummibälle. Robertson war

> ## INSIDERTIPP
> **Man darf sonntags ohne Eintrittsgebühr auf dem Old Course umherlaufen, da er dann für den Golfsport geschlossen ist. Auch der Strand unterhalb des Platzes bietet sich zum Spazierengehen an.**
>
> LARRY PORGES, NATIONAL GEOGRAPHIC-REDAKTEUR

ein so guter Golfer, dass seine Mitspieler ihn von anderen Wettbewerben ausschlossen – sie hatten keine Chance gegen Allan.

Eine weitere Persönlichkeit war Old Tom Morris (1821–1908), der 1865 der erste Profigolfer des Royal and Ancient Golf Club wurde. Er gewann die Open-Turniere 1861, 1862, 1864 und 1867 und entwarf den New Course, der 1895 eröffnet wurde.

Sein Sohn, Young Tom Morris (1851–75), war ein ebenso gefürchteter Golfspieler wie sein Vater: Er gewann die Open 1868, 1869, 1870 und 1872. Vater und Sohn Morris, Robertson und einige andere Golfgrößen wurden auf dem Friedhof der St. Andrews Cathedral beigesetzt; eine Broschüre *(Information, St. Andrews, 70 Market St., Tel. 01334/47 20 21)* gibt die genaue Lage ihrer Gräber an.

## EINE RUNDE GOLF AUF DEM R&A

Jedes Jahr wollen Zehntausende von Golfspielern auf dem **Old Course** des R&A spielen. Buchen Sie einige Monate im Voraus *(Tel. 01334/46 67 18, saintandrews.org.uk, £££££)*, büffeln Sie die Regeln *(randa.org)* und rechnen Sie für den über 6 km langen Platz (Par 72) vier bis fünf Stunden ein. Bunker mit Namen wie Pulpit, Principal's Nose, Cat's Trap, Lion's Mouth und Hell (Kanzel, Nase des Rektors, Katzenfalle, Rachen des Löwen und Hölle) warten auf unachtsame Spieler. Der Deacon-Sime's-Bunker birgt die Asche des Geistlichen und Namenspatrons; er meinte, er sollte, nachdem er schon sein halbes Leben bei dem Bunker verbracht habe, auch das Leben danach dort verbringen.

Weitere Golfplätze sind New (Par 71), Jubilee (Par 72), Bronze (Par 69), Eden (Par 70), Strathtyrum (Par 69) und der 9-Loch-Platz Balgrove (Par 30).

Wuchtig, würdevoll, selbstgefällig – so wirkt das alte Edinburgh aufgrund seiner Monumentalbauten und der herrlichen Lage auf den und rund um die zerklüfteten Felsen aus Vulkangestein. Lebhaft, offen und alles andere als verstaubt: So sehen seine Bewohner das heutige Edinburgh.

## INSIDERTIPP

**Machen Sie die Edinburgh Literary Pub Tour mit. Die Rundgänge beginnen um 19.30 Uhr am Beehive Inn. Ihr Wissensdurst in Sachen Robert Burns oder Sir Walter Scott (und natürlich der Durst auf gutes Bier) werden gestillt!**

MARY JO COURCHESNE, NATIONAL GEOGRAPHIC-MITARBEITERIN

Edinburgh ist eine Stadt der Gegensätze: Düstere Residenzen und Pflasterstraßen im mittelalterlichen Stadtkern kontrastieren mit eleganten, georgianischen Plätzen und Häuserreihen in der Neustadt aus dem 18. Jahrhundert. Die Rundgänge durch diese beiden Stadtteile (siehe S. 340 ff.) beginnen am **Edinburgh Castle**.

Die Burg thront hoch oben auf dem Castle Rock, einem erloschenen Vulkan, und ermöglicht einen fast 160 km weiten Blick in das schottische Tiefland. Schon um 600 n. Chr. ist eine Festungsanlage bezeugt. Die erste größere Burg wurde um 1130 errichtet und dann 1356 und 1574–78 nochmals neu errichtet. Dieser zuletzt genannte Bau war dem heutigen Erscheinungsbild schon ähnlich.

Im Inneren sehen Sie feuchte Verliese für Kriegsgefangene und Verbrecher, die gewaltige Kanone Mons Meg (1457), Militärmuseen zu der

Im Mittelalter wurde Edinburgh Castle zur wichtigsten königlichen Burg Schottlands.

mehr als 400 Jahre alten Militärgeschichte und das **Scottish National War Memorial** zu Ehren der Gefallenen beider Weltkriege und weiterer militärischer Einsätze. Die Residenz der schottischen Monarchen beherbergt eine Porträtgalerie seiner königlichen Bewohner, aus der die strengen Stewarts mit finster schmollendem Stolz hervorstechen; die Ceremonial Honours of Scotland, die alten Insignien (ein juwelenbesetztes Schwert, Zepter und Krone), auf die man erst 1818 bei einer von Sir Walter Scott initiierten Suche stieß; und den Stone of Destiny (auch Stone of Scone nach dem Scone Palace, wo er seit 838 aufbewahrt worden war), den Krönungsstein aller schottischen Könige seit dem 6. Jahrhundert. 1296 brachte ihn Edward I. in die Westminster Abbey, 1996 wurde er zurückgegeben. ■

## HOGMANAY – SILVESTER IN EDINBURGH

Das größte und lauteste Fest, das die Schotten stolz begehen, ist Silvester. In Schottland nennt man das »Hogmanay«. Die Ursprünge dieses Wortes liegen im Dunkeln. Das kümmert auch keinen, solange der gute Whisky die Kehlen herunterläuft und man in großer oder kleiner Runde ausgelassen feiern kann.

Hogmanay ist für die Schotten das, was St. Patrick's Day für die Iren oder Thanksgiving für die Amerikaner ist – ein Ausdruck nationaler Zusammengehörigkeit. Im Ausland lebende Schotten kehren eigens dafür nach Hause zurück. Das größte Silvesterfest feiert man naturgemäß in Edinburgh: mit Fackelumzügen, Feuerwerk, Musikbands, Lichtern, Musik und Tanz. Und glauben Sie ja nicht, Sie könnten kurz nach Mitternacht nach Hause gehen: Das ist unmöglich. Alles, was Sie brauchen, sind eine Flasche, viel Durchhaltevermögen und die Zeilen des berühmten Liedes *Auld Lang Syne* von Robert Burns, die als Zeichen der Solidarität voller Inbrunst gesungen werden:

*Should auld acquaintance be forgot, / and never brought to mind?*
*Should auld acquaintance be forgot, / and auld lang syne?*

*Refrain: For auld lang syne, my jo, / for auld lang syne,*
*we'll tak a cup o' kindness yet, / for auld lang syne.*

**EDINBURGH**
⬛ S. 325 C3
Besucherinformation
✉ 3 Princes St.
☎ 0845/225 51 21

**EDINBURGH CASTLE**
✉ Castle Hill
☎ 0131/225 98 46

€ £££
edinburghcastle.gov.uk

**EDINBURGH LITERARY PUB TOUR**
✉ 34 North Castle St.
☎ 01312/26 66 65
€ £££
edinburghliterarypubtour.co.uk

Mit Old Town und New Town liegen in Edinburgh zwei grundverschiedene Stadtteile nebeneinander. Nehmen Sie sich mindestens einen Tag Zeit.

## DURCH DIE OLD TOWN

Die Hauptstraße verbindet den Königspalast Holyroodhouse am Fuße des Hügels mit dem Militärquartier auf dem Burgfelsen. Von hier oben beherrscht **Edinburgh Castle** (siehe S. 338 f.) die Stadt.

Hier beginnt der Rundgang: Von dem Platz vor der Burg führt die **Royal Mile** als Castlehill, Lawnmarket, High Street und dann Canongate zwischen den hohen Häusern der **Old Town** bergab, gesäumt von Whiskygeschäften, Kiltmachern, Läden für Kunsthandwerk aus den Highlands, Webereien und Museen. Die interessantesten sind das **Scotch Whisky Heritage Centre** ❶ *(354 Castlehill, Tel. 0131/22 00 4 41)*; **Gladstone's Land** ❷ *(477b Lawnmarket, Tel. 0844/493 21 20 Nov.–März geschl.)*, das restaurierte, sechsstöckige Wohnhaus eines Kaufmanns aus Edinburgh von 1620; das **Writer's Museum** ❸ *(Lady Stair's Close, Lawnmarket, Tel. 0131/529 49 01, So geschl.)*, das Scott, Stevenson und Burns gewidmet ist und im reich verzierten und mit Türmchen versehenen Lady Stair's House von 1622 untergebracht ist; die **St. Giles Cathedral** am Lawnmarket, die High Kirk der Stadt, wo John Knox Pfarrer war (1559–72), und schließlich das **John Knox House** ❹ *(43–45 High St., Tel. 0131/556 95 79, Okt.–Juni So geschl.)*, das in die High Street hineinragt:

ein bemaltes Stadthaus mit schönen Schnitzereien aus dem 16. Jahrhundert, wo der fanatische Geistliche wohnte.

Dahinter steht auf der linken Seite von Canongate **The People's Story Museum** *(Tel. 0131/529 40 57, So geschl.)* in Edinburghs altem Stadtgefängnis Tolbooth, das die Arbeit, Kämpfe und Nöte der Bürger vergangener Jahrhunderte

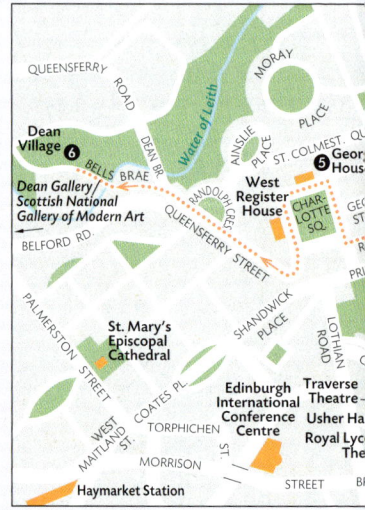

---

**DURCH DIE OLD TOWN**

- Siehe auch Karte S. 325
- ► Castle Esplanade
- 🕓 6 Stunden
- ↔ 3 km
- ► Palace of Holyroodhouse

schildert. Das **Museum of Edinburgh** ❺ *(142 Cannongate, Tel. 0131/557 33 46, So geschl. außer Aug.)* dokumentiert in drei Häusern des 16. Jahrhunderts auf der rechten Seite die Geschichte Edinburghs.

**Tavernen & Kirchen:** An der Royal Mile befinden sich zahlreiche Gassen und Hinterhöfe, gesäumt von hohen Wohnhäusern, die man im Mittelalter aus Raumnot aufstockte. Der **Milne's Court** (17. Jh.) oberhalb von Gladstone's Land auf der linken Seite ist ein Beispiel eines solchen Hofes.

Am Weg laden verschiedene Pubs ein: In **Deacon Broadie's Tavern** am Lawnmarket ist die Geschichte von William Brodie auf Wandgemälden zu sehen. Bei Tag ein ehrbarer Ratsherr, nachts ein Einbrecher, entwarf er in Edinburgh Galgen – bis er 1788 selbst daran aufgeknüpft wurde. Robert Louis Stevenson soll Brodies Doppelleben als Grundlage für seinen Roman *The Strange Case of Dr Jekyll and Mr Hyde* (1886) verwendet haben.

Gegenüber geht die George IV Bridge ab, über die Sie die **Greyfriars Kirk** erreichen. Auf dem Friedhof sollen die presbyterianischen *dissenter* 1638 den National Covenant unterzeichnet haben – manche mit dem eigenen Blut.

An der Chambers Street befindet sich das **National Museum of Scotland** ❻ *(Tel. 0300/123 67 89)*, das der Landesgeschichte gewidmet ist.

**Ein königlicher Palast:** Wo Canongate endet, steht das neue schottische Parlamentsgebäude Holyrood,

---

**DURCH DIE NEW TOWN**
- Siehe auch Karte S. 325
- ► The Mound, Princes Street
- ⏱ 6 Stunden
- ↔ 4 km
- ► Dean Village

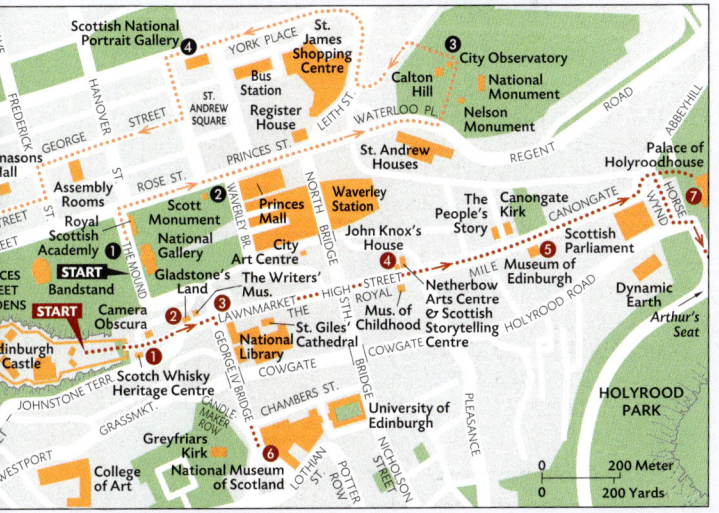

Das Scott Monument ehrt
Sir Walter Scott.

dessen Architektur seit seiner Eröffnung im Jahre 2004 zu Diskussionen führt. Dahinter liegt hinter einem schmiedeeisernen Tor und einem Brunnen der **Palace of Holyroodhouse** ❻ *(royalcollection. org.uk, Tel. 0131/556 51 00, bei Besuchen der Queen geschl.)*, die offizielle Residenz des britischen Monarchen in Edinburgh. Führungen schleusen Sie durch das prächtige Treppenhaus Grand Stair nach oben, durch den königlichen Speisesaal mit einem Porträt von Bonnie Prince Charlie und die Prunksäle hindurch in den Salon und die Schlafgemächer mit fantastischen Stuckdecken (17. Jh.). Jacob de Wet d. J. beauftragte man mit den Deckengemälden sowie mit einem eher seltsamen Projekt: Zwischen 1684 und 1686 schuf er für die Great Picture Gallery 89 Stuart-Porträts aus deren 2000-jährigem Stammbaum.

Auf die **Salisbury Crags**, eine lange, graue Felswand südlich des Holyroodhouse, stützt sich Edinburghs Miniaturberg **Arthur's Seat** (247 m). Ein reizvoller Spazierweg führt links auf der Queen's Drive in den **Holyrood Park**. Nördlich des Palace of Holyroodhouse wartet vor dem atemberaubenden Hintergrund der Crags **Dynamic Earth** *(Tel. 0131/550 78 00, Nov.–März Mo–Di geschl.)* und schildert interaktiv und mit hochaktuellen Spezialeffekten die Evolution unseres Planeten.

## DURCH DIE NEW TOWN

Um dem Platzmangel und den schlechten sanitären Bedingungen der Auld Reekie zu begegnen, wurde 1767 die New Town entlang drei parallel zueinander verlaufender Straßen an einem Hügelkamm nördlich der Old Town geplant. Das Gebiet ist heute eines der besterhaltenen georgianischen Stadtviertel Großbritanniens.

Der Rundgang beginnt in der **Mound**, einer Seitenstraße der **Princes Street**, auf deren Südseite es steil hinab in einen Park geht. Hier steht die **National Gallery of Scotland** ❶ *(Tel. 0131/624 62 00)* mit ausführlich beschriebenen Werken europäischer Meister (15.–19. Jh.) wie Raffael, Veronese, Turner und Constable und daneben die **Royal Scottish Academy** (1823–36) mit ihrer wuchtigen Säulenfassade. Weiter östlich erinnert der eindrucksvolle gotische Turm des **Scott Monument** ❷ (1840–44) an den großen schottischen Schriftsteller Sir Walter Scott (siehe S. 324). Unterhalb des gewaltigen Uhrenturmes des Balmoral Hotel liegt die **Waverley Station**. Am Ende der Straße führen Stufen auf den **Calton Hill** ❸ mit seiner bizarren Ansammlung neoklassizistischer Bauwerke: das nie vollendete **National Monument** (1822), die »Schande Edinburghs«, mit kannelierten Säulen, das **City Observatory**, das **Dugald Stewart's Monument** (1837) für einen unbedeutenden Philosophen, der korinthische Tempel zu Ehren Burns' (1830) und – einem ausgezogenen Fernrohr gleich – das **Nelson Monument** (1807–15), das Ihnen einen herrlichen Panoramablick ermöglicht.

**Stadt der Gegensätze:** Um den Hügel führt ein Weg nach Norden durch die Royal Terrace zum **York Place**. Das Haus Nr. 32 gehörte dem berühmten georgianischen Maler Sir Henry Raeburn (die Hinweistafel hat die Form einer Palette). Ein Stück weiter: die ausgezeichnete **Scottish National Portrait Gallery** ❸ *(1 Queen St., Tel. 0131/624 62 00)*. Parallel zur Queen Street verläuft die breite, elegante George Street; in der Rose Street – zwischen George und Princes Street – drängen sich die Pubs. Schauen Sie ins Abbotsford *(3 Rose St.)* oder in die Rose Street Brewery.

Der **Charlotte Square** am westlichen Ende der George Street, 1791 vom Architekten Robert Adam entworfen, ist der schönste Platz der New Town. Das **Georgian House** von 1796 ❺ *(Tel. 0131/225 21 60, Jan.–Feb. geschl.)* ist eine Nachbildung eines möblierten Stadthauses mit Möbeln, Porzellan, Silber- und Kunstgegenständen des 18. Jahrhunderts.

Durch die Queensferry Street und dann die Bell's Brae hinunter gelangen Sie nach **Dean Village** ❻, einem in der abgelegenen, bewaldeten Schlucht des Water of Leith versteckt gelegenen Viertel aus restaurierten Cottages, Mühlen und Warenhäusern, das zu den gut gehüteten Geheimnissen mitten in Edinburgh gehört. Direkt oberhalb von Dean Village an der Belford Road können Sie die **Dean Gallery** und die **Scottish National Gallery of Modern Art** *(Tel. 0131/624 62 00)* besuchen.

## FESTIVALS IN EDINBURGH

Beim **Edinburgh International Festival** *(Tel. 0131/473 20 00)* in den letzten beiden Augustwochen und der ersten Septemberwoche, dem weltgrößten Kulturfestival mit Theater, klassischer Musik, Oper und Tanz, geht es in der ganzen Stadt hoch her. Im August findet abends im erhellten Burghof das **Military Tattoo** *(Tel. 0131/225 11 88)* zur schottischen Geschichte statt. Das **Edinburgh Fringe Festival** *(Tel. 0131/226 00 26)* mit Jongleuren, Komikern und anderen Künstlern ergänzt das offizielle Festival. Gleichzeitig bietet sich noch das **International Film Festival**, das **International Jazz and Blues Festival** und das **International Book Festival** an. Informationen zu allen Festivals unter *edinburghfestivals.co.uk*.

## AM OSTENDE DER FIFE

Am East Neuk, im Osten der Halbinsel Fife, am Nordufer des Firth of Forth liegen hinter Kirkcaldy an der A917 einige nette Hafenstädtchen. Besonders schön ist **Anstruther** mit dem herausragenden **Scottish Fisheries Museum**, das u. a. historische Boote, Gewänder, Ausrüstung und Gemälde ausstellt.

6 km weiter liegt das winzige und malerische **Crail**. Und in **St. Monans**, etwa 6 km westlich von Anstruther, steht eine Windmühle aus dem 18. Jahrhundert, die früher Meerwasser in die einst nahe gelegenen Salzpfannen pumpte.

**Scottish Fisheries Museum** ⒶS. 325 C4 ✉St. Ayles, Harbour Head, Anstruther ☎01333/31 06 28

## DIE FIRTH OF FORTH

Nehmen Sie in Edinburgh den Zug oder die A198 nach **North Berwick** *(Karte S. 325 C3, Information, School Rd., Tel. 01620/89 21 97, Okt.–Feb. So geschl.).* Hier können Sie den Gipfel des **Berwick Law** (184 m) erklimmen, dessen Gipfel ein Tor aus einem Walfischkiefer krönt. Vom Hafen aus fahren Schiffe zum **Bass Rock** im Firth of Forth, einem Felsbrocken aus Vulkangestein mit einer riesigen Tölpelkolonie (siehe Kasten).

5 km weiter östlich steht das 600 Jahre alte **Tantallon Castle** der Douglas' herrschaftlich am Rande der Steilküste.

Mit dem Schiff kann man von South Queensferry, westlich von Edinburgh, auf die Möweninsel **Inchcolm Island** fahren und die wunderbare und sehr gut erhaltene Augustinerabtei **Inchcolm Abbey** (12. Jh.) besichtigen *(Tel. 0131/331 50 00, maidoftheforth.co.uk, Nov.–März geschl.).*

**Tantallon Castle** ⒶS. 325 D3 ☎01620/89 27 27 🕓 Okt.–März Do–Fr geschl.

---

### VOGELPARADIES AM BASS ROCK

Das **Scottish Seabird Centre** *(The Harbour, North Berwick, Tel. 01620/89 02 02, seabird.org, ££)* in North Berwick vermittelt Wissenswertes mit ihren Webcams, Ausstellungsobjekten und Schiffsausflügen *(März–Okt., wetterabhängig, £££££)*. Ziel sind die Hunderttausende von Meeresvögeln, die an den Felseninseln des Firth of Forth leben. Bei Weitem am besten ist die beliebte 5½-stündige Tour zum Bass Rock *(April–Sept.),* bei der man ganz dicht an riesige Schwärme von Tölpeln gebracht wird (Schätzungen sind sehr schwierig, aber es könnten wohl 100 000 sein) und man die Vögel in ihrem natürlichen Habitat aus nächster Nähe beobachten kann. Vorsicht: Es ist enorm laut und stinkt bestialisch. Denken Sie an Ihr Fernglas!

---

## SÜDLICH VON EDINBURGH

Ungefähr 10 km von Edinburgh entfernt liegt im Dorf Roslin an der A701 die sagenumwobene **Rosslyn Chapel**. Die in der zweiten Hälfte es 15. Jahrhunderts erbaute Kapelle ist reich mit Steinmetzarbeiten verziert, darunter die Lehrlingssäule (*Apprentice Pillar*), die einen Lebensbaum darstellt sowie über 100 »Green Men« (Blattmasken). Seit die Kapelle Schauplatz der Endszenen in Dan Browns Thriller *The Da Vinci Code* war, sind die Besucherzahlen auf bis zu 150 000 im Jahr gestiegen. Die Kapelle wird im Roman u. a. mit den Tempelrittern und Freimaurern in Verbindung gebracht (*rosslynchapel.com, ganzjährig geöffnet*).

In den **Pentland Hills**, direkt südlich der Stadt, gibt es traumhafte Wanderwege in reizvoller Natur.

Im Grenzland weiter südlich liegt die romantische Ruine des **Neidpath Castle** (13. Jh.) am Ufer des Tweed in der Nähe von Peebles (*Karte S. 325 C3, nicht öffentlich zugänglich, neidpathcastle.co.uk*).

Im Südwesten, 8 km nördlich von Moffat, verläuft die A701 am Rand der **Devil's Beef Tub**, einer Senke zwischen vier Hügeln. Eine Figur in Sir Walter Scotts Roman *Redgauntlet* ließ sich auf der Flucht vor den Soldaten in die Beef Tub fallen – wie ein echter Jakobit im Jahr 1746.

Die Rosslyn Chapel wurde im 15. Jahrhundert als katholische Kollegiatskirche erbaut.

‹ Hochlandrinder oder Kyloe, eine Rinderart aus den Highlands

Obgleich keiner genau zu sagen weiß, wo die schottischen Highlands beginnen, erkennt sie vor Ort jeder. Die Landschaft erhebt sich, die sanften Hügel werden rau und zerklüftet. Die Luft riecht würziger und das Wasser schmeckt weicher. Die Cottages sind hier klein und weiß gekalkt; der Dialekt wird weicher und rhythmischer. Doch die Highlands sind vor allem eine Geisteshaltung.

## ARGYLL & INVERNESS

Die Stürme und Wellen des Atlantiks haben der Südwestflanke der Highlands tiefe Risse beigebracht. Schmale Fjorde wie Loch Fyne, Loch Linnhe und Loch Sunart durchbrechen die Küste von Argyll und Inverness. Die Halbinseln zwischen den Lochs Kintyre, Morvern, Ardnamurchan, Moidart, Morar und Knoydart sind abgeschiedene Hügelregionen mit unendlichen Stränden und einsamen Buchten – vom Golfstrom erwärmt. Hier kann man wandern, baden und Boot fahren. Hier ist aber auch die Wiege der schottischen Kultur: Kelten aus Irland siedelten hier in den ersten Jahrhunderten n. Chr. Im Frühmittelalter erlebte die Region die Blütezeit der Macdonalds, die später ihren erbitterten Rivalen, den Campbells, unterlagen.

## DIE NÖRDLICHEN & SÜDLICHEN GRAMPIANS

Einer der Campbells war Anführer des Massakers an den Macdonalds 1692 in Glencoe, in der Schlucht am Rannoch Moor und an den Zugängen nach Angus und Perthshire. Darunter liegen die Trossachs, die Berg- und-Seen-Landschaft im Land des Rob Roy, mit seinen Sagen, die Sir Walter Scott in mehreren seiner Bücher verwoben hat. Weiter nordöstlich erstrecken sich die schönen Täler von Angus – Glen Esk, Glen Clova, Glen Doll und Glen Isla – in die Südflanken der Grampians hinein, mit ihren hohen Gipfeln der Cairngorm Range (über 1200 m) eine klassische Ski- und Bergsportregion.

Bis zur »Granitstadt« Aberdeen an der Ostküste zieht sich das hübsche Dee-Tal, die bei der königlichen Familie so beliebte »Royal Deeside«. Nördlich davon, angrenzend an den südlichen Küstenverlauf des Moray Firth, liegt eine sanfte Agrarlandschaft, gesäumt von einer wildromantischen Küste mit sturmerprobten Fischerdörfern aus Granit.

## DIE HIGHLANDS IM NORDEN & DIE INSELN

Nördlich und westlich von Inverness und der Great Glen liegen die eigentlichen Highlands, wo sich das Clan-System über tausend Jahre hindurch gut bewährt hatte. Mit der Schlacht von Culloden im Jahre 1746 ging die Zeit der Clans zu Ende. Bis zum Ende des 19. Jahrhunderts wurde ein Großteil der Menschen von ihrem Land in den Highlands vertrieben, um Platz zu schaffen für die lukrative Schafzucht. Daher rührt die Menschenleere der Bergregionen und Schluchten von Wester Ross und Sutherland, der wilden Moorgebiete von Caithness und vieler Hebriden-Inseln. Das Nordsee-Öl hat den Shetlands einen wirtschaftlichen Boom beschert, doch die meisten Inseln kämpfen gegen ihre Entvölkerung. ■

Von Tarbet am Loch Lomond führt die A83 nach Inveraray, einer vom Duke of Argyll angelegten Stadt. Er erbaute auch Inveraray Castle, ein neogotisches Märchenschloss aus viktorianischem Zierrat.

Eine Brücke führt zum Eilean Donan Castle.

Von hier aus können Sie 160 km Richtung Süden die Kintyre Peninsula zum **Mull of Kintyre** oder nach Norden auf der A819 und der A85 nach **Oban** (53 km) fahren, dann weiter auf der A828 und der A82 nordwärts nach **Invergarry** (120 km), wo die A87 westwärts zum **Kyle of Lochalsh** (80 km) führt. Westlich dieser Straßen liegen die einsamen Halbinseln der grandiosen Südwestküste der Highlands. Um sie zu erreichen, halten Sie sich ab Fort William westwärts auf der A830 am Loch Eil vorbei nach Glenfinnan.

Vor den Mountains of Lochaber erhebt sich das **Glenfinnan Monument**, zum Gedenken an Bonnie Prince Charlie, der hier am 19. August 1745, einen Monat nach seiner Rückkehr aus Frankreich, die Standarte hob. Der »Young Pretender« Charles Edward Stuart (1720–88), Enkel des exilierten James' VII. von Schottland, hatte gehofft, genügend Unterstützung in den Highlands zu finden, um George II. in London zu stürzen und seinen Vater James Stuart, den »Old Pretender«, zum König zu krönen. Donald Cameron aus Lochiel schloss sich dem Prinzen an, andere folgten ihm bald. Das ermutigte Charles, den verhängnisvollen Jakobitenaufstand zu wagen, der acht Monate später, in der Schlacht von Culloden, in einer Katastrophe endete.

Von Lochailort (16 km westlich von Glenfinnan) aus nach Süden führt eine Rundfahrt auf der kurvenreichen A861 über **Moidart**, **Sunart** und **Ardgour** (insgesamt 112 km). Bei Salen (35 km) biegt die B8007 westwärts ab nach **Ardnamurchan**, eine felsige Landzunge mit Sandbuchten.

Hinter Strontian (53 km) schlängelt sich die A884 durch das karge **Movern**. Noch rauer wird die Landschaft im nördlichen **Morar** und in **Knoydart**.

**Inverie** am Loch Nevis in South Knoydar erreicht man mit der Fähre von Mallaig aus, Barrisdale an der Nordseite von Arnisdale aus, einer kleinen Siedlung auf der einsamen Glenelg-Halbinsel.

## TRADITIONELLE SCHOTTISCHE MUSIK

Eine Musik für den Krieg: aufrüttelnde Dudelsackmärsche zur Einberufung der Clans, zu Treffen, Schlachten und Trauerfeiern. Aber auch eine Musik für den Frieden: fröhliche Tänze (strathspeys und reels), zarte Melodien für Fiedel und Akkordeon. Traditionelle schottische Musik hört man überall – bei offiziellen Treffen und Wettbewerben, in Musikclubs, bei Sessions in Pubs, bei Dorffesten und von Straßenmusikanten. Infos unter musicscotland.com.

**Kyle of Lochalsh**, am Ende der A87, war bis zur Eröffnung der Mautbrücke (1995) der Fährhafen zur Isle of Skye. Hier endet die spektakuläre Kyle Railway aus Inverness (siehe S. 362).

Die Rückfahrt nach Glasgow auf der A87 (13 km) führt am »Treffpunkt« der Lochs Duich, Aish und Long vorbei zum malerisch gelegenen **Eilean Donan Castle**. 1230 gegen Wikingerüberfälle erbaut, wurde es 1719 nach der Besetzung durch jakobitische Spanier, die an der Seite des Old Pretender kämpften, von einer Hannoveraner Fregatte gesprengt. Es wurde wieder aufgebaut und ist heute eine sehenswerte Touristenattraktion.

Die A87 führt ostwärts durch eine malerische Berglandschaft nach Invergarry. Von da geht es 40 km auf der A82 nach **Fort William**, am Fuße des **Ben Nevis** (1320 m) gelegen, dem höchsten Berg Großbritanniens. Die Ranger im **Glen Nevis Visitor Centre** (Glen Nevis Rd., Tel. 01397/70 59 22) informieren über Kletter- und Wanderrouten. 128 km nördlich von Glasgow führt die A82 durch das Dorf Glencoe, wo Campbell of Lenlyon und seine Männer am 13. Februar 1692 bei dem berüchtigten Massaker von Glencoe 38 der dort ansässigen Macdonalds niederstreckten. Die Straße klettert den Pass **Glen Coe** mit steil aufragenden Felswänden hinauf. ∎

### INVERARAY
- 🅰 S. 349 B2
- Besucherinformation
- ✉ Front St.
- ☎ 01499/30 20 63

### INVERARAY CASTLE
- ☎ 01499/30 22 03
- ✉ Inveraray
- 🕐 Nov.–März. geschl.
- 💶 ££

### GLENFINNAN
- 🅰 S. 349 B3

### EILEAN DONAN CASTLE
- 🅰 S. 349 B3
- ✉ Dornie
- ☎ 01599/55 52 02
- 🕐 Nov.–März geschl.
- 💶 ££

### FORT WILLIAM
- 🅰 S. 349 B2
- Besucherinformation
- ✉ 15 High St.
- ☎ 01397/70 18 01

### GLEN COE
- 🅰 S. 349 B2

Die A81 aus Glasgow führt in die Trossachs mit dem Spitznamen «Miniatur-Highlands», die sich nördlich der Campsie Fells erheben. Sie sind Teil des ersten schottischen Nationalparks, des Loch Lomond and The Trossachs National Park.

Aberfoyle liegt im Zentrum der Trossachs inmitten einer herrlichen Landschaft. Im **Lake of Menteith** *(8 km östlich der A81)* liegt **Inchmahome Island**, die Sie von der Bootsanlegestelle hinter dem Lake of Menteith Hotel ansteuern können. Hier befinden sich die Ruinen einer Abtei (1238), wo die 5-jährige Mary Stuart 1547 vor den Engländern versteckt wurde, bevor man sie nach Frankreich brachte.

Nördlich von Aberfoyle windet sich die A821 durch bewaldetes Bergland zum **Queen Elizabeth Forest Park Visitor Centre**, wo Sie Informationen zu Wanderrouten erhalten können – insbesondere zum **Achray Forest Drive** *(A821, 5 km nördllich von Aberfoyle)*.

Ein Abzweig nach links (Wegweiser) am **Loch Achray** bringt Sie nach etwa 800 m zu einem Parkplatz am Ostende von **Loch Katrine** – bekannt durch Sir Walter Scotts Roman *Das Fräulein vom See*. Ellen's Isle liegt in der Nähe des Landungsstegs (früher diente die Insel dem McGregor-Clan als Weide für gestohlenes Vieh). Der alte Dampfer *Sir Walter Scott (Trossachs Pier, Tel. 01877/33 20 00, Nov.–März keine Überfahrten, ££)* bringt Sie und Ihr Mietfahrrad nach Stronachlachar, von wo Sie auf dem beschaulichen Weg am Nordufer zurückwandern oder -radeln können.

Am Loch Achray führt die A821 weiter nach Osten zum Urlaubsort **Callander**. Etwa 19 km nördlich von Callandar an der A84 liegt auf dem Friedhof von **Balquhidder** das Grab eines Helden von Scott, Rob Roy MacGregor (1671–1734). Der »Rote Roy« hatte bis zum Alter von 30 Jahren als Viehhändler gelebt, bis sein Viehtreiber mit Geld durchbrannte, das MacGregors Herrn, dem Duke of Montrose, gehörte. Der Herzog enteignete Rob Roy, der darauf seinen früheren Herrn ausraubte. Ob der Geächtete jemals die ihm zugeschriebenen Robin-Hood-Taten verübte, die in Scotts Roman *Rob Roy* (1817) geschildert werden, ist unklar. 1722 stellte er sich, saß in London im Kerker, wurde 1727 begnadigt und kehrte für die letzten Jahre seines Lebens nach Balquhidder zurück.

Die A85 führt durch eine schöne Highland-Szenerie. Die A827 teilt sich in Kilin am Loch Tay und führt zum **Ben Lawers**. 1396 lieferten sich am North Inch in **Perth** 60 Krieger des Chattan- und des Quhale (Kay)-Clans eine blutige Schlacht. Scott erzählt die Geschichte in *The Fair Maid of Perth* (1828).

3 km weiter nördlich liegt der **Scone Palace**, wo der Krönungsstein Stone of Destiny (siehe S. 339) von 838 bis 1296 zu finden war.

**Pitlochry** liegt in den Hügeln nördlich von Perth. Hier findet zwischen Ende Juli und Ende Oktober das **Festival Theatre** *(Tel. 01796/48 46 26)* statt. Hinter Pitlochry erheben sich die Berge zum Pass of Killiecrankie, wo die Highlander des abgesetzten James' II. unter Graham of Claverhouse die Truppen von König William am 27. Juli 1689 besiegten. Das **Killiecrankie Visitor Centre** dokumentiert diese Geschichte. Hinter dem Pass liegt **Blair Castle**, ein beeindruckendes Gebäude aus dem Jahr 1296. ■

## BLÜTENPRACHT AUF DEM BEN LAWERS

Ben Lawers ist ein Berg voller nordalpiner und anderer seltener Hochlandblumen. Ein kurzer Pfad beginnt hinter dem **Parkplatz und Info-Punkt** *(A827, am Nordufer von Loch Tay, ca. 112 km südwestl. vom Ben Nevis, nts.org. uk)*. Der Pfad schlängelt sich durch eine Blütenpracht von Bach-Steinbrech, Alpenenzian, Feld-Ehrenpreis, Augentrost, Bergstiefmütterchen, Zitronenfarn und vielem mehr. Die Blüte beginnt an den tiefer liegenden Hängen bereits im März und zieht sich in den höheren Regionen bis in den August. Weitere Infos zum Wanderweg unter *nts.org.uk/Property/Ben-Lawers-National-Nature-Reserve/*.

### ABERFOYLE
▲ S. 349 C2
Besucherinformation
✉ Main St.
☎ 08452/25 51 21
🕐 Nov.–März Mo–Fr geschl.

### QUEEN ELIZABETH FOREST PARK
Besucherinformation
✉ 1,6 km nördl. von Aberfoyle an der A821
☎ 01877/38 23 83
🕐 Öffnungszeiten erfragen
€ £ (Parken)

### CALLANDER
▲ S. 349 C2
Besucherinformation
✉ 52–54 Main St.
☎ 01877/33 03 42
🕐 Winter-Öffnungszeiten erfragen

### PERTH
▲ S. 349 C2
Besucherinformation
✉ Lower City Mills
☎ 01738/45 06 00
🕐 Okt.–Feb. So geschl.

### PITLOCHRY
▲ S. 349 C2
Besucherinformation
✉ 22 Atholl Rd.
☎ 01796/47 22 15

### KILLIECRANKIE VISITOR CENTRE
✉ 5 km nördlich von Pitlochry, unweit der B8079
☎ 0844/493 21 92
🕐 Nov.–März geschl.
€ £ (Parken)

### BLAIR CASTLE
✉ Blair Atholl
☎ 01796/48 12 07
🕐 Öffnungszeiten erfragen
€ ££–£££

**Diese Rundfahrt führt Sie von Aberdeen 96 Kilometer westwärts nach Braemar hinter Balmoral Castle. Auf dieser Strecke wandelt sich die Landschaft von Weideland und Getreidefeldern im Tiefland an der Küste von Aberdeenshire zur wilden Schönheit der Cairngorm Mountains.**

Royal Deeside hat alles – Wälder, einen Fluss, Berge, Schlösser und malerische Dörfer. Kein Wunder, dass Königin Victoria sich in diese Gegend verliebte und Prinz Albert 1852 zum Kauf des Balmoral Estate überredete.

Der 59 m hohe Turm der St. Nicholas's Kirk dominiert die Granitsteingebäude von **Aberdeen** ❶ *(Information, Tel. 01224/26 91 80, Okt.–Feb. geschl.).* Hauptattraktion ist das **Provost Skene's House** *(Tel. 01224/64 10 86, So geschl.)* aus dem 16. Jahrhundert und das **Mercat Cross** (1686) am Castle Gate, geschmückt mit Figuren der zehn Stuart-Könige.

16 km westlich von Aberdeen an der A93 steht **Drum Castle** ❷ *(Tel. 0844/493 21 61, Okt.–März geschl.),* dicht gefolgt von **Crathes Castle** ❸ *(Tel. 01330/84 45 25, Nov.–März Mo–Fr geschl.).*

Die Straße führt durch Banchory und Aboyne, bevor sie das beschauliche **Ballater** ❹ *(Information, Tel. 01339/75 53 06)* im sanften, waldreichen Hügelland erreicht. Nachdem man herausgefunden hatte, dass das Wasser einer örtlichen Quelle Skrofulose kurieren konnte, entwickelte sich Ballater zu einem beliebten Heilbad. Als Nächstes kommt der «königliche» Teil von Royal Deeside. Die schlichte **Parish Church of Crathie** *(Tel. 01339/74 22 08, Öffnungszeiten tel. anfragen)* dient der Königsfamilie als Gotteshaus, wenn sie auf **Balmoral Castle** ❺ weilt *(Tel. 01339/74 25 34, Aug.–Ende März geschl., Tage mit Winterführung, £££).* Die Außenanlagen und einzelne Räume können im Sommer besichtigt werden.

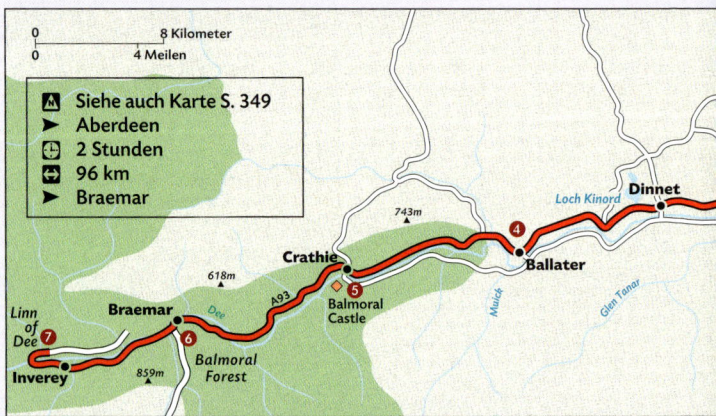

## DIE GESCHICHTE DER TARTANS

Das Haus Windsor, dessen Mitglieder bei ihren Aufenthalten in Royal Deeside häufig im Kilt auftauchen, hat viel zur Popularität dieses traditionellen Tuchs der Highlands beigetragen.

*Tartan plaids*, karierte Wolldecken, trugen die Schotten schon in der Römerzeit und Chronisten dokumentierten immer wieder ihre Muster *(setts)*. Anfangs verwendeten nur die Clan-Häuptlinge die mit Pflanzen gefärbten und bunt karierten *tartans*. Erst später kennzeichneten die *setts* auch die Herkunftsregion und die Clan-Zugehörigkeit der kleinen Leute , was vor allem im Schlachtgetümmel praktisch war.

Vor der Jakobiten-Zeit bestanden die *plaids* aus bis zu 15 m Stoff und dienten auch als Schlafdecken. Dann kam der kurze *philibeg* (knielange Kilt) auf. Der Tartan-Kilt galt in ganz Schottland als Symbol der Jakobiten und wurde daher auch nach der Schlacht bei Culloden strikt verboten. 1782 hob man den Bannstrahl auf, und durch die begeisterte »Werbung« Sir Walter Scotts kam der Tartan im 19. Jahrhundert ganz groß in Mode. Zu dieser Zeit wurden auch die *setts* festgeschrieben.

Heute gibt es bestimmte *setts* für einzelne Clan-Bosse, für Familien, Regionen und für Einheiten der Streitkräfte.

---

13 km weiter liegt **Braemar** ➏ *(Information, Tel. 01339/74 16 00)*, bei dessen jährlichem »Highland Gathering« (siehe S. 44) man Männern beim Baumstamm- und Hammerwerfen zusehen kann. Folgen Sie den Schildern »Linn of Dee« etwa 10 km auf einer Nebenstraße zum **Linn of Dee** ➐, wo der Fluss an einer Ansammlung von Felsen vorbeitost.

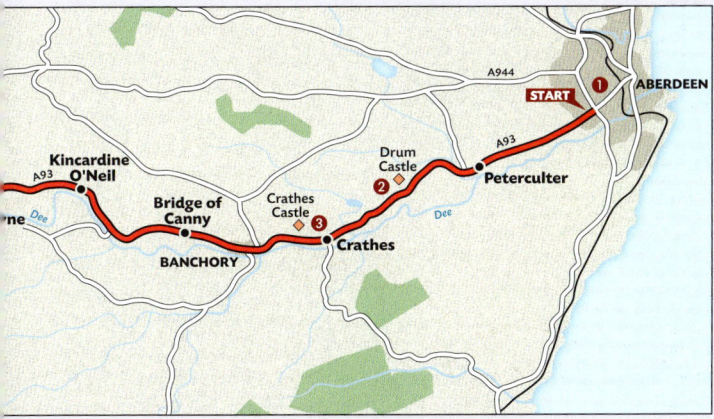

Die Bergkette der Grampians bildet Schottlands Rückgrat, ein Bogen, der sich von Argyll im Südwesten bis nach Nordosten erstreckt, wo er bei Aberdeen auf die Nordseeküste trifft. Die herrlichen Schluchten (*glens*) des Angus durchziehen die Südflanke der Grampians.

## INSIDERTIPP

**Eine typisch schottische Destillerie mit jahrhundertealten Fässern ist Strathisla. Die Führung ist hervorragend.**

JIM RICHARDSON, NATIONAL GEOGRAPHIC-FOTOGRAF

An das große Grampian-Massiv grenzen im Norden die Cairngorm Mountains (seit 2003 Schottlands zweiter Nationalpark). Sechs ihrer felsigen Gipfel erheben sich über 1200 m hoch. Schneehuhn, Berghase, Wildkatze, Rotwild und Goldadler sind dort heimisch, insbesondere in dem etwa 338 km$^2$ großen **Cairngorms National Nature Reserve** (*Glenmore Forest Park Visitor Centre, Glenmore, Aviemore, Tel. 01479/86 12 20*). Die A93 von Ballater nach Spittal of Glenshee, die A939 von Ballater nach Tomintoul und die B970 von Aviemore nach Feshiebridge und weiter die Glen Tromie hinauf zur Gaick Lodge führen durch diese einzigartige, grandiose Berglandschaft.

Der Spey ist einer der besten Lachsgründe Schottlands.

## DAS KÜSTENHINTERLAND

Nordöstlich der Cairngorms geht die Landschaft in flacheres Farmland über. Die Zwillingsstädte **Banff**, mit schönen georgianischen Häusern und dem prächtigen barocken **Duff House** (*Tel. 01261/81 81 81*), und **Macduff**, mit lebhaftem Fischmarkt, sind eine Erkundung wert. Das hübsche **Cullen** weiter westlich wird von einem beeindruckenden Eisenbahnviadukt beherrscht.

Die Westflanke der Cairngorm Mountains wird bestimmt vom schönen **Tal des Spey** mit seiner »Hauptstadt« **Aviemore**. Das 19 km südwestlich gelegene **Kingussie** ist älter und gediegener. Die **Strathspey Steam Railway** dampft die knapp 13 km von Aviemore nach Broomhill. 1,6 km weiter liegt das **Loch Garten Nature Reserve** (*13 km nordöstl. von Aviemore, Abzweig von der B970, Tel. 01479/83 14 76*), wo Sie von April bis August Fischadlern bei Nestbau und Fütterung zusehen können.

## SCHOTTISCHER WHISKY

*Uisge beatha*, Wasser des Lebens – Quelle der Inspiration für Musik und Tanz, Begrüßung und Abschied, einsame Abende und Volksfeste (*ceilidh* genannt). Whisky ist meist eine Mischung aus *malted spirit* (Destillat aus gemälzter Gerste) und Kornschnaps (aus einer Mischung von gemälzter und ungemälzter Gerste und Weizen). Weitere Zutaten sind weiches Wasser und Hefe.

Kenner bevorzugen den »Single Malt« oder »Unblended« Whisky – etwa eine leichtere, süßere Speyside-Sorte wie Glenlivet oder Glenfiddich oder die öligen Whiskysorten der Inseln (z. B. Laphroaig und Lagavulin von Islay), deren Malz über Torffeuer geräuchert wird, um den gehaltvollen, rauchigen Geschmack zu erzeugen.

Der Goldton bildet sich allmählich über die Jahre des Reifens in alten Eichenfässern, die meist gebraucht von amerikanischen Bourbon-Destillerien gekauft werden. Während dieses Reifeprozesses gehen bis zu 30 Prozent durch Verdunstung verloren, was als »Anteil der Engel« bezeichnet wird.

Fast jede Destillerie wird Ihnen bei kurzer Voranmeldung gern eine kleine Führung und Kostprobe gewähren.

Sieben Destillerien, eine Böttcherei und der **Malt Whisky Trail** (*Broschüre bei jeder Besucherinformation*) reihen sich an den Spey, eines der besten Reviere für Fliegenfischerei in Großbritannien (*Informationen zu Lizenzen im Visitor Center Aviemore*). Der **Speyside Way** bietet von Buckie nach Aviemore (mit einer Nebenstrecke nach Tomintoul) über 134 km ein Netz an herrlichen Wanderwegen. ■

### BANFF
🅰 S. 349 D3
Besucherinformation
✉ Collie Lodge
☎ 01261/81 24 19
🕐 Okt.–Feb. So geschl.

### AVIEMORE
🅰 S. 349 C3
Besucherinformation
✉ Grampian Rd.
☎ 01479/81 09 30

### KINGUSSIE
🅰 S. 349 C3
Besucherinformation
✉ 16 High St.
☎ 01540/66 10 00
🕐 Okt.–April geschl.

### STRATHSPEY STEAM RAILWAY
✉ Aviemore Station, Dalfaber Rd., Aviemore
☎ 01479/81 07 25
🕐 Diesel-Service nur Nov.–März
€ ££–£££

### SPEYSIDE WAY
✉ Moray Council Offices, High St., Elgin
☎ 01343/55 70 46
**speysideway.org**

### STRATHISLA
✉ Seafield Ave., Keith
☎ 01542/78 30 44
€ £
**maltwhiskydistilleries.com**

Die schottische Landschaft, vom Hügelland an der Grenze zu England über die Lowlands bis zu den Highlands und den abgelegenen Inseln, ist ebenso vielfältig wie faszinierend. Schneebedeckte Gipfel, Moor- und Heidelandschaft, Bäche, Lochs, Strände und Flussmündungen haben ihren eigenen Reiz und bieten zahlreiche Outdoor-Aktivitäten sowie gute Möglichkeiten zur Naturbeobachtung.

Die bekanntesten und anspruchsvollsten Wandergebiete sind die Cairngorms, die Berge in den Westhighlands, und die Cuillin Hills auf der Isle of Skye. 1992/93 starben mehr als 50 Menschen in den schottischen Bergen, die meisten von ihnen durch Unwissenheit und schlechte Vorbereitung. Jährlich müssen Hunderte von Wanderern von der Bergwacht gerettet werden. Die schottischen Hügel sind »kleine Fische« im Vergleich mit den Gebirgszügen der Welt, können aber trotzdem sehr gefährlich werden.

Als Grundregeln gelten:
1. Fragen Sie Einheimische um Rat und beachten Sie die Wettervorhersagen.
2. Schätzen Sie Ihre Kondition und Erfahrung richtig ein, gehen Sie zumindest in einer Gruppe zu dritt.

### EINE NACHT IN EINER SCHNEEHÖHLE

Die Cairngorm Mountains erheben sich mehr als 1200 m über den Meeresspiegel. Dort herrschen lange, strenge Winter. Die Schneelandschaft in der Höhe verschafft Wanderern atemberaubende Erlebnisse. Wenn Sie sich fit fühlen und ein Winterabenteuer suchen, melden Sie sich für die Snow Hole Expedition bei **Mountain Innovations** *(Fraoch Lodge, Deshar Rd., Boat of Garten, Invernessshire, Tel. 01479/83 13 31, scotmountainholidays.com)* an. Eine kleine Gruppe wagt sich dann in die Wildnis, um eine Nacht in einer selbst gegrabenen Schneehöhle zu verbringen. Nach einem eintägigen Crash-Kurs im Umgang mit Eispickel, Klettereisen und im Schneestufenschneiden steigen Sie zum Hochplateau der Cairngorm Mountains auf – einem unwirtlichen Ort. Sie werden gut dafür ausgerüstet. An einem geeigneten Ort angekommen, beginnt die Teamarbeit an der eigenen Behausung. Das ist harte Arbeit! Sie sägen Schneeblöcke aus, schaufeln Geröll, graben und haben am Ende ein System verbundener Kammern geschaffen. Das wird für eine Nacht Ihr Heim, ja Ihr Himmel sein, wenn Sie sich erst einmal nach einem guten warmen Mahl in Ihren Schlafsack eingerollt haben. Wenn Sie dann am nächsten Morgen in die absolute Stille der weißen Welt hinaustreten, ist das ein unvergessliches Erlebnis.

3. Zur Ausrüstung sollten neben Wanderschuhen, Regenschutz, Essen, Trinken und einem Mobiltelefon (Achtung: unsicherer Empfang) auch eine Trillerpfeife und ein Erste-Hilfe-Set gehören.
4. Benutzen Sie Karten mit großem Maßstab, ein GPS-Gerät und einen Kompass.
5. Bei schlechter Wetterlage sollten Sie die Tour absagen oder umkehren.
6. Unterrichten Sie jemanden über Ihr Wanderziel und den geplanten Rückkehrzeitpunkt. Halten Sie stets die vorgesehene Route ein.
7. Beginnen Sie bei schlechtem Wetter oder drohender Dunkelheit sofort mit dem Abstieg.
8. Bewahren Sie bei einem Unfall Ruhe.

Wanderwege am Aonach Mòr in der Nähe des Ben Nevis führen zu spektakulären Ausblicken

Für das Skifahren und andere Wintersportarten eignet sich die **Nevis Range** *(Tel. 01397/70 58 25)* bei Fort William; außerdem die **CairnGorm Mountain Ltd.** *(Tel. 01479/86 12 61, cairngormmontain.org)* bei Aviemore oder **The Lecht** *(Tel. 01975/65 14 40)* bei Tomintoul.

**Ice Factor** *(Tel. 01855/83 11 00)* in Kinlochleven bei Glencoe bietet ein reichhaltiges Sportangebot, darunter auch Klettermöglichkeiten.

Angeln ist beliebt in den Lowlands und wird normalerweise durch örtliche Vereine geregelt. Die Highlands bieten Lachsfischen (teuer) und Forellenfischen (preisgünstiger) an. Gelegenheit zum Fischen im Meer gibt es an der ganzen Küste.

Golf ist Volkssport in Schottland, und öffentliche Golfplätze sind zahlreich und preisgünstig. Auf den bekannteren Plätzen brauchen Sie Ihr Handicap-Zertifikat: bei **St. Andrews** *(Tel. 01334/46 66 66, siehe S. 337)*; **Carnoustie** *(Tel. 01241/80 22 70)* bei Dundee; **Gleneagles** *(Tel. 0800/389 37 37)* bei Auchterarder; **Royal Dornoch** *(Tel. 01862/81 02 19)* nördlich von Inverness sowie bei **Turnberry** *(Tel. 01655/33 10 00)* südlich von Glasgow.

Mountainbikefahren ist sehr beliebt, das Wegenetz in den Highlands wird immer besser.

## FLORA & FAUNA

Im Süden bildet der Solway Firth zwischen der kumbrischen und der Galloway-Küste mit seinen Wattflächen und Salzsümpfen (merses) ein riesiges Nahrungsreservoir. Hier überwintert die Gesamtpopulation der Ringelgänse aus Spitzbergen (etwa 20 000 Vögel) – ein unvergesslicher Anblick und »Sound«, den Sie am besten vom Wildfowl and Wetlands Trust Centre, Caerlaverock (siehe S. 327) aus erleben können.

Je weiter nach Norden und je höher Sie gelangen, desto besser sind die Chancen, die für die Highlands so typische Tierwelt zu beobachten. An den flacheren Hängen, besonders in den Nadelwäldern, kann man Edelmarder, Rotwild, Birkhuhn, Wildkatzen (sehr scheu), das immer noch gefährdete Eichhörnchen und, mit viel Glück, den Auerhahn entdecken. In den Mooren krächzt das Schottische Moorhuhn.

In abgelegenen Gegenden wie Wester Ross stehen die rotstämmigen Schottischen Fichten, Überreste des großen Kaledonischen Waldes, der einst ganz Schottland bedeckte. In Höhenlagen gibt es noch Hirsche und Wildkatzen, und in den Cairngorms entdecken Sie vielleicht die hier wieder angesiedelte Rentierherde. Berghase und Schneehuhn werden im Winter zur Tarnung weiß, und Raben kann man häufig über den Bergen beobachten. Das Höchste für die meisten Besucher ist es jedoch, einen Goldadler am Himmel kreisen zu sehen. Speyside Wildlife (Tel. 01479/81 24 98) bietet Exkursionen an.

Die Inseln bieten Zuflucht für den wieder angesiedelten Weißschwanz-Seeadler (Rum), den Regenbrachvogel, das Thorshütchen, den Wachtelkönig (auf Coll und den Inseln im Westen) und andere bedrohte Arten. Der Grasbewuchs auf dem kalkreichen Muschelsand ist reich an Orchideen, Labkraut und verschiedenen Kleearten.

## INSIDERTIPP

**In den Gewässern vor Arisaig, zwischen dem Festland und den Inseln Mull und Eigg, kann man oft Minkwale und Riesenhaie beobachten. Eine der Fähren, die M.V. _Shearwater_, unterbricht dazu extra ihre Fahrt.**

RUS HOELZEL, NATIONAL GEOGRAPHIC-STIPENDIAT

Die Great Glen, die von Fort William 112 km fast geradlinig zur A82 nach Inverness führt, teilt Schottland mit Hilfe einer Reihe von langen, schmalen Gewässern – Loch Linnhe, Loch Lochy und Loch Ness – in zwei Hälften. Ob Nessie, das Monster von Loch Ness, tatsächlich existiert, ist nach wie vor reine Spekulation.

Inverness, die »Hauptstadt der Highlands«, kann man gut zu Fuß erkunden. Hinter der Besucherinformation liegt das **Inverness Museum and Art Gallery** *(inverness.highland.museum)* mit piktischen Steinreliefs, keltischem Schmuck und Objekten aus der Jakobitenzeit. Auf der anderen Flussseite befindet sich die **St. Andrews's Cathedral** mit Säulen aus Peterhead-Granit, einem Taufstein und Glasfenstern aus viktorianischer Zeit. Die **Church Street** birgt alte Gebäude und linker Hand die **High Church**. Auf ihrem Friedhof steht ein Grabstein mit einer Scharte, durch welche Scharfschützen nach der Schlacht von Culloden gefangene Jakobiten erschossen haben sollen.

**Culloden Battlefield**, das Schlachtfeld, liegt 8 km östlich von Inverness an der B9006. Auf dem öden Heideland sieht man, gut erklärt und markiert, die Stellen, wo 5000 Highlander fast doppelt so vielen englischen Soldaten gegenüberstanden. Sie wurden überrannt und von den siegreichen englischen Dragonern noch Tage später zu Hunderten abgeschlachtet. Bonnie Prince Charlie gelang die Flucht auf das europäische Festland, wo er Zeit seines Lebens im Exil lebte. Die Clans verloren ihre Führung, ihren Zusammenhalt und ihre Traditionen.

Versorgungshütte am Culloden Battlefield, wo Tausende Highlander 1746 ihr Leben ließen.

**INVERNESS**
- S. 349 C3
Besucherinformation
- ✉ Castle Wynd
- ☎ 01463/25 24 01 oder 01463/81 09 30

**INVERNESS MUSEUM AND ART GALLERY**
- ✉ Castle Wynd
- ☎ 01463/23 71 14
- ⏱ Öffnungszeiten siehe Website

**CULLODEN BATTLEFIELD**
- ✉ Culloden Moor
- ☎ 08444/93 21 59
- € ££ (Besucherzentrum)

## DAS SCHICKSAL DER SCHOTTISCHEN CLANS

Schon seit den ersten Jahrhunderten unserer Zeitrechnung wurden die Highlands von Clans beherrscht. Die Mitglieder eines Clans hatten alle den gleichen Namen, sie hatten ein Oberhaupt, führten ein bäuerliches Leben und kämpften gegen benachbarte Clans. Dieser Lebensstil vertrug sich kaum mit den Begriffen von Gesetz, Ordnung und Eigentum.

Die schottischen und später englischen Monarchen forderten Loyalität, die über die Bindung an das Oberhaupt eines Clans hinausging. Der Streit um diese Loyalität gipfelte 1746 in der Schlacht von Culloden, der Auseinandersetzung zwischen den Clans unter der Führung von Bonnie Prince Charlie auf der einen und den englischen Regierungstruppen auf der anderen Seite. Die Clans wurden zerschlagen und ihre Lebensart ausgemerzt. Die meisten Mitglieder wurden im Laufe des späten 18. und des gesamten 19. Jahrhunderts von ihrem Land vertrieben, das dann zur Schafzucht genutzt wurde.

Die **Kyle Railway Line** *(Tel. 01599/53 48 24)* läuft südwestlich von Inverness nach Kyle of Lochalsh an der Westküste, mitten durch die wildromantische Glen Carron. Von hier windet sich die A832 um die fernen westlichen Halbinseln nach **Ullapool** (Fähre nach Stornoway auf Lewis), vorbei an **Inverewe Garden** *(Tel. 01445/78 12 00)* mit seinen exotischen Pflanzen. Eine schöne, einsame Strecke (128 km) führt nördlich von Ullapool zum **Cape Wrath**, der über 150 m hoch aufragenden Landspitze aus Granit, gleichzeitig der nordwestlichste Punkt Großbritanniens. Bei **Inchnadamph** an der A837 (40 km) führt ein Fußweg vom Inchnadamph Hotel zum Ben More Assynt (982 m). Unterwegs durchwandern Sie die **Glen Dubh** mit schönen Wildblumen, 3 km weiter sind einige Dolinen, durch die man den Fluss vorüberrauschen sehen und hören kann.

An der **Ostküste**, 145 km nordöstlich von Inverness an der A9, liegt die **Strath of Kildonan**, ein reizvolles Wandergebiet. Die A897 folgt dem Tal *(strath)*, führt dann durch das karge, schöne **Flow Country** und erreicht nach 64 km die Nordküste. Auf der A9 von **Helmsdale** an der Caithness Coast entlang gelangt man nach 88 km zu **John O'Groats**, dem »nördlichsten Punkt« der Insel, 1400 km Luftlinie von der Westspitze Land's End entfernt. Besuchen Sie das **Last House Museum** für Lokalgeschichte. ■

### ULLAPOOL
⬛ S. 349 B4
Besucherinformation
✉ Argyle St.
☎ 01854/61 24 86
🕐 Nov.–März geschl.

### JOHN O'GROATS
⬛ S. 349 C4
Besucherinformation
✉ County Rd.
☎ 00955/61 13 73
🕐 Okt.–Feb. geschl.

Die küstennahen Inseln Schottlands werden in drei Gruppen unterteilt: die Inneren Hebriden, einige verstreute Inseln nahe der Westküste, deren berühmteste Skye ist, die Äußeren Hebriden oder Westlichen Inseln, eine auseinandergerissene Inselkette von 208 km Länge, die weiter westlich fast parallel verläuft, und der Schwesterarchipel der Orkneys und Shetlands.

Auf den Inseln begegnet man auf Schritt und Tritt der Geschichte: prähistorische Siedlungen, piktische *brochs* (steinerne Verteidigungstürme), Grabkammern, Rodungen, sogenannte *lazybeds* für den Anbau sowie verlassene Dörfer. Viele der Bräuche und Traditionen, wie die Heuernte auf den Western Isles und das *ceilidhing* (Tanzfest) auf den Northern Isles, wirken wie der Widerhall vergangener Zeiten. Dennoch sind die Inseln keine Themenparks, die eine idyllische Lebensart zeigen. Sich dort draußen im Angesicht von Wind und Wetter und Isolation seinen Lebensunterhalt zu verdienen, ist auch heute noch hart und erfordert Entschlossenheit und Anpassungsfähigkeit.

In den vergangenen Jahren hat sich vieles verändert. Das Nordsee-Öl brachte soziale Umwälzungen nach Shetland. Die Western Isles haben durch den Comhairle nan Eilean (den Rat der Inseln) und die Co-Chomunn (Inselkooperativen) eine

Die außergewöhnlichen Basaltfelsen auf Staffa erscheinen in Fingal's Cave noch märchenhafter.

gewisse Selbstständigkeit. Wirtschaftlich profitierten die Inseln als Ganzes von EU-Beihilfen und Förderprojekten. Neuankömmlinge siedeln sich an und verändern die sozialen Strukturen.

Doch die Inseln bleiben zauberhaft. Bei gutem Wetter sind die Eilande leicht erreichbar. Machen Sie nicht zu viele Pläne, denn wenn nicht das Wetter Ihre Geschäftigkeit »bremst«, werden es die Gastlichkeit und die Schönheit der Inseln tun.

## ISLE OF SKYE

Skye ist wohl die berühmteste Insel Schottlands. Sie gehört zu den Inneren Hebriden und ist bekannt für spektakuläre Berglandschaften. Die Hauptstadt **Portree** liegt an einer Bucht, 56 km von der Festlandsbrücke bei Kyleakin entfernt. Südlich davon, an der A850, dokumentiert das **Aros Experience** *(Viewfield Rd., Portree, Tel. 01478/ 61 36 49, ££)* die Geschichte und Kultur der Insel. Um Skye zu entdecken, müssen Sie in die entferntesten Winkel der fünf Halbinseln vordringen: Gegen den Uhrzeigersinn sind das, von Portree aus gesehen, Trotternish, Vaternish, Duirinish, Strathaird und Sleat.

Das Rückgrat von **Trotternish** bilden Basaltfelsen, 48 km lang, die auf etwa 510 m Höhe Wandermöglichkeiten rund um den **Quiraing** bieten. Das Haus der **Flora Macdonald** gehört zum Flodigarry Hotel unterhalb des Quiraing. Ihr Grab liegt in der Nähe des **Skye Museum of Island Life** in Kilmuir. Im Nordwesten von Skye liegt **Dunvegan Castle** *(Tel. 01470/52 12 06)*, das Bollwerk der MacLeods. Von **Elgol** auf der Südspitze von **Strathaird** führt ein Fußweg zur Camasunary Bay. Das **Museum of the Isles** im Armadale Castle in Sleat informiert über die Geschichte und Traditionen der Clans.

Skyes Landschaft wird von den zentralen **Cuillin Hills** beherrscht. Aus Vulkangestein geformt, sind 20 ihrer Gipfel höher als 900 m. Sie gelten als Paradies für Kletterer, für weniger riskante Touren wenden Sie sich an die Besucherinformation in Portree.

### FLORA MACDONALD

Flora Macdonald war 23 Jahre alt, als sie im Juni 1746, kurz nach der Schlacht von Culloden, dem flüchtenden Bonnie Prinz Charlie half: In einem 5 m langen Boot ruderten beide von South Uist auf den Äußeren Hebriden »übers Meer nach Skye« – er war verkleidet als ihre Zofe Betty Burke. Nach seiner geglückten Flucht wurde sie verhaftet und ein Jahr im Londoner Tower eingekerkert. 1750 heiratete sie einen Mann von Skye, Allan Macdonald, 1774 emigrierte die Familie in die USA. Sechs Jahre später kehrte Flora mit ihren sieben Kindern zurück in die Heimat – ihr Mann war im Unabhängigkeitskrieg gefangen genommen worden. Sie starb 1790.

Die Isle of Skye ist bei Freizeitseglern sehr beliebt.

## DIE INNEREN HEBRIDEN

Die Inneren Hebriden liegen verstreut vor der Westküste. Skye, Arran, Bute und Mull sind recht bekannt, die anderen Inseln weniger – doch sie sind genauso lohnend.

**Arran**, am Firth of Clyde gelegen, ist im Norden bergig, mit Wandermöglichkeiten um den 860 m hohen Goatfell. Nach Süden hin wird die Landschaft idyllischer; in der Gegend von Machrie finden sich Steinkreise und Grabkammern. **Bute**, nordöstlich von Arran, ist ideal für leichte Wanderungen und zum Golfen. **Islay** liegt am Südende der Hebridenkette. Hauptattraktion ist das gut erhaltene Kreuz von Kildalton (ca. 800 n. Chr.). Außerdem ist die Insel berühmt für ihre Vogelwelt und den Whisky.

*(Fortsetzung S. 368)*

### ISLE OF SKYE
🅰 S. 349 A3–B3
Besucherinformation
✉ Bayfield House, Bayfield Rd., Portree, Skye
☎ 01478/61 29 92
🕐 Okt.–Feb. So geschl.

### ISLE OF SKYE TREKKING CENTRE
✉ Suladale, Skye
☎ 01470/58 24 19
€ £££££
theisleofskyetrekkingcentre.co.uk

### SKYE MUSEUM OF ISLAND LIFE
✉ Hungladder, Kilmuir, Skye
☎ 01470/55 22 06
🕐 Nov.–Ostern & So geschl.
€ £

### MUSEUM OF THE ISLES
✉ Clan Donald Centre, Armadale Castle, Sleat, Skye
☎ 01599/53 44 54
🕐 Nov.–März geschl.
€ ££

### ARRAN
🅰 S. 349 B1
Besucherinformation
✉ The Pier, Brodick
☎ 01770/30 37 74
🕐 Okt.–Feb. So geschl.

### BUTE
🅰 S. 349 B1
Besucherinformation
✉ 15 Victoria St., Rothesay
☎ 01700/50 21 51
🕐 Okt.–Feb. Sa geschl.

Obwohl sich die Inseln unterscheiden, haben die Inselbewohner untereinander mehr gemein als mit den Festlandbewohnern. Das Erste, was jeden Besucher überwältigt, ist die Gastfreundschaft: der Gruß auf der Straße, das Mitfahrangebot im Auto, die Einladung zu einem *ceilidh* (Tanzfest), der Wechsel vom Gälischen ins Englische, sobald ein Fremder dazukommt, und Hilfe in jeder Notlage.

Die Bewohner auf den Shetlands bestreiten ihren Lebensunterhalt vornehmlich mit der Fischerei.

Diese selbstverständliche Gastfreundschaft und Höflichkeit der Inselbewohner resultiert aus ihrer harten Lebenswirklichkeit in einer kleinen, isolierten Gemeinschaft und aus der puren Notwendigkeit, dem Nachbarn jenen Freiraum zu lassen, den man auch für sich selbst wünscht. Hand in Hand mit Gastfreundschaft gehen daher Bescheidenheit und Zurückhaltung.

Fremde können sowohl die Gastfreundschaft als auch die Reserviertheit leicht falsch verstehen, besonders, wenn sie eine viel gerühmte Seite des Insellebens kennengelernt haben: die wilde Ausgelassenheit beim Feiern, Tanzen oder bei nächtlichen Musik-Sessions.

Der beste Weg, die Insulaner einschätzen zu lernen, ist ein ganz natürliches Verhalten. Seien Sie maßvoll und wägen Sie Ihren Grad an Vertrautheit vorsichtig gegen dem der Inselbewohner ab. Haben Sie keine Hemmungen, eine Einladung anzunehmen, mit ganzem Herzen beim Feiern dabei zu sein, zur Kirche, ins Pub und zum Tanz mitzugehen. Und gönnen Sie sich viel Zeit.

Das Leben auf den Inseln ist anstrengend. Das Wetter ist rauer, der Boden unfruchtbarer, die Kommunikationswege unsicherer, alles ist teurer und zeitraubender als auf dem Festland. Einige Inselbewohner greifen aufgrund dieser Herausforderungen zur Flasche oder werden gleichgültig. Aber die meisten packen zu und sind flexibel: Der Mann, der abends das Bier zapft, ist tagsüber Busfahrer und fährt noch aus zum Hummerfang. Die Frau, die den Laden führt, organisiert nebenbei die Tanzveranstaltungen und züchtet Schafe. Es sind pragmatische Menschen, deren Häuser oft von Strandgut überflutet scheinen – Fischkästen, Hummerkörbe, Plastikwannen, Zaunpfähle, Reifen. Es sind Dinge für alle Fälle. Es geht nicht um das äußere Erscheinungsbild der Gemeinde, sondern darum, dass sie funktioniert und Bestand hat.

In den letzten Jahren haben Neuankömmlinge – von den Inselbewohnern »weiße Siedler« genannt – in wachsender Zahl das Festland verlassen, um sich auf den Inseln niederzulassen. Seltsamerweise waren es oft diese Zuwanderer, die das traditionelle Inselleben – gute Nachbarschaft, Besuche bei den Alten, gemeinsame Kinderbetreuung – besonders schätzten. Die »Hereingewehten« haben Dinge ins Rollen gebracht, von denen die Einheimischen nicht zu träumen wagten – verlässliche Elektrizitätsversorgung, ein vernünftiges Gesundheitssystem, verbesserte Einkaufsmöglichkeiten, optimierte Fähr- und Flugverbindungen, ausgebaute Schulen und politisches Gehör. »Zugezogene« wecken aber gelegentlich auch Ressentiments. Die neuen Nachbarn erhoben ihre Stimme in einer Art, wie es sich die alten Inselbewohner selten erlaubten: Sie rühmten die Vorteile des Insellebens – saubere Luft, keine Kriminalität, kein täglicher Bürostress. Ist man einmal als Besucher mit den Insulanern warmgeworden, bleiben sie Freunde fürs Leben.

## INSIDERTIPP

**Lassen Sie sich nicht die lange Fährüberfahrt auf die Shetlands entgehen. Unterwegs kann man gut mit Einheimischen ins Gespräch kommen.**

JANE SUNDERLAND, NATIONAL GEOGRAPHIC-MITARBEITERIN

## GÄLISCH LERNEN

Die gälische Sprache – mit ihrem lieblichen, schönen, weichen Klang – kam um 400 n. Chr. aus Irland, war nach der Schlacht von Culloden fast ausgestorben und lebt heute wieder auf. Auf den Western Isles wird sie noch häufig gesprochen und gesungen. Nachfolgend einige hilfreiche Redewendungen:

- *Kim-ma a hah-shiv?* – Wie geht es Ihnen?
- *Hag-ger ma, tar-pa lay-eve.* – Danke, sehr gut.
- *Slahn-cher vor ack-'t!* – Prosit!
- *Marsh-er oor tool-eh* – Bitte
- *Tar-plaht* – Danke
- *Marshin lay-eve 'n drahs-ter.* – Auf Wiedersehen, bis bald.

Wer etwas mehr in die Tiefe gehen will, sollte sich für einen Gälischkurs anmelden. Kurse gibt es auch online unter *smo.uhi.ac.uk/gaidhlig/ionnsachadh*. Oder aber Sie machen einen Kurs bei **Clì Gàidhlig** (*cli-org.uk*) – egal, ob nun einen einstündigen Schnupperkurs oder einen längeren Kurs mit Übernachtung. Die Gebühren reichen von 1,50 £ (für einen zweistündigen Konversationskurs) bis zu etwa 200 £ (für einen Sechstagekurs; Kost und Logis extra).

## EIN SCHOTTISCHES *CEILIDH*

Die Bewohner der Inneren und Äußeren Hebriden sind für ihre Gastfreund-schaft bekannt – in solch entlegenen Fleckchen der Erde wird das Leben durch das Geben und Nehmen nicht nur erträglicher, sondern auch unter-haltsamer. Gastfreundschaft zeigt sich beim *ceilidh. Ceilidh* hieß früher jede Art von Zusammenkunft, egal ob es ein gemütliches Beisammensein mit Nachbarn am Kamin war oder ob gesungen, musiziert oder vorgelesen wur-de. Heute geht es überwiegend ums Tanzen.

Sie sollten eine Einladung zu einem *ceilidh* niemals ausschlagen – es macht so viel Spaß und findet im Allgemeinen in der Bürgerhalle statt. Meist werden feste Tanzfolgen getanzt (Reels, Two-Steps, Quadrillen oder was es sonst noch so gibt); es wird viel gegessen und getrunken (Tee, Kaffee, Bier oder Whisky) und noch mehr erzählt. Dabei macht es gar nichts, wenn Sie die Tän-ze nicht beherrschen. Es gibt immer Leute, die Ihnen die Schritte gern vorfüh-ren. Und selbst wenn Sie nicht mitmachen wollen, macht es auch nichts. Leh-nen Sie sich einfach zurück und genießen Sie die Stimmung.

Wann ein *ceilidh* stattfindet, erfahren Sie im Pub oder der Post des Ortes – oder Sie beachten die Aushänge an der Bürgerhalle. Ansonsten wird Ihnen ohnehin jeder sagen können, ob ein *ceilidh* geplant ist. Jeder ist willkommen und die Eintrittspreise sind niedrig.

**Jura**, gleich östlich von Islay, ist karg und menschenleer. George Orwell lebte von 1946–49 in Barnhill, wo er *1984* schrieb. Hier, auf dieser Insel, können Sie den Paps (600 m) besteigen. **Colonsay** ist winzig und liegt sehr abgeschieden. **Mull** ist stolz auf die Küsten seiner drei Halbinseln. Morgens können Sie **Duart Castle** *(Tel. 01680/81 23 09, Okt.–März & Ap-ril Fr–Sa geschl.)* aus dem 13. Jahrhundert erkunden, abends ein Theater-stück im **Mull Little Theater** *(Tel. 01688/30 26 73)* ansehen. Von Fionn-phort verkehrt eine Fähre nach **Iona**, der Wiege des Christentums in Schottland. Hier liegen die restaurierte Abtei, Kapellen und die Grabstei-ne alter Könige. Von Fionnphort und Iona fahren Boote nach **Staffa**, des-sen Fingalshöhle (68 mal 20 m) Felix Mendelssohn Bartholdy zu seiner *Hebriden-Ouvertüre* inspirierte. Zu den sogenannten Cocktail-Inseln gehö-ren **Eigg** (hier können Sie den 388 m hohen Sgurr besteigen, auf den In-landklippen von Cleadale laufen und die Massakerhöhle entdecken), das winzige, runde **Muck**, das bergige **Rum** und das flache, grüne **Canna**. Die westlichsten Inseln, **Coll** und **Tiree**, haben herrliche Strände. Auf Coll wur-de in Totronald *(Tel. 01879/23 03 01)* ein Reservat für den Wachtelkönig eingerichtet, während **Tiree** vor allem blumenreiche *machair* (siehe S. 360) und aufregende Surfbedingungen zu bieten hat.

## DIE ÄUSSEREN HEBRIDEN (WESTERN ISLES)

Der oktogonale Scolpaig Tower auf North Uist, 1830

Wenn Sie auf der Suche sind nach Landschaft in ihrer ursprünglichen Schönheit und nach gastfreundlichen Menschen, dann bieten Ihnen diese Inseln einen unvergesslichen Aufenthalt.

Die Rollbahn von **Barras** ist ein weißer Muschelstrand. Compton Mackenzie, Autor des »Knüllers« über die Western Isles, *Whisky Galore*, liegt in Eoligarry begraben. In der Bucht von Castlebay erhebt sich stolz das Kisimul Castle (11. Jh.). Hier können Sie ein Boot zu den Inseln **Pabbay** (Pikten- und Keltensteine) und dem **Mingulay** mieten. Flora Macdonalds Geburtshaus (siehe S. 364) mit Denkmal steht in Milton, fast im Zentrum von **South Uist**. Dort, in Kildonan, gibt es ein Lokalmuseum und Wandermöglichkeiten auf den Bein Mhor (610 m). Nehmen Sie die Passagierfähre von Ludag im Süden nach **Eriskay**, wo der Frachter *Politician* 1941 mit 20 000 Fässern Whisky strandete (Mackenzies Inspiration für *Whisky Galore*). Bonnie Prince Charlie ging hier am 23. Juli 1745 an Land. **Benbecula** ist flach, voller Wasser, windumtost und menschenleer. Auf **North Uist** sind Steinkreise, *cairns* (Hügelgräber) und den Architekturfolly Scolpaig Tower zu besichtigen. Es gibt Strände und

### INSIDERTIPP

**Bei Ebbe können Sie zum Scolpaig Tower auf North Uist wandern. Das neogotische Bauwerk ist den Elementen ausgesetzt und immer einen Besuch wert.**

LEON GRAY, NATIONAL GEOGRAPHIC-MITARBEITER

---

**MULL**
⬛ S. 349 B2
Besucherinformation
✉ The Pier, Craignure
☎ 01680/81 23 77
**www.isle-of-mull.net**

**WESTERN ISLES**
⬛ S. 349 A3–A4, B4
Besucherinformation
✉ 26 Cromwell St., Stornoway, Lewis

☎ 01851/70 30 88
🕐 So & Okt.–Feb. Sa geschl.

**BARRA**
⬛ S. 349 A3

**SOUTH UIST**
⬛ S. 349 A3

**NORTH UIST**
⬛ S. 349 A3

Möglichkeiten zum Angeln und zur Vogelbeobachtung. **Harris** hat im Westen herrliche Strände und im Norden beeindruckende Berge. Die bekannte Harris-Tweed-Produktion wird hier koordiniert. Eine Passagierfähre von Leverburgh fährt nach **Berneray**: Dessen Westküste ist ein langer Strand. **Lewis** ist die größte der Western Isles. Im Sommer sind die Uig-Schachfiguren aus Walrosszahn (12. Jh.) im **Museum nan Eilean** *(Tel. 01851/70 92 66)* in Stornoway ausgestellt. Gegenüber auf der Westseite stehen der 21 m hohe und 2000 Jahre alte **Carloway Broch**, der besterhaltene Steinturm der Hebriden. Hier stehen auch die berühmten **Callanish Standing Stones** am Loch Roag, ein neolithisches Ensemble aus Steinkreis, Steinreihen und Einzelsteinen, weitere Steinkreise und Steine sind in der Nähe zu besichtigen.

## ORKNEY

Das Orkney-Archipel besteht aus rotem Sandstein, der diesen Inseln einen fruchtbaren Boden beschert hat. Hier findet man einige der erhabensten prähistorischen Monumente Schottlands.

**Mainland** ist die Hauptinsel und **Kirkwall** ihre Hauptstadt. Acht Jahrhunderte haben dem Sandstein der St. Magnus's Cathedral zugesetzt; der benachbarte Earl's Palace (1600–07) ist mit Türmchen reich verziert.

**Stromness** ist ein kleiner Hafen; im Mai findet dort ein beliebtes Folk-Festival statt. Die Umgebung birgt prähistorische Stätten: den Grashügel von **Maes Howe**, die besterhaltene Grabkammer Großbritanniens, die benachbarten **Standing Stones of Stenness**, den **Ring of Brodgar** und die Steinzeitsiedlung von **Skara Brae**.

Im Süden bieten **Hoys** Felsen Wanderfalken und vielen Seevögeln Schutz. Vor der Küste erhebt sich der berühmte Felsen »Old Man of Hoy«, ein 135 m hoher Sandsteinpfeiler.

Die A961 führt von Mainland über **Lamb Holm**, **Burray** und **South Ronaldsay** auf den von italienischen Kriegsgefangenen aufgeschütteten Dämmen nach Süden; auch die **Nissen Hut Chapel** auf Lamb Holm wurde von ihnen errichtet.

Auf **Shapinsay** liegt das historistische **Balfour Castle** im »Scottish-Baronial-Stil«, der Dorfpub ist im Torhaus untergebracht, eine viktorianische Salzwas-

**HARRIS**
🅰 S. 349 A3–A4

**LEWIS**
🅰 S. 349 A4–B4

**ORKNEY**
🅰 S. 349 C5
Besucherinformation
✉ The Travel Centre, West Castle St.
☎ 01856/87 28 56
🕐 Okt.–Feb. So geschl.

Skara Brae, eine Siedlung der Jungsteinzeit, lag bis 1850 in den Dünen der Orkneys verborgen.

serdusche ist erhalten. In **Rousay** wurde 1932 die 23 m lange neolithische Grabkammer Midhowe Cairn mit Überresten von 24 Skeletten ausgegraben. Auf **Egilsay** steht die St. Magnus's Church aus der ersten Hälfte des 12. Jahrhunderts mit einem fast 20 m hohen Rundturm, die Insel ist auch ein wichtiges Schutzgebiet des Wachtelkönigs. Auf **Wyre** ist die Ruine Cubbie Roos Castle des nordischen Kriegsherrn Kolbein Hruga zu sehen, die Festung wurde um 1150 erbaut und ist eine der ältesten Festungen Schottlands. Auf **Eday** ragt der Menhir Stone of Setter über 4,5 m empor, in etwa 4 Stunden kann man auf dem Heritage Way die Insel erkunden.

Vor **Stronsay** sind Zellen früher christlicher Einsiedler erhalten, ein 5000 Jahre alter *cairn* mit Grabkammern bei Quoyness auf **Sanday**, alte Kirchen und eine Jakobitenhöhle auf **Westray** und auf **Papa Westray** prähistorische Steinhäuser am Knap of Howar. Das ruhige **North Ronaldsay** ganz im Norden bietet einsame Strände.

Für Reisen nach Orkney: P&O Scottish Ferries *(Tel. 0845/600 04 49 oder 01856/88 55 00, northlinkferries.co.uk, ferry-to-scotland.com)* oder John O'Groats Ferries *(Tel. 01955/611353)* und Loganair *(Tel. 03717/00 20 00, loganair.co.uk)* für Flüge.

## SHETLAND

Die Inselkette von Shetland, die nördlichste Großbritanniens, ist ein zerklüftetes, 112 km langes, sturmumtostes und fast baumloses Archipel.

## UP HELLY AA

Jedes Jahr am letzten Dienstag im Januar stapfen 40 bärtige Wikinger in voller Montur grölend durch die Straßen von Lerwick, unter dem Kommando ihres wilden Häuptlings, des Guizer Jarl. Sie ziehen ein Wikinger-Langboot, an dem sie das ganze Jahr gewerkelt haben. Guizer Jarl, der »König der Missherrschaft«, führt durch die Zeremonie des Mittwinterfestes Up Helly Aa. Der Fackelumzug gipfelt in der Verbrennung des aufgebockten, fackelgeschmückten Langschiffs.

Die Hauptstadt ist das nordisch geprägte **Lerwick** auf **Mainland**, einer der drei Hauptinseln; in der Hafenstadt findet im April ein Folk-Festival statt. Vor der Südostküste steht auf Mousa Island der 14 m hohe Steinturm **Mousa Broch** *(Fähre Tel. 07901/87 23 39)*. Im **Jarlshof Prehistoric and Norse Settlement** *(Tel. 01950/46 01 12, Okt.–März geschl.)* auf Sumburgh Head wird die 3000 Jahre alte Siedlungsgeschichte präsentiert.

Die Ostküste des windigen **Yell** ist düster. Das Fishermen's Memorial bei Gloup im Norden der Insel erinnert an 58 Einheimische, die bei einem Sturm am 20. Juli 1881 ertranken. **Fetlar** ist ein Vogelparadies, zu den seltenen Arten in der **RSPB Reserve** *(Tel. 01957/733 32 46)* gehört das Odinshütchen.

**Unst** beherbergt auf der sturmumtosten Landspitze das Vogelschutzgebiet Hermaness *(Tel. 01595/69 33 45)*. Die Insel **Bressay** *(Karte S. 349 D4, Autofähre von Lerwick)* liegt gegenüber der Hauptstadt Lerwick; ihre Bewohner leben von der Fischverarbeitung. Auf der Ostseite, erreichbar mit Schlauchboot, befindet sich das Naturschutzgebiet **Noss Island**, wo Tausende von Seevögeln brüten.

**Fair Isle** gehört dem National Trust for Scotland. Das Vogelschutzgebiet ist weltberühmt – ebenso die von den rund 70 Einheimischen gefertigten traditionellen Strickwaren. Die Insel liegt 32 km südlich von Mainland, die Einwohner bilden die wohl abgeschiedenste Gemeinde Großbritanniens. Die Tanzfeste zur Musik der Inselband sind unwiderstehliche Freudenfeiern – auch für Besucher.

## INSIDERTIPP

**Wandern Sie den markierten Pfad hinauf auf den Staney Hill direkt hinter Lerwick. Hier erwartet Sie ein weiter Rundumblick auf die Fischerboote und Fähren im Bressay Sound.**

JANE SUNDERLAND, NATIONAL GEOGRAPHIC-MITARBEITERIN

Jedes Frühjahr fallen Papageitaucher (*puffins*) scharenweise an der Küste ein, um in Bodennestern zu brüten, wie hier auf Fair Isle.

Die **Out Skerries** *(Karte S. 349 D4, Autofähre von Lerwick/Vidlin, Flüge von Tingwall)* mit 75 Einwohnern sind eine Gruppe von drei Inseln nordöstlich von Whalsay und bieten einem geschützten Hafen.

**Papa Stour** *(Karte S. 349 D4, Fähren von West Burrafirth, Flüge von Tingwall),* vor der Nordwestküste Mainlands hat etwa 25 Einwohner. Die Küste dieser »Großen Insel der Priester«, im Mittelalter ein Pilgerort, ist mit Felssäulen, Höhlen und Felsbogen dramatisch zerklüftet.

Vor der Nordostküste von Mainland gelegen, hat **Whalsay** *(Karte S. 349 D4, Autofähre von Laxo/Symbister)* etwa 1030 Einwohner, die vom Fischfang leben. Das Bremen Böd aus dem 17. Jahrhundert am Kai von Symbister ist ein Lagerhaus aus den letzten Jahren der Hanse.

Mit dem Boot nach Shetland geht es mit NorthLink Scottish Ferries *(Tel. 0845/600 04 49 oder Tel. 01856/88 55 00, northlinkferries.co.uk oder ferry-to-scotland.com),* für Flüge kontaktieren Sie Loganair *(Tel. 03717/00 20 00, loganair.co.uk).* ∎

### SHETLAND
▲ S. 349 D4
Besucherinformation
✉ Market Cross, Lerwick
☎ 01595/69 34 34
🕐 Okt.–März So geschl.

### FAIR ISLE
▲ Außerhalb der Karte S. 311 D5
⛴ Passagierfähre von Sunburgh/ Lerwick; Flüge von Tingwall

‹ Ein Ausflugsschiff auf der Themse, im Hintergrund The Shard

# REISEPLANUNG

### KLIMA

In Großbritannien herrscht ein gemäßigtes Klima, denn ozeanische Strömungen und Südwestwinde sorgen für Erwärmung, die nördliche Lage für Abkühlung. Im Winter und Frühling sind die Temperaturen mild, doch Richtung Norden wird es merklich kühler. In den Hügeln Nordenglands und in den Gebirgen in Schottland und Wales kann es im Winter heftig schneien. Minusgrade gibt es jedoch selten. Im Sommer gelten schon Temperaturen von über 27° C als Hitzewelle. Die Durchschnittstemperatur ist allerdings auch in Großbritannien in den letzten Jahren leicht gestiegen.

### NICHT VERGESSEN

Packen Sie zu jeder Jahreszeit warme, regenfeste Kleidung ein, auch ein Taschenschirm ist immer brauchbar. Mittlerweile können Sie fast überall Jeans tragen, sogar im Theater; nur in Diskotheken heißt es *no jeans*. In feinen Restaurants, der Oper, im Ballett oder in einem klassischen Konzert ist seriösere Kleidung angebracht. Außerdem benötigen Sie feste, bequeme Schuhe – selbst wenn Sie nur nach London fahren, denn bei den Besichtigungen sind Sie auch viel zu Fuß unterwegs – sowie ein Paar elegantere Schuhe. Achten Sie beim Besuch einer Kirche auf angemessene Kleidung, die Kopfbedeckung muss abgenommen werden. Siehe auch Kasten S. 20 unten.

# ANREISE

### REISEDOKUMENTE

Reisende aus EU-Mitgliedsstaaten benötigen zur Einreise einen gültigen Reisepass oder Personalausweis. Besucher aus der Schweiz, Liechtenstein und Monaco füllen außerdem die Visitor's Card aus.

### MIT DEM FLUGZEUG

Der wichtigste und größte Flughafen Londons ist **Heathrow** im Westen der Hauptstadt, der Expresszug ist in 15 Min. am Bahnhof Paddington, die U-Bahn Piccadilly Line in knapp einer Stunde im Zentrum. Von **Gatwick** (Sussex) im Süden fährt der Gatwick Express in ca. 30 Min. zum Bahnhof Victoria, die Southern Railway bzw. Thameslink fahren in 30–50 Min. verschiedene Bahnhöfe an. **Stanstead** (Essex) liegt im Osten, der Express fährt in 45 Min. zur Liverpool Street Station. First Capital Connect fährt St. Pancras und London Bridge an. Von allen Flughäfen gibt es Busverbindungen mit National Express oder EasyBus, die günstiger sind, aber meist doppelt so lange Fahrzeiten haben. Der Stadtflughafen in den Docklands **London City Airport** wird von Lufthansa und Schweizer Fluglinien angeflogen, die Fahrt mit der DLR zur U-Bahnstation Bank dauert 20 Min.

### MIT DEM SCHIFF

Vom europäischen Festland aus gibt es Fährverbindungen nach Plymouth, Poole, Southampton, Portsmouth, Newhaven, Folkestone und Dover an der Südküste Englands. Außerdem verkehren Schiffe von Hoek von Holland und Hamburg nach Harwich (Essex), von Zeebrügge (Belgien), Esbjerg (Dänemark) und Rotterdam (Holland) nach Hull (Humberside) und von Imuiden (Holland), Hamburg, Göteborg (Schweden) und Kristiansund, Stavanger und Bergen (Norwegen) nach Newcastle upon Tyne.

### MIT DEM ZUG

Mit dem Auto können Sie den Zug durch den Eurotunnel benutzen, der Sie in etwa 35 Min. von Calais (Frankreich) bis Folkestone (Kent) bringt: Le Shuttle, Tel. 084/43 35 35 35. Mit dem Schnellzug Eurostar (*www.eurostar.com*) gelangen Bahnreisende zum Bahnhof St. Pancras in London: Von Paris aus dauert die Fahrt 2 Std. 15 Min., von Brüssel 1 Std. 50 Min.

# UNTERWEGS IN GROSSBRITANNIEN

## MIT DEM AUTO

### Autoverleih

Ein Auto in Großbritannien zu mieten ist nicht billig. Buchen Sie möglichst schon von zu Hause aus ein Pauschalangebot. Sie benötigen bei der Anmietung einen nationalen Führerschein, der seit mindestens einem Jahr gültig ist. Bei vielen Verleihfirmen ist ein Mindestalter von 21 Jahren erforderlich.

### Reservierungen

**Alamo**, Tel. 080/00 28 23 90
**Avis**, Tel. 080/82 84 66 66
**Budget**, Tel. 080/82 84 44 44 (gebührenfrei)
**Europcar**, Tel. 087/13 84 10 87
**Hertz**, www.hertz.de
**Holiday Autos**, Tel. 020/37 40 98 59

### Hinweise für Autofahrer

In Großbritannien herrscht Linksverkehr. Denken Sie im Kreisverkehr daran, den Autos von rechts Vorfahrt zu geben.
**Alkohol am Steuer:** Die aktuelle Grenze liegt bei 0,8 Promille.
**Gurtpflicht:** Es besteht generelle Anschnallpflicht für alle Fahrzeuginsassen.
**Geschwindigkeitsbegrenzungen:** In Ortschaften ist die Höchstgeschwindigkeit 30 mph (48 km/h), auf Landstraßen 60 mph (96 km/h) und auf zwei- bis vierspurigen Autobahnen 70 mph (112 km/h).
**Motorradfahrer:** Für Motorradfahrer gilt Helmpflicht.
**Pannenhilfe:** Einen 24-Stunden-Dienst bieten die Automobile Association (AA), Tel. 08705/44 88 66, und der Royal Automobile Club (RAC), Tel. 0800/82 82 82, an. Möglicherweise lohnt es sich, dort Mitglied zu werden. Und informieren Sie sich vorab bei Ihrem eigenen Automobilclub, ob eine Kooperation mit der AA oder der RAC besteht.
Mietwagen: Jede Verleihfirma hat andere Regelungen im Schadens-/Pannenfall. Prüfen Sie, was hierzu in Ihren Unterlagen angegeben ist.
Praktische Tipps: – Was kostet die Selbstbeteiligung? – Wieviel kostet es zusätzlich, wenn ich die Eigenbeteiligung verringern möchte? – Was passiert, wenn der Wagen von Dritten beschädigt wurde? – Wie hoch ist die Kaution? (Reicht der Kreditrahmen auf der Kreditkarte?) – Gibt es einen 24-Std.-Pannenservice? – Die Kreditkartenabrechnung genau prüfen.
Hinweis für das Verhalten bei einem Verkehrsunfall: siehe S. 383.
**Parken:** In den Zentren der Großstädte ist die Parkplatzsuche nicht einfach. Nutzen Sie »Park & Ride«-Angebote, dabei lassen Sie Ihr Auto auf einem Parkplatz am Stadtrand stehen und fahren mit einem Bus in die Innenstadt. Sollten Sie dennoch mit dem Auto ins Stadtzentrum fahren, dann parken Sie auf einem ausgewiesenen Parkplatz. Dort zahlen Sie zwar eine Gebühr, umgehen jedoch das Risiko eines Einbruchs oder Strafzettels und vermeiden, dass Ihr Auto abgeschleppt wird, weil Sie falsch geparkt haben. Gelbe Doppellinien am Straßenrand bedeuten Parkverbot, eine einzelne gelbe Linie Halteverbot (Hinweisschilder grenzen die Verbotszeiten ein).
**Stoßzeiten:** Versuchen Sie, den Berufsverkehr (werktags von 8–9.30 und 17–18.30 Uhr) in größeren Städten zu vermeiden. In London zahlen Sie mit dem PKW zwischen 7 und 18 Uhr eine Staugebühr.
**Straßennetz:** Besorgen Sie sich einen Straßenatlas. Bundesstraßen sind mit dem Buchstaben B bezeichnet, Landstraßen (oft zweispurig) mit einem C, Autobahnen (ohne Maut) mit einem M, gefolgt von einer Zahl.

## MIT DEM ZUG

Mit den Zügen sind Sie unbeschwert, schnell und oft auf sehr schönen Strecken unterwegs. Neben der Standard Class gibt es die um etwa ein Drittel teurere erste Klasse. Rückfahrkarten (besonders am selben Tag) sind generell günstiger als Einzelfahrscheine, auch Fahrten außerhalb der Hauptreisezeiten (*off-peak*), an bestimmten Tagen oder auf einer bestimmten Strecke sind deutlich günstiger. Grundsätzlich gilt: Je früher Sie buchen, umso bessere Angebote können Sie nutzen. Auch für Jugendliche, Senioren, Behinderte und Vollzeit-Studenten gibt es Vergünstigungen.

Zugauskunft: Tel. 084/57 48 49 50. Für Vielfahrer lohnt sich der BritRail Pass, der jedoch schon vor Reiseantritt im Heimatland erworben werden muss. Weitere Informationen auf der Website der British Tourist Authority (BTA) unter *visitbritain.com*.

## MIT DEM BUS

Mit Expressbussen reisen Sie halb so teuer wie mit der Bahn, sind aber teils doppelt so lange unterwegs.

Neben der überregionalen Busgesellschaft National Express (Tel. 087/17 81 81 78) verkehren in ganz Großbritannien Hunderte von kleinen regionalen Busunternehmen. Näheres erfahren Sie bei der örtlichen Besucherinformation. Zu den umfassenden Reiseinformationen der Website von Traveline (*traveline.info*) gehören auch regionale Tipps. Die Broschüre *Scenic Britain by Bus* mit Informationen über Verbindungen in Ferienorten erhalten Sie als Download auf *scenicbritainbus.com*.

## MIT DEM TAXI

Mit dem Taxi kommen Sie in die entlegensten Winkel des Landes. Taxifahren ist allerdings sehr teuer. Rechnen Sie mit 1 £ pro Meile (1,6 km) – und verdoppeln Sie den Preis für die leere Rückfahrt. Nähere Informationen unter *tfl.gov.uk* oder *visitbritain. com*. Bei Strecken über 30 km sollten Sie einen Festpreis aushandeln. Denken Sie an das Trinkgeld (10 Prozent sind üblich).

## MIT DEM FLUGZEUG

Da Großbritannien nicht groß ist, lohnt sich ein Inlandsflug erst für weitere Strecken, wie von London nach Schottland oder um bequem auf eine der Inseln zu gelangen. British Airways (Tel. 084/44 93 07 87, *britishairways.com*) und andere Fluglinien werben für Städteverbindungen zwischen Birmingham, Bristol, Cardiff, Edinburgh, Glasgow, Inverness, Liverpool, Manchester und Newcastle. Kleine Maschinen fliegen schottische Inseln mit Landebahn an.

## SIGHTSEEING & TOUREN

Geführte Touren zu den Hauptsehenswürdigkeiten werden einem so kleinen, vielfältigen Land wie Großbritannien, wo die besten Geheimtipps eher abseits liegen, in der Regel nicht gerecht. Ziehen Sie lieber selbst los – mit dem Auto oder öffentlichen Verkehrsmitteln! Die Altstadt-Rundgänge, die Besucherinformationen anbieten, sind jedoch meist empfehlenswert.

## WANDERN

Großbritannien ist ein echtes Wanderparadies: Durch die ländlichen Gegenden führen mehrere, meist gut ausgeschilderte Fernwanderwege, **National Trails**, wie der Pennine Way (410 km) entlang Nordenglands Gebirgskämmen, der South West Coast Path (960 km) an der Küste entlang um den westlichsten Landzipfel Großbritanniens, der Cleveland Way (176 km) über die Moore und Küsten North Yorkshires, der Thames Path (280 km) von der Quelle bis zur Mündung der Themse, der Offa's Dyke Path (269 km) entlang der walisischen Grenze und der West Highland Way (152 km) von Milngavie bei Glasgow Richtung Norden in die Gebirge Schottlands. Außerdem gibt es etliche weniger gut markierte Wanderpfade und unzählige ausgeschilderte Wege.

### *Wanderliteratur*

Buchhandlungen mit einer reichen Auswahl an Wanderführern finden Sie im ganzen Land; das größte Angebot haben:

**Stanfords** 12–14 Long Acre, Covent Garden, London WC2E, Tel. 020/78 36 13 21.

**Ramblers' Association** 2nd Floor, Camelford House, 87–90 Albert Embankment, London SE1, Tel. 020/73 39 85 00. Dieser Wanderverein bietet eine Fülle an Informationen über das Wandern in Großbritannien. **Cicerone** *(cicerone.co.uk)* publiziert hervorragende Wanderführer; **Aurum Press** *(facebook.com/aurumpressbooks)* hat alle National-Trail-Wanderführer im Programm.
**Online Walking Guides** Ganz Großbritannien findet sich auf *walkingworld.com*; *walkhighlands.co.uk* ist hervorragend für Schottland.
**Karten** The Ordnance Survey's Explorer-Karten im Maßstab 1 : 25 000 sind für Wanderungen am besten.

# UNTERWEGS IN LONDON

Autofahren in London ist sinnlos – Sie sind sogar zu Fuß schneller. Mit den schwarzen Taxis, den roten Doppeldeckern und dem hervorragenden U-Bahnnetz (»the Tube«) gelangen Sie überallhin.
Jede U-Bahn-Haltestelle ist mit dem rotblauen, kreisförmigen Tube-Symbol gekennzeichnet. Die 12 U-Bahnstrecken haben verschiedene Farben, Fahrpläne gibt es in jedem Bahnhof. Der Fahrpreis richtet sich danach, durch wie viele der insgesamt neun Zonen Sie fahren (das Zentrum ist Zone 1). Für mehrere Fahrten am Tag lohnt sich die One Day Travelcard (für eine Woche eine Wochenkarte), die wochentags nach 9.30 Uhr und an Wochenenden und Feiertagen ganztägig für beliebige Fahrten mit Bus, Zug und U-Bahn in den gewählten Zonen gilt; die niedrigsten Preise bei Einzelfahrten berechnet die elektronisch aufladbare Oyster Card. Erhältlich sind die Tickets an U-Bahnhöfen, National-Rail-Bahnhöfen im Stadtgebiet, an Besucherinformationen und am Kiosk. Auskünfte zu Bus-, U-Bahn- und Zugverbindungen erhalten Sie unter Tel. 020/72 22 12 34; für Themseboote Tel.

020/70 01 22 00. Allgemeine Reiseinformatioen bietet *tfl.gov.uk* oder *visitlondon.com*. Zur Orientierung besorgen Sie sich den Londoner Straßenatlas A–Z, der am Kiosk oder in Buchhandlungen angeboten wird.

# PRAKTISCHE TIPPS

## EINRICHTUNGEN FÜR BEHINDERTE

Neue Gebäude, Taxis, Züge und Busse (ab 1985) sind normalerweise rollstuhlgerecht, viele ältere Bauwerke wie Schlösser und Herrenhäuser dagegen problematisch. In Bussen, U-Bahnen und Zügen gibt es Sitze, die Reisenden mit Behinderungen vorbehalten sind; die meisten Supermärkte und viele öffentliche Gebäude und Sehenswürdigkeiten haben gesonderte Parkplätze direkt beim Eingang. Für hörgeschädigte Reisende gibt es in Banken, Telefonzellen und an mit dem Schwerhörigen-Logo gekennzeichneten Orten Induktions-Verstärker. Für die Nutzung von öffentlichen Verkehrsmittel gelten Ermäßigungen.
Auskunft über alle Fragen zum Urlaub in Großbritannien erhalten Sie bei RADAR (Royal Association for Disability and Rehabilitation), 12 City Forum, 250 City Road, London EC1V 8AF, Tel. 020/72 50 32 22. Vor Ort informieren die Besucherinformationen. Im Internet erhalten Sie Ratschläge auf der Website von Tourism for All: *tourismforall.gov.uk*.

## ELEKTRIZITÄT

Die Stromspannung in Großbritannien ist 240 Volt Wechselstrom, 50 Hz. Für Elektrogeräte benötigen Sie einen dreipoligen Adapter.

## ETIKETTE

Großbritannien vereint mit England, Schottland und Wales drei sehr unterschiedliche Länder mit einem entsprechend vielfältigen kulturellen Erbe. Unterscheiden Sie daher in Unterhaltungen bewusst zwischen England und Großbritannien sowie zwischen London und dem Rest des Landes, damit Sie niemanden vor den Kopf stoßen.

## GELD

Die britische Währung ist das Pound Sterling (£) und der Pence (p): 1 £ = 100 p. Es gibt Münzen zu 1 und 2 p (bronzen) sowie zu 5, 10, 20 und 50 p (silberfarben), 1 und 2 £ und selten 5 £ (goldfarben); Scheine zu 1 £ (nur in Schottland), 5, 10, 20 und 50 £. Die schottischen Scheine sehen anders aus, sind aber im ganzen Land legales Zahlungsmittel.

In viel besuchten Gegenden werden die gängigen Kredit-/EC-Karten akzeptiert, doch an entlegenen Orten und in Kleinstädten ist zusätzliches Bargeld sinnvoll. Bankautomaten für das Abheben mit EC-Karte oder Kreditkarte finden Sie bei den meisten Banken außen oder im Vorraum, in kleinen Orten auf dem Land oft im Lebensmittelladen, der meist auch als Postfiliale fungiert. Erkundigen Sie sich bei Ihrer Hausbank wegen der Gebühren, die bei der Nutzung der jeweiligen Karte anfallen.

Die Wechselkurse hängen in allen Banken und Hauptpostämtern aus (Öffnungszeiten siehe S. 381) sowie in Wechselstuben an Flughäfen, wichtigen Bahnhöfen, Reisebüros und größeren Hotels.

## GESETZLICHE FEIERTAGE

An Public oder Bank Holidays bleiben Banken, Büros und die meisten Läden, Restaurants, Museen und andere Sehenswürdigkeiten geschlossen:

1. Januar: Neujahr
2. Januar (nur in Schottland)
Good Friday (Karfreitag)
Ostermontag (nicht in Schottland)
1. Montag im Mai: May Bank Holiday
Letzter Montag im Mai: Spring Bank Holiday
1. Montag im August: Summer Bank Holiday (Schottland)
Letzter Montag im August: Summer Bank Holiday (England und Wales)
25. Dezember: Weihnachten
26. Dezember: Boxing Day

### Andere Feiertage

Geschäfte und die meisten Einrichtungen bleiben geöffnet:

**Großbritannien:** 5. November: Guy Fawkes Day (Bonfire Night)

**England:** 23. April: St. George's Day (Schutzpatron)

**Schottland:** 25. Januar: Burns Night; 30. November: St. Andrew's Day (Schutzpatron)

**Wales:** 1. März: St. David's Day (Schutzpatron)

## GOTTESDIENSTE

Die Church of England und die Church of Scotland (anglikanische Kirche) waren früher die vorherrschenden Konfessionen im vorwiegend protestantischen Großbritannien. In der heutigen multikulturellen Gesellschaft sind Strenggläubige jedoch eher bei anderen Religionsgemeinschaften zu finden. Fragen Sie bei der Besucherinformation vor Ort nach den jeweiligen Glaubensgemeinschaften, den Gotteshäusern und den Gottesdienstzeiten.

## HAUSTIERE

Nach dem Pet Travel Scheme dürfen Hunde und Katzen von Westeuropa nach Großbritannien und umgekehrt ohne Quarantäne mitgenommen werden, doch nur nach erfolgter tierärztlicher Untersuchung, Bluttest, Bandwurm- und Zeckenbehandlung und mit einem implantierten Mikrochip und tierärztlichem Attest. Alle anderen Tiere müssen nach derzeitigen Bestimmungen sechs Monate in Quarantäne. Das Pilotprojekt zur Mitnahme von Haustieren nach Großbritannien (Februar 1999) wurde 2001 für unbefristete Zeit in Kraft gesetzt und seitdem beständig erweitert. Nähere Informationen erhalten Sie über die PETS Helpline, Tel. 037/02 41 17 10 und online unter *gov.uk/take-pet-abroad*.

## KOMMUNIKATION
### Briefkästen
Die roten Briefkästen stehen am Straßenrand oder hängen an Hauswänden; die Leerungszeiten sind dort vermerkt.

### Post
Geöffnet Mo–Fr 9–17.30 Uhr und Sa 9–13 Uhr. In Dörfern finden Sie das Postamt oft im Lebensmittelgeschäft. Briefmarken für Post in europäische Länder haben einen einheitlichen Preis, Post in außereuropäische Länder kostet etwas mehr. Innerhalb Großbritanniens dauern Erste-Klasse-Briefe einen, Zweite-Klasse-Briefe zwei bis drei Tage.

### Telefon
Das Telefonieren ist relativ günstig, besonders von 18–8 Uhr und an Wochenenden. Münztelefone nehmen alle Münzen ab 10 p (Minimum 60 p). Nicht gebrauchte Münzen werden erstattet, außer Sie haben eine große Münze eingeworfen, die nicht ganz aufgebraucht wurde; halten Sie also Kleingeld bereit.
Viele öffentliche Telefone akzeptieren Karten, die in Postämtern und Geschäften mit dem grünen Symbol *phonecard* erhältlich sind. Vermeiden Sie Telefonate vom Hotel aus: Hier werden hohe Aufschläge verlangt. Bei längeren Aufenthalten lohnt es sich, ein billiges Prepaid-Handy (*pay-as-you-go mobile phone*) im Supermarkt zu besorgen.

### Wichtige Telefonnummern
**Vermittlung Inland** 100
**Internationale Vermittlung** 155
**Auskunft Inland** 11 85 00 (aus öffentlichen Telefonzellen gebührenfrei)
**Internationale Auskunft** 11 88 66 (aus öffentlichen Telefonzellen gebührenfrei)

### Benutzung
Für Gespräche nach Großbritannien wählen Sie die Ländervorwahl 00 44, dann die Ortsvorwahl ohne die 0 und die Rufnummer des Teilnehmers.

Von Großbritannien aus wählen Sie die Ländervorwahlen (Deutschland 0049, Österreich 0043 oder Schweiz 0041), anschließend die Ortsvorwahl ohne die 0, gefolgt von der Rufnummer.
Telefonnummern mit der Vorwahl 0800 oder 0808 sind gratis.
Andere Telefonnummern beginnend mit 08, darunter auch die Vorwahlen 0845 und 0870, können sehr teuer sein. Mit der Vorwahl 09 wird es besonders teuer.

## MASSE & GEWICHTE
Offiziell hat sich Großbritannien dem europäischen System angepasst, doch werden einige »Imperial Standards« im Alltag nach wie vor verwendet: Entfernungen misst man in Meilen (1 mile = 1,6 km) und das Bier schenkt man als Pint (= 0,568 l) aus.

## MEDIEN
### Zeitungen
Neben den recht niveaulosen Boulevardblättern *Sun, Mirror, Daily Star* und *Sport* gibt es – etwas anspruchsvoller – *Daily Mail* und *Daily Express*. Die Zeitungen *Daily Telegraph, Times, Guardian* und *Independent* (nur digital) sind inhaltlich anspruchsvoller.

### Radio
Die BBC strahlt die meisten Radioprogramme aus: Radio 1 (Pop auf 97.6–99.8 MHz FM), Radio 2 (Unterhaltungsmusik auf 88–91 MHz FM), Radio 3 (Klassik und Wortbeiträge auf 90.2–92.4 MHz FM), Radio 4 (Berichte, Diskussionen, Hörspiele, Nachrichten auf 92.4– 94.6 MHz FM, 198 kHz LW und 909 kHz) und Radio 5 (Kurznachrichten und Sport auf 693 und 909 kHz MW). Daneben gibt es zahlreiche Privat- und Lokalsender.

### Fernsehen
In Großbritannien gibt es Hunderte Fernsehkanäle – terrestrische und digitale Programme, gebührenfrei oder als Pay-TV. Qualitativ ist die BBC noch immer führend.

## NATIONAL TRUST

Viele historische Gebäude, Parks, Gärten und Regionen von besonderem architektonischen oder historischen Interesse werden vom National Trust (NT, *nationaltrust.org.uk*) oder dem National Trust for Scotland (NTS, *nts.org.uk*) verwaltet, die denkmalpflegerische Aufgaben erfüllen.

Wenn Sie planen, viele Anlagen des NT bzw. NTS zu besuchen, kann eine Mitgliedschaft sinnvoll sein. Mitglieder parken an vielen Orten kostenlos und haben meist freien Eintritt.

## ÖFFNUNGSZEITEN

Die Öffnungszeiten sind von Ort zu Ort verschieden; zur groben Orientierung:
**Banken:** Mo–Fr 9.30–15.30 Uhr; teils Sa 9.30–12.30 Uhr und Mo–Fr in größeren Städten 9.30–16.30/17.30 Uhr
**Geschäfte:** Mo–Sa 9 oder 10–17.30 oder 18 Uhr, So 10–16 Uhr
**Kirchen:** Kirchen sind wegen der Diebstahlgefahr oft verschlossen.
**Postämter:** Mo–Fr 9–17.30 Uhr; Sa 9–13 Uhr
**Pubs:** Mo–Sa 11–23 Uhr (teils geschlossen 15–17.30 Uhr oder bis nach 23 Uhr geöffnet); So Mittag–15 Uhr und 19–22.30 Uhr (teils geöffnet ab Mittag–22.30 Uhr), in Schottland 12.30–14.30 und 18.30–23 Uhr
**Supermärkte:** Mo–Sa 8–20 Uhr; So 10–16 Uhr
**Tankstellen:** In fast allen großen Städten gibt es mindestens eine 24-Stunden-Tankstelle; auch die meisten Autobahn-Tankstellen haben rund um die Uhr geöffnet.

## SCHWULE & LESBISCHE REISENDE

Die britische Gesellschaft ist allgemein sehr offen und tolerant. Deshalb wird Homosexualität hier insgesamt problemlos akzeptiert. Dennoch können vor allem in den kleineren Städten und Dörfern durchaus noch Vorurteile herrschen – in der Öffentlichkeit ist deshalb ein diskretes Verhalten ratsam.

London ist die europäische Hochburg der Homosexuellen, aber auch in den anderen großen Städten gibt es eine lebendige Szene. Auf den folgenden Websites finden Sie Tipps:
**Allgemein** *gaytravel.co.uk; traveltouk.info/gay-and-lesbian-travelers*
**Bristol/Westen** *pridewest.co.uk*
**Cardiff** *cardiff.gaycities.com*
**Edinburgh** *edinburghgayscene.com*
**Glasgow** *glasgow.gaycities.com*
**London** *timeout.com/london/gay/*
**Manchester** *manchester2002-uk.com/gay/gay-vill2.html*
**Newcastle/Nordosten** *negayscene.co.uk*

## TOILETTEN

Öffentliche Toiletten gibt es in Bahnhöfen, an zentralen Plätzen in größeren Städten, Parkplätzen, Sehenswürdigkeiten und Stränden; die meisten Anlagen sind sauber. Teils wird eine Gebühr verlangt.

## TRINKGELD

Geben Sie in Restaurants etwa 10–15 Prozent Trinkgeld, wenn der Service nicht bereits inbegriffen ist. Taxifahrer und Friseure erwarten 10 Prozent, Gepäckträger 50 p bis 1 £. Der Bedienung im Pub spendiert man höchstens ein Getränk, auch Platzanweisern gibt man üblicherweise kein Trinkgeld. Siehe auch Kasten S. 20.

## TOURISTENINFORMATIONEN

**Großbritannien** VisitBritain, Sanctuary Buildings, 20 Great Smith Street, London SW1P 3 BT, Tel. 020/ 75 78 10 00, *visit britain.com*.
Besuchen Sie auch das Britain and London Visitor Centre, *visitlondon.com*.
**Schottland** VisitScotland, Ocean Point One, 94 Ocean Drive, Edinburgh, EH6 6JH, Tel. 0131/332 24 33, *visitscotland.com*.
**Wales** VisitWales, Brunel House, 2 Fitzalan Rd., Cardiff (Postadresse Dept. GE1, P.O. Box 1, Cardiff CF24 2XN), Tel. 0870/830 03 06, *visitwales.com*.

Bei VisitBritain bekommen Sie eine Landkarte, auf der alle örtlichen Touristeninformationen markiert sind. Außerdem sind hier auch die jeweiligen Adressen und Telefonnummern aufgeführt.

## ZEITUNTERSCHIED
In Großbritannien gilt die Greenwich Mean Time (GMT) oder die British Summer Time (BST). Beide liegen eine Stunde hinter der Mitteleuropäischen Zeit (MEZ).

# IM NOTFALL

## APOTHEKEN
In Apotheken erhalten sie rezeptfreie und verschreibungspflichtige Arzneien sowie eine medizinische Beratung. In größeren Städten gibt es Notfall-Apotheken.

## BOTSCHAFTEN
**Deutsche Botschaft London**
23 Belgrave Square/Chesham Place
London SW1X 8PZ
Tel.: 020/78 24 13 00
Fax: 020/78 24 14 49
*www.uk.diplo.de*

**Österreichische Botschaft London**
18 Belgrave Mews West
London SW1X 8HU
Tel.: 020/73 44 32 50
Fax: 020/73 44 02 92
*www.bmeia.gv.at/london*

**Schweizer Botschaft London**
16–18 Montagu Place
London W1H 2BQ
Tel.: 020/76 16 60 00
Fax: 020/77 24 70 01
*www.eda.admin.ch/london*

## FUNDSACHEN
Melden Sie einen Verlust der nächstgelegenen Polizeidienststelle (denken Sie an ein unterschriebenes Protokoll für die Scha-

densregelung mit Ihrer Versicherung) oder der entsprechenden Zug-, U-Bahn- oder Busgesellschaft.

## GESUNDHEIT
Eine gültige Reisekrankenversicherung ist empfehlenswert, besonders für Nicht-EU-Bürger. Impfungen sind nicht erforderlich. Die Behandlung im Krankheitsfall über den staatlichen Gesundheitsdienst National Health Service (N.H.S.) ist für EU-Bürger kostenlos, die Notfallbehandlung für jeden. Mit einem Berechtigungsformular ihrer Krankenkasse können sich EU-Bürger Behandlungskosten erstatten lassen, Notbehandlungen beim Zahnarzt jedoch nur, wenn dieser dem N.H.S. angeschlossen ist.

## NOTRUFNUMMERN
Polizei, Notarzt, Feuerwehr und Küstenwache: 999

## SICHERHEIT
Die unbewaffneten Polizisten mit ihren berühmten blauen Helmen (Polizistinnen tragen Kappen) helfen Ihnen gerne.

## VERKEHRSUNFÄLLE
Bei einem Verkehrsunfall ohne Personenschaden tauschen Sie einfach die Namen, Telefonnummern und Versicherungsdetails aus. Sind Sie mit einem Mietwagen unterwegs, müssen Sie die Verleihfirma verständigen und den Unfall schildern. Bei einem Unfall mit Personenschaden rufen Sie sofort die Polizei an (Tel. 999).

## VERLUST DER KREDITKARTE/ EC-KARTE
**Zentrale Sperrnummer in Deutschland**
Tel. 0049/116 116
**Diners Club**, Tel. 01303/799 15 04
**MasterCard/Eurocard**, Tel. 01636/722 71 11
**Visa**, Tel. 01410/581 99 94

In Großbritannien gibt es eine Fülle verschiedenster Unterkünfte für jeden Geschmack und Geldbeutel – ob ein Hotel im Herrenhaus oder das winzige Cottage mit nur ein paar Zimmern. Innerhalb der letzten 20 Jahre ist die Qualität der britischen Küche enorm gestiegen, sodass Sie überall ein breites Spektrum an Restaurants finden. Besonders Großstädte bieten eine kosmopolitische Auswahl. Viele Hotels besitzen eigene Restaurants, einige Restaurants vermieten Nebenräume.

## UNTERKÜNFTE

Im Folgenden finden Sie eine Auswahl empfohlener Hotels, die besonders gemütlich, interessant und gastfreundlich sind – vom Luxushotel in London bis zum Landgasthof im Lake District.

### HOTELS

Die meisten Hotels bieten Halbpension (Frühstück und Abendessen) und Vollpension (zusätzlich Mittagessen) an. Ausgewählt wurden vor allem Hotels mit individuellem oder typischem Flair. Buchen Sie möglichst im Voraus, vor allem in der Hochsaison (teils gegen Anzahlung oder mit Kreditkarte). Viele der aufgeführten Hotels sind nach den Kriterien der Automobile Association (AA) bewertet:

★★ Gehört einer Hotelkette oder ist in Privatbesitz. Mindestens die Hälfte der kleinen bis mittelgroßen Zimmer (teils mit Telefon und Fernseher) hat ein eigenes Bad oder eine Dusche.

★★★ Meist größere Zimmer mit mehr Komfort und Annehmlichkeiten, z. B. einer Rezeption mit Service und einem Restaurant mit Bar. Alle Schlafzimmer mit eigenem Bad.

★★★★ Geräumige Zimmer mit hohem Komfort und niveauvoller Küche. Alle Schlafzimmer haben ein Bad mit Dusche.

★★★★★ Große Luxushotels nach höchstem internationalem Standard.

Rote Sterne (★) zeichnen Hotels aus, deren Gastfreundschaft, Service, Küche und Komfort als hervorragend gelten können. Fünf Sterne sind die beste Bewertung.
Sofern nicht anders vermerkt, gilt Folgendes:

1. Das Frühstück ist inklusive.
2. Die Hotels verfügen über ein Restaurant.
3. Alle Zimmer haben Telefon und Fernsehen.
4. Die Zimmerpreise sind Richtwerte, die saisonalen Schwankungen unterliegen.
5. Die Preise gelten pro Zimmer/Doppelzimmer.
6. Die Ziffer in Klammern informiert über zusätzliche Zimmer in Anbauten oder Nebengebäuden.

### BED AND BREAKFAST (B&B)

Bei dieser typisch britischen Art der Unterkunft wohnen Sie in kleinen, meist günstigen und gut geführten Häusern. Gerade Reisenden, die am Alltagsleben in bestimmten Regionen interessiert sind, kommt die familiäre Atmosphäre in einem B&B entgegen. Das im Preis eingeschlossene Frühstück wird zu festen Zeiten in einem Gastraum serviert.

## RESTAURANTS

In der folgenden Auswahl finden Sie sowohl gute Restaurants mit regionalen Spezialitäten als auch Lokale mit einer einfallsreichen ausländischen Küche. Die meisten Restaurants bieten mittags und/oder abends ein Menü zu einem Fixpreis an, teils ist der Wein im Preis inbegriffen. Die Bestellung einzelner Gerichte à la carte ist meist etwas teurer.

---

🚭 Nichtraucher 🆒 Klimaanlage 🏊 Pool im Haus 🏊 Pool im Freien 💪 Fitnessclub 💳 Kreditkarten

Der Küchenstandard der aufgelisteten Restaurants ist entsprechend der AA-Kategorien mit einer bis fünf Rosen ausgezeichnet.

❀ Die Küche bereitet mit frischen Zutaten Mahlzeiten von guter Qualität zu.

❀❀ Die Mahlzeiten sind anspruchsvoll, die Zutaten ausgewogen und am saisonalen Angebot orientiert.

❀❀❀ Die Gerichte genügen höchsten Ansprüchen, sind einfallsreich und mit großem kulinarischen Können perfekt zubereitet.

❀❀❀❀ Die Küche ist innovativ, von höchstem Niveau, Rezeptur, Zubereitung und Anmutung der Gerichte sind außergewöhnlich gut.

❀❀❀❀❀ Hervorragende Küchenstandards von internationalem Niveau. Die Gerichte mit intensiven exotischen Geschmacksnoten und teuersten Zutaten werden perfekt zubereitet und tadellos präsentiert (oft von Gourmet-Köchen).

## ESSENSZEITEN
Lunch (M=Mittagessen) gibt es meist von 12 bis 14 Uhr. Das Dinner (A=Abendessen) wird zwischen 19 und 21 Uhr eingenommen. Zur Hauptsaison sollten Sie reservieren.

## KREDITKARTEN
Die meisten Hotels, Restaurants und B&B nehmen die gängigen Kreditkarten. Falls nicht, wird das mit Sicherheit spätestens bei der Reservierung mitgeteilt.

## RAUCHEN
In Hotel, Restaurants und Pubs ist das Rauchen verboten. Häufig gibt es aber vor der Tür Raucherzonen.

## TRINKGELD
In Restaurants und Hotels ist die Servicegebühr bereits im Preis enthalten; wo dies nicht der Fall ist, erwartet man ein Trinkgeld von 10 bis 20 Prozent, was jedoch von Ihnen und der Qualität des Service abhängt. Manche Restaurants behalten das Trinkgeld, das über Kreditkarte gezahlt wird, teilweise oder ganz. Fragen Sie das Servicepersonal, ob das Trinkgeld an sie weitergegeben wird, wenn nicht, zahlen Sie das Trinkgeld in bar.

## REISENDE MIT BEHINDE-RUNG
Hotels und Restaurants sind sehr unterschiedlich auf die besonderen Bedürfnisse behinderter Gäste eingestellt. Fragen Sie am besten vorher telefonisch an.

## ERLÄUTERUNGEN
Die Hotels und Restaurants sind zuerst nach Kapiteln, dann innerhalb der Preiskategorien alphabetisch sortiert. Die Hotels werden zuerst aufgelistet. Preise, Auszeichnungen, Telefonnummern, Öffnungszeiten usw. ändern sich schnell: Zur Sicherheit sollten Sie die Informationen vor dem Besuch überprüfen.
Abkürzungen: M steht für Mittagessen, A für Abendessen.

## PREISE

### HOTELS
Preiskategorien für ein Doppelzimmer mit Frühstück in der Hochsaison:

| | |
|---|---|
| €€€€€ | Über 450 € |
| €€€€ | 300–450 € |
| €€€ | 230–300 £ |
| €€ | 150–230 € |
| € | Unter 150 € |

### HOTELS
Preiskategorien für ein dreigängiges Abendessen ohne Getränke:

| | |
|---|---|
| €€€€€ | Über 80 € |
| €€€€ | 60–80 € |
| €€€ | 40–60 € |
| €€ | 25–40 € |
| € | Unter 25 € |

## LONDON

### THE CITY
 **MALMAISON CHARTERHOUSE SQUARE**
€€€€€ ★★★★ ❀❀
18–21 Charterhouse Sq.
Clerkenwell
EC1M 6AH
Tel. 0844/693 06 56
malmaison.com

Hübsches, komfortables Hotel in einem elegant renovierten Altbau an einem ruhigen Platz.
⬀ 97 Ⓜ Barbican ❒ ❒ ❒

**BLEEDING HEART**
€€€ ❀❀
Bleeding Heart Yard,
von der Greville St. ab
EC1N 8SQ
Tel. 020/72 42 20 56
bleedingheart.co.uk

Das Bleeding Heart bietet ein vertäfeltes Restaurant mit gehobener Küche, ein Bistro mit klassischer französische Küche (mit Plätzen im Innenhof) und einen netten Pub, der schon ab dem Frühstück den ganzen Tag für das leibliche Wohl sorgt.
⬀ 110 Ⓜ Farringdon Station ⬀ Geschl. Sa–So, Weihnachten–Neujahr (10 Tage) ❒

### WESTMINSTER & WEST END
**BROWN'S**
€€€€€ ★★★★ ❀❀
Albemarle St., Mayfair
W1S 4BP
Tel. 020/74 93 60 20
brownshotel.com

Exklusive englische Eleganz und traditionelle Landhaus-Atmosphäre im Herzen von Mayfair. Im Restaurant gibt es innovative Menüs mit besten saisonalen Zutaten.
⬀ 118 ⬀ 70 Ⓜ Green Park ❒

**DORCHESTER**
€€€€€ ★★★★★ ❀❀
Park Ln.
W1A 2HJ
Tel. 020/76 29 88 88
dorchestercollection.com

Eines der besten Hotels der Welt mit luxuriöser Einrichtung. **The Grill** bietet britische Spezialitäten und das **China Tang** erstklassige kantonesische Küche. Das freundliche Management« und Personal genügen höchsten Ansprüchen.
⬀ 250 ⬀ 81 (Grill) ⬀ 51 (China Tang) Ⓟ 13 Ⓜ Hyde Park Corner ❒ ❒ ❒

**GORING**
€€€€€ ★★★★★ ❀❀
Beeston Pl., Grosvenor Gardens
SW1W 0JW
Tel. 020/73 96 90 00
thegoring.com

Das familiär geführte Haus ist seit 1910 in Besitz der Gorings. Die Schlafzimmer sind gemütlich und modern ausgestattet. Im dem Hotel angeschlossenen Restaurant bekommen Sie britische Leckereien wie gegrillte Dover-Seezunge, Hummer »Thermidor«, Rochen mit Kapern, geröstete Lammkeule sowie Steak und Kidney Pie.
⬀ 71 ⬀ 60 Ⓟ 8 Ⓜ Victoria ❒ ❒

**HALKIN**
€€€€€ ★★★★ ❀❀❀
5–6 Halkin St., Belgravia
SW1X 7DJ
Tel. 020/73 33 10 59
comohotels.com/thehalkin

Ein individuelles Londoner Hotel in klassisch angehauchtem italienischem Stil mit Schlafzimmern, die nach den Regeln des Feng Shui eingerichtet sind. Aufmerksames, gut geschultes Personal sorgt für eine entspannte Atmosphäre.
⬀ 41 ⬀ 45 Ⓜ Hyde Park Corner ❒ ❒ ❒

---

❒ Nichtraucher ❒ Klimaanlage ❒ Pool im Haus ❒ Pool im Freien ❒ Fitnessclub ❒ Kreditkarten

## 🏨 LE MERIDIEN PICCADILLY
🍴 €€€€€ ★★★★★ ❀❀
21 Piccadilly
W1J 0BH
Tel. 080/00 28 28 40
lemeridienpiccadilly.co.uk

Ein etabliertes, im Stil französisch beeinfluss-tes Hotel nahe des Piccadilly Circus. Dinie-ren können Sie in **The Oak Room** und im modernen **Terrace Restaurant**.

ⓘ 267 🔲 80 🚇 Piccadilly Circus ⬆ ♿
📶 🛎

## 🏨 RITZ €€€€€ ★★★★★ ❀❀
🍴 150 Piccadilly
W1J 9BR
Tel. 020/74 93 81 81
theritzlondon.com

Legendäres und weit über die Grenzen Londons hinaus bekanntes Grandhotel mit prächtigem Interieur. Durch den Speisesaal, einem der romantischsten des Landes mit Wandmalereien und Golddekor, rauschen die Kellner; im Hintergrund spielt ein Pianist. Mittagsmenü.

ⓘ 133 🔲 120 🚇 Green Park ⬆ ♿ 🛎

## 🏨 SAVOY
🍴 €€€€€ ★★★★★ ❀❀❀
Strand
WC2R 0EU Tel. 020/78 36 43 43
fairmont.com/savoy

Eines der führenden Hotels im Land. Hoher Komfort und Qualität, berühmte Art-déco-Einrichtung. Die Badezimmer im Savoy sind ein Traum – in glänzendem Marmor mit blitzendem Chrom und vor allem: mit riesigen Badewannen und tollen Massage-Duschköpfen. Bekannte Restaurants wie das **Simpsons's-In-The-Strand** oder das 2013 eröffnete **Kaspar's Seafood Bar and Grill**; Fünf-Uhr-Tee ein Highlight für Hotel- und auswärtige Gäste. Frühstück mit Blick auf den Fluss.

ⓘ 263 🔲 150 🅿 65 🚇 Charing Cross
⬆ ♿ 📶 🛎

## 🏨 PARK TOWER
🍴 KNIGHTSBRIDGE
€€€€€ ★★★★★ ❀❀❀
101 Knightsbridge
SW1X 7RN
Tel. 080/00 23 28 57
theparktowerknightsbridge.com

Einzigartiger, moderner Hotelrundbau mit herrlicher Aussicht über London. Selbst die Schnürsenkel bindet man Ihnen hier. Gegen einen (erheblichen) Aufpreis genießen Sie den Luxus eines Privatbutlers. Cuisine de Mer im **Restaurant 101** (Chefkoch Pascal Proyard). Eigenes Fitnesscenter.

ⓘ 280 🔲 64 🅿 67 🚇 Knightsbridge
⬆ ♿

## 🏨 STRAND PALACE
€€€€€ ★★★
Strand
WC2R 0JJ
Tel. 020/78 36 80 80
strandpalacehotel.co.uk

Hotel nahe den Theatern und der City. Besonderer Komfort und separate Lounge im Club Floor. Unter den Bars und Restau-rants: eine italienische Café-Bar (**372 The Strand**) mit internationalen Gerichten.

ⓘ 786 🚇 Charing Cross, Covent Garden
⬆

## 🏨 WASHINGTON MAYFAIR
€€€€€ ★★★★
5–7 Curzon St., Mayfair
W1J 5HE
Tel. 020/74 99 70 00
washington-mayfair.co.uk

Erstklassiges Hotel mit Eichen- und Marmor-interieur und Holzvertäfelung.

ⓘ 173 🚇 Green Park ⬆ ♿

## 🏨 LANCASTER LONDON
🍴 €€€€ ★★★★ ❀
Lancaster Terrace
W2 2TY
Tel. 020/75 51 60 00
lancasterlondon.com

---

🏨 Hotel 🍴 Restaurant ⓘ Zimmer 🔲 Sitzplätze 🅿 Parkplätze 🚇 Metro 🕙 Geschlossen ⬆ Aufzug

Hübsches, stilvolles Hotel mit beeindruckendem Blick über die Stadt. Mit dem hoch angesehenen und preisgekröntem Restaurant **Nipa Thai** im Haus.

🚇 416 🚉 Lancaster Gate 🚇

### 🏨 RUBENS AT THE PALACE

€€€€ ★★★★ ✿
Buckingham Palace Rd.
SW1W 0PS
Tel. 020/78 34 66 00
rubenshotel.com

Gut ausgestattetes, komfortables Hotel hinter dem Buckingham Palace mit fantastischem Blick auf die Royal Mews. Zwei Restaurants, großes Speiseangebot in der Lounge.

🚇 161 🚉 Victoria 🚇 ❄️

### 🍴 LE GAVROCHE

€€€€€ ✿✿✿
43 Upper Brook St.
W1K 7QR
Tel. 020/74 08 08 81
oder 020/74 99 18 26
le-gavroche.co.uk

Michel le Roux jr. stellt höchste Ansprüche an die französische Küche. Opulentes Lokal mit professionellem Personal und ausgezeichnetem Essen.

🍴 60 🚉 Marble Arch 🕐 Geschl. Sa M, So und zwischen Weihnachten und Neujahr

### 🍴 POLLEN STREET SOCIAL

€€€€€ ✿✿✿✿✿
8–10 Pollen St.
W1S 1NQ
Tel. 020/72 90 76 00
pollenstreetsocial.com

Der schlichte Bistro-Stil des Restaurants mit viel Holz täuscht: Das Essen ist ausgezeichnet, von den wohlschmeckenden Vorspeisen bis zur selbstgemachten Schokolade.

🍴 52 🕐 Geschl. So, Bank-Holiday-Feiertage

### 🍴 CORRIGAN'S MAYFAIR

€€€€ ✿✿✿
28 Upper Grosvenor St.
W1K 7EH
Tel. 020/74 99 99 43
corrigansmayfair.com

Der Koch Richard Corrigan aus Irland schafft eine fabelhafte Mischung aus bodenständiger irischer und britischer Küche.

🍴 85 🚉 Marble Arch 🕐 Geschl. Sa M, Weihnachten

### 🍴 THE IVY  €€€€ ✿✿

1 West St., Covent Garden
WC2H 9NQ
Tel. 020/78 36 47 51
the-ivy.co.uk

Zuvorkommender Service, schlichte, lebhafte Atmosphäre. Die Küche im Stil französischer Brasserien besticht durch die angenehme Einfachheit ihrer Gerichte aus England und der ganzen Welt. Menü.

🍴 100 🚉 Covent Garden/Leicester Square 🕐 Geschl. 24.–26. Dez., 1. Jan. ❄️

### 🍴 LA PORTE DES INDES

€€€€ ✿✿
32 Bryanston St.
W1H 7EG
Tel. 020/72 24 00 55
laportedesindes.com

Hübsches, extravagant eingerichtetes Restaurant mit hochwertiger indischer Küche. Zwischen den beiden Stockwerken fließt ein über 12 m hoher Wasserfall. Menü M & A.

🍴 300 🚉 Marble Arch 🕐 Geschl. Sa M, 4 Tage über Weihnachten ❄️

### 🍴 THE SQUARE  €€€€ ✿✿✿

6–10 Bruton St., Mayfair
W1J 6PU
Tel. 020/74 95 71 00
squarerestaurant.com

Exzellente Küche, serviert in einem eleganten georgianischen Stadthaus.

🍴 75 🚉 Green Park 🕐 Geschl. Sa M–So, 24.–26. Dez. ❄️

🍴 NOBU €€€–€€€€ ✿✿
15 Berkeley St.
W1J 8DY
Tel. 020/72 90 92 22
noburestaurants.com
Elegantes Restaurant mit einer Auswahl an japanischen Gerichten, die von klassischen Angeboten (einige davon aus dem Holzkohle-ofen) bis hin zum köstlichen Sechs-Gänge-Menü reichen.
🪑 120 🚇 Green Park 🕐 Geschl. So M, 25. Dez., 1. Jan.

## BLOOMSBURY

🏨 THE LANGHAM, LONDON
€€€ ★★★★★
Portland Pl.
W1B 1JA
Tel. 020/76 36 10 00
langhamhotels.com
Dieses prächtige historische Gebäude aus dem Jahr 1865 bietet luxuriöse, zeitgenössi-sche Räumlichkeiten und eine gute Ausstat-tung. Die Theater und Einkaufsmöglichkei-ten liegen in der Nähe.
🛏 380 🚇 Oxford Circus 🛗 🔲 🔲 🔲

🍴 HAKKASAN €€€€€ ✿✿✿
8 Hanway Pl.
W1T 1HD
Tel. 020/79 29 70 00
hakkasan.com
Lassen Sie sich nicht durch das Äußere abschrecken – das Innere ist sehr elegant. Genießen Sie vor einer chinesischen Delika-tesse zunächst einen Cocktail.
🪑 225 🚇 Tottenham Court Road

## KNIGHTSBRIDGE & KENSINGTON

🏨 THE DRAYCOTT HOTEL
€€€€€
26 Cadogan Gardens
SW3 2RP
Tel. 020/77 30 64 66
draycotthotel.com
Ein elegantes und komfortables, wundervoll ausgestattetes Hotel in erstklassiger Lage nahe am Sloane Square.
🛏 35 🚇 Sloane Square 🛗 🔲

🏨 ROYAL GARDEN HOTEL
🍴 €€€€€ ★★★★★ ✿✿✿
2–24 Kensington High St.
W8 4PT
Tel. 020/79 37 80 00
royalgardenhotel.co.uk
Ein Hotel im zeitgenössischen Stil mit Blick auf die Kensington Gardens und den Hyde Park. Sehr guter Service und Komfort. Das Restaurant bietet internationale Speisen.
🛏 398 🪑 100 🅿 160 🚇 Kensington High Street 🛗 🔲 🔲

🏨 ASTOR HYDE
PARK HOSTEL €
191 Queensgate
SW7 5EU
Tel. 020/75 81 01 03
astorhostels.co.uk
Tolles Hostel, sauber, einladend, mit freund-lichem Personal und nahe am Hyde Park.
🚇 Knightsbridge

🏨 CLINK 78 HOSTEL €
78 Kings Cross Rd.
WC1X 9QG
Tel. 020/71 83 94 00
clinkhostels.com
Ein Hostel in der Nähe von King's Cross; nicht sehr ruhig, aber sauber und nett.
🚇 King's Cross/St. Pancras

🍴 BIBENDUM
€€€€€ ✿✿
Michelin House
81 Fulham Rd., SW3 6RD
Tel. 020/75 81 58 17
bibendum.co.uk
Die beste Brasserie der Stadt mit einer tollen Atmosphäre. Die Tische werden pro Mahl-zeit oft bis zu dreimal belegt, reservieren Sie besser einige Wochen vorher. Menü M.
🪑 72 🚇 South Kensington 🔲

---

🏨 Hotel 🍴 Restaurant 🛏 Zimmer 🪑 Sitzplätze 🅿 Parkplätze 🚇 Metro 🕐 Geschlossen 🛗 Aufzug

**THE CAPITAL**
€€€€€ ★★★★★
22 Basil St., Knightsbridge
SW3 1AT
Tel. 020/75 89 51 71
capitalhotel.co.uk

Das unaufdringliche, elegante **Outlaw's Restaurant** wurde von Nina Campbell und Lord Linley gestaltet. Die originellen Gerichte sind frisch gemacht und geschmacklich klar. Freundlicher, professioneller Service. Inzwischen auch mit Hotelbetrieb.

49 34 10 Knightsbridge

**FIVE FIELDS**
€€€€€
8–9 Blacklands Terrace
SW3 2SP
Tel. 020/78 38 10 82
fivefieldsrestaurant.com

Freundliche Atmosphäre mit bewusst einfach gehaltener Karte. Probieren Sie »Rock Pool« (Austern, Oktopus, Seeigel) oder »Mutton« (hervorragendes Fleisch aus dem Lake District). Und hungrige Gourmets bestellen das »Tasting Menu« ...

40 Sloane Square Geschl. So–Mo, Weihnachten, 2 Wochen im Januar

### ENTLANG DER THEMSE

**THE CHELSEA HARBOUR HOTEL**
€€€€€ ★★★★★
Chelsea Harbour
SW10 0XG
Tel. 020/78 23 30 00
millenniumhotels.co.uk

Modernes Haus über dem kleinen Jachthafen am Chelsea Harbour; hauptsächlich Suiten, die meisten mit möbliertem Balkon. Küstenflair durch die Terrasse zum Hafen. Konferenz- und Veranstaltungsräume.

160 200 Fulham Broadway

**IBIS HOTEL** €€
30 Stockwell St.
SE10 9JN
Tel. 020/83 05 11 77
ibishotel.com

Modernes Hotel im Herzen von Greenwich. Im Haus gibt es nur Snacks, in einer Selbstbedienungs-Brasserie auch Frühstück.

82 40 Greenwich

**MONDRIAN** €€€€€
20 Upper Ground
SE1 9PD
Tel. 024/76 10 09 40
morganshotelgroup.com/mondrian

Schick, stilvoll und direkt am Fluss gelegen mit Blick auf St. Paul's gegenüber.

Southwark

## HOME COUNTIES

### AMERSHAM

**GILBEY'S** €€€ ✿
1 Market Square
HP7 0DF
Tel. 01494/72 72 42
gilbeygroup.com

Das Gilbey's befindet sich in einem hübschen Schulgebäude (17. Jh.) im Herzen der historischen Marktstadt in den Chilterns. Täglich geöffnet zum Lunch, Tee und Dinner.

50 Geschl. 24.–29. Dez., 1. Jan.

### ASPLEY GUISE

**MOORE PLACE**
€–€€ ★★★
The Square, Woburn
MK17 8DW
Tel. 01908/28 20 00
mooreplace.co.uk

Ein georgianisches Herrenhaus mit Teich und Steingarten. Das Restaurant im viktorianischen Wintergarten tischt englische und französische Gerichte auf. Freundlicher, schneller Service.

37 (27) 70

---

Nichtraucher   Klimaanlage   Pool im Haus   Pool im Freien   Fitnessclub   Kreditkarten

## AYLESBURY

**HARTWELL HOUSE**
€€€€ ★★★★ ❀❀❀
Oxford Rd.
HP17 8NL
Tel. 01296/74 74 44
hartwell-house.com

Elegantes Haus aus dem Jahr 1600 auf einem 36 ha großen Grundstück mit fein verzierten Stuckdecken, jakobäischem Treppenhaus und stilvollen Zimmern, teils in einem umgebauten Stall. Es bietet Tennis, Angeln und einen Krocketplatz. Keine Kinder unter acht.

30 (16) ₽ 91

## BRAY

**WATERSIDE INN**
€€€€€ ❀❀❀❀
Ferry Rd.
SL6 2AT
Tel. 01628/62 06 91
waterside-inn.co.uk

Raumhohe Fenster zur Themse – perfekt für das Dinner. Die Atmosphäre ist entspannt, der Service höchst zuvorkommend, hilfsbereit und unaufdringlich, die Küche durch und durch französisch. Menü M & A.

75 Geschl. an unterschiedlichen Tagen, Anruf empfehlenswert

**HINDS HEAD, BRAY** €€
High St.
SL6 2AB
Tel. 01628/62 61 51
hindsheadbray.com

Das preisgekrönte Hinds Head ist schon seit mehr als 400 Jahren ein stimmungsvoller Pub. Traditionelle Pub-Gerichte werden mit außergewöhnlichem Geschick zubereitet.

100 Geschl. 25.–26. Dez.

## FLITWICK

**MENZIES FLITWICK MANOR** €€€€ ❀
Church Rd.
MK45 1AE
Tel. 01525/71 22 42
menzieshotels.co.uk

Elegant eingerichtetes Haus im klassischen Stil mit Blick über das Grundstück. Raffinierte Menüs nach traditionellen Rezepten mit mediterranen Geschmacksnoten und orientalischen Gewürzen. Menü M.

55 ₽ 55

## HASLEMERE

**LYTHE HILL**
€€€€ ★★★★ ❀❀
Petworth Rd.
GU27 3BQ
Tel. 01428/65 12 51
lythehill.co.uk

Historisches Anwesen mit 8 ha Grund; Hyazinthenwäldchen, Teiche, ein Garten im Mittelhof, Tische im Grünen und einige der Zimmer in einem schwarz-weißen Fachwerkhaus aus dem 15. Jahrhundert. Henry-VIII-Suite mit Himmelbett von 1614. Neben dem Restaurant im Haupttrakt gibt es die rustikale **Auberge de France**. Tennisplätze, Angeln, Krocketfeld.

41 ₽ 202

## HORLEY

**LANGSHOTT MANOR**
€€€€ ❀❀
Langshott La Horley
RH6 9LN
Tel. 01293/78 66 80
alexanderhotels.co.uk

Gute moderne Küche in einem Tudorhaus, nur wenige Minuten vom Flughafen Gatwick.

22 42 ₽ 25

## MAIDENHEAD

**CLIVEDEN**
€€€€€ ★★★★★ ❀❀❀
Taplow
SL6 0JF
Tel. 01628/66 85 61
clivedenhouse.co.uk

Einer der großen englischen Landsitze, an der Themse in einem 152 ha großen Land-

schaftsgarten gelegen (National Trust). Cliveden war zwischen den Kriegen ein Treffpunkt der hohen Politik, als Nancy Astor (1879–1964), Großbritanniens erste weibliche MP hier die Hautevolee der Politik, Finanzwelt und des Kulturlebens einlud. Großartige Ausblicke über den Garten vom **Terrace Restaurant** aus; bei **Waldo's** exzellente Küche in diskretem Luxus. Tennis, Angeln, Squash, Billard, Sauna, Flussfahrten. *Afternoon Tea*, Menü M & A.

🛈 38 (& Spring Cottage) 🛏 Waldo's 24, Terrace 100 🅿 60 🔲 🔲 🔲 🔲

🏨 FREDRICK'S
€€€€€ ★★★★ ✹✹
Shoppenhangers Rd.
SL6 2PZ
Tel. 01628/58 10 00
fredricks-hotel.co.uk

Hotel in Familienbesitz mit renommiertem Restaurant. Speisen, Komfort, Service und Gastlichkeit sind von außergewöhnlicher Qualität. Nicht weit vom Flughafen Heathrow entfernt, aber ruhig.

🛈 37 🅿 90 🔲 Geschl. Weihnachten

🏨 ELVA LODGE €€
Castle Hill
SL6 4AD
Tel. 01628/62 29 48
elvalodgehotel.co.uk

Hotel im Familienbesitz mit freundlichem Service. Beliebter Treffpunkt ist die **Lions Brasserie**.

🛈 26 🅿 32 🔲 Geschl. Weihnachten

## MARLOW

🏨 DANESFIELD HOUSE
€€€€ ★★★★ ✹✹✹
Henley Rd.
SL7 2EY
Tel. 01628/89 10 10
danesfieldhouse.co.uk

Edles Ambiente im Oak Room mit verzierter Stuckdecke und Eichenpaneel. Jahreszeitlich geprägte Speisekarte mit französischen und

englischen Klassikern. Weinkarte mit glänzender Auswahl. Bar-Snacks. Menü M & A.

🛏 45 🔲 Geschl. Di–Do M, So–Mo, 2 Wochen im August, 2 Wochen zu Weihnachten

## REIGATE

🏨 BEST WESTERN
REIGATE MANOR
€€ ★★★
Reigate Hill
RH2 9PF
Tel. 01737/24 01 25
reigatemanor.co.uk

Das Hotel liegt an den Hängen des Reigate Hill. Die Innenstadt, die Autobahn und der Flughafen Gatwick sind von hier aus ideal zu erreichen.

🛈 50 🅿 130

## ST. ALBANS

🏨 SOPWELL HOUSE
🛏 €€€€ ★★★★ ✹✹
Cottonmill Ln., Sopwell
AL1 2HQ
Tel. 01727/86 44 77
sopwellhouse.co.uk

Viele Zimmer in diesem Hotel haben Himmelbetten. Bar in der Library Lounge; im **Magnolia Conservatory Restaurant** wächst ein alter Magnolienbaum; die Küche ist gastronomisch brillant, selbstbewusst und einfallsreich. Ein legereres Flair herrscht in der Brasserie. Bar-Snacks. Menü.

🛈 122 (16)🅿 360 🔲 🔲 🔲

## SHEFFORD WOODLANDS

🏨 PHEASANT INN €
Ermin St.
Hungerford
RG17 7AA
Tel. 01488/64 82 84
thepheasant-inn.co.uk

Im Herzen des Pferdelandes in den Berkshire-Hügeln liegt der gemütliche und freundliche alte Gasthof, der bei Pferdetrainern und Reitern sehr beliebt ist.

🛈 11

🔲 Nichtraucher 🔲 Klimaanlage 🔲 Pool im Haus 🔲 Pool im Freien 🔲 Fitnessclub 🔲 Kreditkarten

### SHERE

**🍴 KINGHAMS** €€€ ❀
Gomshall Ln.
**GU5 9HE**
Tel. 01483/20 21 68
kinghams-restaurant.co.uk

Restaurant in einem Cottage aus dem 17. Jahrhundert mit entspannter, sehr freundlicher Atmosphäre. Abwechslungsreiche, moderne britische Küche. Menü M & A.
🪑 48 🕐 Geschl. So A, Mo, 25. Dez.–4. Jan.

### SONNING

**🍴 FRENCH HORN**
€€€€ ❀❀
Sonning
**RG4 6TN**
Tel. 0118/969 22 04
thefrenchhorn.co.uk

Das gut eingeführte Restaurant liegt malerisch am Themseufer. Genießen Sie die klassische französische Küche, den Blick über den Fluss und das reizende Dorf. Berühmt für die Ente vom Spieß, die vor dem Kamin in der Bar zubereitet und dann am Tisch zerlegt wird. Menü M & A. Keine Kinder unter drei.
🪑 60 🕐 Geschl. Karfreitag und Neujahr

### WARE

**🏨 MARRIOTT**
**🍴 HANBURY MANOR**
€€€€ ★★★★★ ❀❀
Ware
**SG12 0SD**
Tel. 01920/48 77 22
marriott.co.uk

Britisches Flaggschiff der Marriott-Gruppe: Jakobäisches Herrenhaus mit Park (81 ha), Holzvertäfelung, Kristallleuchtern, Antiquitäten und offenen Kaminen. Komfortable Zimmer im Landhausstil. Das **Zodiac Restaurant** und der **Oakes Grill** servieren französische Gerichte, die **Vardons-Bar** Snacks. Golf, Tennis, Snooker. Menü M & A.
🛏 161 🅿 200 🚌 🖥 🛗

### YATTENDON

**🏨 ROYAL OAK** €€€€ ★★ ❀❀
**🍴 The Square**
**RG18 0UG**
Tel. 01635/20 13 25
royaloakyattendon.co.uk

Glyzinienumrankter Landgasthof mit anglofranzösischem Flair. Liebevoll zubereitete Gerichte mit Stil werden im Restaurant serviert. Von der umfangreichen Weinkarte können Sie auch glasweise bestellen. Gut möblierte Zimmer, aufmerksamer Service.
🛏 5 🪑 24 🅿 20

## DER SÜDOSTEN

### AMBERLEY

**🏨 AMBERLEY CASTLE**
**🍴 €€€€ ★★★★ ❀❀❀❀**
Amberley
**BN18 9LT**
Tel. 01798/83 19 92
amberleycastle.co.uk

Schlossanlage aus dem 11. Jahrhundert, komplett mit Torhaus, Fallgatter, Burgmauern, Gärten und umherstolzierenden Pfauen. Die alten Mauern bergen auch ein Verlies, wo Feinde weggesperrt und vergessen wurden. Das dem Stil entsprechende Restaurant **The Queen's Room** bietet diverse Menüs, darunter Schlossküche nach alten englischen Rezepten. Keine Kinder unter fünf.
🛏 19 🅿 40

### ASHFORD

**🏨 EASTWELL MANOR**
**🍴 €€€€€ ★★★★ ❀**
Eastwell Park, Boughton Lees
**TN25 4HR**
Tel. 01233/21 30 00
eastwellmanor.co.uk

Von dem Moment an, wenn der Gast die prächtige Rezeption betritt, wird kompromisslose Qualität geboten. Im **The Manor Restaurant** gibt es einen großen Kamin, und man blickt auf tadellos gepflegte Anlagen. Die Gerichte sind eher klassisch, die Weinkarte hervorragend.

🚭 62 🛏 80 🏊 💪

## BOURNEMOUTH

🏨 THE CONNAUGHT HOTEL
€–€€
30 West Hill Rd., West Cliff
BH2 5PH
Tel. 01202/298020
theconnaught.co.uk

Komfortables und gut ausgestattetes Hotel in der West-Cliff-Gegend. Das Stadtzentrum ist gut zu erreichen, das Meer nicht weit. Das freundliche und aufmerksame Personal macht den Aufenthalt noch angenehmer.

🛏 80 🅿 66 🏊 🏊 💪

## BRIDPORT

🍽 RIVERSIDE €€€ ❀❀
West Bay
DT6 4EZ
Tel. 01308/42 20 11

Gut besuchtes und beliebtes Restaurant mit wechselndem Angebot an stets fangfrischem Fisch und Meeresfrüchten.

🛏 80 🕐 Geschl. So A, Mo, Dez.–Feb.

## BRIGHTON

🏨 THE GRAND
€€€€€ ★★★★★
Kings Rd.
BN1 2FW
Tel. 01273/22 43 00
grandbrighton.co.uk

Traditionelles Luxushotel und Wahrzeichen an der Promenade. Spa und Fitness, Wintergarten mit Meerblick, Livemusik.

🚭 200 🅿 65 🏊 💪

## CANTERBURY

🏨 FALSTAFF €€€ ★★★
8–10 St. Dunstans St., Westgate
CT2 8AF
Tel. 01227/46 21 38
thefalstaffincanterbury.com

Gasthof (16. Jh.) neben dem Westgate Tower. Im schönen Speisesaal wird englisches Frühstück serviert.

🚭 46 🅿 41

🍽 RAFAEL'S
€€€
Station Rd. West
CT2 8AN
Tel. 01227/45 91 53
thegoodsshed.co.uk

Aus einem verschrobenen viktorianischen Eisenbahnschuppen ist ein Bauernmarkt und ein Restaurant mit rustikalen, schnörkellos britischen Gerichten geworden.

🛏 80 🕐 Geschl. So A, Mo, 25. Dez.

## CASTLE COMBE

🏨 MANOR HOUSE
🍽 €€€€ ★★★★ ❀
Castle Combe
SN14 7HR
Tel. 01249/78 22 06
manorhouse.co.uk/exclusive_hotels

Haus des 14. Jahrhundert mit Park und Gärten auf 10,5 ha. Zimmer im Haupthaus und im Cottage. Offener Kamin und Blumenschmuck in den Salons. Durchdachtes, einfallsreiches Speisenangebot, auch klassische Gerichte im **Bybrook**. Zahlreiche Sportmöglichkeiten wie Golf, Tennis und Angeln. Menüs.

🚭 21 (24) 🛏 75 🅿 100 🏊

## CHICHESTER

🏨 MILLSTREAM
€€€ ★★★ ❀
Bosham Ln., Bosham
PO18 8HL
Tel. 01243/57 32 34
millstream-hotel.co.uk

Reizvolles Dorfhotel mit Restaurant. Cocktailbar zum Garten hin. Bei Kerzenlicht serviert man Frisches aus der Region und Weine. Bar-Snacks. Menü M & A.

🚭 33 🅿 44

---

🚭 Nichtraucher  ❄ Klimaanlage  🏊 Pool im Haus  🏊 Pool im Freien  💪 Fitnessclub  💳 Kreditkarten

## ⅋ THE WHITE HORSE
€€€ ❀❀
Chilgrove
PO18 9HX
Tel. 01243/51 94 44
thewhitehorse.co.uk
Neues Restaurant mit Räumlichkeiten, die höchste Anerkennung finden.
🪑 80

## COWES
### 🏨 BEST WESTERN NEW HOLMWOOD
€€ ★★★
Queens Rd., Egypt Point, Isle Of Wight
PO31 8BW
Tel. 01983/29 25 08
newholmwoodhotel.co.uk
Ein ebenso komfortables wie elegantes Hotel mit schöner Lage am Wasser.
🛏 26 🅿 20

## DORCHESTER
### ⅋ YALBURY COTTAGE
€€€ ❀❀
Lower Bockhampton
DT2 8PZ
Tel. 01305/26 23 82
yalburycottage.com
Das Yalbury Cottage ist ein reetgedecktes, rustikales Cottage-Restaurant mit einer gemütlichen Kaminecke und alten Brotbacköfen. Sorgfältig ausgewählte, nicht überteuerte Weine. Menü A.
🪑 24 🕐 Geschl. 2 Wo. Jan.

## DOVER
### ⅋ WALLETT'S COURT €€€ ❀❀
West Cliffe, St. Margarets-at-Cliffe
CT15 6EW
Tel. 01304/85 24 24
wallettscourthotelspa.com
Individuelle Gerichte aus feinsten Zutaten auf der Grundlage traditioneller Rezepte und klarer, kräftiger Geschmacksnoten. Keine Kinder unter acht.
🪑 60 🛏 15

## EVERSHOT
### 🏨 SUMMER LODGE
### ⅋ €€€€€ ★★★★ ❀❀❀
Evershot
DT2 0JR
Tel. 01935/48 20 00
summerlodgehotel.co.uk
Persönlich geführtes Hotel im Landhausstil in einem bezaubernden Garten. Tennis. Einfallsreiche, täglich wechselnde Karte mit saisonalem Schwerpunkt – traditionelle englische Küche mit einem modernen, europäischen Dreh. Menü M & A.
🛏 10 (14) 🪑 42 🅿 40 🏊

## FAVERSHAM
### ⅋ READ'S
€€€€ ❀❀❀
Macknade Manor, Canterbury Rd.
ME13 8XE
Tel. 01795/53 53 44
reads.com
Eines der besten Restaurants in Kent. Es bietet raffinierte und exzellent zubereitete Küche mit vorwiegend einheimischen Zutaten. Menü M & A.
🪑 40 🕐 Geschl. So–Mo

## FOREST ROW
### 🏨 ASHDOWN PARK
€€€€–€€€€€ ★★★★ ❀❀
Wych Cross
RH18 5JR
Tel. 01342/82 49 88
ashdownpark.com
Sehr gut geführtes Hotel mit äußerst servicebetontem, freundlichem Personal. Das prächtige Gebäude war früher ein Frauenkloster, daher die Kapelle mit schönen Glasmalereifenstern und einer Orgel. Zimmer gemütlich eingerichtet. Das **Anderida Restaurant** serviert traditionelle Gerichte mit Einflüssen der modernen Küche. Freizeit- und Sportangebot: Golf, Tennis, Billard.
🛏 107 🅿 200 🛗 🏊 🎾

---

🏨 Hotel  ⅋ Restaurant  🛏 Zimmer  🪑 Sitzplätze  🅿 Parkplätze  🚇 Metro  🕐 Geschlossen  🛗 Aufzug

## HORSHAM
 SOUTH LODGE
 €€€€ ★★★★★ ✸✸
Brighton Rd., Lower Beeding
RH13 6PS
Tel. 01403/89 17 11
www.exclusive.co.uk/south-lodge/
Herausragend restauriertes viktorianisches Herrenhaus. Das **Camellia Restaurant** bietet Ausblick auf die South Downs. Das Restaurant hat eine ambitionierte Küche und verwendet einheimisches Wild und Bio-Rindfleisch. Die Speisekarte ist eine überzeugende Mischung aus traditioneller und moderner Küche. Snacks. Menü M & A.
ⓘ 89 ⊞ 40 🅿 200 🎽

## LACOCK
 THE RED LION
€–€€
1 High St.
SN15 2LQ
Tel. 01249/73 04 56
redlionlacock.co.uk
Hier ist man mitten in der Postkartenidylle des Wiltshire-Dorfes Lacock: offenes Feuer, Steinböden, freundlicher roter Backstein, Zimmer mit leicht-luftiger Atmosphäre; gutes, schnörkelloses Essen wie Rinderhaxe, Fischfrikadellen und Linguine mit Tomaten.
ⓘ 5 🅿

## LEWES
 SHELLEYS
€€€ ✸
High St.
BN7 1XS
Tel. 01273/47 23 61
the-shelleys.co.uk
Das Restaurant hat eine stilvolle, aber gemütliche Atmosphäre. Auswahl an saisonalen Spezialitäten zusätzlich zum Festpreismenü. Traditionelle Küche und exzellente Zubereitung. Snacks. Menü A.
⊞ 30

## LITTLEHAMPTON
BAILIFFSCOURT
€€€€–€€€€€ ★★★ ✸✸
Climping
BN17 5RW
Tel. 01903/72 35 11
hshotels.co.uk
In den 1930er-Jahren mit Materialien mittelalterlicher Gebäude erbautes Hotel: alte steinerne Fenster, eisenbeschlagene Tore, alte Arkaden. Zimmer mit antiken Eichenmöbeln und Gobelinstoffen ausgestattet. Traditionelle Küche im **Tapestry Restaurant** mit rustikalen Deckenbalken. Tennis.
ⓘ 9 (30) 🅿 60 ⏚

## LYMINGTON
THE MILL AT GORDLETON
€€€ ★★
Silver St., Hordle
SO41 6DJ
Tel. 01590/68 22 19
themillatgordleton.co.uk
Eine 300 Jahre alte ehemalige Mühle, mit originalem Mühlenwerk und Wehr, Seerosenteich, Wasserlandschaften und »Secret Garden« mit Kunstwerken. Gute Auswahl an Gerichten für Lunch und Dinner. Attraktive Zimmer und Badezimmer mit Whirlpools. Keine Kinder unter acht Jahren.
ⓘ 9 🅿 60

## MAIDSTONE
MARRIOTT TUDOR PARK
HOTEL & COUNTRY CLUB
€€€ ★★★★
Ashford Rd., Bearsted
ME14 4NQ
Tel. 01622/73 43 34
marriott.co.uk
Im Herzen von Kent, schönes Country Hotel mit freundlicher, hilfsbereiter Bedienung und gutem Restaurant; exzellente, schmackhafte Zubereitung. Golfplatz und Tennisplätze vorhanden.
ⓘ 120 🅿 250 ⏚ ⏚ 🎽

---

## MIDHURST

**🍴 ANGEL HOTEL €€€ ✹**
North St.
GU29 9DN
Tel. 01730/81 24 21
theangelmidhurst.co.uk

Sehr atmosphärischer alter Gasthof aus der Tudorzeit mit georgianischen Anbauten. Abendessen im **Cowdray Room**, Gerichte mit leichten Saucen, geschmackvoll, aber Verzicht auf unnötige Garnierung.
🍴 60 🅿 35

## MILFORD ON SEA

**🍴 VERVEINE FISHMARKET RESTAURANT €€–€€€€**
98 High St.
Milford on Sea
SO41 0QE
Tel. 01590/642176
verveine.co.uk

Ein hervorragendes Restaurant, Fischmarkt und Delikatessengeschäft. Hier ist Vielfalt Programm: Das »Taster«-Menü und das Vorspeisen-Menü (hausgeräucherter Aal und Loup de Mer, regionaler Hummer) laden zum Ausprobieren ein. Treten Sie dem Nachspeisen-Club bei oder machen Sie einen Kochkurs. Oder Sie kaufen frischen Fisch und bekommen die praktischen Tipps vom Koch dazu.
🕐 Geschl. So–Mo

## NEWBURY

**🍴 DEW POND €€€ ✹**
Old Burghclere
RG20 9LH
Tel. 01635/27 84 08
dewpond.co.uk

Hier strahlt alles den Charme traditioneller englischer Gastlichkeit aus. Moderne englische und französische Küche mit klassischem Repertoire und aus exzellenten frischen Zutaten, fein gewürzt. Menü A. Keine Kinder unter fünf Jahren.
🍴 45 🕐 Geschl. M, So–Mo, Weihnachten, Neujahr

## NEW MILTON

**🏨 CHEWTON GLEN**
**🍴 €€€€€ ★★★★★ ✹✹✹**
Christchurch Rd.
BH25 5QS
Tel. 01425/27 53 41
chewtonglen.com

Luxuriöse und gastliche Atmosphäre. Das Chewton Glen ist ein gut geführtes Haus, das viele Extras bietet. Exzellente Küche im **Dining Room**, die stets die besten frischen Zutaten verwendet. Beeindruckend breites Angebot der Weinkarte. Golf und Tennis.
🛏 53 (2) 🍴 120 🅿 100 🌊 📶 📺

## RINGWOOD

**🏨 THE BURLEY INN €€**
The Cross Burley
BH24 4AB
Tel. 01425/40 34 48
newforestpubcompany.co.uk

Es ist erstaunlich schwierig, im New Forest etwas Nettes für einen Zwischenstop zu finden. Glücklicherweise gibt es das Burley Inn – es ist sauber, freundlich und günstig gelegen für die Küste von Hampshire.
🛏 11 🅿

## ROYAL TUNBRIDGE WELLS

**🏨 THACKERAYS €€€ ✹✹✹**
85 London Rd.
TN1 1EA
TEL. 01892/51 19 21
thackerays-restaurant.co.uk

Originelle und schmackhafte moderne französische Küche. Besonders gelungen sind die Gerichte mit Fisch und Meeresfrüchten.
🛏 54 🕐 Geschl. So A, Mo

## RYE

**🏨 MERMAID €€€ ★★★ ✹**
Mermaid St.
TN31 7Ey
Tel. 01797/22 30 65
mermaidinn.com

Berühmtes mittelalterliches Schmugglernest, stilvoll mit alten Holzbalkendecken,

Täfelung, riesigen Kaminen. Im **Linen Fold Panelled Restaurant** klassische englisch-französische Küche, freundliche Bedienung, Snacks. Menü M & A.

🚪 31 🅿 25

🏨 **JEAKE'S HOUSE**
€€–€€€ ★★★★★
Mermaid St.
TN31 7ET
Tel. 01797/22 28 28
jeakeshouse.com

Das Haus aus dem 16. Jahrhundert in der hübschen gepflasterten Straße war einst ein Wollgeschäft, dann ein Quäker-Versammlungsraum und eine Baptistenkapelle. Bücherregale und Klavier, Frühstückszimmer mit Galerie, vegetarisches Frühstück möglich. Keine Kinder unter zwölf.

🚪 11 🅿 20

## SALISBURY

🏨 **LEGACY ROSE AND CROWN HOTEL**
€ ★★★★
Harnham Rd., Harnham
SP2 8JQ
Tel. 0844/411 90 46

Am Ufer des Flusses Avon gelegen mit Blick auf die Kathedrale. **Pavilons Restaurant** direkt am Flussufer. Fischen. Pub-Gerichte. Menü M & A.

🚪 29 🅿 60

🍴 **ANOKAA** €€ ✿
60 Fisherton St.
SP2 7RB
Tel. 01722/41 41 42
anokaa.com

Zeitgenössische indische Gerichte in aufregend modernem Ambiente. Einfallsreiche, schmackhafte Speisen, die von Kellnern in traditioneller Kleidung serviert werden. Keine Kinder unter fünf Jahren.

🔧 80

🏨 **OLD MILL HOTEL** €€
🏨 Town Path, West Harnham
SP2 8EU
Tel. 01722/32 75 17
oldmillhotelsalisbury.com

Restaurant in einer ehemaligen Papierfabrik mit rauschendem Mühlbach am Ufer des ruhigen Flusses Nadder. Exzellente Küche und große Auswahl an Snacks. Menü D.

🔧 50

## SHAFTESBURY

🍴 **LA FLEUR DE LYS** €€€ ✿✿
Bleke St.
SP7 8AW
Tel. 01747/85 37 17
lafleurdelys.co.uk

Moderne Küche mit französischen Einflüssen – Krabben und Queller oder Wild mit Armagnac-Sauce.

🔧 45 🕐 Geschl. So A, Mo–Di M, 3 Wochen im Januar

## STEYNING

🏨 **SPRINGWELLS HOTEL** €€
9 High St.
BN44 3GG
Tel. 01903/81 24 46
springwells.co.uk

Das von Kletterpflanzen bewachsene georgianische Haus, inmitten wunderschöner Gärten gelegen, lädt zu einem netten Zwischenstopp auf dem Weg durch die Sussex Downs ein. Man kann auch übernachten.

🚪 11 🅿 6 🕐 Geschl. Weihnachten, Neujahr

## STOCKBRIDGE

🍴 **THE GREYHOUND** €€€ ✿✿
High St.
SO20 6EY
Tel. 01264/81 08 33

Holztische, eine gemütliche Zwanglosigkeit und eine gute Küche zeichnen diesen netten Dorfpub aus. Im Fluss Test, der am Garten entlangfließt, kann man die Forellen bewundern.

🔧 52 🕐 Geschl. 1. Jan.

## STURMINSTER NEWTON

 **PLUMBER MANOR** €€–€€€

🍴 Plumber
DT10 2AF
Tel. 01258/47 25 07
plumbermanor.co.uk

Großartiges Essen im **Country House Restaurant** und eine warmherzige Begrüßung empfängt einen in diesem schönen alten Landhaus. Entspannte Atmosphäre inmitten der Familienfotos. Hunde sind willkommen!

🛏 17

## WARMINSTER

🏨 **BISHOPSTROW HOUSE**

🍴 €€€€ ★★★★ ✿✿
Warminster
BA12 9HH
Tel. 01985/21 23 12
bishopstrow.co.uk

Georgianisches Haus, ausgestattet mit englischen Antiquitäten und Gemälden des 19. Jahrhunderts. Zimmer mit Himmelbetten, manche auch mit Whirlpool. **Mulberry Restaurant** und **Wilton Room** bieten traditionelle englische Küche. Tennis, Fischen, Bogenschießen, Radfahren und Krocket.

🛏 32  🅿 100

## WINCHESTER

🏨 **WINCHESTER ROYAL**

🍴 €€ ★★★ ✿
St. Peter St.
SO23 8BS
Tel. 08448/55 91 56
sjhotels.co.uk/winchester

Beliebtes Hotel in ruhiger Seitenstraße, nahe der historischen Altstadt. Das **Garden Restaurant** im Wintergarten bietet moderne britische Gerichte; im Sommer mittags Barbecue im Garten. Snacks. Menü A.

🛏 75  🅿 50

🏨 **HOTEL DU VIN & BISTRO**

🍴 €€€ ★★★★ ✿✿
14 Southgate St.
SO23 9EF

Tel. 01962/84 14 14
hotelduvin.com

Das Hotel du Vin & Bistro liegt zentral in einem Stadthaus aus dem 18. Jahrhundert. Stilvolles, ungezwungenes Lokal mit mediterranen Speisen. Die Zimmer sind komfortabel, jedes ist einem anderen Weingut gewidmet.

🛏 23  🔲 65  🅿 35

🍴 **CHESIL RECTORY** €€€ ✿✿
1 Chesil St.
SO23 0HU
Tel. 01962/85 15 55
chesilrectory.co.uk

Elegantes und unauffälliges Restaurant im ältesten Haus von Winchester mit leckerer, solide zubereiteter Kost.

🔲 75  🕐 Öffnungszeiten tel. anfragen

# DER SÜDWESTEN

## ASHBURTON

🏨 **TIDWELL FARM B&B**
€€–€€€
Dartmoor National Park
TQ13 7LY
Tel. 01803/76 28 28
tidwellfarmbedandbreakfast.co.uk

Der liebevoll restaurierte Bauernhof ist heute ein erstklassiges B&B. Die Lage am südwestlichen Eck des Dartmoor National Park ist günstig für Besuche in Dartmouth und Torquay oder Wanderungen im Moor.

🛏 14

## BATH

🏨 **APSLEY HOUSE**
€€€ ★★★★★
Newbridge Hill
BA1 3PT
Tel. 01225/33 69 66
apsley-house.co.uk

Freundliches, am Rande der georgianischen Stadt gelegenes Hotel.

🛏 11  🅿 10  🕐 Geschl. Weihnachten

🏨 Hotel  🍴 Restaurant  🛏 Zimmer  🔲 Sitzplätze  🅿 Parkplätze  🚇 Metro  🕐 Geschlossen  🛗 Aufzug

🍴 OLIVE TREE €€€€ ❀❀❀
Queensberry Hotel, Russel St.
BA1 2QF
Tel. 01225/44 79 28
olivetreebath.co.uk

Kontinentaleuropäische Gerichte im eleganten Kellerrestaurant eines Stadthotels.
Menü M & A.
🔲 60 🔲 Geschl. Mo M

🍴 CRYSTAL PALACE €–€€ ❀❀
10–11 Abbey Green
BA3 2HX
Tel. 01225/48 26 66
crystalpalacepub.co.uk

Das schöne Gebäude aus warmen Sandstein liegt in der Fußgängerzone mitten in Bath, nur einen Katzensprung von den Sehenswürdigkeiten entfernt. Offener Kamin, ein sonniger Innenhof, eine gute Auswahl an Ales und Pub-Gerichten.

## BRISTOL

🏨 AVON GORGE €€ ★★★
🍴 Sion Hill, Clifton
BS8 4LD
Tel. 0117/973 89 55
theavongorge.com

Herrliche Lage über der Avon-Schlucht und Brunels berühmter Hängebrücke. Beliebtes Hotel im Zentrum des schicken Clifton. Gut ausgestattete Zimmer, viele mit einem grandiosen Ausblick, verschiedene Bars (eine bei schönem Wetter draußen auf der Terrasse) und schönem **Bridge Café** Restaurant. Prompte, professionelle und freundliche Bedienung.
🔳 75 🅿 25 🔄

🍴 GLASSBOAT €€€ ❀
Welsh Back
BS1 4SB
Tel. 0117/929 07 04
glassboat.co.uk

Einkehren und speisen in bester Lage. Das umgewandelte Schiff, festgemacht an der Bristol Bridge, hat einen mit Glas überdach-

---

ten Speisesaal. Moderne britische Küche mit mediterranen Einflüssen, konsequent hoher Standard. Menü M & A.
🔳 120 🔲 Geschl. So A, Mo M 🔘

## CHAGFORD

🏨 GIDLEIGH PARK
🍴 €€€€€ ★★★ ❀❀❀❀
Chagford
TQ13 8HH
Tel. 01647/43 23 67
gidleigh.com

Das Hotel steht malerisch eingebettet inmitten von 18 ha Land im Dartmoor National Park mit Flüssen, Wäldern und ruhigen Plätzchen. Das **Gidleigh Park Restaurant** serviert ausgefallene Gerichte, basierend auf der französischen Küche mit regionalen Zutaten. Exzellente Weinkarte; Service freundlich und professionell. Tennis, Fischen und Krocket. Menü M & A.
🔳 24 🔲 35 🅿 45

## CRACKINGTON HAVEN

🏨 TRESMORN FARM €
Crackington Haven, Bude
EX23 0NU
Tel. 01840/23 06 67
oder 07786/22 74 37
lowertresmorn.co.uk

Sie wohnen im wunderschönen alten Bauernhof oder in der hübsch restaurierten Scheune der Tresmorn Farm in der berühmten Küstenregion des nördlichen Cornwall. Herzlicher Empfang mit Tee und Gebäck. AA-Dinner-Preisträger.
🔳 6 🅿 5

## DARTMOUTH

🍴 DART MARINA
€€€€ ❀❀❀
Sandquay Rd.
TQ6 9PH
Tel. 01803/83 25 80
dartmarina.com

Leckere Gerichte wie frittierter Seelachs, regionaler Hummer oder Erbsen-Minze-

---

🚭 Nichtraucher  ❄ Klimaanlage  🏊 Pool im Haus  🏊 Pool im Freien  🏋 Fitnessclub  💳 Kreditkarten

Risotto mit fantastischem Blick über den Fluss Dart. »Sunday in the Spa«, der Wellness-Sonntag, bietet Massage, Gesichtsreinigung, Peeling, Pediküre & einen *Cream Tea* zum Abschluss.

🅿

## DULVERTON
🍴 **MASONS ARMS** €€
Knowstone
EX36 4RY
Tel. 01398/34 12 31
masonsarmsdevon.co.uk
Reetgedeckter Dorfpub aus dem 13. Jahrhundert mit angenehmer, fröhlicher Atmosphäre. Mit einem Michelin-Stern ausgezeichnete Küche, bodenständige, gute Gerichte von Halibut in Kartoffelkruste bis Rinderfilet. Abends keine Kinder unter fünf Jahren. Menü M.

🛏 24 🅿 🕐 Geschl. Mo, So D, Nov. und Jan. So, eingeschränkte Öffnungszeiten zwischen Silvester und Dreikönig

## FALMOUTH
🏨 **ROYAL DUCHY**
€€€€ ★★★★ ❀❀
Cliff Rd.
TR11 4NX
Tel. 01326/31 30 42
royalduchy.com
Elegantes viktorianisches Hotel mit Meerblick, nicht weit vom Stadtzentrum. Schwimmbad mit Sauna, Solarium, Heilbad; separates Spielzimmer. Speisen aus frischen regionalen Zutaten stehen im erstklassigen **Pendennis Restaurant** auf der Karte.

🛏 43 🅿 50 🔌 📶

🍴 **HARBOURSIDE RESTAURANT** €€€ ❀
Greenbank Hotel, Harbourside
TR11 2SR
Tel. 01326/31 24 40
greenbank-hotel.co.uk
Unvergleichlicher Blick auf den Hafen von Falmouth aus dem **Water's Edge Res-**

**taurant**. Klassisch-elegante Einrichtung. Gerichte: vorwiegend Fisch und Meeresfrüchte. Snacks.

🔌 60

## FOWEY
🏨 **FOWEY HALL**
🍴 €€€€€ ★★★ ❀❀
Hanson Dr.
PL23 1ET
Tel. 01726/83 38 66
foweyhallhotel.co.uk
Prächtiges Herrenhaus aus dem Jahr 1899 mit Meerblick. Wunderschöner Speisesaal mit Kerzenlicht, Säulen und Holzvertäfelung. Fantasievolle und hervorragend zubereitete Küche. Menü A.

🛏 36 (8) 🔌 40 🅿 40 📶

🍴 **OLD QUAY HOUSE**
€€–€€€ ❀❀
28 Fore St.
PL23 1AQ
Tel. 01726/83 33 02
theoldquayhouse.com
Das Schönste am Old Quay House ist, auf der Terrasse zu speisen, wobei man regelrecht über dem rauschenden Wasser des Fowey Estate thront. Das moderne Innere des Hauses ist allerdings auch sehr einladend. Frisch gefangener Schellfisch und Felchen sind die beiden Hauptattraktionen auf der erlesenen Speisekarte.

🔌 38 🕐 Geschl. M Mo–Fr Okt.–Mai, 1 Monat im Winter

## GULWORTHY
🍴 **HORN OF PLENTY** €€€€ ❀❀
Tavistock, Gulworthy
PL19 8JD
Tel. 01822/83 25 28
thehornofplenty.co.uk
Herrliche Aussicht aus dem Speisesaal über das Tamar Valley. Exzellente Kanapees, das Abendessen erfüllt alle Erwartungen. Menü M & A.

🔌 60 🕐 Geschl. Mo M, Weihnachten

## HAYTOR VALE

**ROCK INN** €€ ❀
TQ13 9XP
Tel. 01364/66 13 05
rock-inn.co.uk
Hübsches Inn im Hügelland von Dartmoor.
Die frische Luft steigert den Appetit!
45

## LAND'S END

**LAND'S END HOTEL** €€
Cornwall
TR19 7AA
Tel. 01736/871844
landsendhotel.co.uk
Das Hotel liegt wortwörtlich am Ende des
Landes mit schönen Blicken über die Fels-
klippen von Land's End zum Longship-
Leuchtturm und – an klaren Tagen – darüber
hinaus zu den Scilly Isles. Die Terrasse bietet
während des Essens einen fantastischen Aus-
blick. Viele Angebote und Aktionen.

## LANGPORT

**LYNCH COUNTRY HOUSE** €€
Somerton, Somerset
TA11 7PD
Tel. 01458/27 23 16
thelynchcountryhouse.co.uk
Vom Haus und dem angrenzenden Coach
House haben Sie Zugang zu schönen Gärten
und einem See mit schwarzen Schwänen.
9

## LOOE

**COOMBE FARM** €€
Widegates
PL13 1QN
Tel. 01503/24 02 23
Das Hotel liegt auf 4 ha Rasen, Wiesen und
Wald; gastliche Atmosphäre, freundlicher
Service. Spielzimmer. Das viergängige Dinner
ist aus regionalen Zutaten zubereitet.
3 20

## LYDFORD

**MOOR VIEW** €€
Vale Down
EX20 4BB
Tel. 01822/82 02 20
moorviewhouselydford.com
Gastliche Atmosphäre am Rand von Dartmoor. Die Möblierung der Zimmer stammt
vorwiegend aus Familienbesitz; Hausmannskost. Mit AA-Dinner-Auszeichnung. Keine
Kinder unter zwölf Jahren.
4 15

## LYNMOUTH

**RISING SUN** €€€ ★★ ❀
Harbourside
EX35 6EG
Tel. 01598/75 32 23
risingsunlynmouth.co.uk
Das Gasthaus des 14. Jahrhunderts steht an
der Hafenfront der Altstadt von Lynmouth.
Keine Kinder unter acht Jahren. Möglichkei-
ten zum Fischen.
14 (5)

## LYNTON

**CHOUGH'S NEST** €€
North Walk
EX35 6HJ
Tel. 01598/75 33 15
choughsnesthotel.co.uk
Spektakuläre Ausblicke auf die Küste unter-
malen hier das Essen. Einflüsse aus aller
Welt bestimmen die innovativen Gerichte,
die in einem luftigen Speisesaal serviert
werden. Menü A.
20 Geschl. Mo–Mi im Winter

## MOUSEHOLE

**OLD COASTGUARD HOTEL**
€€€ ❀❀
The Parade
TR19 6PR
Tel. 01736/73 12 22
oldcoastguardhotel.co.uk
Vielfältig und frisch zubereitete Fischgerich-
te nach der Tageskarte im gemütlichen alten

Gasthaus, dessen Gärten sich bis zum Meer erstrecken. Snacks. Menü A.

🛏 50

## NEWQUAY
🏨 HOTEL BRISTOL €€€ ★★★
🍴 Narrowcliff
TR7 2PQ
Tel. 01637/87 51 81
hotelbristol.co.uk

Eigentümergeführtes Hotel mit schönem Meerblick. Cocktailbar und elegantes Restaurant.

🛈 74 🅿 105 🛏 🚇

## PADSTOW
🏨 OLD CUSTOM HOUSE
€€–€€€ ★★★ ❀
South Quay
PL28 8BL
Tel. 01841/53 23 59
oldcustomhousepadstow.co.uk

Am Hafen gelegen, mit herrlichem Meerblick. Im **Restaurant Pescadou** gibt es regionalen Fisch, gutes Bier und Snacks.

🛈 24 🅿 9 🛗

🍴 SEAFOOD RESTAURANT
€€€€€ ❀❀❀
Riverside
PL28 8BY
Tel. 01841/53 27 00
rickstein.com

Der Ruhm des Fernsehkochs Rick Stein zieht die Menschen in sein Fischrestaurant. Das Markenzeichen seiner Küche ist absolute Frische und einfache Zubereitung, Desserts sind ein besonderer Genuss, die Weinkarte abenteuerlich. Menü M. Keine Kinder unter drei.

🛏 104 🛗

## PENZANCE
🏨 CHY-AN-MOR €
15 Regent Terrace
TR18 4DW
Tel./Fax 01736/36 34 41
chyanmor.co.uk

Die individuell eingerichteten Zimmer dieses georgianischen Hauses sind unterschiedlich groß. Keine Kinder unter zehn.

🛈 10 🅿 10 🕓 Geschl. Dez.–Jan.

## PLYMOUTH
🏨 GROSVENOR HOUSE €
7–9 Eliot St., The Hoe
PLI 2PP
Tel. 01760/30 02 15
grosvenor-plymouth.com

Das Hotel besteht aus drei schicken viktorianischen Stadthäusern. Das gemütliche Hotel liegt nahe am Hoe Park und dem alten Hafen. Fünf Stockwerke, kein Aufzug.

🛈 41

🍴 THE GREEDY GOOSE €€
Finewell St.
PL1 2AE
Tel. 01752/25 20 01
thegreedygoose.co.uk

Ein zwangloses Restaurant mit vernünftigen Preisen und frischem, hausgemachten Essen.

🛏 28 🕓 Geschl. So–Mo

## POLPERRO
🏨 TRENDERWAY €€
Pelynt
PL13 2LY
Tel. 01503/27 22 14
trenderwayfarm.co.uk

Luxuriöse Unterkunft in einem Bauernhaus aus dem 16. Jahrhundert in schöner Umgebung. Für das traditionelle Frühstück werden ausschließlich Eier der frei laufenden Hühner des Hofes verwendet. Preisträger eines AA Breakfast Award. Keine Kinder.

🛈 8 (2) 🅿 8 🕓 Geschl. Weihnachten

## PORTSCATHO
🏨 DRIFTWOOD
🍴 €€€€ ★★★ ❀❀❀
Rosevine
TR2 5EW
Tel. 01872/58 06 44
driftwoodhotel.co.uk

---

🏨 Hotel 🍴 Restaurant 🛈 Zimmer 🛏 Sitzplätze 🅿 Parkplätze 🚇 Metro 🕓 Geschlossen 🛗 Aufzug

Ein familiengeführtes Hotel mit einem kornischen Restaurant, das mit einem Michelin-Stern ausgezeichnet wurde. Wundervoller Blick über Gerrans Bay und den eigenen kleinen Strand und die Bucht. Schlicht und charmant, bis hin zur angenehmen blau-weißen, maritimen Gestaltung der Schlafzimmer.

🛏 74 🅿 105 ⬛ ⬛

### ST. IVES

🏨 **BLUE HAYES** €€€
Trevelyon Ave.
TR26 2AD
Tel. 01733/53 02 19
bluehayes.co.uk

Es gibt in St. Ives nicht so viele schicke familiengeführte Hotels, umso schöner ist es, das Blue Hayes zu entdecken. Das Haus sitzt auf einer Klippe mit Garten, schöner Terrasse und fantastischem Blick über die Bucht von St. Ives. Die Suiten sind sorgfältig ausgestattet, der Service erstklassig. Ein perfekter Rückzugsort. Keine Kinder unter zehn.

🛏 6

🍽 **PORTHMINSTER BEACH RESTAURANT** €€€ ✿
Porthminster
TR26 2EB
Tel. 01736/79 53 52
porthminstercafe.co.uk

Ein helles, luftiges Restaurant am Strand. Dekor und Küche sind vom Meer geprägt.

🛏 60 🕐 Geschl. Mo im Winter

### SHEPTON MALLET

🏨 **CHARLTON HOUSE**
€€€€ ★★★ ✿✿✿
Charlton Rd.
BA4 4PR
Tel. 01749/34 20 08
charltonhouse.com

Herrenhaus des 16. Jahrhunderts in schönem Garten. Familiäre Atmosphäre. Einfallsreiche Küche. Fischen, Krocket, Bogenschießen, Tontaubenschießen und

Heißluftballonfahrten. Wurde 2013 von der *Times* als eines der fünf romantischsten Hotels Großbritanniens ausgezeichnet.

🛏 22 (4) 🅿 45 ⬛

### STAVERTON

🍽 **SEA TROUT INN** €€ ✿
Staverton
TQ9 6PA
Tel. 01803/76 22 74
theseatroutinn.co.uk

Das Thema Fisch ist in diesem guten und sehr gut besuchten Restaurant mit Bar allgegenwärtig. Bar-Gerichte.

🍴 35

### STON EASTON

🏨 **STON EASTON PARK**
🍽 €€€€€ ★★★★ ✿✿
Ston Easton
BA3 4DF
Tel. 01761/24 16 31
stoneaston.co.uk

Palladianisches Herrenhaus (18. Jh.) auf weitläufigem Gelände mit Fluss und See. Zimmer mit Antiquitäten und individueller Note. Aperitifs und Kanapees im eleganten Salon, Abendessen im **Sorrel Restaurant**, Getränke, Kaffee und Petits Fours in der Bibliothek. Ausgezeichneter Fünf-Uhr-Tee. Tennis, Ballonfahrten, Bogenschießen, Tontaubenschießen, Krocket, Reiten. Keine Kinder unter sieben. Snacks. Menü M & A.

🛏 22 (2) 🍴 40 🅿 120

### TAUNTON

🍽 **THE CASTLE BOW** €€€ ✿✿✿
Castle Green
TA1 1NF
Tel. 01823/27 26 71
castlebow.com

Das Lokal hat in jeder Hinsicht Stil: Die Speisekarte zeugt von Einfallsreichtum, der auch bei der Zubereitung offenkundig wird: einheimische Zutaten für eine eindrucksvoll moderne britische Küche. Menü M Di–Do.

🍴 60 🕐 Geschl. So–Mo

## THURLESTONE

**THURLESTONE**
€€€€€ ★★★★ ✿
Thurlestone
TQ7 3NN
Tel. 01548/56 03 82
thurlestone.co.uk

Hotel in Familienbesitz auf gepflegtem Grundstück mit schöner Aussicht auf die Küste von South Devon. Golf, Tennis, Kroket. Hervorragende Tagesmenüs im **Margaret Amelia Restaurant**.

64 119

## TORQUAY

**GRAND HOTEL** €€€ ✿
Sea Front
TQ2 6NT
Tel. 01803/29 66 77
grandtorquay.co.uk

Ein klassisches weißes Zuckerguss-Hotel der Jahrhundertwende mit tollem Meerblick und eigenem Pool. Mit dem AA-Preis ausgezeichnetes **Restaurant 1881**.

132 57

## TWO BRIDGES

**PRINCE HALL** €€€€ ★★ ✿
Two Bridges
PL20 6SA
Tel. 01822/89 04 03
princehall.co.uk

Für die Gerichte der abendlich wechselnden Speisekarte in dem komfortablen Landhaus-Hotel im herrlichen Dartmoor National Park werden regionale Zutaten verwendet. Fischen. Keine Kinder unter zehn. Menü A.

8 13

## VERYAN

**NARE HOTEL** €€€€ ★★★★ ✿
Carne Beach
TR2 5PF
Tel. 01872/50 11 11
narehotel.com

Schlichte Landhausatmosphäre in Küstenlage. Strandnähe. Mehrere Restaurants mit ausgezeichneten einheimischen Meeresfrüchten. **The Dining Room** bietet traditionelle, jeden Abend wechselnde Menüs, das informellere **The Quaterdeck** serviert À-la-carte-Gerichte. Tennis, Windsurfen.

38 80

## WELLS

**BEACONSFIELD FARM** €
Easton
BA5 1DU
Tel./Fax 01749/87 03 08
beaconsfieldfarm.co.uk

Bauernhof in herrlicher Lage; hoher Standard an Komfort und Gastlichkeit. Keine Kinder unter acht.

3 10 Geschl. Mitte Nov.–März

**GEORGE INN** €–€€
Long St Croscombe
Tel. 01749/34 23 06
thegeorgeinn.co.uk

Das schlichte Äußere verbirgt einen Dorfpub allererster Güte. Es werden mehrere regionale Biersorten frisch gezapft, und die exzellente Küche bietet neben täglichen neuen Angeboten auch Klassiker wie Eier mit Speck. Für die Nachspeise sollte man auch noch ein wenig Platz lassen, besonders lecker ist das selbstgemachte Eis.

90

**GOODFELLOWS** €€ ✿✿
5 Sadler St.
BA5 2RR
Tel. 01749/67 38 66
goodfellowswells.co.uk

Nach vorne zur Straße hin liegen die Patisserie und der Feinkostladen – hinten befindet sich das **Goodfellows Café & Restaurant**, das sich mit der erstklassigen Zubereitung von Fisch aus dem Südwesten einen guten Ruf erkocht hat. Adam, der Chefkoch, verkauft auch Fisch und gibt auf Wunsch Tipps für die jeweils beste Zubereitungsmethode.

40 Geschl. So–Mo, Di A, 25. Dez., in den ersten zwei Wochen im Jan.

Hotel  Restaurant  Zimmer  Sitzplätze  Parkplätze  Metro  Geschlossen  Aufzug

### WOOLACOMBE

🏨 **WATERSMEET €€€€ ★★★ ✿**
Mortehoe
EX34 7EB
Tel. 01271/87 03 33
watersmeethotel.co.uk

Hoch oben auf einer felsigen Bucht gelegen, mit Meerblick. Freundliche Bedienung. Tennis und Krocket.

🛈 25 🅿 38 🏊

## WALES

### ABERYSTWYTH

🍴 **CONRAH €–€€**
Ffosrhydygaled Chancery
SY23 4DF
Tel. 01970/61 79 41
conrah.co.uk

Die Küche bevorzugt zu Recht einheimische Zutaten. Die Qualität der Zutaten, die gekonnte Zubereitung und Präsentation zeigt sich in den traditionellen walisischen Gerichten und der modernen internationalen Küche. Snacks. Menü M & A.

➕ 50

### BONTDDU

🏨 **BORTHWNOG HALL €€€**
Bontddu
LL40 2TT
Tel. 01341/43 02 71
borthwnog.com

Landhaus des 17. Jahrhunderts am Garth-Gell-Naturschutzgebiet an der Mawddach-Mündung. Großartiger Blick auf den Cader Idris. Die Library Art Gallery bietet Aquarelle, Ölgemälde, Keramik und Skulpturen zum Kauf. Geräumige Zimmer.

🛈 3 🅿 6

### BUILTH WELLS

🏨 **LLANGOED HALL €€€€ ✿✿**
Llyswen (bei Brecon), LD3 0YP
Tel. 01874/75 45 25
llangoedhall.co.uk

Für Besucher des Hay-on-Wye-Festivals der Literatur bestens geeignet, aber auch ein guter Ausgangspunkt für Ausflüge in die Black Mountains. Antiquitäten und eine schöne Kunstsammlung werten das Landhaus-Hotel zusätzlich auf.

🛈 23 🅿 50

### CAERNARFON

🏨 **SEIONT MANOR**
**€€€€ ★★★ ✿✿**
Llanrug
LL55 2AQ
Tel. 01286/67 33 66
handpickedhotels.co.uk

Snowdon ist nur ein paar Kilometer von diesem in einem 60 ha großen Park gelegenen Landhaus entfernt. Regionale Küche, Snacks. Menü M & A.

🛈 28 🅿 60 🏊 🏋

### CAPEL CURIG

🏨 **TYN-Y-COED INN €**
Capel Curig
LL24 0LE
Tel. 01690/72 03 31
tyn-y-coed.co.uk

George und Jayne Wainwright führen ein sehr freundliches, einladendes und gut eingespieltes Hotel. Tyn-y-Coed liegt mitten in der spektakulären Berglandschaft Snowdonias und die Wainwrights geben gerne Tipps zu den schönsten Wanderungen, Kletterstellen und Aussichtspunkten.

🛈 12 🅿 🍴

### CARDIFF

🏨 **ST. DAVID'S HOTEL & SPA**
**€€€€€ ★★★★★**
Havannah St.
CF10 5SD
Tel. 02920/45 40 45
thestdavidshotel.com

Der Blick über die Bucht von Cardiff und das siebenstöckige Atrium haben sicherlich zur Beliebtheit des eleganten Hotels beigetragen.

🛈 132 🅿 80 🛇 🟦 🏊 🏋

🛇 Nichtraucher  🟦 Klimaanlage  🏊 Pool im Haus  🏊 Pool im Freien  🏋 Fitnessclub  💳 Kreditkarten

**BULLY'S €€**
5 Romilly Crescent
CF11 9NP
Tel. 02920/22 19 05
bullysrestaurant.co.uk
Nigel Bullimores schönes, französisch inspiriertes Restaurant ist ein absoluter Liebling bei den Einheimischen. Seltsame Bilder und witzige Dekoration.
Geschl. So A

**MOKSH €€ ✿✿**
Ocean Building Bute Crescent
CF10 5AY
Tel. 02920/498120
moksh.co.uk
Sei es Schokoladen-Orangen-Hühnchen-Tikka mit Buchenholzrauch oder ein Prawn-Wasabi-Cocktail mit Zitronenschaum und ein wenig $CO_2$ – Moksh bietet ganz exzeptionelle moderne indische Küche, aber auch hervorragende traditionelle Currys.
Geschl. So A

## CHEPSTOW
**MARRIOTT ST. PIERRE**
**€€€€ ★★★★**
St. Pierre Park
NP16 6YA
Tel. 01291/62 52 61
marriott.co.uk
Gastliches altes Golf- und Sporthotel mit eigenem Championship-Golfplatz und Tennisplätzen. Zimmer im Hauptgebäude, am See oder in Cottages.
148  430

## CONWY
**CASTLE €–€€ ★★★★ ✿**
High St.
LL32 8DB
Tel. 01492/58 28 00
castlewales.co.uk
Das freundliche Hotel im Herzen der mittelalterlichen Stadt Conwy ist aus der Tudorzeit, ebenso wie eines der Betten, ein kollossales Himmelbett.

## CRICKHOWELL
**BEAR HOTEL**
**€€€ ✿**
Crickhowell
NP8 1BW
Tel. 01873/81 04 08
bearhotel.co.uk
Altehrwürdiges über 600 Jahre altes, gemütliches Gasthaus, schöne alte Holzbalken und Bierkrüge. Regionale Zutaten bei den Gerichten in der Bar und im Restaurant. Das intime Restaurant **The D** ist gemütlich. Gute Weinkarte. Bar-Gerichte. Keine Kinder unter sechs Jahren.
70  38  Geschl. So A, Di–Sa M

## DOLGELLAU
**PENMAENUCHAF HALL**
**€€€€ ★★★ ✿**
Penmaenpool
LL40 1YB
Tel. 01341/42 21 29
penhall.co.uk
Seit 1860 ist Penmaenuchaf Hall ein beeindruckender Rückzugsort, der atemberaubende Ausblicken bietet. Die Zimmer sind sehr stilvoll und individuell eingerichtet. Das Restaurant **Llygad yr Haul** bietet moderne Küche mit frischen Zutaten. Bibliothek, Salon mit Klavier. Angeln. Keine Kinder unter sechs Jahren.
14  30

**TYDDYNMAWR FARMHOUSE €**
Islawrdref
LL40 1TL
Tel. 01341/42 23 31
wales-guesthouse.co.uk
Bauernhof – vermutlich aus dem 18. Jahrhundert – am Fuße des Cader Idris. Angeboten wird Selbstgebackenes und hervorragende Hausmannskost, besonders leckeres herzhaftes Bauernfrühstück. Angeln. Keine Kinder.
3  8

Hotel  Restaurant  Zimmer  Sitzplätze  Parkplätze  Metro  Geschlossen  Aufzug

## GOWER

### THE KING'S HEAD €
Town House, Llangennith
SA3 1HX
Tel. 01792/38 62 12
kingsheadgower.co.uk

Dieses überaus freundliche Gasthaus – die drei Gebäude stammen aus dem 17. Jahrhundert – liegt im Ortszentrum in der Nähe des beeindruckenden Rhossili Beach. Somit ist es ein perfekter Ausgangspunkt für Ausflüge auf der Gower Peninsula.

ℹ 3 🅿 60

## HARLECH

### CASTLE COTTAGE
€€€€€ ❀❀
Y Llech
LL46 2YL
Tel. 01766/78 04 79
castlecottageharlech.co.uk

Anspruchsvolles Restaurant-Hotel neben dem Schloss von Harlech. Fantastische Ausblicke auf die Berge, auch einige der luxuriösen Zimmer mit Ausblick. Ausgezeichnete Küche mit walisischen Spezialitäten wie Wild aus den Brecons, vor Ort gefangenen Brassen und traditionell hergestelltem Käse. Mehrere Menü-Varianten A.

ℹ 7 ✚ 40 🕐 Geschl. M, 3 Wochen im Januar

## HAY-ON-WYE

### THE BEAR BED AND BREAKFAST €
Bear St.
HR3 5AN
Tel. 01497/82 13 02
thebearhay.com

Drei sehr schön und individuell ausgestattete Zimmer mit netten Details wie selbstgebackenen Keksen und feinen Kosmetika in einem reizenden historischen Stadthaus. Keine Kreditkarten.

ℹ 4 🅿 18

## HEADING HAY

### ST JOHN'S PLACE €€–€€€
Lion St.
HR3 5AA
Tel. 07855/78 37 99
stjohnsplacehay.tumblr.com

Fantasievolle Küche zu angemessenen Preisen. Kleine Karte, unglaublich hoher Standard. Im Voraus reservieren. Manchmal Specials wie Brunch am Sonntag.

🕐 Geschl. So–Do, M Fr–Sa

## LAUGHARNE

### CORS €€€ ❀❀
Newbridge Rd.
SA33 4SH
Tel. 01994/42 72 19
thecors.co.uk

Chefkoch und Inhaber Nick Priestland stellt hier sein Talent für abstrakte Gemälde, seinen grünen Daumen im Garten und seine Kochkunst mit starken mediterranen Einflüssen unter Beweis. Er bevorzugt ursprüngliche Aromen. Die Weinkarte verrät den Kenner.

✚ 24 🕐 Geschl. So–Mi und 25. Dez.

## LLANDRILLO

### TYDDYN LLAN
€€€€ ★★ ❀❀
Llandrillo, LL21 0ST
Tel. 01490/44 02 64
tyddynllan.co.uk

Das Restaurant-Hotel in einem georgianischen Haus liegt in einer Parklandschaft. Fantasievolle Küche. Ausgewogene, schmackhafte, nicht zu überkandidelte Gerichte. Snacks. Menü A.

ℹ 10 ✚ 40 🅿 30 🕐 Geschl. M, Mo–Do

## LLANDUDNO

### BODYSGALLEN HALL
€€€€€ ★★★★ ❀❀❀
3 km außerhalb von Llandudno
LL30 1RS
Tel. 01492/58 44 66
bodysgallen.com

Haus aus dem 17. Jahrhundert mit schönem Ausblick über Snowdonia und Conwy Castle. 81 ha Park und Gärten, Eichenvertäfelung und Kaminfeuer. Manche Zimmer in Cottages und mit Salons. Tennis und Krocket. Keine Kinder unter acht Jahren.
**①** 31 (16) **P** 50 📶 🛗

 **LIGHTHOUSE €€€**
Marine Dr.
LL30 2XD
Tel. 01492/87 68 19
lighthouse-llandudno.co.uk

Der ehemalige Leuchtturm am nördlichen Ende des Great Orme, der spektakulären Landzunge von Llandudno, wurde 1862 von Mersey Docks and Harbour Board errichtet und war bis 1985 in Betrieb. Viele ursprüngliche Details sind erhalten. Zwei Zimmer mit eigenem Lounge-Bereich; eines liegt direkt unter der Glaskuppel. Beeindruckende Aussicht – Ferngläser und Ofen in jedem Zimmer.
**①** 3 **P** 6

**LLANGAMMARCH WELLS**
 **LAKE COUNTRY HOUSE & SPA €€€€** ★★★ ❀❀
LLangammarch Wells
LD4 4BS
Tel. 01591/62 02 02
lakecountryhouse.co.uk

Komfortables und freundliches viktorianisches Haus in schöner Lage. Zahlreiche Outdoor-Aktivitäten: Wandern am See und Fluss, Tennis, Golf, Fischen.
**①** 30 **P** 72

**LLANGEFNI (ISLE OF ANGLESEY)**
 **TRE-YSGAWEN HALL €€€**
Capel Coch
LL77 7UR
Tel. 01248/75 07 50
treysgawen-hall.co.uk

Georgianisches Herrenhaus in einem bewaldeten Park, mit Salon, Bar und Bistro. Für das Abendessen kann man unter anderem den **Clock Tower** oder **Noëlles Restaurant** wählen.
**①** 19 (10) **P** 140

**LLANGYBI**
 **CWRT BLEDDYN HOTEL & SPA €€€–€€€€** ★★★★ ❀❀
Llangybi
NP15 1PG
Tel. 01633/45 05 21
cwrtbleddyn.co.uk

Viktorianisches Gebäude in Parklandschaft an der walisischen Grenze. Manche Zimmer mit Himmelbett und Eichenmöbeln. Gute Küche, einheimische Zutaten im **Med Restaurant**. Tennis, Squash und gute Freizeitmöglichkeiten.
**①** 45 (4) 🪑 45 **P** 100 📶 🛗

**LLANWDDYN**
🏨 **LAKE VYRNWY €€€€** ★★★ ❀
Lake Vyrnwy
SY10 0LY
Tel. 01691/87 06 92
lakevyrnwy.com

Viktorianischer Landsitz auf 10500 ha Waldland am Lake Vyrnwy. Viele Zimmer mit Himmelbett und Balkon. Grandioser Seeblick. Das **Tower Restaurant** und die **Tavern Bar** bieten eine große Auswahl an Gerichten. Fischen, Schießen und andere Outdoor-Aktivitäten. Das Hotel verfügt über eine Lizenz für standesamtliche Trauungen.
**①** 35 **P** 70

**LLYSWEN**
🏨 **LLANGOED HALL**
🍴 **€€€€–€€€€€** ★★★★ ❀❀
Llyswen
LD3 0YP
Tel. 01874/75 45 25
llangoedhotel.co.uk

Imposanter Landsitz aus edwardianischer Zeit in der Parklandschaft des Wye Valley;

Tennis und Fischen möglich. Innen eine ausgewogene Balance zwischen Grandeur und Komfort in den Salons, Korridoren und der Bibliothek. Die schönen Zimmer sind mit Antiquitäten eingerichtet, moderne Badezimmer. Walisische Küche mit mediterranem und provenzalischem Touch. Keine Kinder unter acht Jahren.

🛈 23 🛏 50 🅿 85

## MACHYNLLETH

🏛 **YNYSHIR HALL** €€€€ ✹✹✹
Eglwysfach
SY20 8TA
Tel. 01654/78 12 09
ynyshirhall.co.uk

Kreative »Tasting«-Menüs zum Ausprobieren. Nur die besten ausgewählten regionalen Zutaten kommen in die Küche, all das wird sehr sorgfältig zubereitet. Neuerdings Preisträger eines AA Regional Food Award. Angenehme, fröhliche, umsichtige Bedienung. Snacks. Menü M & A. Keine Kinder unter neun Jahren.

🛏 30

## MONMOUTH

🏛 **CROWN AT WHITEBROOK**
€€€ ✹✹
Whitebrook
NP25 4TX
Tel. 01600/86 02 54
crownatwhitebrook.co.uk

Familiäre, ruhige Atmosphäre. Hochwertige Zutaten der walisischen Region, hohe Qualität, einfallsreiche Küche. Exzellent ausgewählte Weinkarte. Menü M & A. Keine Kinder unter acht.

🛏 32 🕐 Geschl. So D

## NEWCASTLE EMLYN

🏛 **BRONIWAN** €€
🏛 Rhydlewis, Llandysul
Ceredigion
SA44 5PF
Tel. 01239/85 12 61
broniwan.weebly.com

Der kleine Bio-Bauernhof liegt in einem schönen Garten, umgeben von 18 ha Wiesen, Wäldern und Bächen – ein sehr freundlicher und einladender Zwischenstopp ein. Wer zu Abend essen möchte, kann seinen eigenen Wein mitbringen und darf sich auf Rindfleisch, Gemüse, Obst und Eier aus eigener Bio-Produktion freuen.

🛈 2

## PRESTEIGNE

🏛 **THE OLD VICARAGE** €€
Norton, Radnorshire, Powys
LD8 2EN
Tel. 01544/26 00 38
oldvicarage-nortonrads.co.uk

Ein wunderschönes historisches Steinhaus vom viktorianischen Star-Architekten Sir George Gilbert Scott. Voller Sammlerstücke und mit viel Komfort.

🛈 3

## REYNOLDSTON

🏛 **FAIRYHILL** €€€€ ★★★ ✹✹
🏛 Reynoldston
SA3 1BS
Tel. 01792/39 01 39
fairyhill.net

Herrenhaus aus dem 18. Jahrhundert auf 10 ha bewaldetem Grund auf der Gower-Halbinsel. Familiäre Atmosphäre. Kaminfeuer, frische Blumen. Äußerst fantasievolle, auch walisische Küche im **Fairyhill Restaurant**. Menü M & A. Keine Kinder unter acht Jahren.

🛈 8 🛏 60 🅿 50 🕐 Geschl. 2 Wochen im Jan.

## RUTHIN

🏛 **RUTHIN CASTLE**
€€€ ★★★ ✹✹
Ruthin
LL15 2NU
Tel. 01824/70 26 64
ruthincastle.co.uk

Stilvolles Gebäude aus dem frühen 19. Jahrhundert mit eigener Schlossruine aus dem

---

🚭 Nichtraucher  ❄ Klimaanlage  🏊 Pool im Haus  🏊 Pool im Freien  💪 Fitnessclub  💳 Kreditkarten

13. Jahrhundert auf 12 ha Land. Das Schloss widerstand 1400 einem Angriff des walisischen Rebells Owain Glyndwr. Im Civil War fiel es 1646 nach elfwöchiger Belagerung an General Mytton, den Führer der »Rundköpfe«, und wurde geschleift. Täfelung, geschnitzte Decken. Abendessen à la carte in **Bertie's Restaurant** oder mittelalterliche Bankette in restauriertem Saal.
🛏 58 🅿 200 🛗

## ST. DAVID'S
🏨 **WARPOOL COURT**
€€€€ ★★★
St. David's
SA62 6BN
Tel. 01437/72 03 00
warpoolcourthotel.com
Die einstige Chorschule der Kathedrale überblickt die St. Bride's Bay. Circa 3000 handbemalte Kacheln sind ausgestellt; fantasievolle Küche im **Sea View Restaurant**.
🛏 25 🅿 100 ☎ 🖥

🍴 **CWTCH** €€€
22 High St.
SA62 6SD
Tel. 01437/72 04 91
cwtchrestaurant.co.uk
Dieses Lokal beeindruckt mit guter regionaler Küche. Entspannte Atmosphäre. Gut geeignet für Familienfeiern. Nur abends geöffnet.
🪑 50 🕐 Geschl. So–Mo Nov.–März, 25.–26. Dez., 1. Jan.

## SKENFRITH
🏨 **BELL AT SKENFRITH**
€€€ ✹✹
Skenfrith
NP7 8UH
Tel. 01600/75 02 35
skenfrith.co.uk
Das Bell at Skenfrith ist eine ehemalige Poststation an der Brücke nahe dem Schloss. Sehr freundliche, junge einheimische Mitarbeiter und eine einfache, ansprechende Ausstattung. Serviert werden heimische

Gerichte mit modernem Touch. Preisträger eines AA Regional Food Award.
🪑 60 🅿 40 🕐 Geschl. Di

## TENBY
🏨 **ATLANTIC** €€€ ★★★
The Esplanade
SA70 7DU
Tel./Fax 01834/84 28 81
atlantic-hotel.uk.com
Familiengeführtes Hotel mit Seeblick. **Carringtons Restaurant** im Erdgeschoss bietet klassische französische und englische Küche; ganztägig Snacks im Bistro im Untergeschoss. Menü A.
🛏 42 🅿 30 🛗 ☎

## SOUTH MIDLANDS

## BIRMINGHAM
🏨 **MACDONALD BURLINGTON**
€€€€ ★★★★
Burlington Arcade
126 New St.
B2 4JQ
Tel. 0121/643 91 91
macdonaldhotels.co.uk
Dieses elegante Hotel im Herzen der Stadt vereint das original erhaltene viktorianische Interieur mit moderner Ausstattung. Fantasievolle, sorgfältig zubereitete Gerichte gibt es im **Berlioz Restaurant**.
🛏 112 🛗

🍴 **ADAM'S** €€€ ✹✹✹
21a Bennetts Hill
B2 5QP
Tel. 01216/433745
adamsrestaurant.co.uk
Moderne britische Küche im Herzen von Birmingham. Hervorragende, die verschiedenen Aromen ausbalancierende Gerichte wie Hase mit Blutwurst, Rinderbacke mit Sellerie sowie Topinambur mit Ingwer und Erdnuss.
🕐 Geschl. So–Mo

## BROADWAY
### 🏨 LYGON ARMS
### 🍽 €€€€€ ★★★★ ❀❀
High St.
WR12 7DU
Tel. 0203/564 55 61
thehotelcollection.co.uk

Gasthaus aus dem 16. Jahrhundert um einen Innenhof. Kaminfeuer, Holzvertäfelung. Im Restaurant **Great Hall** Wappentafeln und eine Sängerempore; das **Goblets Restaurant** ist weniger formell. Menü M & A.

🛏 65 🍴 77 🅿 200 🕐 Geschl. So–Mo M
📶 📺

### 🍽 BUCKLAND MANOR
€€€€ ★★★★ ❀❀❀
Buckland
WR12 7LY
Tel. 01386/85 26 26
bucklandmanor.co.uk

Mittelalterliches, honigfarbenes Steingebäude in herrlichem Park. Landhausküche mit angenehmen Variationen. Saisonales Gemüse, Kräuter und Obst aus dem eigenen Garten. Bemerkenswerte Weinkarte.

🍴 40

## BURFORD
### 🏨 BURFORD HOUSE €€€
99 High St.
OX18 4QA
Tel. 01993/82 31 51
burford-house.co.uk

Hotel mit Garten im Zentrum von Burford. Himmelbetten, Badezimmer mit altmodischen Wannen. Lunch oder Tee mit verlockendem Angebot hausgemachter Kuchen.

🛏 7

## CHELTENHAM
### 🏨 CLEEVE HILL
€€€
Cleeve Hill
GL52 3PR
Tel. 01242/67 20 52
cleevehill-hotel.co.uk

In grandioser Lage über dem Severn-Tal mit Blick auf die Malvern Hills. Freundlicher und aufmerksamer Service vom engagierten Personal. Die modernen Zimmer, die Bar und geräumige Lounge sind exklusiv eingerichtet. Keine Kinder unter sechs Jahren.

🛏 10 🅿 10

### 🍽 LE CHAMPIGNON SAUVAGE
€€€€ ❀❀❀❀
24–26 Suffolk Rd.
GL50 2AQ
Tel./Fax 01242/57 34 49
lechampignonsauvage.co.uk

Außergewöhnliches Essen in gemütlichem Ambiente. Ein Restaurant für Liebhaber der gepflegten französischen Küche. Menü M & A.

🍴 48 🕐 Geschl. So–Mo, 10 Tage zu Weihnachten, 3 Wochen im Juni 🔋

## CHIPPING CAMDEN
### 🏨 COTSWOLD HOUSE
€€€€ ★★★ ❀❀
The Square
GL55 6AN
Tel. 01386/84 03 30
cotswoldhouse.com

Hotel aus dem 17. Jahrhundert im Zentrum dieser typischen Cotswold-Stadt. Die gemütliche **Hicks Brasserie** ist ganztägig geöffnet; das **Garden Room Restaurant** ist formeller.

🛏 29 🅿 28 📺

## CHURCH ENSTONE
### 🍽 CROWN INN €€ ❀
Mill Ln.
OX7 4NN
Tel. 01608/67 72 62
crowninnenstone.co.uk

Ein für Oxfordshire typisches Dorflokal, aus Cotswoldstein gebaut, drinnen werden gute, solide Pub-Gerichte zubereitet.

🍴 42 🅿 8 🕐 Geschl. So A

---

🚭 Nichtraucher 🌀 Klimaanlage 🏊 Pool im Haus 🏊 Pool im Freien 💪 Fitnessclub 💳 Kreditkarten

## CIRENCESTER
🏨 HARE AND HOUNDS
€€ ✿
Westonbirt, Tetbury
GL8 8QL
Tel. 01285/72 02 88
hareandhoundsinn.com

Das traditionelle und gemütliche Gasthaus in den Cotswolds ist ein beliebter Treffpunkt bei Wanderern, Reitern und Autofahrern.
🛏 10 🅿 40

## CLAVERDON
🏨 ARDENCOTE MANOR HOTEL COUNTRY CLUB & SPA €€€€
★★★ ✿
Lye Green Rd.
CV35 8LS
Tel. 01926/84 31 11
ardencote.com

Kleines Hotel mit guter Ausstattung. Gehobene Mahlzeiten im **Oak Room**; Snacks und kleine Gerichte in der Bar und draußen am Seeufer. Tennis, Golf und Angeln.
🛏 110 🅿 150 🚇 📺

## GREAT MILTON
🏨 LE MANOIR AUX
🍴 QUAT' SAISONS
€€€€€ ★★★★ ✿✿✿✿✿
Church Rd.
OX44 7PD
Tel. 01844/27 88 81
manoir.com

Raymond Blancs Herrenhaus des 15. Jahrhunderts aus hellem Stein in tadellos gepflegter Gartenanlage mit einem berühmten, viel besuchten Restaurant. Schön eingerichtete Zimmer und Suiten, manche verfügen über einen eigenen Terrassengarten. Die hervorragende Küche im **Belmont Le Manoir aux Quat' Saisons** wird im Sommer mit Kräutern und Gemüse aus eigenem Anbau beliefert. Krocketrasen. Menü M & A.
🛏 32 🪑 120 🅿 60

## LEAMINGTON SPA
🏨 MALLORY COURT
🍴 €€€€€ ★★★ ✿✿✿
Harbury Ln., Bishop's Tachbrook
CV33 9QB
Tel. 01926/33 02 14
mallory.co.uk

Englisches Landhaus mit freundlichem und aufmerksamen Service. Das holzgetäfelte Restaurant **Dining Room** bietet leichte, innovative Küche. Hausgemachte Kanapees, Petits Fours, selbst gebackenes Brot, Gemüse und Kräuter aus dem eigenen Garten werden u. a. in der im Art-déco-Stil eingerichteten **Brasserie** serviert. Tennis und Krocket. Menü M & A. Keine Kinder unter neun.
🛏 29 🪑 50 🅿 100 🚇 🕐 Rest. geschl. Di M

## LEOMINSTER
🏨 LOWER BACHE HOUSE €€
Kimbolton
HR6 0ER
Tel. 01568/75 03 04
thelowerbachehouse.co.uk

Das stilvolle alte Bauernhaus ist ein wahres Kleinod in rustikalem Fachwerk und freundlich rotem Backstein – und darüber hinaus auch preisgekrönt. Es bietet nicht nur Komfort und Herzlichkeit, sondern auch ein eigenes ausgedehntes Naturschutzgebiet und ein Schmetterlingshaus für Spaziergänge und Erkundungen.
🛏 3

## MALVERN WELLS
🏨 COTTAGE IN THE WOOD
€€€–€€€€ ★★★ ✿✿
Holywell Rd.
WR14 4LG
Tel. 01684/58 88 60
cottageinthewood.co.uk

Beliebter Aufenthaltsort des Komponisten Edward Elgar. Großartige Ausblicke von den Malvern Hills. Der talentierte und innovative Chefkoch entzückt täglich mit seinen Kreationen im **Outlook Restaurant**.
🛏 30 🅿 40

## MARLOW-ON-THAMES

### DANESFIELD HOUSE
€€€€–€€€€€ ❋❋
Henley Rd.
SL7 2EY
Tel. 01628/89 10 10
danesfieldhouse.co.uk

In allen Bereichen ganz weit oben – von
dem imposanten weißen viktorianischen
Landhaus haben Sie einen Blick über die
Gärten am Hang und den imposanten Park
sowie auf einen sehr malerischen Teil der
Themse. Luxuriöse Einrichtungen (nach
Absprache können Sie mit einem Rolls-
Royce zum Hotel gefahren werden) gehen
hier einher mit warmherzigem Service. Gute
traditionelle englische Gerichte werden im
**Oak Room**, der **Orangerie** und in den
Sommermonaten auf der Terrasse serviert.
🛏 84 🅿 100 🌊 🏋

## OUNDLE

### TALBOT €€ ★★★
New St.
PE8 4EA
Tel. 01832/27 36 21
thetalbot-oundle.com

Gastliches Hotel des 17. Jahrhunderts, zum
Teil aus Steinen der benachbarten Ruine
Fotheringhay Castle errichtet, wo Mary Stewart, Königin von Schottland, eingekerkert
war und hingerichtet wurde. Ein Gemälde
in der Hotelbar zeigt sie eine Treppe hinab-
steigend, umgeben von ernsten Höflingen
und Wächtern und gefolgt von weinenden
Frauen. Geräumige, stilvolle Zimmer, viele
mit Holzbalkendecke. Die gemütliche Bar
und Lounge strahlen ebenfalls altertümli-
ches Flair aus.
🛏 39 🅿 50

## OXFORD

### MACDONALD
### RANDOLPH HOTEL
€€€€ ★★★★ ❋❋
Beaumont St.
OX1 2LN

Tel. 01865/25 64 00
www.macdonaldhotels.co.uk

Altehrwürdiges viktorianisches Hotel gegenüber dem Ashmolean Museum. Fünf-Uhr-
Tee im Salon. Gehobenes Ambiente im
**Spires Restaurant**.
🛏 150 ❇ 60 🅿 64 🍴

### OLD PARSONAGE €€€€ ❋
1 Banbury Rd.
OX2 6NN
Tel. 01865/31 02 10
oldparsonage-hotel.co.uk

Hübsches, charaktervolles altes Haus. Innenstadt und Universität sind von hier gut zu
erreichen.
🛏 30 🅿 14

### MOLE INN €€ ★★★ ❋
Toot Baldon
OX44 9NG
Tel. 01865/34 00 01
moleinn.com

Die Speisekarte wechselt häufig, aber die
gastliche Atmosphäre bleibt beständig. Der
freundliche Pub liegt auf dem Land in der
Nähe von Oxford.

### GABLES €
6 Cumnor Hill
OX2 9HA
Tel. 01865/86 21 53
gables-guesthouse.co.uk

Charmantes, viktorianisches Haus mit Wintergarten in großem Garten. Freundlich und
einladend, ausgezeichnet mit dem Award
AA Landlady of the Year.
🛏 6 🅿 6 🕐 Geschl. Jan.–Feb.

### GEE'S RESTAURANT €€€ ❋
61 Banbury Rd.
OX2 6PE
Tel. 01865/55 35 40
gees-restaurant.co.uk

Das Essen ist großartig, die Bedienung
freundlich und die Gäste sind weltoffen.
Aber eigentlich ist es die Atmosphäre, die

das Gee's mit seinem lichtdurchfluteten viktorianischen Wintergarten auszeichnet.
🛏 85 🕐 Geschl. 25. Dez.

## PAINSWICK

### 🏨 BEAR OF RODBOROUGH
🍴 €€€
Rodborough Common
GL5 5DE
Tel. 01453/87 85 22
cotswald-inns-hotels.co.uk

Reizende alte Poststation am Rodborough Common, hoch über den umliegendenTälern. Gutes Essen im **Box Tree Restaurant**; nette Unterhaltung in der freundlichen Bar.
🚪 46 🅿 70

## SLAD

### 🍴 THE WOOLPACK €
Slad Rd.
GL6 7QA
Tel. 01452/81 34 29
thewoolpackslad.com

Das Dorf Slad wurde von dem Schriftsteller Laurie Lee in seiner Autobiographie *Cider With Rosie* unsterblich gemacht. The Woolpack war sein örtlicher Pub und in den dunklen, stimmungsvollen kleinen Räumen wird noch viel über Lee gesprochen. Während man die Biere aus der Stroud Brewery verkostet, kann über das Tal des Slad blicken und den Rostbraten mit Kartoffeln genießen.
🛏 40

## SOLIHULL

### 🍴 NUTHURST GRANGE
€€€€€ ❀❀
Nuthurst Grange Ln., Hockley Heath
B94 5NL
Tel. 01564/78 39 72
nuthurst-grange.co.uk

Umgeben von Parklandschaft bekommt man im eleganten Restaurant moderne englische Küche serviert. Vielfältige und originelle Menüs wechseln je nach Saison. Menü M & A. Auch Übernachtung möglich.
🛏 60 🅿 80

## STRATFORD-UPON-AVON

### 🏨 BILLESLEY MANOR
€€€€€ ★★★★★ ❀❀
Billesley, Alcester
B49 6NF
Tel. 01789/27 99 55
thehotelcollection.co.uk

Herrenhaus aus dem 16. Jahrhundert in schönen Parkanlagen mit Topiarigarten. Viele historische Details haben sich erhalten, wie die Eichenvertäfelung und herrliche offene Kamine. Originelle, sorgfältig zubereitete Menüs. Tennis und Krocket.
🚪 72 🅿 100 📷 📺

### 🏨 ARDEN HOTEL
€€–€€€ ★★★★ ❀❀
Waterside
CV37 6BA
Tel. 01789/29 86 82
theardenhotelstratford.com

Ein schickes, stilvolles Boutique-Hotel im Herzen von Stratford, ganz in der Nähe des Royal Shakespeare Company's Theatre und dem Geburtshaus von William Shakespeare. Für die Gäste wird gutes Essen in der **Waterside Brasserie** angeboten.
🚪 45 🅿 50

### 🏨 STRATFORD LIMES HOTEL
€–€€ ★★★★ ❀
41 Main St., Tiddington
CV37 7AS
Tel. 01789/29 02 10
stratfordlimeshotel.com

Das komfortable Hotel liegt abseits des Trubels am Stadtrand am Fluss Avon. Das freundliche Personal kann fundiert zu den Sehenswürdigkeiten Auskunft geben.
🚪 30

## SUTTON COLDFIELD

### 🏨 NEW HALL €€€ ★★★★ ❀❀
🍴 Walmley Rd.
B76 1QX
Tel. 0121/378 24 42
handpickedhotels.co.uk

---

🏨 Hotel 🍴 Restaurant 🚪 Zimmer 🛏 Sitzplätze 🅿 Parkplätze 🚇 Metro 🕐 Geschlossen 🛗 Aufzug

Der Überlieferung nach das älteste Landhaus mit Wassergraben in England. Mit ummauerten Rosengarten und Eibenallee. Die Zimmer sind stilgetreu und liebevoll eingerichtet. **The Bridge Restaurant** bietet exquisite, originelle Küche. Golf, Angeln, Krocket. Menü A.

🛏 60 🍽 60 🅿 80

## TETBURY

🏨 COTSWOLD WATER PARK
FOUR PILLARS **€–€€**
Lake 6 Spine Rd. East
South Carney
GL7 5FP
Tel. 01285/86 40 00
cotswoldwaterparkhotel.co.uk

Ein fröhlicher, sauberer und freundlicher Ort für einen Aufenthalt. Allerdings sollte man nicht die Intimität eines Boutique-Hotels erwarten – hier handelt es sich um einen großen Hotelkomplex in einem sehr beliebten Feriengebiet. Für das Abendessen kann zwischen dem Restaurant **Cotswolds Brasserie** und dem **Old Boathouse Pub** wählen. Perfekt für Wanderer, Vogelkundler, Wassersportler und alle Outdoor-Fans.

🛏 328 🏊 📺

🍴 POTTING SHED **€–€€**
The Street, Crudwell
Wiltshire
SN16 9EW
Tel. 01666/57 78 33
thepottingshedpub.com

Der rustikal-ländliche Cottage-Pub bietet erstklassige britische Küche mit Kräutern und Gemüse aus dem eigenen Garten.

## TOWCESTER

🍴 VINE HOUSE **€€€** ❀❀
100 High St., Paulerspury
NN12 7NA
Tel. 01327/81 12 67
vinehousehotel.com

Gemütliches Country-Cottage-Restaurant mit täglich wechselnden Menüs; die Küche

bietet saisonale, moderne englische Gerichte. Menü M.

🍽 26 🕐 Geschl. Mo M, So

## WALLINGFORD

🍴 BEETLE AND WEDGE **€€€€**
Ferry Ln., Moulsford
OX10 9JF
Tel. 01491/65 13 81
beetleandwedge.co.uk

Preisgekröntes Restaurant am Themseufer mit literarischen Bezügen (hier wohnte Jerome K. Jerome, Autor des Themse-Klassikers *Drei Mann in einem Boot*). Geboten wird ein toller Blick auf den Fluss und eine gute Küche mit exzellent frischen Zutaten und täglich wechselndem, saisonalen Menü.

🍽 25 (60 Bootshaus)

## WARWICK

🏨 WROXALL ABBEY ESTATE
**€€–€€€€€**
Birmingham Rd.
CV35 7NB
Tel. 01926/48 44 70
wroxall.com

Erstklassige Lage in einem Park, prächtiges Herrenhaus aus rotem Backstein und ein großes Angebot an Restaurants und Bars. Abendessen wird im **Sonnets Restaurant**, der **Broadwood Bar** oder draußen im **The Terrace** serviert.

🛏 70 🏊 📺

## WHITNEY-ON-WYE

🏨 RHYDSPENCE INN
**€€** ★★
Whitney-on-Wye
HR3 6EU
Tel. 01497/83 12 62
rhydspence.co.uk

Das Rhydspence Inn ist ein Gasthaus aus dem 14. Jahrhundert in der Grenzregion England/Wales. Schönes Restaurant; zwei Bars mit rustikaler Balkendecke und gemütlichem Kaminfeuer.

🛏 7 🅿 30 🕐 Geschl. 2 Wochen im Jan.

🚭 Nichtraucher 🅰 Klimaanlage 🏊 Pool im Haus 🏊 Pool im Freien 📺 Fitnessclub 💳 Kreditkarten

## WISHAW

 **MOXHULL HALL** €€
Holy Ln.
B76 9Pe
Tel. 0121/329 20 56
moxhullhall.co.uk

Ein hübsches viktorianisches Haus in einem sehr gepflegten Garten mit netter, lockerer Atmosphäre. **Kristian's Restaurant** bietet traditionelle, modern interpretierte Gerichte à la carte und Empfehlungen des Chefkochs.

🛏 18

## EAST ANGLIA & LINCOLNSHIRE

## BLAKENEY

🏨 **MORSTON HALL**
🍴 €€€€ ★★★ 🌸🌸🌸
Morston
NR25 7AA
Tel. 01263/74 10 41
morstonhall.com

Dorfgasthaus aus dem 17. Jahrhundert an der schönen, faunareichen Küste des nördlichen Norfolk. Vom Wintergarten aus schönen Gartenblick. Restaurant mit frischen Blumen und Gemälden ausgeschmückt. Vier-Gänge-Menü, ausgewogene und exzellent zubereitete Gerichte; hervorragende Zutaten, Weinkarte und Präsentation.

🛏 6 🅿 40 🕐 Geschl. M, außer So

## BURNHAM MARKET

🏨 **THE HOSTE**
€€ ★★ 🌸🌸
The Green
PE31 8HD
Tel. 01328/73 87 77
thehoste.com

Pub, Restaurant und Hotel, anspruchsvoll und bodenständig. Kunstausstellungen, eine großzügige Atmosphäre und exzellente Küche mit einheimischen Fischgerichten.

🛏 61 (6) 🅿 60 🔁

## BURY ST. EDMUNDS

🏨 **CHANTRY** €€
8 Sparhawk St.
IP33 1RY
Tel. 01284/76 74 27
chantryhotel.com

Imposantes georgianisches Haus an der Stelle einer früheren Stifterkapelle aus dem 12. Jahrhundert. Familiäre Atmosphäre, freundlicher Service.

🛏 13 (3) 🅿 16

## CAMBRIDGE

🏨 **HOTEL DU VIN**
🍴 €€€€ 🌸
15–19 Trumpington St.
CB2 1QA
Tel. 0844/736 42 53
hotelduvin.com

Hervorragendes Hotel, das viel Wert auf den Komfort der Gäste legt: mit Bibliothek, Weinzimmer, **Bistro Restaurant**, gut funktionierenden Duschen in den Bädern und vielem mehr.

🛏 41 🅿 12 🔁 🍽 🎦

🏨 **ARUNDEL HOUSE**
€€–€€€ ★★
Chesterton Rd.
CB4 3AN
Tel. 01223/36 77 01
arundelhousehotels.co.uk

Stadthotel am Fluss Cam und dem Jesus Green Parkland gelegen. Viktorianischer Wintergarten durchgehend für Mahlzeiten geöffnet; originelle, vielfältige Gerichte. Schön eingerichtete, moderne Zimmer.

🛏 103 (22) 🅿 70 🕐 Geschl. 25.–26. Dez.

🍴 **MIDSUMMER HOUSE**
€€€€ 🌸🌸🌸🌸
Midsummer Common
CB4 1HA
Tel. 01223/36 92 99
midsummerhouse.co.uk

Ein luftiger Wintergarten ist der Blickfang des Restaurants. Raffinierte Farb- und Stil-

kombinationen spiegeln sich in den saisonalen Gerichten wider; einfache Zutaten, aber raffinierte Zubereitung. Menü M & A. 65 ⊙ Geschl. So–Mo, Di M, 2 Wochen Weihnachten

## CASTLE ACRE

**OSTRICH INN** €€
Stocks Green, Kings Lynn
PE32 2AE
Tel. 01760/75 53 98
ostrichcastleacre.com

Hinreißendes altes Dorfgasthaus voller Warmherzigkeit und Charakter; Fachwerk und komfortable Zimmer im Anbau. Preisträger eines AA Dinner Award.
6 ⓟ 30

## CAVENDISH

**GEORGE INN** €–€€ ✿✿
The Green
CO10 8BA
Tel. 01787/28 02 48
thecavendishgeorge.co.uk

Was einmal ein heruntergekommenes Pub war, ist nun ein wundervolles Boutique-Hotel in einem schönen alten Gebäude am Dorfanger. Gut gelegen für Besichtigungen der Herrenhäuser Kentwell Hall und Melford Hall.
5

## DEDHAM

**MAISON TALBOOTH** €€€€ ★★★ ✿✿
Stratford Rd., Dedham
CO7 6HN
Tel. 01206/32 23 67
milsomhotels.com/maisontalbooth

Über dem stillen Dedham Vale verheißt dieses hübsche georgianische Hotel ein freundliches Willkommen. Gediegene Zimmereinrichtung mit aufmerksamen Gesten. **Le Talbooth Restaurant** liegt etwas über einen Kilometer vom Hotel entfernt. Das Hotel hat für seine Gäste einen Shuttle-Service zum Restaurant eingerichtet, doch bei

schönem Wetter gehen die Gäste gern die 15 Minuten zu Fuß am Fluss Stour entlang. Das Restaurant – das berühmte Weber-Cottage aus dem 16. Jahrhundert und Zollhaus am Fluss, das Constable in seinen Landschaftsbildern unsterblich gemacht hat – serviert heute schmackhafte traditionelle wie moderne Gerichte.
10 75 ⓟ 20

## DISS

**FOX AND GOOSE INN** €€€ ✿✿
Fressingfield
IP21 5PB
Tel. 01379/58 62 47
foxandgoose.net

Das Fox and Goose Inn wurde 1509 erbaut: »zur größeren Ehre Gottes, um das Essen und Trinken zu vermeiden, was für die Andacht notwendig sei«. Das lässt den Schluss zu, man wolle die Einheimischen vom Essen in der Kirche abhalten. Die Pacht für das Gasthaus erhält die Pfarrkirche. Das Haus mit einer schönen Vertäfelung, Backsteinmauern, mächtigen Eichenbalken, gemütlichem Kaminfeuer und herrlichem Ausblick auf die Kirche hat einen eigenen Charakter. Geboten werden eine rustikale Küche sowie Bar-Snacks. Menü M & A. 70 ⊙ Geschl. Mo, 27.–30. Dezember, 2 Wochen im Januar

## ELY

**RIVERSIDE INN** €–€€ ★★★ ✿
8 Annesdale, Ely
CB7 4BN
Tel. 01353/66 16 77
riversideinn-ely.co.uk

Ein gemütliches und freundliches B&B. Komfortable Zimmer mit Blick über den Fluss. Günstig gelegen für die Altstadt und die Kathedrale.
3

**🛏 ANCHOR INN** €€ ❀
Sutton Gault, Sutton
CB6 2BD
Tel. 01353/77 85 37
anchor-inn-restaurant.co.uk

Das saubere und einladende Gasthaus ist bekannt für seine gute Küche und den freundlichen Service – ein etwas abseits gelegener Schatz.

🔷 70 🅿 16

## GRIMSTON
**🏨 CONGHAM HALL**
€€€€–€€€€€ ★★★ ❀❀
Lynn Rd.
PE32 1AH
Tel. 01485/60 02 50
conghamhallhotel.co.uk

Georgianisches Landhaus auf weitem Grund, mit Kräutergarten, Blumenbeeten, Kricketplatz und Tennisplätzen. Das **Orangery Restaurant** blickt auf den Garten. Köstliche Gerichte aus Gartenerzeugnissen mit Schwerpunkt auf mediterraner und nordeuropäischer Zubereitung. Keine Kinder unter sieben.

🛏 14 🅿 50

## HARWICH
**🏨 PIER AT HARWICH**
**🛏** €€€ ★★★ ❀❀
The Quay
CO12 3HH
Tel. 01255/24 12 12
millsomhotels.com

Ausgezeichnetes kleines Hotel am Hafen. Das Pier at Harwich ist berühmt für seine Küche und spezialisiert auf Meeresfrüchte: Wählen Sie vom herrlichen, familiengerechten Buffet im **Ha'penny Pier** – probieren Sie die leckeren Fish & Chips –, oder ein Abendessen im **The Pier at Harwich Restaurant** mit Blick über die Bucht und den Hafen; auch die Einrichtung ist maritim. Menü M & A.

🛏 14 (7) 🔷 80 🅿 10

## HINTLESHAM
**🏨 HINTLESHAM HALL**
**🛏** €€€–€€€€€ ★★★★ ❀❀
Hintlesham
IP8 3NS
Tel. 01473/65 23 34 oder -65 22 68
hintleshamhall.co.uk

Country-House der Tudorzeit mit prächtiger georgianischer Fassade. Sowohl die getäfelte Halle als auch das Restaurant **The Salon**, ein prachtvoller Raum mit hohen Decken, bieten saisonale, hervorragend zubereitete Gerichte. Bekannt für klassische Küche. Golf, Tennis, Reiten, Tontaubenschießen und Jagd.

🛏 33 🔷 60 🅿 100 🕐 Geschl. M 🖼 🏔

## HOLKHAM
**🛏 VICTORIA INN**
€€€ ❀❀
Park Rd.
NR23 1RG
Tel. 01328/71 10 08
holkham.co.uk/victoria

Fleisch und Wild vom nahe gelegenen Holkham Estate, Fisch aus dem nahen Meer, in einem fast schon etwas skurrilen aber einladenden Ambiente im Kolonialstil.

🔷 80 🅿 50

## LAVENHAM
**🏨 SWAN**
€€€€ ★★★★ ❀❀
High St.
CO10 9QA
Tel. 01787/24 74 77
theswanatlavenham.co.uk

Reizvolles Fachwerkhotel in malerischer englischer Kleinstadt. Die Restaurants **Gallery** und **Brasserie**, Kaminfeuer und schöne Gärten tragen zur Atmosphäre bei und erhöhen den Genuss der saisonalen Gerichte. Auch kleine Gerichte in der Bar erhältlich.

🛏 51 🅿 60

## LINCOLN

### WHITE HART  €€ ★★★★
Bailgate
LN1 3AR
Tel. 01522/52 62 22
whitehart-lincoln.co.uk

In schöner, zentraler Lage zwischen dem Schloss und der Kathedrale gelegen, mit herrlichen Ausblicken über die Stadt; stilvoller, ruhiger Speisesaal im Restaurant; Grill.

🍴 50  🅿 20 ⬆

### THE OLD BAKERY  €€€ ✿✿
26–28 Burton Rd.
LN1 3LB
Tel. 01522/57 60 57
theold-bakery.co.uk

Wunderbare Gerichte auf der Grundlage regionaler Produkte in einem hübsch gestalteten Restaurant, einst eine Bäckerei.

🍴 85  🕐 Geschl. Mo, 25. Dez., 1. Jan.

## NORWICH

### MARRIOTT SPROWSTON MANOR HOTEL & COUNTRY CLUB
€€€ ★★★★★ ✿✿
Sprowston Park
Wroxham Rd., Sprowston
NR7 8RP
Tel. 01603/41 08 71
marriott.co.uk

Herrenhaus (19. Jh.) in schönem, 4 ha großem Park am Stadtrand. Moderne europäische Küche und vegetarische Gerichte im **Manor Restaurant**. Familien- und Himmelbettzimmer. Wellness und Golf.

🛏 94  🅿 150 ⬆ 🏊 🏋

### ST. GILES  €€€ ✿✿
St. Giles House Hotel,
41–45 St Hiles St.
NR2 1JR
Tel. 01603/27 51 80
stgileshousehotel.com

Das hübsche Restaurant in einem Stadthaus mitten im mittelalterlichen Norwich hat sich auf ein Ambiente im Bistro-Stil, regionale Produkte sowie einfache und makellose Gerichte spezialisiert.

🍴 50

### BRUMMELLS SEAFOOD
€€€€ ✿✿
7 Magdalen St.
NR3 1LE
Tel. 01603/62 55 55

Auf der Karte steht überwiegend Fisch – köstlich zubereitet.

🍴 30

## SOUTHWOLD

### SWAN  €€€–€€€€ ★★★ ✿✿
Market Pl., Southwold
IP18 6EG
Tel. 01502/72 21 86
adnams.co.uk/stay-with-us/the-swan

Schönes altes Hotel am Marktplatz von Southwold. Einige Zimmer mit Blick auf ein altes Bowling-Gelände. Gute, originelle Küche, ausgezeichnete Weinkarte. Grenzt an die Sole Bay Brewery of Adnams. Adnams Bitter gilt als eine der würzigsten Biermarken in Großbritannien.

🛏 42 (17)  🅿 35 ⬆

## STAMFORD

### WILLIAM CECIL  € ★★★ ✿
High St., St. Martin's
PE9 2LP
Tel. 01780/75 00 75
thewilliamcecil.co.uk

Elegantes, einladendes und hundefreundliches Hotel auf dem Burghley Estate südlich von Stamford.

🛏 27

## STOKE-BY-NAYLAND

### CROWN INN  €€€ ✿✿
CO6 4SE
Tel. 01206/26 20 01 oder -26 23 46
crowninn.net

Das Hotel-Restaurant wird dem hübschen Stoke-by-Nayland absolut gerecht. In ruhi-

gen Farben gehalten, hell und geräumig, mit einer abwechslungsreichen Karte und vielen Einheimischen. Das Crown ist ein Genuss!
🚪 11 🅿 41

## SUDBURY
🏨 BLACK LION €€€
🍴 Church Walk, The Green
Long Melford
CO10 9DN
Tel. 01787/31 23 56
blacklionhotel.net

Liebevoll ausgestattete Zimmer und ein hervorragendes Restaurant bietet dieses direkt am Dorfanger gelegene Hotel. Das Dorf ist weit über seine Grenzen hinaus bekannt für seine Antiquitätenläden.
🚪 10 🪑 50 🅿 10

## WINTERINGHAM
🏨 WINTERINGHAM
🍴 FIELDS €€€€€ ★★★★★ ❀❀
DN15 9PF
Tel. 01724/73 30 96
winteringhamfields.co.uk

Im »Restaurant mit Zimmern« findet man eine Oase des Komforts, guten Essens und der Gastlichkeit. Die Qualität des Essens ist einwandfrei, vieles kommt direkt aus dem eigenen Garten. Zahlreiche Gäste nehmen lange Wege auf sich. Die Küche ist traditionell, aber auch leichte, modern angehauchte Gerichte sind im Angebot. Menü M & A. Keine Kinder unter acht Jahren.
🪑 60 🚪 11 (6) 🅿 17 🕐 Geschl. 2 Wochen an Weihnachten und im Aug.

## NORTH MIDLANDS

## ACTON TRUSSELL
🍴 MOAT HOUSE €€ ❀❀
Acton Trussell
ST17 0RJ
Tel. 01785/71 22 17
moathouse.co.uk

Restauriertes Fachwerkhaus des 17. Jahr-

hunderts mit Blick auf den Kanal. Belebtes Pub-Restaurant. Exzellente Küche und fixe, freundliche Bedienung. Menü M.
🪑 120 🕐 Geschl. 25.–26. Dez., Jan. 🔄

## ASHBOURNE
🏨 BENTLEY BROOK INN €€
Fenny Bentley
DE6 1LF
Tel. 01335/35 02 78
bentleybrookinn.co.uk

Das familienfreundliche Gasthaus ist ausgezeichnet gelegen für Ausflüge zum Chatsworth House und zum Altons Towers Park, für Wanderungen in Dovedale und im White Park District oder für Radtouren auf dem Tissington Trail. Kinder können im gepflegten Garten mit Mini-Abenteuerspielplatz die Zeit verbringen. Individuell eingerichtete Zimmer. Schnörkelloses, gutes Essen mit regionalen Zutaten und vielen ökologischen Produkten.
🚪 11

🍴 LIGHTHOUSE €€€–€€€€
New Rd., Boylestone
DE6 5AA
Tel. 01335/33 06 58
the-lighthouse-restaurant.co.uk

Mitten in der Pampa zwischen Ashbourne und Burton-upon-Trent gelegen, ist das Lighthouse mit seinem jungen und ambitionierten Team aus Köchen und Servicepersonal tatsächlich ein Leuchtturm der modernen englischen Küche: Jakobsmuscheln mit Wachteleiern, Heilbutt und Meerfenchel, Lamm aus der Region mit Blutwurst.
🕐 Geschl. Mo–Mi, Do–Sa M, So A

🍴 CALLOW HALL €€ ★ ❀
Mappleton
DE6 2AA
Tel. 01335/30 09 00
callowhall.co.uk

Frische Blumen, großzügige Räume, unglaublich komfortable Schlafzimmer, ein preisgekröntes Restaurant für ein stilvolles

Dinner, Fünf-Uhr-Tee mit Gurken-Sandwiches und üppigem Früchtekuchen auf dem Rasen – Callow Hall bietet alles, was man von einem Herrenhaus erwartet. Günstig gelegen für den südlichen Peak District und das wunderschöne Dovedale.
🛏 16 🅿 20

## BAKEWELL
🏨 **HASSOP HALL** €€€ ★★★
Hassop
DE45 1NS
Tel. 01629/64 04 88
hassophallhotel.co.uk
Schönes historisches Gebäude, Familienbetrieb. Spazierwege im Garten und Wald; Tennis. Heller Speisesaal.
🛏 13 🅿 80 🗓 Geschl. So A, 24.–25. Dez. 🔲

🍴 **THE PEACOCK AT ROWSLEY** €€€€€ ❀❀
Bakewell Rd.
DE4 2EB
Tel. 01629/73 35 18
thepeacockatrowsley.com
Mit hübschen Kletterpflanzen und vielen Giebeln wird hier eine Atmosphäre des kultivierten Luxus geschaffen. Die moderne Einrichtung und der kühne Mix der angebotenen Speisen bereiten den Gästen eine echte Überraschung.
🛏 40 🗓 Geschl. 24.–26. Dez.

🍴 **FISCHER'S BASLOW HALL** €€€€ ★★★ ❀❀❀❀
Baslow Hall, Calver Rd.
DE45 1RR
Tel. 01246/58 32 59
fischers-baslowhall.co.uk
Altes Derbyshire-Herrenhaus voller Atmosphäre und Komfort. Die Küche lohnt eine weite Anreise: keineswegs die übliche Landhausküche. Ein Zehn-Gänge-Menü zum Probieren zeigt die Highlights. Dazu ein exzellenter Service. Menü M & A.
🛏 40 🗓 Geschl. Mo M, So A

## BUXTON
🏨 **BEST WESTERN LEE WOOD** €€€ ★★★ ❀
The Park
SK17 6TQ
Tel. 01298/230 02
leewoodhotel.co.uk
Freundliches georgianisches Hotel mit zwei Bars, Lounge und **Elements Restaurant** im Wintergarten. Gute Speisekarte mit großer Auswahl an vegetarischen Gerichten. Menü A.
🛏 39 (5) 🅿 50 🔲

🏨 **OLD HALL** €€
The Square
SK17 6BD
Tel. 01293/34 45 41
oldhallhotelbuxton.co.uk
Die prächtige Old Hall ist ein Schmuckstück! Das Personal ist umgänglich und hilfsbereit. Unter den Paket-Angeboten sind auch Veranstaltungen des Buxton Opera House.
🛏 38

## CHESTER
🏨 **CHESTER GROSVENOR**
🍴 €€€€€ ★★★★★ ❀❀❀❀
Eastgate
CH1 1LT
Tel. 01244/32 40 24
chestergrosvenor.co.uk
Innerhalb der römischen Stadtmauern gelegen. Viel poliertes Holz, Silber und Glas im förmlichen **Simon Radley Restaurant**. Erfahrene und professionell diskrete Bedienung im Frack. Gute Zutaten, tolle Desserts, viele Extras und eine beachtliche Weinkarte verwöhnen die Gäste. Menü M & A.
🛏 85 🛏 45 🗓 Geschl. 25.–26. Dez. 🔲 🔲 🔲

## CHURCH STRETTON
🏨 **MYND HOUSE** €€ ★★
Little Stretton
SY6 6RB
Tel. 01694/72 22 12
myndhouse.com

---

🚭 Nichtraucher  ❄ Klimaanlage  🏊 Pool im Haus  🏊 Pool im Freien  💪 Fitnessclub  💳 Kreditkarten

Freundliches Hotel im edwardianischen Stil, von VisitEngland empfohlen. Die regionale Küche arbeitet vorwiegend mit einheimischen Zutaten. Keine Kinder unter zehn Jahren.

🛏 7 🅿 8

### GRINDLEFORD
🏨 **THE MAYNARD**
€€€ ★★★ 🌼🌼
Main Rd.
S32 2HE
Tel. 01433/63 03 21
themaynard.co.uk

Hübsches altes Hotel mit schönem Blick auf die Landschaft des Peak District. Lounge, Lounge-Bar, Cocktailbar, Restaurant mit Gartenblick.

🛏 10 🅿 80

### HOPE
🏨 **UNDERLEIGH HOUSE** €€
Ecke Edale Rd.
S33 6RF
Tel. 01433/62 13 72
underleighhouse.co.uk

In einer ehemaligen Scheune untergebracht, mit preisgekröntem Garten. Gerichte werden frisch zubereitet. Keine Kinder unter zwölf Jahren. Preisträger eines AA Breakfast Award.

🛏 6 🅿 6

### LUDLOW
🏨 **OVERTON GRANGE**
€€€ ★★★ 🌼🌼
Old Hereford Rd.
SY8 4AD
Tel. 01584/87 35 00
overtongrangehotel.com

Edwardianisches Haus mit Blick über die Shropshire Hills. Das angenehme holzgetäfelte Restaurant verwendet frische Zutaten und bietet ein Sieben-Gang-Degustationsmenü an.

🛏 14 🅿 45

🏨 **OLD RECTORY** €€
Wheathill
WV16 6QT
Tel. 01746/78 72 09
theoldrectorywheathill.com

Gäste, Pferde und Hunde – alle sind in diesem reizenden B&B willkommen. *Afternoon Teas*, große Zimmer, sagenhaftes Frühstück.

🛏 3

🏨 **FISHMORE HALL** €€€ 🌼🌼🌼
🍴 Fishmore Rd.
SY8 3DP
Tel. 01584/87 51 48
fishmorehall.co.uk

Landhaus-Hotel in Familienbesitz in der Nähe von Ludlow mit sehr freundlicher, gastlicher Atmosphäre und guter Küche.

➕ 15

🍴 **MR. UNDERHILL'S**
€€€€€ 🌼🌼
Dinham Weir
SY8 1EH
Tel. 01584/87 44 31
mr-underhills.co.uk

Ein wunderschönes Restaurant am Ufer des Teme. Das Rauschen des Flusses verbreitet eine zeitlose Atmosphäre, während der Gast an seinem Wein nippt und das einzige Tagesmenü genießt – heimische Ente oder Reh oder frisch gefangenen Fisch.

➕ 30 🕑 Geschl. Mo–Di, je 1 Woche im Januar und Juli

### MELTON MOWBRAY
🏨 **STAPLEFORD PARK**
🍴 €€€€€ ★★★★ 🌼🌼
Stapleford
LE14 2EF
Tel. 01572/78 70 00
staplefordpark.com

Stattliches Hotel in 202 ha großem Wald- und Parkgelände gelegen. See zum Fischen, Ställe, Kirche, Gärten von Capability Brown. Tennis, Reiten, Schießen, Falkenjagd, Fahren auf Privatstraßen. Eleganter Speisesaal mit

hervorragenden Schnitzarbeiten von Grinling Gibbons (17. Jh.). Exzellente Küche. Snacks. Menü A. Keine Kinder unter neun.
🚻 55 (7) 🛏 45 🅿 120 🔄 🏊 📺

## MUCH WENLOCK

🍴 **RAVEN** €€€ ❀❀
30 Barrow St.
TF13 6EN
Tel. 01952/72 72 51
ravenhotel.com

Stilvolles Gasthaus mit historischer Ausstattung, Hof, Kräutergarten, engagierte moderne Küche. Snacks. Menü M.
🛏 40 🕐 Geschl. 25. Dez.

## NOTTINGHAM

🏨 **COCKLIFFE COUNTRY HOUSE** €€€ ❀
Burntstump Country Park
Burntstump Hill
NG5 8PQ
Tel. 0115/968 01 79
cockliffehouse.co.uk

Auf einem schönen Grundstück gelegen, bietet Ihnen dieses Landhaus-Hotel einen perfekten Rückzugsort voller Ruhe und Abgeschiedenheit.
🚻 11

🍴 **HART'S** €€€ ❀❀
Standard Hill, Park Row
NG1 6FN
Tel. 0115/988 19 00
hartsnottingham.co.uk

Dieses Restaurant liegt in ruhiger Umgebung und bietet einfache, aber stilvolle Speisen in moderner Atmosphäre.
🛏 80

## OAKAMOOR

🏨 **CROWTREES FARM** €
Eaves Ln., Stoke-on-Trent
ST10 3DY
TEl. 01538/70 22 60
crowtreesfarm.co.uk

Perfekte Lage für einen Besuch des nahe gelegenen Alton-Tower-Themenparks. Einladender, kinderfreundlicher Bauernhof mit Schafen, Gänsen und Hofkatzen.
🚻 3 🛏 6 🕐 Geschl. Weihnachtswoche

## ORTHWICH

🏨 **NUNSMERE HALL**
🍴 €€€€ ★★★★★ ❀❀
Tarporley Rd., Oakmere
CW8 2ES
Tel. 01606/88 91 00
primahotels.co.uk/nunsmere

Landhaus-Hotel mit einer sorgfältigen Variante der modernen Küche. Freundliches und professionelles Personal. Menü M.
🚻 36 🛏 60 🅿 80 🔄

## RUTLAND

🍴 **HAMBLETON HALL**
€€€€€ ❀❀❀❀
Hambleton, Oakham
LE15 8TH
Tel. 01572/75 69 91
hambletonhall.com

Urtypisches Landhaus-Hotel. Gesellige Bar, Salon mit herrlichem Blick über den See und Restaurant mit Seidentapeten. Wohl durchdachte, maßvolle und selbstbewusste Küche, schmackhafte Gerichte, oft mit frischen Zutaten der Region. Zu den frischen Fleischgerichten zählen u. a. Ente, Lamm, Kaninchen und Taube. Hervorragend geschulte Bedienungen. Menü M & A.
🛏 60

## SHEFFIELD

🍴 **RAFTERS** €€€ ❀❀
220 Oakbrook Rd., Nethergreen
S11 7ED
Tel. 0114/230 48 19
raftersrestaurant.co.uk

Ein freundliches, sehr ansprechendes Restaurant in einem Vorort mit modernem Ambiente. Die Speisekarte wechselt alle 6–8 Wochen nach dem Angebot der Saison.
🛏 38 🅿 15 🕐 Geschl. M, So, Di, 25.–26. Dez., 1 Woche im Jan., 2 Wochen im Aug.

---

## SHREWSBURY

**MERCURE ALBRIGHTON HALL** €€€ ★★★★
Albrighton
SY4 3AG
Tel. 01939/29 10 00
mercure.com
Landhaus des 17. Jahrhunderts mit See auf 5,6 ha großen schönen Parkanlagen. Zimmer mit Eichenvertäfelung, teils mit Himmelbetten.
87 (42) 300

**ALBRIGHT HUSSEY** €€€ ❀❀
Ellesmere Rd.
SY4 3AF
Tel. 01939/29 05 71 oder -29 05 23
albrighthussey.co.uk
Fachwerkhaus der Tudorzeit mit Wassergraben auf dem schwarze Schwäne schwimmen. Gespeist wird im eleganten, rustikalen Restaurant: Menüs oder Gerichte à la carte der modernen britischen Küche. Bar-Gerichte. Keine Kinder unter vier Jahren.
84

**MYTTON AND MERMAID** €€€ ❀❀
Atcham
SY5 6QG
Tel. 01743/76 12 20
myttonandmermaid.co.uk
Es gibt in diesem freundlichen alten Gasthof am Fluss Seven sehr leckere Snacks; man bekommt aber auch ein Menü mit vielen hochwertigen Zutaten. Preisträger eines regionalen Food Award.
100 Geschl. 25.–26. Dez. A

## SOUTHWELL

**OLD VICARAGE** €€€
Westhorpe
NG25 0NB
Tel. 01636/81 59 89
vicarageboutiquehotel.co.uk
Ein reizendes Boutique-Hotel für Gäste, die einen Hauch von Luxus suchen und verwöhnt werden möchten. Das ehemalige Pfarrhaus aus rotem Backstein wurde sorgfältig umgestaltet und wartet heutzutage mit Holzfußboden sowie einem verblüffenden Mix aus modernen und klassischen Möbeln auf. Auch die individuell gestalteten Zimmer halten an diesem Thema fest.
8

## STAFFORD

**MOAT HOUSE** €€€€ ★★★★ ❀❀
Lower Penkridge Rd.
Acton Trussell
ST17 0RJ
Tel. 01785/71 22 17
moathouse.co.uk
Elegantes und komfortables Hotel rund um eine Anlage aus dem 15. Jahrhundert. Das Haus liegt ruhig und friedlich am Ufer des Staffordshire & Worcestershire Canal. Der Service ist aufmerksam und freundlich; das **Orangery Restaurant** ist mit seinem Speisenangebot einen Besuch wert.
41 200

## WORFIELD

**OLD VICARAGE** €€€–€€€€ ★★★ ❀❀❀
Worfield, Bridgnorth
WV15 5JZ
Tel. 01746/71 64 97
oldvicarageworfield.com
Reizendes Landhotel in Shropshire, gemütlich eingerichtet, durchdacht ausgestattet.
10 (4) 30

## DER NORDWESTEN

### ALDERLEY

**ALDERLEY** €€€€ ❀❀❀
Alderley Edge Hotel
Macclesfield Rd.
SK9 7BJ
Tel. 01625/58 30 33
alderleyedgehotel.com

Hotel  Restaurant  Zimmer  Sitzplätze  Parkplätze  Metro  Geschlossen  Aufzug

Hervorragende, fantasievolle moderne britische Küche. Herrliche regionale Käse- und Brotsorten.

🛏 80

### AMBLESIDE

🏨 LAKES LODGE **€€**
Lake Rd.
LA22 9NE
Tel. 01539/43 32 40
lakeslodge.co.uk

In dem äußerst beliebten Ferienort befindet sich dieses einfache und freundliche Haus. Ausgezeichnetes Preis-Leistungs-Verhältnis in sehr entspannter Atmosphäre.

🛏 16

🍴 OLD STAMP HOUSE **€€ ❀❀**
Church St.
LA22 0BU
Tel. 01539/43 27 75
oldstamphouse.com

Alte Mauern, schlichte Möbel und lokale Produkte: Kaninchen aus dem Cartmel Tal, Lamm von der Yew Tree Farm, Blue Winnow Käse, selbst gepflückte Kräuter und Beeren.

### APPLEBY-IN-WESTMORLAND

🏨 BONGATE HOUSE **€**
Bongate
CA16 6UE
Tel. 017683/512 45
bongatehouse.co.uk

In dieser einfachen Pension erwartet Sie ein besonders gastfreundlicher Empfang. Frühstück und Dinner (nach Voranmeldung im Speisesaal serviert) sind herzhaft. Keine Kinder unter sieben Jahren.

🛏 8 🅿 10

### BLACKPOOL

🏨 BIG BLUE HOTEL **€€**
Ocean Blvd.
FY4 1ND
Tel. 0871/222 40 00
oder 01253/40 00 45
bigbluehotel.com

Familienfreundlichkeit ist das Motto dieses Hotels am Meer nahe am Pleasure Beach. Familiensuiten mit Stockbetten für die Jüngsten.

🛏 157 🏊

### BRAMPTON

🏨 FARLAM HALL
**€€€€€ ★★★ ❀❀**
Hallbankgate
CA8 2NG
Tel. 01697/74 62 34
farlamhall.co.uk

Freundliches Gästehaus mit Park in Familienbesitz. Eleganter Speisesaal, täglich wechselndes, viergängiges Menü. Keine Kinder unter fünf.

🛏 11 (1) 🅿 35

### CHIPPING

🏨 GIBBON BRIDGE **€€€**
Green Lane
PR3 2TQ
Tel. 01995/614 56
gibbon-bridge.co.uk

Am Fuße der wunderschönen Hügel des Forest of Bowland liegt das von der Einheimischen Janet Simpson geführte, großartige Hotel, das von ihr individuell mit Keramik, Glaswaren, geretteten historischen Architekturversatzstücken und Fotos von Oldtimern ausgestattet wurde.

🛏 30

### GRANGE

🏨 BORROWDALE GATES
**€€€€ ★★★ ❀❀**
Grange-in-Borrowdale, Keswick
CA12 5UQ
Tel. 01768/77 72 04
borrowdale-gates.com

Familienhotel mit spektakulären Ausblicken auf die umliegenden Hügel. Küche mit regionalen Erzeugnissen.

🛏 25 🅿 40 🕐 Geschl. Jan.

---

## GRANGE-OVER-SANDS

🏨 **CLARE HOUSE** €€ ★ ❀
🍴 Park Rd.
LA11 7HQ
Tel. 01539/53 30 26
clarehousehotel.co.uk

Herzliches, familiengeführtes Hotel in einem hübschen viktorianischen Haus mit atemberaubendem Blick über Morecombe Bay. Einfaches, gut und frisch zubereitetes Essen mit netten Details. Auch bei den Einheimischen sehr beliebt.

🛏 19 ➕ 32 🕐 Geschl. Dez.–März, 10.–30. Nov. nur eingeschränkt

## KESWICK

🏨 **SWINSIDE LODGE**
€€–€€€ ❀❀
Grange Rd., Newlands
CA12 5UE
Tel. 01768/77 29 48
swinsidelodge-hotel.co.uk

Dieses wunderschön gelegene georgianische Landhaus steht frei inmitten einer von Hügeln, Tälern und Wäldern geprägten Landschaft in einer der unberührtesten Gegenden des Lake District National Park. Gastfreundschaft und Qualität der Speisen wurden schon mit einigen Preisen ausgezeichnet. Keine Kinder unter zwölf.

🛏 8 🕐 Geschl. M, 20.–26. Dez.

🏨 **CRAGLANDS GUEST HOUSE** €
Penrith Rd.
CA12 4LJ
Tel. 01768/77 44 06
craglands-keswick.co.uk

Gemütliches viktorianisches Haus. Zum fünfgängigen Menü können die Gäste den Wein selbst mitbringen. Keine Kinder unter acht.

🛏 5 🅿 6

## KIRKBY STEPHEN

🍴 **KING'S HEAD** €€
Ravenstonedale
CA17 4NH

Tel. 01539/62 30 50
kings-head.com

Dieser reizende historische, am Flußufer gelegene Pub hat schlechtes Management und Schließung überstanden. Das Blatt hat sich mit dem neuen Eigentümer Chris Metcalfe-Gibson zum Guten gewendet. Eine gastfreundliche Unterkunft mit sehr gutem Essen und gepflegtem Bier.

## LANCASTER

🏨 **LANCASTER HOUSE HOTEL**
€€€€ ❀
Green Ln., Ellel
LA1 4GJ
Tel. 01524/84 48 22
englishlakes.co.uk

Modernes Hotel am Stadtrand, mit Holzfeuer im Winter.

🛏 99 🍽 🏊

## LANGHO

🏨 **NORTHCOTE**
€€€€ ★★★★ ❀❀❀❀
Northcote Rd.
BB6 8BE
Tel. 01254/24 05 55
northcote.com

Ein wunderbar komfortables Hotel mit einer Küche, die hervorragende Interpretationen regionaler Gerichte bietet.

🛏 14 🅿 50

## LIVERPOOL

🏨 **THISTLE LIVERPOOL** €€€
🍴 Chapel St.
L3 9RE
Tel. 08713/76 90 25
thistlehotels.com

Die geschwungene Form dieses modernen Gebäudes ähnelt dem Bug eines Transatlantik-Kreuzers – eine Hommage an das Erbe des Liverpooler Hafens, wo das Hotel steht. Das Haus verfügt über **Stateroom Restaurant**, **Club Car Diner**, Cocktailbar und **Tradewinds Bar**.

🛏 226 🅱 🔼

🏨 Hotel 🍴 Restaurant 🛏 Zimmer ➕ Sitzplätze 🅿 Parkplätze 🚇 Metro 🕐 Geschlossen 🔼 Aufzug

## 60 HOPE STREET
€€€
60 Hope St.
L1 9BZ
Tel. 01517/07 60 60
60hopestreet.com

Das Restaurant-Bistro liegt mitten im trendigen und geschäftigen Universitätsviertel zwischen den beiden Kathedralen der Stadt. Die Einrichtung ist einfach und klar, ebenso wie die europäischen Gerichte mit besten regionalen Produkten – Fleisch, Geflügel und Gemüse von Händlern an der Küste im Nordwesten.

90 Geschl. So A

## LUPTON
### PLOUGH
€€
Cow Brow
LA6 1PJ
Tel. 01539/56 77 00
theploughatlupton.co.uk

The Plough hat sich die einladende Atmosphäre einer alten Poststation erhalten. Die Küche verwöhnt die hungrigen Reisenden und Wanderer mit hausgemachten Schweinepasteten, Fish & Chips, hervorragenden Burgern mit Rindfleisch und Desserts wie Karamelpudding und Schokoladentorte. Alles für den großen Hunger!

## MANCHESTER
### HOTEL FOOTBALL
€€–€€€€€
99 Sir Matt Busby Way
M16 0SZ
Tel. 01617/51 04 30
hotelfootball.com

Das Hotel der ehemaligen United-Spieler Ryan Giggs und Gary Neville liegt neben dem Old-Trafford-Stadion von United und ist auch in der Einrichtung ganz dem Thema Fußball gewidmet.

9

## BEI SAWREY
### SAWREY HOUSE
€€€€
bei Sawrey Ambleside
LA22 0LF
Tel. 01539/43 63 87
sawreyhouse.com

Ansprechendes Hotel in einem viktorianischen Landhaus inmitten schöner Parkanlagen am Esthwaite Water.

12 25 Geschl. Jan.

## POOLEY BRIDGE
### SHARROW BAY
€€€€
Sharrow Bay, Howtown
CA10 2LZ
Tel. 01768/48 63 01 oder -48 64 83
sharrowbay.co.uk

Weltweit bekanntes Landhotel am See mit fantastischem Blick über Ullswater. Zimmer teils in Cottages, teils in einem elisabethanischen Bauernhaus. Foyer mit Nippes, Antiquitäten und Gemälden. Anglofranzösische Gerichte mit Erzeugnissen aus der Region um den See. Menü M & A. Keine Kinder unter 13 Jahren.

24 (16) 35

## ROMALDKIRK
### ROSE AND CROWN
€€€ ★★
Romaldkirk
DL12 9EB
Tel. 01833/65 02 13
rose-and-crown.co.uk

Ein liebevoll ausgestatteter Pub im Zentrum von Romaldkirk – mit einem riesigen offenen Kamin und alten Eichenbalken. Im Speisesaal werden Vier-Gänge-Menüs serviert, deren Zutaten vor allem aus Nordengland stammen. Der heimische Cotherstone-Käse ist exzellent. Menüs A. Keine Kinder unter sechs Jahren.

12 24 24 Geschl. 24.–26. Dez.

Nichtraucher   Klimaanlage   Pool im Haus   Pool im Freien   Fitnessclub   Kreditkarten

## ROSTHWAITE

 **HAZEL BANK COUNTRY HOUSE** €€€ ★★★★★ ✪
Rosthwaite
CA12 5XB
Tel. 01768/77 72 48
hazelbankhotel.co.uk

Viktorianisches Haus auf 1,6 ha Grund Wiesen und Wäldern mit schönem Blick ins Borrowdale und auf die umliegenden Hügel. Gastfreundliche Atmosphäre, gute Küche. Keine Kinder unter zwölf. Preisträger des AA Breakfast Award.

🛏 8 (1) 🅿 12

 **ROYAL OAK INN** €€
Rosthwaite
CA12 5XB
Tel. 01768/77 72 14 oder -77 76 95
royaloakhotel.co.uk

Ein reizendes kleines Hotel, das der Eigentümer selbst führt. Sehr komfortabel, freundlich und einladend. Wanderer sind besonders willkommen. Der Eigentümer ist bei der Bergwacht.

🛏 12 🅿 15

## WINDERMERE

 **GILPIN LODGE COUNTRY HOUSE HOTEL** €€€€€ ★★★ ✪✪✪
Crook Rd.
LA23 3NE
Tel. 01539/48 88 18
thegilpin.co.uk

Herausragendes, preisgekröntes Hotel mit liebenswerter, freundlicher Atmosphäre. Leichte Mittagsmenüs. Abends anspruchsvolles, sehr abwechslungsreiches Menü mit vier Gängen. Bar-Snacks. Menü A. Keine Kinder unter sieben Jahren.

🛏 20 🅿 30

 **HOLBECK GHYLL COUNTRY HOUSE** €€€€–€€€€€ ★★★★ ✪✪✪
Holbeck Ln.

LA23 1LU
Tel. 01539/43 23 75
holbeckghyll.com

Charmantes Landhaus mit einer atemberaubenden Aussicht von der Restaurant-Terrasse und dem prächtigen eichengetäfelten Speisesaal aus, beide mit hervorragender, einfallsreicher Küche. Menü A.

🛏 26 (6) 🅿 30 🎌

## DER NORDOSTEN

## ARNCLIFFE

 **FALCON INN** €
Arncliffe
BD23 5QE
Tel. 01756/77 02 05

Der perfekte Pub! Freundlicher Familienbetrieb, kein Schnickschnack und ganz und gar wunderbar. Zimmervermietung.

🛏 4

## ASENBY

 **CRAB AND LOBSTER** €€€ ✪✪
Dishforth Rd.
YO7 3QL
Tel. 01845/57 72 86
crabandlobster.co.uk

Von außen wirkt das Crab and Lobster wie ein traditionelles, reetgedecktes Pub. Innen überrascht eine ausgefallene Dekoration aus Weidenkörben, Angelruten, alten Spielautomaten von Jahrmärkten und Reitkappen; von der Decke hängen Fangkörbe für Krebse und Hummer. Lebendige Atmosphäre. Der frische Fisch ist empfehlenswert; die Karte, eine wahre Goldgrube, schöpft aus dem großen Schmelztiegel internationaler Köstlichkeiten. Bar-Snacks. Menüs M & A. Keine Kinder unter zwölf.

🔧 120

## BEVERLEY

 **TICKTON GRANGE** €€€ ★★★ ✪✪
Tickton

HU17 9SH
Tel. 01964/54 36 66
ticktongrange.co.uk

Charmantes georgianisches Haus mit Garten auf 1,6 ha Grund. Individuell eingerichtete Zimmer, eines davon mit Himmelbett. Die freundlichen Eigentümer wohnen im Haus; verlockende Menüs mit regionalen Produkten im **Hide Restaurant**.

🛏 20 🅿 65 🕐 Geschl. 25.–29. Dez. 🏧

🍴 **PIPE AND GLASS INN**
€€€ ❀❀
West End, South Dalton
HU17 7PN
Tel. 01430/81 02 46
pipeandglass.co.uk

Der Name lässt zwar eine einfache Landkneipe vermuten, aber das Pipe and Glass ist in Wirklichkeit ein äußerst stilvolles Lokal. In dem weiß getünchten Haus mit dem roten Dach aus dem 17. Jahrhundert ist es lauschig und gemütlich. Die Gäste genießen frisch gefangenen Fisch, kombiniert mit einigen extrem leckeren Nachspeisen – probieren Sie den Chocolate and Juniper Pudding und Sie sind für immer verloren!

🍴 70 🕐 Geschl. So, Mo (außer Bank-Holiday-Feiertage)

## BLANCHLAND
🏨 **LORD CREWE ARMS**
€€€ ★★ ❀
Blanchland
DH8 9SP
Tel. 01434/67 54 69
lordcrewearmsblanchland.co.uk

Historisches Hotel in einem denkmalgeschützten Dorf: Im Mittelalter wohnte hier der Abt von Blanchland: Das »Priesterloch«, ein Versteck für Geistliche in Zeiten der Verfolgung, vermittelt noch heute die Atmosphäre dieser vergangenen Epoche; riesige alte Kamine trotzen hier dem kalten Winterwetter. Gewölbe, alte Steinmetzarbeiten. Restaurant und Bar in der Krypta.

🛏 9 (10)

## CORNHILL ON TWEED
🏨 **COLLINGWOOD ARMS**
🍴 €€–€€€
Main St.
TD12 4UH
Tel. 01890/88 24 24
collingwoodarms.com

Das alteingeführte Hotel bietet eine wohlige Atmosphäre der Zufriedenheit und Entspannung. Sehr beliebt bei Sportlern.

🛏 15

## DEWSBURY
🍴 **HEALDS HALL** €€€ ❀
Leeds Rd., Liversedge
WF15 6JA
Tel. 01924/40 91 12
healdshall.co.uk

Das schnörkellose Haus wurde von einem Mühlenbesitzer erbaut; klar und einfach wie das Äußere sind auch die britischen Gerichte mit frischen und regionalen Zutaten, die dort serviert werden.

🍴 40 🅿 90 🕐 Geschl. Sa M, So A

## DURHAM
🏨 **DURHAM MARRIOTT ROYAL COUNTY**
€€€€ ★★★★
Old Elvet
DH1 3JN
Tel. 01913/86 68 21
marriott.co.uk

Etabliertes Hotel am Ufer des Wear mit Blick auf die Burg und die Kathedrale. Herrlich geschnitzte Eichentreppe. Schlichte Atmosphäre in der Brasserie, gehobene im **Country Restaurant**.

🛏 151 🅿 80 🛏🕐🏊🏧

## GRASSINGTON
🏨 **GRASSINGTON HOUSE**
€€ ★★ ❀❀
5 The Square
BD23 5AQ
Tel. 01756/75 24 06
grassingtonhousehotel.co.uk

Das Grassington ist ein herzliches und gast-
freundliches Haus, das sich direkt im Herzen
der »Hauptstadt der Wharfedales« befindet.
Beliebt sind die Snacks und Gerichte im
**No. 5 Restaurant**. Preisträger eines AA
Breakfast Award.
🛏9 🅿20 ⊕ Geschl. 25. Dez.

## HARROGATE
🏨 RUDDING PARK
€€€€ ★★★★ ❀❀
Follifoot
HG3 1JH
Tel. 01423/87 13 50
ruddingpark.co.uk
Ein elegantes und modernes Hotel inmitten
eines schön gestalteten Parks mit Golfplatz.
🛏84 🅿150

🍴 BOAR'S HEAD €€€ ❀❀
Ripley
HG3 3AY
Tel. 01423/77 18 88
boarsheadripley.co.uk
Einfallsreiche und moderne Menüs. Besitzer ist Sir Thomas Ingilby, dessen Familie
seit sieben Jahrhunderten auf dem nahe
gelegenen Ripley Castle lebt. Menü M & A.
➕40 ⊖

## HAWORTH
🍴 OLD WHITE LION €
6–10 West Ln.
Keighley
BD22 8DU
Tel. 01535/64 23 13
oldwhitelionhotel.com
Wundervolle Lage an der steilen, gepflasterten Hauptstraße von Haworth, nicht weit
vom Pfarrhaus der Brontës. Innen ist alles
voller alter Holzbalken und -pfosten. Gutes
Bier und Pub-Gerichte wie die hausgemachte Steak-und-Nieren-Pastete, die 90 cm lange Cumberland-Wurst oder der gigantische
Yorkshire Pudding mit Bratensauce.
🛏15

## HELMSLEY
🏨 BLACK SWAN €€€€ ★★★ ❀❀
Market Pl.
YO62 5BJ
Tel. 01439/77 04 66
blackswan-helmsley.co.uk
Ein Tudor-Pfarrhaus, ein elisabethanischer
Gasthof und ein georgianisches Wohnhaus
wurden zum Hotel umfunktioniert..
🛏45 🅿50

## HEXHAM
🏨 HIGH KEENLEY
FELL FARM €
Allendale
N47 9NU
Tel. 01434/61 83 44
highkeenleyfarm.co.uk
Auf einem Höhenzug gelegener Schafhof
mit weitem Panorama. Gemütliche Schlaf-
zimmer, freundliche Gastgeber und hervor-
ragendes Abendessen werden hier geboten.
🛏3 🅿

## HOLMFIRTH
🏨 UPPERGATE FARM €€
Hepworth
HD9 1TG
Tel. 01484/68 13 69
uppergatefarm.co.uk
Eine sehr gute Gelegenheit, eine noch
immer funktionierende Farm in den Penni-
nen, den Hügeln des *Last of the Summer Wine
Country*, kennenzulernen.
🛏2 🅿6

## ILKLEY
🏨 BEST WESTERN
ROMBALDS €€ ❀
11 West View, Wells Rd.
LS29 9JG
Tel. 01943/60 32 01
rombalds.co.uk
Ein elegantes georgianisches Haus in attrak-
tiver Lage am Stadtrand.
🛏15 🅿28 ⊕ Geschl. 1. Jan.

🏨Hotel 🍴Restaurant 🛏Zimmer ➕Sitzplätze 🅿Parkplätze 🚇Metro ⊕Geschlossen ⊖Aufzug

## LASTINGHAM

⌂ **LASTINGHAM GRANGE**
€€€€ ★★★
Lastingham
YO62 6TH
Tel. 01751/41 73 45 oder -41 74 02
lastinghamgrange.com

Bauernhaus aus dem 17. Jahrhundert in Familienbesitz. Traditionelle Gastlichkeit Yorkshires. Gute, einfache Küche, abgesenkter Rosengarten. In der Nähe liegt die alte St. Mary's Church mit Steinmetzarbeiten und einer winzigen Krypta, die im 18. Jahrhundert für Hahnenkämpfe und Feste des Verwalters Jeremiah Carter genutzt wurde, der bei diesen Anlässen Geige spielte.

ⓘ 12 🅿 32 🕓 Geschl. im Winter

## LEEDS

🍴 **KENDELLS BISTRO**
€€–€€€ ✿
3 St Peter's Sq.
LS9 8AH
Tel. 01132/43 65 53
kendellsbistro.co.uk

»Ich möchte, dass die Leute wegen meinem Essen kommen und nicht wegen der Kunst oder einem Chefkoch«, sagt der Eigentümer und Koch Steve Kendell. Also gibt es ganz einfach schlichtes Kerzenlicht, eine rustikale Atmosphäre und eine handgeschriebene Speisekarte auf der Wandtafel. Und das Essen von Steve. *Délicieux, mon cher!*

🕓 Geschl. M, Mo

🍴 **FOURTH FLOOR CAFE AT HARVEY NICHOLS** €€
107–111 Briggatt
LS1 6AZ
Tel. 01132/04 80 00
harveynichols.com

Das freundliche Café mit minimalistischer Einrichtung liegt im Kaufhaus Harvey Nichols – sehr praktisch nach einem anstrengenden Einkauf!

🍴 80 🕓 Geschl. A So

## MORPETH

⌂ **MACDONALD**
🍴 **LINDEN HALL**
€€–€€€€€ ✿✿
Longhorsley
NE65 8XF
Tel. 01670/50 00 00
macdonaldhotels.co.uk/lindenhall

Linden Hall, in Golferkreisen sehr bekannt, wirkt erhaben und feierlich, und dementsprechend gestaltet sich auch das Essen im eleganten **Dobson Restaurant**. Kinder willkommen!

ⓘ 50 🅿 260

## NEWCASTLE

⌂ **VERMONT**
€€€ ★★★★ ✿
Castle Garth
NE1 1RQ
Tel. 01912/33 10 10
vermont-hotel.com

Ehemalige County Hall neben der Burg mit schönem Blick auf den Tyne. Mehrere Bars und Restaurants, z. B. die **Bridge Brasserie**, die **Sky Lounge** und die **Redwood Bar**.

ⓘ 101 🅿 100 🌀 🖥

🍴 **JESMOND DENE HOUSE**
€€€ ★★★★
Newcastle upon Tyne
NE2 2EY
Tel. 01912/12 30 00
jesmonddenehouse.co.uk

Reizendes georgianisches Haus in einer Parkanlage nahe der Stadt. Das Restaurant macht das Beste aus regionalem Fleisch und Fisch. Fantastische, aufwendige Puddings. Preisträger eines AA Regional Food Award.

🍴 60

## RIPON

⌂ **RIPON SPA** €€ ★★★
Park St.
HG4 2BU
Tel. 01765/60 21 72
riponspa.com

---

🚭 Nichtraucher  ❄ Klimaanlage  🏊 Pool im Haus  🏊 Pool im Freien  💪 Fitnessclub  💳 Kreditkarten

Traditioneller Service, modernes Ambiente. Hübsches Anwesen mit Krocketplatz. Gutes Essen in der **Turf Tavern & Bistro**.

🛏 40 🅿 60 🛗

## SEAHAM

🏨 SEAHAM HALL
🍴 €€€€ ★★★★ ❀❀
Lord Byron's Walk
SR7 7AG
Tel. 01915/16 14 00
seaham-hall.com

In diesem imposanten Haus an der Küste bei Durham hat schon Lord Byron geheiratet, hier verbrachte er auch seine Flitterwochen. Das hochklassige Hotel verbindet heute alte Traditionen mit modernem Komfort. Stilvoll speisen Sie im **Ozone Restaurant** mit seiner thailändisch inspirierten Küche.

🛏 19 🅿 122 📶 🖥

## SKIPTON

🏨 DEVONSHIRE ARMS
🍴 COUNTRY HOUSE
€€€€–€€€€€ ★★★★ ❀❀❀❀
Bolton Abbey
BD23 6AJ
Tel. 01756/71 04 41
thedevonshirearms.co.uk

Das Hotel befindet sich im Besitz des Duke und der Duchess of Devonshire und ist mit Möbeln und Gemälden aus Familienbesitz reich ausgestattet. Regional geprägte Küche im **Burlington Restaurant**. Mittags Bar-Snacks. Tennis, Tontaubenschießen, Angeln, Falkenjagd. Menü A.

🛏 41 🪑 80 🅿 150 📶 🖥

## WHITBY

🏨 THE SEACLIFFE €€
12 North Promenade
YO21 3JX
Tel./Fax 01947/60 31 39
seacliffehotel.com

Hotel an der Steilküste mit schönem Meerblick. Familiensuite, Sonnenterrasse.

🛏 19

## YORK

🏨 MIDDLETHORPE HALL
€€€€–€€€€€ ★★★★ ❀❀
Bishopthorpe Rd.
YO23 2GB
Tel. 01904/64 12 41
middlethorpe.com

Ein herrlicher Landsitz, nur 3 km vom Stadtzentrum von York entfernt. Historischer Garten mit Spazierwegen. Schöne Gemälde, Möbel und Antiquitäten. Gourmet- und Tagesmenüs, auch vegetarische Angebote. Keine Kinder unter acht Jahren. Menü M & A.

🛏 30 🅿 70 🛗 📶 🖥

🏨 THE GRANGE
€€€ ★★★★ ❀❀
1 Clifton
YO30 6AA
Tel. 01904/64 47 44
grangehotel.co.uk

Freundliches, tadellos geführtes georgianisches Haus, nur wenige Minuten vom Zentrum Yorks entfernt. Man kann sehr stilvoll oder auch entspannt in der **Ivy Brasserie** speisen.

🛏 30 🅿 26

🍴 MELTON'S
€€€ ❀
7 Scarcroft Rd.
YO23 1ND
Tel. 01904/63 43 41
meltonsrestaurant.co.uk

Restaurant in einem ehemaligen Geschäft mit heller, freundlicher Fassade. Gutes Preis-Leistungs-Verhältnis mit flexibler Speisenauswahl, auch vielfältige vegetarische Auswahl. Menü M & A.

🪑 30 🕐 Geschl. So–Mo, 23. Dez.–9. Januar

---

🏨 Hotel 🍴 Restaurant 🛏 Zimmer 🪑 Sitzplätze 🅿 Parkplätze 📶 Metro 🕐 Geschlossen 🛗 Aufzug

## SCHOTTISCHES TIEFLAND

### ABERFOYLE

🏨 **MACDONALD FOREST HILLS**
€€€ ★★★★ ✿
Kinlochard
FK8 3TL
Tel. 0844/879 90 57
oder 01877/38 95 00
macdonaldhotels.co.uk

Ein freundliches Hotel mit mehreren Lounges sowie gemütlichen Zimmern, teils mit Blick auf das Loch. Speisemöglichkeiten im **Garden Restaurant** oder im informellen **Bonspiel**. Tennis, Angeln, Squash.
🛏 56 🅿 80 ⛆ 💆

### ANSTRUTHER

🍴 **CELLAR**
€€€ ✿✿✿
24 East Green
KY10 3AA
Tel. 01333/31 03 78

Charaktervolles Restaurant, das überhaupt nicht snobbistisch wirkt. Die Spezialität des Hauses sind Meeresfrüchte. Das Tagesangebot richtet sich nach dem jeweiligen Fang. Menü A.
🍽 30 🕐 Geschl. So A, Mo–Di, Mi M

### BALLOCH

🍴 **MARTIN WISHART AT LOCH LOMOND**
€€€€€ ✿✿✿
Cameron House am Loch Lomond
G83 8QZ
Tel. 01389/72 25 04
martin-wishart.co.uk

In schöner Umgebung am Ufer des Loch Lomond befindet sich dieses abgelegene Haus des Starkochs Martin Wishart aus Edinburgh. Hervorragende Küche in absolut modernem Stil, die aber nicht den Blick für die entscheidenden Aspekte des Kochens – den Geschmack und die Beschaffenheit

der Speisen – verliert. Das sechsgängige, schmackhafte Menü bekommen Sie zu einem fairen Preis – eine Kostprobe des umfassenden Repertoires von Wisharts Team am Loch Lomond.
🍽 40 🕐 Geschl. Mo–Di, Mi–Fr M, 25.–26. Dez., 1. Jan.

### CUPAR

🍴 **OSTLERS CLOSE**
€€€ ✿✿
Bonnygate
KY15 4BU
Tel. 01334/65 55 74
ostlersclose.co.uk

Restaurant mit (berechtigterweise) großer Stammkundschaft aus dem Ort, die eine gute schottische Küche mit modernem, aber bodenständigem Einschlag schätzt. Erstklassige Zutaten.
🍽 28 🕐 Geschl. So–Mo, Di–Fr M, 25. Dez., 2 Wochen im Okt.

🍴 **PEAT INN** €€€ ✿✿✿
Cupar
KY15 5LH
Tel. 01334/84 02 06
thepeatinn.co.uk

Die Küche dieses sympathischen kleinen Restaurants auf der Halbinsel Fife hat einen exzellenten Ruf. Das Motto: durchdachte Gerichte, einwandfreie Zutaten und professionelle Zubereitung. Menü M & A.
🍽 48 🕐 Geschl. So–Mo, 25. Dez., 1. Jan.

### DUMFRIES

🏨 **CHIPPERKYLE** €€
Kirkpatrick Durham
Castle Douglas
DG7 3EY
Tel. 01556/65 02 23
chipperkyle.co.uk

Der hübsche Gutshof, das Haus eines *Laird's* aus dem 18. Jahrhundert, liegt auf 81 ha Land und bietet viel familiäres Flair – ideal zum Entspannen und Wohlfühlen inmitten von Büchern, Haustieren und wunderschö-

nem Umland. Die Besitzer kennen fast alle Besichtigungs- und Ausflugsmöglichkeiten in der näheren und weiteren Umgebung.
 2 🕐 Geschl. Weihnachten

## EDINBURGH

 **SHERATON GRAND**
🍴 **HOTEL & SPA**
€€€€€ ★★★★★ ❋
1 Festival Sq.
EH3 9SR
Tel. 01312/29 91 31
sheratonedinburgh.co.uk

Imposantes, zweckmäßig erbautes Hotel mit erfahrener, klassisch französischer Küche. Den **Grill Room** ziert der hauseigene Tartan. Abends wird ein Büffet im **Restaurant Terrace** angeboten. Menü M.
 260 🔹 Grill Room 40, Terrace 100 🅿 122 🔹🔹🔹🔹

 **THE BALMORAL**
€€€€–€€€€€ ★★★★★ ❋❋❋
1 Princes St.
EH2 2EQ
Tel. 01315/56 24 14
thebalmoralhotel.com

Elegantes edwardianisches Luxushotel. Fünf-Uhr-Tee im **Palm Court**, lebhaftes Ambiente in **NB's Bar,** Club-Atmosphäre in der **Lobby Bar**. Menü in der Brasserie, feines **Restaurant No. 1 Princes Street** mit brillantem Service und guter Speisenauswahl.
 186 🅿 100 🔹🔹🔹🔹

 **THE BONHAM**
€€€€–€€€€€ ★★★★ ❋❋
35 Drumsheugh Gardens
EH3 7RN
Tel. 01312/74 74 00
thebonham.com

Eines der angenehmsten Hotels in Edinburgh: Ein hübsches viktorianisches Haus, ausgestattet mit allem Komfort heutiger Tage. Guter, freundlicher Service. Ein Juwel!
 48 🅿 20

 **CHANNINGS**
€€€€ ★★★★ ❋
South Learmonth Gardens
EH4 1EZ
Tel. 01313/15 22 26 oder -274 74 01
channings.co.uk

Edwardianisches Stadthaus mit Club-Atmosphäre. Wintergarten-Restaurant mit origineller, moderner Karte.
 41 🔹

 **GEORGE** €€€€ ★★★★
19–21 George St.
EH2 2PB
Tel. 01312/25 12 51
thegeorgehoteledinburgh.co.uk

Zentrales Hotel mit prächtiger klassischer Fassade, Marmorböden und korinthischen Säulen im Foyer, gut besuchter Bar und mehreren Restaurants. Preisgekrönt ist die **Tempus Bar and Restaurant**.
 195 🅿 24 🔹 🔹 in der Nähe

 **NORTON HOUSE**
€€€€ ★★★★ ❋❋❋
Ingliston
EH28 8LX
Tel. 01313/33 12 75
handpickedhotels.co.uk

Ein schönes Haus im schottischen Baronial-Stil, von einem Park umgeben. Sehr praktisch ist die Nähe zum Flughafen.
 83 🅿 200

 **MALMAISON**
€€€ ★★★ ❋
1 Tower Pl.
EH6 7DB
Tel. 0844/693 06 52
malmaison.com

Stylisches Hotel in der ehemaligen Seemanns-Mission im sanierten Hafenviertel von Leith. Minimalistische Zimmer mit Minibar und Musikanlage. Bar mit vegetarischem Büfett, Brasserie mit schottischer Küche.
 100 🅿 50 🔹 🔹

## 🛏 SANDAIG GUEST HOUSE
**€€**
**5 Hermitage Place, Leith Links**
**EH6 8AA**
**Tel. 01315/54 73 57**
sandaigguesthouse.co.uk

Das familiengeführte Gästehaus ist in zwei viktorianischen Villen untergebracht. Mit Blick auf den historischen Leith Links Park.
🚪9

## 🛏 CODE HOSTEL
**€–€€**
**50 Rose Ln.**
**EH2 2NP**
**Tel. 01316/59 98 83**
codehostel.com

Günstige Unterkunft im Stadtzentrum. Sauber, freundlich und gut geführtes Hostel. Drei Schlafsäle mit Kojenbetten bieten Privatsphäre, ein Penthouse-Apartment.
🚪4

## 🍴 REEKIE'S SMOKEHOUSE
**€–€€**
**20 Holyrood Rd.**
**Old Town**
**EH8 8AF**
reekiessmokehouse.co.uk

Hier gibt es ganz hervorragendes Fleisch aus der Region: geräuchert, gegrillt und mit hausgemachter Sauce. Gemeinschaftstische.
🕐 Geschl. So–Mo, A

## 🍴 NORTH BRIDGE BRASSERIE
**€€€€ ✹**
**20 North Bridge**
**EH1 1YT**
**Tel. 01316/22 29 00**
northbridgebrasserie.com

Ein Teller zum Probieren mit Kalbslende, Niere und Shepherd's Pie; schottisches Wildkaninchen, bei Petershead gefangener Seeteufel, Seelachs aus der Nordsee, *haggis*: Das Essen in der North Bridge Brasserie bietet hervorragende schottische Küche mit schottischen Produkten. Wundervolles Ambiente im holzvertäfelten Speisesaal, das Hotel war einst das Büro der Zeitung *Scotsman*.

## 🍴 SHEEP HEID INN €
**43 The Causeway**
**EH15 3QA**
**Tel. 0131/61 79 74**
thesheepheidedinburgh.co.uk

Hierher sollte man nicht kommen, wenn es mal ganz elegant sein soll ... Dafür ist man mitten in der gemütlichen Atmosphäre eines wundervoll restaurierten, historischen Gasthofs, mit Kerzenlicht und typischem Pub-Essen (Rinderpastete oder überbackener Camenbert). Man kann auch kegeln.

## 🍴 PLUMED HORSE
**€€–€€€ ✹✹✹**
**50 Henderson St.**
**EH6 6DE**
**Tel. 01315/54 55 56**
plumedhorse.co.uk

In den trendigen Docklands von Leith kann man absolut erstklassig essen gehen. Die freundliche Bedienung nimmt sich Zeit und erläutert die ausgezeichnete Speisekarte. *Foie gras torchon? Fourme d'Ambert?* Alles, was auf den Teller kommt, ist unwiderstehlich lecker!
🍴 70 🕐 Geschl. So–Mo, 2 Wochen im Sommer, 1 Woche Ostern

## FALKLAND

## 🛏 LADYWELL HOUSE
**€€**
**Fife, Falkland**
**KY15 7DE**
**Tel. 01337/85 84 14**
ladywellhousefife.co.uk

Das Ladywell House liegt vor den Toren eines wunderhübsch erhaltenen historischen Dorfes. Das große alte Pfarrhaus gehörte einst der Mutter von Prinzessin Diana. Ein entspannter und angenehmer Rückzugsort mit Selbstversorgung.
🚪6

## GALASHIELS
🏨 **KINGSKNOWES**
€€€ ★★★
Selkirk Rd.
TD1 3HY
Tel. 01896/75 83 75
kingsknowes.co.uk

Prächtiges viktorianisches Herrenhaus auf schönem Gelände am Tweed-Ufer, heute ein Hotel in Familienbesitz. Tennis. Bar-Snacks sowie mehrere Optionen zum Abendessen in unterschiedlichem Rahmen, je nach Saison: edwardianischer Wintergarten, der Abbotsford Room und die Eildon Suite.

🛏 12 🅿 65

## GLASGOW
🏨 **HOTEL DU VIN AT ONE DEVONSHIRE GARDENS**
€€€€ ★★★★ ❀❀❀
1 Devonshire Gardens
G12 0UX
Tel. 01413/39 20 01
onedevonshiregardens.com

Sehr individuelles Hotel in drei benachbarten Reihenhäusern. Zimmer mit ausgefallener Einrichtung: edle Stoffe, stimmungsvolles Licht, luxuriöse Bäder, Musikanlage und CD-Sammlung. In einem Haus stilvolle Lounge und Bar, im nächsten elegante Cocktail-Lounge. Küche auf konsequent hohem Niveau und mit saisonal wechselnden Gerichten. Aufmerksamer Service. Menü M. Voranmeldung zum Dinner erforderlich.

🛏 48 🅿 12 🍽

🏨 **MALMAISON**
€€€ ★★★ ❀
278 West George St.
G2 4LL
Tel. 01415/72 10 00
malmaison.com

Modernes Hotel mit stilvollen Zimmern. Die griechische Inschrift über dem Eingang verweist neben der Krypta mit Gewölbe und dem ekklesiastischen Gepräge der Säulen und Bogendurchgänge im Inneren auf das frühere Leben des Gebäudes als Episkopalkirche. Brasserie mit überzeugender Auswahl. Das **Café Mal** ist durchgehend geöffnet. Zuvorkommender Service.

🛏 72 🔲 🍽

🏨 **APEX CITY OF GLASGOW**
🍴 €€
110 Bath St.
G2 2EN
Tel. 0845/365 00 00
apexhotels.co.uk

Freundliches Boutique-Hotel, einige Doppelsuiten haben einen herrlichem Panoramablick, in guter Lage zu den Theatern und zur Innenstadt.

🛏 103 🔲 🍽

🍴 **UBIQUITOUS CHIP** €€ ❀❀
12 Ashton Ln.
G12 8SJ
Tel. 01413/34 50 07
ubiquitouschip.co.uk

Exzellentes Vorstadtlokal, das mit Steinboden sowie vielen Grünpflanzen ausgestattet ist und sich durch eine lebendige, entspannte Atmosphäre auszeichnet. Das Lokal bringt attraktive Bistro-Gerichte auf den Tisch.

🔲 200

## GULLANE
🍴 **GREY WALLS HOTEL**
€€€–€€€€ ❀❀
Muirfield
EH31 2EG
Tel. 01620/84 21 44
greywalls.co.uk

Das von Lutyens designte Haus mit Blick auf die von Gertrude Jekyll gestalteten Gärten liegt in der Nähe des berühmten Muirfield-Golfplatzes. Die kundige Küche verwendet stets frische Zutaten; die Weinkarte ist exzellent.

🔲 45 🅿 60 🕐 Geschl. Mo–Di Jan. bis März

---

## HADDINGTON

### MAITLANDFIELD COUNTRY HOUSE

€€ ★★★

24 Sidegate, East Lothian
EH41 4BZ
Tel. 01620/82 65 13
maitlandfieldhouse.co.uk

Dieses gastfreundliche Hotel liegt am Fuße der schönen Lammermuir Hills, inmitten eines Gartens. Sehr günstig gelegen für die Fahrt nach Edinburgh.

🛏 25 🅿 80

## JEDBURGH

### THE SPINNEY €

Langlee
TD8 6PB
Tel. 01835/86 35 25
thespinney-jedburgh.co.uk

Schön eingerichtetes ehemaliges Cottage. Zwei weitere Unterkünfte auf dem Gelände als B&B zu vermieten.

🛏 3 (2) 🅿 8 🕐 Geschl. Dez.–März

## KELSO

### ROXBURGHE HOTEL & GOLF COURSE

€€€€ ★★★ ❀

Heiton
TD5 8JZ
Tel. 01573/45 03 31
roxburghe-hotel.net

Bonnie Prince Charlie pflanzte hier im Jahr 1745 einen weißen Rosenstrauch. Das Restaurant lohnt einen Abstecher. Verwendung bester lokaler Produkte für eine moderne britische Küche. Menü A. Golf, Angeln und Tennis.

🛏 25 (6) 🍴 35 🅿 150

## KINBUCK

### CROMLIX €€€€€

Dunblane
FK15 9JT
Tel. 01786/82 21 25
cromlix.com

Dem ortsansässigen britischen Tennisstar Andy Murray gehört das fürstliche Herrenhaus-Hotel mit seinen Türmchen, Kaminen und Giebeln. Innen ist es im Landhausstil eingerichtet: mit gepolsterten Sesseln, Marmorkaminen, großzügigen Treppenhäusern, luxuriösen Suiten und Zimmern. Das Restaurant **Chez Roux** serviert das beste der französischen Küche.

🛏 10 🏋

## LINLITHGOW

### CHAMPANY INN €€€€ ❀❀

bei Linlithgow
EH49 7LU
Tel. 01506/83 45 32
champany.com

Restaurant in einer alten Mühle aus der Zeit von Mary Stewart, Königin von Schottland; gute Küche mit einheimischen Zutaten. Umfangreiche Weinkarte. Menü M. Keine Kinder unter acht Jahren

🍴 50 🕐 Geschl. Sa M, So und 24.–26. Dezember

## MELROSE

### BURTS €€€ ★★ ❀❀

The Square
TD6 9Pl
Tel. 01896/82 22 85
burtshotel.co.uk

Etabliertes Hotel in Familienbesitz am Marktplatz. Elegantes Restaurant mit Dekoration aus Fischfang und Jagd, Angelruten, Ködern und alten Stichen. Die Küche bringt schottische Zutaten in die vielfältigen, von vielen Strömungen beeinflussten Gerichte ein. Snacks in der Lounge. Menü M & A.

🛏 50 🅿 40 🕐 Geschl. 24.–26. Dez.

## MOFFAT

### WELL VIEW

€€–€€€ ❀❀

Ballplay Rd.
DG10 9JU
Tel. 01683/22 01 84
wellview.co.uk

Kleines viktorianisches Haus, tadellos geführt mit freundlicher, gemütlicher Atmosphäre. Sechsgängiges Menü, leichte, schmackhafte, moderne Küche. Preisträger eines RAC Gold Ribbon Award.

⏱ 3 🅿 8 🕐 Geschl. 10 Tage im März und 2 Wochen im Okt.

## NEWTON STEWART
### 🏨 KIRROUGHTREE HOUSE
€€€–€€€€ ★★★ ❀

Newton Stewart
DG8 6AN
Tel. 01671/40 21 41
kirroughtreehousehotel.co.uk

Dieses Herrenhaus aus dem 17. Jahrhundert liegt in einer bewaldeten Parklandschaft; Tennis. Angenehme, freundliche Bedienung. Fantasievolle Küche mit einheimischen Zutaten. Keine Kinder unter zehn Jahren. Menü M & A.

⏱ 17 🅿 50

## NORTH BERWICK
### 🏨 MACDONALD MARINE HOTEL & SPA
€€€€ ❀❀

Cromwell Rd.
EH39 4LZ
Tel. 01620/89 73 00
macdonaldhotels.co.uk

Ein ausgezeichnetes großes Hotel im maritimen Stil mit Blick über den Golfplatz von North Berwick und den Firth of Forth.

⏱ 83 🛗 📶

## ST. ANDREWS
### 🏨 OLD COURSE HOTEL,
### 🍴 GOLF RESORT & SPA
€€€€€ ★★★★★ ❀❀❀

St. Andrews
KY16 9SP
Tel. 01334/47 43 71
oldcoursehotel.co.uk

International renommiertes Hotel mit Blick auf den weltberühmten Golfplatz. Herrliche Blumenarrangements in der Lobby, freundliches Personal; im Sommer Essen in der Gartenlaube. Das **Rooftop Road Hole Grill** bietet einen schönen Blick auf den Golfplatz, West Sands und die Stadt.

⏱ 144 🛏 125 🅿 150 ⬇ 📶 🛗

### 🏨 GLENDERRAN GUEST HOUSE €€

9 Murray Park
KY16 9AW
Tel. 01334/47 79 51
glenderran.com

Ein stilvolles B&B, nicht weit vom Meer und den Golfplätzen gelegen. Flugzeugfans werden von den vielen Bildern und Sammlerstücken, die liebevoll im Haus verteilt sind, fasziniert sein. Keine Kinder unter zwölf.

⏱ 5

## ST. FILLANS
### 🏨 FOUR SEASONS HOTEL
### 🍴 €€€€ ★★★ ❀❀

Loch Earn, Crieff
PH6 2NF
tel. 01764/68 53 33
thefourseasonshotel.co.uk

Zu den Speisen in diesem Hotel, hübsch gelegen am Ufer des Loch Earn, gehören schottische Meeresfrüchte, aber auch einheimisches Wild aus den Hügeln und Tälern der Umgebung. Im mittleren Schottland ist kaum Angenehmeres zu finden.

⏱ 12 (6 Chalets, 1 Appartment) 🛏 60

## STIRLING
### 🏨 STIRLING HIGHLAND HOTEL
€€€€ ★★★★

Spittal St.
FK8 1DU
Tel. 01786/27 27 27
thehotelcollection.co.uk

Fantasievolle Umwandlung eines alten Schulgebäudes mit tollem Blick auf die Stadt. **Scholars Restaurant**. Squashplätze.

⏱ 94 🅿 96 ⬇ 📶 🛗

🏨 Hotel  🍴 Restaurant  ⏱ Zimmer  🛏 Sitzplätze  🅿 Parkplätze  🚇 Metro  🕐 Geschlossen  🛗 Aufzug

## WESTLANDS HOTEL €
Doune Rd.
Dunblane
FK15 9HT
Tel./Fax 01786/82 21 18
westlandshoteldunblane.co.uk

Ein feines und freundliches edwardianisches Hotel in Familienbesitz mit Türmchen und Kletterpflanzen. Speisemöglichkeiten drinnen und draußen. Von Schießen bis Golfen können unterschiedliche Aktivitäten organisiert werden.

🛏 5

## STRANRAER

## GLENAPP CASTLE
€€€€€ ★★★★★ ❀❀❀
Ballantrae
KA26 0NZ
Tel. 01465/83 12 12
glenappcastle.com

Ein herrlich restauriertes schottisches Schloss in wunderbarer Lage mit Blick auf die Isle of Arran. Die Zimmer in diesem Haus sind geschmackvoll mit Antiquitäten und anderen klassischen Möbelstücken ausgestattet. Stilvoll serviertes Essen aus regionalen Produkten.

🛏 17 🔒 Geschl. 2 Monate im Winter zu unterschiedlichen Zeiten

## TROON

## LOCHGREEN HOUSE
🍴 €€€€ ★★★★ ❀❀❀
Monktonhill Rd.
Southwood
KA10 7EN
Tel. 01292/31 33 43
lochgreenhouse.com

Eines der besten Hotels in Schottland. Der Service ist aufmerksam und stets sehr freundlich. Die Küche verarbeitet frische Zutaten aus der Region. Abendessen u. a. im **Tapestry Restaurant** und **Turner Room**.

🛏 40 🅿 50

## TURNBERRY

## TRUMP TURNBERRY
€€€€€ ★★★★★ ❀❀
Turnberry
KA26 9LT
Tel. 01655/33 10 00
turnberry.co.uk

Berühmtes Hotel auf 323 ha großem eigenen Grund in atemberaubender Landschaft mit Blick auf den Firth of Clyde. Der Ailsa-Golfplatz gilt als einer der besten der Welt. Spa und 20 m langes Schwimmbecken. Sehr einladende **Ailsa-Lounge**. Zusätzlich zu dem eleganten **1906 Restaurant** gibt es das **Chef's Table** mit einem exzellenten Probiermenü.

🛏 219 🅿 200 🔒 Geschl. 12.–27. Dez.
🚭 🏊 📶

---

# DIE HIGHLANDS & INSELN

## ABERDEEN

## MARCLIFFE AT PIDFODELS
€€€€ ★★★★ ❀
North Deeside Rd.
AB15 9YA
Tel. 01224/86 10 00
marcliffe.com

Auf schönem, 3,2 ha großem Grund gelegen. Zwangloses **Drawing Room Restaurant**, stilvolles **Conservatory Room Restaurant**. Schottische Küche. Billard und Krocketrasen.

🛏 42 🅿 200 🚭

## BIMINI GUEST HOUSE €
69 Constitution St.
AB24 5ET
Tel. 01224/64 69 12
bimini.co.uk

Ein ruhiges, freundliches Haus, gut gelegen für den Strand und die Sehenswürdigkeiten der Stadt. Das Gästehaus wurde aus dem heimischen Aberdeener Granit gebaut, der wunderschön im Sonnenlicht funkelt.

🛏 8 🅿 7

---

## 🍴 SILVER DARLING
€€€€ ❋❋
Pocra Quay, North Pier
AB11 5DQ
Tel. 01224/57 62 29
silverdarling.co.uk

In diesem wundervollen Restaurant – benannt nach der unter Fischern üblichen Bezeichnung für Hering – gibt es Fisch, Fisch, Fisch! Silver Darling liegt in einem alten Zollhaus mit einem unglaublichen Blick bis zum Hafen von Aberdeen. Lachs, Wolfsbarsch, Muscheln, Krebs- und Garnelen-Gateau, Austern, Sardellen, Meeräschen, Shrimps und vieles mehr.

🔲 80 🕐 Geschl. So, Sa M, Weihnachten bis Neujahr

## AUCHTERARDER
🏨 GLENEAGLES
🍴 €€€€€ ★★★★★ ❋❋❋❋
Auchterarder
PH3 1NF
Tel. 01764/66 22 31
gleneagles.com

Renommiertes edwardianisches Luxushotel in schöner Landschaft, umgeben von Golfplätzen und weitläufigem Gelände. Fünf-Uhr-Tee, Cocktails im Salon. Förmlicher, aber freundlicher Service. Klaviermusik im **Stratheam Restaurant**; moderne schottische und internationale Küche. Viele weitere Möglichkeiten zum Abendessen. Sehr großes Sportangebot. Menü M.

🔲 232 🔲 240 🅿 277

## BALLACHULISH
🏨 CRAIGLINNHE HOUSE
🍴 €€€ ❋❋
Lettermore
PH49 4JD
Tel. 01855/81 12 70
craiglinnhe.co.uk

Die Berge von Ardgour und das wunderhübsche Loch Linnhe bilden die Umgebung für dieses viktorianische Haus mit seinen Gärten. Geschmackvoll restauriertes Hotel mit sehr entspannter Atmosphäre (Otter und Seehunde tummeln sich in der Umgebung). Es gibt wohl keine freundlicheren und herzlicheren Gastgeber als David (großartiger Koch) und Beverly Hughes.

🔲 5

## BALLATER
🏨 LOCH KINORD
€€ ★★★ ❋
Ballater Road Dinnet
AB34 5JY
Tel. 01339/88 52 29
lochkinord.com

Dieses solide, aus Granit gebaute Haus ist ruhig und gemütlich. Die Lage zwischen Aboyne und Ballater ist perfekt um Royal Deeside zu erkunden, Balmoral Castle liegt eine halbe Stunde entfernt, das Naturschutzgebiet Muir of Dinnet sozusagen hinter dem Haus und die Berge des Cairngorm National Park erheben sich im Westen.

🔲 20 🅿 20

## 🏨 RIVERSIDE COTTAGE €
Cambus o'May
AB35 5SD
Tel. 01339/755126
riversidecottagecafe.co.uk

Tatsächlich ein Cottage am Fluss: Nur keine falsche Bescheidenheit, was den Namen betrifft – und das gilt gleichermaßen für das hervorragende Essen! Das Riverside Cottage ist perfekt für einen kulinarischen Zwischenstopp tagsüber: Leckeres auf Toast, Sandwiches aus dem Brot der Crannach Bakery in Cambus o'May, Milchshakes, Eisbecher und großartigen Tee und Kaffee.

🕐 Geschl. A

## BLAIRGOWRIE
🏨 KINLOCH HOUSE
🍴 €€€€€ ★★★ ❋❋❋
Blairgowrie
PH10 6SG
Tel. 01250/88 42 37
kinlochhouse.com

Familiäre Gastlichkeit und einen guten Service bietet dieses auf 10 ha bewaldetem Grund gelegene Landhaus. Einheimisches Obst und Gemüse aus eigenem Anbau im hoteleigenen Garten. Fantasievolle, leichte Küche mit besten Zutaten. Menü A.

❶ 20 🛏 55 🅿 40 🕐 Geschl. Weihnachten 🏊 🏋

### 🏨 GILMORE HOUSE €
Perth Rd.
PH10 6EJ
Tel. 01250/87 27 91
gilmorehouse.co.uk

Ein herzliches Haus, das seine Gäste freundlich willkommen heißt. Großzügige Zimmer, hübsch eingerichtet; nette, entspannte Atmosphäre. Das mächtige schottische Frühstück stärkt Sie für den ganzen Tag.

❶ 3

## BRAEMAR
### 🏨 INVERCAULD ARMS
€€€ ★★★
Braemar
AB35 5YR
Tel. 01339/74 16 05

Das traditionelle viktorianische Hotel liegt mitten in einer grandiosen Highland-Szenerie und ist bekannt für sein freundliches Personal.

❶ 68 🅿 80 💳

## CRAIGELLACHIE
### 🏨 CRAIGELLACHIE
€€€ ★★★ ✿
Craigellachie
AB38 9SR
Tel. 0843/178 71 14
craigellachiehotel.co.uk

Craigellachie führt seit 1893 Besucher aus aller Welt in diesen herrlichen Teil von Speyside. Das viktorianische Hotel ist imposant mit Wohnzimmern, Salon und Bibliothek. Eine große Auswahl an Malt Whiskys gibt es in der **Quaich Bar**. Drei Speiseräume sind vorhanden; frische, einheimische Zutaten

sind in der Küche bei der Zubereitung der Mahlzeiten vorherrschend.

❶ 26 🅿 50 🏋

## DORNOCH
### 🏨 DORNOCH CASTLE
€€ ★★★ ✿
Castle St.
IV25 3SD
Tel. 01862/81 02 16
dornochcastlehotel.com

Das Hotel in Familienbesitz war einst die Residenz (16. Jh.) der Bischöfe von Caithness. Genießen Sie die komfortable Lounge mit Blick über die Gärten, die Cocktailbar und verschiedene Speiseräume wie das **Garden Restaurant**.

❶ 21 🅿 16 💳

### 🏨 2 QUAIL ROOMS €€
Castle St.
IV25 3SN
Tel. 01862/81 18 11
2quail.com

Dieses hübsche und modische, aber auch sehr anheimelnde (mit viel Tartan!) B&B heißt seine Gäste herzlich willkommen. Keine Kinder unter acht.

❶ 3

## DUNKELD
### 🏨 ATHOLL ARMS HOTEL €€
🍴 Bridgehead
PH8 0AQ
Tel. 01350/72 72 19
athollarmshotel.com

Dieses imposante Hotel am Tay in der Innenstadt empfängt seine Gäste traditionell sehr herzlich. Gediegene Einrichtung, mit offenen Kaminen, der beliebten Bar, in der man auch essen kann, oder in dem passend benannten **Riverview Restaurant**. Sehr günstig für die Innenstadt gelegen.

❶ 17

---

## ERISKAY
🏨 **ISLE OF ERISKA**
🍴 €€€€€ ★★★★ 🌼🌼🌼
Eriskay
PA37 1SD
Tel. 01631/72 03 71
eriska-hotel.co.uk

Das fürstliche Herrenhaus aus Granit und Sandstein steht ganz allein auf einer malerischen Insel (mit Brücken zum Festland). Zum Abendessen gibt es Braten, eine Auswahl an Fischgerichten und Meeresfrüchte. Menü A.

🛏 23 🪑 40 🅿 40 🕐 Geschl. Jan. 📶 🛗

## FORT WILLIAM
🏨 **INVERLOCHY CASTLE**
🍴 €€€€€ ★★★★★ 🌼🌼🌼
Torlundy
PH33 6SN
Tel. 01397/70 21 77
inverlochycastlehotel.com

Viktorianisches Bauwerk am Fuß des Ben Nevis auf 202 ha Grund mit herrlichen Rhododendronbüschen. Tennis und Fischen. Verwechseln Sie nicht das Inverlochy Castle des 19. Jahrhunderts mit den benachbarten Ruinen. Diese gehören zum Old Inverlochy Castle, einer Festung des 13. Jahrhunderts, wo zumindest drei Schlachten geschlagen wurden. Große Halle mit Freskendecke und Kristallleuchtern. Zwei Speisezimmer. Exzellente Küche, traditionell und modern zugleich, mit hervorragenden Zutaten aud der Region. Menü M & A.

🛏 17 🪑 34 🅿 18

## INVERNESS
🏨 **CULLODEN HOUSE**
€€€€€ ★★★★ 🌼🌼
Culloden
IV2 7BZ
Tel. 01463/79 04 61
cullodenhouse.co.uk

Ein geschichtsträchtiges georgianisches Herrenhaus im Adam-Stil auf 16 ha großem Grund. Bonnie Prince Charlies Gefolge aus Highland-Clansmännern verbrachten hier am 15. April 1746 im Park unter freiem Himmel ihre letzte Nacht, bevor sie auszogen, um sich von den englischen Dragonern im Drummossie Moor niedermetzeln zu lassen – das blutige Ende des zweiten Jakobitenaufstandes. Kamine aus Marmor, üppiger Stuck und Lüster schmücken das Haus. Suiten mit Stilmöbeln, Herrenzimmer, moderne Zimmer. Täglich wechselnde Menüs mit fünf Gängen. Tennis, Krocket, Boules, Badminton.

🛏 23 (5) 🅿 50

## ISLE OF ARRAN
🏨 **KILMICHAEL**
€€€ ★★★ 🌼🌼
Glen Cloy
Brodick
KA27 8BY
Tel. 01770/30 22 19
kilmichael.com

Ein freundliches Haus mit herzlicher Atmosphäre. In den Zimmern gibt es frische Blumen, Bücher und viele Sammlerstücke aus aller Welt. Moderne europäische Küche. Keine Kinder unter zwölf Jahren.

🛏 5 (3) 🅿 12 🕐 Geschl. 25. Dez.

## ISLE OF SKYE
🏨 **KINLOCH LODGE**
€€€€ ★★★ 🌼🌼🌼
Sleat
IV43 8QY
Tel. 01471/83 33 33
kinloch-lodge.co.uk

Die Gäste fühlen sich hier wie zu Hause. Die renovierte, 300 Jahre alte Lodge von Lord und Lady Macdonald ist mit einem Michelin-Stern ausgezeichnet. Salons mit offenen Kaminen und bequemen Sofas, überall hängen Familienporträts und Fotografien. Vier-Gänge-Menü; die Gerichte werden konsequent mit einheimischen Produkten zubereitet.

🛏 9 (5)

---

🏨 Hotel 🍴 Restaurant 🛏 Zimmer 🪑 Sitzplätze 🅿 Parkplätze 📶 Metro 🕐 Geschlossen 🛗 Aufzug

## CUILLIN HILLS
€€€ ★★★ ❀❀
Portree
IV51 9QU
Tel. 01478/61 20 03
cullinhills-hotel-skye.co.uk
Herrlicher Blick über die Portree Bay zu den Cuillin Hills. **The View Restaurant** serviert Spezialitäten aus den Highlands.
ⓘ 21 (9) 🅿 56

## SHOREFIELD HOUSE
€–€€ ★★★★
Portree
IV51 9PW
Tel. 01470/58 24 44
shorefield.com
In diesem Haus mit Blick über Ednibane Loch sind Kinder (eigener Spielbereich) und behinderte Gäste herzlich willkommen, Wanderer und Outdoor-Urlauber werden begeistert umsorgt. Preisträger eines AA Breakfast Award.
ⓘ 5 🅿 10 ⊡ Geschl. Nov.–Mitte März

## THREE CHIMNEYS
€€€€ ★★★★★ ❀❀❀
Colbost
IV55 8ZT
Tel. 01470/51 12 58
threechimneys.co.uk
Das Three Chimneys ist ein 100 Jahre altes Landarbeiter-Cottage, nur einen Steinwurf vom Meer entfernt. Sie können hier im Grunde rund um die Uhr essen, aber am Abend wird es ganz besonders fein. Frische Meeresfrüchte sind die Hauptattraktion. Preisträger eines AA Regional Food Award.
ⓘ 6 🔹 30 ⊡ Geschl. M Nov.–März, Dez.–Jan.

## JOHN O'GROATS
## MEY HOUSE €
East Mey
KW14 8XL
Tel. 01847/85 18 52
meyhouse.co.uk

Gehobenes und sehr einladendes B&B mit zwei luxuriösen Suiten (Dusche & Badewanne!). Wundervolle Ausblicke auf die Küste und das Meer, selbst gebackenes Brot und regionale Produkte zum Frühstück. Keine Kinder unter 11 Jahren.
ⓘ 2 ⊡ Geschl. Nov.–Feb.

## KINGUSSIE
## THE CROSS AT KINGUSSIE
€€€€ ★★ ❀❀❀
Tweed Mill Brae
Ardbroilach Rd.
PH21 1LB
Tel. 01540/66 11 66
thecross.co.uk
Das Cross at Kingussie ist eine ehemalige Tweed-Fabrik. Heute ist es ein einladendes Gasthaus mit wunderschönen Zimmern. Es gibt herrlich bequeme Betten und viele Extras an Komfort. Die Küche verwendet einheimische Zutaten. Menü A. Keine Kinder unter zwölf Jahren.
ⓘ 9 🔹 28 ⊡ Geschl. Mo–Di und einige Zeit im Winter

## KYLESKU
## KYLESKU €€
Kylesku
IV27 4HW
Tel. 01971/50 22 31 oder -50 22 00
kyleskuhotel.co.uk
Ein sehr angenehmes kleines Hotel am Strand; bekannt für ganz frische Meeresfrüchte. Angeln.
ⓘ 7 (1) 🅿 50 ⊡ Geschl. zu unterschiedlichen Zeiten im Winter

## MULL
## WESTERN ISLES
€€€–€€€€ ★★★
Tobermory
PA75 6PR
Tel. 01688/30 20 12
westernisleshotel.co.uk
Viktorianisches Hotel hoch über dem Pier mit einem Postkartenblick auf die Bay, das

Meer und die Hügel. Bar im Wintergarten. Traditionelle schottische Gerichte mit Zutaten aus der Region.

🛏 26 🅿 20

## ORKNEY ISLANDS
🏨 **AYRE HOTEL**
€€€ ★★★
Ayre Rd.
Kirkwall
KW15 1QX
Tel. 01856/87 30 01
ayrehotel.co.uk

Einladendes Hotel über dem Hafen von Kirkwall, von wo aus die Schiffe zu den nördlichen Orkney-Inseln fahren. Das Haus liegt nur wenige Gehminuten von der reizvollen historischen Innenstadt entfernt. Moderne Zimmer und entgegenkommendes Personal sorgen in diesem einzigen Vier-Sterne-Hotel auf der Hauptinsel der Orkneys für einen bequemen und angenehmen Aufenthalt. Mit Restaurant und beliebter Bar. Zuschlag für Zimmer mit Meerblick.

🛏 33 🅿 18 🔒 Geschl. 25. Dez., 1. Jan.

🍴 **CREEL**
€€€ ✿✿
Front Rd.
St. Margaret's Hope
KW17 2SL
Tel. 01856/83 13 11
thecreel.co.uk

Das Creel Restaurant liegt im Zentrum des Dorfes, direkt an der Bay, und hat sowohl bei Gästen als auch bei Einheimischen einen guten Namen. Die Speisekarte konzentriert sich auf Inselprodukte. Reservierungen sind immer ratsam.

🪑 20 🔒 Geschl. Mo–Di, M, Mitte Okt.–April

## PORT APPIN
🏨 **THE AIRDS**
🍴 €€€€€ ★★★★
Port Appin
PA38 4DF
Tel. 01631/73 02 36
airds-hotel.com

Bietet eine atemberaubende Szenerie mit Blick auf Loch Linnhe mit seinen vielen Inseln und zu den Morvern Mountains. Exzellente Küche, kreative und raffinierte Zubereitung. Wählen Sie aus einer erstklassigen Weinkarte. Menü A.

🛏 12 🪑 36 🅿 15

## SPEAN BRIDGE
🏨 **SPEAN LODGE** €
PH34 4EP
Tel. 01397/71 20 04
speanlodge.co.uk

Blitzsaubere Zimmer, hervorragendes Frühstück, freundliche und hilfsbereite Gastgeber. Ferienwohnung.

🛏 3

---

In den für Besucher interessanten Orten und Städten sind die Geschäfte in der Regel von 8.30 oder 9 bis 18 Uhr oder auch länger geöffnet (Supermärkte bis 20 Uhr oder länger, manche auch sonntags). Nur in kleineren Provinzstadt und Dörfern schließen manche Geschäfte noch mittwochs oder donnerstags ab 13 Uhr. Seit ca. 20 Jahren stellen Ladenketten und Supermärkte eine wachsende Bedrohung für die traditionellen Geschäfte in Familienbesitz im Stadtzentrum dar. Die hier empfohlenen Geschäfte sind noch alteingesessene Traditionsgeschäfte und bieten etwas Besonderes.

## LONDON

### BÜCHER
**Foyles**, 113–119 Charing Cross Rd., Tel. 020/74 37 56 60
**Magma**, 29 Shorts Gardens, Covent Garden, Tel. 020/72 42 95 03

### DESIGNERMODE
**Dover Street Market**, 17–18 Dover St., Mayfair, Tel. 020/75 18 06 80. Ausgewählte Kollektionen von Comme, Kanye West, Saint Laurent etc.
**Harvey Nichols London**, 109–125 Knightsbridge, Tel. 020/72 35 50 00

### ESSEN & TRINKEN
**Berry Bros. & Rudd,** 3 St. James's St., Tel. 0800/280 24 40. Weinhändler
**Fortnum & Mason**, 181 Piccadilly, Tel. 0845/300 17 07. Pralinen und edle Geschenkkörbe
**Harrods**, 87–135 Brompton Rd., Knightsbridge, Tel. 020/77 30 12 34. Feinkosthallen
**Neal's Yard Dairy**, 17 Shorts Gardens, Covent Garden, Tel. 020/72 40 57 00. Bester britischer und irischer Käse

### MÄRKTE
**Camden Lock** (tägl.). Londons lebendigster Markt, mit Karneval-Atmosphäre
**Borough Market** (Do 11–17, Fr 12–18, Sa 9–16 Uhr). Auch »Londons Speisekammer« genannt. Reiches Angebot an frischen Lebensmitteln und Speisen für ein Picknick oder zum Essen vor Ort

**Petticoat Lane** (Middlesex St., So–Fr). Traditioneller Straßenmarkt im Londoner East End, zwei Kilometer lang
**Portobello Road** (Mo–Sa, Do nachmittag geschl.). Bekanntester Markt der Stadt mit vielen Souvenirständen

### TRADITIONELLE KLEIDUNG
**Church's Shoes**, 108–110 Jermyn St., Tel. 020/79 30 82 10. Handgearbeitete Herrenschuhe
**Burberrys**, 121 Regent St., Tel. 020/78 06 89 04
**Gieves & Hawkes**, 1 Savile Row, Tel. 020/74 34 20 01. Einer der bekanntesten Herrenausstatter an der weltberühmten Savile Row.
**Thomas Pink**, 85 Jermyn St., Tel. 020/79 30 63 64. Exclusive Herrenhemden

## DER SÜDOSTEN

### KLEIDUNG
Klassische britische Kleidung findet man in vielen Städtchen im Süden, wo kleinere Geschäfte die typische Country-Mode anbieten:
**County Clothes**, 19 St. Margarets St., Canterbury, Tel. 01227/76 52 94. Herrenbekleidung
**Gleves**, 1–2 The Square, Winchester Hampshire, Tel. 01962/85 20 96. Herrenbekleidung

### TEE
**Whittards of Chelsea,** 27 Market Pl., St. Albans, Tel. 01727/89 99 47. Tee- und Kaffeespezialitäten

## DER SÜDWESTEN

### CIDER
**Burrow Hill Cider**, Pass Vale Farm, Burrow Hill, Kingsbury Episcopi, Martock, Tel. 01460/24 07 82

### FEINKOST
**St Nicholas Markets**, The Exchange, Corn St., Bristol, Tel. 01179/22 40 14. Alles von scharfer Soße zu handwerklich hergestelltem Brot

### HANDWERK
**Highgrove Shop**, 10 Long St., Tetbury, Glocestershire, Tel. 0845/521 43 42. Feiner Käse

### KUNST/DESIGN
**Tate Gallery St. Ives**, Porthmeor Beach, St. Ives, Tel. 01736/79 62 26

## WALES

### PORZELLAN
**Portmeirion Pottery Seconds Warehouse**, Portmeirion Village, Gwynedd, Tel. 01766/77 23 26. Markenporzellan zweiter Wahl

### SCHIEFERWAREN
**Llechwedd Slate Caverns**, Blaenau Ffestiniog, Gwynedd, Tel. 01766/83 03 06. Uhren, Namensschilder, Tischsets und andere walisische Produkte aus Schiefer

## SOUTH MIDLANDS

### EXOTISCHE STOFFE
In Städten mit einem hohen Anteil asiatischer Bewohner gibt es viele Geschäfte mit feinen Stoffen.
**Saree Mandir**, 117–129 Belgrave Rd., Leicester, Tel. 01162/66 81 44. Eine Auswahl der schönsten Stoffe im weltweit größten Geschäft außerhalb Indiens

### MÄRKTE
**Birmingham:** Di, Do–Sa
**Coventry:** Mo–Sa
**Hereford:** Mi, Sa
**Leicester:** Mo–Sa
**Moreton-in-Marsh:** Di
**Northampton:** Di–Sa
**Oxford:** Mo–Sa
**Worcester:** Mo–Sa

### SCHMUCK
Hunderte von Schmuckgeschäften in **Birminghams Jewelry Quarter** bieten edle Goldschmiedekunst aus Großbritannien. Besuchen Sie auch das Museum of the Jewellery Quarter, 77–79 Vyse St., Tel. 01213/48 81 40

## EAST ANGLIA & LINCOLNSHIRE

### SENF
**The Mustard Shop**, 15 Royal Arcade, Norwich, Tel. 01603/62 78 89. Norwich ist ein Synonym für guten Senf.

## NORTH MIDLANDS

### BIER
Burton-on-Trent ist das Zentrum der britischen Brauindustrie. Ebenso wie in den vielen gemütlichen Pubs in der Stadt erhalten Sie Flaschenbier auch im:
**The National Brewery Centre**, Horninglow St., Burton-upon-Trent, Staffordshire, Tel. 01283/53 28 80

### PORZELLAN/KERAMIK
Fabrikverkauf von bekannten Marken der regionalen Porzellanmanufakturen.
**Spode Factory Shop**, London, Stoke-on-Trent, Tel. 01782/41 17 56
**Portmeirion Factory Shop,** Longton, Tel. 01782/32 66 61. Neu und Secondhand: Portmeirion, Spode, Royal Worcester

## DER NORDWESTEN

### GESCHENKE
Church Gallery, 3–7 Market St., Kirkby Stephen, Tel. 01768/37 23 95. Zwei Etagen Geschenke, Handwerk und Schmuck. Tolles Café

### MÄRKTE
**Ashton-under-Lyne:** Mo–Sa
**Blackburn:** Mo–Sa
**Carlisle:** Mo–Sa
**Chester:** Mo–Sa
**Clitheroe:** Di, Do–Sa
**Kendal:** Mi, Sa
**Lancaster:** Mi, Sa
**Rawtenstall:** Do, Sa

### OUTDOORBEKLEIDUNG
**George Fisher**, 2 Borrowdale Rd., Keswick, Tel. 01768/77 21 78. Das bekannteste Geschäft für Outdoorkleidung in der Stadt Keswick im Lake District

## DER NORDOSTEN

### KÄSE
Wensleydale Cheese ist ein krümeliger weißer Hartkäse aus dem gleichnamigen Tal in Yorkshire.
**Wensleydale Creamery**, Visitor Centre, Gayle Ln., Hawes, Tel. 01969/66 76 64

### MÄRKTE
**Bradford:** Mo–Sa
**Darlington:** Mo, Sa
**Doncaster:** Mo–Sa
**Durham:** Mo–Sa
**Halifax:** Fr
**Hexham:** Di
**Huddersfield:** Mo–Sa
**Hull (Walton St.):** Mi, So
**Leeds:** Mo–Sa
**Sheffield:** Mo–Sa
**Wakefield:** Mo–Sa

### SCHMUCK & DESIGNARTIKEL
West Yorkshire mit seinen vielen Kunst-handwerkern ist heute ein Zentrum des Designs.
**Crafts Center and Design Gallery**, City Art Gallery, The Headrow, Leeds, Tel. 0113/247 82 41

### TEE
**Betty's of Harrogate**, 1 Parliament St., Harrogate, Tel. 01423/81 40 70. In diesem Laden wird der Tee pro Ounce (28,35 g) verkauft, oder Sie trinken ihn in den weltbekannten Tea Rooms.

## SCHOTTISCHES TIEFLAND

### BAUERNMÄRKTE
**Edinburgh:** Sa
**Glasgow:** Sa
**Peebles:** 2. Sa im Monat
**St. Andrews:** 1. Sa im Monat

### KILTS
**Hector Russell Kiltmakers**, 95 Princes St., Edinburgh, Tel. 0131/225 33 15
**Kirk Wynd Highland House**, 149a Market St., St. Andrews Ffe, Tel. 01334/47 58 49

### STRICKWAREN
**The Edinburgh Woollen Mill**, 139 Princes St., Edinburgh, Tel. 0131/226 38 40. Strickwaren

## HIGHLANDS & INSELN

### TRADITIONELLE MUSIK
**Ceilidh Place**, 14 West Argyle St., Ullapool, Tel. 01854/61 21 03
**Celtic Chords**, 8 Barclay St., Stonehaven, Tel. 01569/76 39 13

### WHISKEY
Unter den für Besucher zugänglichen Destillerien sind:
**Dalwhinnie Distillery Visitor Centre**, Dalwhinnie, Tel. 01540/67 22 19
**Glenfiddich Distillery**, Dufftown, Keith, Tel. 01340/82 03 73

In den kleineren Städten spielt sich das Nachtleben meist im Pub oder in Restaurants ab, manchmal gibt es einen Nachtclub oder ein Provinztheater. In den großen Zentren gibt es dagegen unzählige Pubs, Clubs, Theater, Bars und Diskos, die hier zum Besuch einladen. In größeren Städten gibt es eigene Veranstaltungsmagazine mit Kritiken, Kommentaren und detaillierten Informationen. Nachfolgend finden Sie eine Auswahl der wichtigsten Theater und Konzertsäle.

## LONDON

### KONZERTSÄLE

**Royal Albert Hall**, Kensington Gore SW7, Tel. 020/75 89 82 12, U-Bahn: South Kensington, High Street Kensington. Londons kreisförmiger Konzertsaal, hier werden die Promenadekonzerte aufgeführt

**Royal Festival Hall**, Belvedere Rd. SE1, Tel. 020/79 60 42 00, U-Bahn: Waterloo, Embankment. Im Jahr 1951 für das Festival of Britain erbaut

### OPER

**Royal Opera House**, Covent Garden WC2E, Tel. 020/73 04 40 00, U-Bahn: Covent Garden. Großbritanniens wichtigste Opern- und Ballettbühne

### THEATER

**National Theatre**, South Bank SE1 9PX, Tel. 020/74 52 30 00, U-Bahn: Embankment, Waterloo. Klassische bis experimentelle Theaterstücke auf drei Bühnen

**Shakespeare's Globe Theatre**, New Globe Walk, Bankside, Southwark, SE1, Tel. 020/79 02 14 00, U-Bahn: London Bridge, Mansion House. Open-Air-Aufführungen der elizabethanischen Stücke von Mai bis September

## HOME COUNTIES

### THEATER

**Theatre Royal**, Thames Street, Windsor, Tel. 01753/85 38 88. Volkstheater

In der Londoner Royal Albert Hall werden jeden Sommer die berühmten Proms veranstaltet.

## DER SÜDOSTEN

### THEATER

**Chichester Festival Theatre**, Oaklands Park, Chichester, Tel. 01243/78 13 12. Festival der darstellenden Künste im Sommer

**Salisbury Playhouse**, Malthouse Ln., Salisbury, Tel. 01722/32 03 33. Theater, Musicals, Oper, Ballett

**Theatre Royal**, New Rd., Brighton, Tel. 0844/871 76 50. Theater, Musicals, Oper, Ballett

## DER SÜDWESTEN

### THEATER

**Theatre Royal**, Sawclose, Bath, Tel. 01225/44 88 44. Eines der ältesten und schönsten Theater Großbritanniens

**Theatre Royal**, King Street, Bristol, Tel. 01179/87 78 77. Das älteste Theater im Land

## WALES

### OPER

**Welsh National Opera**, Tel. 02920/63 50 00. Großartige walisische Sänger

### THEATER

**Sherman Theatre**, Senghennydd Road, Cardiff, Tel. 02920/64 69 00. Unkonventionell und provokante Theaterproduktionen

## SOUTH MIDLANDS

**Symphony Hall**, Int. Conference Centre, Broad St., Birmingham, Tel. 01217/80 33 33. Konzerte des Birmingham Symphony Orchestra

### THEATER

**Oxford Playhouse**, Beaumont St., Oxford, Tel. 01865/30 53 05. Theater, Oper, Tanz- und Musikdarbietungen, aufgeführt in einem Theater aus georgianischer Zeit

**Royal Shakespeare Theatre**, Stratford-upon-Avon, Tel. 0844/800 11 10. Heimattheater der Royal Shakespeare Company

## DER NORDWESTEN

### KONZERTSÄLE

**Bridgewater Hall**, in der Nähe von Manchester Central, Manchester, Tel. 01619/07 90 00. Konzertsaal des Hallé Orchestra

**Philharmonic Hall**, Hope St., Liverpool, Tel. 01517/ 09 28 95. Konzertsaal des Royal Liverpool Philharmonic Orchestra

### THEATER

**Empire Theatre**, Lime St., Liverpool, Tel. 01517/02 73 20. Gastspiele bedeutender Tournee-Ensembles mit Ballet, Oper, Theater, Musicals und Konzerten

**Royal Exchange**, St. Ann's Sq., Manchester, Tel. 0161/833 98 33. Umfangreiches Repertoire an Theaterstücken

## DER NORDOSTEN

### THEATER

**Theatre Royal**, Grey St., Newcastle upon Tyne, Tel. 01912/320997. Saisonale Gastspiele der Royal Shakespeare Company

## SCHOTTLAND

### KONZERTSAAL

Glasgow Royal Concert Hall, 2 Sauchiehall St., Glasgow, Tel. 01413/53 80 00. Konzertsaal des Royal Scottish National Orchestra

### THEATER

**Citizens Theatre**, 119 Gorbals St., Glasgow, Tel. 01414/29 00 22. Eines der am meisten beachteten Theater Großbritanniens, innovative Aufführungen

**Edinburgh Playhouse,** 18–22 Greenside Pl., Edinburgh, Tel. 02070/918873. Großartige Aufführungen

# 462 BILDNACHWEIS

# IMPRESSUM

Verantwortlich: Susanne Kaufmann
Gesamtproducing: Sabine Tönnies
Deutsche Übersetzung: Ulrike Frey, Edigna Hackelsberger, Dr. Annegret Pago und Anja
Wiebensohn-Jagla, Lutz Laumen, Sabine Tönnies
Herstellung: Alexander Knoll
Printed in Germany by Parzeller Druck- und Mediendienstleistungen

Sind Sie mit diesem Titel zufrieden? Dann würden wir uns über Ihre Weiterempfehlung
freuen. Erzählen Sie es im Freundeskreis, berichten Sie Ihrem Buchhändler, oder bewer-
ten Sie bei Onlinekauf. Und wenn Sie Kritik, Korrekturen, Aktualisierungen haben, freu-
en wir uns über Ihre Nachricht an NG Buchverlag, Postfach 40 02 09, 80702 München
oder per E-Mail an info@nationalgeographic-buch.de.

Unser komplettes Buchprogramm finden Sie unter:  www.nationalgeographic-buch.de

Titel der Originalausgabe: NATIONAL GEOGRAPHIC TRAVELER GREAT BRITAIN
© 2004, 2007, 2011, 2016 National Geographic Partners, LLC.

© 2017 National Geographic Partners, LLC.

Die Deutsche Nationalbibliothek verzeichnet diese Publikation in der Deutschen Nationalbib-
liografie; detaillierte bibliografische Daten sind im Internet über http://dnb.d-nb.de abrufbar.

Deutsche Ausgabe veröffentlicht von: NG Buchverlag GmbH, München 2017
Lizenznehmer von: National Geographic Partners, LLC

NATIONAL GEOGRAPHIC und das Markenzeichen (Yellow Border) sind Marken der
National Geographic Society und werden mit Genehmigung genutzt.

ISBN 978-3-95559-162-5

Seit ihrer Gründung 1888 hat sich die National Geographic Society weltweit an mehr als
12 000 Expeditionen, Forschungs- und Schutzprojekten beteiligt. Die Gesellschaft erhält För-
dermittel von National Geographic Partners LLC, unterstützt unter anderem durch Ihren Kauf.
Ein Teil der Einnahmen dieses Buches hilft uns bei der lebenswichtigen Arbeit zur Bewahrung
unserer Welt. Das legendäre NATIONAL GEOGRAPHIC-Magazin erscheint monatlich. Darin
veröffentlichen namhafte Fotografen ihre Bilder und renommierte Autoren berichten aus nahezu allen Wissensgebieten der Welt. National Geographic im TV ist ein Premium Dokumen-
tations-Sender, der ein informatives und unterhaltsames Programm rund um die Themen Wissenschaft, Technik, Geschichte und Weltkulturen bereithält. Falls Sie mehr über National
Geographic wissen wollen, besuchen Sie unsere Website unter www.nationalgeographic.de.